UWE BECKER

Jesaja – von der Botschaft zum Buch

VANDENHOECK & RUPRECHT
IN GÖTTINGEN

Forschungen zur Religion und Literatur des Alten und Neuen Testaments

Herausgegeben von Wolfgang Schrage und Rudolf Smend

178. Heft der ganzen Reihe

Die Deutsche Bibliothek – CIP-Einheitsaufnahme

Becker, Uwe:
Jesaja – von der Botschaft zum Buch / Uwe Becker. –
Göttingen: Vandenhoeck und Ruprecht, 1997
(Forschungen zur Religion und Literatur des Alten und
Neuen Testaments; H. 178)
Zugl.: Göttingen, Univ., Habil.-Schr., 1996
ISBN 3-525-53862-6

Druck und Bindung: Hubert & Co., Göttingen.

Vorwort

Bis in die jüngste Zeit hinein ist die Forschung am Jesajabuch (von wenigen, allerdings markanten Ausnahmen abgesehen) vornehmlich an der Persönlichkeit und der Verkündigung des Propheten, seinen originalen Worten und ihrem zeitgeschichtlichen Hintergrund interessiert. Die Frage nach der *Entstehung des Buches* von seinen Anfängen bis hin zur kanonischen Endgestalt fand dagegen (noch) nicht die nötige Aufmerksamkeit und blieb weithin ausgeklammert. Die vorliegende Studie wendet sich bewußt der *Literalität* der Prophetenüberlieferung zu und sucht ein umfassendes und in sich stimmiges redaktionsgeschichtliches Gesamtbild von der Entstehung des sogenannten Protojesajabuches (Jes 1-39) zu gewinnen. Sie knüpft dabei an die grundlegenden Untersuchungen von Jacques Vermeylen, Hermann Barth und Otto Kaiser an, kommt aber zu einem völlig neuen Verständnis vom Werden des Buches und von den Ursprüngen der jesajanischen Verkündigung.

Die vorliegende Untersuchung wurde im Sommersemester 1996 von der Theologischen Fakultät der Georg-August-Universität Göttingen als Habilitationsschrift angenommen. Mein Dank gilt besonders drei Personen, die in je eigener Weise zum Entstehen des Buches beigetragen und es schließlich begutachtet haben. An erster Stelle ist Professor Dr. Otto Kaiser zu nennen, der die Anregung zu dieser Arbeit gab und sie mit außergewöhnlichem Engagement förderte. Daß sie in aller Ruhe und mit der nötigen kritischen Begleitung in Göttingen fortgesetzt und abgeschlossen werden konnte, verdanke ich vor allem Professor Dr. Lothar Perlitt. Für mannigfache Anregungen, weiterführende Hinweise und zahllose Gespräche über das Jesajabuch bin ich Professor Dr. Reinhard G. Kratz sehr dankbar.

Zu danken habe ich weiterhin der Deutschen Forschungsgemeinschaft für die Gewährung eines Habilitandenstipendiums und schließlich den beiden Herausgebern der „Forschungen“ sowie dem Verlag für die Aufnahme der Arbeit. Beim Lesen der Korrekturen waren Johannes Goldenstein, Ulrich Nötzel und Peter Porzig behilflich.

Göttingen, im März 1997 — Uwe Becker

Inhalt

1. Die Aufgabe

Wer sich heute dem Protojesaja-Buch und seiner Auslegung zuwendet, sieht sich mehr denn je mit einer Vielzahl offener und ungelöster Fragen konfrontiert. Konnte man noch zu Beginn der 70er Jahre von einem mehr oder minder festen Bestand an authentischen jesajanischen Worten ausgehen, die jeder Interpretation als beinahe sichere Basis zugrunde lagen, hat sich die Forschungslage seither spürbar verändert.[1] Zum einen trat mit dem Aufkommen der redaktionsgeschichtlichen Fragestellung eine fundamentale Neuorientierung ein, die in ihren Folgen kaum zu überschätzen ist: Das Interesse galt nun nicht mehr in erster Linie dem Propheten und seiner Verkündigung, also den, wie man früher mit einem durchaus wertenden Unterton sagte, „echten" Worten und ihrer zeitgeschichtlichen Lokalisierung, sondern der Entstehung des *Prophetenbuches* und den jeweiligen Aktualisierungs- und Fortschreibungsprozessen, die sich in ihm widerspiegeln.[2] Zum andern, und dies hängt mit der eben beschriebenen Akzentverschiebung unmittelbar zusammen, wuchs die Skepsis, ob wirklich alle Worte, die man früher dem Propheten selbst zuschrieb, von ihm stammen können. Zahllose Untersuchungen zu einzelnen Texten und Themen haben hier zu einem ebenso differenzierten wie diffusen Gesamtbild geführt, das nicht nur beim außenstehenden Betrachter den Eindruck einer kaum zu überbrückenden Uneinigkeit hinterläßt. Ein Spiegel dieser Situation sind die beiden Kommentierungen von H. Wildberger (1965-82) und O. Kaiser ([5]1981 und 1973): Während Wildberger von einem Maximalbestand an jesajanischen Worten ausgeht und im Zweifel eher für als gegen die Authentizität optiert, so daß ein komplexes und farbenprächtiges Bild einer Prophetenpersönlichkeit entsteht,[3] rechnet Kaiser aufgrund eines streng tendenzkritischen Ansatzes mit einem derart stark reduzierten Grundbestand, daß die Konturen des Propheten völlig verwischt zu werden scheinen.[4]

Gegenwärtig fehlt also eine allgemein akzeptierte, tragfähige Textbasis, auf deren Grundlage man den jesajanischen Kern des Protojesajabuches und

---

[1] Den Umbruch in der Forschung dokumentieren Kilian, Jesaja 1-39 (1983); Hardmeier, VF 1986; Kaiser, TRE 16 (1987); ders., Grundriß II, 30-49 (1994); Barton, Isaiah 1-39 (1995). Vgl. auch die neueren Literaturüberblicke (z.T. Jes 40-66 einschließend) von Seitz, AncBD 3 (1992); Schoors, ThRv 89 (1993); Sweeney, CR.BS 1993; ders., CR.BS 1996; ferner den von J. Vermeylen edierten Kongreßband „The Book of Isaiah" (1989).

[2] Vgl. die Übersicht bei Jeremias, ThLZ 1994, 488-494 (= FAT 13, 27-33), und die methodische Explizierung dieser Vorgänge bei Steck, Prophetenbücher. Erhellend zur theologiegeschichtlichen Seite: K. Schmid, Zs. für neuere Theologiegeschichte 1996.

[3] So etwa in Wildberger III, 1577-1667; ferner ders., Königsherrschaft I.

[4] Vgl. zuletzt Kaiser, Grundriß II, 42.

damit auch die Botschaft des Propheten rekonstruieren könnte. Die Lage ist heute offener als je zuvor. Sich erneut der Jesaja-Überlieferung zuzuwenden, ist daher nur sinnvoll, wenn man zwei Bedingungen erfüllt: So müssen (1.) *alle* in ihrer Authentizität und literarhistorischen Einordnung umstrittenen Texte in die Untersuchung einbezogen werden, um ein möglichst umfassendes Gesamtbild zu gewinnen. Dabei gilt es, die Fülle der vor allem redaktionsgeschichtlich ansetzenden Einzelarbeiten zu sichten und deren Argumente im Zusammenhang neu zu wägen. Ein solches Verfahren kann aber (2.) nur dann erfolgreich sein, wenn man – und darin besteht das eigentliche Ziel dieser Arbeit – zugleich den Versuch unternimmt, *die Entstehung des (Proto-)Jesajabuches* in den Grundzügen aufzuhellen und nachzuzeichnen. Nur wer den Weg *von der Botschaft zum Buch* in seinen wichtigsten Etappen abschreiten kann, ist in der Lage, nicht allein das sukzessive Anwachsen der prophetischen Überlieferung aufzuzeigen, sondern auch den Ursprung selbst freizulegen, von dem alles seinen Anfang genommen hat.

Um diese Aufgabe zu präzisieren, sollen nun die Hauptprobleme und Aporien, vor denen die gegenwärtige Jesajaforschung steht, skizziert werden. Sie betreffen zum einen die Einheit der jesajanischen Verkündigung und zum andern die Entstehungsgeschichte des Buches.

(1) Die Einheit der jesajanischen Verkündigung.

Das mit dieser Überschrift angezeigte Problem läßt sich auf eine einfache Formel bringen: „Untergangs- und Heilsprophetie, Verstockungsauftrag und eine zumindest intentionale Umkehrprophetie liegen in den Texten nebeneinander.“[5] Dabei geht es nicht, wie man zunächst meinen könnte, um die sog. messianischen Texte (9,1-6 und 11,1-9); man wird deren nachjesajanischen Ursprung (trotz einiger gegenteiliger Voten) inzwischen voraussetzen dürfen. Zu denken ist vielmehr an Texte und Textgruppen, die in verschiedenen Facetten über die Gerichtsprophetie hinaus eine positive Lebensmöglichkeit anbieten oder gar eine baldige Wendung zum Heil in Aussicht stellen. Die Worte lassen sich in 5 Gruppen einteilen: (1) Prophetien in der „Denkschrift“ Jesajas, die den Feinden Judas den Untergang androhen (7,3-9.10-17; 8,1-4). – (2) Damit verwandt sind die Fremdvölkerorakel 14,28-32; 17,1-3; 18; 20; vgl. 28,1-4. – (3) Eine besondere Gruppe bilden die Untergangsdrohungen gegen Assur (10,5ff.; 14,24f.; 29,1-6; 31,8). – (4) In c.1 wie in c.28-31 finden sich mahnend-warnende Worte, die sich in theologisch reflektierter Weise mit dem Ungehorsam des Gottesvolkes befassen: Sie sprechen zwar vom faktischen Scheitern Israels, scheinen aber auch von einer bleibenden göttlichen Heilssetzung und einer Umkehrmöglichkeit auszugehen (z.B. 1,16-17.18-20; 28,12.16; 30,15). – (5) Ein besonderes Stück bildet die Ankündigung einer *restitutio ad integrum* (1,21-26).

---

[5] Kaiser, TRE 16, 641.

Diesem an Umfang eher geringen Bestand an Heilsworten im weitesten Sinne steht eine große Zahl an Unheilsworten gegen Juda, Jerusalem oder einzelne Personen(gruppen) gegenüber, die sich nur schwer klassifizieren lassen. Es handelt sich um 1,2-20; 2,12-21; 3,1-15; 3,16-4,1; 5,1-7.8-30; 6,9-11; 7,7b.17.18-25; 8,5-8.11-15; 9,7-20; 10,1-4; 22,1-14.15-18; 28,1-22; 29,1-16; 30,1-17; 31,1-3. So ist es schon aufgrund dieses Befundes kein Wunder, daß man das sachliche Zentrum oder wenigstens die entscheidende Komponente der jesajanischen Verkündigung (ausgehend vom Verstockungsauftrag 6,9-11) durchweg in der *Gerichtsprophetie gegen Juda* gesehen hat und nach wie vor sieht. Dabei kann das Verhältnis zwischen Heils- und Gerichtsaussagen auf recht verschiedene Weise bestimmt werden, wie ein kleiner Überblick zeigt.[6] Er dokumentiert freilich auch, daß die bisher angebotenen Lösungen von grundsätzlichen Aporien begleitet sind:

(a) Die an sich naheliegendste Deutung dieses Nebeneinanders besteht in der Annahme, Jesaja habe *je nach Situation* Heil oder Unheil verkündigt und verschiedene Zielgruppen im Blick gehabt: fremde Völker, das Nordreich, das Südreich, Jerusalem, bestimmte Personen. Es sind vor allem Vertreter einer eher maximalistischen Textzuweisung (von B. Duhm bis hin zu H. Wildberger), die diesem elastischen, man könnte auch sagen: *integrativen* Modell[7] zuneigen. Die Problematik liegt auf der Hand: Die Komplexität der teilweise widersprüchlichen Überlieferung wird in die *Person* des Propheten verlegt, und das ist methodisch nicht ungefährlich: Die Überlieferung ist nicht der unmittelbare Niederschlag biographischer Einzelerfahrung, sondern zumeist rückschauende theologische Reflexion, die eher auf redaktionelle Tätigkeit hinweist.

(b) Eine andere Möglichkeit, die divergierenden Aussagen miteinander zu vereinen, liegt in einem Zeitmodell, das ebenfalls biographisch orientiert ist: Der Prophet habe in seinem Denken eine oder mehrere *Wandlungen* vollzogen. So habe er etwa im Laufe der Zeit seine Sicht von der Großmacht Assur so tiefgreifend ändern müssen, daß die anfängliche Hochschätzung des göttlichen Gerichtswerkzeugs (vgl. 5,26-29; 10,5) unversehens in eine entgegengesetzte Beurteilung umgeschlagen ist (vgl. 14,24f.; 31,8a).[8] Dieses Modell hat inzwischen eine grundsätzliche Kritik erfahren, denn nach der wegweisenden Arbeit von H. Barth über die „Jesaja-Worte in der Josiazeit" (1974 bzw. 1977) kann der Umschwung in der Beurteilung des Assyrers nicht länger in der Person des Propheten, sondern nur noch in der Redaktionsgeschichte des Buches gesucht werden. Es besteht der Verdacht, daß sich auch bei anderen Aussagekomplexen eine solche redaktionsgeschichtliche Lösung nahelegt.

(c) Das Wandlungsmodell läßt sich leicht mit einem *Phasenschema* verbinden, nach dem die Verkündigung Jesajas in einzelne (meist 4 oder 5) Perioden mit spezifischen Inhalten unterteilt wird.[9] Dabei ist gelegentlich eine zunehmende „Theologisierung" wahrgenommen worden: Stand in der Frühzeit eine noch relativ „untheologische" sozialkritische Verkündigung im Mittelpunkt, die durchaus noch auf eine Verhaltensänderung angelegt war (3,1-15; 5,1-7.8-24; 10,1-4), hat sich, wie man am Verstockungsauftrag 6,9-11 sieht, im Laufe der Zeit eine grundsätzlich-theologische Einsicht in die radikale Schuld-

---

[6] Die jüngste Monographie zur Sache: Deck, Gerichtsbotschaft (1991).

[7] So Deck, Gerichtsbotschaft 285f., die in der Frage der Authentizität aber gelegentlich etwas skeptischer urteilt.

[8] Vgl. etwa Fohrer, BZAW 155, 19-21. Ähnlich Dietrich, Jesaja 100-196, der insgesamt *drei* Wandlungen postuliert, die aber in anderer Weise beschrieben werden; im Blick auf die Beurteilung Assurs dreht er das traditionelle Bild einfach um (vgl. 113f.).

[9] Vgl. z.B. W.H. Schmidt, Einführung[5] 218f., oder Koch, Profeten I, 201-238.

verfallenheit des Gottesvolkes eingestellt (v.a. in den der Spätzeit zugewiesenen Stücken in c.28-31).[10] Auch hier muß die Frage gestellt werden, ob die biographische Verteilung der Themen dem Befund tatsächlich gerecht wird. Denn einerseits bleiben innerhalb der einzelnen Phasen mannigfache Widersprüche und Inhomogenitäten erhalten,[11] und andererseits kommt die beinahe unhinterfragte Voraussetzung, das Gros der Texte ließe sich zeitgeschichtlich exakt in der Biographie Jesajas lokalisieren, einer reinen *petitio principii* gleich. Der literarische Befund spricht in den weitaus meisten Fällen eine ganz andere Sprache; gerade die sozialkritischen Worte werden „oft stillschweigend mit Hilfe des argumentum e silentio“[12] in die Frühzeit datiert, weil sich in ihnen keine der späteren außenpolitischen Konstellationen niedergeschlagen hat. Tatsächlich eignet sich die Zeitgeschichte des 8. Jh.s nicht als hermeneutischer Generalschlüssel.[13] Die Texte wurden, selbst wenn sie auf Jesaja zurückgehen sollten, „eben nicht mit dem Interesse an einem zurückliegenden ‚Damals‘ tradiert, sondern um ihrer jeweils neuen Gegenwartsbedeutung willen; die Prophetentexte spiegeln unmittelbar also das Prophetenverständnis der jeweiligen Tradenten wider und nicht dasjenige der redenden Propheten selber.“[14]

(d) Man kann Gericht und Heil aber auch *dialektisch* aufeinander beziehen und auf diese Weise den offenen Widerspruch als eine überlegte Ambivalenz interpretieren (so etwa H. Barth): „Im Handeln Jahwes an seinem Volk liegen Heil und Gericht ineinander, wobei – wie vor allem in 7,13-17; 8,1-8a – das Heilshandeln ganz und gar in den Gerichtsvollzug hineingenommen, aber auch – etwa in 1,21-26 – ein Gerichtsakt Teil des übergreifenden Heilsschaffens Jahwes sein kann“[15]. Die entscheidende Frage lautet auch hier: Ist diese Dialektik als geistige Integrationsleistung des Propheten Jesaja oder als Ergebnis einer komplexen redaktionellen Fortschreibungstätigkeit zu fassen? Die Beobachtung, daß die von H. Barth zugrundegelegten Texte in sich alles andere als einheitlich sind (z.B. 29,1-7), läßt von vornherein an die zweite Möglichkeit denken.

(e) Eine beliebte Deutung des Befundes besteht darin, *einer* der beiden Komponenten – Heil oder Gericht – den sachlichen Primat zuzuerkennen. So kann man Jesaja primär als *Umkehrprediger* verstehen und die reinen Gerichtsaussagen dabei als (bloß) rhetorische Verschärfung, bestenfalls als das Ergebnis einer langen, erfolglosen Verkündigungserfahrung bewerten (G. Fohrer und H.W. Hoffmann). G. Fohrer etwa bemerkt zu Jes 6, daß der Prophet entgegen dem jetzigen Wortlaut „tatsächlich ... zunächst weder völlige Vernichtung angedroht noch mit einer Verstockung von König und Volk gerechnet (vgl. 1,10-17. 18-20; 7,1-9. 10-17)“ habe; vielmehr habe „er die niederschmetternden Erfahrungen mehrerer Jahre in einem Zeitpunkt zusammengerafft und durch die Verbindung mit dem Berufungsbericht als von Gott gewollt bezeichnet“[16]. Abgesehen von der nur in der Einzelanalyse zu klärenden Frage, ob die Umkehrtexte (etwa 1,16-17.18-20) tatsächlich zum literarischen Kern des Buches gehören, hat diese Interpretation durchaus Richtiges gesehen: Eine Verkündigung, die von allem Anfang an auf Unverständnis und taube Ohren *abzielt*, ist, wenn man nicht auf jegliche Analogie verzichten will, wenig realistisch, ja sinnlos. Gleichwohl stellt sich die Frage, ob ein Text wie Jes 6 nicht dennoch in *theologischer* Hinsicht bagatellisiert wird, wenn man ihm eine nur rhetorische Funktion zumißt: Der Verstockungsauftrag ist Bestandteil der *Inaugural*vision und gerade nicht als Ergebnis einer langen Verkündigungserfahrung ausgewiesen. Hier müßte

---

[10] Die Kernworte: 28,12 („sie wollten nicht hören“) und 30,15 („ihr wolltet nicht“).

[11] Kritik am Modell der Verkündigungsphasen übt auch Deck, Gerichtsbotschaft 8f.

[12] Smend, Entstehung 149.

[13] Auf die Spitze getrieben bei Hayes/Irvine, Isaiah (1987): „With the exception of Isaiah 34-35, practically all of the prophetic speech material ... derives from the eighth century B.C.E. prophet“ (13).

[14] Jeremias, ZAW.S 1988, 124 (= FAT 13, 142). Vgl. auch Reventlow, FS Herrmann.

[15] Barth, Jesaja-Worte 49-54.86.188f. (Zitat 52).

[16] Fohrer I, 94.

stärker zwischen der *Intention* des gegebenen Textes an seinem Platz und seiner *Genese* unterschieden werden – eine Differenzierung übrigens, die man in der Auslegung des Jesajabuches leider häufig vermißt.

(f) Die Umkehrung dieses Modells besteht darin, Jesaja primär als *Gerichtsprediger* zu verstehen und die ethischen Mahnungen dabei als nicht erfüllbar, also wiederum als (bloß) rhetorisches Beiwerk zu betrachten: Die Mahnungen weisen ebenso wie die Heilsofferten auf eine bereits vertane Möglichkeit hin; sie sind reiner *Schuldaufweis* (W.H. Schmidt).[17] Auch diese Interpretation nimmt die Texte nicht hinreichend ernst. Warum sollten Aufforderungen wie „Unterlaßt das Böse! Tut Gutes! Trachtet nach Recht!" (1,16f.) nicht das meinen, was sie sagen? Alles andere hieße doch, „jegliche Erkenntnisse der Sprachpragmatik einfach zu ignorieren."[18] Die Frage ist allein die, ob hier wirklich der *Prophet* spricht, oder ob es nicht vielmehr schriftgelehrte Theologen einer späteren Zeit sind, die für ihre *Leser* – als Lehre aus der Geschichte – positive Handlungsmaximen entwickeln: Sie zeigen auf, woran das Gottesvolk gescheitert ist und wodurch es gegenwärtig und künftig vor Gott bestehen kann. Tatsächlich wird die Analyse der einschlägigen Texte ergeben, daß wir hier nicht mehr die Stimme Jesajas, sondern die Reflexionen von Theologen des Zweiten Tempels vernehmen.

(g) Als literarkritische Variante zu (f) kann der Versuch R. Kilians bewertet werden, Jesaja alle Texte, die in irgendeiner Weise von Heil oder Umkehr handeln, abzusprechen: Jesaja ist „als reiner Gerichtsprophet zu verstehen"[19]. Der *locus classicus* dieses Prophetenbildes liegt verständlicherweise in Jes 6,1-11, einem Text, in dem Kilian die originäre Berufungserfahrung des Propheten wiederzufinden glaubt. Eine entscheidende Schwäche dieser Position besteht nun aber darin, daß alles, was sich der Gerichtsbotschaft nicht fügt, per se und nicht selten ohne weitere Begründung als sekundär ausgeschieden wird; ein mechanistisches Verfahren, das zum Widerspruch herausfordert.

Überblickt man die hier skizzierten Positionen, zwischen denen es natürlich mannigfache Überschneidungen gibt, offenbart sich ein Grunddilemma, dem sich jede neue Analyse des Jesajabuches zu stellen hat. Es ist gewiß nichts gegen den Versuch einzuwenden, die spannungsreiche, teilweise widersprüchliche Überlieferung zunächst mit der Person des Propheten und seiner langen Verkündigungstätigkeit, die prinzipiell auch Wandlungen in seinem Denken erwarten läßt, zu erklären. Dennoch zwingen einige grundlegende Beobachtungen dazu, einen anderen, nämlich redaktionsgeschichtlichen Erklärungsweg zu gehen. So weisen etwa, um nur das markanteste Beispiel zu nennen, die Texte, die in besonders reflektierter Weise über den Ungehorsam Israels nachdenken und zugleich eine positive, Gottes Willen entsprechende Lebensmöglichkeit anbieten (1,16-17.18-20; 28,12.16; 30,15 und die damit verbundenen Stücke), charakteristische Gemeinsamkeiten auf, die sie von anderen Texten unterscheiden: so etwa die geistige Nähe zu dtr Gedankengut – man sprach früher gern von der „Bundestradition"[20] – oder die weisheitliche Prägung (z.B. 1,2f.; 29,13-16). Es kommt hinzu, daß ausgerechnet diese Stücke, die man gern der Spätzeit des Propheten zuweist, literarisch nicht unverdächtig sind. Denn betrachtet man sie genauer, verraten sie sich *durchweg*

---

[17] Vgl. W.H. Schmidt, EvTh 1977, 269f. (= Vielfalt I, 150f.); ders., Zukunftsgewißheit.

[18] Deck, Gerichtsbotschaft 266. Vgl. auch Pohlmann, Ferne 135-142; ders., FS Kaiser (1994) 327-337.

[19] Kilian I, 9; ausführlich ders., Jesaja 1-39, 131-140, und die Arbeiten W. Werners.

[20] Vgl. Wildberger III, 1595f.

als Nachträge einer späteren Hand (deutlich etwa in 28,12.16). Hier gehen also inhaltliche, traditionsgeschichtliche und literarkritische Argumente zusammen, so daß die Redaktionsgeschichte eine weit ungezwungenere Erklärung anbieten kann als die nur sehr hypothetisch erschlossene Biographie einer Prophetenpersönlichkeit, die man im Grunde nicht kennt. Die unterschiedlichen Themen der jesajanischen Verkündigung könnten sich auf diese Weise als *Wachstumsstadien in der Buchentstehung* entpuppen, wie dies für die (Anti-)Assur-Texte bereits von H. Barth erwiesen wurde.

Ein weiteres Problem betrifft die bisher gehandhabte Methode der Textanalyse. Es ist auffällig, daß die meisten Arbeiten zum Jesajabuch die einzelnen Texte nach wie vor als *isolierte Einheiten* betrachten, um jeweils die Frage nach der „Echtheit" zu beantworten. Dieser pragmatische Zugang hat gewiß seine Berechtigung, doch nicht selten wirken die Entscheidungen willkürlich.[21] Vor allem läuft man Gefahr, die entscheidenden Kriterien und Argumente für die Einordnung eines Textes zu übersehen: Ein, wie sich heute immer deutlicher abzeichnet, sehr beträchtlicher Textbestand hat nie einen „Sitz im Leben" – schon gar nicht im Leben des Propheten – gehabt, sondern ist von vornherein für ein bereits bestehendes Buch (als *relecture* oder Fortschreibung) konzipiert worden. Diesen „Sitz im Buch" kann man aber nur aufspüren, wenn man den jeweiligen literarischen Kontext einer Sprucheinheit (im weiteren wie im engeren Sinne) einbezieht, also die an einer Einzelperikope gewonnenen Einsichten *redaktionsgeschichtlich* absichert. Damit ist die Frage nach der Entstehung des Buches gestellt.

(2) Die Entstehung des Jesajabuches.

Bis heute stellt man sich die Entstehung des (Proto-)Jesajabuches im wesentlichen als eine redaktionelle Verknüpfung von ehedem selbständigen *Teilsammlungen* vor, die ihrerseits auf den Propheten selbst oder doch unmittelbare Schüler zurückgeführt werden.[22] Dieses Sammlungsmodell schließt umfangreiche redaktionelle Erweiterungen, auch Neuarrangierungen des Materials ein, aber es geht doch von substantiellen jesajanischen Kernbeständen aus. Einen besonderen Einfluß hat dabei die nach wie vor kaum bestrittene Auffassung Duhms erlangt, nach dem die Überlieferung vom Propheten Jesaja auf zwei Selbstaufzeichnungen zurückgehe: Aus seiner frühen Phase stamme die „Denkschrift" c.6-8 (vgl. die Notiz 8,16-18), aus seiner späten Phase der sog. „Assur-Zyklus" c.28-31* (vgl. 30,8): „Diese beiden Bücher enthalten das politisch-religiöse Vermächtnis des Propheten ‚für einen folgenden Tag, ein Zeugnis für alle Zeit' (c.30_8)"[23]. Die grundlegenden Differenzen

[21] So etwa in der rezenten Monographie von S. Deck, die einen beträchtlichen Textbestand bearbeitet, aber über den literarischen Horizont der Einzeltexte kaum hinausgeht.

[22] Eine instruktive Forschungsgeschichte (bis 1974) bietet Vermeylen, Prophète I, 4-30; vgl. auch Barth, Jesaja-Worte 294-298.

[23] Duhm 17; ähnlich z.B. von Rad, Theologie II, 50 A.20, aber auch noch Barth, Jesaja-Worte 278-281, der sonst ganz neue Wege geht.

zwischen den verschiedenen Sammlungsmodellen liegen vor allem darin, in welcher Zeit man sich die Verbindung der ältesten Teilsammlungen vorstellt. Während Duhm und viele andere mit einer relativ späten Verknüpfung rechneten,[24] ging etwa Mowinckel von einem bereits im 7. Jh. vorliegenden Grundstock eines Jesajabuches aus, der zwar noch mehrfach bearbeitet, aber nicht mehr substantiell verändert wurde.[25] Die gegenwärtigen Erklärungsmodelle lassen sich durchweg in die zweite Kategorie einordnen. Obwohl man nach wie vor an der Existenz umfangreicher jesajanischer Teilsammlungen festhält,[26] stellt man sich das Wachstum des Buches heute eher im Rahmen eines *Redaktions- und Fortschreibungsmodells* vor: Ein relativ früh zusammengestellter literarischer Kern ist sukzessive erweitert und fortgeschrieben worden, bis das Buch seine jetzige Gestalt gewann.

Einen entscheidenden Schritt auf dem Wege zu einer Redaktionsgeschichte des Jesajabuches verdankt die Forschung den beiden etwa zeitgleich entstandenen und publizierten Monographien von *H. Barth* (1977) und *J. Vermeylen* (1977/78).[27] Wenngleich sie sich in ihrer Zielsetzung – Barth untersucht vor allem die Assur-Texte, Vermeylen den gesamten Textbestand der c.1-35 – und in ihrem Ergebnis deutlich voneinander unterscheiden, gehen sie in ihrem methodischen Ansatz doch denselben, nämlich redaktionsgeschichtlichen Weg: Das Interesse richtet sich nicht allein (negativ) auf die Ausgrenzung der authentischen Wortüberlieferung, sondern (positiv) gerade auf die Herausarbeitung und nähere Charakterisierung der späteren *Wachstumsphasen*. So stellt die Arbeit von Barth den Versuch dar, eine bestimmte Schicht innerhalb der Jesaja-Überlieferung, die von der Rettung des Zion und der Vernichtung Assurs handelt („Assur-Redaktion"), als „produktive Neuinterpretation prophetischer Überlieferung"[28] aus der Joschija-Zeit zu fassen; und Vermeylen präsentiert in seinem 2-bändigen Werk gar eine komplette Redaktionsgeschichte des Protojesajabuches.

Die Studie *H. Barths* hat trotz ihrer speziellen Fragestellung eine weitere Perspektive, insofern sie sich nicht auf die Assur-Texte beschränkt, sondern eine eigene Hypothese zur Entste-

---

24 Duhm 21: Die einzelnen Teilsammlungen verdanken „ihre jetzige Form und Vollständigkeit ... erst den Schriftgelehrten des 2. Jahrh.s".

25 Mowinckel, AcOr 1933, 282f.289-291. – Insofern ist die von Eißfeldt, Einleitung 411f., vorgeschlagene und von Vermeylen, Prophète I, 4f., übernommene Unterscheidung zwischen einem Sammlungs- und einem Grundschriftmodell nicht von grundsätzlicher, allenfalls gradueller Natur: *Beide* Varianten rechnen mit jesajanischen Teilsammlungen!

26 So etwa wieder bei Blum, ZAW 1996, der den (beträchtlichen) Kernbestand von 1,21-11,5 als „Jesajas prophetisches Testament" beurteilt, das der Prophet selbst „gegen Ende seiner Wirksamkeit und in Erwartung eines unmittelbar bevorstehenden und letzten Gerichts JHWHs für den Kreis seiner Anhänger zusammengestellt hat" (551).

27 Die maschinenschriftlichen Fassungen waren 1974 greifbar, so daß sich in den Druckfassungen gelegentliche Bezugnahmen finden (Barth, Jesaja-Worte 294f. A.50; Vermeylen, Prophète I, 22-26).

28 Barth, Jesaja-Worte 301. Vgl. auch das Referat unten Kap. 6.5.

hung von Jes 1-35 insgesamt entwickelt. Danach hat die Assur-Redaktion zwei Teilsammlungen vorgefunden, die ihrerseits das Ergebnis eines mehrstufigen Wachstumsprozesses gewesen sind (c.2-11* und c.28-32*), und sie unter Einbeziehung einzelner Fremdvölkerworte miteinander verbunden.[29] Bereits im 7. Jh. lag damit ein Jesajabuch vor, das im wesentlichen bereits den heutigen Umfang hatte: das Jesajabuch der Assur-Redaktion (c.2-32*). Dieses Buch ist dann in exilischer Zeit um c.1* und 33*, in der nachexilischen Zeit schließlich um c.34f., eine Sammlung von Fremdvölkerworten und c.24-27 erweitert worden. Später kamen noch die aus dem Kön-Buch übernommenen Legenden c.36-39 hinzu.

Nach der Analyse *J. Vermeylens* hat es in der Redaktionsgeschichte des Buches im Ganzen *sieben Editionsphasen* gegeben:[30] (1) Am Anfang standen 5 Teilsammlungen, die der Prophet und seine unmittelbaren Schüler zusammengestellt haben (c.6-8* / c.2-3* / 5,8-23; 10,1-4 / 9,7ff.; 5,24ff. / 10,5ff.; 18*; die Weherufe in c.28-33). Der Prophet erscheint hier als Künder kommenden Unheils, doch er hofft noch auf eine Umkehr. – (2) In der Zeit zwischen 700 und dem Beginn des Exils kommt es zur Verknüpfung dieser Teilsammlungen, aber auch zu zwei substantiellen *relectures:* Unter Manasse werden Stücke hinzugefügt, die die Unverletzbarkeit Jerusalems betonen (z.B. 8,8b-10; 29,5-7; 31,5); unter Joschija kommen einige eschatologische Texte hinzu, die an der kommenden Weltherrschaft Jahwes und am davidischen Idealkönig interessiert sind (2,2-4; 8,23-9,6*; 11,1-5). – (3) Im Exil wird die gesamte Jesajatradition (in zwei Stufen) einer grundlegenden deuteronomistischen Bearbeitung unterzogen. – (4) Eine in der 1. Hälfte des 5. Jh.s. anzusetzende eschatologische Bearbeitung fügt Texte ein, die die große Spannung zwischen der dürftigen Lage der nachexilischen Gemeinde und der herrlichen Zukunft, die ihr verheißen ist, auszugleichen sucht. – (5) Eine wenig später erfolgte, freilich nicht einheitliche Schicht setzt Spannungen innerhalb der jüdischen Gemeinde voraus; sie betont, daß nur die „Gerechten" und „Frommen" zum wahren Israel gehören. – (6) Die Zunahme der Spannungen zwischen Frommen und Frevlern führt im Laufe des 4. Jh.s. zu weiteren Ergänzungen, die ein umfassendes Strafgericht über die Abtrünnigen ankündigen. – (7) Im Zuge der letzten Umbildungen der Jesajaüberlieferung, die sich von der hellenistischen Zeit bis zum 2. Jh. erstrecken, werden schließlich einige für die Spätzeit charakteristische Themen eingefügt: die Heidenbekehrung, die antisamaritanische Polemik, die Hoffnung auf eine Heimkehr der Diaspora und apokalyptisches Gedankengut.

Eine kritische Auseinandersetzung mit den Arbeiten von Barth und Vermeylen kann nur an den Texten selbst erfolgen; dennoch muß schon an dieser Stelle auf einige problematische Aspekte hingewiesen werden, die sich auf die *Gesamtsicht* beziehen.[31] So konvergieren beide Analysen in der Grundannahme, es habe bereits zu Lebzeiten des Propheten mehrere Teilsammlungen seiner Worte gegeben, die noch in der vorexilischen Zeit zu einem umfänglichen, sich von c.1* bis c.33* erstreckenden Jesajabuch zusammengeschlossen worden sind. In dieser Hinsicht besteht sogar eine große Nähe zur älteren Forschung, wenn auch bei Barth und Vermeylen die redaktionellen Prozesse, die zur Verknüpfung dieser Teilsammlungen geführt haben, ein wenig deutlicher hervortreten. Gleichwohl hat man den Eindruck, daß die redaktionsgeschichtliche Methode, die so überzeugend für die späteren Schichten durchgeführt wird, an den vermuteten jesajanischen Spruchsammlungen nicht (mehr) zur Anwendung kommt, also nicht konsequent durchgeführt wird. Faktisch setzt etwa Vermeylen die jesajanische Herkunft vieler

[29] Vgl. Barth, Jesaja-Worte 277-309 (bes. die Tabelle S.299f.).
[30] Vgl. Prophète II, 653-752 („Essai de synthèse diachronique").
[31] Zu Barth siehe v.a. unten Kap. 6.5.

Worte einfach voraus und betrachtet sie wie ehedem als isolierte Einheiten. Umfangreiche Relozierungen bei den Weheworten 5,8ff. und dem Kehrversgedicht 9,7ff. mit dem Ziel, jeweils eine zusammenhängende jesajanische Rede zu gewinnen, sind nur ein Indiz für die partielle Beibehaltung der „alten" Sicht. Neu und innovativ ist hingegen der Versuch einer positiven Beschreibung des *späteren* redaktionellen Gutes. Doch auch hier ist eine gewisse Zurückhaltung geboten: Die These, das gesamte Protojesajabuch sei – wenn auch mit gewissen Differenzierungen – im Zuge von (nur) sieben, jeweils *durchlaufenden* Bearbeitungsvorgängen entstanden, wird dem komplexen Befund wohl nicht gerecht. Gewiß wird es *auch* buchübergreifende Bearbeitungen gegeben haben, doch in der Regel ist das Material, das einer einzigen Redaktionsschicht zugewiesen wird, so disparat, daß man mit sehr viel mehr Händen rechnen muß.[32] Eine differenziertere Sicht dürfte dem Befund angemessener sein.

Ganz der redaktionsgeschichtlichen Methode verpflichtet, gehen die Analysen *O. Kaisers* insofern einen Schritt weiter, als nun auch der vermeintlich jesajanische Kernbestand einer kritischen Überprüfung unterzogen wird.[33] Das Ergebnis fällt überwiegend negativ aus: Nur noch ein sehr kleiner Textbestand lasse sich auf den Propheten zurückführen; es handle sich dabei vor allem um den Kern von c.1*, die Weheworte in 5,8ff. und einen Grundbestand der c.28-31.[34] Diese kleine Sammlung von *Weheworten und Unheilsansagen* aber sei „vermutlich erst zu Beginn des 5. Jahrhunderts herausgegeben worden"; denn sie stehe deutlich „unter dem Einfluß der Theologie des Deuteronomistischen Geschichtswerkes"[35]. Zum Widerspruch herausgefordert hat insbesondere die Spätdatierung der „Denkschrift" des Propheten, enthält sie doch mit der Berufungsvision 6,1-11 und mit 7,1-9 zwei Texte, die bislang zu den *loci classici* gehörten, wenn es um die Rekonstruktion der jesajanischen Botschaft ging. Kaiser rechnet des weiteren mit mehreren substantiellen Bearbeitungen vor allem eschatologischer und (proto-)apokalyptischer Art,[36] ohne daß sich daraus (wie bei Vermeylen) fortlaufende Redaktionsschichten ergäben.

Damit findet auch die alte Frage, warum es zu der Gattung „Prophetenbuch" kam, eine neue Antwort. Nahm man bisher (meist aufgrund der beiden Notizen 8,16 und 30,8) an, die Aufzeichnung der Verkündigung durch den Propheten habe die Funktion, die Zeit zwischen dem

---

[32] Vgl. (für das Jer-Buch) Levin, Verheißung 63-69, dessen striktes Votum *gegen* die Annahme durchgreifender Redaktionsschichten man aber abmildern sollte. Es gab auch im Jes-Buch eben beides: zahllose Einzelzusätze *und* einige übergreifende Bearbeitungen. In diesem Sinne (wiederum für Jer) Schmid, Buchgestalten 376-387.

[33] Vgl. neben den Kommentaren (bes. I, 19-27 und II, 1-4): Einleitung[5] 234f.; TRE 16, 644-656; BEThL 81, 55-71; Gott I, 248-250; zuletzt Grundriß II, 39-48.

[34] Inzwischen hält es Kaiser für möglich, daß auch 8,1-15*; 14,29-32*; 17,1-3* und 18,1-2* jesajanisches Gut enthalten (vgl. Grundriß II, 42; anders noch im Kommentar).

[35] Kaiser I, 19.

[36] Vgl. die Übersicht in Kaiser I, 20-26.

Empfang der Botschaft und ihrem Eintreffen, also dem Vollzug des Gerichts, zu überbrücken und auf diese Weise hervorzuheben, daß Gott zu seinem Wort steht und „der Prophet nichts Leeres geweissagt hat“[37], ist für Kaiser das entscheidende Datum mit dem Jahr 587 gegeben: Das „Prophetenbuch als eine Gattung eigener Art [verdankt] seine Entstehung der Besinnung auf die Ursachen für die Katastrophe des Nord- und des Südreiches und der Absicht, die Überlebenden und deren Nachkommen zur Umkehr zu Jahwe zu bewegen.“[38]

Der Ansatz Kaisers zeichnet sich auf der einen Seite durch eine ebenso beeindruckende wie heilsame Unerschrockenheit aus, mit der auch bislang einhellig für alt und „echt“ gehaltenes Gut kritisch überprüft wird. Angesichts der komplexen Überlieferung und der wachsenden Einsicht in die redaktionellen Prozesse, die zur Entstehung des Jesajabuches geführt haben, ist ein solches Vorgehen sogar geboten. Insofern gehen die Arbeiten Kaisers über Barth und Vermeylen weit hinaus. Sie nehmen endgültig Abschied von einem Prophetenbild, das immer noch (indirekt) von der idealistischen Auffassung Duhms geprägt ist und das weder dem Befund der Texte noch unserer Kenntnis von der Religionsgeschichte Israels gerecht wird.[39] Auf der anderen Seite entsteht bei Kaiser (noch) kein wirkliches *Gesamtbild* von der Entstehungsgeschichte des Buches, in das die Einzeltexte und Fortschreibungen eingefügt werden könnten. Die literar- und tendenzkritischen Beobachtungen zu den einzelnen Spruchеinheiten müßten noch stärker mit den Wachstumsprozessen des Buches insgesamt korreliert werden. Auf diese Weise gewönne sogar die eine oder andere Spätdatierung, die für sich genommen wenig überzeugend sein mag, eine zusätzliche Bestätigung.

Ein klares Bild der Redaktionsgeschichte von Jes 1-39 läßt sich dem Kommentar *R. Kilians* nicht entnehmen (vgl. I, 10-17); offenbar rechnet er mit mehreren Spruchsammlungen, die zunächst unabhängig voneinander tradiert und erweitert wurden. Sein Rat, auf exakte Datierungen und Einordnungen zu verzichten und sich stattdessen auf Etiketten wie „authentisch“, „exilisch-nachexilisch“ und „noch später“ zu beschränken (vgl. I, 14), zeigt freilich, daß Kilian die Texte – bei aller weiterführenden Einsicht in den späten Charakter einzelner, bislang für alt gehaltener Stücke – immer noch als isolierte Einheiten betrachtet und den Vorgang der kontextgebundenen Fortschreibung nicht hinreichend auswertet. Gewiß läßt sich nur in den wenigsten Fällen eine präzise Datierung angeben, doch der Versuch, das *relative* Verhältnis der Texte zueinander zu bestimmen, dürfte nicht ganz aussichtslos sein.[40]

[37] Von Rad, Theologie II, 51; ähnlich etwa Zimmerli, ThLZ 1979, 484; Steck, FS Ebeling (1993) 216 (= Prophetenbücher 148f.). Nach Hardmeier, ThGl 1983, 131, ist die „Wurzel der Schriftprophetie als Literatur in der Reflexion über die Ablehnungserfahrung der genuin mündlichen Verkündigung zu suchen“; so auch Albertz, Religionsgeschichte I, 257: Mit der Aufzeichnung der Botschaft „kämpften“ die Propheten „gegen Frustration und Resignation angesichts ihres Mißerfolges an und stärkten die Identität ihrer Oppositionsgruppe.“

[38] Kaiser, Gott I, 245f.; ausführlich Pohlmann, FS Kaiser 325-341.

[39] Über „Die Prophetie im Urteil Bernhard Duhms“ vgl. Reventlow, ZThK 1988.

[40] So sinnvoll und notwendig die Frage nach der *genauen* zeitlichen Situierung von Redaktionsschichten und Fortschreibungen ist, darf man hier doch nicht zu viel erwarten: Die schriftgelehrte „Tradentenprophetie“ gibt ihren eigenen historischen Hintergrund in der Regel nicht oder kaum mehr zu erkennen (zur Sache Steck, Prophetenbücher 118-120.157-177). Teils schließt sie sich literarisch an ältere Texte an und verbleibt dabei nicht selten auf der Ebene der *erzählten* Zeit, teils will sie bewußt „zeitlos“, allgemeingültig formulieren.

Ganz anders angelegt sind die Studien *O.H. Stecks*. Sie befassen sich vornehmlich mit den *letzten* Redaktionsphasen in der Geschichte des *Groß*-Jesajabuches und sind an der Entstehung der c.1-39 nur insoweit interessiert, als sie junge Fortschreibungstexte enthalten, die mit c.40-66 in Verbindung stehen.[41] So gelingt ihm der Nachweis, daß sich hinter Jes 35 eine „redaktionelle Brücke zwischen dem Ersten und dem Zweiten Jesaja" verberge,[42] die wohl erstmals beide Buchteile miteinander verbunden habe und „aus der Zeit nach Alexander" stamme.[43] Weitere Texte aus Jes 1-39 werden präzise in ein Gesamtmodell von der Entstehung des Großjesajabuches eingefügt,[44] so daß sich für die späten redaktionellen Phasen zahlreiche neue Einsichten ergeben. Im Blick auf die Beurteilung von Jes 1-39 ist freilich eine kritische Anfrage nicht zu unterdrücken: Auf der einen Seite geht Steck in der Beschreibung der Fortschreibungsprozesse sehr weit und gelangt dabei auch zu extremen Spätdatierungen (die Weltgerichtsaussagen werden im 3. Jh. lokalisiert)[45]. Auf der anderen Seite hält er am literarischen Kernbestand Protojesajas, insbesondere an der Echtheit der „Denkschrift" und ihrer Charakterisierung als Selbstaufzeichnung des Propheten ungebrochen fest.[46] Es stellt sich hier – ähnlich wie bei Vermeylen – die Frage, ob die redaktionsgeschichtliche Methode nicht auch konsequent auf den vermeintlichen Kernbestand der prophetischen Überlieferung (c.6-8 und c.28-31) angewendet werden müßte. Immerhin hat Steck selbst mehrfach und eindringlich auf den *redaktionellen* und kompositorischen Charakter der „Denkschrift" hingewiesen, so daß auch hier von vornherein mit einem mehrstufigen Entstehungsprozeß zu rechnen ist, der sich im wesentlichen erst *nach* Jesaja vollzogen hat. Es kommt hinzu, daß bei der eher konservativen Beurteilung der „Denkschrift" gegenüber den Spätdatierungen der Weltgerichtstexte schon in zeitlicher Hinsicht ein Ungleichgewicht entsteht, das nicht leicht zu erklären ist: Die entscheidenden, literarisch kreativen Phasen hätten sich demnach am Anfang (im 8. Jh.) und am Ende (im 3./2. Jh.) abgespielt, und man fragt sich unwillkürlich, was in der *Zwischenzeit* geschah.[47] Angesichts der Befunde etwa im Pentateuch, im dtr Geschichtswerk oder in anderen Prophetenbüchern (z.B. Jer oder Am) ist man geneigt, gerade dieser Zwischenzeit eine höhere Bedeutung beizumessen und in ihr vielleicht sogar die produktivste Phase in der Entstehungsgeschichte des Jesajabuches zu sehen.

Die Arbeiten O.H. Stecks sind ein prominentes Beispiel für das Bemühen, das Werden des *Proto*jesajabuches in eine Gesamttheorie von der Entstehung des *Groß*jesajabuches, ja sogar des Prophetenkanons insgesamt zu inte-

---

[41] Vgl. Steck, Heimkehr; Abschluß 25-30.80-87; FAT 4, 191-207.

[42] So der Untertitel seiner Studie „Bereitete Heimkehr".

[43] Steck, Abschluß 27; vgl. auch 11,11-16; 13,5-16; 23*; 24-27*; 30,18-26; 34,2-4.

[44] Übersichten bei Steck, Heimkehr 80; BZAW 203, 278f.; Abschluß 196-198.

[45] Vgl. Steck, Abschluß 27-30.

[46] Vgl. Steck, Heimkehr 92 A.21.

[47] Schon bei Duhm klafft eine beträchtliche zeitliche Lücke: Er entscheidet sich oft nur zwischen „jesajanisch" und ganz spät, d.h. „makkabäisch".

grieren.[48] Sie führen eindrücklich vor Augen, daß man die drei Buchteile c.1-39, c.40-55 und c.56-66 nicht mehr länger als getrennte Korpora behandeln kann; die Verbindungen zwischen ihnen sind – gerade in textgenetischer Hinsicht – sehr viel enger, als man es in der Vergangenheit wahrgenommen hat.[49] Das hat natürlich Konsequenzen für das Vorhaben einer Redaktionsgeschichte des Protojesajabuches, wie sie hier in Grundzügen vorgelegt werden soll: Man muß mit der Möglichkeit rechnen, daß redaktionelle Stücke mit großjesajanischen Bearbeitungen zusammenfallen;[50] auch die Frage nach der Verknüpfung von „Erstem" und „Zweitem" Jesaja läßt sich nicht ganz ausblenden. Gleichwohl liegt in dieser buchübergreifenden Perspektive, obwohl sie der Sache nach die einzig angemessene ist,[51] nicht der Schwerpunkt der nachfolgenden Studien. Sie wenden sich mehr den früheren als den späteren Editionsphasen in Jes 1-39 zu, und vielleicht ist es auch methodisch nicht ganz unangebracht, zunächst den Befund am Protojesajabuch wahrzunehmen, bevor man ihn mit Jes 40ff. in Beziehung setzt.

Im Mittelpunkt der Analysen stehen somit diejenigen Texte und Textkomplexe, in denen man bisher authentisches jesajanisches Gut vermutet hat. Es handelt sich vor allem um c.1-10 und c.28-31. Einige Sprüche aus der Sammlung der Fremdvölkerorakel c.13-23 kommen hinzu. Ganz ausgeblendet werden die *späten* Editionsphasen in der Geschichte des Buches, zu denen etwa die c.24-27 und die meisten der in c.13-23 versammelten Worte gehören; nur die c.32-35 werden am Rande besprochen. Einbezogen werden aber (entgegen dem üblichen Verfahren) die Hiskija-Jesaja-Legenden c.36-39, denn nach unserer Sicht der Dinge haben die Legenden sehr viel früher und intensiver auf die Entstehung des (Proto-)Jesajabuches eingewirkt, als man bisher angenommen hat. Hier stellt sich auch die Frage nach den *Wurzeln des heilsprophetischen Jesajabildes* neu; unsere Antwort wird ganz anders ausfallen, als man es gewohnt ist. Die Reihenfolge der Textbehandlung richtet sich in der Regel nach bucheditorischen Gesichtspunkten. Eine notwendige Ausnahme bildet freilich schon das erste Kapitel über Jes 7, denn hier handelt es sich um einen Spätling innerhalb der „Denkschrift".

---

[48] Vgl. bes. Steck, Abschluß, sowie die bereits genannten Studien.

[49] Über die Forschungsrichtungen, die sich in sehr verschiedener Weise der Einheit von Jes 1-66 und dem Verhältnis der Buchteile zuwenden, informieren Vermeylen, BEThL 81, 11-53; Rendtorff, SBL.SP 1991 (= JSOT.S 214, 32-49); Carr, JSOT 1993 (= BiSe 42, 164-183); Sweeney, Currents 1993; Williamson, Book 1-18. Markante rezente Beispiele für eine buchübergreifende Strukturanalyse: Sweeney, Isaiah 1-4; ders., Isaiah 1-39; O'Connell, Concentricity; Melugin/Sweeney (Hgg.), Visions.

[50] Vgl. jüngst Williamson, Book: Die dtjes. Prophetie sei als *Fortschreibung* und umfängliche *Bearbeitung* des Protojesajabuches entstanden.

[51] Hier sei auf die methodischen Überlegungen Stecks verwiesen, wie sie in dem Buch über „Die Prophetenbücher und ihr theologisches Zeugnis" (1996) zusammengefaßt sind.

2. Jes 7 im Rahmen der „Denkschrift“

2.1. Die Denkschrift-Hypothese

Unter dem Titel „Jesaja's Erleben“ legte K. Budde 1928 seine klassisch gewordene Auslegung der „Denkschrift“ des Propheten aus der Zeit des syrisch-efraimitischen Krieges vor. Warum sich die Kapitel Jes 6,1-9,6 als eine Sammlung eigener Art von der Umgebung abheben, begründet Budde gleich zu Beginn seiner Abhandlung:

> „weil dieser Abschnitt ein Buch im Buche darstellt, eine Denkschrift, die der Prophet unter dem Eindruck tief in sein Leben und seine Wirksamkeit einschneidender Ereignisse und Erfahrungen zu Trost und Stärkung seines engeren Jüngerkreises niedersetzte; weil diese Schrift daher nicht, wie das übrige Buch und die Prophetenbücher im allgemeinen, nur Gottessprüche aneinanderreiht, unter völligem Zurücktreten der Person ihres Trägers, sondern uns des Propheten Ergehen und Erleben schildert, uns seine Persönlichkeit im Spiegelbild der Gegenwart, in geradezu dramatischer Entfaltung nahebringt, wie kein andrer Abschnitt des Buches“ (Erleben V).

In der Tat hatte das persönlichkeitsorientierte Prophetenbild hier wie sonst kaum seine Anknüpfungspunkte. Der Prophet spricht in c.6 und 8 in der 1. Person, und nach einem Vorschlag von K. Budde (1885) wird bis heute auch der Fremdbericht c.7 beinahe selbstverständlich in einen Ich-Bericht umgewandelt.[1] Vor allem aber legt der Prophet in der abschließenden Notiz 8,16-18 über seine Niederschrift selbst Rechenschaft ab. Das Ganze wirkt wie „eine Art Testament“, das „aus seinen letzten Lebensjahren stammte.“[2]

Zur inneren Geschlossenheit tritt die Selbständigkeit gegenüber der literarischen Umgebung: 6,1 markiert einen Neuanfang, der keinerlei Rückbezüge erkennen läßt, und mit 8,16-18 ist die Einheit zu einem gewissen Abschluß gekommen, der zunächst nicht auf eine Fortsetzung angelegt ist. Die Verheißung 9,1-6 jedenfalls ist – entgegen Buddes Ansicht – dem Komplex erst später zugewachsen, wie auch in 8,19-23 mehrere Zusätze erkennbar sind. Darüber hinaus scheint die Denkschrift offensichtlich Zusammengehörendes durchtrennt zu haben: In 5,25b stoßen wir auf denselben Kehrvers, der sich durch das Gedicht von der ausgestreckten Hand Jahwes in 9,7-20 zieht (auch 10,4b), und in 10,1-4a haben wir ein Wehewort nach der Art von 5,8-24 vor uns. Nimmt man die Denkschrift heraus, ergibt sich freilich noch kein kohärenter Zusammenhang, und so greift man bis heute gern zu der Hypothese, bei der Einfügung von 6,1-8,18 (9,6) habe ein „Stellentausch“[3] stattgefun-

---

[1] Budde, FS Lemans 125.

[2] Duhm 64.

[3] Budde, Erleben 3.

den: 10,1-4a habe einmal zu der Reihe der Weherufe in 5,8ff. gehört, und die Ankündigung eines Gerichtsvolkes aus der Ferne in 5,25-29(30) sei ursprünglich der Abschluß, ja die eigentliche Klimax des Kehrversgedichtes gewesen. Die These vom „Buch im Buche“ schien sich mit diesen Beobachtungen zu bestätigen. Auch an der jesajanischen Herkunft der Sammlung hatte man bis in die jüngste Zeit nicht ernsthaft gezweifelt. Die „Denkschrift“ galt sogar als ein entscheidender Beleg dafür, daß die ersten Spruchsammlungen noch zu Lebzeiten der Propheten, ja sogar von ihnen selbst veranstaltet wurden.[4] Somit hätte Jesaja seiner Nachwelt nicht nur einzelne Worte hinterlassen, die erst von einem Schülerkreis gesammelt und tradiert worden wären, sondern selbst den Grundstein zu dem nach ihm benannten *Buch* gelegt. Der Prophet ist in die Rolle des *Autors* geschlüpft.

Nun ist es gewiß richtig, daß die „Vorliebe für diese Kapitel des Jesajabuches ..., aber auch speziell das Stichwort ‚Denkschrift‘ ... aufs engste mit der persönlichkeitsorientierten Prophetenauffassung der liberalen Exegese zu Anfang unseres Jahrhunderts und ihrem Interesse an zuverlässigen Nachrichten aus dem Leben des Propheten“ zusammenhängt.[5] Insofern können wir die Voraussetzungen Buddes heute nicht mehr teilen. Aber ist damit auch die *Sache* ungültig geworden, die er mit seiner Auffassung verband? Der Schluß, die „irregeleitete ‚Denkschrift‘-Hypothese sollte endgültig fallengelassen werden“[6], erscheint jedenfalls voreilig. Denn der „Eindruck eines bewußt angestrebten Zusammenhangs“[7] läßt sich wenigstens für 6,1-8,18 nicht gut leugnen, und zwar ganz unabhängig davon, ob man Jesaja als Verfasser annimmt oder nicht. Über den Begriff „Denkschrift“ kann man, weil er ein bestimmtes Prophetenbild impliziert, mit Fug und Recht streiten. Benutzen wir ihn hingegen in einem formalen Sinne als Kennzeichnung einer *literarischen* Größe, die sich durch ein einheitliches Aussageprofil auszeichnet und immerhin den Anspruch erhebt, eine „authentische“ prophetische Aufzeichnung zu sein (vgl. die 1. Person), können wir den Begriff getrost beibehalten.

Die entscheidende Frage lautet dann: Wie kommt es zu dem Eindruck relativer Geschlossenheit in 6,1-8,18? Und wie ist er literarisch zu erklären?[8] Nach der einflußreichen und Budde nicht ganz unähnlichen Auffassung Stecks handelt es sich bei 6,1-8,18* um eine planvolle, vom Propheten selbst kurz nach dem syrisch-efraimitischen Krieg geschaffene Komposition aus mehreren Redegängen, in der jedes Element auf das andere angewiesen ist.[9] So wird 6,1-11 nicht als eine Berufungsvision klassischer Prägung beurteilt,

---

[4] Vgl. L. Schmidt, TRE 21, 219.

[5] Reventlow, BN 1987, 63.

[6] Reventlow, BN 1987, 67. Mit ganz anderem Interesse auch Irvine, ZAW 1992, 231.

[7] Høgenhaven, Gott 78.

[8] Die Forschungslage zur Denkschrift-Hypothese braucht hier nicht ausführlich wiedergegeben zu werden; vgl. die Überblicke bei Werner, BZ 1985; Høgenhaven, Gott 77-106; Deck, Gerichtsbotschaft 158-164, und Werlitz, Studien 101-122.

[9] Vgl. seine drei Aufsätze in BZ 1972; EvTh 1973; ThZ 1973 (= ders., TB 70, 149-206).

für die man eine eigene Vorgeschichte annehmen könnte, sondern als „Vergabe eines außergewöhnlichen Auftrags in der himmlischen Thronversammlung“[10]. Und dieser außergewöhnliche Auftrag besteht in nichts anderem als in der Verstockung, die sich in den drei Redegängen 7,3-9; 7,10-17 und 8,1-8a in sukzessiver Steigerung entfaltet.[11]

Nun hat Steck zweifellos die *bestehende* Abfolge der drei Kapitel zutreffend und eindringlich beschrieben,[12] und ebenso beizupflichten ist ihm darin, daß es sich bei 6,1-8,18* primär um eine *literarische* Größe handelt, die keine *unmittelbaren* Rückschlüsse auf die Situation der mündlichen Wortausrichtung erlaubt. Gleichwohl wirft seine These, alle Teile des Ganzen seien von einer einzigen Hand, nämlich der des Propheten, sozusagen in einem Zuge konzipiert worden, Fragen auf. Denn es bestehen unübersehbare Differenzen zwischen den drei Kapiteln. Betrachtet man etwa c.6* für sich, hat man nicht den Eindruck, daß es sich auf ganz bestimmte Ereignisse, etwa die Erfahrungen während des syrisch-efraimitischen Krieges, beziehe. Die paradoxe Beauftragung zur Verstockung richtet sich offenkundig – und darin besteht Übereinstimmung mit Jer 1 oder Ez 1 – auf das Wirken des Propheten *insgesamt* und nicht auf ein zeitlich begrenztes Segment. Dafür spricht allein schon die Datierung in 6,1, nach der die Berufung des Propheten um einige Zeit früher anzusetzen ist als die Ereignisse um das Jahr 733. Sie markiert den *Beginn* seiner (langjährigen) Wirksamkeit und zieht aus ihr gewissermaßen proleptisch die theologische Summe. Es ist ohnehin kaum zu bestreiten, daß zwischen c.6 und c.7 eine Lücke klafft, für die man eine Erklärung finden muß.[13]

Andererseits sind c.6* und c.8* eng miteinander verklammert. Ein Hinweis auf 8,12-15 und 8,16-18 mag einstweilen genügen: Beide Stücke beziehen sich deutlich auf den Verstockungsauftrag zurück und setzen ihn voraus. So liegt es näher, in der Denkschrift nicht so sehr das Werk eines einzigen Verfassers zu sehen als vielmehr eine *redaktionelle Einheit*, die – ausgehend von einem vielleicht auf den Propheten selbst zurückgehenden Kern – sukzessive zu ihrer heutigen Gestalt angewachsen ist. In diesem Sinne äußern sich heute die meisten Ausleger.

Einige markante Beispiele seien genannt. So betrachtet *Kaiser* die Denkschrift als eine mehrfach geschichtete Größe, die gleichwohl einen markanten Ausgangspunkt hatte: „Um den in 7,1-9*.10-17* enthaltenen Kern legte der eigentliche Schöpfer der Denkschrift den Rahmen von 6,1-11; 7,18-25*; 8,1-4.5-8*.11-15 und 16-18.“[14] Bereits dieser prophetentheologisch

[10] Steck, TB 70, 153.

[11] Vgl. Steck, TB 70, 158-166.

[12] Ähnlich auch Nielsen, die „Is 6:1-18:18* as Dramatic Writing“ zu erweisen versucht.

[13] Vgl. Marti, FS Budde 120, nach dem vor c.7 ein Bericht über die Geburt und die Namengebung des Schear-Jaschub fehlt. Lescow, ZAW 1973, 315, beschränkt die ursprüngliche Einheit deshalb auf 7,1-8,18, und Reventlow, BN 1987, 66, führt die Sonderstellung von c.6 gar als Argument gegen die Denkschrift überhaupt ins Feld.

[14] Kaiser I, 119.

beeinflußte Kern aber ist (ebenso wie die ihm vorgegebenen Stücke 7,1-9.10-17) erst nachexilisch entstanden. Auch für *Werner* geht die Komposition 6,1-8,18* in ihrem literarischen Kern auf „einen von der dtr Prophetentheologie beeinflußten Redaktor“ zurück, der dabei älteres jesajanisches Material größeren Umfangs aufnehmen konnte.[15] Und selbst der eher konservative *Høgenhaven* konzediert, daß „die Zusammenstellung der ‚Denkschrift‘ in ihrer ersten Gestalt ... nicht auf Jesaja selbst zurückgehen“ könne; „vielmehr spiegelt sie eine Auffassung von der judäischen Geschichte wider, die den Deuteronomisten nahesteht, und das babylonische Exil voraussetzt.“[16]

So unterschiedlich die „Erstfassung“ der Denkschrift bestimmt werden kann, so sehr ist man sich darin einig, daß ihr literarischer Kern und sachliches Zentrum in Jes 7* zu suchen ist. Das ist nicht verwunderlich, denn dieses Kapitel stillt mit seiner dramatischen Szenerie wie kaum ein anderes Stück in c.6-8 den Hunger nach zuverlässigen Überlieferungen über das Wirken des Propheten. Wir werden unmittelbar in die gefährliche Lage des sog. syrisch-efraimitischen Krieges hineingeführt und nehmen gewissermaßen als Augen- und Ohrenzeugen daran teil. So ist es vor allem c.7*, das die Auslegung der Denkschrift und die Bestimmung ihrer Intention maßgeblich geprägt hat. Doch geschah dies zu Recht? Tatsächlich erweist sich bei genauerem Hinsehen gerade dieses c.7 als ein *Fremdkörper* innerhalb der Denkschrift, der ihr offenkundig erst später zugewachsen ist. Umgekehrt bestätigt sich der Verdacht, daß c.6* und 8* enger zusammengehören, als man bisher vermutet hat. Das Interesse der folgenden Analyse besteht also darin, den literarischen Kern der Denkschrift von ihren maßgeblichen Erweiterungen abzuheben. Es wird sich zeigen, daß die These Buddes vom „Buch im Buche“ eine eingeschränkte Berechtigung hat, wenn man sie ihres autobiographischen Mantels entkleidet und sie im Rahmen einer Redaktionshypothese neu mit Inhalt füllt.

2.2. Die Sonderstellung von Jes 7

Innerhalb der Denkschrift nimmt Jes 7,1-17* in mehrfacher Hinsicht eine Sonderstellung ein. So ist, um mit dem auffälligsten Merkmal zu beginnen, „die Einheit des Adressatenkreises und die Stilisierung als Ich-Bericht nur zwischen Kap. 6 und 8* gegeben. Jes 7 fällt da heraus.“[17] Nun hat man sich seit K. Budde (1885) angewöhnt, den Fremdbericht kurzerhand in einen prophetischen Selbstbericht zu verwandeln und das Kapitel damit seiner literarischen Umgebung anzupassen. Um dieses Ziel zu erreichen, muß man nicht nur in 7,3 אֵלַי „zu mir“ statt אֶל־יְשַׁעְיָהוּ „zu Jesaja“ lesen, sondern auch die beiden Narrative in v.10 und 13 (וַיּוֹסֶף bzw. וַיֹּאמֶר) in die 1. Person setzen.[18]

---

[15] Werner, BZ 1985, 1-30. Dabei rechnet er dieser prophetentheologischen Redaktion zu: 6,12f.; 7,3b.4a.10.11b; 8,11*.12b.13b.14b (ab לשני).15bβ; 8,16-18.

[16] Høgenhaven, Gott 79. Als historischer Kern kommen für ihn die drei Symbolnamen und die zugehörige Botschaft in Frage (vgl. auch ders., BEThL 81, 231-235).

[17] Höffken, BZ 1989, 39; ähnlich Haag, TThZ 1991, 13 A.8.

[18] Budde, FS Lemans 125; Duhm 71-74.

Dieser Eingriff aber hat keine Argumente auf seiner Seite: Er bleibt ohne textkritischen Anhalt, und es ist völlig unerfindlich, warum ein späterer Redaktor einen (leichteren) Ich-Bericht in einen (anstößigeren) Er-Bericht transponiert haben sollte. Eine solche Erklärung scheidet also von vornherein aus, auch wenn sie ungezählte Nachfolger gefunden hat.

Auf den ersten Blick überzeugender wirkt da schon der Verweis auf den kompositionellen Charakter der Denkschrift: „Warum sollte von Jesajas Schülern, eventuell sogar von ihm selbst, nicht *ein Fremdbericht* in diese ‚Denkschrift' aufgenommen worden sein?"[19] Eine solche Erklärung ist natürlich sehr elastisch, weil sie mancherlei Differenzen zwischen den drei Kapiteln 6-8 auszugleichen vermag. Aber sie ist zu ungenau. Denn einerseits ist der besondere Charakter von c.7 nicht auf seine Stilisierung als Fremdbericht beschränkt, und andererseits wird der enge Zusammenhang von c.6+8 unterschätzt. Liest man nämlich diese beiden Kapitel als eine Einheit für sich, tritt ihre Andersartigkeit gegenüber c.7 noch deutlicher hervor: Während c.7 von einer *Begegnung* zwischen König und Prophet berichtet, in deren Verlauf sich sogar ein Gespräch entwickelt, bewegt sich die Kommunikation in c.6* und 8* *allein* im Binnenraum zwischen Gott und Prophet. Was Jahwe seinem Propheten mitzuteilen, ja zu offenbaren hat, ist weder für das Volk noch für den König bestimmt. Alles ist auf Abgrenzung angelegt: Jesaja wird „gereinigt" und damit von der *massa perditionis* geschieden (6,6-7); sein Auftrag besteht darin, das Volk zu verstocken, es also bei seinem Unverstand zu behaften (6,9f.); er erhält mittels einer Zeichenhandlung exklusiven Einblick in das künftige Geschick Arams, Israels und Judas (8,1-8*); er wird gewarnt, auf dem Weg „dieses Volkes" zu gehen (8,11-15*); und schließlich soll er das „Zeugnis" und die „Weisung", offenbar die Einblicke in das Geschick des Gottesvolkes, „versiegeln", also gerade nicht publik machen, sondern für künftige Zeiten geheimhalten (8,16-18). Ein *esoterischer Zug*, der fast an apokalyptische Vorstellungen erinnert, bindet also c.6+8 in ihrer jetzigen Gestalt zusammen. Kaum zufällig sprechen allein diese beiden Kapitel verächtlich und distanziert von „diesem Volk da" (הָעָם הַזֶּה 6,9f.; 8,6.11f.).

Schon angesichts dieser Gemeinsamkeiten drängt sich die Frage auf, ob der Zusammenhang von c.6+8 nicht der ursprüngliche ist. Einige formgeschichtliche Indizien kommen hinzu, wenn man den Beginn des Jer- und des Ez-Buches zum Vergleich heranzieht. Denn auch hier bilden Berufungsvision und Zeichenhandlung ein festes Ensemble.

Das Jer-Buch verbindet an seinem Beginn eine Berufungsvision unmittelbar mit einer Zeichenhandlung (Jer 1,4-10.11-16). Beides spielt sich unter Ausschluß der Öffentlichkeit allein zwischen Jahwe und Jeremia ab.[20] Diese Exklusivität hat einen besonderen Grund, denn Vision und Zeichenhandlung stehen nicht in sich selber, sondern bereiten die Verkündigung Jeremias thematisch vor. Wir werden sehen, daß ähnliches auch für Jes 6+8 gegolten haben

[19] Wildberger I, 270.

[20] Vgl. auch וַיֹּאמֶר יְהוָה אֵלַי „und Jahwe sprach zu mir" in Jer 1,12 und Jes 8,1.

muß. Nicht anders, wenn auch weniger ausgeprägt, verhält es sich mit dem Ez-Buch: Auch hier steht eine große Vision am Anfang (1,1ff.), in deren Verlauf der Prophet berufen und auf seine Verkündigungstätigkeit vorbereitet wird. Die Qualifizierung des Volkes als „Haus Widerspenstigkeit“ (בֵּית מְרִי 2,5-8; 3,9.26.27 u.a.) markiert dabei eine ähnliche Trennung, wie sie für Jes 6+8 charakteristisch ist. Auffällig ist schließlich, daß die prophetischen Zeichenhandlungen, die sich in Ez 4-5 an die Inauguralvision anschließen, mit derselben Wendung eingeführt werden wie Jes 8,1: „Nimm dir...“ (קַח־לְךָ 4,1.3.9; 5,1).[21] Der Zusammenhang von Berufungsvision und Zeichenhandlung wird übrigens noch deutlicher, wenn man einen beträchtlichen Teil in Ez 1-3 (etwa die Thronwagenvision 1,4-2,2) als späteren Einschub beurteilt.[22]

Die bisher zusammengestellten Gemeinsamkeiten zwischen c.6+8 waren überwiegend formaler Natur. Daß sich der Grundbestand beider Kapitel aber auch *inhaltlich* zu einer vortrefflichen Einheit fügt, wird zu gegebener Zeit zu erläutern sein. Wir kehren zu c.7 zurück und weisen auf einen Sachverhalt hin, der erstaunlicherweise nur selten in seiner Tragweite erkannt wird, aber die Eigenständigkeit von c.7 aufs neue bestätigt. Denn es handelt sich bei 7,1-17* und 8,1-8* trotz gravierender Unterschiede in der formalen Gestaltung und trotz ganz verschiedener Redesituationen im Grunde um *Parallelberichte*. Beide Kapitel kündigen jeweils in einem ersten Akt den Untergang Arams und Israels an, was zugleich Heil für Juda bedeutet, um dann in einem zweiten Akt auch das Südreich in das Gericht einzubeziehen (vgl. 7,7.8a.9a.16 mit 8,1-4 und 7,17 mit 8,6-8). Dabei ist nicht ohne weiteres erkennbar, daß c.8 etwa als Weiterführung oder gar Steigerung von c.7 konzipiert worden wäre. Man mag sich mit der Annahme behelfen, daß hier dieselben Ereignisse eben von verschiedenen Seiten – und vielleicht ein wenig zeitversetzt – beleuchtet werden. Oder man sieht in der Niederschrift von 8,1-4 „den in späterer Zeit zu erbringenden Beweis“ dafür, daß Jesaja den Untergang Arams und Israels „wirklich vorhergesagt hat.“[23] Aber warum wird die ganze Sache *zweimal* berichtet? Dieser Umstand bleibt erklärungsbedürftig, zumal dann, wenn man von einer biographischen Deutung der Denkschrift abzurücken gezwungen ist.

Eine mögliche Lösung liegt im unterschiedlichen Adressatenkreis: „In Jes 7,1-16 wandte sich Jes an den Hof, mit 8,1-4 an das Volk.“[24] In seiner detaillierten Analyse der Denkschrift hat *Steck* diesen Gedanken ausgebaut: Hinter der Abfolge von 7,1-17 und 8,1-8a verberge sich eine planvolle Gestaltung, die sich in „drei parallelen, sich steigernden Redegängen“ ausweise.[25] Die ersten beiden (7,1-9 und 10-17) richteten sich allein an das Königshaus, dem zunächst das Scheitern der feindlichen Pläne zugesagt, für den Fall des Unglaubens dann aber auch der eigene Untergang angedroht werde. Ein dritter Teil schließlich (8,1-8a) enthalte den entsprechenden Redegang für das *Volk*. Die Erklärung der Parallelität mit dem unterschiedlichen Adressatenkreis hat freilich den Schönheitsfehler, daß sich ihr nicht alles fügt. So ist Steck gezwungen, die Angabe „und über dein Volk“ in 7,17 als sekundäre

[21] Vgl. auch 1Kön 11,31; Jer 36,2.28; Hos 1,2.

[22] Z.B. Pohlmann, ATD 22/1, 43-77; vgl. schon Hölscher, Hesekiel 53f.

[23] Duhm 78.

[24] Marti 81.

[25] Steck, TB 70, 162; vgl. auch TB 70, 189f.

Zutat auszuscheiden, weil sie dem dritten Redegang 8,1ff. vorgreife.[26] Zu dieser Operation besteht aber kein Grund, denn auch 7,2 spricht von Königshaus *und* Volk (was Steck freilich im Sinne einer Überschrift für 7,3ff. *und* 8,1ff. versteht). Schwerer wiegt indes die Beurteilung von 8,1-4: Die Unterscheidung von Königshaus und Volk hat hier keinen Anhalt. Zum einen wird das Volk gar nicht angesprochen; die Rede ist an Jesaja allein gerichtet. Zum andern fragt man sich, ob die Unterscheidung nicht künstlich ist: Geht das Volk unter, ist auch die Dynastie betroffen und vice versa. Es bleibt also unklar, warum 8,1-4 *erneut* den Untergang Arams und Israels ankündigen.

Es kommt hinzu, daß sich 7,1-17 und 8,1-8a nicht nur in der Grobstruktur entsprechen, sondern auch Übereinstimmungen im Detail aufweisen, die nicht auf Zufall beruhen können: (1) Mit ganz ähnlichen Worten berichten 7,14.16 wie auch 8,3f. von der Geburt eines Kindes mit Symbolnamen. Von der Schwangerschaft der Mutter bis hin zur Benennung des Kindes und der Deutung seines Namens begegnen beinahe dieselben Wendungen. Besonders frappant sind die Entsprechungen zwischen 7,16 und 8,4: כִּי בְּטֶרֶם יֵדַע הַנַּעַר („denn noch bevor der Knabe lernt…"). (2) Die Mutter des Knaben erscheint an beiden Stellen mit dem bestimmten Artikel: הָעַלְמָה („die junge Frau") in 7,14 und הַנְּבִיאָה („die Prophetin") in 8,3. Daß hier die Frau des Propheten gemeint ist, dort hingegen (nach unserer Sicht) die Frau des Ahas, beeinträchtigt diese Beobachtung nicht. (3) Fast gleich lautet die Einführung des jeweils zweiten Redegangs in 7,10 und 8,5: „Und Jahwe sprach noch einmal zu Ahas/zu mir („וַיּוֹסֶף יְהוָה דַּבֵּר אֶל־"). (4) Hinzuweisen ist schließlich auch auf die Einleitung der Scheltworte in 7,5 und 8,6 mit „darum daß" (יַעַן כִּי).

Die hier skizzierten Ähnlichkeiten zwischen 7,1-17 und 8,1-8a sprechen entschieden gegen die Auffassung, beide Kapitel seien unabhängig voneinander entstanden und erst später zusammengekommen. Für die Redeeinführungen in 7,10 und 8,5 mag diese Erklärung noch hinreichen; sie sind unspezifisch. Für die Doppelüberlieferung von der Geburt eines Kindes scheidet sie aus. Daß die eine oder andere gleichlautende Formulierung auf *literarischer* Abhängigkeit beruht, ist ohnehin das Nächstliegende. Nach Budde z.B. sei 7,16 aus 8,4 entlehnt worden, was er umso leichter behaupten konnte, als er den Vers gegenüber 7,15 für sekundär hielt.[27] Damit ist freilich noch nicht viel gewonnen, denn die signifikanteste Parallelität liegt zwischen den beiden Geburtsorakeln 7,14-16 und 8,1-4, und an ihnen muß die Entscheidung fallen. Aber in welchem Sinne? Die These W. Werners, nach der „Jes 7,1-17* für 8,1-18* so etwas wie eine strukturbildende Vorlage abgegeben" habe,[28] geht am weitesten. Sie wirft freilich Fragen auf. Denn wie kann Jes 8 von Jes 7 (sei es literarisch oder nur im Sinne einer losen Anregung) abhängig sein, wenn gerade die Szene 8,1-4 am ehesten „historisch glaubwürdige Fakten übermittelt"[29], also augenscheinlich auf alter Überlieferung beruht? Der

---

26 Steck, TB 70, 189.

27 Budde, Erleben 57. In der Regel beurteilt man (umgekehrt) v.15 als sekundär.

28 Werner, BZ 1985, 15.

29 Werner, BZ 1985, 15.

umgekehrte Weg führt zum Ziel: „Der Immanuel (7,14-16) ... ist ein sekundärer Doppelgänger des Raubebald-Eilebeute.“[30] Nun ist es prinzipiell möglich, die Abhängigkeit auf eben diese Verse zu beschränken, etwa indem man die Immanuel-Weissagung 7,14b-16bα als Einschub eines heilseschatologischen Bearbeiters beurteilt, sie also aus dem Grundbestand von c.7 ausklammert.[31] Dann hätten wir eine einfache Erklärung für die Gemeinsamkeiten zwischen beiden Kapiteln gefunden. Sie scheitert indes daran, daß die Verheißung des Immanuel für den zweiten Redegang schlechterdings unentbehrlich ist. Denn worauf soll sich das in v.14a angekündigte „Zeichen“ (אוֹת) beziehen, wenn man v.14b-16 herausnimmt? Die Gerichtsdrohung in v.17a jedenfalls kommt kaum in Frage.[32] Sie ist ja nicht selbst das Zeichen, sondern beschreibt die künftige *Realität*, die mit Hilfe des Zeichens manifestiert, beglaubigt und in gewisser Hinsicht vorweggenommen wird. Was aber zwischen der *Ankündigung* des Zeichens und seiner *Manifestation* fehlt, ist das Zeichen selbst. Das Geburtsorakel herauszutrennen hieße also, dem Text sein Herzstück zu nehmen. Er wäre nicht mehr lebensfähig. Wir müssen vielmehr die Geburt des Immanuel als integralen Bestandteil des Kapitels beibehalten. Dann aber erhebt sich, um die Frage nach dem Verhältnis von c.7 und 8 wieder aufzunehmen, der Verdacht, daß Jes 7,1-17* *insgesamt* – in wichtigen Erzählzügen – nach der Vorlage 8,1-8a gestaltet worden ist.

Diese Einsicht ist nicht neu. So vermutet *Studer* in einem Beitrag über „Das Wechselverhältnis zwischen Kap. 7 und 8“, der Prophet habe gewiß nicht zwei *verschiedene* Kinder gehabt (JPTh 1879, 88). Der Historiograph, der c.7 auf der Grundlage zuverlässiger Nachrichten verfaßte, habe vielmehr den Maher-Schalal-Hasch-Bas aus 8,1-4 zum Vorbild für den „Immanuel“ genommen (92f.). Dasselbe tat er bei seiner Mutter: „Als Mutter dieses war gewiss in seinem ursprünglichen Berichte ebenfalls die Gattin des Propheten bezeichnet, הנביאה, der dann aber der Redactor unserer Orakelsammlung, der beide Berichte aufnahm, um eine Identificierung des ersten Berichtes mit demjenigen des achten Kapitels unmöglich zu machen, jene unerfindbare עלמה, selbst mit Beibehaltung des Artikels, substituirt hat“ (93). Radikaler urteilt *Kraeling* (JBL 1931): Das als *Legende* eingestufte c.7 habe überhaupt aus 8,1-4 geschöpft, so daß sich beide Kapitel wie „history and fiction“ zueinander verhalten (297).[33]

Eine derart verstandene Abhängigkeit vermag strukturelle und inhaltliche Entsprechungen zwischen beiden Kapiteln ebenso zu erklären wie wörtliche Bezüge. Vor allem aber bestätigt sie im Blick auf die „Denkschrift“ insgesamt die bisherigen Beobachtungen: C.7* hat kaum zu einem ursprünglichen Kern dieses Komplexes gehört. Ein beachtlicher Teil des Kapitels ist gegenüber seiner literarischen Umgebung offenkundig sekundär und in markanten Zügen sogar von ihr abhängig.

Eine unverkennbare Verwandtschaft besitzt 7,1-17* – und dadurch wird die Sonderrolle des Kapitels weiter unterstrichen – aber auch zu den Jesaja-

---

[30] Levin, Verheißung 236, und vor ihm Kaiser I, 177 A.13.

[31] So Kaiser I, 166.

[32] So freilich Kaiser I, 163-165.

[33] Vgl. den schroffen Widerspruch von Budde, JBL 1933, 48-50.

Legenden 2Kön 18-20 / Jes 36-38. Daß der zaudernde Ahas in mehrfacher Hinsicht als Antitypos des glaubensstarken Hiskija auftritt, ist ja schon immer beobachtet worden. 7,9b spricht vom „Glauben“ (האמין), c.36 mehrfach vom „Vertrauen“ (בטח). *Beide* Könige erhalten die heilvolle prophetische Zusage „fürchte dich nicht!“ (7,4 und 37,6f.), verhalten sich aber gänzlich verschieden. Nicht selten und mit guten Gründen hat man in dem Knaben „Immanuel“ den Thronfolger selbst, also Hiskija, erblicken können, wodurch die Bande zwischen c.7 und 36ff. noch enger werden. Soll das Geburtsorakel 7,14-16 gar direkt auf den „Gott-mit-uns“ Hiskija hinweisen, der die Gefährdung des Zion mit seinem unerschütterlichen Gottvertrauen so bravourös abwendet? Dann wäre eine *literarische* Beziehung zwischen c.7 und 36ff. ernsthaft in Betracht zu ziehen. Man denke auch an die eigentümlich exakte Lokalisierung „an der Wasserleitung des oberen Teiches am Walkerfeldweg“ (7,3), die auch in 36,2 als Ort der Begegnung zwischen Hiskijas Beamten und dem assyrischen Rabschake genannt ist. Schließlich spielt jeweils ein *Zeichen* eine besondere Rolle: Was Ahas offenbar aus falsch verstandener Gottesfurcht ausschlägt, erbittet Hiskija aus Glaubensstärke. Diese Bezüge zwischen c.7 und 36ff. haben denn auch gelegentlich zu der Vermutung geführt, beide Komplexe – meist nimmt man noch Jes 20 hinzu – hätten ursprünglich eine eigene Sammlung von Jesaja-Erzählungen gebildet.

Studer etwa betrachtet c.7, 20 und 36ff. als „Theile einer von Propheten im Interesse ihres Standes und der Theokratie überhaupt geschriebenen Königsgeschichte“.[34] Ähnlich bekennt *Kraeling*: „This story has the same character as the Isaiah narratives in 36-38.“[35] Und er meint damit nicht nur den legendenhaften und insoweit fiktiven Charakter von Jes 7, sondern er sieht, daß c.7 erst von 36ff. her voll verständlich wird: „without a clear understanding of this background the entire passage is a sealed book.“[36] *Gegen* die Annahme einer gemeinsamen Quelle für c.7 und 36ff. wendet sich J. Meinhold: „Endlich ist die Aehnlichkeit zwischen dem אות in C.7 und C.37.38 doch nur äusserlich.“[37] – In der gegenwärtigen Auslegung beschränkt man sich zumeist darauf, die Verwandtschaft zwischen c.7 und 36ff. und damit die Antitypologie Ahas–Hiskija herauszustellen, ohne auf die Frage nach dem *literarischen* Verhältnis beider Erzählungen näher einzugehen.[38]

Der enge Zusammenhang von c.7 und 36ff. ist also kaum ernsthaft zu bestreiten. Er betrifft nicht nur einzelne Details, sondern das Genre insgesamt: Wir haben es (anders als bei c.6 und 8) mit Erzählungen zu tun, die in der 3. Person, also aus der Distanz des Beobachters heraus *über* das Wirken des Propheten berichten. Strittig kann also nur sein, *wie* sich c.7 und 36ff. zueinander verhalten. Eine gemeinsame Quelle kommt kaum in Frage, aber eine literarische Abhängigkeit ist denkbar. So sind die Jesaja-Legenden für das Verständnis von c.7, wenn man sich vorsichtig ausdrücken will, zumindest

[34] Studer, JPTh 1879, 76.

[35] Kraeling, JBL 1931, 292 (im Orig. hervorgehoben).

[36] Kraeling, JBL 1931, 280. Den *ursprünglichen* Platz von Jes 7 vermutet er zwischen 2Kön 16,1-5 und 7ff. (ebd., 295f.).

[37] Meinhold, Jesajaerzählungen 53.

[38] Vgl. z.B. Ackroyd, Studies 116-119; Conrad, JSOT 1988.

hilfreich. Wer sie mitliest, versteht die Begegnung Jesajas mit Ahas besser, nämlich als eine paradigmatische Geschichte vom Gottvertrauen und dessen Folgen. Sollte dies bloß ein – gar erst sekundär hinzugetretener – Nebenzug sein?[39] Jedenfalls stehen (umgekehrt) c.36ff. durchaus in sich selbst; sie gewinnen durch c.7 nichts Neues hinzu. Auch hier darf daher die These gewagt werden, daß der Autor von Jes 7* aus c.36-38 geschöpft hat.

Ein letztes, aber entscheidendes Argument für die Eigenständigkeit von Jes 7 einerseits und die ursprüngliche Verbindung von c.6+8 ergibt sich aus einer nur scheinbar banalen Frage: Auf welche geschichtliche Lage nehmen c.7 und c.8 eigentlich Bezug? Ist es tatsächlich dieselbe? Mit c.7 wird der Leser ohne jeden Zweifel in die Zeit des syrisch-efraimitischen Krieges versetzt, wie immer man sich die Vorgänge im einzelnen vorstellen mag. Aber gilt das auch für c.8? Schon bei dem Drohwort gegen Juda in 8,6-8a sind Bedenken angebracht: „Die Schelt- und Drohrede 8,*5-8a gilt der Forschung durchweg als Reaktion Jesajas auf das Verhalten der Judäer im syrisch-ephraimitischen Krieg. Dies ist nicht mehr als ein später Erfolg des Redaktors von Jes 7f. Sieht man nämlich von dem Kontext ab, in den er das Wort gestellt hat, und klammert man die geschichtlichen Erläuterungen aus, die von ihm stammen (V.6b.7aβ), dann bleiben keine sicheren Anhaltspunkte für die übliche Frühdatierung mehr übrig.“[40] Tatsächlich sind es vor allem die historisierenden Glossen, die eine entsprechende Einordnung nahelegen. Dieselbe Hand hat ja auch in c.7 mehrfach verdeutlichend eingegriffen (7,4b. 5b), und zwar sachlich meist zu Recht. Anders verhält es sich aber mit dem Drohwort 8,6-8a*, denn hier standen ursprünglich gewiß einschneidendere Bedrohungen im Blick. Man mag an die gefährliche Belagerung Jerusalems im Jahre 701 denken.[41] Eher aber ist hier an den Untergang des Staates überhaupt gedacht. Das in 8,7-8a* angekündigte Gericht jedenfalls scheint ein totales zu sein. Auf den syrisch-efraimitischen Krieg deutet nichts.

Mit 8,1-4 verhält es sich kaum anders. Genaugenommen besagt das Drohwort ja nur, daß Damaskus und Samaria in Bälde dem „König von Assur“ zum Opfer fallen werden. Liegt hier eine „echte“ Weissagung auf den Untergang der beiden Reiche vor? Dann könnte man erwägen, ob nicht tatsächlich die kriegerischen Ereignisse der Jahre 734/3 im Hintergrund stehen, zumal v.4 offenbar an einen *gleichzeitigen* Untergang Arams und Israels denkt, was historisch nicht zutraf. Als historischer Hintergrund genügte aber auch der Umstand, daß sich die beiden Staaten Aram und Israel seit 738 im Stadium der Vasallität befanden und damit von Assur auch in ihrer Existenz potentiell bedroht waren. Für einen weitblickenden Menschen lag es nahe, daß Assur bald mehr im Schilde führen würde. Eine andere Möglichkeit bestünde darin, 8,4 als eine Weissagung *ex eventu* zu betrachten und bereits auf

---

[39] So etwa Clements, FS Rendtorff 234-237.

[40] Dietrich, Jesaja 97f.

[41] So Dietrich, Jesaja 158-161.

die *Eroberung* Arams und Israels in den Jahren 732 und 722 zu beziehen. 8,1-4* wäre dann umfassender, in gewisser Hinsicht „zeitloser" gemeint gewesen, als es der jetzige Kontext suggeriert: Den nördlichen Rivalen Judas, Aram und Israel, wird mittels einer Zeichenhandlung der Untergang angedroht (vgl. 17,1-3). Wir hätten es in 8,1-8a* dann mit Worten zu tun, die ihrer ursprünglichen Intention nach offenbar umfassender gemeint waren und vielleicht so etwas wie einen knappen Abriß der Verkündigungstätigkeit des Propheten widerspiegeln. Zu dieser Sicht würde sich c.6*, das nach unserer Auffassung einmal direkt mit c.8* verbunden war, gut fügen. Denn auch die Berufungsvision Jesajas hat ja mit dem syrisch-efraimitischen Krieg nicht das Geringste zu tun. Auch sie überblickt offenbar die gesamte Verkündigung des Propheten.

Wenn es wahr ist, daß c.8* gar nicht (oder nur am Rande, vgl. 8,4) mit dem syrisch-efraimitischen Krieg befaßt war, erhebt sich der Verdacht, daß diese Thematik allein mit c.7* – und d.h. *sekundär* – in die Denkschrift gelangt ist. Die Konsequenzen dieser Einsicht sind kaum zu überschätzen: Der literarische Kern der Denkschrift ist *nicht* dem Willen entsprungen, prophetische Worte aus einer bestimmten, genau datierbaren Verkündigungsphase zu sammeln und zu bewahren. Vielmehr stand am Anfang dieses literarischen Komplexes bereits das übergreifende Interesse, die prophetische Tätigkeit *insgesamt* in den Blick zu bekommen.

Wir fassen die bisherigen Beobachtungen zusammen. C.7* fällt aus formalen wie inhaltlichen Gründen aus seiner literarischen Umgebung heraus: (1) Es unterbricht einen offenbar ursprünglichen Zusammenhang von c.6+8, scheint also erst später zwischen beide Kapitel geraten zu sein. (2) Eine literarische Abhängigkeit von c.8 ist wahrscheinlich. (3) Bei der Entstehung des Kapitels dürften auch die Jesaja-Legenden in c.36ff. mehr als nur eine Nebenrolle gespielt haben. – Mit diesen drei Eckpunkten ist das Feld für die folgende Analyse abgesteckt. Sie ist nötig, weil nun im Detail zu klären ist, ob die bisherigen Vermutungen etwa über die literarische Abhängigkeit von c.8 und c.36ff. tatsächlich den *Grundbestand* des 7. Kapitels betreffen oder vielleicht nur auf der Ebene einer späteren Redaktionsschicht auszumachen sind. Sollte sich ersteres als wahr erweisen, hätten wir es bei Jes 7 jedenfalls mit einem recht späten Text zu tun, dessen jesajanische, ja überhaupt vorexilische Herkunft beinahe auszuschließen ist.

2.3. Literarkritische Entscheidungen in Jes 7

Bis in die 70er Jahre dieses Jahrhunderts betrachtete man Jes 7,1-9 (+10-17) mit größter Selbstverständlichkeit als einen nur geringfügig bearbeiteten *jesajanischen* Text, der eine konkrete historische Situation im sog. syrisch-efraimitischen Krieg im wesentlichen zuverlässig widerspiegelt. An kritischen

Stimmen freilich, die hier vorsichtiger urteilten, hat es in den Jahrzehnten zuvor nie gefehlt. Zweifel an der jesajanischen Autorschaft und der historischen Glaubwürdigkeit haben sich fast immer an dem Er-Bericht entzündet, doch lag hier keineswegs das zentrale Argument.[42]

Gesenius (1820) etwa äußerte aufgrund der 3. Person den „Verdacht“, daß das Kapitel „nicht *so* vom Propheten selbst aufgezeichnet, sondern vielmehr eine von einem andern verfasste Relation *de Jesaia* sey“ (I/1, 270). Selbstbewußter urteilt *de Lagarde*: „Das Kapitel beansprucht nicht, von der hand des Isaias zu sein, da es von ihm redet, nicht ihn selbst reden läßt“ (AGWG 1878, 9). Und im Blick auf die historische Glaubwürdigkeit des Berichteten fügt er nicht ohne Scharfsinn hinzu: „wäre Isa 7 in der uns vorliegenden gestalt echt, statt ein cento aus echten, aber musterhaft ungeschickt zusammengeflickten aussprüchen des Isaias zu sein, so würden wir wol irgend eine manung an Achaz des inhalts finden, sich lieber auf Jahwe als auf Assyrien zu verlassen, und eine hinweisung darauf, daß dies jetzt als fremd betrachtete Assyrien unheil über Iudaea bringen müsse und werde“ (AGWG 1878, 12). Gerade das also, was man bei einer historisch zuverlässigen Überlieferung erwartete, fehlt. Das gilt nach de Lagarde erst recht von dem Glaubensaufruf: „was soll man für vernunft darin finden, wenn einem ungläubigem gesagt wird, ‚falls du nicht glaubst, gehst du unter‘, und der so predigende ersichtlich der überzeugung ist, daß der angeredete, auch wenn er nicht glaubt, doch nicht untergeht?“ (AGWG 1878, 10). Man kann die Sache auch etwas einfacher ausdrücken: „Ahas hat nicht geglaubt und ist doch geblieben.“[43]

Von einer anderen Seite her stellt *Greßmann* (1929) die Glaubwürdigkeit des Erzählten in Zweifel: „Die Art, wie hier Jesaja zum Wundertäter degradiert wird, stempelt die Erzählung zur *Prophetenlegende*.“[44] Damit ist das Stichwort gefallen, das dann vor allem *Kraeling* aufgreift, um c.7 insgesamt als „fiction“ zu kennzeichnen.[45] Die Gründe sind eher allgemeiner Art; sie ergeben sich aus der engen Verwandtschaft mit den Jesaja-Erzählungen c.36-38, deren legendenhafter Charakter außer Frage steht.

Erst im Zuge der redaktionsgeschichtlichen Betrachtungsweise gelang es, den besonderen *literarischen* Charakter von Jes 7 zumal im Rahmen der Denkschrift genauer wahrzunehmen. Es war vor allem O.H. Steck, der hier eine planvolle *Komposition* aus drei sich steigernden Redegängen beobachtete, die als Entfaltung des Verstockungsauftrages von c.6 zu verstehen sind.[46] Wegweisend ist dabei die Einsicht, daß Jes 7* in seiner jetzigen Gestalt nicht *unmittelbar* die Situation der ursprünglichen Wortausrichtung wiedergibt, sondern in erster Linie als ein Stück *Literatur* im Kontext der Denkschrift zu lesen ist.[47] Mit dieser Unterscheidung lassen sich die historischen „Defizite“ der Erzählung zwanglos erklären: „Jesajas Rede an Ahas dürfte in der politischen Situation selbst und auf sie hin gewiß präziser und eindeutiger gewesen sein“[48]. Die vorliegende *Textfassung* aber geht über diesen einmaligen Anlaß

---

42 Vgl. die eingehende Analyse des Kapitels durch Werlitz, Studien 95-250, der die literarkritischen Probleme ausführlich darstellt. Zur Orientierung auch Höffken, BZ 1989.

43 So W. Baumgartner, bei Smend, ZThK 1983, 255 (= BEvTh 99, 194).

44 Greßmann, Messias 237.

45 Kraeling, JBL 1931, 292-297. Vgl. die harsche Kritik an ihm und an Greßmann von Budde, JBL 1933, 36-52.

46 Steck, TB 70, 149-186.

47 Bes. Steck, TB 70, 178-186.

48 Steck, TB 70, 182.

weit hinaus, indem sie das Gespräch zwischen Jesaja und Ahas auf die Gottesbeziehung zuspitzt und sich insoweit an dem uninteressiert zeigt, was damals „wirklich" zwischen Prophet und König geschah und gesprochen wurde. Diese fundamentale Unterscheidung zwischen dem aktuell ergangenen *Wort* und dem für die Weitergabe an künftige Generationen bestimmten *Text* schließt auch die Möglichkeit ein, daß das Berichtete – wenn nicht insgesamt, so doch in wesentlichen Zügen – *stilisiert* und insoweit *fiktiv* ist. Steck zieht diese Konsequenz natürlich nicht, da sich ihm die Denkschrift als „eine vom Propheten selbst geschaffene Größe" darstellt.[49] Mit der Möglichkeit, daß die beiden Szenen in 7,1-17 *konstruiert* sind, muß indes gerechnet werden. So ist es nicht verwunderlich, daß man das Kapitel insgesamt athetieren und sogar in die nachexilische Zeit datieren konnte.

Höffken (1980) etwa beobachtet, daß sich direkte Worte an Könige und Zeichenankündigungen nur in Prophetenerzählungen, nicht hingegen in der Wortüberlieferung fänden. Daraus leitet er die Frage ab, „ob nicht ein relativ populäres Prophetenverständnis auf die Schriftpropheten übertragen wird."[50] Zeitlich möchte er sich indes nicht allzu weit von Jesaja selbst entfernen: Jes 7* sei als *vaticinium ex eventu* am besten auf die Bedrohung durch Sanherib 701 zu beziehen.[51] – Bei O. Kaiser (1981) rückt nun die Frage nach dem Prophetenverständnis in den Mittelpunkt. In den beiden Szenen 7,1-9* und 7,10-17 sieht er den literarischen Kern der Denkschrift, der freilich schon ein fortgeschrittenes (nachexilisches) Prophetenbild widerspiegele.[52] So bewertet er 7,1-9* als eine „theologische Lehrerzählung, die im Schatten der deuteronomistischen Theologie die Frage nach den Gründen für das Abtreten der davidischen Dynastie und die Dezimierung des Volkes mit dem Hinweis auf die Fehlentscheidung des Königshauses aufgrund seines mangelnden Gottvertrauens beantwortet und damit die eigene Gemeinde vor die Entscheidung stellt, entweder zu glauben oder unterzugehen, vgl. 7,9b."[53]

Nicht selten als Reaktion auf die Spätdatierung unternimmt man neuerdings wieder verstärkt den Versuch, auf literarkritischem Wege einen Grundtext zu gewinnen, der guten Gewissens auf den Propheten selbst oder wenigstens einen unmittelbaren Schüler zurückgeführt werden kann.[54] Dabei wird mit z.T. komplizierten redaktionellen Vorgängen und einer entsprechenden Zahl

---

[49] Steck, TB 70, 161.

[50] Höffken, ThZ 1980, 332-337 (Zitat 333).

[51] Höffken, ThZ 1980, 335f.; ders., BZ 1989, 36-38. Das Faktum der *Begegnung* zwischen Jesaja und Ahas mag dabei historisch sein (vgl. ebd., 30).

[52] Vgl. Kaiser I, 143. Weiteres Argument: die vermutete Abhängigkeit von c.36ff.

[53] Kaiser I, 118. Eine Spätdatierung vertreten (mit wenig spezifischen Argumenten) auch Werlitz, Studien 223-240 (frühestens exilisch), und Kilian II, 203f. (aufgrund des Bezugs zu c.36f. frühestens exilisch; anders noch ders. I, 51).

[54] Vgl. außer Werlitz, Studien 123-250, die Übersicht bei Bartelmus, ZAW 1984, 52 (zu 7,14-17), und bes. Höffken, BZ 1989, 25-42. – Es ist aufschlußreich, daß man die Grundlage nur ganz selten *unmittelbar* auf den Propheten zurückführt (so etwa Hubmann, BN 1985, 41). Häufiger setzt man die Erstfassung von Jes 7* später an, rechnet aber mit authentischem jesajanischen Gut, vgl. mit Variationen im einzelnen Irsigler, BN 1985, 108f. (= SBAB 6, 192f.); Dohmen, BN 1986, 54; ders., Bib. 1987; Bickert, ZAW 1987, 375-382; Høgenhaven, Gott 78-93; Haag, TThZ 1991, 8-15.

von Bearbeitungsschichten gerechnet. Der jeweilige Grundbestand bleibt in der Regel, weil man eindeutig spätes Gut aus ihm extrahiert, wenig aussagekräftig. Und es verhält sich keineswegs so, daß mit solchen Operationen alle Spannungen und Anstöße beseitigt wären. Hier stellt sich im Einzelfall die Frage, ob der Wunsch, ein „echtes“ Jesaja-Wort zu gewinnen, nicht mitunter zur *Voraussetzung* der Analyse gemacht wird, die allererst zu beweisen wäre.

Will man nun die bisher eher allgemeinen Vermutungen über den späten Charakter von Jes 7 präzisieren und den literarischen Standort des Kapitels genauer kennzeichnen, muß man sich den Aufbau des Kapitels – von den Nachträgen in 7,18-25 kann man zunächst absehen – vergegenwärtigen. Es besteht aus zwei Szenen, wobei sich die zweite Szene in 7,10-17 schon aus formalen Gründen („da sprach Jahwe *noch einmal* zu Ahas“ v.10) als Fortsetzung der ersten zu erkennen gibt. Daß 7,3ff. als Rede an *Jesaja* (und nicht an Ahas unmittelbar) stilisiert ist, widerspricht dem nicht, denn 7,10 setzt voraus, daß Jesaja das ihm aufgetragene Wort auch tatsächlich ausgerichtet hat. Insofern muß zwischen dem Glaubensaufruf in v.9b und dem Neueinsatz in v.10 eine gewisse Zeit verstrichen sein: König Ahas hat sich, so soll der Leser schließen, von seiner Angst (v.2) nicht abbringen lassen und sich damit faktisch *gegen* den geforderten Glauben entschieden. Die zweite Szene kann also nicht für sich stehen. Verhält es sich aber mit dem ersten Gesprächsgang 7,1-9 anders? Immerhin fragt sich der Leser nach v.9b, wie die Sache ausgeht: Weder wird er über Erfolg oder Mißerfolg des feindlichen Manövers unterrichtet, noch erfährt er, ob Ahas dem Aufruf des Propheten Vertrauen geschenkt hat. Schon die negative Formulierung des Glaubensaufrufs läßt Unheil erahnen, aber einstweilen eben nur *erahnen*. V.9b richtet also einen Spannungsbogen auf, der erst mit v.17a, einer Unheilsansage gegen Juda, zu einem vorläufigen Ziel kommt.[55] Kurzum: „Die Zusammengehörigkeit beider Szenen steht ... außer Frage.“[56] Löst man sich nun von der Voraussetzung, in Jes 7* *müsse* sich ein „echtes“ jesajanisches Wort verbergen, fällt es nicht schwer, mit vergleichsweise bescheidenen Eingriffen einen mehr oder weniger kohärenten Grundbestand freizulegen.[57] Daß gleichwohl Anstößiges bleibt, hängt mit der späten Herkunft des Kapitels und den verwendeten Traditionen zusammen.

Unberücksichtigt bleiben können v.18-25. Es handelt sich um eine Fortschreibungskette, die durch die Frage veranlaßt ist, was es mit der in 7,15-17 anvisierten Zukunft auf sich hat (vgl. das stereotype „an jenem Tag“ in v.18.20.21.23). V.18f. bietet eine erste Auslegung des dunklen v.17a: Mit den „kommenden Tagen“ sei ein Gericht durch Ägypten und Assur gemeint. Auch v.20 ist kaum ursprüngliche Fortsetzung von v.17a, sondern weitere Ausle-

[55] Die Auffassung Höffkens, ThZ 1980, 325, wonach 7,3-9 lediglich als *Hinführung* zu 7,10-17 anzusehen sei, geht wohl etwas zu weit, ist aber grundsätzlich richtig.

[56] Bartelmus, ZAW 1984, 56.

[57] Zu allen Fragen ausführlich Werlitz, Studien 123-200. Einen Ausweg aus der unübersichtlichen Vielfalt literarkritischer Lösungen zu Jes 7 sucht Bartelmus, ZAW 1984, mit einer streng *synchronen* Auslegung des Kapitels. Hier wird vieles richtig gesehen, manche Unebenheit aber unnötigerweise nivelliert.

gung.[58] V.21f. haben bereits die Zeit *nach* dem Gericht im Blick; sie setzen den seinerseits sekundären v.15 voraus und bieten eine neue Deutung des Immanuel.[59] Wiederum später sind v.23-25 hinzugesetzt worden; sie nehmen das Bild aus 5,5f. auf.

Bei der Analyse von 7,1-17 erweist sich eine erzählpragmatische Einsicht als hilfreich, die die „Binnenlogik" des Kapitels betrifft. Das Problem läßt sich am besten am Glaubensaufruf v.9b veranschaulichen. Man hat sich über die Frage, was der Prophet von seinem König *konkret* verlangt habe, als er ihn zum Glauben rief, bekanntlich tiefschürfende Gedanken gemacht. Die Vorschläge reichen von völliger Passivität bis hin zur Erlaubnis eigener militärischer Verteidigungsanstrengungen. Aber abgesehen davon, daß der Text in dieser Frage ein beredtes Schweigen zu erkennen gibt, bleibt eines erstaunlich: Vom Verhalten des Ahas *als Person* hing in Wahrheit (und das heißt zunächst: historisch gesehen) gar nichts ab. Sein Unglaube hat ja nicht zum Untergang der Dynastie geführt! Der erfolgte bekanntlich erst 150 Jahre später. Diesem Anachronismus sollte man nun aber nicht literarkritisch begegnen, etwa indem man v.9b aus dem Grundbestand ausscheidet. Er zeigt vielmehr, daß es nützlich ist, zwei Ebenen zu unterscheiden: (1) Der Leser wird zum einen in die Szenerie und die Entscheidungssituation des syrisch-efraimitischen Krieges um das Jahr 734 versetzt. In ihr erscheint Ahas als labiler Charakter, der unentschlossen wirkt, sich grundlos ängstigt und schließlich den geforderten Glauben versagt, *obwohl* Jahwe die Unantastbarkeit von Gottesstadt und Dynastie *ohne Wenn und Aber* garantiert (v.1.4.7). (2) Zum andern blickt der Leser über diesen „internen" Erzählablauf bereits hinaus. Er weiß, wie die Sache ausgegangen ist: Im Jahre 586 ist die Stadt in Schutt und Asche gelegt worden, und die Dynastie hat aufgehört zu existieren. In dieser Perspektive ist die Erzählung zugleich als theologische Vergangenheitsbewältigung zu lesen, und der Glaubensaufruf gewinnt nun erst seinen Sinn: Ahas hat nicht geglaubt und damit einen entscheidenden Schritt auf dem Weg getan, der schließlich in das Desaster geführt hat. So lassen sich manche Unstimmigkeiten zwanglos und ohne literarkritische Operation erklären, wenn man sich diese beiden Perspektiven vor Augen führt.[60] Wer hingegen den Schlüssel für die Erzählung allein in der Zeitgeschichte des 8. Jh.s oder gar in der Psyche des Propheten sucht, wird nicht in ihren tieferen Sinn eindringen können.

Die erste Szene 7,1-9 setzt in v.1 mit einer ungewöhnlich breiten Situationsbeschreibung ein, die offensichtlich Leser voraussetzt, für die das Geschehen schon eine beträchtliche Zeit zurückliegt. Schon die Genealogie des

---

[58] Zur Schichtung *innerhalb* des Verses vgl. Barth, Jesaja-Worte 198 A.48.

[59] Vgl. Barth, Jesaja-Worte 287.

[60] Z.B. entfällt die Notwendigkeit, die Angabe „über dich und über dein Volk und über das Haus deines Vaters" (v.17a) literarkritisch zu bereinigen, wie es oft geschieht: Natürlich ist Ahas in der Szene direkt angesprochen, doch das angekündigte Unheil trifft erst einen späteren Nachfolger aus dem Haus Davids und wird das gesamte Volk in Mitleidenschaft ziehen. Erzähltechnisch ist das nicht anders zu lösen!

Ahas bis auf seinen Großvater Usija fällt aus dem Rahmen heraus.[61] Sie hat jedoch im gegenwärtigen Kontext ihren guten Sinn, knüpft sie doch an das Datum der Berufungsvision in 6,1 an, die in das Todesjahr des Usija fällt. Offensichtlich ist hier eine redaktionelle Tendenz wirksam, die c.7 mit c.6 zusammenbinden will.[62] Was v.1 über die Genealogie des Ahas hinaus enthält, findet sich fast wörtlich in 2Kön 16,5 wieder. Beide Verse sind einander so ähnlich, daß nur eine literarische Abhängigkeit in Frage kommt.[63]

Über die *Richtung* dieser Abhängigkeit könnten bereits die *Differenzen* zwischen beiden Versionen entscheiden. So geht es in Kön betontermaßen um die Bedrohung des *Ahas* (vgl. die in Jes fehlende Wendung וַיָּצֻרוּ עַל־אָחָז), während Jes das Gewicht auf die Gefährdung der Stadt *Jerusalem* legt, erkennbar an dem doppelten עָלֶיהָ „gegen es (= Jerusalem)“, das in Kön fehlt. Ein kleiner, aber folgenreicher Unterschied betrifft das jeweils letzte Sätzchen. Heißt es in Jes וְלֹא יָכֹל לְהִלָּחֵם עָלֶיהָ „aber er (Aram) vermochte nicht, gegen es (Jerusalem) zu kämpfen“, liest Kön den Plural יָכְלוּ „sie vermochten“, der sich dem Kontext entsprechend auf *beide* Verbündete, Aram und Israel, bezieht. Man mag die pluralische Verbform in Kön als eine Erleichterung betrachten, die Aram und Israel – offenbar anders als in Jes 7 – als gleichrangige Partner behandelt.[64] Gleichwohl enthält die Kön-Version eine nur schwer abzumildernde Härte: Der Infinitiv לְהִלָּחֵם „um zu kämpfen“ hat weder eine Präposition noch überhaupt ein Objekt bei sich. Eine *wörtliche* Übersetzung („aber sie konnten nicht *kämpfen*“)[65] nimmt der Fortsetzung in 16,7-9 ihre Dramatik: Warum sollte Ahas den assyrischen König um Hilfe bitten, wenn die Gegner kampfunfähig sind, also keine ernsthafte Gefahr besteht? Mit einem gewissen Recht darf man also in der Jes-Version die *lectio facilior* sehen: Sie gibt dem Verb נלחם „kämpfen“ ein Objekt bei (עָלֶיהָ „gegen es“) und schafft insoweit klare Verhältnisse. Daß sich die Sache in Wahrheit komplizierter verhält, wird gleich zu erörtern sein.

So nimmt man heute gewöhnlich an, ein historisierender Bearbeiter von Jes 7 habe eine knappe Einleitung (etwa „es begab sich in den Tagen des Ahas...“) aufgrund der Notiz in 2Kön 16 aufgefüllt.[66] Für diese Auffassung führt man mehrere Argumente ins Feld: Neben den bereits genannten Beobachtungen, daß v.1 im Blick auf die nachfolgende Szene etwas zu ausführlich wirkt und man Jes 7 als „leichtere“ Version verstehen kann, verweist man gern auf weitere Spuren einer historisierenden Redaktion in v.4b.5b.17b (vgl. auch v.8b). Darüber hinaus scheint die eben besprochene Schlußnotiz in 7,1 nicht zum Kernbestand der Erzählung zu gehören: Sie nimmt den für Judas König heilvollen Ausgang des Geschehens vorweg. Als Einführung in die Situation der Erzählung genügt zumal v.2, der strenggenommen nicht mehr als die Erwähnung des Ahas und vielleicht eine knappe Zeitangabe aus v.1 voraussetzt.

---

61 Duhm 70: „Die Genealogie des Ahas kann nicht von Jes. sein; man wüßte nicht, für welche Leser er die beigesetzt hätte.“

62 Vgl. Werlitz, Studien 132f.

63 Vgl. ausführlich Werlitz, Studien 123-135.

64 So Dillmann, Jesaja[5] 64f.; Delitzsch, Jesaja[2] 128 (= Jesaja[4] 107), nach denen der Redaktor der Königebücher aus dem (älteren) Prophetenwort Jes 7,1 geschöpft habe.

65 Vgl. 2Sam 2,28; 11,20; Jer 51,30.

66 Budde, ET 1899/1900, 327-330; weitere Belege bei Werlitz, Studien 123-130. Seltener rechnet man v.1 *insgesamt* dieser Redaktion zu (etwa Duhm 70f.; Marti 71).

Eine Abhängigkeit von 2Kön 16,5 läßt sich also mit guten Gründen vertreten. Es erhebt sich indes eine Frage, die die literarische Beurteilung von Jes 7 im ganzen betrifft. Führt man den Vers Jes 7,1 in seinen wichtigsten Bestandteilen auf die Hand einer historisierenden Redaktion zurück, bleibt genügend Spielraum, einen Grundbestand des Kapitels weiterhin dem Propheten oder jedenfalls einem unmittelbaren Schüler zu belassen. Darin verbirgt sich offenbar das leitende Interesse der meisten Ausleger. Man bemüht sich, durch das Abtragen späterer Schichten zum alten (jesajanischen) Kern vorzustoßen. Aber hat es einen solchen in Jes 7 gegeben? Die Antwort kann nicht am Beginn einer Analyse stehen, doch es gibt gewichtige Gründe, die eine andere Sicht der Dinge nahelegen. Sollte die Einleitung in v.1 mit den beiden nachfolgenden Szenen doch enger zusammengehören, als man bisher vermutete? Genauer: Gehört v.1 in seiner jetzigen Gestalt gar dem *Grundbestand* der Erzählung an?

Das Hauptargument, daß v.1 der folgenden Geschichte vorgreife, ja ihr sogar die Spannung nehme, ist nur bedingt richtig. Wir bewegen uns hier erzählerisch gesehen noch außerhalb der Szene an der Wasserleitung. Was der Leser erfährt, weiß Ahas noch lange nicht.[67] Auch könnte der „Verfasser von Jes 7,1-17 ... ja von vornherein das Zitat aus 2Kön 16,5 als für seine Erzählung brauchbar und notwendig eingebaut haben“[68]. Mehr oder weniger deutliche Anspielungen auf andere Texte sind auch sonst erkennbar. Wichtiger freilich dürfte etwas anderes sein. Denn die lapidare Feststellung, daß die Gegner die Stadt Jerusalem nicht zu bestürmen, geschweige denn einzunehmen vermochten, geht über eine historische Tatsachenbeschreibung hinaus. Sie spiegelt offenbar die Vorstellung wider, daß Stadt und Dynastie im Prinzip von Jahwe nicht preisgegeben werden.

Nun ist dieser Gedanke auch dem übrigen Text keineswegs fremd. Das Bild von den „beiden rauchenden Brandscheitstummeln“ in v.4 spricht für sich. Noch vor jeder Unheilsansage erinnert der Prophet fast beiläufig daran, daß die beiden Verbündeten der Gottesstadt beim besten Willen nichts anhaben können. Das Unternehmen der Feinde bleibt bloßer *Plan* (v.5). Vollends deutlich wird dieser zionstheologische Grundtenor in dem Glaubensaufruf v.9b. Denn dieser Vers bezieht sich offenkundig auf die Natanweissagung in 2Sam 7 zurück, die dem Geschlecht Davids ein „Haus von ewigem Bestand“ (בית נאמן 2Sam 7,16) zusagt. Das *Bleiben* (נאמן) in v.9b zielt also vorrangig auf das Bleiben der *Dynastie* (vgl. בֵּית דָּוִד „Haus Davids“ in v.2.13.17), wofür die Unversehrtheit des Zion die Voraussetzung bildet. So gesehen ist die kleine Bemerkung, daß Aram (und Israel) nicht gegen Jerusalem zu kämpfen imstande war(en), keineswegs fehl am Platz: Eine wirkliche *Gefahr*, so soll der Leser wissen, stellen die beiden Staaten nicht dar. Das

---

[67] Daß eine Überschrift gelegentlich kommendes Geschehen zusammenfaßt, betont mit Recht Bartelmus, ZAW 1984, 56 (mit Verweis auf Gen 22,1 und 2Kön 2,1).

[68] Irsigler, SBAB 6, 161 A.25, der v.1* gleichwohl für sekundär hält.

macht in anderer Weise auch v.4a deutlich. Umso verwunderlicher ist es, daß Ahas den geforderten Glauben ablehnt, also mittelbar auch das Bestehen, das „Bleiben“ der Dynastie gefährdet. Gerade die scheinbar störende Schlußnotiz in v.1 verleiht der Erzählung eine kräftige zionstheologische Grundierung. Ja, es gibt sogar Hinweise darauf, daß der Verfasser von Jes 7,1 diese Notiz in seiner Kön-Vorlage noch nicht vorfand, sie also eigens hinzusetzte.

Für diese These spricht die einfache Beobachtung, daß das Sätzchen וְלֹא יָכְלוּ לְהִלָּחֵם („aber sie konnten nicht kämpfen“) in seinem *Kön*-Kontext unverständlich ist – jedenfalls dann, wenn man wörtlich übersetzt. So behilft man sich gern mit einer freien Wiedergabe: „sie waren nicht imstande *anzugreifen*“ (Würthwein, ATD 11/2) oder „konnten ihn (Ahas) nicht *zum Kampf zwingen*“ (Einheitsübersetzung). Diese Versuche freilich sind Verlegenheitslösungen. Sie sind ein Indiz dafür, daß literarische Unebenheiten bestehen, die nach einer entsprechenden Erklärung verlangen. Man könnte eine *Textänderung* erwägen, wofür Budde ein schönes Beispiel bietet: Er tauscht einfach Subjekt und Objekt aus und gewinnt damit einen vorzüglichen Sinn: „Er (Ahas) vermochte sich ihrer (der Feinde) nicht zu erwehren“.[69] Das ist natürlich eine Gewaltlösung, doch die *Begründung* ist aufschlußreich: „Wahrscheinlich ist dieser Text entstellt worden, weil es einem Überarbeiter ehrenrührig erschien, daß Juda unter dem Schutz seines Gottes Jahwe jenen Feinden nicht sollte gewachsen gewesen sein.“[70] Damit ist tatsächlich die Tendenz der strittigen Wendung aufs beste getroffen. Wir halten sie aber im Gegensatz zu Budde nicht für das Produkt einer Überarbeitung, sondern *als solche* für eine sekundäre Zutat. Sie war also in der Kön-Version ursprünglich *nicht* enthalten, und auch der Verfasser von Jes 7,1 hat sie noch nicht in seiner Vorlage gelesen. Er selbst war es vielmehr, der sie – und hier hat Buddes Bemerkung ihr Recht – *aus zionstheologischen Gründen* ergänzt hat, um von vornherein deutlich zu machen, daß Jahwe seine Stadt auch in der größten Gefahr nicht preisgibt. Irgendwann ist dann das in Kön „fehlende“ Stück aus Jes 7 ergänzt worden, nicht ohne es dem neuen Kontext anzupassen (deshalb der Plural יָכְלוּ „sie konnten“). Dabei konnte das עָלֶיהָ „gegen es“ in Kön nicht untergebracht werden, weil mit Ahas bereits ein anderes Objekt eingeführt war, das offenbar weiterhin gültig bleiben sollte. Das hat dann zu der bestehenden grammatischen Härte geführt.

Die Einleitung Jes 7,1 ist also von *einer* Hand nach der Vorlage 2Kön 16,5 formuliert worden. Sie fügt sich in ihrer zionstheologischen Ausrichtung gut zu der nachfolgenden Erzählung; es spricht nichts dagegen, sie ihrem Grundbestand zuzurechnen.[71]

Auf die schon erwähnte „historisierende Redaktion“[72] gehen dann aber die Glossen in v.4b („vor der Glut des Zornes Rezins und des Sohnes Remaljas“), 5b* („Efraim und der Sohn Remaljas“) und 17b („den König von Assur“) zurück. Es handelt sich hier um erklärende Zusätze, die etwa ein aussagekräftiges Bild (v.4a) auflösen oder eine mehrdeutige Formulierung (v.17a) präzisieren wollen. Dies geschieht in v.4b zu Recht; mit der Angabe „den König von Assur“ in v.17b dürfte der Redaktor indes einem Mißverständnis erlegen sein.[73] Die kommenden Tage in v.17a beziehen sich nämlich keines-

---

[69] Budde, ET 1899/1900; ders., Erleben 33f.

[70] Budde, Erleben 33.

[71] So auch Werlitz, Studien 214-217.

[72] Zu ihr ausführlich Werlitz, Studien 201-207.

[73] Indirekt schon Eichhorn, Allg. Bibliothek 464f., der v.17b ausscheidet und die in 17a angekündigte Bedrohung Judas auf den Einfall Assyriens *und Ägyptens* (v.18) bezieht.

wegs auf ein Ereignis in der Assyrerzeit; vielmehr wird auf den staatlichen Untergang Judas 586 vorausgeblickt.[74] In den beiden Glossen v.4b.5b ist weiterhin das Bestreben erkennbar, die beiden Kriegsgegner Aram und Israel als *gleichberechtigte* Partner hinzustellen, während der Grundbestand des Textes (vgl. v.2 und 5a) offenbar in *Aram* die treibende Kraft des Unternehmens sieht. Schon dieses für einen Glossator typische Interesse an der Verdeutlichung einzelner Erzählzüge ist grundverschieden von den historischen Angaben, die v.1 macht. Nur hier wird übrigens der israelitische König mit seinem Namen „Pekach" genannt; v.4b.5b (und 9a) verwenden hingegen die etwas abfällige Bezeichnung „Remalja-Sohn". V.1 dürfte also, wie wir schon wahrscheinlich machen konnten, *insgesamt* dem Grundbestand des Kapitels angehören. Die rätselhafte Notiz in v.8b schließlich läßt sich der historisierenden Redaktion ebensowenig zuordnen.[75] Ihre Herkunft und ihr Sinn sind unklar; jedenfalls ist v.8b sekundär zwischen v.8a und 9a geschoben worden.

Wenn wir uns im Blick auf die historisierenden Glossen und v.8b noch auf den Grundkonsens der Forschung berufen konnten, weichen wir bei den beiden כִּי-Sätzen in v.8a.9a von ihm ab. Es ist nicht zu bestreiten, daß der syntaktische Anschluß der beiden Sätze an v.5-7 gewisse Schwierigkeiten bereitet, die sich in zwei Übersetzungsmöglichkeiten niederschlagen. Beide werden mit jeweils beachtlichen Argumenten vertreten:[76] (1) Betrachten wir v.8a.9a als *Begründungssätze*, müssen wir v.7b als selbständigen Satz auffassen, der den Gegnern das Scheitern ihrer Pläne ansagt („Es soll nicht zustande kommen und nicht geschehen!"). Der inhaltliche Anstoß dieser Variante liegt freilich darin, daß die Begründung entweder Banales ausspricht, indem sie bloß die Machtverhältnisse in den beiden verbündeten Reichen konstatiert, oder aber vom Leser die Ergänzung eines entscheidenden dritten Satzes erwartet, daß nämlich das Haupt Judas Jerusalem und das Haupt Jerusalems das Haus Davids sei. Aber warum wird ausgerechnet das verschwiegen, worauf es ankommt? So bleiben beide Alternativen unbefriedigend. – (2) Fassen wir v.8a.9a als *Subjektsatz* zu v.7b auf, wie es heute überwiegend geschieht, sind die Verben קום und היה entsprechend in einem *durativen* Sinne zu verstehen („es soll nicht bestehen und nicht sein, daß ..."). Auch diese Variante ist kaum als glatte Lösung zu bezeichnen. Denn es ergibt sich in v.5-7 ein sehr komplexes Satzgebilde, bei dem man sich fragt, ob es das ursprüngliche ist. Leichter fällt es, die umständliche Syntax auf eine bearbeitende Hand zu schieben. Wir vermuten daher, daß die beiden כִּי-Sätze nachgetragen wurden,[77] um das eher allgemeine Drohwort v.7b mit Leben zu fül-

---

[74] Daß Werlitz, Studien 197f.248, „den König von Assur" dem ursprünglichen Text beläßt, kann nur befremden, selbst dann, wenn man die Glosse für sachgerecht hielte.

[75] Vgl. Werlitz, Studien 150-153.

[76] Dazu Steck, TB 70, 172-176; Kaiser I, 135f. A.9; Werlitz, Studien 153-158.

[77] Vgl. Schreiner, BZ 1978, 95 (= Segen 69); Bickert, ZAW 1987, 373f.; Irsigler, SBAB 6, 166f. – Dietrich, Jesaja 83-85, trennt v.8a.9a von v.7 ab und verbindet sie mit v.20.

len und vielleicht auch zu verschärfen: V.7b sagt ja (vorerst) nur das Scheitern der feindlichen *Pläne* an, nicht aber den Untergang der Staaten selbst. Für den sekundären Charakter der Sätze spricht auch die Bezeichnung „Remalja-Sohn“ (v.9a), die sonst nur in den historisierenden Glossen v.4b.5b auftritt. Welches Verständnis des כִּי der Ergänzer bevorzugte, ist indessen nicht sicher auszumachen. Man wird wohl vermuten dürfen, daß er konkret den Untergang der feindlichen Staaten auszudrücken beabsichtigte; demnach wäre v.8a.9a im Sinne des Ergänzers als Subjektsatz wiederzugeben.

Als Übersetzung für v.7b im ursprünglichen Textbestand kommt dann nur folgende in Frage: „Es (nämlich der Plan bzw. das Böse) soll nicht zustande kommen und nicht geschehen!“[78] Auf ein passendes Gegenstück dazu stoßen wir in 14,24b, wo Jahwe dem hybriden Plan des Assyrers, nach Jerusalem vorzudringen und den Zion einzunehmen (10,11*), seinen eigenen Plan entgegenstellt: „Wie *ich* es im Sinn hatte, so wird es geschehen (היה), und wie *ich* es plante, so kommt es zustande (קוּם).“ Die Aussage bleibt auch hier apodiktisch und ohne Erläuterung. Nicht anders wird es in 7,7b gewesen sein. Nun ist die 1. Szene mit v.7 aber noch nicht an ihr Ziel gekommen. Der Vers findet eine passende Fortsetzung (über die Erweiterungen v.8-9a hinweg) in v.9b. Beide Verse sind rhythmisch ähnlich gestaltet (vgl. das doppelte לֹא und die Alliteration). Der formalen Ähnlichkeit entspricht eine inhaltliche: Was v.7b den Gegnern ansagt, das Scheitern ihrer Pläne, kann im Falle des Unglaubens (v.9b) auch die Dynastie selbst treffen. V.7b und 9b bilden also einen vortrefflichen Zusammenhang.

Daß v.15 gegenüber v.16 eine Dublette darstellt und auf die Hand eines Bearbeiters zurückgeht, gehört heute ebenfalls zum Grundkonsens der Forschung.[79] Mit v.15 liegt offenbar ein erster Versuch vor, die Gestalt des „Immanuel“ in einem messianischen Sinne zu interpretieren und in ihm eine „besondere eschatologische Größe“[80] zu erblicken.

Damit sind wir beim Grundbestand des Textes angelangt. Weitere literarkritische Operationen sind unnötig. Auf einige müssen wir dennoch eingehen, weil sich in ihnen das Interesse widerspiegelt, Bezüge auf eindeutig späte Texte (etwa c.36ff.) zu eliminieren. So wird gelegentlich der Ort des Zusammentreffens zwischen König und Prophet in v.3b als späterer Einschub betrachtet.[81] Über die Gründe braucht nicht spekuliert zu werden: Die Angabe begegnet fast gleichlautend in 2Kön 18,17 // Jes 36,2; und da sie dort offensichtlich „eng mit dem Erzählablauf verwoben“[82] ist, muß Jes 7 der ab-

---

[78] Sehr schön Eichhorn, Allg. Bibliothek 455: „daraus wird nichts!“

[79] Vgl. die Diskussion bei Werlitz, Studien 182-186.237-239, der selbst freilich für die Ursprünglichkeit *beider* Verse (ohne den Relativsatz in v.16b) votiert. Für die Priorität von v.15 gegenüber v.16 trat früher v.a. Budde, FS Lemans 122f. (vgl. Erleben 56f.) ein.

[80] Duhm 76.

[81] So etwa Werner, BZ 1985, 17; Kilian I, 52; anders ders. II, 203. Ausführliche Diskussion bei Werlitz, Studien 137-142.

[82] Werner, BZ 1985, 17.

hängige Text sein. Wenn man die Abhängigkeit aber nicht auf das *gesamte* Kapitel ausdehnen möchte, ist man gezwungen, die Ortsangabe v.3b zu extrahieren. Dazu besteht indes kein Grund. Im Horizont der Jesaja-Legenden dient diese *geographische* Angabe vielmehr als *theologische* Lesehilfe. Noch bevor zwischen Jesaja und Ahas auch nur ein Wort fällt, wird eine Kulisse aufgebaut, die schon alles sagt: Dieser Ort wird zum Forum der Glaubensentscheidung. Es kommt hinzu, daß die Lokalisierung „an der Wasserleitung des oberen Teiches" möglicherweise überhaupt fiktiv ist; sie kombiniert die beiden in 2Kön 20,20 erwähnten Baumaßnahmen Hiskijas (!), den Teich (בְּרֵכָה) und die Wasserleitung (תְּעָלָה), mit Hilfe einer St.cs.-Verbindung, offenbar ohne sich klare Vorstellungen von der Geographie zu machen.[83] Insofern ist schon in v.3b die Antitypologie Ahas–Hiskija angelegt. Sie prägt bereits den Grundbestand der Erzählung und kommt im Glaubensaufruf v.9b und im Geburtsorakel v.14.16 zu ihrer vollen Entfaltung.

Daß der Glaubensaufruf v.9b in den Verdacht geraten konnte, später hinzugesetzt zu sein, hat mehrere Gründe.[84] Eine eher untergeordnete Rolle spielt dabei der Umstand, daß er in der 2. Person *Plural* abgefaßt ist und sich insofern von der singularischen Anrede an Ahas unterscheidet. Immerhin spricht auch v.13 das Davidshaus *pluralisch* an, und so könnte man auch für v.9b vermuten, daß Ahas zwar *angesprochen* ist, aber die ihm nachfolgenden Könige zumindest *mitgemeint* sind. Natürlich kann man in dem Plural auch den Versuch sehen, die *Leser* der Denkschrift in das Geschehen einzubeziehen und zur Glaubensentscheidung zu rufen.[85] Das wichtigere Argument für die Herausnahme von v.9b liegt indes in seiner Verwandtschaft mit der dtr gestalteten Natanverheißung 2Sam 7. Wer in v.9b einen Rückbezug auf die Verheißung einer „ewigen" Dynastie (vgl. 2Sam 7,16) sieht, kann den Vers nicht mehr in der vorexilischen Zeit unterbringen. Hinzu kommt die Beobachtung, daß der Glaubensbegriff (אמן hif.) eher in dtr beeinflußten Texten aufzutreten scheint (vgl. Ex 4,1.5.8f.; 14,31; Num 14,11; 20,12; Dtn 1,32; 9,23; 2 Kön 17,14; ferner Jes 43,10) und in seiner absoluten Form vielleicht in eine noch spätere Zeit weist.[86] Die engste Parallele Jes 28,16 darf hier vorerst ausgeklammert werden, weil der Vers von Jes 7,9b literarisch abhängig ist. Es bleibt festzuhalten: „Der absolute Glaubensbegriff, die Abhängigkeit von II Sam 7,16 sowie die Fortentwicklung dtn-dtr Sprache können nur dann als literarkritische Kriterien dienen, wenn man eine authentische oder vorexilische Grundschicht voraussetzt".[87]

Unter dieser Voraussetzung unternimmt R.E. Clements den Versuch, *sämtliche* Bezüge auf die Jesaja-Legenden aus dem Grundtext auszuklammern. Das betrifft natürlich den Glaubensaufruf v.9b, dann aber vor allem v.2 und das „Haus Davids" in v.13 sowie v.17. Er schreibt diese Erweiterungen einem Überarbeiter zu, der *erstmals* eine Antitypologie Ahas–Hiskija entwerfen wollte.[88] Folgerichtig war es auch erst diese Redaktion, die den „Immanuel" vom Prophetenkind zum königlichen Prinzen beförderte (und die Verheißung 9,1-6 hinzusetzte). Nun hat Clements die Bezüge zwischen c.7 und 36ff. eindrücklich herausgearbeitet; sie beschränken sich tatsächlich nicht auf v.9b und die Immanuel-Gestalt.

---

[83] Zu den topographischen Problemen ausführlich Camp, Hiskija 171-183, der den Haftpunkt der Teichnotizen in 2Kön 18,17 vermutet, während er Jes 7,3b als „theologische Fiktion" (182) bewertet.

[84] Zum Problem Werlitz, Studien 160-166.

[85] Vgl. Hardmeier, WuD 1979, 51.

[86] So etwa Kaiser I, 142, der in Jes 7,9b eine „Fortentwicklung" dtn-dtr Sprache sieht.

[87] Werlitz, Studien 165.

[88] Clements, FS Rendtorff 234-237.

Gleichwohl bleibt sein Grundbestand (zumal ohne v.2.9b.17) ein Torso: Nimmt man ihm (v.1 und) v.2, vermißt man eine Einleitung; und nimmt man ihm das Gerichtswort gegen Juda in v.17a, bleibt unklar, warum der König in v.11-13 so negativ gezeichnet wird. Die Ablehnung eines frei wählbaren Zeichens ist bereits Ausdruck des Unglaubens; insofern ist diese Thematik nicht erst nachträglich mit v.9b in den Text gelangt. Auch mit der Herauslösung des „Hauses Davids“ (v.2 und 13*) ist noch nicht viel gewonnen. Denn der Plan der feindlichen Koalition, den „Ben-Tabel“ zum König in Jerusalem einzusetzen (v.6), zielt auf nicht weniger als die Ersetzung der bestehenden *Davids-Dynastie* durch ein anderes Geschlecht. Damit wird der Glaubenssatz von der Ewigkeit der Dynastie (2Sam 7,16 und Jes 7,9b) ernstlich auf die Probe gestellt. Und darin liegen wiederum die thematischen Berührungen mit den Jesaja-Legenden c.36ff. Der Versuch, die mit c.36ff. in Verbindung stehenden Erzählzüge aus dem Grundbestand auszuklammern, ist zum Scheitern verurteilt.

Ein besonderes Problem bildet der Zusammenhang von v.16 und 17a.[89] Wenn man v.17a als Unheilsansage gegen Juda auffaßt, liegt es nahe, v.16 als Drohwort gegen Aram und Israel zu verstehen. Nun ist in v.16 gelegentlich die Ursprünglichkeit des אֲשֶׁר-Satzes in Frage gestellt worden.[90] Tatsächlich ist die Formulierung „...dann wird das Land verlassen sein, *vor dessen beiden Königen dir graut*“ nicht gerade eindeutig und glücklich gewählt. *Ohne* den Relativsatz müßte man die Ankündigung auf das Südreich beziehen. Dann steht man freilich vor dem Problem, daß der Immanuel als reines Unheilszeichen für Ahas zu lesen wäre. Das widerspricht nicht nur dem Wesen dieses Namens, sondern auch der Absicht des Kontextes: V.16 kündigt, wenn man v.8a.9a als sekundäre Zutat außer Betracht läßt, *erstmals* in aller Schärfe an, daß die beiden Verbündeten *recht bald* untergehen werden. Das ist der primäre Inhalt des Immanuel-Namens. Die Unheilsankündigung gegen Juda in v.17a hingegen bezieht sich erst auf eine *fernere* Zukunft, die (noch) nicht Ahas selbst betrifft. Gegen die Ausscheidung des Relativsatzes spricht im übrigen ein terminologischer Rückbezug: das Verbum קוץ „sich fürchten“ begegnete bereits in v.6 (im hif.).

Ob darüber hinaus noch kleinere Erweiterungen erfolgt sind, ist nicht sicher auszumachen, aber im Grunde unerheblich. Erwägenswert ist allenfalls eine Änderung in v.10: Hat hier statt „Jahwe“ ursprünglich „Jesaja“ (vgl. v.3) gestanden?[91] Immerhin ist es auffällig, daß v.11 und 13 von Jahwe in 3. Person reden und der *Prophet* als Sprecher vorausgesetzt ist. So liegt es nahe, den Jahwenamen als Glosse zu betrachten. Andererseits kann man den Text beibehalten, wenn man sieht, daß er überhaupt von der Vorlage 8,5 herrührt. Für das Profil der herausgearbeiteten Grundschicht ist diese Frage indes nicht von Bedeutung. Wir können daher von folgendem Grundbestand ausgehen: 7,1-4a.5a.b[nur לאמר].6-7.9b.10-14.16-17a.

---

[89] Werlitz, Studien 186-197.

[90] So wieder Werlitz, Studien 222, der das Kapitel mit v.16bα (bis האדמה) enden läßt.

[91] Vgl. Budde, Erleben 46.

2.4. Exkurs: Das Hilfegesuch des Ahas 2Kön 16,5-9

Ein kurzer Blick auf 2Kön 16,5-9 soll des weiteren bestätigen, daß dieser Text selbst in seinem Quellenwert nicht über alle Zweifel erhaben ist und Jes 7 als unabhängiges geschichtliches Zeugnis für den syrisch-efraimitischen Krieg nicht in Frage kommt. Gewöhnlich betrachtet man 2Kön 16,5-9 als eine kleine Episode, die der Verfasser des dtr Werkes vorgefunden und seiner Geschichtsdarstellung integriert hat. Sie wird mit אָז „damals" eingeführt und erweckt den Eindruck, auf zuverlässiger Überlieferung zu beruhen.

Gestört wird das kleine Stück durch v.5bβ (Zusatz, s.o.) und dann vor allem durch v.6. Der Vers berichtet, daß „zu jener Zeit" der aramäische König Rezin die Hafenstadt Elat an „Edom" (so wird man statt „Aram" lesen müssen) zurückbrachte (הֵשִׁיב) und die Judäer endgültig von dort vertrieb. Ob statt Rezin ursprünglich der *edomitische* König im Text genannt war, wie man gern vermutet,[92] bleibt unsicher. Jedenfalls kann man sich die Anfügung der Notiz hinter v.5 leichter erklären, wenn immer schon vom *aramäischen* König die Rede war. Natürlich ist damit noch kein Urteil über den historischen Gehalt der Notiz gefällt. Sie setzt jedenfalls die Nachricht in 2Kön 14,22 voraus, wonach Asarja von Juda Elat ausbaute und an Juda „zurückbrachte" (הֵשִׁיב).[93]

In ihrem gegenwärtigen, von DtrH gestalteten Zusammenhang hat die Episode die alleinige Aufgabe – und darin trifft sie sich mit der Erzählung vom Altarbau in 16,10ff. –, die negative Beurteilung des Ahas zu illustrieren (vgl. 16,2-3). Daß sich Ahas trotz der drohenden Gefahr (v.5) dem König Assurs unterwarf und sich für den fälligen Tribut sogar an den Tempelschätzen verging, war nach der Auffassung des Redaktors der Anfang vom Ende. Aber lag diese negative Zeichnung des Ahas immer schon in der Absicht der Erzählung? Immerhin ist sie eine wichtige Quelle für das, was die Forschung den „syrisch-efraimitischen Krieg" zu nennen sich angewöhnt hat. Und so ist es von einiger Bedeutung, nach einem möglichen historischen Kern zu fragen.

Daß 16,5.7-9 nicht *unmittelbar* aus altem Archivmaterial entnommen ist, liegt auf der Hand. Die Episode liefert mehr als dürre Nachrichten; sie ist tendenziös gefärbt. So könnte man bei isolierter Betrachtung zu der Einschätzung kommen, daß sich in 16,5.7-9 „jedenfalls keine direkte Kritik an Ahas erkennen"[94] lasse: Für Ahas war „es ein Gebot politischer Klugheit, das Un vermeidliche rechtzeitig und ungezwungen zu tun."[95] Dieses Urteil freilich, daß es sich um eine Tendenzerzählung zum Lobe des Ahas handelt, muß den Leser überraschen. Denn tatsächlich ist der Text von Begriffen und Anspielungen durchsetzt, die keinen Zweifel an seiner *negativen* Tendenz zulassen.[96] Das gilt noch nicht für v.5abα, der in eher berichtender Weise zusam-

[92] Vgl. Würthwein, ATD 11/2, 386; Spieckermann, Juda 418.
[93] Vgl. auch Irvine, Isaiah 84f.
[94] Würthwein, ATD 11/2, 389.
[95] Begrich, TB 21, 106; ähnlich Würthwein, ATD 11/2, 388.
[96] Tadmor/Cogan, Bib. 1979, 499-508; Spieckermann, Juda 364f.; Irvine, Isaiah 83-90.

menfaßt, was man für den Fortgang der Erzählung v.7-9 wissen muß. Es gilt dann aber für v.7: Hier wird erzählt, daß Ahas Boten zu Tiglat-Pileser schickt und ihn um ein Eingreifen bittet. Aber mit welchen Worten wird das getan? Schon in der Formel „dein Knecht und dein Sohn bin ich“ wird kaum „ein nahes, ja ebenbürtiges Verhältnis zu Assur vorausgesetzt“[97]; vielmehr ist das Gegenteil der Fall: Sie drückt Unterwerfung aus und ist nicht frei von einer religiösen Konnotation.[98] Was zur Sprachregelung zwischen dem davidischen König und *Jahwe* gehört, wird hier auf den *assyrischen König* übertragen. Entsprechend bittet Ahas diesen König mit Worten, die man sonst an Jahwe zu richten pflegt: הוֹשִׁעֵנִי „errette mich“.[99] Auch die Reaktion Tiglat-Pilesers auf diese Bitte in v.9 (וַיִּשְׁמַע אֵלָיו „und er hörte auf ihn“) ähnelt wohl nicht zufällig den Gebetserhörungen im Psalter.[100] Kurz gesagt: Für Ahas hat der assyrische König längst die Stelle Jahwes eingenommen. In diesem Sinne ist dann auch die bereitwillige Herausgabe der Tempel- und Palastschätze zu verstehen (v.8), wenngleich diese Notiz gewiß auf Archivmaterial beruht (vgl. 2Kön 14,14; 18,15; 20,13). Was Jahwe zusteht, übergibt Ahas dem fremden Herrscher. Daß auch das Wort שֹׁחַד eher ein freiwilliges „Bestechungsgeschenk“ (vgl. 1Kön 15,19) als einen zwangsweise auferlegten Tribut bezeichnet (so etwa 17,3f.: מִנְחָה), sei nur am Rande vermerkt.[101]

Wir haben es bei der Episode 16,7-9 also in der Tat mit einer Tendenzerzählung zu tun. Doch diese lobt Ahas nicht, sondern verurteilt ihn auf das Schärfste. Man braucht nicht einmal zwischen den Zeilen zu lesen, um zu erkennen, daß dem judäischen König nicht weniger als der Bruch des Gottesverhältnisses vorgeworfen wird. Damit paßt sich die Tendenz der Erzählung so vorzüglich in die Absicht des DtrH ein, daß man sich fragt, ob er sie nicht selbst geschaffen hat. Diese Konsequenz dürfte indes zu weit gehen. Es ist vielmehr wahrscheinlich, daß DtrH bei der Gestaltung der Episode auf älteres, annalistisches Material zurückgreifen konnte, ohne daß sich dieses auf literarkritischem Wege allein aussondern ließe.[102] Verbleiben wir zunächst bei v.7-9, kommen zwei Elemente in Betracht: (1) Gewiß haben die Annalen

[97] Würthwein, ATD 11/2, 388.

[98] Vgl. 2Sam 3,18; 7,14; Ps 2,7; 89,4 u.a. Dabei mag die Formel „dein Knecht (עבד) bin ich“ durchaus aus dem politischen Bereich stammen (Veijola, Königtum 61f.). Tadmor/Cogan, Bib. 1979, 504f., zitieren Belege aus assyrischen Briefen, in denen sich der Schreiber dem König gegenüber als „Knecht“ tituliert. Für die Wendung „dein Sohn“ freilich fehle jede Analogie; sie diene allein der negativen Zeichnung des Ahas durch den „story-teller“ (504). Ein religiöser Klang der Kombination עַבְדְּךָ וּבִנְךָ „dein Knecht und dein Sohn“ ist daher kaum zu überhören.

[99] Die Parallelen liegen v.a. im Psalter: Ps 3,8; 6,5; 7,2; 22,22; 31,17; 54,3; 59,3; 69,2; 71,2; 109,26; 119,94.146. Die Bitte „errette *uns*“ auch in 2Kön 19,19 // Jes 37,20; Jer 2,27; Ps 106,47; 1Chr 16,35.

[100] Vgl. Ps 6,5.10; 31,17.23; 54,3.4; 119,146.149.

[101] Belege bei Beyse, ThWAT VII, 1208-1210. Nach Tadmor/Cogan, Bib. 1979, 499-502, ist auch das neuassyrische Äquivalent dieses Terminus (akk. *ṭātu*) stets mit einer negativen Konnotation versehen, nicht anders als in 2Kön 16.

[102] Ähnlich Tadmor/Cogan, Bib. 1979, 506; ähnlich Spieckermann, Juda 364 A.130.

verzeichnet, daß Tributleistungen größeren Umfangs an den assyrischen König entrichtet wurden. Dies ergibt sich aus den fast gleichlautenden Notizen in 2Kön 14,14; 18,15; 20,13 und liegt zudem im Bereich historischer Wahrscheinlichkeit. (2) Ebenso sicher stammt die Mitteilung über die Eroberung von Damaskus (v.9 ab וַיַּעַל) aus den Annalen. Sie liegt sachlich auf einer Ebene mit 2Kön 15,29 (Abtrennung großer Teile Israels), so daß beide Notizen vielleicht einmal derselben Quelle angehört haben und nahe beieinander standen.[103]

Aber hat es auch ein *Hilfegesuch* gegeben? Diese für die Rekonstruktion des sog. syrisch-efraimitischen Krieges entscheidende Frage läßt sich tendenziell beantworten. Denn aus den assyrischen Nachrichten geht jedenfalls hervor, „daß Tiglatpileser überhaupt nicht des Hilfegesuchs des Ahas bedurfte, um zu seinen Aktionen in Syrien-Palästina veranlaßt zu werden. Er verfolgte in jenen Jahren ohnehin das Ziel der völligen Unterwerfung von Syrien-Palästina".[104] Überhaupt wirkt das Hilfegesuch in 2Kön 16,7-9 recht künstlich, ja beinahe lächerlich: Ahas schickt Boten zum assyrischen König, und der hat nichts anderes zu tun, als dem unbedeutenden Provinzkönig sogleich zu Hilfe zu eilen („er hörte auf ihn" v.9aα). Mit anderen Worten: Was die Episode dem Ahas zutraut, hätte beim besten Willen nicht in seiner Macht gestanden. Tiglat-Pileser hat sich denn auch nicht sofort gegen Damaskus und Israel gewandt, sondern zunächst die philistäische Küstenebene erobert. Und so stellt sich die Frage, ob 2Kön 16,7 bloß „vom judäischen Standpunkte aus" formuliert wurde, was „praktisch eine Verzerrung des geschichtlichen Bildes" bedeutete,[105] oder ob das Hilfeersuchen nicht ganz und gar als fiktiv einzustufen ist; erfunden, um Ahas die Schuld am assyrischen Einfluß in Juda zuzuschreiben und ihn als Gegenbild zu dem frommen Hiskija zu zeichnen (vgl. 2Kön 18,7: „Hiskija lehnte sich gegen des assyrischen König auf und war nicht mehr sein Knecht"). Wenn auch nicht ganz auszuschließen ist, daß ein solches Hilfeersuchen stattgefunden hat, so sprechen doch seine tendenziöse Darstellung, die sich mit der dtr Intention deckt, sowie die historische Wahrscheinlichkeit dagegen.

Etwas optimistischer wird der historische Gehalt unserer Erzählung von R. Bickert eingeschätzt.[106] Grundsätzlich folgt er seinem Lehrer Würthwein darin, daß sich in 2Kön 16,5.7-9 eine zum Lobe des Ahas erzählte, aber dennoch „geschichtliche" Episode verberge (367). Aufgrund von 16,9 meint er aber beobachten zu können, daß sich die Erwähnung *Israels* einer späteren Hand verdanke: „Während in V.5 und V.7 neben Rezin, dem König von Aram auch Pekach, der König von Israel erscheint, ist in V.9 von Pekach und Israel keine Rede mehr. Israel und sein König sind plötzlich verschwunden" (367). So eliminiert Bickert alle Erwähnungen des Königs von Israel und gelangt zu einer Urfassung des Textes, in der Rezin von Damaskus „nicht der *Haupt*feind des Ahas, sondern sein *einziger* Feind" (369) gewesen sei. Es versteht sich von selbst, daß bei diesem Vorschlag auch die beiden

[103] Vgl. Tadmor/Cogan, Bib. 1979, 507f. Hinzuzunehmen ist wohl auch 2Kön 17,4f.
[104] Noth, Geschichte 235. Ähnlich auch Begrich, TB 21, 108; Irvine, Isaiah 107f.
[105] Begrich, TB 21, 108.
[106] Bickert, ZAW 1987, 367-372.

Pluralformen in 16,5 (וַיָּצֻרוּ „sie belagerten“ und יָכְלוּ „sie konnten“) in den Singular gesetzt werden müssen. Auf diese Weise gelingt es Bickert nebenbei, eine ansprechende Lösung für die Singularform יָכֹל „er konnte“ in Jes 7,1 anzubieten: Der historisierende Redaktor, der 7,1 auffüllte, hat sie bereits in seiner Vorlage 2Kön 16,5 gelesen (vgl. 368f.). Zu einem analogen Ergebnis führt ihn die Analyse von Jes 7,1-9. Sie ergibt einen stark reduzierten Grundbestand, der allein von einem aramäisch-judäischen Konflikt gehandelt habe. Die historische Konsequenz liegt auf der Hand: Als Quelle für einen syrisch-*efraimitischen* Krieg scheidet 2Kön 16,5.7-9 aus; man kann allenfalls von einem lokalen Konflikt zwischen Aram und Juda sprechen, über den wir freilich nichts Genaueres erfahren (vgl. 371). Diese These ist beeindruckend, aber unwahrscheinlich, denn ihr Ausgangspunkt stimmt nicht. Es ist zwar zutreffend, daß v.9 – anders als v.5 und 7 – nur *einen* der beiden Verbündeten, nämlich Aram erwähnt. Aber das hat einen einfachen Grund: Die „Bestrafung“ *Israels* konnte unmöglich mit der „Bestrafung“ Arams in einem Atemzug genannt werden, denn sie erfolgte, wie jedermann bekannt sein mußte, erst gut 10 Jahre später! Im übrigen braucht man im dtr Werk nur ein Kapitel weiterzublättern, und man findet das Gesuchte in 2Kön 17,3-6.[107] Erst hier kommt also im Ablauf der dtr Darstellung die Bitte des Ahas an ihr Ziel.

Wir können 16,7-9 somit als eine wesentlich von DtrH gestaltete kleine Erzählung betrachten, die sich wenigstens in v.8 und v.9 (ab וַיַּעַל) auf Archivmaterial stützt. Es hat eine gewisse Wahrscheinlichkeit für sich, daß sich auch hinter v.5abα zuverlässige historische Nachrichten verbergen.[108] Ein aramäisch-efraimitischer Angriff auf Jerusalem braucht nicht bestritten zu werden. Ob v.5abα mit v.8 und v.9 (ab וַיַּעַל) allerdings einer *gemeinsamen* Quelle entstammt, ist ganz unsicher. Hat die Eroberung von Damaskus durch Tiglat-Pileser (v.9*) überhaupt *ursächlich* etwas mit der Bedrängung Jerusalems durch die feindliche Koalition (v.5*) zu tun? Beruht die kausale Verknüpfung beider Ereignisse nicht eher auf freier Kombination? Die Sache ist nicht entscheidbar, doch es liegt nahe, daß erst DtrH das *Hilfegesuch* zwischen v.5 und v.9 schob und damit eine erzählerische Brücke zwischen den Ereignissen konstruierte. Er unterschob dem Ahas eine politische Bedeutung, die er faktisch nie besessen hat, die seine *Verantwortung* für das Geschick des Staates und der Dynastie aber umso besser herauskehren konnte. Aus der historischen Rekonstruktion des syrisch-efraimitischen Krieges sollte man das Hilfegesuch des Ahas besser ausklammern.

Die Umstände dieses Krieges sind im einzelnen nicht mehr aufzuhellen. Unklar bleibt v.a. sein Zusammenhang mit den beiden Feldzügen Tiglat-Pilesers III. „nach Philistäa“ (734) und „nach Damaskus“ (732).[109] Für unseren

---

[107] Ob sich hinter diesem Stück ein „geschichtlicher Bericht“ verbirgt (Würthwein, ATD 11/2, 393), ist nicht sicher, doch er hat wohl in der Erstausgabe des dtr Werkes gestanden.

[108] So u.a. Spieckermann, Juda 364.418.

[109] Vgl. die eingehende Darstellung bei Donner, Geschichte II, 334-347; ferner Asurmendi, Guerra; M. Weippert, Mesopotamien 395-408; Cazelles, FS Soggin 31-48. Eine breite Besprechung der assyrischen und alttestamentlichen Zeugnisse bei Irvine, Isaiah, der bei der historischen Auswertung der jesajanischen Belege freilich allzu unkritisch verfährt. – Daß man Hos 5,8-14, seit A. Alt gern in den syrisch-efraimitischen Krieg eingeordnet (vgl. Alt, Kl. Schriften II, 163-187), nicht unkritisch auswerten darf, zeigt Reventlow, FS Herrmann. Zu den alttestamentlichen Texten auch Thompson, Situation.

Zweck genügen einige allgemeine Erwägungen: Es hat gewiß den Versuch gegeben, Juda zum Eintritt in eine antiassyrische Koalition zu drängen. Das entspricht nicht nur den alttestamentlichen Zeugnissen (2Kön 16,5), sondern liegt angesichts der damaligen militärpolitischen Lage nahe: Es dürften Aufstände und antiassyrische Koalitionen auf der syropalästinischen Landbrücke (und nicht ein Hilfegesuch des Ahas!) gewesen sein, die Tiglat-Pileser III. zum Eingreifen bewogen haben. Aus uns unbekannten Gründen hat sich Juda nicht in die antiassyrische Bewegung hineinziehen lassen, und so ist es offenbar zu einem Kriegszug Arams und Israels gegen Juda gekommen, um mit Gewalt nachzuhelfen. Ob es den beiden Verbündeten freilich gelungen ist, bis nach Jerusalem vorzudringen und diese Stadt regelrecht zu belagern (vgl. analog 2Kön 12,18f.), kann man fragen. Es fällt immerhin auf, daß sowohl in 2Kön 16 als auch in Jes 7 eine Antitypologie Ahas–Hiskija entworfen wird, die auf die Jesaja-Hiskija-Legenden gerichtet ist. Voraussetzung einer solchen Antitypologie ist aber eine analoge Ausgangssituation, und diese besteht in der Belagerung der Stadt Jerusalem. So ist es nicht ausgeschlossen, daß Jes 7 die Ereignisse dramatischer darstellt, als sie in Wahrheit waren. Das gilt auch für den Plan der feindlichen Koalition, die bestehende davidische Dynastie durch Einsetzung eines eigenen Kandidaten (Ben-Tabel 7,6) aus den Angeln zu heben.[110] Auch dieser Erzählzug entspricht wiederum in vorzüglicher Weise dem Skopos von Jes 7: Ahas hat durch seinen Unglauben den Grund für das Ende der Dynastie gelegt, das zwar (noch) nicht 734/33 eintrat, aber mit dem Untergang des Südreiches 587/6 Wirklichkeit wurde. Man gewinnt sogar den Eindruck, daß Jes 7 die „Leerstellen", die 2Kön 16 läßt, mit erzählerischer Raffinesse ausfüllt und manches, was bislang unbeantwortet blieb, nachträgt. Dazu gehört etwa die Frage, *warum* sich Aram und Israel gegen Juda verbündet haben; die Antwort liefert der eben zitierte Vers 7,6: um die Dynastie zu stürzen.[111] Insofern ist es nicht nur möglich, sondern auch wahrscheinlich, daß es sich bei der Darstellung in Jes 7,1-9 *insgesamt* um „fiction" und nicht „history" handelt. Was Jes 7 an „historischen" Angaben enthält, stammt aus 2Kön 16, einem Text, der seinerseits tendenziös gefärbt ist. Als *eigenständige* geschichtliche Quelle aus der Zeit des syrisch-efraimitischen Krieges sollte Jes 7 nicht mehr bewertet werden.

2.5. *Jes 7* – eine nachexilische Glaubenserzählung*

Die literarkritischen Überlegungen haben deutlich zu machen versucht, daß wir es bereits beim Grundbestand von Jes 7 mit einer späten (d.h. zunächst grob: nachexilischen) Prophetenerzählung zu tun haben. Dabei stellt die anti-

---

110 Ähnlich 2Kön 23,34; 24,17; Jer 37,1; vgl. Ez 17,16 (jeweils המליך מלך).

111 Ähnlich verfährt später der Chronist mit seiner Vorlage: 2Chr 28,5 erläutert die knappe Notiz 2Kön 16,5 dahingehend, daß Aram und Israel als *Strafwerkzeuge* Jahwes gegen Juda aufgeboten wurden. An den syrisch-efraimitischen Krieg ist hier nicht mehr gedacht.

typologische *Gegenüberstellung Ahas–Hiskija* keineswegs einen – gar erst sekundär hinzugetretenen – Nebenzug der Erzählung dar. Sie prägt bereits deren Grundbestand, und die Vermutung ist nicht abwegig, daß Jes 7* überhaupt erst als eine „Gegengeschichte“ zu den Hiskija-Erzählungen c.36-38 entstanden ist. Es will jedenfalls nicht gelingen, auf literarkritischem Wege einen alten Grundbestand auszusondern, der in die Zeit des Propheten Jesaja zurückreicht. Als eigenständige geschichtliche Quelle für den syrisch-efraimitischen Krieg scheidet das Kapitel ohnehin aus. Was der Verfasser über dieses Ereignis weiß, hat er aus 2Kön 16. Der Schlüssel für Jes 7* liegt also nicht in einer mühsam aus verschiedenen (auch außerbiblischen) Quellen zu rekonstruierenden zeitgeschichtlichen Konstellation, sondern allein in seinen *literarischen Bezügen*. Und die sprechen eine deutliche Sprache.

So liegt schon in 7,1 das Bestreben vor, den Angriff Arams (und Israels) auf Jerusalem mit der Bedrohung durch Sanherib (c.36) zu *parallelisieren*. Der Vers beginnt mit derselben Wendung wie 36,1: "וַיְהִי בִּ" „und es war/geschah im…“ (übrigens im Unterschied zum Referenztext 2Kön 18,13!), und das erste Verb lautet in beiden Sätzen entsprechend עָלָה „heraufziehen“. Man braucht in 7,1 nur Rezin durch Sanherib zu ersetzen, um (beinahe) den Wortlaut von 36,1 zu erhalten. Das kann kein Zufall sein. Die Ausgangslage ist, so suggeriert der Verfasser von 7,1, hier wie dort dieselbe: Jerusalem wird von einem feindlichen Heer – Aram bzw. Assur – bedroht, doch Jahwe läßt seine Stadt nicht fahren.[112] Die beiden *Könige* aus dem Hause Davids freilich verhalten sich charakteristisch verschieden. Während der eine durch seinen Unglauben das Bestehen der Dynastie leichtsinnig aufs Spiel setzt – wenn auch noch ohne *unmittelbare* Folgen für ihn selbst –, gelingt es dem anderen durch sein unerschütterliches Gottvertrauen, Stadt und Dynastie noch einmal vor dem Untergang zu bewahren.

Daß Ahas und Hiskija prinzipiell vor derselben Entscheidung stehen, macht auch die *Lokalisierung* der beiden Szenen anschaulich. Die „Wasserleitung des oberen Teiches am Walkerfeldweg“ (7,3; 36,2) ist keine topographische, sondern eine typologische Größe: *Hier* entscheidet sich beispielhaft der Glaube. Es darf natürlich nicht unterschlagen werden, daß dieser Ort erst durch den Verfasser von Jes 7* eine typologische Bedeutung erlangt. In 36,2 bot er (zunächst) nur ein passendes Forum für den Auftritt des assyrischen Rabschake, der natürlich vor den Toren der Stadt inszeniert werden mußte. Der Prophet betritt die Bühne erst später, und zwar nach dem jetzigen Text im Tempel (37,1-6). In 7,3 aber wird die „Wasserleitung“ deutlich aufgewertet; sie wird zum Ort der unmittelbaren Begegnung zwischen Prophet und König und damit zum Forum der Glaubensentscheidung.[113]

Auch mit der Mitnahme des Prophetensohnes *„Schear-Jaschub“* hat es seine zeichenhafte Bewandtnis. So wie später die drei Beamten Hiskijas zum assyrischen Rabschake „hinaus-

---

[112] Es mag übrigens mit dieser Parallelisierung zusammenhängen, daß in 7,1 *Aram* als die treibende Kraft in dem syrisch-efraimitischen Unternehmen ausgewiesen ist.

[113] Umgekehrt Hardmeier (Prophetie 439 A.41). Nach ihm seien die *Jesaja-Legenden* „als bewußte Antitypologie zu Jes 7 gedacht und konzipiert worden“. Freilich muß er sogleich konzedieren, daß „diese antitypologische Beziehung nicht die narrative Basisstruktur“ von c.36ff. präge; es handle sich „nur um einen mehr assoziativen Nebenzug“.

gehen“ (יצא 36,2), geht auch Jesaja nicht allein, sondern in Begleitung seines Sohnes zum König „hinaus“. Dabei hat der *Name* keine andere Funktion, als den Ruf zum Glauben sinnfällig zu unterstreichen: שְׁאָר יָשׁוּב „ein Rest kehrt um/zurück“ kann je nach Entscheidung des Königs als Heils- oder als Unheilszeichen verstanden werden. Aber ebenso wie der Glaubensaufruf negativ formuliert ist und schon dadurch die ablehnende Haltung des Königs andeutet, wird der Name des Sohnes, zumal für die späteren Leser, für die die Sache bereits entschieden ist, zum Vorzeichen des Untergangs: Es wird nur ein kleiner Rest sein, der dem unausweichlichen Gericht entkommt.[114]

Das Wort, das Jesaja auszurichten hat (v.4-7.9b), ist in die Form eines *Heilsorakels an einen König* gekleidet.[115] Es ist freilich ein *bedingtes* Heilsorakel, wie nicht erst v.9b, sondern schon v.4 zu erkennen gibt. Denn die scheinbar tröstliche Botschaft bedeutet „Warnung und Zuspruch zugleich, die sich in ihrer Zweiseitigkeit auch formal durch den Wechsel von den Imperativen zu den Jussiven bzw. Vetitiven zu erkennen gibt.“[116] Es ist ja erstaunlich, daß das heilvolle „fürchte dich nicht“ keineswegs (wie in 37,6) das erste Wort des Propheten an den König ist. Der Heilszusage vorgeordnet ist die Mahnung הִשָּׁמֵר „hüte dich!“ Ein Blick in die Konkordanz lehrt, daß mit dem Verbum שמר nif. „sich hüten“ sonst ausnahmslos vor einer drohenden Gefahr oder (spezieller) vor dem Vergessen bzw. Übertreten der göttlichen Gebote gewarnt wird. Jes 7,4 ist da keine Ausnahme: Jesaja warnt den König nachdrücklich davor, die göttliche Verheißung zu verspielen, und der Leser weiß, daß er sie tatsächlich verspielt *hat*.

Worin aber besteht diese Verheißung? Einigen Aufschluß darüber gibt der Glaubensaufruf in v.9b. Wir haben bereits darauf hingewiesen, daß dieses Wort am besten von der Natanverheißung 2Sam 7 her zu verstehen ist. E. Würthwein hat auf diesen Zusammenhang aufmerksam gemacht: „Daß Jesaja die davidische Dynastie und diese ihr gegebene Verheißung im Sinne hat, wird bis in den Wortlaut hinein spürbar, da in dem תַאֲמִינוּ von V 9b das entscheidende Stichwort der Nathanweissagung – נאמן – aufgenommen wird.“[117] Man ist Würthwein bei seiner Auslegung gern gefolgt,[118] solange man am hohen Alter der Davidsverheißung festhalten konnte. An der literarischen Beurteilung von 2Sam 7 hat sich seither aber einiges geändert; der entscheidende Vers 2Sam 7,16 jedenfalls ist kaum alt.[119] Dennoch ist der Zusammenhang mit Jes 7,9b wohl richtig gesehen, auch wenn man ihn aufgrund des nachjesajanischen Charakters von 2Sam 7,16 nun wieder bestreiten

---

114 Zur Deutung des Namens vgl. die Übersichten bei Weiss, ScrHie 31, 375-386, und Irvine, BZ 1993, 78-88.

115 Vgl. zu dieser Gattung Wildberger I, 270-272.

116 Werlitz, Studien 226.

117 Würthwein, Wort 141. Zur Sache auch Werlitz, Studien 166-169.

118 Z.B. Wildberger I, 271.

119 So deckt etwa Veijola in dem Kapitel eine tiefgreifende dtr Redaktionstätigkeit auf (vgl. Dynastie 68-79; etwas modifiziert in Verheißung 60-69). 7,16 jedenfalls stammt erst von DtrH oder einem noch späteren Redaktor (Levin, Verheißung 252-254). Eine eher traditionelle Beurteilung nun wieder bei Waschke, ZAW 1987, und Hentschel, Gott; vgl. auch die Übersicht in Dietrich/Naumann, Samuelbücher 143-156.

möchte.[120] Doch Jes 7 ist selbst nachjesajanisch, und so darf und muß die Natanweissagung in ihrer dtr Gestalt auch weiterhin zum Verständnis von v.9b herangezogen werden.[121] Der Glaubensaufruf spielt also auf den Gedanken an, daß die davidische Dynastie (vgl. בֵּית דָּוִד „Haus Davids“ in v.2.13.17) eine im Prinzip „ewige“ Einrichtung ist (עַד־עוֹלָם 2Sam 7,16).

Nun ist es ein ebenso erstaunlicher wie erklärungsbedürftiger Umstand, daß man sich erst in einer Zeit, da das Königshaus schon abgetreten war, an die Ausarbeitung und Ausgestaltung eines Konzeptes machte, das die *Ewigkeit* der Dynastie behauptete. Daß dies (mit gewissen vorexilischen Vorstufen) erst in der *dtr Schule* geschah und dort mit verhaltenen Zukunftshoffnungen verbunden war, hat grundlegend T. Veijola in seiner Studie „Die ewige Dynastie“ nachgewiesen. Er kommt zu dem Ergebnis, „dass die Katastrophe von 587 nicht den Untergang, *sondern den eigentlichen Anfang der Hoffnungen* bedeutete, die sich um das davidische Königtum zu bilden begannen; ohne an die Zukunft der Dynastie zu glauben, hätte DtrG[H] doch wohl keine göttlichen Zusagen über ihren immerwährenden Bestand formuliert“ (137). Dieser Gedanke wird dann beim Chronisten fortgeführt, der „in einer erheblich späteren Zeit die dtr Zusagen über die ‚*Ewigkeit*‘ der Dynastie rezipiert, und das anscheinend noch mit vollem Glauben an ihre Gültigkeit“ (137).

Das Konzept von der Ewigkeit der Dynastie verstand sich in der bescheidenen, königslosen Existenz der exilisch-nachexilischen Gemeinde wahrlich nicht von selbst. Und so ist es kein Wunder, daß es überall mit der entscheidenden Warum-Frage verknüpft wird, die seit dem Ende Judas die theologische Reflexion bestimmte: Warum ist die Dynastie *dennoch* untergegangen? Neben der klassischen, *dtr* Antwort, die Israel und seine Könige schuldig, Gott aber freispricht, gibt es andere Deutungen:[122] So zitiert der (bestenfalls spätexilische) Psalm 89 in v.36-38 zustimmend die (dtr gestaltete) Natanverheißung, wonach der Dynastie ein ewiger Bestand garantiert worden sei.[123] Aber gleich darauf folgt die enttäuschte Klage, „die den schwörenden Gott des Meineids bezichtigt“[124]: „Aber du hast verstoßen und verworfen, hast dich ereifert gegen deinen Gesalbten, hast den Bund mit deinem Knecht zerbrochen...“ (v.39f.). Anspruch und Wirklichkeit klaffen weit auseinander, und der Überbrückung dient in Ps 89 allein die hoffnungsvoll-klagende Frage „wie lange noch, Jahwe?“ (v.47). Jes 7* hingegen richtet den Blick – den dtr Theologen nicht unähnlich – *zurück* und betreibt, wenn man so will, theologische Ursachenforschung in narrativem Gewande. Daß die Dynastie

[120] Z.B. bei Smend, BEvTh 99, 121, und Veijola, Dynastie 135, nach denen Jes 7,9b vor dem Hintergrund von Jes 1,21.26 hinreichend erklärt sei. Abgesehen davon, daß das Theorem vom ewigen Bestand der Dynastie im *gesamten* Kapitel 7 der Sache nach vorausgesetzt wird, sind auch 1,21.26 als nachexilisch einzustufen.

[121] Vgl. Kaiser I, 143.

[122] Zu den Entwicklungen vgl. Perlitt, Anklage und Freispruch Gottes.

[123] Grundlegend wiederum Veijola, Verheißung, nach dessen Analyse der Psalm die spätdtr Davidtheologie des DtrN-Kreises bereits voraussetze und weiterentwickle (vgl. zusammenfassend 117f.). Aus diesem Grund wird man wohl auch nicht mehr wie Veijola (117) in der späten Exilszeit bleiben können.

[124] Perlitt, ZThK 1972, 293 (= FAT 8, 22).

untergegangen ist, liegt an ihr selbst: Nicht Jahwe ist wortbrüchig geworden, sondern der König hat nicht „geglaubt".

Auch in der dtr Geschichtstheologie der Kön-Bücher entscheidet sich am Verhalten des jeweiligen *Königs*, wie es Volk und Land, am Ende auch der Dynastie als solcher ergeht.[125] Gemessen wird der König freilich – anders als in Jes 7 – an primär *kultischen* Kriterien. Was also den Theologen der dtr Schule das immer neue Abweichen von der davidischen Norm ist, bringt Jes 7* am Beispiel des Ahas auf den abstrakten Begriff des „Unglaubens". Mithin setzt das Kapitel das Dogma von der „ewigen Dynastie" voraus und sucht es in eigener Weise mit der nachexilischen Wirklichkeit zu vermitteln: Das „Bleiben" der Dynastie wird an den „Glauben" gebunden. Und nach *diesem* Maßstab hat sich König Ahas der Verheißung als unwürdig erwiesen und damit den Grund dafür gelegt, daß die ewige Dynastie ein zeitliches Ende finden mußte. Mit dem Begriff des „Glaubens" (אמן hif.) wird somit eine Kategorie eingeführt, die sich zwar im Fahrwasser der dtr Geschichtstheologie bewegt, selbst aber nicht dtr genannt werden kann. Sie liegt sachlich und zeitlich auf einer Ebene mit den „Glaubenstexten" im Pentateuch, die selbst in eine spät-dtr oder (zum größeren Teil) eine nachpriesterliche Literaturphase gehören.

Die weitaus meisten Belege der Wurzel אמן hif., bei denen Gott der Gegenstand des Glaubens ist, finden sich in der Exodus- bzw. Wüstenüberlieferung (Ex 4,1.5.8f.; 4,31; 14,31; 19,9; Num 14,11; 20,12; Dtn 1,32; 9,23). Darüber hinaus sind natürlich Jes 28,16 sowie Gen 15,6; 2Kön 17,14 und Jes 43,10 zu nennen. Die späten Psalmen 78,22.32; 106,12.24; 119,66 sowie Jona 3,5 können hier außer Betracht bleiben. Im Blick auf die zeitliche Einordnung der betreffenden Verse besteht nun ein erstaunlicher Konsens: Sie sind, wie R. Smend übersichtlich dargestellt hat, kaum vorexilisch.[126] Für die Belege aus dem Dtn sowie 2Kön 17,14 gilt ohnehin, daß sie „durchweg nicht in früh-dtr Schichten oder Abschnitten" anzutreffen sind.[127] Gegenüber der auch von Smend geäußerten Vermutung, die Stellen aus dem Pentateuch stünden der dtr Bewegung nahe, erkennt H.-C. Schmitt jedenfalls in Ex 4,1.5.8f.31; 14,31; Num 14,11; 20,12 die Hand einer nachpriesterlichen, mithin der Endredaktion des Pentateuch nahekommenden „Glaubens-Redaktion", die aus prophetischen Wurzeln gespeist sei.[128] So liege etwa in Ex 4 „ein Glaubensverständnis vor, das dem in der jetzigen Komposition von Jes. vii 1-17* zum Ausdruck kommenden Glaubensverständnis entspricht".[129] In seinem Beitrag „Zur Geschichte von האמין" kommt Smend denn auch zu dem bis heute allseits anerkannten Ergebnis, daß „wir tatsächlich in Jes 7,9 die Entstehung des wichtigsten alttestamentlichen Begriffs für das religiöse Glauben vor uns haben: Jesaja hätte,

---

[125] Vgl. Würthwein, ATD 11/2, 495f.

[126] Smend, BEvTh 99, 119-123. Vgl. auch Jepsen, ThWAT I, 320-333.

[127] Perlitt, BK V/1, 111.

[128] Vgl. H.-C. Schmitt, VT 1982, 176-187 (auch ders., FS Würthwein 145-152). Für Ex 4,1-9 und 14,31 urteilt ähnlich Kohata, Jahwist 294f. (vgl. dies., AJBI 1988, 36 A.104). Daß auch in Gen 15,6 eher ein *nachpriesterlicher* denn ein dtr Beleg vorliegt, machen Köckert, Vätergott 216-218; Römer, DBAT 1989/90, 32-47, und Ha, Genesis 15, 205f. wahrscheinlich. Zur Parallelität zwischen Jes 7 und Gen 15, die nicht auf den Glaubensbegriff beschränkt ist, vgl. Ha, Genesis 15, 78-89. Nach Ha werde der Abraham von Gen 15 als „anti-type" (87) des Ahas stilisiert.

[129] H.-C. Schmitt, VT 1982, 176.

vom Nifʿal des Verbums אמן ausgehend, um die Entsprechung von Möglichkeit und Bedingung schlagend auszudrücken, das im menschlichen Bereich geläufige Hifʿîl erstmals religiös verwendet.“[130]

Aus mehreren Gründen ist es ratsam, diese traditionelle Auffassung zu revidieren: (1) Während ausnahmslos *alle* Belege frühestens in das 6. Jh., z.T. sogar erst in nachpriesterliche Zeit fallen, sollen einzig Jes 7,9 und 28,16 auf alter Überlieferung beruhen und also in das 8. Jh. zurückreichen. Es entsteht immerhin eine Lücke von mindestens 200 Jahren, in denen vom Glauben gänzlich geschwiegen wurde. Ein solches *argumentum e silentio* hat natürlich nur begrenzten Wert, ist aber im Verein mit anderen Indizien nicht ganz belanglos. – (2) Eine Priorität von Jes 7,9b gegenüber den Glaubenstexten im Pentateuch läßt sich jedenfalls nicht im Sinne einer literarischen Abhängigkeit erweisen. – (3) Daß der absolute Gebrauch des Verbums אמן hif. „glauben“, wie er in Jes 7,9b begegnet, am Anfang der Entwicklung stand, ist nicht nachweisbar und eher unwahrscheinlich.[131] In Jes 7,9b verbietet allein schon das ausgefeilte *Wortspiel* mit dem Nifal des Verbums ein Objekt (vgl. auch Ex 4,31a): Der Verfasser *hätte* anders formulieren können, aber er *wollte* nicht! Der Glaube ist auch in Jes 7,9b konkret auf Jahwe bzw. seine Verheißung (vgl. 2Sam 7) bezogen, auch wenn (aus stilistisch-rhetorischen Gründen) ein ביהוה „an Jahwe“ fehlt. – (4) Wir haben bereits darauf hingewiesen, daß sich der Glaubensaufruf auf die Natanverheißung (2Sam 7,16) zurückbezieht; der entscheidende Bezugsvers aber stammt frühestens von DtrH. – (5) Das wichtigste Argument ergibt sich indes aus der literarhistorischen Beurteilung von Jes 7* als Ganzes. Das Kapitel ist im Rahmen der Denkschrift ein Spätling und setzt bereits in seinem Grundbestand das Werk des DtrH voraus (vgl. 2Kön 16).

Die Konsequenzen liegen auf der Hand: Auch der Glaubensaufruf in Jes 7,9b läßt sich am leichtesten in der nachexilischen Zeit unterbringen. Er unterscheidet sich in seiner Grundintention nicht wesentlich von den entsprechenden Texten im Pentateuch, geht es doch jeweils um das (fehlende) Vertrauen in die göttlichen Verheißungen. (Jes 28,16 ist nach unserer Auffassung von 7,9 literarisch abhängig, kann daher hier ausgeklammert werden.) Um einen speziell *dtr* Ausdruck handelt es sich bei dem Glaubensbegriff indes nicht.[132] Die Aufnahme des Wortspiels aus Jes 7,9b in 2Chr 20,20 zeigt immerhin, daß auch der chr Literaturbereich sachlich nicht ganz fern steht.[133]

Worin aber bestand nach der Auffassung des Textes *konkret* der Unglaube, das Versagen des Ahas? Worin hätte sich sein Glaube als stark erweisen können? Oder bleiben die Formulierungen im Text gar bewußt unkonkret und unscharf, weil alles auf das Verhältnis zwischen Prophet und König zugespitzt ist? Es handelt sich hierbei wohlgemerkt *nicht* um eine historische Frage nach dem richtigen und angemessenen Verhalten des Königs in den Jahren 733/32. Die Szene ist fiktiv. Sie stammt nicht aus dem Geschichtsbuch, sondern aus dem Katechismus. Entsprechend ist nicht die (vermutete) Absicht des Propheten, sondern die Intention des *Textes* aufzudecken. Dabei ist zu berücksichtigen, daß Jes 7* keine ehedem unabhängige Einheit ist, sondern in einem literarischen Beziehungsgefüge mit anderen Texten steht, die nicht außer acht gelassen werden dürfen. So ist nun zu prüfen, ob die be-

---

130 Smend, BEvTh 99, 121. Vgl. auch Perlitt, FS Kaiser 143-145 (= FAT 8, 166f.).

131 Vgl. Kaiser I, 142f.

132 So mit Perlitt, FS Kaiser 144 (= FAT 8, 167), gegen Kaiser I, 142.

133 Vgl. Boehmer, ZAW 1923, nach dem in Jes 7,9b eine „abgekürzte Form des betreffenden Satzes in II Chr 20 [,20] oder gleichsam eine aus ihm abgeleitete Formel“ vorliege. Auch wenn die These nicht stimmen kann, ist die Nähe des Glaubensaufrufes zur chr Theologie nicht ganz von der Hand zu weisen.

liebte Auskunft, die Aufforderung zur Furchtlosigkeit in 7,4 ziele auf den Plan des Ahas, den assyrischen König um Hilfe zu ersuchen (2Kön 16), ihr Recht hat.

Tatsächlich dürfte dieses Hilfegesuch, wenn es auch im Text selbst nicht erwähnt wird, im Hintergrund stehen: (1) Jes 7* setzt 2Kön 16 zeitlich, sachlich und literarisch voraus; in v.1 wird sogar wörtlich aus diesem Text zitiert. So ist es durchaus möglich, ja sogar wahrscheinlich, daß ein Leser von Jes 7* das *gesamte* Kapitel 2Kön 16 mit seinem negativen Ahas-Bild assoziiert. – (2) Einen wichtigen Hinweis liefern wiederum die Jesaja-Erzählungen in c.36-38. Das vorbildliche Verhalten Hiskijas zeigt sich vor allem darin, daß er das Angebot, mit Assur zu kooperieren (36,16), ablehnt und *allein* auf Jahwes Rettung setzt. Ahas' Verhalten steht hierzu in einem krassen Gegensatz: Er bittet die Assyrer nach dem Zeugnis von 2Kön 16 *von sich aus* und ohne triftigen Grund um Hilfe und rief damit die Geister herbei, die Juda dann nicht mehr losgeworden ist. – (3) In der Aufforderung zur Furchtlosigkeit in 7,4 stoßen wir auf mehrere Elemente, die sich kaum zufällig auch am Beginn der dtn Kriegsgesetze in Dtn 20,1-4 finden. In dieser „Kriegsansprache", die ganz und gar dtr Provenienz ist,[134] spricht der Priester dem Volk Mut für den bevorstehenden Jahwekrieg zu. Er tut dies mit zwei Vetitiven, die in Jes 7,4 wiederkehren: אַל־יֵרַךְ לְבַבְכֶם אַל־תִּירְאוּ „euer Herz verzage nicht, fürchtet euch nicht!" (20,3). Dabei ist immerhin die Verbindung רכך + לֵבָב so selten belegt,[135] daß man eine literarische Abhängigkeit – oder jedenfalls eine bewußte Anspielung auf Dtn 20 – nicht ausschließen kann.[136] Dies ist umso wahrscheinlicher, als sich in Jes 7* offenbar dieselbe „ideologische" Grundauffassung des Jahwekrieges widerspiegelt wie in Dtn 20, wonach Gott *allein* für sein Volk streitet: „Denn Jahwe, euer Gott, ist es, der mit euch (עִמָּכֶם) geht, um für euch gegen eure Feinde zu kämpfen..." (Dtn 20,4). Vor diesem Hintergrund wäre die oben gestellte Frage nach dem von Ahas geforderten Verhalten eindeutig zu beantworten: Weil Jahwe „mit ihm" ist, soll und kann er sich „ruhig" verhalten, also passiv bleiben und auf die Mithilfe einer fremden Macht (konkret: Assur) verzichten.[137] In einer solchen Haltung hätte sich der Glaube manifestieren können und sollen. Und der Treuebruch des Ahas besteht darin, daß er mit seinem Hilfegesuch, auf dessen nähere Umstände es weiter nicht ankommt, die Alleinwirksamkeit Jahwes in Frage stellt. Die alte Streitfrage, ob von Ahas „die furchtlose Mitwirkung an Jahwes Werk, Stadt und Dynastie zu schützen, oder völlige Passivität"[138] gefordert sei, geht deshalb am Kern der

---

[134] Vgl. zuletzt Otto, Ethik 199f.

[135] Nur noch 2Kön 22,19 (// 2Chr 34,27); Jer 51,46; Ijob 23,16 (hif.).

[136] Vgl. Kaiser I, 142. Es versteht sich von selbst, daß man bei einer *Frühdatierung* derartige Bezüge gern mit einem gemeinsamen traditions- oder gattungsgeschichtlichen Hintergrund erklärt (z.B. Wildberger I, 270-272) und in 7,4 die Gattung eines Kriegs- oder Königsorakels aufgenommen sieht.

[137] Ist der „Immanuel" (Jes 7,14) ein Reflex des „mit euch" (עִמָּכֶם) aus Dtn 20,4?

[138] Hermisson (/Lohse), Glauben 59.

Sache vorbei. Ahas ist nach dem Verständnis des Textes soweit am Geschehen beteiligt, wie es die Theorie des Jahwekrieges erlaubt, und danach ist nur die Kooperation mit einer fremden Macht wirklich ausgeschlossen (vgl. Jes 30,1-3; 31,1-3).

Dem Autor von Jes 7* steht das Kapitel 2Kön 16 mit seinem negativen Ahas-Image *insgesamt* vor Augen, also nicht nur dort, wo es wörtlich zitiert wird. Einem schriftkundigen Leser können die Zusammenhänge zwischen beiden Kapiteln ohnehin nicht entgangen sein. Gestützt wird diese Vermutung durch die Beobachtung, daß schon 2Kön 16 in einer antitypologischen Relation zu 2Kön 18 steht: Während sich Ahas den Assyrern unterwirft und ihnen damit zum „Knecht“ wird (עֶבֶד 2Kön 16,7), gelingt es Hiskija, das Joch der assyrischen Herrschaft abzuschütteln und sich aus der Abhängigkeit zu befreien. So heißt es in 2Kön 18,7 entsprechend: „Hiskija lehnte sich gegen den König von Assur auf und war nicht mehr sein Knecht“. Dieses schon im Kön-Buch bestehende antithetische Verhältnis zwischen Ahas und Hiskija[139] dürfte in Jes 7* bewußt übernommen worden sein. Es scheint hier sogar gegenüber 2Kön 16/18-20 ein fortgeschrittenes Stadium widerzuspiegeln und damit auf spätere Herkunft zu verweisen.[140]

Eine ähnliche literarhistorische Einordnung ergibt sich, wenn man eine weitere auffällige Parallele in die Überlegungen einbezieht. Für Bartelmus, Stilprinzip, spricht „einiges dafür, daß das dem Autor von Jes 7 vorschwebende konkrete Vorbild in der Gideon-Erzählung zu suchen ist“ (57), die damit „als Kontrastbild für Jes 7“ (58) fungiere. Er denkt dabei an Gideons Funktion als Führer in einem Jahwekrieg (vgl. Ri 6,14), an das bestätigende „Zeichen“ Jahwes (Ri 6,17; vgl. 6,36-40), an den Einwand Gideons, ob man Jahwe „versuchen“ dürfe (נסה Ri 6,39), an die Formel „fürchte dich nicht“ (6,23) und schließlich an die Zusage des „Mit-Seins“ Jahwes (יהוה עִמָּנוּ Ri 6,13; vgl. 6,16). Die Bezüge sind zwar evident, müssen aber nicht zwingend auf literarischer Abhängigkeit beruhen. Sollte eine bewußte Anspielung vorliegen, hätten wir jedenfalls einen weiteren Hinweis für den nach-dtr Charakter von Jes 7 gewonnen, denn in seiner vorliegenden Form (und gerade in seinen mit Jes 7 parallelen Erzählzügen) ist Ri 6,11-24 von DtrH gestaltet und spät-dtr erweitert worden.[141]

Daß die Antitypologie Ahas–Hiskija der eigentliche Schlüssel für Jes 7* ist, läßt sich nun ganz deutlich in der zweiten Szene 7,10-17 ablesen, die um die Gestalt des Immanuel kreist.[142] Daß sie nur wenig elegant an die erste Szene angeknüpft wird, braucht dann nicht zu verwundern, wenn man in 8,5 das literarische Vorbild sieht, das hier nur nachgeahmt wird.

---

[139] Es wird durch einen spät-dtr Redaktor offenbar verstärkt, indem er in 16,3b das Kinderopfer einträgt (vgl. Spieckermann, Juda 176f.).

[140] Eine weitere, dritte Stufe ist dann mit der Apotheose Hiskijas in 2Chr 32 erreicht, die in 2Chr 28 mit der Negativzeichnung des Ahas, an dem kein gutes Haar gelassen wird, ihr krasses Gegenbild hat (vgl. auch Ackroyd, Studies 119).

[141] Nachweis bei U. Becker, Richterzeit 145-151.

[142] Daß auch die Glaubensthematik z.B. in Ex 4,1-9 und Num 14,11.22 mit einem *Zeichen* verbunden ist, spricht nochmals für den ursprünglichen Zusammenhang der beiden Szenen 7,1-9 + 10-17.

Schon das Zeichenangebot in 7,11 steht kaum in einer zufälligen Beziehung zu c.38: Während der fromme Hiskija (38,3) von Jahwe ein Zeichen für die Verlängerung seines Lebens *und* für die Errettung aus der Hand des Königs von Assur erhält (38,5f.), bringt sein Vorgänger auf dem Thron nicht einmal den Mut auf, Jahwe um derartiges zu *bitten.*[143] Seine Auskunft, er wolle Jahwe nicht „versuchen“ (נסה pi. 7,12), ist weniger Ausdruck der Ehrfurcht als vielmehr des Unglaubens und des Wahns, ohne die Hilfe Jahwes auskommen zu können.[144] So gibt Jahwe sein Zeichen ungefragt. Es besteht in der Ankündigung der Geburt des „Immanuel“ (עִמָּנוּ אֵל) durch „die junge Frau“ (הָעַלְמָה). Die Diskussion um die Identität dieses Knaben braucht hier nicht nachgezeichnet zu werden. Angesichts der vielfältigen Bezüge, die zwischen c.7 und 36-38 bestehen, liegt es nahe, in ihm einfach einen Hinweis auf *Hiskija* zu sehen.[145] Folglich ist „*die* junge Frau“ keine andere als die *Königin*, also die Mutter Hiskijas und die Frau des Ahas. Das gewählte Wort עַלְמָה macht dabei ebenso wie der bestimmte Artikel[146] deutlich, daß es sich um das *erste* Kind des Ahas, also den Thronfolger selbst handelt.[147] Mißverständnisse sind damit ausgeschlossen.

Eine gewisse Bestätigung erfährt diese Identifizierung durch eine traditionsgeschichtliche Beobachtung. Denn die *Zeichenbitte* (vgl. שׁאל) entstammt offenbar ebenso dem „Kontext königsideologischer Phraseologie“[148] wie die in 7,16 genannten Eigenschaften des Immanuel: Ein rechter König zeichnet sich dadurch aus, daß er – wie einst Salomo, das Urbild des weisen und gottesfürchtigen Königs (1Kön 3,5) – seinen Gott um Beistand und Führung *bittet.*[149] Und ein rechter König bittet seinen Gott nicht um irgendetwas, sondern wie Salomo (1Kön 3,9) um die Unterscheidung von gut und böse (Jes 7,16). Was König Ahas so schmerzlich vermissen läßt, erfüllt „Immanuel“ = Hiskija in geradezu vorbildlicher Weise!

---

[143] Auch im Detail gibt es Beziehungen zwischen 7,10ff. und c.38: vgl. שְׁאָלָה „unten“ (7,11) mit שְׁאוֹל „Unterwelt“ (38,10) und מַעְלָה „Höhe“ (7,11) mit מַעֲלוֹת „Stufen“ (38,8). Daß es sich bei Hiskijas Zeichen ausgerechnet um die „Stufen [der Sonnenuhr] des *Ahas*“ handelt, die zurückweichen sollen (38,8), ist ebenfalls auffällig.

[144] Vgl. Kaiser I, 164.

[145] Vgl. Scharbert, Propheten 234f.; Wildberger I, 291-293; Görg, BN 1983, 121-124; Seitz 60-71; ferner die Übersichten bei Kilian, Jesaja 1-39, 16-18; Schoors, OLoP 1987, 67-77; Laato, Who is Immanuel 139-144; ders., BEAT 13, 313-322.

[146] Er hat offenkundig in der „Prophetin“ aus 8,3 seine Vorlage.

[147] Vgl. Budde, Erleben 52. Der Vorschlag von C. Dohmen, nach dem die עַלְמָה in Jes 7,14 eine *Fremde*, also Nichtisraelitin bezeichne, die dem Ahas einen Sohn gebären soll (ThWAT VI, 175f.; Bib. 1987, 314-317), ist vom Text selbst nicht gedeckt. Denn wenn die Drohung an Ahas gerade darin bestehen soll, daß ein *Nichtdavidide* auf den Thron kommt (ähnlich Jes 11,1), fragt man sich, warum es nicht deutlicher ausgesprochen wird.

[148] Görg, BN 1983, 116.

[149] Görg, BN 1983, 117: „Mit der Verweigerung des Bittens und damit auch der Abweisung des Zeichenangebots kehrt sich Ahas somit gegen den Garanten seines Königtums und verwirkt letztlich den Anspruch auf königliche Legitimation, die ohnehin Sache *YHWHs* wäre ... Indem Ahas sich nicht ausdrücklich zum gottgewirkten Königtum...bekennt, verfällt er dem Gericht.“

Was der Immanuel-Name in Jes 7* bedeutet, ergibt sich aus v.16-17a. So ist zunächst v.16 in seinem Sinn klar: Bevor der Immanuel ein gewisses Alter erreicht hat – an wieviele Jahre hier gedacht ist, bleibt für die Erzählung ohne Belang –, wird „das Land verlassen sein, vor dessen beiden Königen dir graut.“ Gedacht ist natürlich an den baldigen Untergang der beiden feindlichen Mächte Aram und Israel. Dabei legt die Formulierung nahe, daß kaum an das Ende des syrisch-efraimitischen Krieges im engeren Sinne gedacht ist, sondern an Untergang der beiden Staaten überhaupt. Denn mit dem Verlassen (עזב) des Landes (אֲדָמָה) ist offenbar an eine vollständige Deportation der Bevölkerung gedacht, wie es in 2Kön 16,9 (für Aram) und in 17,6 (für Israel) berichtet wird (jeweils mit dem Verbum גלה hif.). Übrigens scheint sich in dieser Vorstellung eine relativ späte theologische Konzeption widerzuspiegeln, nach der das totale Gottesgericht nur in einer völligen Entleerung des Landes seine Entsprechung finden kann. Die engsten Parallelen für diese Vorstellung liegen im spät-dtr (vgl. 2Kön 17,23) und chr Literaturbereich. In Wahrheit war „das Land“ zu keiner Zeit „verlassen“. Und wenn Jes 7,16 dennoch diese (späte) Vorstellung aufgreift, dann dient sie dazu, die Gewißheit des Heils zu unterstreichen. Der Immanuel-Name ist für Ahas also *zunächst* ein Heilszeichen.

Daß es dabei nicht bleibt, macht v.17a deutlich. Dem Südreich werden Tage angekündigt, „wie sie nicht gekommen sind seit dem Tage, da Efraim von Juda abfiel (סוּר)“. Angespielt wird auf die Reichsteilung, also die Abtrennung von 10 Stämmen vom Mutterland. Dieses Ereignis wird in der dtr Historiographie bekanntlich als die „Sünde Jerobeams“ typologisiert und in den Rang eines *peccatum radicale* erhoben.[150] Wie diese Sünde zum Untergang Israels geführt hat (vgl. die spät-dtr Deutung in 2Kön 17,21-23),[151] wird auch Juda mit seiner davidischen Dynastie dem totalen Gericht entgegengehen. Mit ganz ähnlichen Worten und ebenfalls mit Blick auf 587 kündigt das schon der spät-dtr Autor von Jos 23 an: „... dann wird Jahwe über euch bringen (יָבִיא יהוה עֲלֵיכֶם) all das Böse, bis er euch vollständig von diesem guten Erdboden vertilgt hat“ (23,15). V.17a zielt also in Wahrheit nicht auf ein Ereignis der näheren Zukunft, das noch in die Lebenszeit des Ahas fallen könnte, sondern auf das Ende des Staates und der Dynastie überhaupt. Insofern wirkt die Ankündigung – an Ahas gerichtet – gewiß anachronistisch, und es ist verständlich, daß man hinter v.17a lieber andere, frühere Ereignisse vermutet und (entsprechend der Glosse in v.17b) in der Assyrerzeit verbleiben möchte.[152] Indes ist v.17a ja nicht nur an Ahas gerichtet: Der König wird betont als Vertreter der *Dynastie* angesprochen (וְעַל־בֵּית אָבִיךָ).[153]

[150] Vgl. 1Kön 12,19 (auch 11,29-32); 2Kön 10,29.31; 13,6.11; 14,24; 15,9.18.24.28; 17,21. Zur Sache Debus, Sünde Jerobeams.

[151] 2Kön 17,21 formuliert ähnlich wie Jes 7,17a: „Israel hat sich vom (מֵעַל) Haus Davids losgerissen“.

[152] Z.B. Wildberger I, 298.

[153] Deshalb darf man diese Wendung auch nicht (wie etwa Wildberger I, 264, oder Werner, BZ 1985, 22) für sekundär erklären!

Wenn er selbst die Folgen seines Handelns auch (noch) nicht zu tragen hat, so hat sein Verhalten, so sieht es jedenfalls der Verfasser, letzten Endes doch den Untergang des davidischen Hauses heraufgeführt. „Der Satz ist also in gewisser Hinsicht eine Parallele zu 9b, wo nach der scheinbar so tröstlichen Zusicherung von 8a und 9a unvermittelt der entscheidende Satz folgt, durch den die vorangehende Heilsankündigung in ein völlig neues Licht tritt."[154]

Der Immanuel-Name spiegelt also, wenn man es in abstrakten Begriffen ausdrücken will, die Diastase von Möglichkeit und Wirklichkeit wider: Das Kind hätte für Ahas theoretisch Heil bedeuten können, wenn er nur „geglaubt" hätte. Daß dies im Sinne des Autors eine reale Möglichkeit war, ist beispielhaft an der Kontrastgestalt des Hiskija abzulesen, die im Namen selbst verborgen liegt.[155] Hiskija ist es gelungen, durch sein unerschütterliches Gottvertrauen der äußeren Gefährdung ebenso zu widerstehen wie der inneren Anfechtung. Diese Möglichkeit hat Ahas verspielt. Ihm ist der Name des Kindes daher zum Vorzeichen des Unheils geworden. Die göttliche Zusage des „Mit-Seins" wird an menschliche Bedingungen geknüpft. Und wenn Gott seine schützende Hand vom Land, vom Zion und von der Dynastie abzieht, sich „verbirgt" und damit sein „Mit-Sein" aufkündigt, ist daran die Dynastie selbst schuld.

2.6. Der redaktionelle Standort von Jes 7 in der Denkschrift*

Redaktionsgeschichtlich gesehen geschah die Einbettung von Jes 7* in erster Linie zu dem Zweck, die Jesaja-Legenden in c.36-38 vorzubereiten. Daß das Kapitel aber auch dem *näheren* Kontext nicht schlecht eingepaßt wurde, liegt auf der Hand. Schon die Genealogie in 7,1 knüpft offenkundig an das Datum der Berufungsvision in 6,1 an, schließt beide Kapitel also eng zusammen. Dieser formalen Verknüpfung entspricht eine inhaltliche. Denn es ist nicht abzuweisen, daß sich manche „Leerstelle" innerhalb von c.7* füllt, wenn man das Kapitel im Lichte des Verstockungsauftrages von c.6* liest. Die unausgesprochene Voraussetzung beider Szenen in 7,1-9 und 10-17 liegt darin, daß König Ahas – als beinahe tragische Figur – gar nicht anders *kann*, als Jahwes Angebot (das des Glaubens und des Zeichens) abzulehnen. Dieses *non posse non peccare* wird nun begreiflich. Insofern bedarf es auch zwischen 7,9b und 7,10 keiner Mitteilung darüber, wie sich der König denn verhalten habe. Für den Leser, der von c.6* herkommt, *kann* Ahas gar nicht geglaubt haben. O.H. Steck spricht treffend – wenn auch von ganz anderen literarischen Voraussetzungen aus – vom „Wirksamwerden des Jesaja in Jes 6

154 Wildberger I, 298.

155 Der Chronist bietet in seinem Hiskija-Kapitel 2Chr 32 geradezu eine erzählerische Ausgestaltung des Immanuel-Namens (vgl. 32,7-8).

übereigneten Verstockungsauftrages.“[156] Die Abhängigkeit ist freilich einseitig, und das bestätigt aufs neue unser bisheriges Ergebnis: Jes 6* setzt c.7* nicht notwendig voraus. Als ursprüngliche Fortsetzung von c.6 kommt denn auch nur c.8 in Frage.

Möglich ist ein Zusammenhang von 6,12-13abα mit 7,16-17a. Auch in den Fortschreibungen am Ende des Verstockungskapitels ist von einer „Verlassenheit“ (עֲזוּבָה) im Lande die Rede, und auch hier wird eine zweistufige Zerstörung Israels vorausgesetzt: Zunächst bleibt nur noch ein Zehntel übrig (vgl. עֲשִׂירִיָּה 6,13 mit עֲשָׂרָה 1Kön 11,31); vgl. auch אֲדָמָה in 6,11 und 7,16. Nun stammt 6,12-13abα kaum von derselben Hand wie 7,16-17a, doch es ist immerhin möglich, daß der Verfasser von c.7* diese Nachträge bereits vorfand und benutzte. Zeitlich wäre das jedenfalls nicht ausgeschlossen.

Ebenso wie c.7* als (sekundäre) Fortführung und Explikation von c.6* gelesen werden kann und soll, bietet auch die Kapitelfolge 7/8 einen guten Sinn. So liest sich die Szene 7,10ff., die ja nach dem Vorbild 8,1-8* gestaltet wurde, wie eine eher verhaltene Vorankündigung dessen, was 8,1ff. mit deutlicheren Worten ausspricht: Aram und Israel werden untergehen, aber das Südreich wird am Ende mitgerissen. Das Drohwort 7,17a hält sich in seiner Formulierung jedenfalls auffällig zurück, und der Grund könnte eben darin liegen, daß der Fortsetzung nicht vorgegriffen werden sollte. Dieser Umstand würde jedenfalls erklären, warum 7,17a zu mancherlei Mißverständnissen Anlaß geben konnte.

Blicken wir abschließend über den näheren Kontext von Jes 7* ein wenig hinaus, stoßen wir auf signifikante Berührungen mit den sog. Assur-Texten in 10,5-11* + 14,24-25a. Wie wir an anderer Stelle nachweisen werden, sind diese Assur-Texte von dem zionstheologischen Grundsatz bestimmt, daß Jahwe seine Stadt und seine Dynastie nicht preisgibt. So erfolgt das Gerichtshandeln Assurs im Auftrag Jahwes (10,5) solange zu Recht, wie *Jerusalem* nicht angetastet wird. Die Vernichtung der fremden Völker hingegen – es handelt sich übrigens durchweg um direkte oder mittelbare Nachbarn Judas – geschieht mit ausdrücklicher Billigung Jahwes. So blickt 10,9 auf die Zerstörung ausgerechnet *Arams* und *Israels* zurück, die als völlig selbstverständlich und von Gott geboten betrachtet wird. Darin liegt nun eine auffällige Entsprechung zu Jes 7*, die auch terminologisch greifbar ist. So kündigt das Jahwewort 14,24 mit ähnlichen Worten wie 7,7b (vgl. die beiden Verben היה und קום) an, daß der „Plan“ der Feinde (vgl. יעץ 7,5 und 14,24), der sich hier wie dort gegen Jerusalem richtet, zum Scheitern verurteilt ist. So ist es wohl auch kein Zufall, daß die Absicht der Gegner jeweils in ein wörtliches Zitat gekleidet ist: so bei Assur in 10,11* und bei Aram / Israel in 7,6. Es ist also durchaus möglich, daß der Verfasser von Jes 7* nicht nur die Jesaja-Legenden im Visier hatte, sondern auch mit den sog. Assur-Texten operierte und sie zum Vorbild nahm. Sachlich stand er ihnen sehr nahe. Und so läßt sich Jes 7* denn auch als *Vorbereitung* von 10,5-11*

---

[156] Steck, TB 70, 177; vgl. auch Stahl, Mitteilungen 1994, 30-32.

lesen: Was 7,7b.16 ankündigt, nämlich den Untergang Arams und Israels, setzt 10,9 als eben geschehen voraus.

Diese These findet eine gewisse Bestätigung, wenn wir uns das Ziel und die zeitliche Situierung der Assur-Redaktion vor Augen führen. Wie anderwärts nachzuweisen ist, sind die Assur-Texte eigens zu dem Zweck verfaßt und eingefügt worden, um die Jesaja-Legenden vorzubereiten. Wir sind damit bereits in der nachexilischen Zeit angelangt. Es spricht sogar einiges dafür, daß es diese Hand war, die für die Übernahme der Legenden aus dem Kön-Buch in das Jes-Buch verantwortlich war. Als Jes 7* seinen jetzigen Platz fand, standen die c.36ff. aber offenbar schon im Jes-Buch. Jes 7* wäre also zeitlich *nach* der Assur-Redaktion anzusetzen – eine erneute Bestätigung für unsere Datierung des Kapitels zwischen Dtr und Chr.

2.7. Ertrag

Der Grundbestand von Jes 7 – er liegt vor in 7,1-4a.5a.b[nur לאמר].6-7.9b.10-14.16-17a – hat sich als eine antitypologische Prophetenerzählung erwiesen, die auf die Jesaja-Legenden in c.36-38 hin gestaltet worden ist. Die Antitypologie Ahas–Hiskija gibt demnach keinen Nebenzug der Erzählung wieder, der ihr gar erst sekundär aufgesetzt worden wäre, sondern gehört zu ihrer Eigenart. Sie war der eigentliche Anlaß für die Konzeption des Kapitels. Es ist deshalb auch nicht verwunderlich, daß Jes 7* als eigenständige historische Quelle für die Rekonstruktion des syrisch-efraimitischen Krieges ausscheiden muß. Was der Verfasser über diesen Krieg weiß, hat er aus 2Kön 16 genommen. Man kann daher mit einigem Recht von einer *fiktiven Lehrerzählung in historischem Gewande* sprechen. Es ist prinzipiell nicht ausgeschlossen, daß der Verfasser ein jesajanisches Logion verwendet hat; zu denken wäre etwa an ein Dynastieorakel, das der Prophet erteilt hätte. Angesichts der literarhistorischen Lage ist dies freilich wenig wahrscheinlich; eine literarkritische oder auch nur überlieferungsgeschichtliche Herauslösung eines solchen Wortes vermag nicht zu gelingen.

Denn über die grobe zeitliche Einordnung von Jes 7* kann nach der Analyse kein Zweifel mehr bestehen. Da das Kapitel nicht nur die Jesaja-Legenden in c.36-38 sowie 2Kön 16 voraussetzt, sondern auch an die Natanverheißung 2Sam 7 anknüpft (vgl. Dtn 20,1-4 und Ri 6,11-24), kommt nur die nachexilische Zeit in Frage. Die theologischen Deutungskategorien der dtr Schule standen bereits zur Verfügung. Danach war der Untergang von Staat und Dynastie in erster Linie dem Verhalten der jeweiligen Könige auf dem Davidsthron zuzuschreiben. Der Verfasser von Jes 7* greift sich Ahas heraus, um an ihm ein Exempel vorzuführen: Was Ahas tat, war nach seiner Sicht der Anfang vom Ende. Nicht Jahwe hat seinen Bund aufgekündigt, sondern Ahas hat sich durch seinen Unglauben von ihm entfernt. Warum ausgerechnet *dieser* König als Beispiel gewählt wird, läßt sich leicht begreifen. Zum einen drängte sich sein negatives Image in 2Kön 16 als passender Anknüpfungspunkt geradezu auf; und zum andern bot sich die Situation des syrisch-efraimitischen Krieges in hervorragender Weise als Analogon für die Ereignisse des Jahres 701 an. Immerhin bestand schon im Kön-Buch ein nicht zu übersehender Kontrast zwischen Ahas und Hiskija, den unser Verfasser nur fortzuführen brauchte.

Eine genauere zeitliche Situierung dürfte schwerfallen. Jes 7* ist jedenfalls *nachdtr*, da die dtr Theologiebildung bereits vorausgesetzt wird. Speziell *dtr* Provenienz läßt sich nicht ausmachen; insofern ist die allgemeine Rede vom „Schatten der deuteronomistischen Theologie“, in der Jes 7* stehe,[157] zu ungenau. Jes 7* ist nicht „deuteronomistischer“ als das chronistische Werk! In manchem steht das Kapitel denn auch den chr Vorstellungen näher (vgl. die Hochschätzung Hiskijas als Kontrastfigur zu Ahas und den Glaubensbegriff 2Chr 20,20). So darf man Jes 7* theologiegeschichtlich und zeitlich (mit aller Vorsicht) zwischen der dtr und der chr Bewegung ansiedeln.

Hinsichtlich des ältesten Bestandes der c.6-8 und darüber hinaus des Jes-Buches überhaupt hat unsere Analyse zu einem wertvollen und kaum zu überschätzenden Ergebnis geführt: Denn Jes 7* hat mitnichten, wie man gewöhnlich annimmt, den Kern der Denkschrift gebildet. Vielmehr ist ihr das Kapitel erst später zugewachsen. Es hat einen ursprünglichen Zusammenhang der Kapitel 6* + 8* durchtrennt, in denen vom syrisch-efraimitischen Krieg nicht (oder jedenfalls nur am Rande) die Rede war. Es dient nun im Rahmen der Denkschrift der Ausführung des Verstockungsauftrages von c.6.

---

[157] Kaiser I, 143. Vgl. auch Werlitz, Studien 207-210.

3. Jes 6 + 8 und der literarische Kern des Jes-Buches

3.1. Der Zusammenhang von Jes 6 + 8

Die Analyse von Jes 7 hat in redaktionsgeschichtlicher Hinsicht zu einem doppelten Ergebnis geführt: Zum einen ist dieses Kapitel aus Gründen, die ausführlich dargelegt wurden, erst recht spät – wir können grob sagen: in protochronistischer Zeit – in seinen gegenwärtigen Kontext eingeschaltet worden. Und zum andern hat sich aus dieser Einordnung die Hypothese ergeben, daß die nunmehr getrennten c.6* und c.8* einmal einen engeren literarischen wie sachlichen Zusammenhang gebildet haben.[1]

Diese These läßt sich durch eine ganz elementare Beobachtung erhärten, auf die wir bereits hingewiesen haben: Weder die Berufungsvision in c.6 noch die in 8,1-18 zusammengestellten Einheiten sind, wenn man sie von späteren Erweiterungen befreit, exklusiv auf den syrisch-efraimitischen Krieg und sein unmittelbares zeitliches Umfeld bezogen. Schon die Datierung von c.6 in das „Todesjahr des Königs Usija" liegt – je nach ihrer genauen Bestimmung – mehr oder weniger weit *vor* diesem Geschehen. Im übrigen weist nichts auf die Konflikte der Jahre 734/33 hin. Ja, der Verstockungsauftrag in 6,9-11 ist so allgemein wie umfassend formuliert, daß er offenbar eine längere Verkündigungstätigkeit im Blick hat und sie in der Rückschau zusammenfassend deutet. Daß die Verkündigung Jesajas zur Zeit des syrisch-efraimitischen Krieges davon *auch* umfaßt ist, darf man annehmen. Aber zu einem die „Denkschrift" dominierenden Thema ist dieser Konflikt anscheinend erst durch c.7 geworden. Das läßt sich daran ablesen, daß die Berufungsvision durch das Hinzutreten von c.7 einen etwas veränderten, nämlich konkreteren Sinn bekommen hat: Was Jesaja offenbart und aufgetragen wird, die umfassende Verstockung des gesamten Volkes, hat sich in geradezu paradigmatischer Weise am Verhalten des Königs im syrisch-efraimitischen Krieg „erfüllt". Aber schon die Beobachtung, daß es in c.7 vor allem um den Ungehorsam des Königs und seiner Dynastie, nicht aber des Volkes insgesamt geht, zeigt, daß die Verbindung eine künstliche, also redaktionelle ist.

Daß der syrisch-efraimitische Krieg den Kapiteln 6 und 8 erst sekundär gleichsam aufoktroyiert wurde, läßt sich vielleicht noch deutlicher an den Spuren ablesen, die eine historisierende Redaktion in c.8 hinterlassen hat. Es handelt sich offenbar um dieselbe Hand, die auch in c.7 einige – zumeist sachgerechte – Glossierungen vornahm (vgl. 7,4.5). So lassen sich etwa in dem Drohwort gegen Juda in 8,6-8a die auf den syrisch-efraimitischen Krieg

[1] So bisher nur (allerdings mit wenig spezifischen Argumenten) Höffken 81.

deutenden Elemente leicht als erklärende Zusätze ausscheiden: Es handelt sich um v.6b („und Freude [ist] mit Rezin und dem Remalja-Sohn") und v.7aβ („den König von Assur und seine ganze Macht"). Zieht man diese Glossen ab, und dies ist nun ein erstaunlicher Befund, erinnert nichts mehr an den syrisch-efraimitischen Krieg![2] Man gewinnt vielmehr den Eindruck, daß das Drohwort gegen Juda ursprünglich umfassender, ja *katastrophaler* gemeint war. Die Metapher vom reißenden Strom, der über seine Ufer tritt und unaufhaltsam das ganze Südreich überschwemmt, läßt immerhin die Frage aufkommen, ob hier nicht die totale Vernichtung Judas im Blick ist. Das aber paßt nicht zur zeitgeschichtlichen Lage, wie man sie sich im Anschluß an Jes 7 und 2Kön 16 für die Jahre 734/33 gewöhnlich zurechtlegt: „Assur wurde ja durch Ahas' dramatische Aktion zu Judas Schutzmacht – wie hätte Jesaja zu diesem Zeitpunkt, wollte er noch verstanden und ernstgenommen werden, von Judas Vernichtung durch Assur reden sollen?"[3] Jedenfalls ist deutlich, daß die auf den syrisch-efraimitischen Krieg hinweisenden Glossen in 8,6*.7* kaum als sachgerecht zu bezeichnen sind. Auf eine Kommentierung ähnlicher Art sind wir bereits in 7,17 gestoßen: Was ursprünglich als umfassende (und nach unserer Auffassung rückblickende) Weissagung auf den Untergang der Dynastie im Jahre 587 gemeint war (7,17a), wird durch den kleinen Zusatz „und den König von Assur" (7,17b) unversehens zu einer vergleichsweise milden Gerichtsdrohung zurückgestutzt, die nun im Kontext der Vorgänge von 734/33 gelesen werden soll.

Vergleichbares wird man auch für 8,1-4 sagen können. Zwar ist der „König von Assur" in diesem Stück fest verankert und darf nicht literarkritisch eliminiert werden; zwar wirft die Erwähnung von Aram und Israel in 8,4 immerhin die Frage auf, ob überhaupt andere Ereignisse als der syrisch-efraimitische Krieg in Frage kommen. Gleichwohl empfiehlt es sich, hier zunächst Vorsicht walten zu lassen und auch andere Erklärungsmöglichkeiten zu erwägen. So sagt der Vers 8,4 jedenfalls weniger, als man ihm gern unterstellt. Er kündigt *nicht* an, daß der syrisch-efraimitische Krieg, wie er in c.7 geschildert wird, ein Ende nehmen wird. Wie eine solche konkrete Ankündigung lauten könnte, läßt sich etwa an 7,5-7 ablesen. Angesagt wird vielmehr, und insoweit bleibt 8,4 sehr viel allgemeiner als 7,5-7, daß die beiden nördlichen Nachbarn Judas, Aram und Israel, in Bälde dem König von Assur zum Opfer fallen werden. Das geschah, wie wir wissen, erst einige Zeit *nach* dem Konflikt: Aram verlor seine Selbständigkeit 732, Israel erst 722. Gewiß läßt sich 8,4 *auch* im Rahmen des syrisch-efraimitischen Krieges verstehen und interpretieren, und für den Leser, der von c.7 herkommt, ist dieses Verständnis das gebotene. Aber schon die Tatsache, daß über den eigentlichen *Anlaß* der Untergangsdrohung, die Gefährdung Judas / Jerusalems, anders als in c.7 kein Wort verloren wird, läßt daran zweifeln, daß der syrisch-efraimitische Krieg, wie man sich ihn gemeinhin vorstellt, als der

[2] Vgl. Dietrich, Jesaja 97f.159f.

[3] Dietrich, Jesaja 159.

Generalschlüssel für die Interpretation von 8,1-4 dienen kann. Immerhin könnte man auch anderes in Betracht ziehen: Wie 8,5-8* auf das Ende des Südreiches zielt, kündigt 8,1-4 – gewissermaßen als Vorstufe dazu – das Ende des Nordreiches und Arams an. Hier kann natürlich erst die Redaktionsgeschichte für die nötige Klarheit sorgen.

Vergegenwärtigt man sich nun in aller Vorläufigkeit den Ablauf der c.6 und 8, so tritt jedenfalls ein recht klarer Gedankengang hervor. Die Berufungsvision des Propheten mündet in einen ebenso umfassenden wie radikalen Verstockungsauftrag, der sein Ende finden soll, wenn die Städte und Häuser menschenleer sind und das Land zu einer unwirtlichen Öde geworden ist (6,11). Entsprechend kündigt 8,1-4 den Untergang des Nordreiches (und Arams) und 8,5-8 gar auch die „Überflutung", und d.h. Vernichtung des Südreiches Juda an. 8,11-15 kehrt gewissermaßen zum Ausgangspunkt, also zu c.6 zurück und fordert den Propheten (und seine Jünger) dazu auf, sich von „diesem Volk" – gemeint ist zweifellos das Volk Judas, in dessen Mitte Jesaja „wohnt" (vgl. 6,5) – fernzuhalten, da Jahwe es zu Fall bringen werde. 8,14* faßt die beiden Drohworte gegen Nord- und Südreich noch einmal prägnant zusammen: Jahwe werde „zum Stein des Anstoßes und zum Fels des Strauchelns *für die beiden Häuser Israels* (לִשְׁנֵי בָתֵּי יִשְׂרָאֵל)".[4] Und schließlich greift auch das kleine Stück 8,16-18 auf c.6 zurück, indem es die Zeit der Verstockung als eine Zeit der Gottesferne deutet, die dereinst ein Ende finden wird.

Man kann also c.6 + 8 durchaus als eine Einheit für sich lesen. In überraschend allgemeiner Weise, und d.h. ohne Bezugnahme auf konkrete Ereignisse der Zeitgeschichte, wird hier die Tätigkeit des Propheten als eines *Gerichtspredigers gegen Nord- wie Südreich* umrissen und durch eine Berufungsvision wirkungsvoll eingeleitet. Daß es sich dennoch nicht um einen *ursprünglichen literarischen Zusammenhang* handeln kann, ist nicht erst an den offensichtlichen Zusätzen wie 6,12f. oder 8,8b-10 erkennbar. Denn die einzelnen Stücke und Einheiten sind, wenn man sie genauer unter die literarkritische und traditionsgeschichtliche Lupe nimmt, untereinander so verschieden und in sich so vielschichtig, daß man mit einem verwickelten Wachstum rechnen muß. Zwei Beispiele seien herausgegriffen: So läßt sich erstens der Verstockungsauftrag in 6,9-11, der das *Volksganze* betrifft und (vom Propheten selbst abgesehen) keine Ausnahmen zuläßt, nicht so leicht mit 8,13-15 vereinbaren, wie es üblicherweise geschieht: Denn hier scheint, wenn nicht an eine Scheidung im Gottesvolk selbst, so doch zumindest an die prinzipielle Möglichkeit eines „gottesfürchtigen" Verhaltens gedacht zu sein, die sich der Entschiedenheit von c.6 nicht ganz glatt einfügt. Vokabular wie Vorstellungswelt sind in beiden Abschnitten so grundverschieden, daß man eine gemeinsame Autorschaft beinahe ausschließen kann. Und zweitens kann es keinem Zweifel unterliegen, daß der Ton der Gerichtsbotschaft gegen das Süd-

[4] Übrigens ein im Alten Testament singulärer Ausdruck.

reich die c.6 + 8 in ihrer jetzigen Gestalt dominiert. Schon der abfällige Ausdruck „dieses Volk“ (הָעָם הַזֶּה) in 6,9.10; 8,6.11.12 läßt keine andere Möglichkeit zu: Jesaja hat sein eigenes Volk im Visier und kündigt ihm das von Gott beschlossene und folglich unabwendbare Gericht an. Mit diesem Grundton harmoniert freilich 8,1-4 nicht ganz. Natürlich besagt die kleine Zeichenhandlung im gegebenen Kontext, daß der Untergang der Feinde Israel und Aram – wie in c.7* – lediglich eine *Vorstufe* zu dem Unheil darstellt, das auch das Südreich trifft. Dieser Zusammenhang ist aber erst redaktionell durch 8,5 hergestellt worden, wie der lose Anschluß „und Jahwe sprach noch weiter zu mir“ beweist. In 8,1-4 scheint also ein Stück eigener Art vorzuliegen, das nicht vorschnell von c.7 her interpretiert werden sollte.

Die Beispiele ließen sich vermehren. Am Ende der Analyse soll ein neuer Vorschlag zur Entstehungsgeschichte der bereits auf die c.6 + 8 reduzierten „Denkschrift“ stehen, der sich zwar verwickelter ausnimmt, als man es gewohnt ist, aber dem komplexen literarischen Befund ohne übereilte Harmonisierung gerecht zu werden versucht. Unser primäres sachliches Interesse besteht dabei in der Herausarbeitung des *literarischen Kerns* dieses Komplexes: Wir werden damit nicht nur zu den Anfängen des Protojesaja-Buches geführt, sondern gewinnen darüber hinaus eine feste Basis für die Rekonstruktion der jesajanischen Verkündigung.

3.2. Die Berufungsvision Jes 6

Nähert man sich einem Text von so unvergleichlicher theologischer Dichte und Anstößigkeit wie Jes 6, muß man geradezu damit rechnen, daß er uns nicht ohne Ergänzungen, Korrekturen oder Modifikationen überkommen ist. Schon die früheste Wirkungsgeschichte spiegelt eine Tendenz zur Abmilderung und Entschärfung der harten Verstockungsbotschaft wider, wie sich etwa aus den Qumran-Varianten, der Septuaginta und den Targumim ergibt.[5] Doch das Unverständnis über diese Botschaft reicht in die Entstehungsgeschichte des Textes zurück. So liegen am Ende des Kapitels in v.12-13 nach fast einhelliger Auffassung zwei Nachträge vor, die vorgegebene Aussagen kommentieren, ja sogar in ihr Gegenteil verkehren:[6] V.12-13bα hat offenbar

---

[5] So liest – um nur ein Beispiel zu nennen – 1QIs[a] in 6,9 kausales עַל anstelle von אַל, woraus sich ergibt: „Hört nur, *weil* ihr nicht versteht, und seht nur zu, *weil* ihr nicht erkennt!“ Instruktiv dazu Evans, See 53-80 (vgl. auch ders., ZAW 1982, 415-418).

[6] Vgl. Duhm 69f.; Marti 68f.; Wildberger I, 241; Werner, Texte 100-102; Hausmann, Rest 159-162. Anders Müller, ZAH 1992, 178-184: v.12-13bα seien ursprünglich; nur v.13bβ sei Nachtrag. Damit wird freilich der Bruch zwischen v.11 und 12 (Wechsel in die 3. Ps.) bagatellisiert. Tatsächlich ist v.12 eine sachliche Dublette zu v.11b. Dietrich, Jesaja 178f., schließt daraus, v.12-13bα hätten ursprünglich die Stelle von v.9b-10 eingenommen, so daß sich die Reihenfolge v.9a/12/13abα/11 ergibt; v.9b-10 hingegen stammten aus Jesajas Spätzeit. Der hergestellte Zusammenhang bietet gewiß einen guten Sinn; doch daß er nur durch Umstellung zustandekommt, läßt an seiner Richtigkeit zweifeln.

die Aufgabe, die eher allgemeinen Anschauungen von v.11 über die Verwüstung des Landes im Sinne einer totalen Deportation genauer zu fassen. Und v.13bβ setzt der entschiedenen Unheilsankündigung ganz überraschend ein heilvolles Licht auf: In der Vernichtung liegt der Keim des Neuanfangs.[7] Als sekundär darf man auch die Wendung וְשָׁב וְרָפָא לוֹ „aber es wird ihm wieder heil werden" in v.10 beurteilen (vgl. Jes 57,18f.).[8] Auch in dieser Ergänzung meldet sich eine Hand zu Wort, die die Schärfe der Verstockung nicht ertragen hat und sie nur als Durchgangsstadium betrachten konnte.

Als Ausgangspunkt für die folgende Analyse können wir uns also auf die v.1-11 beschränken, ohne daß damit bereits ein Urteil über die literarische Homogenität gefällt wäre. Es empfiehlt sich, anhand ausgewählter Problemkreise einige Schneisen durch das Dickicht zu schlagen, das zumal in der neueren Zeit um dieses Kapitel gewuchert ist und den Zugang zu ihm mehr versperrt als eröffnet hat. Daraus werden sich die wesentlichen Eckpunkte unserer eigenen Beurteilung von Jes 6 ergeben:

1) Die *Gattung* von 6,1-11
2) Die *Stellung* von 6,1-11
3) Die *Rückprojizierungsthese*
4) Der *literarische Horizont* von 6,1-11
5) Die Frage der *Authentizität*
6) Die Problem der *literarischen Einheitlichkeit* von 6,1-11

3.2.1. Die Gattung von 6,1-11

Die Bestimmung der *Gattung* von Jes 6 bewegt sich in der heutigen Diskussion zwischen zwei Alternativen. Betrachtet man Jes 6 mit der überwiegenden Mehrheit der Ausleger als eine Berufungs- oder genauer *Inauguralvision*, kommt dem Kapitel eine grundlegende Funktion für die Verkündigungstätigkeit des Propheten insgesamt zu. Dann wäre Jes 6 nach dem Vorbild eines Berufungsschemas gestaltet worden, wie es auch sonst im Alten Testament in verschiedenen Ausprägungen begegnet: Ex 3; Ri 6,11-24; 1Sam 9,1-10,16; Jer 1,4-10; Ez 1-3. Zu einer anderen Gattungsbestimmung kann man gelangen, wenn man den gegebenen literarischen Kontext von Jes 6 zum Ausgangspunkt nimmt. Danach bezöge sich der Verstockungsauftrag in 6,9f. weniger auf die prophetische Tätigkeit insgesamt als vielmehr auf die in c.7 und 8 geschilderten Ereignisse im Umfeld des syrisch-efraimitischen Krieges.

---

[7] Dieselbe Hand hat wohl schon in v.13bα eingegriffen, um die Wendung zum Heil zu ermöglichen: vgl. das schwierige מַצֶּבֶת. Zu v.13 vgl. Budde, ZAW 1923, 166f. (die drei letzten Worte in v.13 seien – gegen Duhm – echt, vgl. ders., Erleben 23); Ahlström, JSSt 1974, 169-172; Metzger, ZAW 1981, 281-284; Emerton, FS Rosenthal 85-118; Nielsen, Hope 144-158; Beale, VT 1991, 257-278; Müller, ZAH 1992, 179-184.

[8] Vgl. Vermeylen, Prophète I, 195. Übersetzt man שׁוּב nicht als Modalverb, sondern als Vollverb, ergibt sich: „aber es [das Herz?] wird sich bekehren und ihm wieder heil werden". Beides ist möglich (vgl. G-K § 120).

Jes 6 wäre also konkreter als *Auftrags- oder Sendungsvision* zu fassen. Für diese Einordnung ist vor allem *Steck* eingetreten.[9] Er hat den Nachweis zu führen versucht, daß in Jes 6 wesentliche Elemente einer „klassischen" Berufungserzählung wie etwa der Einwand des Beauftragten und die Überwindung dieses Einwands durch Jahwe fehlten. Ja, Jesaja stelle sich ganz freiwillig für seinen Dienst zur Verfügung. Nun handle es sich keineswegs um eine bloße Abwandlung und Umgestaltung der traditionellen Berufungsgattung, es sei vielmehr von einer völlig anderen Gattung auszugehen, die Steck „Vergabe eines außergewöhnlichen Auftrags in der himmlischen Thronversammlung" nennt.[10] Als Hauptbeleg dient ihm dabei die mit Jes 6 verwandte Thronratsvision in der Erzählung von Micha ben Jimla in 1Kön 22,19-22. Auch dort wird der aus dem Thronrat herausgerufene „Geist" zu einer einmaligen und außergewöhnlichen Aufgabe, nämlich der Betörung des Königs Ahab ausgesandt. Liegen also in 1Kön 22,19-22 und Jes 6 tatsächlich zwei Ausprägungen derselben Gattung vor?[11] Da die Erzählung 1Kön 22 in der Argumentation eine Schlüsselrolle spielt, muß auf sie eingegangen werden.

In 1Kön 22,19-22 schaut der Prophet Micha eine Himmelsszene, die in manchem an Jes 6 erinnert.[12] Schon die Eröffnung der Szene hat in Jes 6,1f. ihre teilweise wörtliche Entsprechung: „Ich sah Jahwe sitzen auf seinem Thron, und das ganze Himmelsheer stand neben ihm zu seiner Rechten und zu seiner Linken" (22,19). Dieses „Himmels*heer*" (vgl. Jes 6,5: Jahwe der *Heere* צְבָאוֹת) rückt an die Stelle der Serafen in Jesajas Vision. Der Unterschied zwischen beiden Texten liegt freilich darin, daß Jesaja gleichsam in den himmlischen Thronrat berufen wird, während Micha ein unbeteiligter Zuschauer bleibt. Vergleichbar aber ist wiederum die Sache, über die vor diesem innergöttlichen Gremium beraten wird: „Wer (מִי) wird Ahab betören?" fragt Gott die Umstehenden in der Micha-Vision, und es meldet sich entschlossen der „Geist" (רוּחַ) zu Wort; „wer (מִי) wird für uns gehen?" heißt es ganz ähnlich bei Jesaja. In beiden Fällen handelt es sich um einen Auftrag zur Verblendung: hier zur Verstockung des Volkes, dort zur Betörung des Königs Ahab.

Die Berührungen gehen, das zeigt schon diese Übersicht, so weit, daß man mit literarischer Abhängigkeit rechnen muß. Diese Möglichkeit wurde freilich noch kaum ernsthaft erwogen. Das hing zu einem guten Teil mit der traditionellen Datierung der beiden Texte zusammen. Wenn man die Micha-Erzählung (nicht weit von den berichteten Ereignissen entfernt) im 9. Jh. ansetzt, kann eine literarische Abhängigkeit nur auf seiten des Propheten Jesaja liegen. Das aber konnte nicht im Sinne eines persönlichkeitsorientierten Prophetenbildes sein, das in einem Text wie Jes 6 den untrüglichen Beweis für die Originalität der Gotteser-

[9] Steck, TB 70, 150-160; ihm folgen etwa Nielsen, StTh 1986, und Höffken 73; aus älterer Zeit vgl. bes. Kaplan, JBL 1926, 251-256 (Jes 6 sei erst nachträglich durch die Überschrift in v.1aα zu einer Berufungsvision umgestaltet worden); Milgrom, VT 1964, 172f.

[10] Steck, TB 70, 153. Steck bestreitet damit freilich nicht, daß in „Jes 6 durchaus das besondere Ereignis der grundlegenden Beauftragung Jesajas zum Gerichtspropheten gegen Israel im Todesjahr Usijas in Blick genommen" sei (169); es sei jedoch von Jesaja „in seiner historischen Einmaligkeit" nicht überliefert worden (169f.).

[11] Zimmerli hat bekanntlich die alttestamentlichen Berufungserzählungen auf zwei Grundtypen zurückgeführt (vgl. BK XIII/1, 16-21). Neben einem eher worttheologisch orientierten, „jeremianischen" Typ habe es „schon in der Zeit vor Ezechiel den anderen Typ gegeben, nach welchem die Sendung des Propheten durch den in einer Thronszene erscheinenden Gott erfolgte" (21). Dazu seien vor allem Jes 6 und 1Kön 22 zu rechnen.

[12] Eine Synopse bei Wildberger I, 235; ferner Müller, Apc 4f, 41-43.

fahrung fand: Was Jesaja hier wiedergibt, muß er selbst erlebt haben; es kann unmöglich aus zweiter Hand stammen. Allenfalls in der *Form* der Darstellung habe sich Jesaja an die „Anschauungen der Zeit“[13] gehalten. Diese Überlegung mag immerhin erklären, warum man die wörtlichen Berührungen zwischen beiden Texten nach wie vor stark herunterspielt und allenfalls von einem gemeinsamen gattungsgeschichtlichen Hintergrund sprechen möchte.[14]

Nun läßt sich aber mühelos nachweisen, daß die Himmelsszene 1Kön 22,19-23 erst spät in ihren jetzigen Kontext gelangt ist.[15] Sie hebt sich formal (vgl. den harten Übergang v.18/19) wie inhaltlich deutlich von ihrer Umgebung ab: Nur in dieser Szene (und in v.24) tritt der „Geist“ auf: nicht nur als ein *Medium* göttlicher Geschichtslenkung (wie etwa Ri 9,23; 1Sam 16,14; 2Kön 19,7), sondern als Personifikation, als handelndes *Subjekt*. Im einzelnen wird man mit Würthwein[16] damit zu rechnen haben, daß der ursprüngliche Zusammenhang zwischen v.18 und 26 zunächst durch v.24f. (Auftreten des Propheten Zidkija, vgl. v.10-12), dann durch den Einsatz von v.19-22 durchbrochen wurde. V.23 ist wiederum Zusatz. Dabei will die Himmelsszene die offenbar durch v.24f. aufgeworfene Frage klären, „wie es mit dem Geistbesitz der Heilspropheten steht. Sie wird in einer unerhört kühnen Weise beantwortet: Ja, sie haben den Geist, aber er ist in ihrem Munde zu einem Lügengeist geworden. Und dies mit Jahwes Willen. Er will vernichten und bedient sich dazu des Mittels der Verblendung.“[17] Wann aber ist dieser Einsatz erfolgt? Würthwein rechnet mit einer nach-dtr Hand.[18] Für diese grobe zeitliche Einordnung spricht am ehesten die Verwandtschaft mit der himmlischen Szenerie in Ijob 1,6-12: Der himmlische Dialog mit dem Satan, in Wahrheit nur eine raffinierte erzähltechnische Verschlüsselung der innergöttlichen *deliberatio*, dient wie in 1Kön 22,19-22 der Deutung und Erklärung einer komplexen irdischen Wirklichkeit. „Die theologische Reflexionsstufe, die hier [in 1Kön 22,19-22] erreicht ist, nötigt ... wohl doch zu Spätdatierung.“[19]

Wir dürfen daher vermuten, daß sich der Ergänzer von 1Kön 22,19-22 durch Jes 6 hat inspirieren lassen: Er übernimmt die Himmelsszene als äußeren Rahmen fast wörtlich, um den Gedanken der von Gott gewirkten Verstokkung in die vorgegebene Erzählung einzutragen. Dabei wandelt er dort ab, wo es der Kontext erfordert. So kann etwa Micha aus begreiflichen Gründen nicht selbst der von Jahwe Beauftragte sein, der die Hofpropheten verstocken soll. An seine Stelle tritt eine Mittler-Instanz, der „Geist“. Vielleicht empfand es der Ergänzer gar als anstößig, Micha selbst (wie Jesaja) in den Thronrat zu versetzen, und gestattete ihm deshalb nur die Rolle eines Zuschauers. Die engen Berührungen zwischen Jes 6 und 1Kön 22 sind also nicht auf traditionsgeschichtliche Einflüsse, sondern auf *literarische Abhängigkeit* zurückzuführen. Somit liegen in Jes 6 und 1Kön 22,19-22 auch nicht zwei Ausprägungen einer besonderen, von den übrigen Berufungserzählungen un-

---

13 Marti 70.

14 So etwa Alt, KS I, 352; Jenni, ThZ 1959, 333f.; Zimmerli, BK XIII/1, 18-20; Irsigler, FS Füglister 132f. A.12.

15 Vgl. bes. Würthwein, FS Rost 249-254 (= BZAW 227, 182-187); ders., ATD 11/2, 253-260; Hossfeld/Meyer, Prophet 32-35; ferner die Analysen von Steck, FS Kraus 87-96; H. Weippert, Bib. 1988, 468-478; sowie die Übersicht bei Tertel, Text 182-221.

16 Vgl. FS Rost 251f. (= BZAW 227, 184f.); ATD 11/2, 253-260.

17 Würthwein, FS Rost 252 (= BZAW 227, 185).

18 Vgl. Würthwein, ATD 11/2, 254.

19 Hossfeld/Meyer, Prophet 35. Bereits der ältere Einschub v.24f. scheint Dtn 18,21f. vorauszusetzen (vgl. H. Weippert, Bib. 1988, 468f.).

terschiedenen Gattung vor. Der Hauptbeleg für die Argumentation Stecks erweist sich mithin als nicht verwertbar.

Ein überzeugender Grund, Jes 6 *nicht* als Berufungsvision einzustufen, ist also nur schwer beizubringen. Allein schon ein unvoreingenommener Blick auf die beiden wichtigsten Parallelen, Jer 1 und Ez 1-3, bestätigt diese Einschätzung. Interne Gründe kommen hinzu: Die im Alten Testament analogielose Szenerie in 6,1-4, in der Himmlisches und Irdisches zusammenfließt, leitet nicht bloß eine kleine Facette des jesajanischen Wirkens ein. Feierlicher ließe sich die Inauguration eines Propheten kaum beschreiben! Dementsprechend besitzt der Reinigungsakt in 6,6f. eindeutig „initiatorischen Charakter“[20]. Auch der in seiner abstrakten Radikalität kaum zu überbietende Verstockungsauftrag entwirft – wenn auch in paradoxer Negativität – ein *Gesamtprogramm* der prophetischen Tätigkeit.[21] Schließlich hat unsere Analyse von Jes 7 ergeben, daß dieses Kapitel – und mit ihm die Beziehung auf den syrisch-efraimitischen Krieg – erst relativ spät in den jetzigen Kontext gelangt ist. Die in c.8* vereinigten Szenen, die einmal direkt auf c.6* gefolgt sind, waren ursprünglich umfassender ausgerichtet. Jes 6 ist „als Kopfstück für die Kapitel aus dem syrisch-ephraimäischen Kriege (c.7ff.) weder zeitlich noch sachlich sehr geeignet.“[22]

So ist die Alternative *Inauguralvision* contra *Auftragsvision* aus redaktionsgeschichtlicher Perspektive etwas differenzierter zu entscheiden. Legen wir unseren Überlegungen das theologische Profil von Jes 6 zugrunde und beziehen wir die engsten Parallelen, Jer 1 und Ez 1-3, in unser Urteil ein, so ist das Kapitel gar nicht anders als im Sinne einer grundlegenden Berufungsvision zu fassen, die sich auf die Tätigkeit des Propheten *insgesamt* bezieht. Blickt man hingegen auf den *gegenwärtigen Kontext* des Kapitels, also auf die Fortsetzung in c.7-8, haben die Beobachtungen Stecks durchaus ihr Recht. Wenn man nämlich c.7-8* als Entfaltung des Verstockungsauftrages von Jes 6 liest, entsteht in der Tat der Eindruck, als beziehe sich Jes 6 – wenn nicht ausschließlich, so doch in erster Linie – auf die Ereignisse des syrisch-efraimitischen Krieges. So könnte man in dieser Hinsicht von einem konkreten Sendungsauftrag sprechen. Nur: Dieser Zusammenhang ist nicht der ursprüngliche; er wird vor allem durch das sekundär eingeschaltete c.7 suggeriert. So haben beide Gattungsbestimmungen ihr Recht, wenn man sie mit der nötigen redaktionsgeschichtlichen Differenzierung versieht. Unsere Aufgabe aber besteht darin, den ursprünglichen Sinn und die primäre Reichweite der Inauguralvision freizulegen.

---

[20] Kaiser I, 125. Vgl. auch (gegen Steck) Werner, BZ 1985, 26f.

[21] Kilian, Jesaja 1-39, hat recht: Wäre der Auftrag in 6,9f. *positiv* gefaßt (etwa: „Hört nur, auf daß ihr versteht...“), so würde wohl niemand an der Gattungsbestimmung *Berufungsbericht* Anstoß nehmen“ (118). – Daß es sich bei 6,1-11 um einen Berufungsbericht handelt, ergibt auch die sprachwissenschaftliche Untersuchung von R. Wagner, Textexegese. Der methodologische und terminologische Aufwand, der hier betrieben wird, steht freilich in keinem Verhältnis zu den eher konventionellen Ergebnissen (vgl. 197-210).

[22] Procksch 52.

3.2.2. Die Stellung von 6,1-11

Bleiben wir also bei dieser Gattungsbestimmung, muß die jetzige *Stellung* von Jes 6 überraschen: „Das Kapitel steht, im Widerspruch mit der Analogie (*Jer.* I; *Ez.* I-III) und mit der Art der Sache, nicht an dem Anfange unserer Sammlung seiner Weissagungen.“[23] Eine Erklärung dieses eigentümlichen Befundes kann verschiedene Wege gehen. So mag man zu dem Schluß gelangen, daß die gegebene Stellung des Kapitels hinter c.1-5 zugleich eine zeitliche Ordnung signalisiere, Jes 6 also an das Ende der sozialkritischen Frühzeit Jesajas zu rücken sei.[24] Es versteht sich von selbst, daß die Vertreter dieser Auffassung nicht von einer „Berufungsvision“ im engeren Sinne sprechen möchten, und darin liegt eine wesentliche Problematik des Lösungsversuchs. Darüber hinaus beruht die Anschauung, in Jes 1-5* spiegele sich eine frühe, gewissermaßen noch relativ „untheologische“, nämlich sozialkritische Verkündigungsphase wider, auf einer reinen *petitio principii*. Wir werden am gegebenen Ort eine andere Interpretation und Einordnung für c.1-5 zur Diskussion stellen.

Eine weitere, einflußreiche Lösung für die eigentümliche Stellung von c.6 liegt in der *Denkschrifthypothese* als solcher. Wenn man 6,1-8,18(9,6) als eine Sammlung eigener Art betrachtet, die einmal ein literarisches Eigenleben geführt hat und erst nachträglich in ihren jetzigen Kontext eingestellt wurde, hat c.6 seine ursprüngliche Funktion als *Anfangs*vision beinahe im Handstreich zurückgewonnen. Diese Hypothese ruht indes auf mehreren Stützpfeilern, die sich bei genauerer Betrachtung als höchst labil erweisen. Einige Hinweise müssen an dieser Stelle genügen: (1) Man kann die ursprüngliche Selbständigkeit der „Denkschrift“ nicht damit begründen, daß sich nur in ihr die Spuren einer „historisierenden Redaktion“ fänden.[25] Nun ist gerade c.6 *nicht* von einer solchen Hand berührt worden, während sich vergleichbare Glossen auch in 9,7-20 aufspüren lassen. Darüber hinaus handeln eben nur c.7-8 in ihrer jetzigen Gestalt vom syrisch-efraimitischen Krieg, so daß es verständlich ist, wenn man Glossen, die sich auf eben dieses Ereignis beziehen, auch nur hier antrifft. – (2) Man weist gern auf das Kehrversgedicht von der ausgestreckten Hand hin, das durch die Einfügung der „Denkschrift“ durchtrennt und neu geordnet worden sei (9,7-20 + 5,25-29). Diese verbreitete Sicht der Dinge wird aber den redaktionsgeschichtlichen Verhältnissen in c.5-10 nicht gerecht: Das kleine Stück 5,25-29 war niemals Teil des Kehrversgedichtes, schon gar nicht als dessen letzte und wichtigste Strophe, wie man gewöhnlich annimmt (s.u. Kap. 4).

---

[23] Kuenen, Einleitung II, 33.

[24] So Koch, Profeten I, 221. Bes. eindrücklich vertreten von Milgrom, VT 1964, 172f., der mit einer substantiellen Verkündigungstätigkeit zur Zeit Usijas rechnet und in Jes 6 ihren ersten Kulminationspunkt erblickt (vgl. 6,1aα). Zu den Bezügen zwischen c.1-5 und c.6 vgl. auch Liebreich, HUCA 1954, 37-39. Schon Lowth, Jesaias II, 112f., vermutete, daß wenigstens die c.2-5 im wesentlichen in die Zeit Usijas, also *vor* c.6 gehörten.

[25] So freilich Barth, Jesaja-Worte 198f.

Es besteht schließlich die Möglichkeit, und dabei wären wir bei der vielleicht ansprechendsten Lösung angelangt, daß c.6 tatsächlich einmal am Anfang eines Jes-Buches gestanden hat und erst im Laufe der Zeit von dort abgerückt worden ist. So vermutet K. Budde, mit der „Schauung" (חָזוֹן) in der Überschrift des Jes-Buches (1,1aα) könne nur die Vision von c.6 – und damit nach seiner Auffassung die „Denkschrift" (6,1-9,6) überhaupt – gemeint sein, weil der Begriff auf den jetzigen Eingang des Jes-Buches gar nicht passe.[26] Wenn diese Lösung auch den Eindruck erweckt, als sei sie mehr von der formgeschichtlichen Not diktiert als von den analytischen Ergebnissen gedeckt, dürfte sie Richtiges gesehen haben. Ob in Jes 1,1aα tatsächlich der alte Eingang eines mit c.6 einsetzenden Jes-Buches zu finden ist, bleibe einmal dahingestellt; wir kommen auf das Problem im Zusammenhang unserer Analyse von Jes 1 zurück. Aber *daß* sich in der Berufungsvision ein alter Buchanfang verbirgt, hat viel Wahrscheinlichkeit für sich. Formgeschichtliche wie inhaltliche Erwägungen greifen dabei ineinander. Eine solche These bleibt freilich pure Behauptung, wenn man sich nicht um eine akzeptable Erklärung für die *gegenwärtige* Position des 6. Kapitels bemüht. Dies soll in einer Analyse von Jes 1-5 geschehen, die zeigen wird, daß Jes 6 erst durch sukzessive redaktionelle Vorschaltungen von seiner Anfangsposition abgerückt worden ist.

3.2.3. Die Rückprojizierungsthese

Mit der sogenannten *Rückprojizierungsthese* versucht man einer Schwierigkeit Rechnung zu tragen, die bei der Reflexion über den Sinn des Verstokkungsauftrags im Rahmen der prophetischen Verkündigung einsetzt: Wie kann der Prophet schon am Beginn seiner Tätigkeit mit einem derart harten Auftrag wie 6,9-11 konfrontiert worden sein, ohne an seiner Aufgabe zu verzweifeln? Und wie verhält sich diese Botschaft zur übrigen Verkündigung, die keineswegs so radikal wirkt? Es scheint nur einen Ausweg zu geben: Erst allmählich ist der durch seine ernüchternden Erfahrungen geläuterte Prophet dahin vorgestoßen, das „in der Berufungsvision Erlebte, insbesondere den an ihn ergangenen Auftrag … *a posteriori* in dem Sinne zu verstehen, daß Jahwe ihm befohlen habe, verstockend auf das Volk zu wirken." Diese von F. Hesse entwickelte und ausführlich begründete These[27] ist in ihrem Kern freilich keineswegs neu. Denn das Dilemma, das sie zu lösen beabsichtigt, hat man immer schon wahrgenommen.

Für H. Ewald leidet es keinen Zweifel, daß der Prophet „wirklich einst einen solchen erhebenden augenblick der weihe hatte", doch zugleich gilt: „Denn nicht bloss geschichtlich be-

---

[26] Budde, ZAW 1919/20, 58. Die zweite Überschrift in 2,1 beurteilt Budde dabei als „etwas abgewandelte Wiederaufnahme von I_1, nachdem man $I_{2ff.}$ eingeschoben hatte" (58; vgl. ders., Erleben 4). Nach Procksch 52, habe Jes 6 einmal hinter 2,1 gestanden.

[27] Hesse, Verstockungsproblem 84-86 (Zitat 84).

schreibt hier Jesaja was er einst im geiste schauete und fühlte, noch bloss zu geschichtlichem zwecke. Sondern was er damals geschaut hatte, das war jezt schon durch die erfahrung vieler jahre in ihm zur festen vorstellung und sichern gewissheit einer höhern nothwendigkeit geworden, und für die leser dieser von jenem heiligen augenblicke der weihe schon weit entfernten zeit schreibt er jezt. In der so bedingten rückerinnerung ist es ihm also alsob Der vor dem aller zusammenhang und alle entwicklung von vorn an klar ist, gleich von jenem augenblicke an ihm den traurigen auftrag ein unglücksprophet zu werden gegeben habe ... Auf diese weise wird das stück zu einer passenden einleitung in das ganze buch; und so wie auch das lezte der zukunft im flüchtigen winke berührt ist, hat diese vorbereitung ihr ziel erreicht: die aufmerksamkeit ist genug gespannt."[28]

Bereits Ewald vereinigt hier zwei Einsichten, die erst in der Diskussion der letzten Jahrzehnte ins volle Bewußtsein gerückt sind und die Beurteilung der Berufungsvision bis heute bestimmen: Jes 6 ist nicht *unmittelbarer* Niederschlag der Berufung des Propheten; er hat das Kapitel erst viele Jahre später aus der „rückerinnerung" heraus formuliert. Und: Jes 6 ist in seiner jetzigen Gestalt als *literarische* „einleitung in das ganze buch" – Ewald denkt dabei genauer an Jes 6,1-9,6 und 17,1-11 – niedergeschrieben worden. So ist es kein Wunder, daß die Rückprojizierungsthese mit mancherlei Variationen ihre zahlreichen Unterstützer fand und nach wie vor von der Mehrheit der Exegeten vertreten wird.[29]

Gleichwohl gibt es abweichende Auffassungen, die sich mit gewichtigen Argumenten vom Mainstream der Forschung absetzen. Denn die von Ewald und vielen anderen vorgetragene Lösung der mit dem Verstockungsauftrag verbundenen Probleme führt in eine neue Aporie, die nicht unterschätzt und nivelliert werden darf. Denn einerseits ist Jes 6 zweifellos als *Berufungsvision* gestaltet und will für nichts anderes gehalten werden. Das bedeutet aber, daß die Vision ihrem eigenen Anspruch nach an den Beginn der prophetischen Verkündigung gehört. Eine Inauguralvision, die nicht am Anfang steht, ist eine *contradictio in adiecto*. Andererseits setzt der Verstockungsauftrag in v.9-11 – und darin liegt ja der Kern der Rückprojizierungsthese – offensichtlich eine gewisse Verkündigungserfahrung voraus. Eine Predigt allein auf der Grundlage des Auftrags in 6,9-11 entpuppt sich, wenn man nicht auf jede geschichtliche Plausibilität *a limine* verzichten will, als ein in der Praxis sinnloses Unterfangen.

Die *eine* Lösung dieser Aporie haben wir bereits kennengelernt: Sie besteht darin, auf die Bezeichnung „Berufungsbericht" zu verzichten und statt-

---

[28] Ewald, Jesaja 321f. Vgl. schon ders., ThStKr 1828, 579f., sowie Hitzig 60.

[29] Vgl. die Übersichten bei Jenni, ThZ 1959, und Kilian, Jesaja 1-39, 112-130. Hervorzuheben sind vor allem die Beiträge von J.M. Schmidt, VT 1971, 78-87 (der Verstockungsauftrag sei *öffentlich verkündigt* worden, setze aber die Erfolglosigkeit einer ersten Umkehrpredigt, die in c.1-5 enthalten sei, voraus), und Hardmeier, FS Wolff 242-249 (der Auftrag gebe nicht die eigentliche *Absicht* der Verkündigung Jesajas wieder, sondern deren *faktische Wirkung* bei den Hörern). Es sei darauf hingewiesen, daß gelegentlich auch die Datierung „im Todesjahr des Königs Usija" (6,1aα) zum Anlaß genommen wird, mit einem gewissen zeitlichen Abstand zwischen dem Erlebnis der Vision und ihrer Aufzeichnung zu rechnen (so etwa Lowth, Jesaias II, 113; Duhm 64; Cheyne, Einleitung 26f.).

dessen nur von einem *Sendungsauftrag* zu sprechen, den man sich gut in der Mitte der prophetischen Tätigkeit, etwa im Vorfeld des syrisch-efraimitischen Krieges, vorstellen kann.[30] Nun gibt es weder äußere noch innere Gründe, die es geraten erscheinen lassen, die traditionelle Gattungsbestimmung aufzugeben. So legt sich eine *zweite* Lösung der skizzierten Aporie nahe, die Jes 6 konsequent als *Inauguralvision* interpretiert. Danach wird der Verstockungsauftrag als unableitbare, jeder Erfahrung vorausliegende Offenbarung des göttlichen Gerichtswillens begriffen, die dem Propheten *von allem Anfang an* kundgegeben worden sei. Im Lichte dieser grundlegenden „Zukunftsgewißheit"[31] stelle sich die gesamte prophetische Verkündigung dann als Explikation und Konkretion der Verstockungsbotschaft dar. Wer den Auftrag in 6,9-11 hingegen nur als eine nachträgliche Reflexion einer durch seine niederschmetternden Erfahrungen enttäuschten Prophetenpersönlichkeit beurteile, psychologisiere unzulässig und nehme die Härte der Verstockungsbotschaft nicht ernst, ja er breche ihr sogar die Spitze ab.

So kann etwa G. von Rad urteilen: „Wer dem Wort von der Verstockung dadurch beizukommen sucht, daß er es indirekt, d.h. als das sekundäre Ergebnis einer theologischen Reflexion versteht, also etwa als den Ausweg aus einem theologischen Dilemma, oder als eine Erklärung für eine religiös-psychologische Gesetzmäßigkeit, der hat in hermeneutischer Hinsicht von vornherein einen Standort außerhalb des Textes bezogen."[32] Aufgegriffen wird dieses Votum von W.H. Schmidt, der zwar eine grundlegende Differenz zwischen dem prophetischen Erlebnis und seiner schriftlichen Fixierung zugesteht, gleichwohl daran festhält, daß Jesaja den Verstockungsauftrag *vor* jeder Tätigkeit empfangen habe.[33]

In dieselbe Richtung geht R. Kilian.[34] Er hält die Rückprojizierungsthese aus mehreren Gründen für fragwürdig. So basiere sie auf der nicht haltbaren Voraussetzung, 6,9f. sei mit der übrigen Verkündigung des Propheten nicht zu vereinbaren. Vielmehr erwiesen sich die Worte, die von Umkehr, vom Rest oder vom Zion reden, ausnahmslos als sekundär,[35] und selbst in der Heilsbotschaft an König Ahas in c.7 könne man „geradezu ein Paradigma für den Verstockungsvollzug erkennen."[36] Jesaja habe also „nie etwas verkündigt, was mit einem Verstockungsauftrag von allem Anfang nicht vereinbar wäre."[37]

Die Argumente gegen die Rückprojizierungsthese wiegen schwer. Und doch vermögen sie im Entscheidenden nicht zu überzeugen, weil in ihnen zwei Ebenen vermischt werden, die methodisch sorgsam auseinanderzuhalten sind. Genaugenommen kann diese These nicht mehr leisten, als das Rätsel der *Entstehung* von Jes 6 zu begreifen: Wer konnte wann aufgrund welcher Erfah-

---

[30] Vgl. neben Steck, TB 70, etwa Kaplan, JBL 1926, 251-256; Milgrom, VT 1964, 172f.; Koch, Profeten I, 220f.; Niehr, BN 1983, 64.

[31] W.H. Schmidt, Zukunftsgewißheit 18.

[32] V.Rad, Theologie II, 159f.

[33] Vgl. W.H. Schmidt, EvTh 1977, 264-267 (= Vielfalt I, 145-148); GPM 1986/87, 282f.; FS Herrmann 349-351.

[34] Vgl. Kilian, FS Botterweck 211-213; Jesaja 1-39, 125-130; Jesaja I, 47-49; ihm folgt etwa Werner, BZ 1985, 26-29.

[35] Vgl. Kilian, Jesaja 1-39, 126.

[36] Kilian, Jesaja 1-39, 127.

[37] Kilian, Jesaja 1-39, 130.

rungen dieses Kapitel so niederschreiben, wie es uns überkommen ist? Von dieser *textgenetischen* Frage zu unterscheiden ist aber die zweite Frage nach der *Intention* des gegebenen Textes an seinem literarischen Ort. Denn es kann keinem Zweifel unterliegen, daß er nichts anderes als eben dies sagen *will*: Jesaja hat *vor* aller konkreten Verkündigungstätigkeit den Auftrag erhalten, das Volk nicht zum Heil, sondern ins Gericht zu führen. *Deshalb* ist Jes 6 als Inauguralvision gestaltet; und *deshalb* erhält Jesaja in v.11 auf die Frage, wie lange die Verstockungspredigt überhaupt währen soll, die Antwort, daß sie um Gottes willen bis zum bitteren Ende des Volkes (!) durchgehalten werden muß: Sie umspannt das *gesamte* prophetische Wirken. Wer *dieses* theologische Gefälle leugnet, hat in der Tat „einen Standort außerhalb des Textes bezogen."[38]

Der theologische Wahrheitsgehalt des Verstockungsauftrags hängt nicht davon ab, in welcher Phase der Biographie oder der Verkündigung des Propheten man ihn *historisch* für denkbar hält. Eine solche Frage ist berechtigt und notwendig, vermag aber den *Anspruch* des Textes (noch) nicht aufzudecken. Was immer die historische Forschung über die Entstehung und Herkunft von Jes 6 zutage fördert, kann das theologische Werturteil über diesen Text nur indirekt beeinflussen. Der Verstockungsauftrag verliert ja seine *theologische* Brisanz nicht dadurch, daß man ihn etwa *zeitlich* an das Ende des jesajanischen Wirkens rückt oder gar athetieren muß. Eine solche historische Einsicht kann uns geradezu die Augen für den Text selbst öffnen, indem sie unseren Blick vom *Erleben* des Propheten auf die Intention des fixierten *Wortes* lenkt. „In Jes. 6 steht nicht der Bios oder das innere Erleben im Mittelpunkt, sondern der Nachweis, daß die aller menschlichen Erwartung ins Gesicht schlagende Gerichtsverkündigung Auftrag Jahwes ist."[39] Es gehört zu den grundlegenden Einsichten der neueren Prophetenforschung, daß uns die Worte der Schriftpropheten – wenn es denn überhaupt gelingt, bis zu ihnen vorzudringen – ohnehin nicht mehr *unmittelbar* zugänglich sind. Jede Verschriftlichung eines mündlich ergangenen Wortes oder Erlebnisses bedeutet eine *metabasis eis allo genos*. Das einmalige, unverwechselbare Wort wird aus dem ursprünglichen historischen Kontext gelöst und auf neue Situationen bezogen; es soll „Modellcharakter"[40] für die Zukunft gewinnen. Zugleich erfolgt jede Niederschrift aus einer *rückschauenden* Perspektive heraus, die ein vergangenes Ereignis immer schon, bewußt oder unbewußt, mit anderen Augen sieht, etwa mit den Augen dessen, der weiß, wie eine Sache ausgegangen ist.

Was für jeden prophetischen Text insgesamt gilt, trifft auch für Jes 6 zu: „Der ganze Streit um das Für und Wider der Rückprojizierungsthese ist deshalb gegenstandslos, weil die Textdokumente, die von der Verstockungsproblematik handeln, als Berichte eo ipso retroperspektiv sind."[41] Was Jesaja *wirklich* geschaut und erfahren hat, bleibt uns aus prinzipiellen Gründen verborgen. So sind wir darauf angewiesen, nach dem *literargeschichtlichen Ort* der Verstockungsaussage zu fragen: Aus welcher Perspektive und aus welchem zeitlichen Abstand heraus ist sie formuliert worden? Es ist immerhin denkbar, daß es nicht Jesaja selbst, sondern ein Späterer war, der in seinem

---

[38] V.Rad, Theologie II, 160.
[39] Jenni, ThZ 1959, 328f.
[40] Jeremias, ThLZ 1994, 491 (= FAT 13, 31).
[41] Hardmeier, VF 1986, 24.

rückschauenden Urteil die gesamte jesajanische Verkündigung auf den theologischen Nenner der von Jahwe selbst herbeigeführten Verstockung brachte. Wir haben also primär das *Prophetenbild* zu konturieren, das aus Jes 6* hervorscheint.

3.2.4. Der literarische Horizont von 6,1-11

Auch die Frage nach dem *literarischen Horizont* von Jes 6,1-11 läßt sich nicht einlinig beantworten. In der älteren Forschung war der Begriff der „Berufungsvision" eng mit einer biographisch-psychologischen Komponente verknüpft: Der Prophet gibt in Jes 6* sein eigenes Erleben – wenn nicht ganz wörtlich, so doch im allgemeinen zuverlässig – wieder. Das Kapitel steht damit gewissermaßen in sich selbst; es hat seine eigene Geschichte und kann aus sich heraus interpretiert werden. Zugleich freilich war nicht zu übersehen, „dass das stück im Ganzen nur als eingang seinen rechten sinn hat, seinem ausgange nach aber völlig unbefriedigend seyn würde wenn es nicht eben nur ein anfangsstück seyn sollte welches die aufmerksamkeit auf weiteres spannen muss."[42] In seiner vorliegenden Gestalt ist Jes 6,1-11 also auf eine Fortsetzung angelegt und angewiesen. Das ergibt sich vor allem aus dem Verstockungsauftrag in 6,9-11, der nach einer *Explikation* drängt. Er gibt ja nicht den *Inhalt* der Verkündigung wieder, sondern deren *Wirkung*.[43] Es kommt hinzu, daß uns im Alten Testament keine selbständigen Berufungserzählungen überliefert sind, die nicht zugleich als *literarische* Einleitung einer größeren Einheit konzipiert sind. Das gilt nicht nur für Jer 1 oder Ez 1-3, sondern selbst für Ex 3,1ff. oder Ri 6,11-24. So gilt es nun für Jes 6 herauszuarbeiten, welche literarischen Kontexte in Frage kommen und für welche redaktionellen Ebenen sie jeweils gelten. Verschiedene Möglichkeiten werden angeboten.

Mit einigem Recht kann man Jes 6 als Abschluß der gemeinhin in c.1-5 vermuteten Frühzeitverkündigung interpretieren: Im Lichte dieser Kapitel erscheint die harte Verstockungsbotschaft als das unausweichliche *Resultat* einer ganzen Kette von Mißständen, derer sich das Volk und seine führenden Schichten schuldig gemacht haben. Besonders c.5 ist in vorzüglicher Weise dazu geeignet, das in 6,9-11 enthaltene Gerichtsurteil über das Volk zu begründen und für den Leser nachvollziehbar zu machen. Freilich: Die *jetzige* Ordnung spiegelt nicht die *ursprüngliche* wider. Sie verdankt sich vielmehr, und das wird im einzelnen zu belegen sein, einem mehrphasigen Wachstumsprozeß, an dessen Beginn offenbar auch Jes 6 einmal eine der Gattung gemäße *Anfangsposition* innehatte.

So kommt des weiteren die *Denkschrift* in 6,1-8,18 als Primärkontext in Frage; c.6 bezöge sich dann auf den syrisch-efraimitischen Krieg. Auf die

---

[42] Ewald, Jesaja 323. Ewald denkt dabei an 6,1-9,6 sowie 17,1-11.

[43] Anders J.M. Schmidt, VT 1971, 78-87. Kellenberger, ThZ 1992, 270f., behauptet gar, der Auftrag (etwa das „Fettmachen" des Herzens in 6,10) sei *positiv-heilvoll* zu verstehen.

Problematik dieser (vor allem von Steck vertretenen) Sicht haben wir bereits hingewiesen und betont, daß sie allenfalls für ein fortgeschrittenes redaktionelles Stadium zutrifft, weil sie die erst spät erfolgte Einschaltung von c.7 voraussetzt. Klammert man indes c.7 aus und verbindet c.6 direkt mit c.8, ergibt sich ein schlüssiger Zusammenhang, der sowohl dem initiatorischen Charakter der Berufungsszene 6,1-8 als auch der Totalität des Verstockungsauftrags 6,9-11 gerecht wird: 8,1-4* kündigen nach unserer Auffassung den endgültigen Untergang Arams und Nordisraels an, und auch 8,5-8* beziehen sich nicht etwa auf die unmittelbaren Folgen des syrisch-efraimitischen Krieges, sondern auf das Ende Judas überhaupt: *Beide* Gerichtsworte lassen sich also als Ausführung des Verstockungsauftrags lesen, und es spricht nichts dagegen, in ihnen tatsächlich die ursprüngliche Bezugsgröße von 6,9-11 zu sehen. Dazu fügt sich auch die schon oft beobachtete Korrespondenz von 6,11 und 8,17.[44] Auf die Frage Jesajas nach der *Dauer* der Verstockung legt Jahwe in 6,11 für das göttliche Gerichtshandeln ein Ende und Ziel fest: Es soll währen, bis das Land der völligen Vernichtung preisgegeben ist. 8,17 nun qualifiziert diese Zeitspanne zwischen der *Ankündigung* des Gerichts und seiner endgültigen *Erfüllung* – wieder von der Perspektive Jesajas aus – als ein Warten und Harren auf Jahwe, „der sein Angesicht vor dem Haus Jakobs verbirgt“. Es spannt sich also ein Bogen von der *Beauftragung* zur Unheilsbotschaft (6,9-11) über deren *Ausrichtung* an Nord- wie Südreich (8,1-8*) bis hin zum *Warten* auf ihr Eintreffen (8,17). 6,11 und 8,17 bilden damit eine sachliche wie literarische Klammer, die den Hauptinhalt der jesajanischen Predigt umschließt.[45] Dabei ist das kleine Stück 8,1-4 insofern nicht ganz „kompatibel“, als in ihm auch das Geschick *Arams* eine Rolle spielt. Offensichtlich liegt hier, wie noch zu zeigen sein wird, ein älteres Wort zugrunde, das dem für die Gesamtkomposition von c.6*+8* verantwortlichen Editor vorgegeben war.

Aus dieser literarischen Beurteilung lassen sich einige wichtige Schlüsse ziehen. Die eben beschriebene Trias von der Beauftragung über die Ausführung bis hin zum Warten auf das Eintreffen hebt nun keineswegs die biographischen Eckdaten des jesajanischen Wirkens heraus. Sie skizziert vielmehr die maßgeblichen Züge eines bestimmten Propheten*bildes*, das nicht mit dem „historischen Jesaja“ zu verwechseln ist. Jesaja wird präsentiert als ein mit den höchsten Weihen ausgestatteter Gerichtsprediger gegen Nord- wie Südreich, der sich nach getaner Arbeit wieder zurückzieht und darauf wartet, daß Jahwe selbst das angekündigte Gericht vollstrecke. Entsprechend enthalten die beiden Gerichtsworte in 8,1-8* auch nicht bloß einen kleinen

---

[44] Vgl. Fohrer, BZAW 99, 143; Steck, TB 70, 164f. A.33; Kaiser I, 122; Müller, ZAH 1992, 178.

[45] 6,11 und 8,17 gehören auch formgeschichtlich zusammen, insofern beide Verse Klagelied-Motive enthalten: so die Frage Jesajas „wie lange, Herr?“ und das Motiv vom Harren auf den sich verbergenden Gott (Belege bei Ahuis, Gerichtsprophet 67f.).

Ausschnitt der Predigt Jesajas (etwa aus der Zeit des syrisch-efraimitischen Krieges), sondern sie fassen ihrer jetzigen Intention nach den *Hauptinhalt* seiner Verkündigung zusammen: daß nämlich das Ende gekommen ist über Israel wie Juda. Und so wie 6,11 im Rahmen der Inauguralvision den *Beginn* des prophetischen Wirkens einleitet, markiert die Notiz in 8,17 ihr zeitliches *Ende*: Jesaja hat alles Nötige gesagt! Man sieht, daß der von 6,11 nach 8,17 reichende Zusammenhang die Verkündigung *rückblickend* überschaut und auf einige wesentliche Züge reduziert. Genauer gesagt: Das in c.6* + 8* entwikkelte Gesamtbild der Tätigkeit des Propheten ist ganz gewiß nicht mehr zu dessen Lebzeiten entworfen worden. Es setzt nicht nur seine Verkündigung als *abgeschlossen* voraus, sondern scheint bereits auf den Untergang des Südreiches zurückzublicken.

Hinsichtlich des ursprünglichen literarischen Horizonts von Jes 6,1-11 dürfen wir also vorläufig festhalten, daß jedenfalls eine *gerade Linie von 6,9-11 über 8,1-8* bis hin zu 8,17* gezogen werden kann. Als zeitlicher Rahmen kommt das 8. Jh. kaum mehr in Betracht; ja, wir meinen eine vorexilische Datierung überhaupt ausschließen zu können. Ob weitere Stücke zu dieser Textreihe gehört haben, wird zu erörtern sein, ebenso die für uns wichtigere Frage, ob man hinter diesen redaktionellen Zusammenhang noch weiter zurückgehen kann. Wir haben jedenfalls schon einen guten Ausgangspunkt für die weitere Analyse gewonnen. Zunächst wollen wir uns aber einer neueren Forschungstendenz zuwenden, die verstärkt nach der Stellung und Funktion von Jes 6 im Kontext des *gesamten* Jes-Buches fragt.[46] Die Thematik des Verstockungsauftrages kehrt bekanntlich in verschiedenen Variationen im Jes-Buch wieder: so innerhalb des ersten Buchteils (Jes 1,3; 29,9f.; 32,3f.; vgl. auch 29,18.24) und dann vor allem in den dtjes. Worten über die Blindheit und Taubheit des Volkes (Jes 42,18-20; 43,8; 44,18; vgl. auch 41,20; 42,7; 63,17). Eine wichtige Rolle spielen darüber hinaus die Querbezüge zwischen Jes 6 und Jes 40.[47] Wenn man auch in der Regel davon ausgeht, daß die genannten Texte zu den *Nachwirkungen* des Verstockungsauftrags gehören, also offensichtlich nicht als dessen primärer literarischer Horizont in Frage kommen, muß dennoch auf sie eingegangen werden. Dafür gibt es einen einfachen Grund: Mit einer Spätdatierung des Verstockungsauftrags, wie sie sich uns nahelegt, verschiebt sich das gesamte Bezugssystem: Wenn Jes 6,9-11 frühestens in die exilische Zeit fällt und damit recht nahe an die dtjes. Verkündigung herankommt, muß die Frage der literarischen Abhängigkeit erneut geklärt werden.

---

[46] In den entsprechenden neueren Arbeiten wird das Jes-Buch als eine einheitliche Komposition und Konzeption ausgelegt, wobei die textgenetische Frage nach der *Entstehung* der übergreifenden Bezüge zurücktritt oder gar als überholt angesehen wird. Vgl. zu dieser Tendenz den kritischen Überblick bei Kratz, Kyros 8-12, sowie Williamson, Book 6-18.

[47] Vgl. Clements, JSOT 1985; ders., FS Childs; Rendtorff, VT 1984 (= Kanon 141-161); ders., BEThL 81 (= Kanon 162-171); Evans, See 19-46; Albertz, FS Rendtorff; Matheus, Singt 165-167; Sonnet, Bib. 1992; McLaughlin, Bib. 1994; Williamson, Book 38-56.

Zunächst zu Jes 1-39. Schon 1,3 weist mit dem aus 6,9b bekannten Wortpaar ידע / בין auf die fundamentale Sünde des Volkes hin: „Israel erkennt nicht, mein Volk hat keine Einsicht." Man schreibt dieses Wort gern der Spätzeit Jesajas zu,[48] und daran ist gewiß richtig gesehen, daß es offenbar den Verstockungsauftrag in c.6 voraussetzt und expliziert. Dazu fügt sich unsere Analyse von Jes 1, die zeigen wird, daß es sich bei 1,2f. um ein recht spätes, nachexilisches Stück handelt, das in die Nachwirkungen von Jes 6 gehört. Mit Jes 29,9f. verhält es sich nicht anders. Die Verwandtschaft mit 6,9f. ist nicht nur sachlich, sondern auch terminologisch sehr eng, weil uns hier gleich zweimal das seltene Verbum שׁעע I „verklebt sein" entgegentritt (qal und hitpalp.). Es ist in dieser Bedeutung überhaupt nur noch in Jes 6,9 (hif.) sowie in 32,3 belegt.[49] Man wird also mit literarischer Abhängigkeit rechnen dürfen. Daß sich in dem heilvollen Ausblick 32,1-5 ein nachexilischer Autor zu Wort meldet, der auf 6,9f. zurückgreift, ist seit langem erkannt.[50] Dasselbe gilt aber auch für den eigentümlichen Spruch 29,9f., der das „Verkleben" (שׁעע) der Augen mit einem „Tiefschlaf" (תַּרְדֵּמָה) erklärt, der über das Volk ausgegossen ist. Auch hier liegt kein (spätes) jesajanisches Logion vor, sondern eine nachexilische *relecture* des Verstockungsauftrags, die zu einer ungehorsamstheologisch orientierten Redaktionsschicht innerhalb der c.28-31 gehört.[51]

Die Parallelen aus der dtjes. Sammlung werden in der Regel als *Rezeption* der jesajanischen Prophetie bewertet.[52] Dabei kann man, und das ist die traditionelle Sichtweise, mit einer eher allgemeinen Kenntnis des protojes. Kernbestandes rechnen, ohne mögliche Konsequenzen im Blick auf die literarische Verknüpfung von Jes 1-39 und 40ff. zu bedenken. Oder man erblickt in den Worten über die Blindheit bzw. Taubheit Israels eine *literarische* Aufnahme von 6,9f. und damit zugleich einen bedeutsamen Beleg für die These, beim Dtjes-Buch handle es sich insgesamt um eine Fortschreibung und Fortsetzung des „ersten" Jesaja.[53] Die Konsequenz einer solchen These liegt auf der Hand: Es hätte nie ein selbständiges Dtjes-Buch gegeben. Nun ist es wohl kein Zufall, daß ausgerechnet diejenigen Stücke, die deutlich auf Jes 6,9f. Bezug nehmen, innerhalb der dtjes. Sammlung zu den *Nachträgen* gehören. Das gilt vor allem (aber nicht nur!) für die Rede in 42,18ff.[54]

Zu demselben Ergebnis führt ein Blick auf die mannigfachen Berührungen zwischen Jes 6 und 40,1-11.[55] Gemeinsam ist beiden Texten – bei allen Unterschieden im Detail – eine himmlische Szenerie. Sie dient jeweils als Hintergrund für die Berufung einer prophetischen Gestalt, wobei sich die Formulierungen sehr ähneln: vgl. קוֹל אֲדֹנָי אֹמֵר „die Stimme des Herrn, die spricht" (6,8) mit קוֹל אֹמֵר קְרָא „eine Stimme spricht: rufe" (40,6) sowie קוֹל קוֹרֵא „eine Stimme ruft" (40,3aα). Weitere Entsprechungen beziehen sich auf die „Herrlichkeit"

---

[48] Vgl. W.H. Schmidt, EvTh 1977, 266f. (= Vielfalt I, 147f.); Dietrich, Jesaja 171f.

[49] In 32,3 gibt die Vokalisation תִּשְׁעֶינָה (vom Verbum שׁעה „blicken") nur wenig Sinn. Stattdessen ist wohl vom Verbum שׁעע „verklebt sein" abzuleiten und als qal (תְּשֹׁעֶינָה) oder als hof. (תָּשֳׁעֶינָה) zu punktieren. Vgl. HAL 1489; zuletzt Williamson, Book 254.

[50] Vgl. Marti 236f.; Wildberger III, 1253f. Vgl. auch Barth, Jesaja-Worte 213-215, der freilich in der joschijanischen Zeit (Assur-Redaktion) verbleibt.

[51] S.u. Kap. 7. – Der Versuch von Gosse, Jes 6 mittels einer bloßen Auflistung von Parallelstellen als einen späten, redaktionellen Text zu erweisen, der u.a. auf Jes 14,28-32; 20; 36-39 hin verfaßt sei, kann nicht überzeugen (VT 1992, 340-349).

[52] Ein guter Überblick über die wichtigsten Positionen bei Williamson, Book 3-18.

[53] So Williamson, Book 46-51, sowie Albertz, FS Rendtorff, der freilich auf die Thematik Blindheit/Taubheit nicht eingeht.

[54] Vgl. Hermisson, BEThL 81, 294f.311 (für 42,18-20: zur „*qarob*-Schicht"; 44,18: zur Götzenbilderschicht); Kratz, Kyros 217 (für 42,18ff.; 43,8; 44,18; 42,7); H.-C. Schmitt, FS Preuß (für 42,18ff.; 43,8); van Oorschot, Babel 207-213 (für 42,18ff.: zur Naherwartungsschicht; 44,18: zur Götzenbilderschicht). Anders jüngst Williamson, Book 21-26, der die literarische Einheitlichkeit von Jes 40-55 vehement verteidigt.

[55] Melugin, Formation 83f.; Rendtorff, BEThL 81, 79-81 (= Kanon 168-170); van Wieringen, BN 1989; Albertz, FS Rendtorff 242-248; Seitz, JBL 1990; Williamson, Book 37f.

(כָּבוֹד) Jahwes: In 6,3 ist „die ganze Erde seiner Herrlichkeit voll“, nach 40,5 soll sie „allem Fleisch offenbar werden“. Wenn man nicht bloß mit gattungsbedingter Verwandtschaft zwischen Jes 6 und 40 rechnen will,[56] was angesichts der signifikanten Bezüge nicht sehr wahrscheinlich ist, kommt nur eine literarische Abhängigkeit in Frage. Und so ist es nicht weit zu dem Schluß, Jes 40,1-11 sei überhaupt nach der Vorlage Jes 6 gestaltet und formuliert worden.[57] Indes zeigt sich auch hier, daß die zusammengestellten Parallelen mitnichten für den Grundbestand von 40,1-11 gelten. Denn die Bezüge beschränken sich auf 40,3aα.6-8, und genau diese Verse sind neuerdings mit guten Gründen als Einschub eines worttheologischen Bearbeiters bewertet worden.[58] Ja, es scheint, als sei c.40 überhaupt *nachträglich* durch v.3aα.6-8 zu einer *Berufungsvision* „Deuterojesajas“ umgestaltet worden.[59] Man hat Jes 6* und 40* also erst in einer späteren literarhistorischen Phase einander angeglichen; ursprünglich hatten beide Texte nichts miteinander gemein. So findet auch von Jes 40 her die These, das Dtjes-Buch sei als Fortschreibung der jesajanischen Prophetie entstanden, keine Bestätigung. Wir dürfen weiterhin davon ausgehen, daß es einmal eine *separate* dtjes. Sammlung gegeben hat, die durch 40,1-4*(5) und 52,7-10 redaktionell umschlossen wurde.

Das Ergebnis ist eindeutig: Die diskutierten Parallelen aus dem „ersten“ und „zweiten“ Jesaja sind *durchweg* von 6,1-11 abhängig. Das entspricht der traditionellen Sichtweise. Neu hingegen ist die Einsicht, daß diese Referenztexte selbst als jung einzustufen sind; sie gehören ohne Ausnahme zu späten redaktionellen Schichten. Im besonderen gilt das für Jes 40-55. Wenn die dtjes. Grundschicht selbst erst nach 539 verschriftet worden ist,[60] bewegen wir uns mit den Ergänzungsschichten bereits in der *fortgeschrittenen nachexilischen Epoche*. Hinsichtlich der Datierung des Verstockungsauftrags haben wir damit einen größeren Spielraum gewonnen: Er könnte durchaus in der exilischen oder frühnachexilischen Zeit angesiedelt werden.

Wir kehren zur Frage nach dem literarischen Horizont von Jes 6,1-11 zurück und fassen die bisherigen Hinweise zusammen. Klare Bezüge bestehen zwischen dem Verstockungsauftrag in 6,9-11, den beiden Gerichtsworten in 8,1-8* und dem Abschlußvers 8,17. Es kann keinem Zweifel unterliegen, daß diese Stücke einmal literarisch verkoppelt waren und einen komprimierten Abriß der Tätigkeit des Propheten geboten haben. Zugleich hat sich uns die Vermutung aufgedrängt, daß dieser Zusammenhang nicht das Werk Jesajas selbst ist: Wer hier die Feder führt, weiß um den Ausgang der Sache; er

[56] So etwa Elliger, BK XVI/1, 11f.

[57] Albertz, FS Rendtorff 243-348; Williamson, Book 38.

[58] So schon Duhm 291; sodann Kiesow, Exodustexte 30.162; Loretz, ZAW 1984, 217; van Oorschot, Babel 106-115.273-275; Kratz, ZAW 1993, 402-412.

[59] In 40,1-11 lassen sich 3 Schichten unterscheiden (Kratz, ZAW 1993, 402-412): (1) Die Grundschicht v.1-5* hat mit 52,7-10 einmal den Rahmen um die älteste dtjes. Sammlung gebildet. Sie ist am besten als „Heroldsinstruktion“ zu fassen. (2) Mit v.9-11 ist ein Redeauftrag angefügt worden, der Zion bereits in der Perspektive der *Ankunft* betrachtet. (3) In v.6-8 (+ v.3aα) schließlich liegt eine mit dem Epilog 55,10f. korrespondierende worttheologische Erweiterung vor, die ein redendes Ich einbringt. Auch v.5 steht zumindest im Verdacht, nicht zum Kern von 40,1-5 zu gehören. Der Vers ist nach Duhm „Einsatz aus der Zeit, wo schon v.6-8 seine jetzige Stellung vor 9ff. hatte, hervorgegangen aus dem Bedürfnis, das scheinbar unvollständige Orakel nachträglich mit einer Pointe zu versehen...“ (290).

[60] Vgl. Kratz, Kyros 168-174.

blickt auf die Katastrophen von 722 und 587 zurück. Eine wichtige Einschränkung freilich ist zu machen. Denn was hier über die literarischen Bezüge und eine mögliche Datierung von c.6 erwogen wurde, hatte seinen Anhalt genaugenommen nicht an der eigentlichen Berufungsszene in 6,1-8, sondern ausschließlich an dem *Verstockungsauftrag* in 6,9-11. Das kann gewiß einfach mit dem besonderen Charakter der Thronratszene zuammenhängen. Man sollte indes mit der Möglichkeit rechnen, daß sich hinter der perspektivischen Differenz von 6,1-8 und 6,9-11 zugleich eine literarische Zäsur verbirgt. Sollte 6,1-8 gar *älter* sein als seine (frühestens exilische) Fortsetzung? Diese auf den ersten Blick unwahrscheinlich wirkende Annahme läßt sich durch weitere Beobachtungen stützen. Sie ergeben sich aus der Diskussion um die jesajanische Herkunft von 6,1-11.

3.2.5. Die Frage der Authentizität

Die *Authentizität* von Jes 6,1-11 ist bisher kaum in Frage gestellt worden. Das hing zu einem guten Teil sicher mit der ebenso ungefragten Voraussetzung zusammen, daß das Zentrum der jesajanischen Verkündigung in seiner Gerichtsbotschaft gegen Juda und Jerusalem zu suchen sei, und dafür stellt Jes 6 nicht weniger als den *locus classicus* dar.[61] Wer hingegen hinter diese Voraussetzung ein Fragezeichen setzt, gerät leicht in den Verdacht, das organisierende Zentrum, ja das Fundament der jesajanischen Verkündigung überhaupt zu zerstören. Die bange Frage, was dann eigentlich noch übrigbleibt, ist verständlich. Auch hier kann indes eine differenzierte Sicht weiterführen.

Mit substantiellen Argumenten wurde die jesajanische Herkunft des Kapitels bislang nur von C.F. Whitley (1959) und O. Kaiser (1981) in Zweifel gezogen. Beide rechnen mit einer nachexilischen Entstehung, argumentieren im einzelnen aber sehr verschieden.

C.F. Whitley trägt eine Fülle an sprachlichen Indizien und theologischen Vorstellungen zusammen, die seiner Meinung nach eine jesajanische Herkunft der Vision ausschließen.[62] So hält er die Imperf.cons.-Form וָאֶרְאֶה „und ich sah“ in 6,1 im Anschluß an die Datierung in die Zeit Usijas für merkwürdig und sieht darin einen Hinweis auf redaktionelle Arbeit: Eine zeitgenössische (nachexilische) Vision sei erst sekundär mittels der jetzigen Überschrift auf den Propheten Jesaja bezogen worden. Dabei vermutet Whitley in Ez 1,1 die Vorlage, wie er überhaupt bei sämtlichen Berührungen zwischen Jes 6 und Ez 1-3 (in Umkehrung der traditionellen Sicht) von einer Priorität des Ez-Buches ausgeht (vgl. z.B. Jes 6,2 / Ez 1,11; 6,3 / 1,28). Des weiteren seien als nachexilisch einzustufen: die Verbindung רָם וְנִשָּׂא „hoch und erhaben“ (v.1); das Trishagion (v.3); die hinter v.3b stehende Vorstellung vom göttlichen כָּבוֹד „Herrlichkeit“; die priesterliche Rede von der Unreinheit des Volkes und die Präsentation Jahwes als König (v.5); und schließlich stünden hinter 6,11.12 Verhältnisse, wie sie erst nach dem Fall Jerusalems 587/6 eintraten. – O. Kaiser geht andere Wege und argumentiert tendenzkritisch.[63] Nach ihm spiegele der Verstockungsauftrag ein Verständnis von der pro-

[61] Bes. eindrücklich vertreten von Kilian (etwa Jesaja 1-39, 138-140).

[62] Vgl. zum folgenden Whitley, JNES 1959, 38-41.

[63] Vgl. Kaiser I, 122f.

phetischen Aufgabe wider, wie es nur im fernen Rückblick denkbar sei: Angesichts der eingetretenen Katastrophe fragte man sich, warum die Prophetie „das Volk nicht zur Buße und damit zur Abwendung des bei Gott beschlossenen Unheils geführt hat" (123). Dabei sieht Kaiser eine große Nähe zum *deuteronomistischen* Prophetenbild, das die vorexilischen Gerichtspropheten in erster Linie als Rufer zur Umkehr verstehe.

Beide Beweisgänge bedürfen der kritischen Überprüfung.[64] Dabei erweisen sich die sprachlichen Argumente Whitleys als wenig überzeugend. Über die Datierung einzelner Termini und theologischer Vorstellungen (etwa in v.3) läßt sich mit Fug und Recht streiten; die eher mechanische Auflistung von Parallelstellen vor allem aus den schwer einzuordnenden Psalmen vermag den Beweis aber nicht zu tragen. Und daß Ez 1-3 als literarische Vorlage für Jes 6 gedient haben soll, ist ganz unwahrscheinlich. Es verhält sich genau umgekehrt; nicht wenige Elemente des ezechielischen Berufungsberichtes lassen sich als bewußte Aufnahme und Modifikation von Jes 6 verstehen.[65] Allein der Hinweis, die in 6,11(f.) beschriebene Lage setze bereits das Exil voraus, läßt sich nur schwer entkräften und wird weiter zu verfolgen sein.

Das Hauptargument Kaisers, der Verstockungsauftrag spiegele ein relativ spätes Prophetenverständnis wider, das aus der Reflexion über den Untergang des judäischen Reiches geboren wurde, erscheint auch uns überzeugend. Dabei sind freilich zwei Einschränkungen zu machen: (1) Warum es sich ausgerechnet um ein dem *deuteronomistischen* Denken nahestehendes Verständnis von Prophetie handeln soll, ist nicht nachvollziehbar. Der Prophet, wie ihn Jes 6 vor Augen stellt, ist alles andere als ein Umkehrprediger; er soll es nach v.9f. ja gerade *nicht* sein. Ein flüchtiger Blick auf Dtn 18,18f.; 2Kön 17,13f. oder das dtr Jeremia-Bild kann den Unterschied deutlich machen und zeigen, wie ein „echter" dtr Bußprediger aussieht.[66] In Jes 6 ist von dtr Einfluß jedenfalls nichts zu spüren.[67] – (2) Die Überlegungen, die Kaiser zu seiner Spätdatierung führen, basieren nahezu *ausschließlich* auf dem Verstok-

[64] Vgl. auch Vermeylen, Prophète I, 188-190, und Williamson, Book 30-36.

[65] Die Berufungsvision Ezechiels hat in ihrem Kern offenbar nur 1,1.3*; 2,9-10; 3,1-3.10*.11.14.15* umfaßt (Pohlmann, Ezechielstudien 94f.; ders., ATD 22/1, 43-77; ähnlich schon Hölscher, Hesekiel 53f.). Bereits dieser Grundbestand aber ist nicht authentisch; es handelt sich vielmehr um „einen in buchkonzeptioneller Absicht erstellten Visionsbericht, der in der Funktion einer Einleitung den Sprecher aller folgenden Texte auf die Seite der ersten Gola stellen soll" (Pohlmann, Ezechielstudien 95). Wir stehen damit schon in der nachexilischen Zeit. Ob dieser Grundbestand sein literarisches Vorbild in Jes 6* gefunden hat, ist nicht sicher auszumachen (vgl. immerhin 3,14f.). In jedem Fall aber sind die sukzessiven Erweiterungen der Ez-Vision an Jes 6 geschult (ganz eindeutig in 3,4-9, bes. v.7). Vgl. auch die Übersicht bei Nobile, BEThL 81.

[66] Kaisers Urteil beruht zu einem guten Teil auf seiner Gesamtsicht von der Entstehung der Denkschrift (vgl. I, 117-119): Danach liegt in c.7* der älteste (freilich bereits nachexilische) Kern vor, der durch c.6* und 8* nachträglich gerahmt worden ist. So ist es nur konsequent, wenn c.7 mit seinem Glaubensaufruf, der wenigstens prinzipiell eine Heilsmöglichkeit anbietet, als Interpretament für c.6* herangezogen wird. Nach unserer Analyse stellen sich die Dinge freilich umgekehrt dar: Jes 7 ist *jünger* als Jes 6!

[67] Vgl. Williamson, Book 34, der freilich (ebenso wie Brekelmans, BEThL 81, 174-176) in den unzulässigen Umkehrschluß verfällt, Jes 6 müsse dann eben alt sein.

kungsauftrag in v.9-11. Und was sich für das Prophetenbild aus v.9-11 ergibt, wird auf die *gesamte* Vision übertragen, weil die Einheitlichkeit der v.1-11 als selbstverständlich vorausgesetzt wird.

Wir halten fest: Eine gewisse Überzeugungskraft besitzen die Argumente gegen die Authentizität von Jes 6 insoweit, als sie sich auf v.9-11 beziehen. Dieser Befund konvergiert nun aufs beste mit der Beobachtung, daß es dieselben v.9-11 sind, die auf einen weiteren literarischen Horizont verweisen. Zwischen v.1-8 und v.9-11 ist also zu unterscheiden, und es stellt sich die Frage, ob diese Unterscheidung zugleich von *literarkritischer* Relevanz ist. Die Frage nach der *Einheitlichkeit* von 6,1-11 ist damit gestellt.

3.2.6. Das Problem der literarischen Einheitlichkeit von 6,1-11

Eigentümlicherweise ist an der *literarischen Einheitlichkeit* von Jes 6 (sieht man einmal von v.12-13 und 10bβ* ab) bislang kaum ernsthaft gezweifelt worden. Es hat zwar nicht an Scharfsinn gefehlt, der mancherlei Spannungen und Merkwürdigkeiten im gedanklichen Ablauf des Kapitels bewußt gemacht hat, doch zu literarkritischen Konsequenzen ist man wenigstens in der älteren Forschung (fast) nie vorgedrungen. Die Beobachtungen haben sich dabei auf zwei Stellen konzentriert: Sie betrafen zum einen die Reaktion Jesajas auf die göttliche Theophanie in v.5 und zum andern (natürlich) den Verstockungsauftrag. Mit ihm setzen wir ein.

Blickt man auf den eigentlichen Verstockungsauftrag in v.9 und 10, so fällt eine Merkwürdigkeit ins Auge, die zwar immer wieder notiert, aber nur selten konsequent ausgewertet wird: nämlich daß v.10 keineswegs eine natürliche Fortsetzung von v.9 darstellt. Das ist schon formal daran zu erkennen, daß v.10 nicht mehr (wie v.9b) unmittelbar das *Volk*, sondern *Jesaja* anredet.[68] Man mag sich mit der Auskunft behelfen, daß der Redeauftrag in dieser Form ohnehin fiktiv ist, *beide* Verse also in Wahrheit an keinen anderen als Jesaja selbst adressiert sind,[69] doch die Spannungen zwischen v.9 und 10 sind nicht auf diese formale Inkongruenz beschränkt. Sie betreffen auch die inhaltliche Seite. Denn v.10 wirkt wie eine interpretierende Neufassung von v.9b mit etwas anderer Akzentuierung. Wir haben es bei v.10 mit einer redaktionellen Erweiterung zu tun.

Schon F. Hitzig bringt es auf den Punkt: „Eigentlich enthält dieser Vers [10] gegen den vorigen einen Widerspruch, indem jener [v.9] das Volk noch hören und sehen lässt, dieser auch solches verwehrt.“[70] Natürlich zieht Hitzig aus dieser Beobachtung keine literarkritischen Schlüsse, ebensowenig K. Budde, der in ähnlicher Weise v.10 als neu einsetzende *Auslegung* von v.9b betrachtet, wobei v.10 „verdeutlichend vollends noch das Herz hinzu[fügt]“.[71]

---

[68] Ein Indiz für diese Unebenheit liefert bereits die LXX, die v.10 als *Begründungssatz* zu v.9b versteht: ἐπαχύνθη γὰρ ἡ καρδία τοῦ λαοῦ τούτου κτλ. (dazu Evans, See 61-68).

[69] Für viele andere: Wildberger I, 241.

[70] Hitzig 66.

[71] Budde, Erleben 19.

Gleichwohl stellt sich angesichts dieses Befundes die Frage, ob man noch mit demselben Verfasser rechnen kann. Eben das wird von J. Schreiner verneint: „Inhaltlich sieht V.10 wie eine Dublette zu V.9b aus",[72] so daß sich der Vers am ehesten als „eine interpretierende Weiterführung zu V.9b" von einer späteren Hand verstehen lasse.[73] Dabei greife der exilisch-nachexilische Ergänzer von v.10 ausweislich des Verbums שעע „verkleben" wohl auf 29,9 zurück.[74]

Unter Aufnahme und Abwandlung des Wortfelds von v.9b („Hören" und „Sehen") nimmt v.10 eine bedeutsame theologische Verschärfung vor. Während sich v.9b auf die (im Rückblick formulierte) Ankündigung zurückzieht, das Volk werde von allem Anfang an unverständig und uneinsichtig auf die Verkündigung des Propheten reagieren, so daß ihr kein „Erfolg" beschieden sein könne, greift v.10 weiter: Nicht nur steht Jahwe selbst hinter diesem Ungehorsam – das wird man indirekt auch schon für v.9 voraussetzen dürfen –, sondern er ordnet ihn sogar an. Dogmatisch ausgedrückt: Gewiß wird die Sündhaftigkeit des Volkes hier wie dort als ein *non posse non peccare* gedacht, doch der Unterschied liegt darin, daß dieses zur zweiten Natur gewordene Unvermögen in v.10 explizit auf Gott selbst als den ersten Beweger zurückgeführt und seinem Heilsplan unterstellt wird. Damit ist zugleich eine Verschiebung der prophetischen Aufgabe verbunden. In v.9 wird sie noch durchaus positiv bestimmt; Hören und Sehen bleiben prinzipielle, wenn auch faktisch vertane Möglichkeiten. V.10 aber schließt auch das aus: Die einzige Aufgabe des Propheten besteht nur noch darin, die Wahrnehmungsorgane (Augen, Ohren und Herz) zu verschließen, sie also für das prophetische Wort *unempfänglich* zu machen. Der literarhistorische Schluß, v.10 als einen interpretierenden Zusatz zu beurteilen, erscheint uns deshalb unausweichlich. Darüber hinaus läßt sich v.11 gut als Fortsetzung von v.9 lesen.[75]

Nun hat J. Schreiner erwogen, mit v.10 auch v.11 als eine spätere Ergänzung auszuscheiden, so daß mit einem ursprünglichen Bestand der Berufungsvision in v.1-9 zu rechnen wäre.[76] Schreiner räumt zwar ein, daß mit v.11 eine durchaus passende Fortsetzung von v.9 gegeben sei, doch aufgrund der *exilischen Perspektive* des Verses und seiner vermuteten literarischen Abhängigkeit von teilweise bereits nachjesajanischen Texten ist er gezwungen, ihn gemeinsam mit v.10 herauszunehmen: „So wird man V.11 ebenfalls der Nachinterpretation, die bereits auf das geschehene Gericht Jahwes zurückblickt, zuweisen müssen."[77] Das in v.11 verwendete Vokabular läßt in der Tat keinen anderen Schluß zu, wie im einzelnen noch aufzuzeigen ist. Doch die literarkritische Folgerung, v.11 müsse deshalb gegenüber v.9 *sekundär* sein, ist alles andere als zwingend. Sie beruht auf der Voraussetzung, daß v.9 zum alten Bestand des Kapitels gehört und aus der Zeit Jesajas stammt. Das aber ist aus mehreren Gründen ganz unmöglich. V.9 und v.11 gehören sachlich und literarisch zusammen.

---

[72] Schreiner, Segen 66.

[73] Schreiner, Segen 67. Ihm folgen Niehr, BN 1983, 59-63, und Höffken 78-80.

[74] Vgl. Schreiner, Segen 67.

[75] Vgl. auch Höffken 78-80.

[76] Schreiner, Segen 67f.; auch Niehr, BN 1983, 59f.

[77] Schreiner, Segen 68 (Abhängigkeit bestehe u.a. von Jes 1,7; 5,9; 17,2.9; 2Kön 19,25).

Wie aber sind v.9 und 11 zeitlich (genauer) einzuordnen? Wir haben bereits mehrfach angedeutet, daß v.11 aus der *Rückschau* heraus formuliert ist, den Untergang des Südreiches also schon voraussetzt. Für diese grobe Einordnung spricht zunächst der enge Zusammenhang mit 8,17. Dieser Vers, gern als Abschluß der Denkschrift Jesajas bewertet, qualifiziert die Zeitspanne zwischen der *Ankündigung* des totalen Vernichtungsgerichts (6,11) und seiner *Erfüllung* als Zeit des Wartens auf den Gott, der sich vor seinem Volk verbirgt. Nun könnte man auf den (an sich naheliegenden) Gedanken kommen, daß eine solche Aussage nur möglich und sinnvoll ist, wenn sie von Jesaja selbst stammt: Der Prophet rechnet damit, daß sich das Gericht nicht sogleich realisiert, „ja daß er möglicherweise das Eintreffen des verkündigten Wortes nicht mehr erlebt."[78] Diese biographische Deutung von 8,17 hätte den Vorzug, daß es in der Tat anders gekommen ist, als Jesaja gehofft hatte: Juda ist zu seinen Lebzeiten zwar bedroht worden, doch keineswegs untergegangen. Dennoch können wir uns dieser Interpretation nicht anschließen. Die Aussage von 8,17 ist (im Gegenteil) nur denkbar, wenn sie aus der Perspektive des *beendeten* Gerichts formuliert ist. Sie trägt dem Umstand Rechnung, daß der Prophet Jesaja natürlich in einem beträchtlichen Abstand *vor* dem Untergang Judas gewirkt hat, und schiebt die Zeitspanne zwischen seinem Tod und der „Erfüllung" seiner Gerichtsbotschaft im Jahre 587 (6,11) wie in einem Zeitraffer zusammen. Begrifflich geschieht das mit den beiden Verben חכה pi. „warten" und קוה pi. „hoffen", die übrigens fast ausschließlich in jungen Texten des Alten Testaments begegnen.[79] Hinter 6,11 + 8,17 steht also das Bestreben, die Zeit bis zum Untergang Judas geschichtstheologisch zu qualifizieren als eine Epoche der *absconditas Dei*. Umgekehrt scheint derjenige, der hier die Feder führt, die Verborgenheit Gottes für beendet zu halten; für ihn ist eine Zeit neuen Heils angebrochen. In 6,11 und 8,17 liegt somit eine *rückblickende* Deutung der vorexilischen Gerichtsprophetie vor.

Nun könnte man gegen eine Spätdatierung von 6,9.11 einwenden, daß „die in V.11 angekündigte Totalverwüstung Judas nicht der Situation der Exilszeit" entspreche.[80] Das ist natürlich richtig: Weder ist in den Jahren 598 und 587 die gesamte Bevölkerung Judas deportiert worden, noch hat es eine flächendeckende Zerstörung des Landes gegeben. Aber ist damit schon eine vorexilische Herkunft von 6,11 erwiesen? Immerhin ist die Vorstellung von einer totalen Entvölkerung des Landes nach 587 gerade in nachexilischen Konzeptionen verbreitet: nicht als historische Aussage, sondern als theologische Deutungskategorie, nach der nur ein umfassendes Vernichtungsgericht der totalen Schuldverfallenheit des Volkes entspricht. Ablesen läßt sich das am deutlichsten im chr. Geschichtswerk (vgl. 2Chr 36,20). Hier ist die *vollständige* Entleerung des Landes zugleich die sachlich-theologische Voraussetzung für die *vollständige* Heimkehr der Exulanten als der wahren Heilsge-

[78] Wildberger I, 346.

[79] Vgl. Dietrich, Jesaja 72f.

[80] Müller, ZAH 1992, 177 A.69.

meinde. Aber auch schon in der Theologie der spät-dtr Redaktoren hat diese Konzeption ihren Vorläufer.[81] Sie steht ausweislich der sprachlichen Parallelen offenbar auch hinter Jes 6,11: Es handelt sich mitnichten um eine „echte“ Ankündigung, die sich gerade darin, daß sie sich *so* nicht erfüllt hat, als authentisch erwiese. Vielmehr liegt eine exilisch-nachexilische Rückblende vor.

Mit dem bisher nur am Rande besprochenen Vers 6,9 verhält es sich kaum anders. Dieser Vers faßt die prophetische Verkündigung, die inhaltlich nicht weiter beschrieben wird, mit den beiden Stichworten „hören“ (שׁמע) und „sehen“ (ראה) zusammen. Was ist damit konkret gemeint? Es bedarf keines ausführlichen Nachweises, daß das „Hören“ zumal in der dtn-dtr Literatur einen spezifischen Sinn bekommen hat als Achtgeben auf den Willen Jahwes, als glaubende Antwort auf seine Heilstaten.[82] Hinzuweisen ist auch auf Dtn 18,15, wo vom Propheten gesagt wird: „auf ihn sollt ihr hören“ (אֵלָיו תִּשְׁמָעוּן). Nun wäre es natürlich allzu kühn, diesen Zusammenhang einfach auf Jes 6,9 zu übertragen, dennoch kann eine gewisse Verwandtschaft kaum geleugnet werden: Der Inhalt des Hörens wird in Jes 6,9 nicht genannt, ist aber gerade deshalb so umfassend wie möglich zu verstehen: „Dieses Volk“ lehnt nicht einzelne Worte des Propheten ab, sondern das göttliche Heilsangebot überhaupt. So kann man die (nachexilische) Mahnung 1,19f. geradezu als Auslegung von 6,9 lesen: „Wenn ihr wollt und *hört*, werdet ihr das Gute des Landes essen; doch wenn ihr euch weigert und widerspenstig seid, werdet ihr vom Schwert gefressen.“[83] Für den Verfasser von 6,9 ist der zweite Fall bereits eingetreten; das Volk hat „nicht verstanden“ und ist infolgedessen der Vernichtung preisgegeben worden (vgl. 6,11). Ein kleines Detail sei hinzugefügt: In 6,9 wird das Verbum שׁמע „hören“ durch einen Inf.abs. verstärkt, und genau diese Verbindung begegnet hauptsächlich in (spät-)dtr und verwandten Texten, natürlich ohne daß sie für diesen Textbereich typisch zu nennen wäre.[84] Es ist von daher wahrscheinlich, daß hinter der komprimierten Redeweise von 6,9 ein aus der *Rückschau* entworfenes Verständnis des prophetischen Amtes steht: Eigentliche Aufgabe des Propheten war es, das Volk zum „Hören“ und „Sehen“, also zum Gottvertrauen zu bewegen; faktisch aber ist er nur auf Unverständnis und Ablehnung gestoßen,

---

[81] Vgl. 2Kön 17,18 (Nordreich) und 2Kön 25,11f. (Südreich). Die Vorstellung vom Land als einer tabula rasa (jeweils mit שַׁמָּה / שְׁמָמָה „Entsetzliches“ / „Wüste“) ist reichlich belegt: Lev 26,33; Jes 5,9 [von Jes 6,11 abhängig]; Jer 2,15; 4,7b; 9,10; 25,11; 44,22; 50,3; Zef 2,15 (vgl. auch Dietrich, Prophetie 74). Und daß die Städte Judas „keinen Bewohner“ mehr haben (מֵאֵין יוֹשֵׁב bzw. מִבְּלִי יוֹשֵׁב), kündigen Jer 2,15; 4,7; 9,10; 33,10; 34,22; 44,22; Zef 3,6 an. Mit keinem dieser Belege kommt man hinter die exilische Zeit zurück. Vgl. auch das Verbum שׁאה „verwüstet sein“ (in dieser Bedeutung nur noch 2Kön 19,25 / Jes 37,26).

[82] Vgl. Rüterswörden, ThWAT VIII, 264-274.

[83] Vgl. auch 1Sam 15,22: „Hören ist besser als Schlachtopfer“ (nachexilisch, vgl. Donner, SbWGF 1983, 241-250 (= BZAW 224, 145-154). Zur Verbindung von שׁמע „hören“ und בין „verstehen“ vgl. Dtn 4,6; Jes 40,21; 52,15 und Prv 1,5.

[84] Als Objekte treten auf die „Stimme“ (קוֹל Ex 15,26; 19,5; 23,22; Dtn 15,5; 28,1; Sach 6,15) oder die „Gebote“ Jahwes (מִצְוֹת Dtn 11,13); vgl. auch Jes 55,2; Jer 17,24.

so daß das Desaster nicht ausbleiben konnte. Es handelt sich bei dieser Rückschau also nicht um dem Versuch Jesajas selbst, seiner gescheiterten Verkündigung nachträglich einen „höheren“ Sinn zu verleihen.[85] Vielmehr weist die Vorstellung vom gottgewirkten Unverständnis (6,9) bzw. von der Verstockung des Volkes (6,10) theologiegeschichtlich in ein späteres Umfeld.

Die Plagenüberlieferung in Ex 7-11 widerspricht dem nur scheinbar:[86] So gehen die jahwistischen Anteile im Plagenzyklus offenbar von einer *Selbst*verstockung Pharaos aus; er ist stets grammatisches Subjekt der „Herzensverhärtung“ (כבד hif. Ex 8,11.28; 9,7.34).[87] Gewiß steht auch hier Jahwe selbst hinter dem Geschehen, aber es soll doch die Eigenverantwortlichkeit und Eigenwilligkeit Pharaos hervorgehoben werden. In Jes 6,9 verhält es sich durchaus anders. Denn hier legt Jahwe in einer an den Propheten gerichteten Rede von vornherein fest, daß das Volk nicht verstehen *wird*. Diese Aussage ist natürlich im Rückblick formuliert, doch sie will ja zum Ausdruck bringen, daß alles von Jahwe so gefügt ist. Eine wirkliche *Wahl* hat das Volk in der Perspektive von 6,9 jedenfalls nicht gehabt. Von einer Verstokkung *durch Jahwe* – und damit kommen wir Jes 6,9(.10) schon sehr viel näher – spricht hingegen nicht nur die Priesterschrift (vgl. Ex 7,13.22; 8,15; 9,12: חזק qal und pi. „verhärten“), sondern auch die Endredaktion des Pentateuch (Ex 9,35; 10,20.27; 11,10).[88] Ganz ähnlich klingt es ja in dem Nachtrag Jes 6,10, wo der Prophet aufgefordert wird, die Ohren des Volkes „schwer“ zu machen (כבד hif.). Aber auch schon 6,9 liegt auf dieser Linie.

Eine „Vergangenheitsbewältigung“ mit Hilfe der Verstockungstheorie gehört nicht in die Frühzeit der Literaturgeschichte Israels. Sie setzt einschneidende Gotteserfahrungen, ja die radikale Infragestellung des traditionellen Gottesbildes voraus: Tempel, Gottesstadt und Dynastie – alle diese Heilsgüter waren eine so enge Liaison mit Jahwe eingegangen, daß deren Ende die Preisgabe Jahwes selbst zur Folge haben *konnte*.[89] Wer hier anders dachte, hatte die Beweislast zu tragen. Einen kleinen Mosaikstein dieser theologischen Bemühung haben wir in dem Befehl zum „Nicht-Hören“ und „Nicht-Sehen“ (6,9) und mehr noch in dem Verstockungsbefehl selbst (6,10) vor uns: Hier liegt ein im Dienste der Theodizee stehender Versuch vor, „Gott nicht nur als eine das Übel aus großer Distanz zulassende, sondern – in einer Art Flucht nach vorn – als die es verursachende Instanz zu verstehen“.[90] Es ist nicht unangebracht, die Rahmenerzählung des Ijob-Buches zum Vergleich heranzuziehen. Was Ijob 1 erzählerisch auf Gott und seinen Widersacher verteilt, wird in Jes 6,9f. als Konflikt *in Gott selbst* ausgetragen. Gottes *eigentliche* Absicht bestand (natürlich) darin, sein Volk zu retten, doch

---

[85] So Müller, ZThK 1992, 261 A.32; ders., ZAH 1992, 177.

[86] Die Zuweisungen zu den Quellenschriften sind im einzelnen umstritten, dazu vgl. Wilson, CBQ 1979; Kohata, Jahwist 99-115.216-218; H.-C. Schmitt, FS Kaiser 203-216; L. Schmidt, Plagenerzählung; Van Seters, Life 87-91.

[87] Die Datierung des Jahwisten in die vorexilische Zeit ist nicht über jeden Zweifel erhaben (vgl. Levin, Jahwist). Es ist auch mit der Möglichkeit zu rechnen, daß der Plagenzyklus J überhaupt erst nachträglich zugewachsen ist (Levin, Jahwist 335).

[88] Vgl. H.-C. Schmitt, FS Kaiser 203-216 (vgl. bereits Kohata, Jahwist 99-115; ähnlich auch L. Schmidt, Plagenerzählung).

[89] Zu den Entwicklungen vgl. bes. Perlitt, ZThK 1972, 290-297 (= FAT 8, 20-26).

[90] Müller, ZThK 1992, 261 (jedoch ohne literarhistorische Konsequenzen für 6,9f.).

das tatsächliche Scheitern seiner Botschaft – manifest geworden im Untergang von Staat und Tempel – nötigte ihn gleichsam dazu, die Vernichtung nicht nur als unausweichliche Konsequenz des Ungehorsams zu interpretieren (in dieser Weise legt sich das dtr Geschichtswerk die Dinge zurecht), sondern sie als sein eigenes vorherbestimmtes Werk, wenn auch „nur" als sein *opus alienum*, auszugeben (vgl. Jes 28,21). Ein solches Urteil kann nur aus dem Rückblick gewonnen werden.

Zum Schluß sei ein wichtiges redaktionsgeschichtliches Indiz für die späte Einordnung von 6,9 angefügt; es bezieht sich auf die Wendung „dieses Volk" (הָעָם הַזֶּה). Diese Anrede richtet sich offensichtlich an *Juda*, also an das Volk, in dessen Mitte Jesaja wohnt (vgl. 6,5). Das ergibt sich eindeutig aus den weiteren Vorkommen dieses Ausdrucks in 8,6.11.12,[91] denn sowohl in dem Gerichtswort 8,6-8 als auch in 8,11-15 ist Juda angesprochen und gemeint. Im Gegensatz dazu begegnet der Ausdruck in 8,1-4 im Zusammenhang mit dem Nordreich und Aram nicht. In 6,9 ist also eine redaktionelle Hand am Werk, die zugleich für den Anschluß von 8,5-8* an das (ältere) Gerichtswort 8,1-4* wie überhaupt die jetzige Komposition von 6,1-11 + 8,1-17 verantwortlich ist.

Nun könnte man *gegen* eine Abtrennung von v.9 gewichtige Einwände geltend machen. Zunächst ist zuzugestehen, daß für unsere These, in v.9ff. liege ein Nachtrag vor, keine genuin literarkritischen Argumente beigebracht werden können: V.9 schließt glatt an v.8 an, und niemand würde auf den Gedanken kommen, zwischen beiden Versen einen literarischen Bruch zu sehen. Was uns zu unserem Urteil führt, sind – das muß deutlich gesagt werden – zuvörderst *tendenzkritische* Gründe. Es kommt hinzu, daß mit der Abtrennung von v.9 zugleich die Trias שלח - הלך - אמר (senden - gehen - sprechen), die für prophetische Beauftragungen typisch zu sein scheint (vgl. Jer 1,7; auch Ex 3,10), auseinandergerissen wird. Diese Einwände könnte man mit einem einfachen Vorschlag aus der Welt räumen, nämlich indem man v.9 dem Grundbestand beläßt und ihn auf das *Nordreich* bezieht. Die Predigt Jesajas richtete sich dann ursprünglich nur gegen das fremde Volk des Staates von Samaria, hier abfällig als „dieses Volk da" bezeichnet – eine Interpretation übrigens, die seit H. Hackmann (1893) gelegentlich vorgeschlagen wird.[92] Als Analogie könnte man immerhin Hag 2,14 anführen, wo mit „diesem Volk" (הָעָם הַזֶּה) die von der wahren Jahwereligion abgefallene Bevölkerung des ehemaligen Nordreiches gemeint ist. Erst später wäre die Gerichtsansage gegen „dieses Volk" dann auf Juda übertragen worden (8,5-8). Wir halten diese Lösung dennoch für unwahrscheinlich; wenigstens in seiner *jetzigen* Gestalt wird man v.9 kaum für den Grundbestand retten können. Es ist natürlich nicht ausgeschlossen, daß der Vers ältere Stücke (wie z.B. die Redeeinleitung) enthält oder gar einen anderen Vers verdrängt hat. Es sei jedoch darauf hingewiesen, daß mit dem Stück 8,1-4 keine schlechte Fortsetzung von 6,8 gegeben ist. Wir halten diesen Zusammenhang für den ursprünglichen und älteren.

Ein ganzes Bündel recht unterschiedlicher Argumente führt uns zu dem Schluß, daß wir es bei Jes 6,9+11 mitnichten mit einem Stück jesajanischer

---

[91] Im Jes-Buch ferner 6,10 (von 6,9 abhängig); 9,15; 28,11.14; 29,13.14. Vgl. die Übersicht bei Høgenhaven, Gott 34-36.

[92] Hackmann, Zukunftserwartung 73-76. Dagegen schon Cheyne, Einleitung 28. Nicht selten wird „dieses Volk" auch auf Gesamtisrael bezogen (vgl. etwa Dillmann/Kittel 59).

„Vergangenheitsbewältigung“ zu tun haben. Tatsächlich werden die gravierenden Folgen, die sich aus dem Untergang des Staates und damit zugleich des kultischen Zentrums ergaben, bereits vorausgesetzt. Die Verstockungstheorie ist ein theologisch bemerkenswerter Versuch, das Scheitern oder besser: die faktische Wirkungslosigkeit der vorexilischen Prophetie – hier am Beispiel Jesajas – zu erklären, ohne Gott und seinen Heilswillen selbst preisgeben zu müssen. Der *Deus praesens* der vorexilischen Tempeltheologie ist damit im Rückblick unversehens zum *Deus absconditus* geworden. Insofern liegen 6,9.11 auch in dieser Hinsicht auf einer Linie mit 8,17. Für die zeitliche Situierung von 6,9.11 ergibt sich eine ziemlich eindeutige Bewertung: Die Verse gehören am ehesten in die frühnachexilische Zeit.

Betrifft aber nun dieses literarhistorische Urteil die Berufungsvision in 6,1-11 *als Ganzes*, oder bleibt es auf die v.9.(10.)11 beschränkt? Aus der Beobachtung, daß sämtliche Indizien, die für eine Spätdatierung ins Feld geführt werden konnten, ihren Anhalt ausschließlich an v.9-11 hatten, läßt sich immerhin ein begründeter Schluß ziehen: In 6,1-8 ist uns tatsächlich ein älterer, vielleicht gar in die Zeit Jesajas zurückreichender Text überkommen. Die Verstockungsthematik wie überhaupt die Auseinandersetzung mit dem sündhaften Volk Judas und Jerusalems wäre der Vision demnach erst später zugewachsen.[93] Diese literarhistorische These hat kaum zu überschätzende Konsequenzen und Auswirkungen. Zum einen ist ganz neu danach zu fragen, *was* denn der vermutete Grundbestand in 6,1-8 eingeleitet haben kann; denn daß er nicht für sich stehen kann, ist evident: Die bereitwillige Erklärung des Propheten „sende mich!“ (v.8) ist auf eine Fortsetzung angewiesen. Und zum andern muß nach der Athetierung des Verstockungsauftrags darüber nachgedacht werden, was es denn mit der Gerichtsbotschaft Jesajas auf sich hat. Mit anderen Worten: Hat Jesaja seinem eigenen Volk, den Bewohnern des Südreiches Juda, überhaupt in der Weise Gericht angekündigt, wie es aus 6,9f. bislang immer abgeleitet wurde?

Nun kann man an dieser Stelle mit Recht einwenden, daß die Thematik des sündhaften Volkes doch nicht erst in v.9-11 begegnet, sondern bereits durch v.5 vorbereitet ist: Jesaja, ein Mensch unreiner Lippen, der inmitten eines Volkes mit unreinen Lippen wohnt, wird allein zu dem Zweck mit einer Entsündigungshandlung aus der *massa perditionis* herausgehoben, um eben diesem Volk das unausweichliche Gericht anzukündigen. Zweifellos trifft dies den Sinn des gegenwärtigen Textes. Doch ausgerechnet v.5 weist Überarbeitungsspuren auf, die sich in beinahe glücklicher Weise zu unseren bisherigen Erkenntnissen fügen. Schon das dreifache begründende כִּי „denn“

---

[93] Bereits Dietrich, Jesaja 177-179, koppelt die Verse 6,9f. von 6,1-8 ab. Nach seiner Auffassung gehörten 6,9b-10 an das Ende der Wirksamkeit Jesajas und seien erst später zwischen 6,1-9a und 6,12.13*.11 geschoben worden: Es „läuft alles auf das Postulat eines ursprünglichen Berufungsberichtes zu, in dem V.9f noch nicht enthalten war“ (178). Deck, Gerichtsbotschaft 168.180, erwägt zumindest, ob der Grundbestand von c.6 nicht auf v.1-8 zu beschränken sei.

deutet darauf hin, daß mit dem Vers nicht alles in Ordnung ist. Einen wichtigen Hinweis gibt die LXX: Sie ersetzt das dritte כִּי kurzerhand durch ein einfaches *καί*, so daß sich ergibt: „*und* den König Jahwe Zebaot haben meine Augen gesehen." Warum wird diese Änderung, und um eine solche handelt es sich gewiß, vorgenommen? Weil dieser dritte כִּי-Satz als Begründung für das voraufgehende „und inmitten eines Volkes unreiner Lippen wohne ich" denkbar ungeeignet ist. Der Hinweis, den König Jahwe Zebaot geschaut zu haben, kann sich sinnvollerweise nur auf das Bekenntnis der Unreinheit Jesajas selbst als des Empfängers der Theophanie beziehen, nicht hingegen auf die des Volkes.[94] Anstatt einer Textänderung schlagen wir nun vor, das sich auf die Unreinheit des *Volkes* beziehende Stück als späteren Eintrag zu beurteilen. Es liegt nahe, an dieselbe Hand zu denken, die auch v.9+11 hinzusetzte.

Nun sind mit dieser literarkritischen Entscheidung noch nicht alle Steine aus dem Weg geräumt. Angesichts des dreifachen כִּי in v.5 ist es immerhin erwägenswert, ob nicht auch die Begründung „denn den König Jahwe Zebaot haben meine Augen gesehen" *nachträglich* an das Bekenntnis der Unreinheit Jesajas angeschlossen wurde. Aus prinzipiellen Gründen – etwa weil der Königstitel für Jahwe in vorexilischer Zeit noch nicht belegt sei – wird man dies indes kaum behaupten können:[95] Die gesamte Szenerie in 6,1-4 zeichnet Jahwe als einen *König*, auch wenn der Begriff selbst (außer in v.5b) nicht fällt. V.5b spricht nur aus, was v.1-4 ohnehin voraussetzen.[96] Gleichwohl dürfte es sich um eine (höchst sachgerechte) Erweiterung handeln: Die Vorstellung, daß der Mensch sterben muß, wenn er Jahwe schaut, bringt nicht nur einen gegenüber dem Bekenntnis der Unreinheit neuen Aspekt ein; sie ist vielmehr überhaupt nur in späten Texten belegt.[97] In seinem Grundbestand dürfte v.5 also gelautet haben: „Wehe mir, denn ich bin verloren; denn ein Mensch unreiner Lippen bin ich."

Dabei kommt der Frage, ob man das schwierige נִדְמֵיתִי nun mit „ich bin verloren" oder „ich muß schweigen" wiedergibt, keine grundsätzliche Bedeutung zu. In beiden Fällen ist ein sich der eigenen Nichtigkeit bewußtes Zurückweichen vor der göttlichen Epiphanie gemeint. Natürlich paßt die Übersetzung „schweigen" besser zur Verkündigungsaufgabe des Propheten (vgl. auch die „Lippen"). Sie scheint darüber hinaus durch 1QpHab V 10, wo das Verbum חרשׁ „schweigen" aus Hab 1,13 mit דמה wiedergegeben wird, abgesichert zu sein (KBL[1] 213; Jenni, ThZ 1959, 322). Nun ist es freilich merkwürdig, daß Jesaja hier von der Unreinheit seiner *Lippen* spricht: „Jesaja ist sich doch sicherlich nicht bloß der Begehung von

[94] Mit Recht Budde, Erleben 15: „das ‚denn' [v.5b] verstößt gegen die Logik, weil der letzte Satz nicht für sich die Befürchtung Jesaja's begründet, sondern nur im Zusammenschluß mit dem vorhergehenden: das Gottschauen im Zustande der Unreinheit." Die Erklärung, dieses dritte כִּי „denn" sei durch bloßes „Versehen" (ebd.) in den Text geraten, trifft den Kern des Problems indes kaum.

[95] So etwa Levin, Atalja 76 A.39.

[96] Zum königlichen Wortfeld und Gottesbild in 6,1-4 vgl. Cazelles, FS Prado; Spieckermann, Heilsgegenwart 91f.; Irsigler, FS Füglister; Müller, ZAH 1992, 166-171; Podella, Lichtkleid 187-196.

[97] Gen 32,31; Ex 33,20; Ri 6,22f. (vgl. Levin, Atalja 76 A.39).

Lippen- und Zungensünden bewußt, und nicht nur solche werden ihm in V.7 abgenommen." (Budde, Erleben 14). Handelt es sich bei den „Lippen" in v.5 also um „einen entstellenden Einschub" (ebd.), der durch v.7 angeregt wurde? Das ist möglich, wenn auch nicht beweisbar. Immerhin erhielte man auf diese Weise ein geradezu klassisches Unreinheitsbekenntnis („denn ein unreiner Mensch bin ich"), zu dem sich die Übersetzung „ich bin verloren" besser fügte. Sie ist auch im Blick auf den Zusatz v.5b sachgemäßer. Insofern haben möglicherweise *beide* Übersetzungen für נִדְמֵיתִי ihr Recht, wenn man literarkritisch differenziert.

Das Ergebnis der literarkritischen Analyse läßt sich kurz zusammenfassen. Als Grundbestand der Inauguralvision konnten die *v.1-8 (ohne v.5aβ)* herausgearbeitet werden. Dieser Kern ist sukzessive zunächst durch v.9+11, dann durch v.10 und schließlich durch v.12-13bα und 13bβ erweitert worden. Dabei ist in v.9 und 11 offenbar eine (am ehesten frühnachexilische) Hand am Werk, die ausweislich des engen Bezuges auf 8,17 sowie der Wendung „dieses Volk" für den übergeordneten redaktionellen Zusammenhang von c.6*+8* verantwortlich ist. Das bedeutet zugleich, daß der literarische Grundbestand von 6,1-8* in die Zeit Jesajas selbst zurückreichen könnte. Bevor auf die wichtige Frage nach der *ursprünglichen* Fortsetzung von 6,1-8* eingegangen wird, sollen zunächst einige Beobachtungen zu Charakter und Intention dieser Vision zusammengetragen werden.

3.2.7. Zu Charakter und Intention von 6,1-8*

Unser literarkritischer Vorschlag, den Verstockungsauftrag von der Inauguralvision abzukoppeln, erfährt eine gewisse Bestätigung, wenn man den verbleibenden Bestand in v.1-8* einmal für sich betrachtet. Dabei zeigt sich, daß die Vision keineswegs in v.9-11 ihre natürliche Fortsetzung hat, sondern ursprünglich ein durchaus anderes Interesse verfolgte.

Es bedarf an dieser Stelle keiner ausführlichen Erörterung, daß die Vision vom thronenden Jahwe (v.1-4) aus Elementen besteht, die in der vorexilischen Jerusalemer (Tempel-)Theologie offenbar geläufig waren. „Jesaja ‚schaute' den thronenden König so, wie man sich ihn in der Jerusalemer Tempelideologie vorzustellen pflegte."[98] Das gesamte Ensemble vom Thron über die Gewandsäume und den theophanen Rauch bis hin zu den geflügelten Serafen läßt sich theologisch wie ikonographisch gut im 8. Jh. unterbringen.[99] Dabei spielt es keine entscheidende Rolle, ob und in welchem Ausmaß hier einzelne Vorstellungen in modifizierter Gestalt auftreten.[100] Wer diese

[98] Maier, Kultus 111 (im Orig. hervorgehoben). Vgl. Koch, Profeten I, 216: „Der Inhalt [der Vision] vermeldet nichts spezifisch Jesajanisches. Er entspricht *Jerusalemer Kultfrömmigkeit*, die der Profet teilt und die seinem Erleben den Horizont vorgibt."

[99] Vgl. ausführlich Keel, Jahwe-Visionen 46-124; ferner Irsigler, FS Füglister 135-147; Müller, ZAH 1992; Eslinger, VT 1995 (v.a. zu v.1). Zu 6,3 vgl. Spieckermann, Heilsgegenwart 91f.; ders., ZThK 1990, 417-419.

[100] Nach Keel, Jahwe-Visionen 124, schaut Jesaja Jahwe zwar grundsätzlich im Rahmen der überkommenen Jerusalemer Tempeltheologie, „aber *nicht in der Art und Weise*, wie man sich das vorzustellen pflegte. Jesaja hat ihn nicht im Allerheiligsten auf den Keruben sitzend

Vision niederschrieb – es muß nicht der Prophet selbst gewesen sein, in Frage kommt auch ein früher Tradent –, stand jedenfalls grundsätzlich auf dem Boden dieser überkommenen Jerusalemer Theologie und stellte sie anscheinend nicht in Frage. Auch die zurückweichende Reaktion Jesajas in v.5 (zumal in dem vermuteten Grundbestand) bewegt sich im Rahmen dessen, was man bei einer Gottesbegegnung dieser Art geradezu erwarten konnte. Tatsächlich deutet nichts darauf hin, daß die Vision auf eine Gerichtsankündigung gegen das eigene Volk zuläuft. Im Gegenteil: „Es könnte ebensogut eine Heils- wie eine Unheilsbotschaft folgen. Man könnte sogar sagen, daß Jesaja, nachdem er Jahwe geschaut hatte und am Leben geblieben war, ja von seiner Unreinheit, die er mit seinen Volksgenossen geteilt hatte, gnädig befreit worden war (6,5-7), eher eine Heilsbotschaft erwartete und sich deshalb so willig zur Verfügung stellte."[101] Diese Beobachtung ist, sollte sie sich als zutreffend herausstellen, von einiger Bedeutung. Denn wenn sich der Verstockungsauftrag, also die negative Wendung der Vision, als *literarischer Nachtrag* erweist, stellt sich beinahe zwangsläufig die Frage, ob der Grundbestand nicht von allem Anfang an eine für Juda und Jerusalem *heilvolle* Aussage intendierte. Oder anders gefragt: Könnte es sein, daß der Auftrag, zu dem sich Jesaja – verdächtig genug – ohne jeden Einwand meldet (v.8), ursprünglich gar nicht gegen das eigene Volk gerichtet war, Jahwe vielmehr Gutes mit Juda/Jerusalem im Schilde führte? Ein solches Ziel entspräche ja voll und ganz dem Erwartungshorizont, den die Vision bis v.8 vorgibt und offenbar vorgeben will. Kritik an Jerusalemer Vorstellungen, gar ein „Affront gegen den Tempelkult"[102] läßt sich aus 6,1-8 nicht entnehmen; vielmehr wird Jesaja als ein mit dem Tempel aufs engste verbundener Prophet präsentiert, dessen Verwurzelung in den überkommenen Traditionen, soweit man das 6,1-8 entnehmen kann, außer Frage zu stehen scheint.

Nun hat man gleichwohl bereits in v.1-4 „gerichtstheophane" Züge entdecken wollen, die darauf hinweisen, daß die Vision von vornherein auf den Verstockungsauftrag in v.9f. ausgerichtet ist und ihn mehr oder weniger direkt vorbereitet. Nach dieser von R. Knierim in die Diskussion gebrachten These läßt sich beinahe jeder Zug in v.1-4 in diesem Sinne interpretieren:[103] Bereits das Thronen Jahwes, dann aber auch die Serafen und ihr als Gerichtsdoxologie aufzufassender Gesang und vor allem das von Rauch begleitete Erbeben der Tempelschwellen (v.4) weisen die Theophanie als eine *Gerichtsszene* aus, die Jesaja als solche wahrnimmt. Manches Detail an dieser These,

---

geschaut, sondern riesengroß, das ganze Tempelgebäude sprengend, so daß schon seine Säume den Tempel füllten. Die Serafim, die aufgerichtet über Jahwe schweben, sind ein neues Element. Sie entstammen der Symbolwelt Ägyptens. Ihre Rezeption im Judäa des 8. Jahrhunderts v.Chr. bezeugt eine Anzahl hebräischer Siegel."

[101] Keel, Jahwe-Visionen 54f. A.43.

[102] So Höffken 76, mit Bezug auf v.5.

[103] Vgl. Knierim, VT 1968, 56-59, der von einer „vision of judgment" spricht; ferner Steck, TB 70, 154f. A.17 und 157 A.22.

in der auch Am 9,1 eine gewisse Rolle spielt,[104] mag überzogen wirken – so ist z.B. nicht zu vermitteln, warum der Gesang der Serafen (v.3) ausgerechnet auf beschlossenes Gericht hinweisen soll –, und nicht selten hat man den Eindruck, daß eben doch erst von v.9ff. her der gerichtliche Charakter der Vision zutage tritt. Gleichwohl dürfte etwas Richtiges gesehen sein: Wenn Jahwe unter Aufbietung klassischer Theophaniemotive erscheint, dann geschieht das gewiß nicht zweckfrei, sondern in der Absicht, feindlichen Mächten oder Frevlern das Gericht anzusagen.[105] Die entscheidende Frage für 6,1-8 lautet also nicht, *ob* hier Jahwes Erscheinen mit einem gerichtlichen Akzent versehen ist – das steht aus formgeschichtlichen Gründen wohl außer Frage –, sondern *gegen wen* es sich richtet.[106] Und hier eröffnet sich nun eine Möglichkeit, die bisher noch nicht in Erwägung gezogen wurde, angesichts des positiven Tenors von v.1-8 (ohne v.5aβ) aber dennoch naheliegt: Das Gericht, das die Berufungsvision andeutet, betraf ursprünglich gar nicht Jesajas eigenes Volk. Wer aber war dann gemeint? Offenbar aus dem Blickwinkel Judas und Jerusalems ein *fremdes Volk*, und hier kommt zunächst das *Nordreich* in Frage, dann aber auch *Aram*. Tatsächlich dürfte die kleine Zeichenhandlung 8,1-4, die eben diesen beiden Staaten den Verlust ihrer staatlichen Selbständigkeit und damit das Gericht ankündigt, einmal direkt auf 6,1-8 gefolgt sein. Hinter 6,1-8* und 8,1-4* verbirgt sich also, wie es scheint, ein ursprünglicher Zusammenhang, der auf eine Gerichtsansage gegen das Nordreich und Aram zielte und deutlich aus judäischer Perspektive formuliert wurde: Wenn die Feinde, mit denen der Südreichsstaat zumal in den Jahren 734/33 zu tun bekam, untergehen, bedeutet dies zugleich Heil für das eigene Volk. Mit anderen Worten: Die Vision 6,1-8 hat die Beauftragung Jesajas zum (judäischen) Heilspropheten zum Inhalt.

---

[104] Vgl. Am 9,1 „ich *sah* den *Herrn* stehen...“; „Schwellen“ סִפִּים. Die verbreitete Sicht, nach der Jes 6 von der 5. Amos-Vision beeinflußt sei (z.B. Fey, Amos 109; Jeremias, FS Baltzer 162 [= FAT 13, 251f.]; ders., FS Reventlow 22f. [= FAT 13, 188-190]), ist zu revidieren; es verhält sich genau umgekehrt: Die Vision Am 9,1-4, selbst literarisch kaum aus einer Feder (vgl. Willi-Plein, Vorformen 53f.; Weimar, BN 1981, 67), ist ein später Nachtrag zur Visionenreihe, die bereits mit 8,2 einen kaum zu überbietenden Höhepunkt erreicht hat. Die Argumente hat jüngst Waschke, ZAW 1994, zusammengetragen. Sein Vorschlag, die Vision in der *exilischen* Zeit unterzubringen, geht indes noch nicht weit genug, denn Am 9,1-4 setzt offenbar bereits die frühnachexilische Erweiterung Jes 6,9ff. voraus. Die Abhängigkeit der Amos-Vision von Jes 6 spricht übrigens auch gegen die beinahe selbstverständlich vorausgesetzte Lokalisierung im Heiligtum von *Bet-El*, so zuletzt Gese, VT.S 32, 83-85 (= Studien 103-105); Jeremias, ATD 24/2, 125. Von Jes 6,1-4 her kommt überhaupt nur der Tempel von *Jerusalem* in Frage, wie überhaupt die Erweiterung Am 9,1-4 die Funktion hat, auch Juda / Jerusalem in das Gericht einzubeziehen (ähnlich Am 2,4f.).

[105] Vgl. Jeremias, Theophanie 71f. und den Nachtrag 173f.; ferner Steck, Friedensvorstellungen 42f. A.112. Hinzuweisen ist auch auf das Verbum דמה II in v.5: „Häufig begegnen Wörter der Gruppe *dāmāh II/dmm/dwm* im Zusammenhang der Gerichtsverkündigung bzw. der als solcher verstandenen Epiphanie Gottes“ (Baumann, ThWAT II, 281).

[106] Vgl. Hardmeier, FS Wolff 241, im Blick auf v.1-8: „Nur Jahwes gerichtstheophane Präsenz ist klar. Weshalb, gegen wen und wie – das alles bleibt offen.“

Zu dieser Auslegung fügt sich eine Beobachtung, die sich auf die königlichen Züge in 6,1-8 bezieht. Der *irdische* König wird, sieht man von der Überschrift v.1 einmal ab, mit keinem Wort erwähnt. Das bedeutet freilich noch nicht, daß er (etwa weil bewußt verschwiegen) kritisch beurteilt oder gar als potentieller Gegenspieler zu Gott selbst gesehen würde. Im Gegenteil: „Der König Jahwe Zebaot könnte zunächst durchaus positiv dem davidischen König in Jerusalem (vgl. König Usija 6,1) gegenüberstehen – solange der Textprozeß nur bei der Thron-Vision in 6,1-4 bleibt. Der himmlische König mit seinem universalen Herrschaftsanspruch legitimiert dann den davidischen König als Herrscher über Juda (Israel)."[107] Man könnte hinzufügen: Sogar bis v.8 kommt niemand auf den Gedanken, daß der menschliche König in irgendeiner Weise als Konkurrent Jahwe Zebaots aufträte. Die Vision spiegelt damit ein Stück gewöhnlicher judäischer „Staatstheologie" wider, die anscheinend weder problematisiert noch überhaupt in Frage gestellt wird.

Eine interessante Beobachtung ist H. Cazelles zu verdanken (FS Prado 99-101): Er vermutet aufgrund mesopotamischer und ägyptischer Vergleichstexte hinter Jes 6 „un rite de purification du roi lors du couronnement" (101), der nun auf den Propheten Jesaja übertragen worden sei. Wenn das richtig ist, wäre die Verbindung Prophet - König - Tempel noch sehr viel enger zu sehen. Cazelles hält es sogar für möglich, daß der Verstockungsauftrag (v.9f.) und die Verwüstung des Landes (v.11) ursprünglich gar nicht Juda, sondern das *Nordreich* gemeint hätten. Beides sei erst später (nach 732) auf Juda übertragen worden (103). Wenn diese Lösung auch insgesamt nicht zu überzeugen vermag, so zeigt sie doch mit wünschenswerter Klarheit die Unvereinbarkeit von 6,1-8 und 6,9ff. an, sofern man hier das *eigene* Volk (von Juda) angesprochen sieht.

Die Vision ist indes nicht nur von *königlichen*, sondern auch von *priesterlichen* Vorstellungen geprägt. Das wird sowohl durch den *Ort* der Vision – sie kann sich nur im Tempel als dem irdischen „Wohnsitz" Gottes vollzogen haben – als auch durch die befremdliche Reinigungsprozedur angezeigt. Denn die Entsündigung des Propheten (v.6-7) geschieht „nach Analogie einer priesterlich vollzogenen Mundreinigung"[108]. Der Zweck dieser Handlung besteht darin, den Propheten in den Status kultischer Reinheit zu versetzen, um ihn dadurch zu seinem Dienst zu befähigen.[109] Es ist daher nur allzu verständlich, wenn sich der eben „entsühnte" Prophet bereitwillig zu seiner Aufgabe meldet: „Hier bin ich! Sende mich!" (v.8). Was Jesaja hier erwartet, ist offenbar eine *Heilsbotschaft*, also eine Verkündigung, die einen für Juda und Jerusalem stabilisierenden Charakter hat. Man mag in der so unerhörten Fortsetzung v.9-11 gerade das Neue und Überraschende entdecken, mit dem weder Jesaja noch das Volk je hat rechnen können – und nicht anders will es ja die jetzige Textanordnung verstanden wissen –, dennoch sind Zweifel angebracht, ob dies immer schon so war. Immerhin: Der Prophet ist in den kul-

[107] Irsigler, FS Füglister 150.

[108] Müller, ZAH 1992, 173; vgl. Sach 3,3-5: Reinigung und Investitur des *Hohenpriesters*. Zu den altorientalischen Parallelen dieses Rituals vgl. Hurowitz, HUCA 1989.

[109] Vgl. Ps 24,3-6 und 51,13-15 sowie Wildberger I, 251-253.

tischen Traditionen fest verwurzelt, wie eben noch durch die Entsündigung dokumentiert wurde; er stellt weder das Gottesbild noch die staatlichen Verhältnisse in Frage. Seine Perspektive ist die der Jerusalemer (Tempel-)Theologie. Es darf in diesem Zusammenhang auf eine gern zitierte Parallele aus der assyrischen Beschwörungsserie Maqlû (I 53ff.) hingewiesen werden, die ein mit Jes 6,8 fast gleichlautendes Frage-Antwort-Schema enthält:[110] Auch dort fragt die Gottheit den Menschen: „Wen soll ich senden?" und erhält darauf zur Antwort: „Ich bin gesandt, ich gehe; ich bin beordert, ich rufe!" Entscheidend ist dabei indes noch nicht diese frappierende formale Übereinstimmung mit Jes 6,8, sondern eine wichtige inhaltliche Nuance: Beide Texte setzen „die Funktion der Berufenen als Heiler voraus"[111]. Die Bereitschaftserklärung deutet also hier wie dort auf eine *heilvolle* Sendung hin, und so ist jedenfalls auch von diesem Paralleltext her unsere Vermutung nicht ganz abwegig, daß 6,8 einmal auf eine für Juda und Jerusalem positive Fortsetzung angelegt war. Als solche kommt, wie sich bereits aus anderen Gründen nahegelegt hat, die Zeichenhandlung 8,1-4 in Betracht.

Die Berufungsvision Jesajas ist in ihrem Grundbestand also fest in der Jerusalemer Tempel-Theologie verwurzelt, freilich ohne daß es gelänge, schon jetzt die Konturen dieser theologischen Konzeption in angemessener Weise darzustellen.[112] Eine enge Verbindung von davidischem Königtum, Tempel und Prophetie wird als selbstverständliche Gegebenheit vorausgesetzt und mit keinem Wort problematisiert. Die beliebte Auffassung, nach der sich in der jesajanischen Verkündigung eine entscheidende *Modifikation* der klassischen Zionstheologie, ja wie im Falle der Berufungsvision sogar deren „horrende Umkehrung" abzeichne,[113] trifft für Jesaja selbst wohl (noch) nicht zu. Eine „Bestreitung dieser natürlichen Synthese von Religion und Patriotismus"[114] lag noch außerhalb seiner Reichweite. Und so sind es wohl erst spätere Theologen gewesen, die sich an die *Aufhebung* dieser Synthese heranwagten: Motiviert, ja gedrängt und genötigt durch den Untergang von Staat und Tempel haben sie sich der notwendigen Aufgabe gestellt, die Gültigkeit dieser klassischen Synthese in Frage zu stellen und sie am Ende ein für allemal aufzukündigen. Im Blick auf Jes 6 hatten sie wenigstens in literarischer Hinsicht ein vergleichsweise leichtes Spiel; sie drehten den Spieß einfach um: Die Beru-

---

[110] Bei Müller, ZAH 1992, 174.

[111] Müller, ZAH 1992, 174. Bei Jes 6 denkt Müller an die letzten drei Worte in v.10, die von uns freilich für sekundär gehalten werden.

[112] Die klassischen Vorstellungen von der *Zionstheologie* basieren zu einem guten Teil auf späteren (oder jedenfalls höchst umstrittenen) Texten, so daß man im Blick auf ihre Rekonstruktion Vorsicht walten lassen sollte. Es ist indes unbestreitbar, daß ein wesentlicher Zug dieser Jerusalemer Staats- und Tempeltheologie auf einer engen Verbindung von davidischem Königtum, Tempel und Gottesstadt (Zion) basierte. Zur Diskussion Steck, Friedensvorstellungen; Otto, ThWAT VI, 994-1028; Janowski, FS Koch (= Gegenwart 247-280); Preuß, Theologie II, 41-55; Spieckermann, Bib. 1992.

[113] Dazu bes. Steck, Friedensvorstellungen 53-64 (Zitat: 57 A.157).

[114] Perlitt, Bundestheologie 114.

fungsvision dient nicht länger der Legitimation der vorexilischen Heilsprophetie, sondern bezeugt nun (im Gegenteil) Gottes unabänderlichen Gerichtswillen am *eigenen* Volk (6,9-11). Daß diese Umkehrung erst erfolgte, als Tempel und Stadt bereits in Trümmern lagen, scheint uns jedenfalls im Blick auf die Jesaja-Überlieferung wahrscheinlich zu sein.

3.3. *Jes 8,1-4 als ursprüngliche Fortsetzung von 6,1-8*

Wir haben bereits mehrfach die These geäußert, daß sich in der kleinen Szene 8,1-4 die ursprüngliche Fortsetzung von 6,1-8* verbirgt. Es ist nun unsere Aufgabe, dieser Spur weiter nachzugehen. Für den Leser, der von c.6 in seiner bereits um den Verstockungsauftrag v.9+11 erweiterten Gestalt herkommt, hat die kleine Zeichenhandlung 8,1-4 eine eindeutige Funktion: Das in v.4 angekündigte Unheil über Israel und Aram wird „als Vorgang der Verstockung transparent" gemacht, denn es zeigt, „wie sich selbst angesichts solcher Zeichen und Worte Jahwes, die Rettung in Aussicht stellen (8,1-4), das Volk verstockt gebärdet hat und so dem Gericht entsprechend Jes 6 verfallen bleibt (8,6-8a)."[115] Das Wort gegen Israel und Aram (8,1-4) erhält so den Charakter einer (bloßen) *Vorstufe* zu dem Gericht, das schließlich auch Juda blüht (8,6-8). Gegen eine solche Beurteilung ist solange nichts einzuwenden, als man den *gegenwärtigen* Kontext von c.8* zum Ausgangspunkt nimmt und den (sekundären) Verstockungsauftrag in 6,9-11 als Interpretament hinzuzieht. Dieser Zusammenhang freilich ist das Ergebnis redaktioneller Arbeit. Zum einen ist das Gerichtswort gegen Juda in 8,6-8 nur recht lokker an 8,1-4 angeschlossen (vgl. die Redeeinleitung 8,5 „Und Jahwe sprach *noch weiter* zu mir und sagte"). Und zum andern – und das ist das wichtigste inhaltliche Indiz – liegt allein das Wort 8,6-8 tendenziell auf einer Linie mit dem Verstockungsauftrag, weil es das Verhalten des Volkes in ähnlicher Weise *theologisch bewertet* (vgl. das Verbum מאס „verwerfen" sowie die abschätzige Bezeichnung הָעָם הַזֶּה „dieses Volk"). Eine solche Bewertung findet man in 8,1-4 aber (noch) nicht: Hier wird lediglich angekündigt, *daß* Israel und Aram Unheil bevorsteht; Gründe werden nicht genannt. Wir können also davon ausgehen, daß in 8,1-4 ein Stück eigener Art vorliegt, das offenkundig älter als seine literarische Umgebung ist.

V.2 ist Zuwachs:[116] Die Aufbietung der „Jerusalemer Nobilitäten"[117] als Zeugen ist inhaltlich entbehrlich. Urija könnte aus 2Kön 16,10ff., Secharja aus 2Kön 18,2 genommen sein; vielleicht käme auch Sach 1,1.7 als Quelle in Betracht (auch hier „ben [Je]berechja"). Möglicherweise steckt in dem נֶאֱמָנִים „treu/zuverlässig" ein Hinweis auf den Glaubensaufruf Jes 7,9b: Bei den Zeugen soll es sich um Personen handeln, die *zu Jahwe stehen*.[118]

---

[115] Steck, TB 70, 203.

[116] Vgl. die Diskussion bei Kaiser I, 175; ferner Levin, Verheißung 236 A.145.

[117] Steck, TB 70, 200.

[118] Vgl. als Parallelen Jer 42,5; Prv 14,5.25.

Worauf aber hat sich der Grundbestand in 8,1.3-4 einmal bezogen, wenn der jetzige Kontext nicht der ursprüngliche ist? Zur Beantwortung dieser Frage liefert das kleine Stück selbst die besten Hinweise. Denn es enthält einige literarische Unebenheiten, die sich beinahe im Handstreich glätten lassen, wenn wir es mit 6,1-8* verbinden.

In 8,1.3f. lassen sich *zwei* Teile unterscheiden, die durch den Namen des „Eilebeute-Raubebald" zusammengehalten werden: In v.1 wird Jesaja aufgefordert, eine Tafelinschrift anzufertigen, und v.3f. berichten von der Geburt und Benennung eines Prophetensohnes. Beide Handlungen sind zwar auf dasselbe Ereignis bezogen, scheinen aber von Hause aus keine literarische Einheit gebildet zu haben.[119] Dabei wirft die *zeitliche Abfolge* der beiden Handlungen die meisten Schwierigkeiten auf: Kann die Beschriftung der Tafel bereits *vor* der erst in v.3 berichteten Geburt, ja bereits vor der Zeugung des Kindes erfolgt sein? Dann wäre Jesaja die *Bedeutung* der Tafelinschrift erst nachträglich, also bei der Namengebung des Kindes klar geworden. G. Studer hat recht: „Ein unbefangener Leser wird sich nun in der Darstellung dieses Gedankens an ein Hysteron Proteron kaum erwehren können."[120] Die beliebteste Lösung für diese Ungereimtheiten besteht darin, die Verben in v.3 plusquamperfektisch zu übersetzen.[121] Auf diese Weise gelingt es, die Tafelbeschriftung mit der Zeugung bzw. Geburt des Kindes zu synchronisieren. Man fragt sich freilich, warum der Text selbst eine solche Vorzeitigkeit nicht deutlicher markiert hat, wenn er sie denn zum Ausdruck bringen wollte.[122] Ebenso unwahrscheinlich und konstruiert wirkt der Vorschlag, v.1(-2) kurzerhand hinter 3-4 umzustellen und auf diese Art eine vermeintlich „richtige" Ordnung herzustellen.[123]

Eine Kostprobe weiterer Vorschläge, die ob ihrer Gewaltsamkeit freilich nur Ausdruck der Verlegenheit sind: So deutet F. Hitzig den Namen „Eilebeute-Raubebald" in v.1 (anders als in v.3f.) gar auf die Ausplünderung *Judas*,[124] während K. Marti ihn an dieser Stelle (mit Verweis auf Hos 5,13; 10,6) auf den *Assyrerkönig* bezieht.[125] Nach H. Donner hätte die *Deutung* des Namens eigentlich zweimal berichtet werden müssen: bei der Aufstellung der Tafel und kurz nach der Geburt. Daher wird bei der Niederschrift der beiden Zeichenhandlungen sozusagen aus ökonomischen Gründen auf eine der Mitteilungen verzichtet.[126]

Immerhin zeigen die vorgeschlagenen Lösungen deutlich genug, daß zwischen v.1 und v.3f. ein Scharnier liegt, das nach einer angemessenen Erklärung verlangt. Nun kann man, statt zwei *verschiedene* Zeichenhandlungen anzunehmen, wie es gewöhnlich geschieht, das Verhältnis von v.1 und 3f.

---

119 Vgl. etwa Duhm 78f.; Marti 81-83; Wildberger I, 313f.; Huber, Jahwe 29f. A.91; Werner, BZ 1985, 14f.

120 Studer, JPTh 1879, 65.

121 Duhm 79; Marti 82.

122 Etwa durch וְאָנֹכִי קָרַבְתִּי (vgl. Wildberger I, 314).

123 Studer, JPTh 1879, 65f.; Gray 144; Vogt, Bib. 1967, 67f.

124 Hitzig 95.

125 Marti 82.

126 Donner, Israel 21.

auch ganz anders bestimmen. Denn v.1 läßt sich weit ungezwungener im Sinne einer Zeichen*ankündigung*, als ein „Akt proleptischer Namengebung“[127] verstehen, so daß sich v.1 und v.3-4 nun wie Ankündigung und Erfüllung zueinander verhalten. Tatsächlich dürfte diese Verhältnisbestimmung die gegenwärtige Anordnung der v.1.3f. am besten beschreiben: V.1 ist auf v.3f. hin angelegt; die öffentliche Proklamation des Unheil verheißenden *Namens* bereitet die eigentliche Symbolhandlung, die Benennung des Kindes mit eben diesem Namen, vor. Umgekehrt lassen sich die Verse 3-4 als eine kleine abgeschlossene, fast erzählerische Einheit für sich lesen. Diese Einheit aber, und das ist entscheidend, kommt ganz ohne v.1 aus. Wir vermuten deshalb, daß v.1 als *redaktionelle Einleitung* des vorgegebenen Stückes 8,3f. verfaßt worden ist: Sie enthält nicht eine weitere Zeichenhandlung, die einen eigenen Sinn in sich trüge, sondern soll die *eine* Handlung v.3f. literarisch vorbereiten.

Zu welchem Zweck aber ist der kleinen Zeichenhandlung v.3f. eine neue Einleitung vorangestellt worden? Die Antwort ist einfach, wenn man auf v.1 blickt: Diesem Vers nämlich fehlt jede szenische Einbettung; er *muß* etwas vor sich gehabt haben. 8,1 ist demnach nicht nur redaktionelle *Einleitung*, sondern zugleich *Überleitung*. Und wenn man weiter fragt, woran der Vers (ursprünglich) angeschlossen haben mag, kommt als erste Wahl der Grundbestand der Berufungsvision 6,1-8* in Betracht. Diese zunächst ungewohnt und kühn wirkende These läßt sich durch einige Indizien erhärten. So kann schwerlich bestritten werden, daß 8,1 nirgends so glatt angefügt werden kann wie an 6,8: Als *ursprüngliche* Fortsetzung von c.7 (sei es 7,17 oder 7,25) läßt sich 8,1 ohnehin nicht lesen. Unsere literarhistorische Beurteilung von c.7 hat diese Beobachtung bestätigt. Aber auch ein Anschluß an c.6 in seiner um den Verstockungsauftrag erweiterten Gestalt (6,11) will nicht recht passen: In 6,9+11 geht es um das Geschick Judas und Jerusalems, während sich die Tafelbeschriftung gegen das Nordreich und Aram richtet. Mühelos läßt sich 8,1 hingegen in den Dialog zwischen Jahwe und Jesaja (6,8) einfügen: Nachdem Jesaja seine Bereitschaft zum Dienst bekundet hat, erhält er von Jahwe den Auftrag, eine Tafel anzufertigen und (offenbar) öffentlich aufzustellen.[128] Es war also *dieser* Auftrag, auf den die Berufungsvision ursprünglich ausgerichtet war. Erst später hat man an seine Stelle den Verstockungsauftrag 6,9+11 gesetzt.

Auch sachlich passen 6,1-8* und 8,1-4* nicht schlecht zusammen. Wir haben gesehen, daß die Vision 6,1-8 keineswegs automatisch auf den Verstockungsauftrag zuläuft, sondern – im Gegenteil – einen für Juda und Jerusalem positiven Ausgang erwarten läßt: Die gerichtstheophane Präsenz Jah-

[127] Steck, TB 70, 201.

[128] Daß in 8,1 יהוה „Jahwe“ und nicht אֲדֹנָי „Herr“ steht, wie man nach 6,1.8 erwarten müßte, sollte nicht überbewertet werden (vgl. immerhin 6,3: יהוה). Es ist möglich, daß in c.6 ein ursprüngliches „Jahwe“ durch „Herr“ ersetzt worden ist (vgl. Budde, Erleben 6).

wes ist heilvoller Art; sie wendet sich zuallererst gegen die Feinde Jahwes von außen, also gegen *fremde Völker.* Insoweit bildet das Unheilswort gegen das Nordreich und Aram in 8,1.3f. beinahe die natürliche Fortsetzung der Berufungsvision in ihrem Grundbestand. Beide Stücke sind also nicht nur aus formalen Gründen, sondern auch aufgrund ihres heilsprophetischen Charakters eng miteinander verwandt. Eine Bestätigung findet die Zuordnung beider Stücke von einer anderen Seite. Denn die Kombination *Berufungsvision + Zeichenhandlung* ist auch am Beginn des Jer- und des Ez-Buches belegt, und sie scheint in beiden Fällen ihr Vorbild im Jes-Buch zu haben.

Die Berufungsvision Jeremias (Jer 1,4-10) ist nicht aus einem Guß. Am leichtesten ist die Beauftragung zum „Propheten für die Völker" (v.5b und 10) als Nachtrag zu erkennen: V.5b klappt eindeutig nach, und v.10 knüpft mit einem erneuten „siehe!" (רְאֵה) sekundär an v.9 (הִנֵּה) an.[129] Aber auch v.8 ist in seinem Kontext nicht fest verankert; die Aufforderung „fürchte dich nicht *vor ihnen*" läßt sich nur mühsam an v.7 anschließen.[130] Man löst dieses Problem zwar gern mit der Eliminierung von v.7bβ – das מִפְּנֵיהֶם „vor ihnen" aus v.8 bezöge sich dann auf v.7bα – und beruft sich zudem auf die dtr Sprache des Versteils (vgl. Dtn 18,18), doch diese Operation setzt voraus, daß Jer 1 auf einer älteren Grundlage beruht, die dtr bearbeitet worden wäre.[131] Darüber hinaus wird mit der Herausnahme von v.7bβ der schöne Parallelismus in v.7b zerstört. Hält man Jer 1* hingegen für eine spätere, nachexilische Einleitung einer älteren Spruchsammlung, die nicht nur der literarischen Vorbereitung der jeremianischen Worte, sondern auch deren Legitimation dient,[132] entfällt die Notwendigkeit, v.7bβ und v.9 wegen ihrer offenkundigen Abhängigkeit von Dtn 18,18 aus dem Grundbestand herauszunehmen.[133] Der Kern der Berufungserzählung findet sich also in 1,4-5a.6-7.9, und es spricht nichts dagegen, ihre literarische Fortsetzung in den beiden Assonanzvisionen 1,10-14 zu sehen, die überdies durch v.9 vorbereitet werden (vgl. das Stichwort דָּבָר „Wort").[134] Dabei ist die Verwandtschaft zwischen v.6+9 und Jes 6,5+7 mit Händen zu greifen; es kommt nur literarische Abhängigkeit in Frage: Der Verfasser der Jer-Szene hat die jesajanische Vision vor sich gehabt und nachgeahmt;[135] hier wie dort mündet die Indienststellung des Propheten in eine die Verkündigung präfigurierende zeichenhafte Vision.

Mit Jes 6,1-8* + 8,1-4* ist nun die Vision in Ez 1-3 verwandt. Sie umfaßte in ihrem ältesten Kern wohl nur 1,1.3*; 2,9-10; 3,1-3.10*.11.14.15*. Dieser Kern freilich ist selbst nicht authentisch, sondern offenkundig in *bucheinleitender* Absicht konzipiert worden.[136] Es spricht einiges dafür, daß bereits diese Grundlage in Jes 6* ihr Vorbild genommen hat (vgl. Ez 3,14f.); das gilt ganz sicher dann für die späteren Erweiterungen der Vision (z.B. 3,4-9). An die Vision sind nun, und das ist bemerkenswert, einige Zeichenhandlungen angeschlossen, die alle mit der aus Jes 8,1 bekannten Wendung קַח־לְךָ „nimm dir" eingeleitet werden (Ez 4,1.3.9; 5,1). Daß hier lediglich die „Formensprache von Zeichenhandlungen" verwen-

---

129 Vgl. Levin, Verheißung 150.

130 Vgl. schon Duhm, KHC XI, 7f.

131 So vor allem Thiel, Redaktion 62-79, der nicht nur v.7bβ, sondern auch v.9f. als Eintrag von Jer-D bewertet. Ihm folgt Wanke, FS Preuß; ders., ZBK.AT 20/1, 28-30; vgl. auch W.H. Schmidt, FS Metzger (= Vielfalt II, 112-127).

132 Vgl. Herrmann, BK XII/1, 52 („Werk der Endredaktion"); L. Schmidt, ThViat 1977 (Jer 1,4-10 literarisch einheitlich und im Exil verfaßt); Brandscheidt, TThZ 1995, 14-19 (nur v.10 ist sekundär; der Grundbestand stammt aus dem Exil).

133 Vgl. auch Levin, Verheißung 149-152, der freilich (umgekehrt) Dtn 18,18 als Übernahme aus Jer 1 beurteilt und auch v.7 aus dem Grundbestand ausklammert.

134 Vgl. bes. Levin, Verheißung 150-152.

135 Vgl. Levin, Verheißung 151.

136 So nach Pohlmann, Ezechielstudien 94f. (s.o. Kap. 3.2.5. A.65).

det werde (so Wildberger I, 314f.), ist eher unwahrscheinlich. Die Ez-Belege dürften, wie sich im übrigen auch aus dem Verhältnis von Jes 6* und Ez 1-3* ergibt, *literarisch* von Jes 8,1 inspiriert sein. Das ist noch deutlicher an Ez 37,16, der engsten Parallele, abzulesen: קַח־לְךָ עֵץ אֶחָד וּכְתֹב עָלָיו לִיהוּדָה „nimm dir ein Holz und schreib darauf: für Juda". Auch sie greift offenkundig auf Jes 8,1 zurück (vgl. Jer 36,2.38). Angesichts dieser Übereinstimmungen ist es gut möglich, daß die Verkoppelung von Zeichenhandlungen und Berufungsvision bei Ez gerade in Jes 6,1-8* + 8,1-4* ihr Vorbild haben: Die Beauftragung zum Propheten Gottes geht über in eine zeichenhafte Handlung, die nicht nur den Inhalt der Verkündigung beinahe szenisch „verdichtet", sondern auch ihr Resultat wirkmächtig antizipiert.

Eine literarische Abhängigkeit von Jes 6* + 8* läßt sich gewiß nicht streng beweisen; auch ist nicht mehr erkennbar, ob beide Kapitel in ihrem Grundbestand (6,1-8* + 8,1-4*) oder bereits in einer erweiterten Gestalt vorlagen. Gleichwohl zeigen die beiden wichtigsten Analogien in Jer 1 und Ez 1-4 immerhin den engen Zusammenhang von Berufungsvision und symbolischer Handlung auf: Keine der genannten Visionen steht in sich selbst; sie sind vielmehr auf eine Fortsetzung angelegt, die kaum zufällig jeweils in einer Zeichenhandlung bzw. (in Jer 1) einer Symbolvision besteht. In jedem Fall aber bestätigen Jer 1 und Ez 1ff. unsere Analyse von Jes 7: Bei diesem Kapitel handelt es sich um einen Spätling, der nachträglich zwischen c.6 und 8 geschoben wurde und deshalb zur Interpretation von 8,1-4 nicht herangezogen werden kann.[137]

Ein Bündel von Indizien spricht also dafür, daß wir es bei 8,3-4 mit einer prophetischen Zeichenhandlung zu tun haben, die mittels des redaktionellen Überleitungsverses 8,1 an 6,1-8* angeschlossen wurde. Aus diesem literarkritischen Ergebnis ergeben sich nun zwei weitergehende, inhaltliche Fragen: (1) In welchen zeitlichen Rahmen gehört 8,3-4? In aller Regel interpretiert man das Wort ja vor dem Hintergrund des syrisch-efraimitischen Krieges; wenn Jes 7 indes, da spät eingeschoben, als Bezugsgröße ausfällt, muß erneut die Frage nach dem historischen Hintergrund von 8,3f. gestellt werden. – (2) Was bezweckt der für 8,1 verantwortliche Redaktor mit der Einführung der „Schreibtafel"?

Zunächst zur ersten, historischen Frage. Daß sich das Wort gegen Damaskus und Samaria in 8,4 am besten aus dem Kontext des syrisch-efraimitischen Krieges verstehen läßt, bedarf keiner eingehenden Begründung: Die gleichzeitige Nennung beider Hauptstädte scheint ihre Veranlassung darin zu haben, daß sich Aram zusammen mit Israel aufgemacht hat, das Südreich in eine antiassyrische Koalition zu zwingen und sogar die davidische Dynastie zu stürzen (Jes 7,6). Ja, die Absicht des Wortes kann sogar darin gesehen werden, König Ahas davon zu überzeugen, „daß die Angreifer sowieso in aller Kürze vernichtet würden und das Herbeirufen der Assyrer unnötig und

[137] Auch ein Vergleich mit der Geburt und Namengebung der Hosea-Kinder trägt nicht viel aus, denn Hos 1 ist „ein verdreifachter Abklatsch der jesajanischen Zeichenhandlung Jes 8,1.3-4" (Levin, Verheißung 237).

falsch sei."[138] Zeitlich muß das Wort dann vor dem Eingreifen der Assyrer in Nordisrael, also kurz vor dem Feldzug Tiglat-Pilesers III. nach Philistäa gesprochen worden sein.[139] Nun beruht diese traditionelle Einordnung zu einem guten Teil auf der Darstellung von Jes 7, einem Kapitel also, das nach unserer Auffassung als eigenständige Quelle für die Ereignisse nicht in Frage kommt (s.o. Kap. 2.4). Zweifel sind nicht nur an der Historizität des Hilfegesuchs des Königs Ahas, sondern auch an der angeblichen Belagerung Jerusalems (7,1) angebracht. Wenn man also den historischen Hintergrund von 8,3f. aufzuhellen versucht, sollte man sich auf das beschränken, was der Wortlaut selbst hergibt. Alles andere bleibt angesichts unserer geringen Kenntnis über die Umstände des sog. syrisch-efraimitischen Krieges reine Spekulation.

Die Zeichenhandlung in 8,3f. besteht formal aus zwei Teilen: V.3a berichtet in knappster Weise von der Empfängnis, der Schwangerschaft und der Geburt eines Prophetensohnes, und v.3b-4 enthalten in Gestalt einer Jahwerede die Aufforderung zur Namengebung dieses Sohnes und die Deutung auf den Untergang von Damaskus und Samaria. Dabei scheint der Name מַהֵר שָׁלָל חָשׁ בַּז „Eilebeute-Raubebald" ägyptischer Herkunft zu sein,[140] und man kann durchaus fragen, ob ein Jesaja-Sohn diesen Namen wirklich getragen hat. Er wirkt eher wie ein Schlachtruf oder eine prägnante Aufforderung zum Beutezug.[141] Da durch den Symbolnamen nur ein Teil des Drohwortes abgedeckt ist (שָׁלָל „Beute"), dürfte er „seiner Auslegung vorgegeben"[142] sein. Der Sinn des Namens wie des Deuteworts ist indes klar: Aram und Israel sollen *in Bälde* und offenbar *gleichzeitig* durch das assyrische Heer erobert werden.[143] Nun läßt sich diese Ankündigung tatsächlich als *echte* Weissagung verstehen, eben weil sie sich in dieser Weise nicht erfüllt hat: Das Reich von Damaskus ist zwar im Jahre 732 erobert worden, Israel aber hat seine Selbständigkeit erst 722, also gut 10 Jahre später verloren. Eine Einordnung des Wortes in den syrisch-efraimitischen Konflikt hätte also einiges für sich, auch wenn man die näheren Umstände nicht mehr wird erhellen können. Prinzipiell denkbar wäre aber auch eine andere Interpretation, die von der Tatsache ausgeht, daß sich beide Staaten seit 738 im Vasallitätsstadium befanden, also ihre endgültige Eroberung durch Assur ohnehin bevorstand oder jedenfalls zu

---

[138] Fohrer I, 125.

[139] Vgl. Tadmor, Inscriptions 176-179; TUAT I/4, 375f.; Donner, Israel 22. Daß die Vorgänge um den sog. syrisch-efraimitischen Krieg mehr denn je im dunkeln liegen, zeigen eindrücklich Donner, Geschichte II, 334-347, und Soggin, Einführung 158-161.

[140] Vgl. Morenz, ThLZ 1949; Humbert, ZAW 1932; anders Jirku, ThLZ 1950 (Zusammenhang mit dem ugaritischen *mhr* „Krieger"). Zur Diskussion Kaiser I, 174 A.4, und Ringgren, ThWAT IV, 716.

[141] Vgl. Jos 8,27; Est 8,11; 2Chr 20,25; 28,8 (jeweils שָׁלָל „Beute" + בזז „rauben").

[142] Höffken 97.

[143] Daß sich der Raub auf die Beute bezieht, die Aram und Israel *in Juda* gemacht haben (so erwogen von Deck, Gerichtsbotschaft 65), läßt sich dem Text nicht entnehmen. Es ist einfach an die Kriegsbeute der Sieger (also Assurs) gedacht.

erwarten war. Die Zeichenhandlung wäre dann vor dem Hintergrund der assyrischen Expansion gen Westen als eine Unheilsahnung zu verstehen, die mit dem baldigen Ende der beiden nördlichen Rivalen des judäischen Staates, Aram und Israel, rechnet. Diese Unheilsahnung – vielleicht sogar Unheils*gewißheit* – hätte dann für Juda eine eminent heilsprophetische Note gehabt, die der Stabilisierung der eigenen Politik des *appeasement* oder wenigstens der innenpolitischen Beruhigung dienen konnte. 8,3-4 muß also nicht ausschließlich vor dem Hintergrund des syrisch-efraimitischen Krieges gelesen werden; daß der Text freilich in den weiteren *Kontext* der Ereignisse gehört, läßt sich kaum bestreiten. Nicht auszuschließen ist des weiteren die Möglichkeit, daß es sich bei der Zeichenhandlung überhaupt um ein kurz nach 722 aufgezeichnetes *vaticinium ex eventu* handelt, das nicht nur die Treue Gottes zum judäischen Staat, sondern auch die Zuverlässigkeit seines Wortes dokumentieren sollte. In letzterem Sinne jedenfalls scheint es der Redaktor (vielleicht Jesaja selbst) verstanden zu haben, der das Drohwort mittels 8,1 an die Berufungsvision anschloß.

Damit sind wir bei der zweiten Frage nach dem Sinn der Tafelaufschrift angelangt. Die Aufforderung Jahwes, eine Tafel[144] zu nehmen und sie mit dem Namen des Kindes zu beschriften, hatte ihren ursprünglichen Platz hinter 6,8, gehörte also unmittelbar in die Berufungsszene hinein. Sie bereitet insoweit die eigentliche Zeichenhandlung 8,3f. vor, die sich aus verständlichen Gründen – die Schwangerschaft der „Prophetin" wird vorausgesetzt – erst einige Zeit *nach* der Inauguralvision ereignet haben kann. 8,1 hat also zunächst eine *überleitende* Funktion: Die Zeichenhandlung soll in der Berufungsvision des Propheten verankert werden. Zugleich erfolgt durch die Niederschrift des Namens, die wohl für die Öffentlichkeit bestimmt ist (darin wird man den Sinn des rätselhaften Ausdrucks בְּחֶרֶט אֱנוֹשׁ „mit einem gewöhnlichen Griffel", d.h. mit verständlicher Schrift sehen dürfen), der Übergang vom Visionsgeschehen, das sich allein zwischen Prophet und Gott abgespielt hat, nach außen. Es ist vielleicht kein Zufall, daß der Seraf die Kohle als Mittel der Entsündigung ebenso „nimmt" (לקח 6,6), wie auch Jesaja wenig später die Schreibtafel „nehmen" soll (קַח־לְךָ 8,1). Beide Handlungen, die Entsündigung und die Tafelbeschriftung, scheinen in bewußter Entsprechung zueinander angelegt zu sein, nur daß die zweite nun aus der exklusiven Sphäre der Gottesbegegnung heraustritt und sich an die Öffentlichkeit, das Volk, wendet.

Das Aufschreiben des Namens hat also eine doppelte Funktion: Es soll die Lücke zwischen der Ankündigung und dem tatsächlichen Vollzug der Zeichenhandlung literarisch überbrücken (ähnlich Hab 2,2-3), und es soll das den Feinden drohende Unheil im vorhinein als beschlossen und unwiderruflich kennzeichnen, ja *festschreiben*. Es ist nicht ganz abwegig, hierin vor allem eine *legitimatorische* Absicht zu erkennen: Was geschehen soll (und

---

[144] Lemaire, ZDMG Suppl. 6, 116, denkt bei גִּלָּיוֹן wohl an ein Papyrusblatt.

schließlich geschehen ist), hat seinen Ursprung in Jahwe selbst. Es ist ja auffällig, daß das Unheil, das nach 8,4 die beiden Staaten Aram und Israel treffen soll, mit keinem Wort explizit auf Jahwe zurückgeführt wird (wenngleich natürlich kein anderer hinter dem Geschehen stehen kann). Die Formulierungen sind eher zurückhaltend und zeugen auf ihre Weise davon, daß wir es bei 8,1-4* tatsächlich mit einem älteren, jesajanischen Wort zu tun haben, das die Kategorie „Assur als Gerichtswerkzeug Jahwes" (noch) nicht kennt. Wie man dieselbe Sache ganz anders, nämlich theologisch reflektierter – wenn auch anstößiger – beschreiben kann, zeigt das sehr viel spätere Wort 10,5. Man könnte jedenfalls in 8,1 einen ersten Versuch sehen, Jahwe selbst als den Urheber des Unheils ins Spiel zu bringen, indem man die Niederschrift des Unheil verheißenden Namens auf eine göttliche Anordnung zurückführt.

Zugleich liegt in dieser Tafelbeschriftung aber auch ein *dokumentarisches* Interesse: Das prophetische Wort und die prophetische Handlung sollen *aufgezeichnet* und damit für künftige Zeiten *bewahrt* werden. Die Niederschrift besteht zwar einstweilen nur aus dem einen Wort „Eilebeute-Raubebald", doch dahinter verbirgt sich ein ganzes *Programm*. Der Name scheint, gewissermaßen als Essenz und Abbreviatur, für die jesajanische Botschaft überhaupt zu stehen oder (vorsichtiger geurteilt) wenigstens einen wesentlichen Aspekt seiner Verkündigung prägnant zusammenzufassen. Insofern liegt hinter der Tafelaufschrift wohl mehr verborgen, als man ihr im gegebenen Kontext zutrauen mag. Im alten jesajanischen Bestand innerhalb von Jes 1-39 nimmt sie eine herausgehobene Stellung ein, und es ist nicht ausgeschlossen, daß mit der öffentlichen Beschriftung der Tafel sogar eine kleine *Ätiologie* einer ersten Sammlung jesajanischer Prophetien intendiert ist. Zu ihr wären mindestens 6,1-8* und 8,1.3-4 zu rechnen.[145]

Wenn diese Deutung das Richtige trifft, gewinnt vielleicht eine alte Beobachtung neue Aktualität. Bereits Gesenius hat die Vermutung geäußert, daß sich 8,16 (צוֹר תְּעוּדָה חֲתוֹם תּוֹרָה „Verschnüre das Zeugnis, versiegle die Tora!") unmittelbar auf 8,1f. zurückbeziehe.[146] Versteht man nämlich die beiden Verben חתם „versiegeln" und צרר „verschnüren" gemäß der masoretischen Punktation als *Imperative*, enthält der Vers eine neue Aufforderung an Jesaja, wäre also als *Gottesrede* gemeint und ließe sich zwanglos als Fortsetzung von 8,1-4* lesen. Es ist immerhin auffällig, daß 8,16 in mehrfacher Hinsicht in der Luft hängt: Man ist (erstens) gezwungen, aus den beiden Imperativen wenigstens Infinitivi absoluti zu machen, wofür man חֲתוֹם in חָתוֹם ändern und צוֹר vom Verbum צוּר „verschnüren, einschließen" ableiten muß, um diese Infinitive mit der 1. Person (des Propheten) wiedergeben zu können. Aus der Gottesrede wird damit unversehens Prophetenrede. So gewiß

[145] Vgl. Jer 36,2(.28): קַח־לְךָ מְגִלַּת־סֵפֶר וְכָתַבְתָּ אֵלֶיהָ „nimm dir eine Buchrolle und schreib darauf..." (vgl. dazu Levin, Verheißung 148f.).

[146] Gesenius I/1, 341. Vgl. auch Rignell, StTh 1957; Eichrodt I, 93-96; Clements 96.100; Seitz 81, die (mit kleinen Differenzen im einzelnen) in 8,16-18 die ursprüngliche Fortsetzung von 8,1-4 sehen.

der gegenwärtige Text in dieser Weise verstanden sein will, so wenig dürfte er doch die ursprüngliche Bedeutung widerspiegeln. Und es ist (zweitens) nicht ausgemacht, ob 8,17 tatsächlich als homogene Fortsetzung von 8,16 verstanden werden kann. Denn v.16 und 17 passen weit schlechter zusammen, als man in der Regel annimmt: Das Subjekt von v.16, der Prophet, ergibt sich erst aus v.17; das ist stilistisch zumindest ungewöhnlich. Und die mehrdeutige Angabe „in meinen Jüngern" (בְּלִמֻּדָי) am Ende von v.16 dürfte später hinzugetreten sein.[147] Wir dürfen daher mit guten Gründen vermuten, daß wir in 8,16* den alten Abschluß der Gottesrede in 8,3b-4 vor uns haben; erst durch sukzessive Anfügung von 8,5-15 wäre dieser Zusammenhang durchtrennt worden. Was 8,16* besagen soll, läßt sich freilich nur erahnen: Der Vers enthält offenbar die Aufforderung, Vision und Zeichenhandlung aufzuzeichnen und als Jahwes Weisung auszugeben. Dieses Interesse fällt, wenn es denn richtig bestimmt ist, mit der Tafelaufschrift in 8,1 zusammen.

In 8,1.3-4 tritt uns ein wichtiges Stück jesajanischer Predigt entgegen. Das Wort gegen Damaskus und Samaria darf nicht von seiner Fortsetzung in 8,5ff. her gelesen (und relativiert) werden. „Für die Judäer, an die Jesajas Botschaft gerichtet ist, war sie hoffnungsvoll, kalkulierte politische Heilsprophetie."[148] Ob es auch andere Facetten in der Verkündigung Jesajas gab, bleibt abzuwarten; die Analyse von Jes 6,1-8* und 8,1-4* läßt jedenfalls ein durch und durch *heilsprophetisches* Bild entstehen, das unser bisheriges Verständnis des Propheten erheblich modifiziert, ja beinahe umkehrt. Daß, und dies sei abschließend bemerkt, die knappe Szene 8,1-4* kaum alles war, was die Berufungsvision 6,1-8 einmal volltönend eingeleitet hat, ist anzunehmen. Zu denken sind an weitere Worte gegen das Nordreich (und Aram), die nun in den Fremdvölkerworten c.13-23 und in 28,1ff. verborgen sind. Darüber hinaus ist natürlich auch zu berücksichtigen, daß uns von Jesaja vor allem solche Worte überkommen sind, die zugleich im Horizont der Gerichtsworte gegen das *Südreich* gelesen werden konnten: Die jesajanische Heilsprophetie fand also nur insoweit Eingang in das jetzige Buch, als sie als *Vorstufe* zur Gerichtsverkündigung gegen das eigene Volk zu deuten war. Das geschah beispielhaft durch die Erweiterung des Heilswortes 8,1-4* durch 8,5-8*.

3.4. Jes 8,5-18

An das ältere, jesajanische Heilswort 8,1-4* sind nun redaktionell (vgl. v.5) mehrere Stücke angeschlossen, die sich mit dem Schicksal Judas befassen. Sie werden in der Regel (mit Ausnahme des offenkundig späten Völkerwortes 8,9f.) als Bestandteile der „Denkschrift" des Propheten aus dem syrisch-efraimitischen Krieg aufgefaßt und entsprechend zeitgeschichtlich eingeord-

[147] Vgl. Fohrer, BZAW 99, 141f.; ders. I, 132-134. Siehe auch unten Kap. 3.4.4.

[148] Levin, Verheißung 237, im Blick auf 8,1.3f.

net.[149] Jedoch sind schon aus ganz allgemeinen Gründen Zweifel an dieser *communis opinio* angebracht. So ist es zunächst erstaunlich, daß sich, sieht man von den Glossen in 8,6b.7aβ einmal ab, keine einzige unmittelbar historisch verwertbare Angabe oder auch nur Andeutung findet. Das Gerichtswort gegen Juda (8,5-8*), in dem der „König von Assur“ (v.7aβ) deutlich nachgetragen ist, ist so allgemein gehalten, daß man sich eine beliebige andere Situation als Haftpunkt vorstellen kann. Angesichts des drastischen Bildes von den gewaltigen und mächtigen Fluten des „Stromes“, die das judäische Land überfluten, mag man sogar am ehesten an den Untergang Judas im Jahre 587 denken. Das gilt erst recht für die Aufforderung an Jesaja und die Seinen, sich von „diesem Volk“, nämlich dem Volk Judas und Jerusalems, fernzuhalten (8,11-15*). Denn das hier angekündigte Gericht über die „beiden Häuser Israels“ läßt ebenso wie der damit verbundene Restgedanke – Jesaja und seine Jünger sind offenbar von der Katastrophe ausgenommen, wenn sie sich nur von der *massa perditionis* absondern – beträchtliche Zweifel an einer Situierung im 8. Jh. aufkommen. Es spricht für sich, daß gewöhnlich der literarische *Kontext* herhalten muß, wenn es um die Einbettung von 8,5-8*.11-15* in den syrisch-efraimitischen Krieg geht. Und dieser literarische Kontext ist eben nicht unverdächtig: C.7 muß wegen seines späten und fiktiven Charakters außer Betracht bleiben, und 8,1-4* sollte, da zumal literarisch eindeutig älter, nur mit Vorsicht herangezogen werden. Wirft man schließlich einen Blick auf 8,16-18, gern als autobiographischer Abschluß der Denkschrift gelesen, ist auch hier Zurückhaltung geboten: So gewiß die drei Verse resümierenden, abschließenden Charakter haben, so wenig lassen sie sich auf eine einzige zeitgeschichtliche Konstellation festlegen. Sie stammen darüber hinaus kaum von einer Hand. Unsere Aufgabe besteht nun darin, die in 8,5-18 zusammengebundenen Stücke literarhistorisch einzuordnen. Dabei stoßen wir, wie bereits mehrfach angedeutet, jedenfalls in 8,5-8* und 8,17 auf eine Schicht, die mit der Erweiterung der Berufungsvision in 6,9+11 und ihrer Beziehung auf das Volk von *Juda* zusammengehört. Mit einem gewissen Recht kann man hierin den eigentlichen Editor der „Denkschrift“ (freilich noch ohne c.7) sehen. Daß hinter diesem redaktionellen Prozeß nicht Jesaja selbst, sondern eine *prophetentheologische* Reflexion *über* seine Verkündigung aus erheblich späterer Zeit steht, hat sich uns bereits nahegelegt. Die folgende Analyse wird dieses Ergebnis abzusichern haben.

3.4.1. Das Gerichtswort gegen Juda (8,5-8a)

Mit der typisch redaktionellen Formel „und Jahwe sprach *noch weiter* zu mir und sagte...“ wird das Wort gegen Damaskus und Samaria nun um ein Gerichtswort gegen das Südreich erweitert. Dabei zeigt nicht allein der lose formale Anschluß, daß die Verbindung von 8,1-4* und 8,5-8* keine ursprüng-

[149] Für viele andere: Wildberger I, 322.336.344.

liche ist.[150] Beide Stücke unterscheiden sich nämlich auch *inhaltlich* so stark voneinander, daß man kaum mit derselben Hand rechnen kann: Während sich 8,1-4* damit begnügt, die Einnahme der beiden feindlichen Hauptstädte durch Assur einfach anzusagen, bringt das Wort gegen Juda in der Form eines begründeten Drohwortes die Schuldfrage – und damit eine *theologische* Kategorie – ins Spiel: Die „Überflutung“ Judas ist die direkte Folge des Ungehorsams „dieses Volkes“ (v.6a). Daß eine solche Reflexion in 8,1-4* fehlt und auch Gott selbst nur indirekt als Urheber des Gerichts gegen die beiden nördlichen Verbündeten erscheint, ist immerhin bemerkenswert und mag als Indiz dafür gewertet werden, daß wir es bei 8,5-8* mit einem späteren Wort zu tun haben. Schon diese allgemeine Erwägung ist der traditionellen Annahme, 8,1-4* und 8,5-8* enthielten zwei jesajanische Worte aus derselben Zeit (des syrisch-efraimitischen Krieges) nicht eben günstig.

So ist es natürlich kein Zufall, daß sich die beiden einzigen Konkreta in dem Gerichtswort 8,5-8* schon aus formalen Gründen als sekundäre geschichtliche Erläuterungen ausweisen:[151] Nicht nur bei der unmotivierten Einführung des Königs von Assur in v.7aβ handelt es sich nach beinahe einhelliger Auffassung um eine „Glosse, die das Bild nur verdirbt“[152]; vielmehr wollen auch Rezin und der Remalja-Sohn in v.6b nicht recht passen.

Die Beurteilungen gehen bei v.6b indes auseinander. Übersetzt man v.6b wörtlich, ergibt sich kein rechter Sinn, und auch der syntaktische Anschluß an v.6a ist hart: „und Freude mit Rezin und dem Sohn Remaljas“. Das schwierige, hier mit „Freude“ wiedergegebene Wort מְשׂוֹשׂ wird denn auch (seit Hitzig) gern in מְסוֹס geändert und entweder zu v.6a („die sanft fließenden *und sich verlaufenden* Wasser“) oder zu v.6b gezogen („und *verzagt* vor Rezin und dem Sohn Remaljas“).[153] Gleichwohl läßt sich auch durch eine solche Konjektur kein glatter Text erreichen, denn in jedem Fall zerstört die Erwähnung Rezins und des Remalja-Sohnes das schöne Bild.

Angesichts dieses Befundes sollte man beim gegebenen Text bleiben und v.6b ohne Emendation als eine Glosse zu v.6a betrachten.[154] Zu welchem Zweck aber ist sie eingefügt worden? Der Glossator dachte bei der „Freude“ (משׂושׂ), die er Rezin und dem Remalja-Sohn zuschreibt, offenkundig an den syrisch-efraimitischen Krieg (vgl. 7,6): Juda wird in die Enge getrieben, und bei den nördlichen Nachbarn herrscht Befriedigung. Demzufolge konnte sich hinter „diesem Volk“ in v.6a (anders, als es ursprünglich gemeint war) nur das Volk Arams und Israels verbergen, das ja eben erst (8,1-4) erwähnt wurde.[155] Nach der Vorstel-

[150] Die ähnliche Verknüpfung in 7,10 ist deshalb anders zu beurteilen, weil sie von 8,5 abhängig ist und insoweit keine *literarkritisch* auszuwertende Zäsur markiert.

[151] Nur noch selten werden *beide* Angaben für ursprünglich gehalten (z.B. Donner, Israel 22-25; Klein, VT 1980; Irvine, Isaiah 187f.).

[152] Marti 84.

[153] Die erste Alternative bei Giesebrecht, ThStKr 1888, 228f., die zweite bei Hitzig 98f. und Duhm 80, der hier ein „beabsichtigte[s] Reimwortspiel מָאַס–מָסַס“ vermutet. Andere Emendationen etwa bei Schroeder, ZAW 1912 (ומשׂושׂ als Glosse für das als רָצוֹן = „Wohlgefallen“ verlesene רְצִין) oder Budde, ZAW 1926 (liest מָשׂוֹשׂ מִשְּׂאֵת „verzagend vor dem Übermut Rezins“); vgl. auch die Übersicht bei Irvine, Isaiah 185-188.

[154] Vgl. Fullerton, JBL 1924, 254.269f. Sweeney, JSOT.S 144, 50, argumentiert von Jes 66,10-14 her: Der Autor dieses Stückes müsse in Jes 8,6, seiner literarischen Vorlage, וּמְשׂוֹשׂ gelesen haben (66,10bα: שִׂישׂוּ אִתָּהּ מָשׂוֹשׂ „freut euch über alle Maßen mit ihr“).

[155] So auch Fullerton, JBL 1924, 255-264.

lung dieses Glossators betraf das in v.6-7a angekündigte Gericht also *zunächst* nur Aram und Israel; es griff erst *später* – wie eine langsam steigende Flut – auch auf Juda selbst über (v.7b.8a). Zu dieser Interpretation fügt sich auch das im jetzigen Kontext etwas unpassende, da das Bild vorzeitig abbrechende עֲלֵיהֶם „gegen sie" in v.7aα: Dieser Plural läßt sich am besten auf Rezin und den Remalja-Sohn beziehen; man wird ihn folglich derselben Hand zuschreiben müssen, die auch v.6b einschob.[156] Es ist insofern begreiflich, daß diejenigen, die bei „diesem Volk" nicht an Juda, sondern an das Nordreich (und Aram) denken,[157] von der literarischen Einheitlichkeit von 8,6-8 überzeugt sind. Sie haben damit indes nicht den ursprünglichen Sinn, sondern das Profil der historisierenden Redaktion getroffen, die für die Einschaltung von v.6b und 7aβ verantwortlich war.

V.6b und 7aβ sowie das עֲלֵיהֶם „gegen sie" in v.7aα gehen also auf das Konto einer historisierenden Redaktion, die das Wort in den Kontext des syrisch-efraimitischen Krieges stellte und dabei offensichtlich die Ereignisse aus c.7 im Blick hatte. Sie hängt wohl mit den entsprechenden Glossierungen in 7,4b.5b.17b zusammen.[158] Einer sekundären Intensivierung des Bildes von den reißenden Fluten verdanken sich schließlich die beiden Verben שָׁטַף וְעָבַר „überfluten und überschwemmen" in v.8a (vgl. auch 28,15). Zieht man die Glossen und Erweiterungen ab, bleibt als Grundbestand ein klar strukturiertes, aus vier Parallelismen bestehendes Gerichtswort übrig:

6 Weil dieses Volk verachtet hat
die sanft fließenden Wasser des Schiloach,
7 darum, siehe, läßt der Herr aufsteigen
die mächtigen und gewaltigen Wasser des Stromes.
Und er wird steigen über alle seine Betten
und über alle Ufer treten,
8 und er wird dahinziehen über Juda,
so daß es bis zum Hals reicht.

„Es ist deutlich: nichts an diesem Text zwingt zu seiner Einordnung in den syrisch-ephraimitischen Krieg".[159] Auch wenn man das Wort beinahe einhellig auf das Hilfeersuchen des Ahas bezieht und gerade darin die hier angeprangerte Verschmähung Jahwes sieht,[160] bleibt festzuhalten: Das Bild und die dahinter aufscheinende Sachaussage sind so unbestimmt und allgemein gehalten, daß man das Wort, von seinem Kontext isoliert gelesen, kaum auf diesen Krieg beziehen würde. Es ist ja auch nicht Ahas oder überhaupt eine einzelne Person, die hier (wie etwa in 2Kön 16,7f.) beurteilt wird, sondern das Volk *in toto*. Der Glossator dürfte mit seinen historisierenden Ergänzungen den ursprünglichen Sinn jedenfalls gründlich verfehlt – oder freundli-

---

156 Vgl. Fullerton, JBL 1924, 263f.; Wildberger I, 321 („עליהם ist Interpretament, das ... zu früh kommt"). Die störende und oft stillschweigend gestrichene Kopula in וְלָכֵן „und daher" (v.7init.) dürfte als Folge dieser redaktionellen Arbeit in den Text gelangt sein.

157 Z.B. Rignell, StTh 1957, 41; Høgenhaven, Gott 35.100.

158 Vgl. Dietrich, Jesaja 64f.

159 Dietrich, Jesaja 159.

160 Für viele andere: Wildberger I, 325.

cher ausgedrückt: völlig neubestimmt – haben. Aber worin bestand der ursprüngliche Sinn des Wortes, und wie ist es zeitlich einzuordnen? Da wir zur Beantwortung dieser Frage selbstverständlich auf das spät eingeschaltete c.7* verzichten müssen, sind wir auf die Auslegung des Bildes selbst angewiesen. So bringt W. Dietrich die „Wasser des Schiloach" konkret mit dem *Tunnelbau Hiskijas* (vgl. 2Kön 20,20; 2Chr 32,30) in Verbindung, was er umso leichter tun kann, als er das Wort aus dem Kontext des syrisch-efraimitischen Krieges herauslöst und in die Zeit kurz vor 701 verlegt.[161] Der Prophet habe diesen militärstrategisch bedeutsamen Bau „ganz richtig als den Versuch [verstanden], die bis dahin gar zu sanft fließenden Siloah-Wasser rascher und sicherer in die Stadt zu leiten als bisher",[162] und er habe in diesem Projekt nur einen ebenso hybriden wie sinnlosen Akt sehen können, dem in Gestalt der Assyrer herannahenden göttlichen Gericht zu entgehen. Diese beeindruckende zeitgeschichtliche Deutung hat freilich den entscheidenden Nachteil, daß sie das Bild nicht Bild sein läßt. Denn mit den sanft fließenden Wassern des Schiloach dürfte nichts anderes als Jahwe selbst in seiner lebenspendenden und schützenden Potenz gemeint sein (vgl. nur Jer 2,13 und Ps 46,5). Dafür spricht auch das Verbum מאס „verachten", das geradezu zu einem *terminus technicus* für die Beschreibung eines fundamental gestörten Gottesverhältnisses geworden ist.[163] Die *Verachtung* der „ruhig dahinfließenden" Schiloach-Wasser ist mithin mit der Verwerfung Jahwes selbst gleichzusetzen.[164] Es geht hier also um grundlegende theologische Kategorien, nicht um eine vergleichsweise banale Kritik an einem Tunnelbauprojekt.[165]

Dieser fundamentalen Anklage – sie lautet auf Unglauben, d.h. Abfall von Jahwe selbst – entspricht das *umfassende* Gerichtshandeln, das v.7-8* ankündigen: Das judäische Land wird von den Fluten des (Eufrat-)Stromes (נָהָר) „bis zum Hals" überschwemmt werden. Worauf sich diese Aussage bezieht, ist, wenn man der traditionellen Auslegung folgt, klar: Das Assyrerheer wird Juda – als Konsequenz des Hilfeersuchens des Ahas – in ein Vasallitätsverhältnis pressen und den Staat am Ende auch um seine Souveränität bringen.[166] Freilich haben die Vertreter dieser Sicht selbst gespürt, daß sich

[161] Vgl. Dietrich, Jesaja 160f.; auch Höffken 98f. Ähnlich schon Stade, Geschichte I, 593f., der freilich die traditionelle Datierung in das Jahr 734/33 beibehält und den Tunnelbau deshalb schon König *Ahas* zuschreiben muß.

[162] Dietrich, Jesaja 160.

[163] Vgl. Wildberger, THAT I, 883-892. Z.B. 1Sam 8,7; 10,19; Jes 5,24b; Jer 6,19; Am 2,4.

[164] Zu der auch neuerdings wieder vorgeschlagenen Deutung der Wasser des Schiloach auf die *davidische Dynastie* (vgl. Irvine, Isaiah 190) hat bereits Hitzig das Nötige gesagt: „Alles Verständnis aber unmöglich macht der verbreitete Irrthum, ‚das sanft dahingleitende Wasser Siloah's' sey Bild der Davidischen Dynastie. Dass von dieser sich Juda's Volk abgewandt habe, ist aus der Luft gegriffen..." Es gehe vielmehr um die Verschmähung Jahwes: „Der Quell Siloah's ist auch sonst Bild für Jehova, vgl. Ps. 46,5" (97).

[165] Jüngst bestreiten Rogerson/Davies (BA 1996), daß schon Hiskija den Tunnel bauen ließ; sie datieren ihn in die hasmonäische Zeit.

[166] Procksch 133: Die Judäer können „die gerufenen Geister nicht wieder loswerden."

das Bild ihrer Auslegung nur sehr bedingt fügt. Denn zu „der erwarteten Einverleibung Judas in das Gefüge des neuassyrischen Reiches ist es nicht gekommen, nicht einmal im Zusammenhang des Feldzugs Sanheribs 701."[167] Immerhin war schon nach den ersten westländischen Feldzügen Tiglatpilesers III. absehbar, wohin die Entwicklung gehen mußte: Israel und Aram standen seit 738 auf der Tributliste des assyrischen Herrschers,[168] und auch Juda scheint sich bereits zur Zeit Usijas im 1. Stadium der Vasallität befunden zu haben.[169] *Gravierende* Veränderungen im Verhältnis Judas zur Großmacht Assur hat es also in den Jahren 734/33 kaum gegeben. Berücksichtigt man ferner, daß sich das Hilfeersuchen des Ahas wohl ohnehin einer (dtr) Fiktion verdankt,[170] es also als historischer Hintergrund von 8,6-8a* ausscheidet, wird man den syrisch-efraimitischen Krieg als Interpretationsschlüssel überhaupt aufgeben müssen.

Mit der plötzlich über Juda hereinbrechenden Flut dürfte vielmehr das Ende des Staates im Blick sein: Die angemessene Strafe für die radikale Gottvergessenheit des judäischen Volkes (v.6a) kann nur in einem Vernichtungsgericht bestehen. Es ist bezeichnend, daß die herannahende Großmacht in einer Weise beschrieben wird, die weniger an das assyrische Heer als vielmehr an mythische Feindbeschreibungen aus späterer Zeit denken läßt (Jer 47,2; Ez 26,19).[171] Dabei gehört etwa das Wort עָצוּם „geradezu zum schablonenhaften Vokabular einer Schilderung der Feinde Israels."[172] Ja, schaut man sich die Belege näher an, ergibt sich ein signifikant hoher Anteil in dtr und späteren Texten.[173] Nicht selten begegnet עָצוּם „mächtig, stark" übrigens als Attribut der vorisraelitischen Bevölkerung, vor der die einwandernden Israeliten ängstlich und ungläubig verzagen.[174] So ist es vielleicht nicht ganz abwegig, die Ankündigung in Jes 8,7f.* (auch) als eine Art *Rücknahme der Landgabe* zu interpretieren: So wie Jahwe einst die zahlreichen und mächtigen Völker des Landes vor Israel her vertrieben und vernichtet hat, so wird er nun ein neues mächtiges Volk kommen lassen, das Juda wieder aus seinem Lande „wegschwemmt".[175] Nicht unterschlagen werden darf schließlich die Tatsache, daß der *Eufrat* schon aus geographischen Gründen schlecht mit

---

167 Donner, Israel 25.

168 Vgl. TUAT I/4, 373f.

169 So Donner, Geschichte II, 335f.

170 S.o. Kap. 2.4.

171 Jer 47,2 dürfte von Jes 8,7f. abhängig sein (so Duhm, KHC XI, 343).

172 Wildberger I, 326.

173 Lohfink, ThWAT VI, 311: „Die Mehrzahl der Belege scheint exil. und nachexil. zu sein."

174 Num 22,6; Dtn 4,38; 7,1; 9,1 (vgl. 9,14); 11,23; Jos 23,9.

175 In dieselbe Richtung weisen auch die Bezüge von Jes 8,6a zu Dtn 9,13f. („Ich habe gesehen, daß dieses Volk [הָעָם הַזֶּה] ein halsstarriges Volk ist. Laß mich, damit ich sie vernichte...") und zu Num 11,20 („...weil ihr Jahwe verworfen habt [יַעַן כִּי־מְאַסְתֶּם]..."). In der Perspektive des spät-dtr Autors von 2Kön 17 ist das „Verachten" (מאס) der Satzungen Jahwes die Ursache für die totale Deportation des Nordreiches (17,15.20.23).

dem *assyrischen* Heer in Verbindung zu bringen ist.[176] Es spricht also manches dafür, daß man bei 8,7-8a*, wenn überhaupt eine konkrete Großmacht im Blick ist, so doch am ehesten an die *Babylonier* zu denken hat.

Der Grundbestand des Gerichtswortes zielt offenkundig auf den staatlichen Untergang Judas (durch die Babylonier) und kündigt, wenn man das Bild nicht überstrapaziert und die Parallelen in Jer 47,2 und Ez 26,19 einbezieht, eine umfassende Deportation an. Damit liegt das Wort sachlich und wohl auch redaktionell auf einer Linie mit den Erweiterungen der Berufungsvision in 6,9+11: Nicht nur wird mit dem Stichwort מאס „verwerfen" die Verstockungsbotschaft plausibel theologisch begründet – die Schuld des Volkes wird im Verwerfen Jahwes selbst und seines Wortes gesehen[177] –, und nicht nur liegt in der verächtlichen Bezeichnung הָעָם הַזֶּה „dieses Volk" eine wichtige Brücke zwischen 6,9+11 und 8,6-8a*;[178] vielmehr korrespondiert die Ansage einer totalen Entleerung des Landes in 6,11 aufs beste mit dem drastischen Bild in 8,7-8a*.[179] Wir dürfen also annehmen, daß es ein und dieselbe Hand war, die hier – in 6,9+11 und 8,6-8a* – die Feder führte. Dabei wird an *beiden* Stellen ein vorgegebenes Wort gegen das Nordreich (und Aram) um eine Gerichtsansage gegen das Südreich erweitert: so in der aus judäischer Perspektive ursprünglich ganz und gar heilsprophetisch geprägten Berufungsvision (6,1-8*), und so auch im Anschluß an das Unheilswort gegen Damaskus und Samaria (8,1.3-4). Von daher wird man die (bisher ausgeklammerte) Überleitung in 8,5 demselben Verfasser zuschreiben können. Auch wenn man gewöhnlich damit rechnet, daß es sich hier um eine redaktionelle Einleitung eines ansonsten älteren (jesajanischen) Wortes handelt,[180] legt unsere literarhistorische Einordnung von 8,6-8a* doch eine andere Sicht der Dinge nahe. Das Gerichtswort 8,6-8a* ist, wenn unsere Analyse zutrifft, eigens zu dem Zweck verfaßt worden, um es an 8,1.3-4 anzuschließen, und das geschah durch 8,5.

Da wir bereits 6,9+11 in die frühnachexilische Zeit einordnen konnten, legt sich eine entsprechende Datierung auch für 8,5.6-8a* nahe. Wir haben es also nicht mit einer „echten" Weissagung auf den Untergang Judas zu tun, die sich dann in der erwarteten Schärfe nicht erfüllt hätte, sondern (wie bei 6,11)[181] mit einer geschichtstheologischen Anschauung aus späterer Zeit, der

---

176 Beobachtet schon von Gesenius I/1, 322, für den allerdings das assyrische Reich „in seiner größten Ausdehnung Mesopotamien einschloß". Nach Wildberger I, 325, bezeichnet der Eufrat lediglich die *Richtung*, aus der das Heer kommt. Vgl. aber auch Jer 2,18.

177 Wildberger I, 324: 8,6a meine „speziell die *Ablehnung des göttlichen Wortes*".

178 Daß diese Wendung keinen verächtlichen Sinn in sich trage (so Boehmer, JBL 1926, 139-145), wird man jedenfalls für Jes 6+8 nicht behaupten können.

179 Vgl. auch אֲדֹנָי „Herr" in 6,1.8.11 und 8,7aα.

180 So z.B. Wildberger I, 322; Kilian I, 63; Werner, BZ 1985, 12. Man verweist dabei gern auf v.7, wo Jahwe in der 3. Person begegnet, obwohl gemäß v.5 die 1. Person zu erwarten wäre. Man sollte dieser Differenz kein allzu großes Gewicht beimessen, zumal אֲדֹנָי offenkundig mit „diesem Volk" in Parallele steht.

181 Zu Jes 6,11 s.o. Kap. 3.2.6.

zufolge die radikale Schuld ein ebenso radikales Gericht erfordert. Nun ergibt sich eine Spätdatierung des Gerichtswortes nicht allein aus seinen Verbindungen mit 6,9+11, sondern sie hat ihren Anhalt auch an der Sprache des Textes. So ist das Verbum מאס „verachten" (8,6a), das in der Gerichtsbegründung die Schlüsselrolle spielt, in einem theologisch gefüllten Sinn als Zurückweisung Jahwes respektive seines Wortes, seiner Tora oder seiner Gebote *ausnahmslos* in späten, d.h. mindestens exilischen Texten belegt.[182]

Wir fassen zusammen: Die für 6,9+11 und 8,5.6-8a* verantwortliche, frühnachexilische Hand hat den literarischen Kern der „Denkschrift" (6,1-8* und 8,1.3-4, evtl. auch 8,16*) in einem unheilstheologischen Sinne überarbeitet oder besser gesagt: völlig umgestaltet. Das Unheilswort gegen die *Feinde* Judas (8,1.3-4), das einmal einen eigenen Sinn in sich trug und für Juda heilvoll gemeint war, wird durch den Anschluß von 8,5-8a* zu einer bloßen Vorstufe degradiert: Im Mittelpunkt steht nun das Gericht gegen das *eigene Volk* (von Juda). Jesaja hat, so soll mit dieser Verbindung suggeriert werden, das Ende beider Staaten im voraus angekündigt und mit mangelndem Gottesglauben begründet. Damit spiegelt zumal das Wort gegen Juda die Anschauung bestimmter prophetentheologischer Kreise der frühnachexilischen Zeit wider, die die Verkündigung Jesajas zum Paradigma der vorexilischen Unheilsprophetie erhoben, die dem Gottesvolk *als Ganzes* galt.

3.4.2. Ein spätes Völkerwort (8,8b-10)

Es ist allgemein anerkannt, daß in 8,9f. ein Wort eigener Art vorliegt, das als genuine Fortsetzung von 8,5-8* nicht in Frage kommt: Hier wird einer nicht näher bezeichneten Völkerschar angekündigt, daß ihr Plan – offenbar ist an einen Sturm gegen den Zion gedacht – nicht zustande kommt, Juda also letzten Endes Heil widerfährt. Das Wort liegt inhaltlich und terminologisch auf einer Linie mit den (sehr späten) Völkertexten in 14,26f. und 17,12-14 und wird hier kaum anders zu beurteilen sein. Es verdankt sich also einer späteren heilseschatologischen Hand, die es nicht bei dem massiven Gerichtswort gegen Juda belassen wollte. Bei der Formulierung ließ sich der Verfasser von der literarischen Umgebung inspirieren.[183] So dürfte sich die Erwähnung des „Planes" auf 7,5 zurückbeziehen (vgl. auch 14,24-27), und

---

[182] Nachweis bei Veijola, Königtum 56, der מאס für ein Vorzugswort spät-dtr Kreise (DtrN) hält. Wenn Wildberger das Verbum „dem Wortfeld der Bundestradition" zuordnet (I, 197), hat er den theologischen Zusammenhang treffend beschrieben – nur daß es sich dabei nicht um eine altisraelitische Tradition, sondern ein exilisch-nachexilisches Theologumenon handelt. Nach Wagner, ThWAT IV, 626f., werde מאס (als Kennzeichnung menschlichen Handelns gegenüber Gott) überwiegend „in der theologischen Geschichtsbilanzierung verwendet, in welcher die Verachtung Gottes durch sein Volk als Grund für die vorfindliche bedrückende Situation in der nachgeschichtlichen Existenz des Gottesvolkes in Palästina und in der Diaspora benannt wird." Die von Wagner (623-626) genannten wenigen Ausnahmen, namentlich aus der vorexilischen Unheilsprophetie (z.B. Jes 8,6), sind in Wahrheit keine!

[183] Vgl. Barth, Jesaja-Worte 178-180; Werner, Texte 169; Kilian, Jesaja 1-39, 47-49.

der Immanuel-Name stammt aus 7,14 und wird mit einem uneingeschränkt heilvollen Inhalt neu gefüllt. Was in 7,5-7 und 8,4 den beiden Feinden Aram und Efraim angedroht wird, richtet sich nun gegen alle Völker, die den Zion bedrohen.[184] Die heilvolle Wendung vom Gerichts- zum Heilswort setzt aber schon in v.8b ein (vgl. wiederum den Immanuel-Namen), und so wird man v.8b zu dem Völkerwort hinzuziehen müssen.[185] Offenbar hat v.8b die Funktion, das Bild von den flutenden Wassern in ein heilvolles Bild zu transformieren: Aus den bedrohlichen Fluten eines Stromes werden unversehens schützende Flügel eines Vogels.

3.4.3. Die „Jüngerlehre" (8,11-15)

Gewöhnlich betrachtet man das Stück als integralen Bestandteil der Denkschrift Jesajas und interpretiert es vor dem Hintergrund des syrisch-efraimitischen Krieges. Ausgangspunkt ist die Mahnung an Jesaja und die Seinen, „nicht alles Verschwörung (קֶשֶׁר) zu nennen, was dieses Volk Verschwörung nennt" (v.12a). Was hier konkret gemeint ist, erschließt sich nicht auf Anhieb; deshalb werden (mit mancherlei Variationen im einzelnen) drei zeitgeschichtliche Deutungen angeboten: (1) So kann man bei dem Begriff קֶשֶׁר „Verschwörung" an Jesajas kritische Haltung gegenüber dem judäischen Königshaus denken, die vom Volk (fälschlicherweise) als politischer Hochverrat beurteilt wird.[186] – (2) Oder man vermutet, daß „in Jerusalem Gerüchte über ein gegen das Königshaus und seine Anhänger gerichtetes Komplott umgegangen sein"[187] müssen, das natürlich im Zusammenhang mit 7,6 gesehen wird: „Es war ja fast selbstverständlich, daß Rezin und Pekah den Ben Tabel (c.7_6) nicht ohne einen gewissen, wirklichen oder scheinbaren, Rückhalt im Volke Juda zum Gegenkönig aufgestellt hatten".[188] Eine solche Deutung hätte immerhin den üblichen Gebrauch des Begriffes קֶשֶׁר, der fast überall politische Konspirationen im Innern meint, auf seiner Seite.[189] – (3) Schließlich, und das ist die am häufigsten vertretene Ansicht, bezieht man קֶשֶׁר auf das Bündnis zwischen Aram und Israel gegen das Davidshaus.[190]

[184] Vgl. Werner, Texte 169.

[185] Vgl. Cheyne, Einleitung 39; Fullerton, JBL 1924, 275-289. Barth, Jesaja-Worte 200-202, sieht in v.8b einen erst *nach* v.9f. (Assur-Redaktion des 7. Jh.s) erfolgten Einschub, der mit 10,24-26 und 30,18-26 auf einer Linie liege.

[186] Vgl. Studer, JPTh 1879, 70 A.1 mit Verweis auf Am 7,10; Procksch 136; Evans, ZAW 1985, 113.

[187] Wildberger I, 337; ähnlich Duhm 83; Dillmann/Kittel 82; Kilian I, 66; Hayes/Irvine, Isaiah 153-156.

[188] Duhm 83.

[189] Vgl. J. Conrad, ThWAT VII, 214-216. Einige Belege: 1Kön 16,20; 2Kön 11,14; 12,21; 14,19; 15,15.30; 17,4.

[190] So Gesenius I/1, 339; Cheyne, Einleitung 40; Marti 86; Werner, BZ 1985, 9. Eine Variante bei Høgenhaven, Gott 96, der das Wort (zusammen mit c.6) in die Zeit nach 722 einordnet: קֶשֶׁר meine allgemein die antiassyrischen Bündnisse.

Der Sinn des Wortes bestünde dann darin, Jesaja und seine Anhänger angesichts der außenpolitischen Gefahr zu einer vertrauensvollen und gottesfürchtigen Haltung aufzurufen (v.12b-13).

Die hier skizzierten Deutungen stimmen darin überein, daß sie die Gottesrede 8,12-15* im Kern in die Zeit Jesajas datieren und den syrisch-efraimitischen Krieg zum Interpretationsschlüssel erheben. Da der Text selbst jedoch außer dem (mehrdeutigen) Stichwort קֶשֶׁר „Verschwörung" keine einzige konkrete Angabe enthält, die eine geschichtliche Einordnung zuließe, muß der Anlaß für die Gottesrede allererst aus anderen Texten *rekonstruiert* werden, und dabei fällt c.7 eine Schlüsselrolle zu. Das setzt natürlich voraus, daß es sich bei 8,11-15* um eine im wesentlichen authentische Rede handelt, deren Sinn den Zeitgenossen Jesajas noch unmittelbar verständlich war. Diese Beurteilung indes ist aus mehreren Gründen in Zweifel zu ziehen. Erstens: Man beruft sich bei der Rekonstruktion des historischen Hintergrundes in allen der oben genannten Optionen mehr oder weniger direkt auf c.7. Dieses Kapitel aber ist nach unserer Analyse erst relativ spät entstanden und damit historisch nicht auswertbar; vor allem der in 7,6 zitierte Plan Arams, einen gewissen Ben Tabel in Jerusalem zum König einzusetzen, scheint auf einer reinen Fiktion zu beruhen. Was Jes 7 an Fakten enthält, stammt aus 2Kön 16.[191] Zweitens: Es ist kaum zu bestreiten, daß 8,11-15 zahlreiche terminologische und sachliche Verbindungen auch zu c.6 und 8,1-8* aufweist: (a) 8,11 bezieht sich auf c.6 zurück; (b) auch der Begriff der „Heiligkeit" verbindet beide Texte (vgl. 6,3 und 8,13); (c) mit dem Ausdruck „dieses Volk" wird eine Brücke zu 6,9.10 und 8,6 geschlagen; (d) und nicht zuletzt denkt man bei der Aussage, Jahwe werde „zum Stein des Anstoßes und zum Fels des Strauchelns für die beiden Häuser Israels" werden (8,14), unwillkürlich an den Verstockungsauftrag in 6,9ff. Diese Bezugstexte aber sind (außer 6,3) allesamt spät, und d.h. nicht mehr vorexilisch einzustufen. Drittens: Das Stück 8,11-15* ist aus sich heraus nicht voll verständlich; es bedarf zu seiner Erschließung eines *Kontextes*. Besteht dieser aber in den *historischen* Umständen des syrisch-efraimitischen Krieges, oder ist er nicht eher in der *literarischen* Umgebung der „Denkschrift" zu suchen? Nach unserer Auffassung kann allein die zweite Möglichkeit zutreffen, weil das meiste innerhalb von 6,1-8,18 für die Rekonstruktion des syrisch-efraimitischen Krieges ausscheidet und überhaupt ein um Jahrhunderte späteres Prophetenbild widerspiegelt. Tatsächlich handelt es sich auch bei 8,11-15* um eine prophetentheologische Reflexion aus späterer Zeit, die in eine wohl bereits um c.7* erweiterte Gestalt der „Denkschrift" eingesetzt wurde.

Vorab sind jedoch einige philologische und literarkritische Klärungen notwendig. *V.11* ist nur relativ locker mit einem begründenden (vielleicht auch beteuernden) כִּי angeschlossen. Es handelt sich hier gewiß um eine „redaktionelle Überleitung"[192], doch dieses Urteil betrifft

---

[191] S.o. Kap. 2.4.

[192] Wildberger I, 334.

v.11 insgesamt: V.11 und die Gottesrede selbst sind sekundär zwischen 8,5-8a* und 8,16 geschoben worden; das heilvoll ausgerichtete Völkerwort 8,8b-10 kann noch nicht im Text gestanden haben. Am Beginn von v.11b bereitet die Verbform וְיִסְּרֵנִי einige Schwierigkeiten. Entgegen einer beliebten Ableitung vom Verbum סור „abweichen"[193] ist wohl doch (auch wenn וַיְסִרֵנִי zu erwarten wäre) von der geläufigen pi.-Form von יסר „züchtigen" auszugehen.[194] Der syntaktische Anschluß von 11b bleibt schwierig, so daß immerhin zu erwägen ist, ob hier ein Nachtrag vorliegt. Inhaltlich paßt das weisheitliche Verbum יסר pi. indes nicht schlecht zur Gottesrede, die nichts anderes ist als eine Mahnung, auf dem Weg der Gottesfurcht zu bleiben. Auch in der nicht leicht verständlichen Wendung כְּחֶזְקַת הַיָּד „wie die Hand stark war"[195], die sich eindeutig auf c.6 zurückbezieht (vgl. auch Ez 3,14), ist ein für 8,11-15* *insgesamt* zu beobachtendes redaktionelles Interesse erkennbar: Das Stück soll in der „Denkschrift" verankert werden. Damit hängt gewiß auch die Spannung zwischen dem אֵלַי „zu mir" in v.11 und der 2. Pers.Pl. ab v.12 zusammen. Insofern wird man v.11 trotz stilistischer Härten wohl für literarisch einheitlich halten können und es mit der folgenden Gottesrede auf eine Ebene stellen.[196]

Auf die verschiedenen Versuche, mittels einer Konjektur in *v.12-13*, die zumeist im Austausch von קֶשֶׁר „Verschwörung" durch קָדוֹשׁ „heilig" (v.12) oder von תַּקְדִּישׁוּ „haltet heilig" durch תַּקְשִׁירוּ „bezeichnet als Verschwörung" (v.13) besteht, einen vermeintlich glatteren Text zu gewinnen, brauchen wir nicht einzugehen.[197] Jede Änderung kann den Sinn dieser beiden Verse nur verdunkeln: Die von Jahwe angeredete Gruppe („ihr") soll nicht das fürchten, was das Volk fürchtet; und was das Volk fürchtet und offenbar für eine gefährliche „Verschwörung" (קֶשֶׁר) hält, kann nur der Angriff Arams und Israels auf Jerusalem sein. V.12 setzt mithin nicht den syrisch-efraimitischen Krieg als solchen, sondern – und das ist ein entscheidender Unterschied – dessen Darstellung in Jes 7 voraus (vgl. 7,1-6). Für diesen Zusammenhang spricht natürlich auch das Stichwort „Furcht", das gleich mehrfach in v.12b-13 begegnet und wohl aus 7,4 genommen ist. Mit der Aufforderung, sich „heilig zu halten" (קדשׁ hif.), wird zu c.6 zurückgelenkt.

In *v.14* wird man die letzten vier Worte לְפַח וּלְמוֹקֵשׁ לְיוֹשֵׁב יְרוּשָׁלָםִ („zur Schlinge und zur Falle für die Bewohner Jerusalems") als Nachinterpretation ansehen müssen: Sie hat die Aufgabe, die Stadt Jerusalem explizit in das Gericht einzubeziehen. Eine Änderung des im Zusammenhang unpassenden לְמִקְדָּשׁ „zum Heiligtum" etwa in וּלְמוֹקֵשׁ „zur Falle"[198] ist unnötig; das „Heiligtum" ist später hinzugesetzt worden, „um auf die Endzeit, den Schutz, den Jahwe den Getreuen gewährt..., hinzuweisen".[199] Im Grundbestand kündigt v.14 den beiden Häusern Israels das Gericht an, indem er zwei zentrale Aussagen der Jerusalemer Kulttheologie, die in besonders sinnfälliger Weise das Heil Gottes symbolisieren, in ihr Gegenteil verkehrt: Aus dem starken und schützenden „Fels" (צוּר, vgl. Ps 18,3) wird der „Fels des Strauchelns", und der feste „Stein" (אֶבֶן, vgl. Gen 49,24; Jes 28,16; Ps 118,22) verwandelt sich in einen „Stein des Anstoßes".[200] Auch diese unheilstheologische Umkehrung läßt sich gut als Auslegung von 6,9-11 (sowie 8,1-4.5-8*) lesen.

In *v.15* liegt ein in mehreren Schüben erfolgter Nachtrag vor. Seit langem ist erkannt, daß v.15a („und unter ihnen werden viele straucheln") später eingesetzt ist: „Jes. treibt hier

193 1QIs^a liest יסירני, vgl. Wildberger I, 334, und zuletzt Jones, FS Hayes 149f.

194 Vgl. Joüon/Muraoka, Grammar § 77a(n2).

195 Vgl. Jones, FS Hayes 146-149.

196 Anders etwa Werner, BZ 1985, 9, der v.11 für eine redaktionelle Einleitung eines älteren, jesajanischen Spruches hält, den er in 8,12a.13a.14abα*.15[ohne רַבִּים] sieht. Dietrich, Jesaja 70-73, vermutet gar, daß ein Redaktor aus zwei Prophetensprüchen (v.12f.* und 14f.*) eine neue Einheit geschaffen habe.

197 Argumente bei Lohfink, BZ 1963, 100-103, und Evans, ZAW 1985.

198 So Duhm 84; Procksch 137.

199 Marti 87; vgl. auch Dietrich, Jesaja 70. Engste Parallele: Ez 11,16.

200 Vgl. Lohfink, BZ 1963, 103; Wildberger I, 338; Fabry, ThWAT VI, 980f.

nicht Seelsorge unter den Einzelnen, sondern spricht vom Schicksal der beiden Staaten".[201] Auch v.15bβ („und sie werden sich verstricken und verfangen") hat man in abmildernder Absicht angehängt.[202] Es bleiben die beiden Verben וְנָפְלוּ וְנִשְׁבָּרוּ übrig. Zwar könnten sie mit dem Grundbestand von v.14 auf einer Ebene liegen, doch scheinen sie v.15a („viele unter ihnen") als Subjekt vorauszusetzen.[203] So wird man in v.15abα insgesamt eine sekundäre Auslegung von v.14 sehen dürfen, die nochmals um v.15bβ erweitert wurde. Damit ergibt sich der folgende Grundbestand:

> 11 Denn so sprach Jahwe zu mir, als die Hand [mich] packte
> und er mich warnte, auf dem Weg dieses Volkes zu gehen:
> 12 „Ihr sollt nicht alles Verschwörung nennen, was dieses Volk Verschwörung nennt,
> und was es fürchtet, sollt ihr nicht fürchten noch davor erschrecken.
> 13 Jahwe Zebaot, ihn sollt ihr heilig halten,
> er soll eure Furcht sein, und er soll euer Schrecken sein.
> 14 Und er wird zum Stein des Anstoßes und zum Fels des Strauchelns
> für die beiden Häuser Israels."

Der hier herausgearbeitete Grundbestand setzt also durchaus die Ereignisse des syrisch-efraimitischen Krieges voraus – freilich, und das ist entscheidend, nicht in ihrem vermeintlich historischen Ablauf, sondern in der Weise, *wie sie in c.7-8 präsentiert werden*. So kann man die eigentliche Intention von 8,11-14* darin sehen, die Rolle des Propheten Jesaja im literarischen Rahmen der „Denkschrift" neu zu bestimmen. Wer von c.6 herkommt, spürt alsbald, daß er mit 8,11-15 ein neues Terrain betritt: Stand bisher die Person des Propheten gewissermaßen als Einzelgänger „diesem Volk da" gegenüber, scheint 8,11-15 nun eine *Gruppe innerhalb des Volkes* einzuführen, die kaum allein aus den Kindern und der Frau des Propheten (7,3; 8,1.3-4) bestehen kann. Ganz anders als 6,9 „will 8,11 eine völlige Trennung des Propheten vom Volk und, wie V.12 zeigt, eine damit verbundene völlige Hinwendung zu Hörern, die – wie der Prophet – von ‚diesem Volk da' getrennt sind. Gerade von einer solchen Gruppe ist in Jes 6 nicht die Rede."[204] Hinter 8,11-15 steht offenbar, ohne daß der Begriff fällt, die Vorstellung von einem *heiligen Rest* im Gottesvolk Israel, der sich kraft eigener Glaubensentscheidung von der *massa perditionis* getrennt hat und damit die bevorstehende Katastrophe überleben darf (vgl. Jes 4,3). Für den Verfasser des Stückes war die Katastrophe an *beiden* Häusern Israels (8,14) zwar längst Vergangenheit, aber gerade deshalb mußte er sich im Rückblick die Frage stellen, wie es angesichts des radikalen Vernichtungsgerichts, das c.6* angekündigt hat, überhaupt zu Überlebenden, ja zur Gegenwart der nachexilischen Gemeinde kommen konnte. Und so weitete er die Rolle Jesajas aus: Der Prophet war und blieb in erster Linie ein Gerichtsprediger, doch seine Aufgabe hat nun (anders als in 6,9-11) auch eine positive Komponente bekommen. Sie besteht

201 Duhm 84.

202 So Werner, BZ 1985, 10.

203 Vgl. auch 28,13. Die mannigfachen Bezüge zwischen 8,11-15 und c.28 (vgl. 28,13-16. 19) beruhen offenkundig auf literarischer Abhängigkeit. Wie unsere Analyse ergeben wird, ist die Vorlage indes in 8,11-15 zu sehen.

204 Werner, BZ 1985, 8; ähnlich Donner, Israel 28.

darin, einen Jüngerkreis zu sammeln und ihn zu rechtem Verhalten und zu wahrer Gottesfurcht anzuleiten. Damit war der Grundstein für die fromme *ecclesiola in ecclesia* gelegt, in deren Tradition und Nachfolge sich der für 8,11-14* verantwortliche Theologe sah.

Im Blick auf die zeitliche Einordnung von 8,11-14* läßt sich nur eine relative Angabe machen: Der Einbau von Jes 7* muß bereits erfolgt sein. Darüber hinaus ist auf die sachliche wie sprachliche Nähe zur Ezechiel-Tradition[205] und zu spät-dtr Stücken[206] hinzuweisen. Der Verfasser hat, und das sei abschließend bemerkt, wohl noch an einer anderen Stelle seine Spur hinterlassen: Der kleine Zusatz בְּלִמֻּדָי „in meinen Jüngern" am Ende von 8,16[207] könnte von ihm stammen. Insofern ist es durchaus angemessen, 8,11-14* als eine „Jüngerlehre" zu bestimmen: „Das Merkmal echter prophetischer Jünger- und Schülerschaft liegt in einer Gottesfurcht, die ernsthaft mit Jahwes Weltregiment rechnet und ihn demgemäß mehr als alle irdischen Mächte fürchtet."[208] Daß sich diese Jüngerlehre indes bewußt auf die Zeitgeschichte, wie sie sich in der Denkschrift darstellt, bezieht (vgl. קֶשֶׁר) und nicht im allgemein-theologischen Spekulieren verbleibt, sei ausdrücklich hervorgehoben.

3.4.4. Drei Schlußworte (8,16-18)

Folgt man der traditionellen Beurteilung der drei Verse, ergibt sich ein klares und einfaches Bild: „Der Prophet zieht einen *Schlußstrich* unter eine gewisse Periode seiner Wirksamkeit, und zwar, wenn nicht alles täuscht, unter die Zeit seines harten Ringens um Gehör während des syrisch-ephraimitischen Krieges."[209] Diese *biographische* Einordnung des Stückes ist natürlich an die Denkschrift-Hypothese alten Stils gebunden, nach der es der Prophet selbst war, der die in c.6-8* überlieferten Worte zusammenstellte. Ein anderes Bild ergibt sich dann, wenn man Zweifel an der Authentizität dieser Sammlung anmeldet und mit einer wesentlich komplizierteren Entstehung rechnet. Natürlich steht mit dieser Einsicht auch das Schlußwort in 8,16-18 zur Disposition, denn es greift in eindeutig resümierender Absicht auf Vorgegebenes (und eben auch „Unechtes") zurück: v.18 setzt mindestens 8,1.3-4 und 7,3

---

[205] In 8,11 könnte eine Anleihe aus Ez 3,14 (vgl. 1,3) vorliegen; vgl. auch Jes 8,14 mit Ez 18,30; 44,12 (מִכְשׁוֹל). Natürlich ist auch eine umgekehrte oder gar eine wechselseitige Abhängigkeit nicht ausgeschlossen. Der Grundbestand von Ez 1-3 scheint jedenfalls samt einigen Erweiterungen auf Jes 6* + 8,1-4 zu beruhen (s.o. Kap. 3.3.).

[206] Vgl. יסר pi. „zurechtweisen" (Jes 8,11 und Dtn 4,36; 8,5); מוֹרָא „Furcht" (Jes 8,12 und Dtn 4,34; 11,25; 26,8; 34,12; Jer 32,21); ערץ „erschrecken" qal bzw. hif. (Jes 8,12f. und Dtn 1,29; 7,21; 20,3; 31,6; Jos 1,9). Bei יסר pi. ist zugleich der *weisheitliche* Hintergrund zu bedenken (vgl. Sæbø, THAT I, 740f.).

[207] Vgl. Fohrer I, 133f.

[208] Kaiser I, 185.

[209] Wildberger I, 344; vgl. Barth, Jesaja-Worte 278f.

voraus (vgl. die „Kinder") und lenkt sachlich zu 6,1 zurück („von Jahwe Zebaot her, der auf dem Berg Zion wohnt"); v.17 steht mit 6,9.11 in einem engen Zusammenhang; und v.16 wirkt wie ein Kolophon. Es gibt dennoch nur wenige Versuche, das Stück insgesamt als eine redaktionelle Größe aus späterer Zeit zu erweisen.[210] Ausschlaggebend sind dabei vor allem *sprachliche* Indizien, die eine jesajanische Verfasserschaft geradezu auszuschließen scheinen. Man verweist gern auf den Begriff תְּעוּדָה „Zeugnis" und auf die לִמֻּדִים „Jünger" (v.16), meint die Verbindung אֹתוֹת וּמוֹפְתִים „Zeichen und Wahrzeichen" (v.18) vor allem in dtr Texten nachweisen zu können, oder man denkt an die in den Klageliedern verwurzelte und sonst nur in späten Prophetentexten begegnende Terminologie in v.17.[211] Die sprachlichen Hinweise lassen sich bündeln in der Einsicht, daß die v.16-18 ein insgesamt spätes Prophetenbild widerspiegeln, das mit der Biographie Jesajas nicht zu vereinbaren ist. Nun ist es ebenso seltsam wie bemerkenswert, daß man an der *literarischen Einheitlichkeit* des kleinen Stückes bislang kaum gezweifelt hat. Dabei hat es an Beobachtungen, die zu einer anderen Beurteilung hätten führen können, eigentlich nie gefehlt.

Es wurde schon darauf hingewiesen, daß man v.16 gelegentlich als Fortsetzung der in 8,1 einsetzenden *Gottesrede* beurteilt, also von dem Prophetenwort in v.17f. unterscheidet: so etwa bei *Gesenius*.[212] Das ist, wenn man die beiden Verbformen צוֹר und חֲתוֹם in v.16 (dem masoretischen Text entsprechend) als Imperative liest, durchaus möglich. Daß zwischen v.16 und 17 eine Lücke klafft, ist auch die Auffassung von *Cheyne*, der mit einem Textausfall vor v.17 rechnet.[213] Aus demselben Grund setzt *Budde* vor v.17 einen kleinen Satz ein: לָכֵן אַחֲרִישׁ „darum will ich schweigen".[214] Nach *Procksch* habe v.18 ursprünglich vor v.16-17 gestanden.[215] Und *Eichrodt*, der 8,5-15 nur als ein „wunderliches Durcheinander" begreifen kann, ordnet neu und erhält die Reihenfolge: 8,1-2.16-17.3-4.18.[216]

Aus dieser kleinen Blütenlese, die beliebig erweitert werden könnte, ergeben sich bereits drei grundlegende Einsichten, die gleich näher auszuwerten sind: (1) V.16 ist kaum als unmittelbare Fortsetzung oder gar Abschluß der voraufgehenden Redeeinheit 8,11-15* konzipiert worden. Noch einmal ganz abgesehen von der (kaum zufälligen!) philologischen Unsicherheit, wie denn die beiden Verbformen צוֹר und חֲתוֹם gedeutet werden sollen, ist der Übergang von v.15 zu v.16 alles andere als glatt.[217] – (2) Aber auch der Zusammenhang von v.16 und 17 „bleibt schwierig"[218]. Es ist immerhin auffällig,

---

[210] Vgl. Kaiser I, 189; Werner, BZ 1985, 3-7; Kilian I, 68f.

[211] Vgl. Werner, BZ 1985, 4-6; Kilian I, 68.

[212] Gesenius I/1 339.341. Vgl. auch Budde, Erleben 86f., der v.16 zu 8,11-15 zieht.

[213] Cheyne, Prophecies 55f.

[214] Budde, Erleben 88f. Ähnlich Procksch 139f.

[215] Procksch 139.

[216] Eichrodt I, 93-96 (Zitat 93).

[217] Wie ein glatter Übergang aussehen kann, demonstriert LXX. Sie ergänzt am Ende von v.15: *ἄνθρωποι ἐν ἀσφαλείᾳ ὄντες* und fährt dann in v.16 fort: *τότε φανεροὶ ἔσονται οἱ σφραγιζόμενοι τὸν νόμον τοῦ μὴ μαθεῖν.*

[218] Reventlow, BN 1987, 67.

daß die 1. Person (des Propheten) erst in v.17 explizit eingeführt wird. (Die Wendung בְּלִמֻּדָי „in meinen Jüngern“ am Ende von v.16 kann hier zunächst ausgespart werden; sie geht auf eine spätere Hand zurück.) Das bedeutet, daß v.17 nicht nur das Subjekt von v.16 nachliefert, sondern auch festlegt, wie die beiden Verbformen in v.16 zu verstehen sind, nämlich als absolute Infinitive, die mit der 1. Person wiederzugeben sind. Erst v.17 verleiht dem dunklen v.16 Eindeutigkeit, und dies ist ein beinahe untrüglicher Hinweis auf redaktionelle Arbeit. Und so ist es kein Zufall, daß man v.17f. neuerdings gelegentlich als nachjesajanische Erweiterung einstuft.[219] Umgekehrt wirkt v.16 für sich genommen wie eine Abschlußnotiz, die freilich in einem anderen Kontext als dem jetzigen ihren Platz gehabt haben muß. – (3) Auch v.18 ist mit v.17 weniger fest verbunden, als man gemeinhin denkt: An sich würde man nach v.17 („...und auf ihn hoffe ich“) keine Fortsetzung mehr erwarten, und so ist v.18 tatsächlich nur recht locker mit einem הִנֵּה אָנֹכִי „siehe ich“ an v.17 angeschlossen. Das „siehe“ impliziert dabei keine besondere logische Verknüpfung mit v.17 (vgl. etwa 8,7), ja es dient noch nicht einmal der Hervorhebung des „ich“. Vielmehr leitet es einfach eine *ergänzende* Mitteilung ein. Hinzu kommen Differenzen inhaltlicher Art. So redet v.17 vom „Haus Jakob“, v.18 hingegen von „Israel“.[220] Wir werden also auch v.17 und 18 kaum derselben Hand zuschreiben können. – Die hier zusammengestellten Differenzen finden ihre zwanglose Erklärung, wenn man die drei Verse *je für sich* untersucht und nach ihrer redaktionellen Zugehörigkeit fragt. Dabei zeigt sich, daß hinter dem Stück 8,16-18 drei verschiedene Verfasser mit unterschiedlichen editorischen Absichten stehen.

So kommt zunächst *v.16* als ursprünglicher Abschluß des alten jesajanischen Bestandes 6,1-8* + 8,1.3-4 in Betracht. Dabei können wir in der Zusammenordnung von 8,1-4 und 8,16 an alte Beobachtungen anknüpfen. Die beiden Verbformen צוֹר und חֲתוֹם wären ihrer jetzigen Punktation entsprechend als *Imperative* (von צרר und חתם) zu lesen, und der ganze Vers wäre (in Fortführung von 8,4) als *Gottesrede* aufzufassen. Sachlich korrespondiert 8,16 immerhin mit der Tafelaufschrift in 8,1, und so kann man vermuten, der Vers stamme aus der Feder dessen, der 6,1-8* und 8,3-4 mit dem redaktionellen Brückenvers 8,1 zusammenband. Daß diese Vorgänge mit Jesaja selbst in Verbindung gebracht werden können, hat sich uns nahegelegt, läßt sich aber kaum streng beweisen. Einem Verständnis des Verses als Gottesrede widersetzt sich freilich die Wendung בְּלִמֻּדָי „in meinen Jüngern“; doch hier dürfte, wie schon mehrfach bemerkt wurde, ein Zusatz vorliegen,[221] der wohl in einem Zuge mit 8,11-14* in die „Denkschrift“ gelangte. Der Zusatz geht von der Auffassung des Verses als Rede Jesajas (vgl. v.17) aus.

---

[219] Vgl. bes. Dietrich, Jesaja 72f. (stellt v.16 vor v.14f. um und bestreitet die Echtheit von v.17f.); ferner Nobile, BEThL 81, 211 (v.17 spät); Deck, Gerichtsbotschaft 158 A.537.

[220] Beide Bezeichnungen sind hier kaum komplementär zu verstehen, etwa um das Gottesvolk in seiner Gesamtheit zu bezeichnen (wie in 9,7; 29,23; 42,24; 46,3; 48,1).

[221] Ausführlich begründet von Fohrer, BZAW 99, 140-143.

Was aber besagt v.16*? Offensichtlich liegt hier ein erster Hinweis auf die Verschriftung der Prophetien Jesajas vor. תְּעוּדָה, sonst nur noch in 8,20 (⇐ 8,16) und in Rut 4,7 belegt, meint eine (juristische) „Bestätigung", eine „Bezeugung".[222] Im Verbund mit תּוֹרָה, hier am besten allgemein mit „Weisung" wiederzugeben, ist wohl an die prophetische Botschaft zu denken, die „verschnürt" (צרר) und „versiegelt" (חתם), also verbindlich *festgehalten* und *aufbewahrt* werden soll.[223] Zu welchem Zweck das geschah, läßt sich nur erahnen. Vielleicht sollte die göttliche Heilsbotschaft, die in 6,1-8* und 8,1.3-4 ja nur Jesaja selbst offenbart wurde, in das Volk hineingetragen und damit „veröffentlicht" werden. Auch eine legitimatorische Absicht ist denkbar: Was Jesaja verkündigt hat, soll als Gotteswort ausgewiesen werden. Erst durch die Eintragung der „Jünger" war einem neuen Verständnis des Verses der Weg geebnet, nämlich dem in der späten Apokalyptik verbreiteten „Gedanken, daß die prophetische Botschaft versiegelt wird, damit nachträglich bewiesen werden kann, daß der Prophet das Spätere wahrhaftig vorausgesagt hat".[224] Von dieser späteren *relecture* des Verses aber ist seine ursprüngliche Bedeutung sorgsam abzuheben.

In eine sehr viel spätere Zeit führt uns v.17. Der Vers gibt sich schon aus formalen Gründen als eine *redaktionelle* Fortführung von v.16 zu erkennen: Zum einen knüpft v.17 mit der AK cons.-Form וְחִכִּיתִי „ich will warten" deutlich an die „Versiegelung" des Zeugnisses und der Weisung in v.16 an, zum andern nimmt er eine Uminterpretation vor: V.16 wird aus der Gottesrede 8,1-4*, zu der er einmal gehörte, ausgeklinkt und nun als *Prophetenrede* gelesen. Das wichtigste Indiz für die Einordnung von v.17 ergibt sich indes aus dem engen sachlichen wie literarischen Zusammenhang mit 6,9+11.[225] Daß die Frage nach dem Ende der Verstockung und damit des göttlichen Gerichts (6,11) mit der Notiz in 8,17 auf einer Linie liegt, hat man öfter betont:[226] Von der *Beauftragung* zur Unheilsbotschaft (6,9.11) über deren *Ausrichtung* (8,1-8*) bis hin zum *Warten* auf ihr Eintreffen (8,17) spannt sich ein kompositioneller Bogen, der auf eine planvolle redaktionelle Arbeit schließen läßt. Dabei kann das „Warten" und „Hoffen" des Propheten (8,17) inhaltlich durchaus verschieden gefüllt werden. Für die einen steht die Vollstreckung des in 6,11 anvisierten Gerichts im Vordergrund: Jesaja warte darauf, daß Jahwe „die Gerichtsankündigung seinerseits durch die richterliche Tat besiegle."[227] Für die anderen überwiegen in 8,17 die hoffnungsvollen Klänge: Der Prophet rechne mit einem baldigen Ende der Unheilszeit.[228] Im-

---

[222] Vgl. Simian-Yofre, ThWAT V, 1128.

[223] Zur juristischen Konnotation beider Verben vgl. Otzen, ThWAT III, 284f., und Fabry, ThWAT VI, 1120.

[224] Otzen, ThWAT III, 287 (zu Dan 9,24; 12,4.9); ferner Kathmann, Berufung 117-120.

[225] S.o. Kap. 3.2.4. und 3.2.6.

[226] Vgl. zuletzt Barth, Jesaja-Worte 52-54; Høgenhaven, Gott 93-95.99-102.

[227] Perlitt, FS v.Rad 377 (= Allein mit dem Wort 21).

[228] Vgl. etwa Hermisson, EvTh 1973, 71.

merhin spräche für die zweite, positive Lesart, daß die Verben חכה pi. „warten“ und (noch häufiger) קוה pi. „hoffen“ ihren festen Sitz in den Vertrauensbekenntnissen der Klagelieder haben.[229]

Nun schließen sich beide Interpretationen keineswegs aus. Denn v.17 enthält in der Tat zwei Aspekte, die vorzüglich miteinander harmonieren, wenn man auf eine biographisch-psychologische Auslegung verzichtet und den Vers in seiner *literarischen Funktion* ernst nimmt: Auf der einen Seite greift der für v.17 verantwortliche Theologe auf 6,11 zurück und versetzt sich *erzählerisch* in die Situation, in der das umfassende Gericht über das Gottesvolk (vgl. 8,1-4.5-8) zwar angekündigt, aber noch nicht eingetreten ist. Das geschah natürlich in dem genauen Wissen darum, daß der Prophet Jesaja wenigstens den Untergang Judas (8,6-8*) nicht mehr erlebt hat. Auf der anderen Seite hält der Verfasser von seiner eigenen Gegenwart her die „Verborgenheit“ Gottes und damit die Epoche des Unheils, die im Untergang der staatlichen und religiösen Ordnung Judas gipfelte, offenbar für beendet.[230] Er typisiert die Geschichte aus der Rückschau heraus und belegt sie mit einem theologischen Qualitätsurteil, das kein Zeitgenosse je fällen könnte: Die Verhüllung des Angesichtes Gottes (סתר hif. + פָּנִים), die *absconditas Dei*, ist bei ihm zum Deutungsschlüssel für den Untergang, ja zum Signum der vorexilischen Unheilsgeschichte überhaupt geworden, und der sprachliche Befund kann diese These nur bestätigen: Das Verbergen des göttlichen Angesichts wird (zumal außerhalb des Psalters) überwiegend mit dem Untergang Jerusalems und Judas in Verbindung gebracht, und es spricht nichts dafür, daß diese Kategorien schon bei Jesaja oder sonst in vorexilischer Zeit bereitstanden.[231]

Der Sinn von 8,17 erschließt sich also nur, wenn man den Zusammenhang mit 6,9+11 beachtet und den Vers als eine nachexilische Reflexion über die Rolle des Propheten Jesaja begreift: Er wird stilisiert als paradigmatischer Gerichtsprediger gegen das Gottesvolk in *beiderlei* Gestalt, der am Ende seiner Wirksamkeit – so ist 8,17 zu verstehen – gläubig auf das Eintreffen des Gerichts wartet. Insofern wird man das Gerichtswort gegen das Südreich in 8,5-8a* auf denselben Verfasser zurückführen dürfen. Er war es demnach, der das Unheilswort 8,1-4* erweiterte und dabei auch v.16 neu plazierte (8,8b-10 und 8,11-15 sind ohnehin erst später hinzugekommen). Zugleich nahm er eine folgenreiche heilsgeschichtliche Periodisierung vor, die zugleich seinen nachexilischen Standort markiert: Die *gesamte* Epoche bis zum Gericht, bis zum Untergang von Staat und Tempel, steht unter dem Vorzeichen der Verborgenheit Gottes, die abgelöst wird durch eine neue

---

229 C. Barth, ThWAT II, 919f.; Waschke, ThWAT VI, 1232.

230 S.o. Kap. 3.2.6.

231 Vgl. Dtn 31,17f.; Jes 45,15; 54,8; 57,17 (von 8,17 abhängig, vgl. Steck, FS Metzger 221-223); 64,6; Ez 39,23; Mi 3,4 (dtr geprägt, vgl. יִזְעֲקוּ אֶל־יהוה / הֵרֵעוּ מַעַלְלֵיהֶם); ferner Wagner, ThWAT V, 972f. Anders etwa Perlitt, FS v.Rad 378f. (= Allein mit dem Wort 22), der in Jesaja (8,17) den *Vorläufer* der genannten Texte sieht. Ähnlich Hermisson, BK XI/2, 49f.: Jes 45,15 greife evtl. auf 8,17 zurück.

göttliche Zuwendung. „Jesajas“ bange Frage „bis wann, Herr?“ (6,11) ist damit endgültig beantwortet und zu ihrem Ziel geführt. In dieser beeindrukkend einseitigen Qualifizierung der vorexilischen Zeit als heillos spiegelt sich nicht weniger als eine Umkehrung traditioneller Tempel-Theologie wider, die doch gerade in der Vorstellung von der heilvollen Präsenz Gottes ihren angemessenen Ausdruck fand.

Es ist nicht ganz ausgeschlossen, daß der Verfasser von 8,17 (und 6,9+11) bei seiner geschichtstheologischen Periodisierung konkret an die *dtjes. Heilsprophetie* gedacht hat. Immerhin gibt es eine aufschlußreiche Entsprechung in 54,8, einem Vers, der mit denselben Worten wie 8,17 auf die vergangene Epoche des Unheils zurückblickt:

> Im Aufwallen des Zorns habe ich verborgen mein Angesicht (הִסְתַּרְתִּי פָּנַי) einen Augenblick vor dir, aber mit ewiger Güte habe ich mich deiner erbarmt. (54,8)

Es liegt nahe, hier eine (literarische) Aufnahme von 8,17 zu sehen, zumal man inzwischen erkannt hat, daß 54,1-8 nicht zum Kernbestand der dtjes. Sammlung gehört.[232] Gleichwohl ist zu erwägen, ob nicht (umgekehrt) 8,17 in Kenntnis von 54,8 verfaßt worden ist oder gar dasselbe Stratum vorliegt. Immerhin liegen auch zwischen 54,1-3 und 6,11 Bezüge vor, die in eine ähnliche Richtung weisen.[233] Wenn man schließlich berücksichtigt, daß 8,17 mit בֵּית יַעֲקֹב „Haus Jakob“ ausgerechnet eine typisch dtjes. Bezeichnung des Gottesvolkes aufgreift und auch zeitlich kaum noch eine Differenz besteht – man kommt sowohl bei 6,11; 8,17 als auch bei den ersten Erweiterungen des dtjes. Grundbestandes in die (früh-)nachexilische Zeit –, liegt dieser Gedanke nicht mehr allzu fern. Das setzt zwar nicht zwingend eine *literarische* Verknüpfung von Erstem und Zweitem Jesaja voraus; es ist indes möglich, daß sie mittels 6,11 und 8,17 allererst hergestellt wurde. Gerade darin mag ein Wahrheitsmoment derjenigen Arbeiten liegen, die von einer Gesamtschau des Jes-Buches her eine *planvolle* Periodisierung von Unheil (= c.1-39) und Heil (= c.40ff.) wahrnehmen. Hier könnte sogar in redaktionsgeschichtlicher Hinsicht Richtiges getroffen sein. Das alles bleibt natürlich höchst spekulativ; auch andere Optionen sind möglich.

In ein wiederum anderes literarhistorisches Milieu kommen wir mit v.18. Der Vers setzt, wie die Erwähnung *mehrerer* Kinder belegt, die Einschaltung von c.7 voraus und ist schon deshalb später als v.17 einzustufen (vgl. auch אוֹת „Zeichen“ in 7,14). Auf den recht lockeren formalen Anschluß mit הִנֵּה „siehe“ haben wir bereits hingewiesen. Wichtiger noch sind sprachliche und inhaltliche Argumente. So ist die vor allem in der Exodusüberlieferung beheimatete Verbindung אֹתוֹת וּמוֹפְתִים „Zeichen und Wahrzeichen“ *ausnahmslos* in späten (nachexilischen) Schichten und Texten anzutreffen.[234] Ja, in Jes 8,18 scheint sogar ein fortgeschrittenes Reflexionsstadium erreicht zu sein: Die Zeichen und Wahrzeichen sind nicht mehr nur äußere Machterweise, mit

---

[232] Vgl. (auch zur Schichtung) Kratz, Kyros 217; Steck, ZAW 1989 (= FAT 4, 92-95); ders., BN 1989 (= FAT 4, 96-125); van Oorschot, Babel 256-265; vgl. schon Elliger, Deuterojesaja 135-167.

[233] Entsprechende Beobachtungen stellt auch Rendtorff zusammen (BEThL 81, 79 [= Kanon 167f.]), doch klammert er leider die Frage nach der *Genese* der Bezüge (etwa zwischen 6,11 und 54,1-3 oder 8,17 und 54,8) völlig aus.

[234] Ex 7,3; Dtn 4,34; 6,22; 7,19; 26,8; 29,2; 34,11; Jer 32,20f.; Ps 135,9; Neh 9,10; außerhalb der Exodus- bzw. Plagenüberlieferung nur Dtn 13,2f.; 28,46 und Jes 20,3 (ebenfalls spät). Vgl. Wagner, ThWAT IV, 751-758.

denen Jahwe sein Volk aus der ägyptischen Knechtschaft geführt hat, vielmehr ist *der Prophet selbst* ein solches Zeichen geworden: „Person gewordene Prophetie, die verkörperte Antezipation der Zukunft.“[235] Jesaja und die Seinen sind damit (kraft ihrer symbolträchtigen Namen) zu Garanten einer heilvollen Zukunft geworden, die zwar „jetzt“ noch nicht offenbar ist (vgl. v.17), aber unmittelbar bevorsteht.[236] So sehr dieser Gedanke auf v.17 bezogen ist, so wenig gehört er doch auf dieselbe Ebene: Der Prophet avanciert vom Gerichtsprediger *par excellence* (v.17) zum Hoffnungsträger in schwerer Zeit (v.18). Das ist mehr als eine Akzentverschiebung.

Als *Grund* dieser Hoffnung wird in feierlich anmutender Weise Jahwe Zebaot selbst angegeben, „der auf dem Berg Zion wohnt“, also dort gegenwärtig ist, wo man es erwartet. Ganz anders wiederum der sich verbergende Gott von v.17! Gewiß ist die Vorstellung vom „Wohnen“ (שׁכן) bzw. der Präsenz Jahwes oder seines Namens auf dem (Berg) Zion kein erst nachexilisches Theologumenon; das zeigt schon der thronende Jahwe aus 6,1, auf den 8,18 offenkundig Bezug nimmt. Die Belege für die entsprechenden Wendungen begegnen indes nur in jungen Texten.[237] Immerhin hat man Jesaja aufgrund dieses Ausdrucks הַשֹּׁוכֵן בְּהַר צִיּוֹן geradezu zum „Vater der deuteronomischen Theologie“[238] machen wollen. Eher wird man v.18 in die *Nachwirkungen* dieser theologischen Bewegung einordnen müssen. Eine gewisse sachliche Nähe besteht auch zu den sog. Assur-Texten im Jes-Buch, die nach unserer Auffassung ebenfalls erst in die nachexilische Zeit gehören. Die späte Herkunft von v.18 ergibt sich schließlich daraus, daß das Kehrversgedicht 9,7-20 einmal direkt auf 8,17 gefolgt sein muß (s.u. Kap. 4.5).

Wir fassen zusammen: Das kleine Stück 8,16-18 ist eine redaktionelle Größe, an der drei verschiedene Hände beteiligt waren: (1) In v.16 (ohne בְּלִמֻּדָי „in meinen Jüngern“) dürfte der ursprüngliche Abschluß des jesajanischen Heilswortes 8,1.3-4 überliefert sein, das wiederum mit 6,1-8* zusammengehört. – (2) V.17 liegt auf einer Ebene mit 6,9+11 und 8,5-8a*. Diese Hand ist also für die „unheilstheologische“ Edition der c.6+8 verantwortlich. – (3) Einen wiederum neuen Abschluß stellt v.18 dar: Das beispielhafte Wirken und Ergehen Jesajas und seiner Kinder (c.7* und 8*) ist zum Signum der Hoffnung geworden.

---

235 Duhm 85.

236 Zum Verständnis von 8,18 als *Heilszeichen* vgl. Werner, BZ 1985, 5.

237 Jes 18,7; 31,9; 56,7; 57,13; 65,11.25; 66,20; Joel 4,17.21; Obd 16f.; Sach 2,14; 8,3; 9,8; Ps 68,17; 74,2; 132,13f. Vgl. Janowski, JBTh 1987 (= Gegenwart 119-145), bes. 173 (= 127 A.34); Spieckermann, Heilsgegenwart (passim); ders., Bib. 1992, 17-20; Otto, ThWAT VI, 1015f.; Görg, ThWAT VII, 1344-1346.

238 Procksch 139.

3.5. *Ertrag: Der Kern von c.6+8 und seine Erweiterungen*

Unsere Analyse der sog. „Denkschrift“ Jesajas aus der Zeit des syrisch-efraimitischen Krieges hat zu einem recht differenzierten redaktionsgeschichtlichen Gesamtbild geführt. Tatsächlich geht dieser Komplex in seinem Kern auf den Propheten Jesaja zurück; doch die Anteile späterer Tradenten und Interpreten sind weit höher zu veranschlagen, als man bislang glaubte. Vor allem c.7, gern als ältester Traditionskern angesehen, hat sich als ein (in historischer Perspektive fiktiver) Spätling erwiesen. Wir zeichnen nun die wichtigsten Phasen der Entstehungsgeschichte von c.6-8 zusammenfassend nach.

(1) Der *literarische Kern* des Komplexes ist in *6,1-8* + 8,1.3f.16** zu suchen. Er besteht aus dem Grundbestand der Berufungsvision in 6,1-8 (ohne v.5b „und inmitten eines Volkes unreiner Lippen wohne ich“) sowie dem gegen Aram und Nordisrael gerichteten Unheilswort in 8,3f. Mittels des Überleitungsverses 8,1 ist dieses Wort an 6,1-8* angeschlossen worden, und in 8,16 (ohne „in meinen Jüngern“) liegt wohl der ursprüngliche Abschluß der Einheit vor. Daß diese Zusammenstellung auf Jesaja selbst zurückgeht, wir es hier also (ausnahmsweise) mit einem „echten“ prophetischen Ich zu tun haben, hat sich uns nahegelegt.[239] Als *unmittelbaren* Niederschlag der prophetischen Verkündigung wird man 6,1-8 und 8,1.3-4.16* indes nicht bewerten dürfen; dagegen spricht schon die Notiz in 8,16*, die offenbar einen gewissen zeitlichen Abstand zur Wortausrichtung voraussetzt. Auch 8,3f. wirkt eher wie eine „verdichtete“ Szene, die zwar Authentisches widerspiegelt, aber kaum Rückschlüsse auf die *viva vox* zuläßt. Es ist auch denkbar, daß ein (unmittelbarer ?) Schüler die Niederschrift vornahm. Eines jedenfalls ist schon aufgrund der relativ schmalen Textbasis deutlich: Mit einer autobiographisch angelegten Darstellung des jesajanischen Wirkens (vergleichbar etwa mit der Nehemia-Denkschrift) haben wir es wohl nicht zu tun.

Von kaum zu unterschätzender Bedeutung für das Verständnis der jesajanischen Prophetie aber ist das *theologische Profil* des Grundbestandes: Weil sich der Verstockungsauftrag in 6,9-11 ebenso als Nachtrag erwiesen hat wie der Bezug auf das unreine Volk von Juda in 6,5aβ, und weil ausgerechnet ein Wort gegen die beiden Staaten Aram und Israel zum ältesten Bestand der c.6-8 gehört, liegt der Schluß nahe, daß Jesaja (blickt man auf sein *eigenes* Volk) ein *Heilsprophet* gewesen ist. Tatsächlich sind die Unheils- und Gerichtsworte gegen Juda und Jerusalem (nicht nur innerhalb von c.6-8) ohne Ausnahme als nachjesajanisch – und wir meinen sogar als (früh-)nachexilisch – einzustufen. Mit welcher Intention aber ist die Zusammenordnung von Berufungsvision und Unheilswort gegen die feindlichen Völker verbunden? Vermutlich spiegelt sie einfach die gewöhnliche, am Tempel beheimatete „Staatstheologie“ der judäischen Nation wider. Der Jahwe von Juda war eben im 8. Jh. (noch) ein anderer als der am königlichen Reichsheiligtum von Samaria ver-

---

[239] Zur Ich-Rede bei den Propheten: W.H. Schmidt, FS Reventlow (= Vielfalt II, 92-111).

ehrte Jahwe des Nordreiches. In diesem Antagonismus hat vielleicht auch Jes 6,1-8* + 8,1-4* seinen Ursprung, und es ist gut möglich, daß es konkret der syrisch-efraimitische Krieg war, der diesem Nord-Süd-Konflikt neue Nahrung geliefert hat. Daß man 8,3f. indes auch ohne diesen Krieg interpretieren kann, haben wir zu zeigen versucht. Ob weitere Texte aus dem Jes-Buch in diese heilsprophetische Sammlung gehört haben, wird zu erörtern sein.

(2) Eine folgenreiche Umprägung und *Neuedition* dieses literarischen Kerns *in unheilstheologischer Absicht* erfolgte in (früh-)nachexilischer Zeit: durch die Erweiterung der Berufungsvision mit dem Verstockungsauftrag 6,9+11, durch die Einschaltung eines Gerichtswortes gegen das Südreich (8,5-8a*) sowie durch den Abschlußvers 8,17. Hinter dieser Neuedition steht die Absicht, den Propheten Jesaja als einen *Gerichtsprediger gegen Nord- und Südreich* (nebst Aram) zu präsentieren. An den syrisch-efraimitischen Krieg dachte dieser Editor nicht; dieser Konflikt kam erst mit c.7* und durch einige unpassende Glossen in 8,6-8a in die „Denkschrift". Die umfassende und radikale Gerichtsprophetie – zusammengefaßt in den beiden Worten 8,1-4* und 8,6-8a* – ist nunmehr zum Hauptinhalt der jesajanischen Verkündigung geworden. Das ist jedenfalls die Vorstellung derer, die sich im Lichte der Katastrophe von 586 um eine Aktualisierung des prophetischen Erbes bemühten, und sie brauchten diesem Erbe nicht einmal Gewalt anzutun. Denn mit dem Untergang auch des Südreiches mußte die Frage geradezu auf der Zunge liegen, ob Jesaja mit seinen Unheilsworten tatsächlich nur den Norden gemeint haben könne. Man kann die Intention dieser Schicht durchaus mit dem Begriff „Vergangenheitsbewältigung" umschreiben. Ein Hinweis auf die zweifellos spät eingefügte Judastrophe Am 2,4-5 zeigt übrigens, daß man andernorts entsprechend verfuhr.

(3) Mit der *Einschaltung von c.7** bekam der Komplex eine völlig neue Ausrichtung. Durch diese in antithetischer Typologie zu c.36-38 entstandene Prophetenlegende hielt nun endlich der syrisch-efraimitische Krieg, wie er in 2Kön 16 beschrieben wird, Einzug in die „Denkschrift". Genauer: Er wurde zu einem *bestimmenden* Thema, während er (wenn überhaupt) in 8,4 nur angedeutet war. Fortan konnten und mußten auch die beiden Unheilsworte in 8,1-8a* anders, nämlich auf ein konkretes historisches Ereignis bezogen, gelesen werden. Daß dies so intendiert war, zeigt u.a. der parallele Aufbau von 7,1-17* und 8,1-8a: Der Verfasser von Jes 7* hat c.8* als strukturbildende Vorlage benutzt.

(4) Die *„Jüngerlehre" 8,11-15** setzt den Einbau von c.7* bereits voraus. Sie rechnet (anders als c.6*) mit einer Gruppe innerhalb des Volkes, die sich unter der Führung Jesajas von allen Unfrommen abgrenzen soll.

(5) Mit den sog. *historisierenden Glossen* in 7,4b.5b.17b.20 („mit dem König von Assur"); 8,6b.7a*β* liegt eine Gruppe von Ergänzungen vor, die den syrisch-efraimitischen Krieg zum alleinigen Deutungsschlüssel der c.6-8 erhebt und dabei den Texten nicht selten Gewalt antut.

(6) Weitere, nicht näher einzuordnende Ergänzungen schließlich dienen der Vertiefung (6,10), der Neubestimmung (8,18) oder gar der Korrektur (6,12-13) einzelner Gedanken.

Zu den sehr späten Erweiterungen sind auch die dunklen Verse 8,19-23 zu rechnen.[240] Das Wort über die Totengeister (v.19f.), das offenbar an den Propheten und seine Jünger gerichtet ist und daher wohl schon 8,18 voraussetzt, bezieht sich auf das Prophetengesetz in Dtn 18,11-14 zurück. Die Notschilderung in v.21-23a (bis לָהּ) bereitet mit dem Übergangsvers 23 (ab כָּעֵת) das große Wort 9,1-6 vor, dessen nachjesajanischer und redaktioneller Charakter angesichts zahlreicher Querbezüge kaum mehr zu bestreiten ist.[241] Mit der Schlußsentenz „der Eifer Jahwe Zebaots wird dies bewirken“ (9,6bβ) scheint jedenfalls eine Überleitung zu der älteren Fortsetzung in 9,7ff. intendiert zu sein. Das Kehrversgedicht (9,7-20) ist einmal direkt auf 8,17 gefolgt; was dazwischen steht, ist also in mehreren Schüben hinzugetreten.

---

[240] Vgl. Müller, WO 1975; Whitley, ZAW 1978; Jeppesen, VT 1982.

[241] Die Bezüge sind zusammengestellt bei Barth, Jesaja-Worte 141-177 (Assur-Redaktion der Joschija-Zeit) und Werner, Texte 20-46.75-88 (nachexilisch, die Natan-Verheißung 2Sam 7 in ihrer spät-dtr Gestalt voraussetzend); Kilian, Jesaja 1-39, 5-10. Eine traditionellere Beurteilung wiederum bei Høgenhaven, VT 1987; Wegner, VT 1992; Vieweger, BZ 1992 (8,23aβb + 9,1-4 stammten aus dem 8. Jh., 9,5f. hingegen aus der Joschija-Zeit); Seebass, Herrscherverheißungen 5-17; vgl. ferner Sweeney, SBL.SP 1993; Williamson, FS Whybray 102-108; ders., Book 67-77 (8,23aβb sei der literarische Anknüpfungspunkt für die dtjes. Fortschreibung der Jesaja-Prophetie).

4. Jes 5 + 9,7-10,4: Neue Gerichtsbegründungen

4.1. Umstellungshypothesen

Um die „Denkschrift" in c.6-8 herum sind mehrere Textstücke und Einheiten gruppiert, die den jetzigen Zusammenhang der Kapitel 5,1-10,4 als eine zwar redaktionelle, aber dennoch in gewissen Grenzen geschlossene Größe erscheinen lassen. Diese Größe freilich verweist auf eine komplexe Vorgeschichte. Zu ihrer Rekonstruktion bedient man sich gern einer (doppelten) *Umstellungshypothese:* So betrachtet man in aller Regel das Stück 5,(25)26-29, das ein zum Gericht herbeigerufenes Volk „aus der Ferne" ankündigt, als letzte Strophe des Kehrversgedichtes von der ausgestreckten Hand Jahwes in 9,7-20.[1] Umgekehrt stellt man den auch formal nachhinkenden Weheruf 10,1-4*, wenn man ihn nicht als genuinen Bestandteil des Gedichtes ansieht (vgl. v.4b),[2] in die Weheruf-Reihe 5,8-24 ein.[3]

Die meisten Ausleger rechnen also damit, daß die ursprüngliche Ordnung nur mittels einer (doppelten) Umstellung rekonstruiert werden kann. Dabei besteht im Blick auf die Deutung von 5,(25)26-29 als Abschluß des Kehrversgedichtes in der Forschung eine erstaunliche Einmütigkeit. Für die Umstellung werden vor allem zwei Gründe genannt: Zum einen liefert das Vorkommen des Kehrverses in 5,25 den willkommenen Anlaß, auch die Fortsetzung 5,26-29 dem Gedicht 9,7ff. zuzuordnen.[4] Dabei findet man nicht selten in 5,25 den Rest einer weiteren, ansonsten verlorengegangenen Strophe wieder.[5] Zum andern aber empfindet man das Kehrversgedicht für sich betrachtet als unvollständig. Nach der gängigen Auffassung nämlich liegt in 9,7-20 ein unheilsgeschichtlicher Rückblick vor, der zu seinem rechten Verständnis einer Ergänzung bedarf: Über das Nordreich Israel sind mehrere göttliche Schläge hereingebrochen, die aber das Volk nicht zur Umkehr geführt und Gott nicht zur Wendung seines Zornes veranlaßt haben. Was fehlt, ist die Ankündigung eines *endgültigen* Vernichtungsschlages. Von einem solchen

---

[1] So seit Ewald, Jesaja 286: „namentlich muss das stück 9,7-10,4 ... doch ursprünglich vor 5,26 seinen plaz gehabt haben, da es allein dort ganz verständlich wird."

[2] Vor allem bei älteren Auslegern: Duhm 61; Cheyne, Einleitung 46f.; Marti 99f.; Procksch 101f.; Fey, Amos 84-87.

[3] So das in neuerer Zeit übliche Verfahren: z.B. Wildberger I, 180-182; Barth, Jesaja-Worte 110f.; Vermeylen, Prophète I, 185; Kaiser I, 102; Deck, Gerichtsbotschaft 209; aber auch schon Giesebrecht, Jesaiakritik 13.

[4] „Die Zugehörigkeit von v.25-30 zu 9_7-10_4 wird durch das Auftreten desselben Refrains v.25b bewiesen" (Marti 60).

[5] Z.B. Duhm 61; Wildberger I, 208; Donner, Israel 67-69; Vollmer, Rückblicke 141; Barth, Jesaja-Worte 112.

aber berichtet 5,26-29: Die von Gott selbst herbeigerufenen Assyrer werden das erwartete Zorngericht am Nordreich vollstrecken. So nimmt es nicht wunder, daß man in 5,26-29 sogar die eigentliche Klimax des Gedichtes sehen kann: „Da das Drohwort 5,26-29 Ziel des ganzen Gedichtes ist, handelt es sich bei Jes 9,7-20 + 5,25.26-29 der Form nach um ein Drohwort mit ausführlicher Begründung in Gestalt einer Geschichtsbelehrung."[6]

Die Argumentation ist auf den ersten Blick bestechend, bietet doch die so hergestellte Ordnung keinen schlechten Sinn. Ihre Plausibilität indes hängt nicht zuletzt von der Beantwortung der Frage ab, wie es zu der Umstellung von 5,(25)26-29 an seinen jetzigen Ort gekommen ist. In der älteren Forschung, die in den Prophetenbüchern nur eine mehr oder weniger lose Zusammenstellung authentischer prophetischer Worte sah und die Anteile redigierender Hände gering veranschlagte, griff man bestenfalls zu einer Verlegenheitsauskunft: Die Trennung von 9,7-10,4 von 5,25-29 „hat natürlich nicht ein Sammler oder der Redaktor von c.1-12 verschuldet, der ja damit eine ganz unerklärliche Torheit begangen hätte"; sie geht vielmehr auf einen „Unfall"[7] zurück oder ist „erst bei einer recht willkürlichen späteren Umordnung des Buches passiert."[8] Oder man argumentiert ganz pragmatisch, aber nicht weniger bizarr: Die Umstellung des Gedichtes 9,7-10,4 geschah wahrscheinlich „zu dem Zweck, die Rolle auszufüllen, auf welcher die Kompilation" 10,5-11,16 stand.[9]

Daß die vermutete Umstellung nicht auf bloßem Zufall oder gar Unfall beruhen kann, ist erst in neuerer Zeit hervorgehoben worden. *Donner* etwa bringt sie mit der Sammlung und Redigierung der Prophetenworte in Verbindung: Einer Neuarrangierung der in c.1-12 gesammelten Prophetensprüche um den „Rechenschaftsbericht" 6,1-9,6 herum sei die „Einheitlichkeit des vorliegenden Strophengedichtes zum Opfer gefallen"[10]. *Fey* mutmaßt, „daß durch die Entfernung der Schlußstrophe vom Kehrversgedicht gleichzeitig Raum geschaffen wurde, Jesajas ideale Frühzeitbeurteilung des Assyrers durch den späteren Assyrerspruch 10,5-19 zu ersetzen".[11] Die Auskünfte indes bleiben recht vage. Erst im Zuge der redaktionsgeschichtlichen Erforschung ergeben sich präzisere Vorstellungen. So erklärt *Barth* die Veränderungen im literarischen Gefüge von c.5-10 mit der Herstellung einer neuen „kompositionellen Großeinheit", die auf 14,24-27 zulaufe und von der Assur-Redaktion herrühre.[12] Auch *Vermeylen* rechnet mit überlegter redaktioneller Tätigkeit: Als das bereits um 9,7-20 + 5,24a.25-30 erweiterte Immanuel-Buch (6,1-9,6) mitten in die Weheruf-Reihe eingefügt wurde, stellte man

---

[6] Vollmer, Rückblicke 141; vgl. auch Dillmann/Kittel 51; Cheyne, Einleitung 47; Fohrer I, 146f.; Kaiser I, 212; Deck, Gerichtsbotschaft 209. Früher war – nicht zuletzt wegen der AK cons.- bzw. PK-Formen – ein *futurisches* Verständnis des Gedichtes verbreitet: so Gesenius I/1, 368f.; Duhm 92; Marti 101 („Dass Jes nicht Geschichte schreibt, ergiebt sich daraus, dass in wichtigen Einzelheiten es eben anders gekommen ist, als wie Jes sagt").

[7] Duhm 61.

[8] Mowinckel, AcOr 1933, 272. Vgl. auch Fohrer, BZAW 99, 125: das Gedicht sei durch Einschub von 6,1-8,18 „zerrissen".

[9] Cheyne, Einleitung 48.

[10] Donner, Israel 70. Daß die Umstellung mit der Einfügung der „Denkschrift" zusammenhängt, wird gelegentlich vermutet (etwa Budde, Erleben 3f.; Irvine, ZAW 1992, 218f. A.9).

[11] Fey, Amos 83 A.1.

[12] Barth, Jesaja-Worte 110-115.

5,24-30 mit Bedacht an deren Ende. Denn dadurch habe sich eine Korrespondenz zwischen dem ebenfalls neu hinzugetretenen Weinberglied 5,1-7 und der Ankündigung eines Gerichtsvolkes 5,24-30 ergeben.[13] Allgemeiner bleibt die Vermutung *Kaisers*, nach dem die Schlußstrophe des Kehrversgedichts mit dem Weheruf 10,1-4* vertauscht worden sei, um den ersten fünf Kapiteln einen neuen eschatologischen Sinn zu verleihen und „eine kräftige Zäsur gegenüber dem Folgenden" zu markieren.[14] In direktem Anschluß an Barth führt *L'Heureux* die jetzige Einheit 5,1-10,4 auf die Hand eines in die Zeit Hiskijas datierten Redaktors zurück, der das Thema der sozialen Gerechtigkeit mittels einer Neugruppierung des vorliegenden Materials in den Vordergrund rücken wollte. Dies habe er durch eine (doppelte) *inclusio* erreicht: Um den Kern 6,1-9,6 herum legte er als inneren Ring 5,25-29 und 9,7ff. und als äußeren Ring die durch 5,1-7 eingeleiteten Weheworte 5,8ff. und 10,1-4.5ff.[15]

Nimmt man die eben skizzierten – freilich recht verschiedenen – Beobachtungen zur jetzigen Struktur der c.5-10* ernst, so ist mit ihnen im Kern bereits der Grundstein für die Widerlegung der Umstellungshypothese gelegt: Wenn man zeigen kann, daß sich der *vorliegende* Zusammenhang einer planvollen Gestaltung verdankt und keineswegs auf bloßem Zufall beruht, ist es nicht mehr weit zu einer redaktionsgeschichtlichen Lösung, die mit sukzessiven Fortschreibungen mit je neuem Aussageprofil rechnet. Der Grund, warum man ein solches Modell bislang nicht ernsthaft erwogen hat, ist einfach: Man setzte die jesajanische Herkunft der einzelnen Stücke ungefragt voraus und bemühte sich, nach ursprünglichen, in sich abgerundeten Redeeinheiten zu suchen; den redaktionellen Händen gestand man bestenfalls eine konzeptionelle Neuarrangierung des Materials zu. So ist es verständlich, daß Kritik an der Umstellungshypothese nur sehr sporadisch geäußert wurde. Sie entzündete sich in erster Linie an der Versetzung von 10,1-4* nach 5,8-24, während man an der Auffassung, 9,7-20 und 5,(25)26-29 gehörten zusammen, in der Regel festhielt. Es gibt nur wenige Ausnahmen.

Dietrich lehnt eine Umstellung ab, weil er 5,26-29 als eigene kerygmatische Einheit beurteilt, die im Gegensatz zu 9,7-20 aus der Spätzeitverkündigung des Propheten stamme.[16] Sein Versuch freilich, das Stück von c.30f. her als Warnung gegenüber denen, die auf die Militärmacht Ägyptens vertrauen, zu deuten und so von der literarischen Umgebung zu isolieren, vermag nicht zu überzeugen. Tatsächlich nämlich ist 5,25.26-29 fester in seinen unmittelbaren Kontext eingebunden, als man bislang zugestanden hat. Auf diesen Sachverhalt weist *Brown* hin, der zugleich lapidar feststellt: „5:25-30 and 9:7-10:4 have little in common." Denn der Kehrvers in 9,7ff. sei von ganz anderer Natur als in 5,25b, insofern er für den Handlungsablauf durchaus entbehrlich sei und sich gerade dadurch als „echter" Refrain ausweise.[17] Es ist nun nicht mehr weit zu der Auffassung *Kilians*, der 5,25-30 überhaupt für eine spätere Erweiterung hält und aus diesem Grund auf eine Umstellung verzichten kann.[18]

---

[13] Vermeylen, Prophète I, 186.

[14] Kaiser I, 26.

[15] L'Heureux, FS Ahlström 113-116; ähnlich Sheppard, JBL 1985, 195f. Überlegungen zur Komposition von c.5-10* auch bei Sweeney, Isaiah 1-4, 37-44; Anderson, FS Childs 239-245; Kruger, JNSL 1985, 132; Chisholm, BS 1986, 49-53.

[16] Dietrich, Jesaja 186-188; vgl. auch Blum, DBAT 1992/93, 77.

[17] Brown, CBQ 1990, 433-441 (Zitat 433).

[18] Kilian I, 15.

In diesen Bahnen werden sich auch die folgenden Analysen bewegen. Umstellungen erweisen sich in der Tat als unnötig, wenn man die Frage nach dem Sitz im Leben des Propheten Jesaja vorläufig zurückstellt und zunächst die vorliegende literarische Anordnung genauer wahrnimmt. Dabei werden die Beobachtungen, die zur Umstellung von 5,(25)26-29 hinter 9,7ff. geführt haben, keineswegs unterschlagen. Denn daß wir in dem Gedicht 9,7-20 keine isolierbare, in sich verständliche kerygmatische Einheit vor uns haben, es vielmehr einer Fortsetzung und – was nur selten bemerkt wird – auch einer Einleitung bedarf, leuchtet unmittelbar ein: 9,7f. bezieht sich auf vergangenes (Verkündigungs-)Geschehen zurück, und 9,20b ist als Schluß einer selbständigen Einheit höchst unbefriedigend. Ob die erwartete Fortsetzung indes ausgerechnet in 5,(25)26-29 liegt, ist keineswegs ausgemacht. Zum einen ist man genötigt, vor 5,25 einen nicht unbeträchtlichen Textausfall anzunehmen, was naturgemäß nur schwer zu beweisen oder zu widerlegen ist, und zum andern wäre der Übergang zu 5,26-29 ohnedies recht hart.[19] Entsprechend verhält es sich mit 5,(25)26-29: Daß mit עַל־כֵּן „daher“ (v.25) oder וְנָשָׂא „und er erhebt“ (v.26) kein selbständiges Stück begonnen haben kann, liegt auf der Hand.[20] Warum aber soll man in die Ferne schweifen (9,7ff.), wenn sich der nähere, unmittelbare Kontext als weit passender anbietet? Nicht allein die Weheruf-Reihe, sondern mehr noch das abschließende Urteil, das Volk habe die Tora Jahwes (und damit Jahwe selbst) verworfen (5,24b), rechtfertigt hinreichend das angekündigte Strafgericht: Für den, der Jahwes Wort verschmäht, „gibt es keinen Retter“ (5,29). Gewiß ist dieser Zusammenhang das Ergebnis redaktioneller Tätigkeit, aber es spricht einiges dafür, daß 5,(25)26-29 eigens und ausschließlich für seinen *jetzigen* Ort konzipiert wurde. Es empfiehlt sich daher, das redaktionelle Wachstum von 5,1-10,4 in seinen wesentlichen Stadien aufzuhellen, um zu einem befriedigenden Gesamtbild zu gelangen. Erst vor diesem Hintergrund hat die Nachfrage, ob und wo wir auf die Stimme des Propheten Jesaja stoßen, Aussicht auf Erfolg.

4.2. Das Weinberglied (5,1-7)

Mit dem hymnischen Auftakt אָשִׁירָה „ich will singen“ setzt das sog. Weinberglied einen markanten Neuanfang. Es leitet in seiner jetzigen Form nicht nur die Reihe der Weherufe ein (vgl. v.7b), sondern greift weiter. So ist mehrfach darauf hingewiesen worden,[21] daß sich das radikale Urteil, das Jesaja in 5,1-7 über das Volk *als Ganzes* spreche, allein von seiner Berufungs-

---

[19] Etwas verlegen Wildberger I, 209: „Man erwartet zwar vor [5,]25 eine kurze Bemerkung darüber, daß jetzt vom entscheidenden Gericht gesprochen werde. Aber Jesaja wollte offensichtlich seine Zuhörer ohne Umschweife einfach mit der harten Wirklichkeit konfrontieren.“

[20] Vgl. Wildberger I, 209; Barth, Jesaja-Worte 110.

[21] Vgl. W.H. Schmidt, EvTh 1977, 262f. (= Vielfalt I, 143f.); Kilian I, 41.

erfahrung in c.6 her verstehen lasse. Ein Bogen spannt sich auch zu dem Kehrversgedicht 9,7ff.: Beide Texte sind von der Einsicht getragen, daß sich das Verhalten des Volkes in einem eklatanten Widerspruch zur Fürsorge Jahwes befinde, und während Jahwe hier seine Strafe allererst ankündigt (5,5f.), ist sie dort bereits vollzogen (9,11.12.17f.).[22] Nicht zuletzt greift 10,1-4 das in 5,7b angeschlagene Thema der Mißachtung des Rechts auf. Die Beobachtung terminologischer und sachlicher Bezüge gibt freilich noch keine Auskunft über die Entstehungsverhältnisse, und so muß zunächst das Lied selbst und seine Vorgeschichte in den Blick genommen werden. Tatsächlich liegen Hinweise vor, die an seiner literarischen Einheitlichkeit zweifeln lassen.

Jedem Leser fällt sogleich das Scharnier zwischen v.2 und 3 auf: Es besteht nicht nur in dem Wechsel von der 3. Person des Rezitierenden (v.1b-2) zur 1. Person des Weinbergbesitzers (v.3-6), sondern auch in der überraschenden, mit וְעַתָּה „und nun" eingeleiteten direkten Anrede an die Hörer in v.3. Auf denselben Perspektivenwechsel stößt man in der Überschrift v.1a: Der Sänger kündigt an, „ein Lied meines Lieben von seinem Weinberg" zu singen, also doch wohl *wörtlich zu zitieren*. Was aber in v.1b-2 folgt, ist bloßes *Referat*.[23] Erst mit v.3 setzt die erwartete Ich-Rede ein, doch scheint hier die Form des Liedes schon wieder verlassen zu sein. Stattdessen wendet sich der Sprecher direkt an die Bewohner Jerusalems und Judas und beruft sie gleichsam zu Richtern in einem Gerichtsverfahren (v.3f.), um schließlich selbst das Urteil über sie zu fällen (v.5f.).[24]

Nur relativ locker ist v.7 angefügt.[25] Weil es sich hier um die erwartete Anwendung bzw. Deutung des Liedes handelt, braucht der Wechsel in die 3. Person nicht zu überraschen. Immerhin befinden wir uns damit wieder in der Erzählperspektive von v.1b-2. Darüber hinaus weicht die in v.7a genannte Zielgruppe von dem in v.3 angesprochenen Hörerkreis ab. Der איש יהודה „Mann Judas" ist beiden Versen gemeinsam, statt vom יושב ירושלם „Bewohner Jerusalems" (v.3) aber spricht v.7a umfassender vom בית ישראל „Haus Israel". Ohne Zweifel wird hier „derselben Zuhörerschaft, an die dort als Richter appelliert worden war, jetzt Schuld und Strafe zugesprochen"[26]. Warum aber wird diese Identität nicht auch begrifflich zum Ausdruck gebracht? Für eine bloße *variatio* sind die Bezeichnungen zu verschieden.

---

[22] Die Korrespondenz beider Texte ist auch terminologisch verifizierbar: vgl. die „Dornen und Disteln" in 5,6 und 9,17, aber auch 5,6aα mit 9,18a.

[23] Diese Beobachtung hat schon früh zu Glättungsversuchen geführt, z.B. Lowth, Jesaias II, 91: Änderung von דּוֹדִי in דּוֹדִים („ein lieblich Lied" bzw. „ein Liebeslied").

[24] Die unterschiedlichsten Versuche der Gattungsbestimmung spiegeln diese Unebenheit wider: vgl. Wildberger I, 166 („Anklagerede"); Schottroff, ZAW 1970 („Fabel"); und bes. Niehr, BZ 1986, 99f., der neuere Vorschläge bündig zusammenfaßt und die jetzige Fassung als „anklagende Gerichtsparabel" einstuft.

[25] Es ist strittig, ob man das כִּי begründend (so fast alle Ausleger) oder emphatisch („ja", „fürwahr", so z.B. Kaiser I) zu verstehen hat. In der Sache besteht kein großer Unterschied, doch weist die syntaktische Unsicherheit auf den lockeren Anschluß hin.

[26] Wildberger I, 172.

Zwar gibt es mannigfache Versuche, den zwischen v.1a / 1b-2 / 3-6 / 7 bestehenden Unebenheiten durch scharfsinnige Aufbauanalysen beizukommen und den rhetorisch ausgefeilten Charakter des Liedes herauszustellen.[27] Gleichwohl muß gefragt werden, ob mit der Feststellung, daß der vorliegende Text ein sinnvoll strukturiertes Ganzes bietet, schon seine literarische Einheitlichkeit erwiesen ist. Viele Versuche zeigen jedenfalls ein stark apologetisches Gepräge.[28] Es dürfte aussichtsreicher sein, eine literarkritische Erklärung zu versuchen. Dabei kommt uns eine schon früh geäußerte Vermutung entgegen, der Prophet habe sich in v.1b-2 eines alten Liedes bzw. Liedfragmentes bedient.[29] Redaktionsgeschichtlich gewendet heißt dies: Der Dichter des Weinbergliedes hat das Stück v.1b-2 vorgefunden, mit seinen eigenen Worten eine Fortsetzung in Form einer Gerichtsrede (v.3ff.) geschaffen, die deutlich durch das Vokabular von 1b-2 geprägt ist, und dem Ganzen schließlich eine markante Einleitung (v.1a) vorangestellt. Dieses Verfahren erklärt nicht nur den schillernden Charakter der Überschrift v.1a, die in harmonisierender Absicht zwischen Er-Bericht und Ich-Rede vermittelt,[30] sondern auch den Umstand, daß v.3ff. zwar auf v.1b-2 angewiesen sind, es sich aber umgekehrt durchaus anders verhält. Denn die Maßnahmen zur Zerstörung des Weinbergs (v.5f.) haben gegenüber denen zu seinem Aufbau (v.2) einen signifikanten „Überhang".[31] Von einer „Hecke" und einer „Mauer" ist in v.2 nicht die Rede, ebensowenig von einer v.6 entsprechenden Kultivierung. Das kleine Stück 1b-2 „weiß" offenkundig nichts von v.3ff.

Bei v.1b-2 kann es sich indes nur um ein Fragment handeln. Mit der enttäuschten Feststellung, der Weinberg habe nur saure Trauben hervorgebracht, ist noch kein wirklicher Abschluß erreicht. Ebendieser aber könnte in v.7a erhalten sein. Der Vers ist nur locker angeschlossen, seine Zielgruppe konkurriert mit der von v.3, und nicht zuletzt ist der Subjektwechsel von 7a zu 7b recht hart. So liegt der Schluß nahe, daß wir in v.7a den fehlenden Abschluß des Traditionsstückes v.1b-2 vor uns haben. V.7b wäre dann dem

---

[27] Vgl. Willis, JBL 1977; Graffy, Bib. 1979; Yee, CBQ 1981; Sheppard, CBQ 1982; Evans, BZ 1984; Bjørndalen, Untersuchungen 247-343; Korpel, JSOT.S 74; Nielsen, Hope 87-123; Tromp, BEThL 81. – Eine Variante bietet Sheppard (JBL 1985, 204-211; vgl. CBQ 1982, 45-47); er vermutet, daß 3,13-15 ursprünglich zwischen 5,2 und 5,3 plaziert war und durch eine anti-assyrische Redaktion umgestellt wurde.

[28] Nach Bjørndalen, Untersuchungen 251-255, beziehe sich v.1a eigentlich primär auf die Anklage v.3ff.; erst von daher erklärten sich in der Rückschau v.1b-2 „als anklagende Zeugenaussage" (254). Doch am Ende steht ein Stoßseufzer: „Man muß anerkennen, daß die Einleitung nicht *ganz* genau auf den poetischen Text abgestimmt ist." (255).

[29] So etwa Cersoy, RB 1899, 46, der in v.1b-2 „un petit chant populaire" vermutet, auf eine *literarkritische* Erklärung indes verzichtet.

[30] Keine wirkliche Lösung bringt der von Emerton, FS van der Woude 22-29, erneuerte Versuch, דּוֹדִי in v.1aβ als „objective genitive" (28) aufzufassen („ein Lied *über* meinen Freund"); vgl. schon Knobel 41. Das Problem verschiebt sich nur; denn warum wechselt der Prophet ab v.3 dann doch in die Ich-Form? Derselbe Einwand gilt gegenüber Kleer, ThWAT VII, 1286, der שִׁירַת דּוֹדִי mit „(mein) Freundeslied" wiedergibt.

[31] Vgl. Höffken, ZThK 1982, 404.

Verfasser des Liedes zuzuweisen und auf eine Ebene mit v.1a.3-6 zu stellen. Der redaktionell-übergreifende Charakter von 7b ist auch daran ablesbar, daß der Vers mit seinen Stichworten מִשְׁפָּט „Recht" und צְדָקָה „Gerechtigkeit" direkt zu den Weherufen v.8ff. überleitet.

Eine literarkritische Lösung in 5,1-7 ist erstmals von *Loretz* mit Hilfe einer kolometrischen Analyse vorgeschlagen worden (UF 1975). Er rechnet mit mindestens 3 Stufen: Am Anfang stand ein kleines Liebeslied (v.1b-2), das der Prophet aufnahm und zur Formulierung seiner sozialkritischen Botschaft benutzte (v.1aα + entfallener Stichos + 7b). Schließlich ist der Text wohl in mehreren Schüben glossiert und kommentiert worden (v.1aβ, 3-6, 7a). Erst auf dieser Stufe hat sich der prophetische „Protest-Song" (576) in ein gerichtliches Streitgespräch verwandelt. Kritisch hervorgehoben seien nur zwei Aspekte. Zum einen muß Loretz, um v.3-6 als spätere Fortschreibung zu erweisen, auch v.1aβ, der ja ein Lied in der Ich-Form erwarten läßt, aus der Überschrift extrahieren, zugleich aber um der Parallelität willen den Ausfall eines Stichos annehmen. Zum andern ist er zu einer Änderung der 3. Ps. ויקו „er hoffte" (7b) in die 1. Ps. gezwungen, weil mit v.7a zugleich das Bezugswort „Jahwe" und damit das Subjekt ausgeschieden wird. Beide Operationen bleiben völlig spekulativ. – Die von *Höffken* (ZThK 1982) vorgelegte Analyse berührt sich eng mit unserem Vorschlag: Auch er sieht die Grundlage des Liedes in der kleinen Erzählung v.1b-2 und ihren Abschluß in v.7, wobei er die Zugehörigkeit von v.7b zum ursprünglichen Text immerhin für zweifelhaft hält (406). „Erzählung und Deutung als Parabel bezeugen so die Unerklärlichkeit von Schuld und Sünde" (407). Mit der durch v.1a.3f.5f. erfolgten Neuinterpretation wird die Erzählung auf eine rechtliche Ebene gehoben. Sie liefert nun den Rechtsgrund für das an Gesamtisrael zu vollstreckende Gericht; zugleich ist sie auf die literarische Weiterführung in den Weherufen v.8ff. angelegt. – Eine 2-stufige Entstehung des Textes nimmt auch *Niehr* (BZ 1986) an. Mit der vorjesajanischen Tradition v.1b-2 verbindet er v.1aβ und sieht darin den alten Liedtitel. Der Prophet habe das Lied samt Überschrift aufgenommen und durch v.1aα.3-7 seiner eigenen Botschaft dienstbar gemacht. Bedenken lassen sich gegen die Einordnung von v.1aβ erheben: Nach diesem Vers erwartet man ja gerade den *Wortlaut* des Liedes, der in v.1b-2 eben nicht folgt. V.1a dürfte also insgesamt redaktionell sein.

Die beiden herausgearbeiteten Stufen sind nun literarhistorisch einzuordnen. Dabei wird sich zeigen, daß die fast ohne Ausnahme vertretene jesajanische Herkunft des Liedes bzw. der redaktionellen Verse nicht zu erweisen ist.

(1) Die kleine Einheit v.1b-2.7a:

In dem auf v.1b-2 + 7a zu begrenzenden Grundbestand tritt uns eine in sich verständliche Einheit entgegen, die freilich kaum Merkmale eines Liedes aufweist. Zu einem solchen wird sie erst durch die redaktionell vorangestellte Überschrift v.1a. Eher mag man von einer kurzen „Erzählung" sprechen, „die als Parabel verwendet wird, indem sie einen typischen Vorfall in einen Einzelfall umsetzt; in diesem Umkippen des Regulären ins Singuläre liegt denn auch die Pointe."[32] Zu erwarten war ein der Mühe entsprechender Ertrag; doch der blieb aus.

---

[32] Höffken, ZThK 1982, 406. – Eine analoge Eröffnung wie in Jes 5,1b findet sich in der Erzählung von Nabots Weinberg: כרם היה לנבות „einen Weinberg hatte Nabot" (1Kön 21,1); ähnlich auch Hld 8,11.

Das Bild von Israel als Weinberg (כֶּרֶם) bzw. (häufiger) Weinstock (גֶּפֶן) Jahwes war dem Verfasser offenbar vorgegeben.[33] Es dient in aller Regel dazu, die ideale Anfangszeit des Gottesvolkes mit der umso enttäuschenderen Gegenwart zu konfrontieren. So besonders prägnant Jer 2,21:

> Ich hatte dich als Edelrebe (שׂרק) gepflanzt, als ganzen (?), wahrhaftigen Steckling.
> Wie hast du dich gewandelt ‚zum Wildling', zum fremden Weinstock (גֶּפֶן)![34]

Wie in Jes 5,1b-2.7a dient das Bild zunächst (nur) dem Schuldaufweis: Israel hat sich trotz bester Vorgaben selbst „verkommen" lassen. Als Parallelen lassen sich weiterhin Jer 8,13; Ez 17,6-10; Hos 9,10; 10,1 anführen. Abgesehen von Jes 5 scheint das Bild jedenfalls in spätvorexilischer bzw. exilischer Zeit geläufig gewesen zu sein.[35] Nun besteht wohl die Möglichkeit, in Jes 5,1b-2 die *erstmalige* Verwendung der Metapher vom Weinberg oder -stock für das Verhältnis Israel–Jahwe zu sehen.[36] Weil sich aber *literarische* Bezugnahmen – in welcher Richtung auch immer – nicht nachweisen lassen,[37] wird man angesichts der übrigen, bestenfalls spätvorexilischen Belege eine allzu frühe Verbreitung des Bildes für eher unwahrscheinlich halten müssen.

Aus v.7a lassen sich weitere Schlüsse über den ursprünglichen theologischen Ort der parabelartigen Erzählung gewinnen. Die chiastische Anordnung der beiden Glieder bringt den Weinberg Jahwes noch einmal mit der anfänglichen Erwählung Israels in Zusammenhang: er ist Jahwes „Lieblingspflanzung" (vgl. Hos 9,10). Dabei dürfte mit בית ישׂראל „Haus Israel" und איש יהודה „Mann Judas" an die beiden Reiche Israel und Juda gedacht sein. Zwar steht in den prophetischen Büchern (bes. bei Ez) die Bezeichnung „Haus Israel" meistens für „die umgreifende Gesamtgröße dieses Israel"[38], hat also eine eher religiöse Dimension. Doch nicht selten findet man es auch – mit einer eher politischen Konnotation – neben „Haus Juda".[39] Das Jer-Buch bietet wiederum die engsten Parallelen. So heißt es in dem paränetischen Rückblick Jer 11,10b:

---

[33] Jer 2,21; 5,10; 6,9; 8,13; 12,7-13; Ez 15; 17,6-10; 19,10-14; Hos 9,10; 10,1; Joel 1,7.12; Ps 80,9-13. Jes 3,14 und 27,2-5 sind von 5,1-7 abhängig. Es ist bemerkenswert, daß die Metapher vom Wein*berg* (כֶּרֶם) – sieht man von der Liebesmetaphorik des Hohenliedes einmal ab (vgl. Müller, ThWAT IV, 338f.) – überhaupt nur in Jes 5,1-7 (⇒ 3,14; 27,2-4) und Jer 12,10 begegnet. Jedenfalls dürfte das Bild vom Wein*stock* (גֶּפֶן) auf Israel übertragen älter sein (s. auch Höffken, ZThK 1982, 406 A.36).

[34] Zum Text vgl. Herrmann, BK XII/1, 100.

[35] Vgl. Vermeylen, Prophète I, 162. Hos 10,1f. bildet keine Ausnahme, vgl. Vermeylen, ebd., und vor allem Yee, Hosea 297: Yee ordnet Hos 10,1-8 insgesamt (sowie 9,10) einer zur Zeit Joschijas wirkenden Redaktion (R1) zu, die Israel an den dtn Forderungen messe (vgl. Dtn 7,5; 1Kön 13,25-33; 2Kön 23,14f.).

[36] So z.B. Deck, Gerichtsbotschaft 197 (gegen Vermeylen).

[37] W.H. Schmidt, GPM 1987/88, 149 A.8, fragt immerhin: „Nimmt Jer (2,21) Jesajas Gleichnis in Kurzfassung auf?"

[38] Zimmerli, BK XIII/2, 1260.

[39] 2Sam 12,8; 1Kön 12,21; 20,31; Jer 3,18; 5,11; 11,10.17; 13,11; 31,27.31; 33,14; Mi 1,5; Sach 8,13.

Das Haus Israel und das Haus Juda haben meinen Bund gebrochen,
den ich mit ihren Vätern geschlossen habe.

Die Feststellung meint Nord- und Südreich. „Sie hat die gesamte vorexilische Geschichte vor Augen, die sich mit den Namen der beiden Staatsgebilde verbindet."[40] Betont wird die *Gesamtheit*, die im Gericht liegende Gemeinsamkeit, nicht die Dualität der beiden Reiche. Entsprechend ist auch Jer 11,17 zu deuten.[41] Gewiß können die Jer-Belege nicht mit Jes 5,7a auf eine Stufe gestellt werden. So fehlt in v.7a eine explizite Qualifizierung der Schuld. Dennoch blicken v.1b-2+7a – und darin besteht Übereinstimmung mit Jer 11,10.17 – offensichtlich auf eine vergangene (Unheils-)Geschichte zurück und denken dabei an die beiden Staaten Israel und Juda. Daß in v.7a nicht vom בית „Haus", sondern vom איש „Mann" Judas die Rede ist, mag mit einer bewußten *variatio* erklärt werden, die den politischen Aspekt betonen will.[42] Ob der Untergang der beiden Staaten oder lediglich das Ende des Nordreiches 722 vorausgesetzt ist, läßt sich nur schwer entscheiden. Die Parallelen aus dem Jer-Buch legen jedenfalls eine allzu frühe Datierung nicht nahe. Man kommt wohl am ehesten in die exilische Zeit.

(2) Die redaktionelle Einbettung v.1a.3-6.7b:

Erst auf dieser Stufe wird aus dem didaktischen Bildwort ein Lied, in dem der enttäuschte Liebhaber (= Jahwe) das Wort ergreift. Es wandelt sich zu einem stilisierten Gerichtsverfahren, das die (fiktiven) Hörer zunächst zu Zeugen aufruft, dann aber der Schuld überführt und entsprechende Strafmaßnahmen ankündigt. So hat die Gestaltung als Lied eine rein literarisch-dramaturgische Funktion.[43]

Daß Jahwe selbst seinen Weinstock verstößt und zerstört (v.5-6), ist eine Vorstellung, die vorexilisch sonst nicht belegt ist. In dem frühestens exilischen Volksklagelied Ps 80 heißt es dann aber:

9 Einen Weinstock (גפן) hobst du aus von Ägypten her,
du vertriebst Völker und pflanztest ihn ein.
10 Du schufst Raum vor ihm,
und er schlug Wurzeln und erfüllte das ganze Land. [...]
13 Warum rissest (פרץ) du seine Mauern (גדר) ein?
Es pflücken (ארה) ihn ab alle, die des Weges ziehen.

Mit einem eindringlichen Hinweis auf das Exoduscredo und die Landnahmetradition leitet der Beter sein Unverständnis über die gegenwärtige Misere ein: Warum hat Jahwe selbst „die Mauern eingerissen" und den Weinstock den Plünderern preisgegeben? Zweifellos bezieht sich das „Einreißen der

---

40 Levin, Verheißung 76.

41 Nach Thiel, Redaktion I, 156, zu Jer-D zu rechnen. „Ganz überwiegend bezieht D ... den Israel-Namen auf das Nordreich" (ebd. 213).

42 In diesem Sinne wird „Mann (אִישׁ) Judas" stets gebraucht (Zobel, ThWAT III, 527).

43 V.6aα (ואשיתהו בתה „und ich werde ihn zu Ödland [?] machen") ist offenbar Glosse (Fohrer I, 74; Vollmer, Rückblicke 151; Beyer, FS Kuhn 95).

Mauer“ auf die Niederlage Judas gegen die Babylonier 587.[44] Man wird dieselbe Wendung in Jes. 5,5 kaum anders auffassen können: Jahwe kündigt den Untergang des Südreiches mit Worten an, die man sonst nur bei einer Rückschau verwendet. Gegen ein analoges Verständnis von Jes 5,5f. läßt sich kaum einwenden, daß man sich hier (noch) in der Bildhälfte befinde. Denn wir haben bereits festgestellt, daß v.3-6 einen signifikanten „Überhang“ gegenüber v.2 aufweisen. Dabei fällt auf, daß jedenfalls v.5b eigentümlich über die Bildhälfte hinausgreift. Nicht nur das Einreißen der Mauer ist durchaus wörtlich zu verstehen, sondern auch „מרמס wird im Alten Testament (s. 7,25 10,6 28,18 Mi 7,10 Ez 34,18ff.) im wesentlichen bei zwei Gelegenheiten verwendet: beim Zertreten des Landes durch das Vieh und beim Zertretenwerden eines Volkes durch den Feind, wobei die erste Verwendung Gleichnis für die zweite sein kann.“[45] Besieht man sich die Parallelen genauer, weisen auch sie auf den Untergang 587. Zu dieser Datierung fügt sich nicht zuletzt die in v.3 angesprochene Zielgruppe „Bewohner Jerusalems“ und „Männer Judas“. Diese Reihenfolge (vgl. auch 3,1.8; 22,21; 44,26; Jer 25,18; 40,1; Klgl 2,4f.) spiegelt möglicherweise „den Vorrang Jerusalems als Zentrum des nachexilischen Judentums“ wider.[46] So ist die Vermutung nicht unbegründet, daß uns in dem sog. Weinberglied eine aus dem Rückblick des Exils oder (eher) der nachexilischen Zeit gestaltete theologische Vergangenheitsbewältigung entgegentritt.[47]

In seiner jetzigen Gestalt wirkt das Lied (in Weiterführung des aufgenommenen Traditionsstückes) wie eine kleine Theodizee: An Jahwe hat es nicht gelegen, daß Israel keine Frucht gebracht hat. Der Untergang mußte kommen; ja, Jahwe sah sich gleichsam aus pädagogischen Gründen gezwungen, ihn selbst herbeizuführen. Eine Perspektive über das Desaster hinaus, eine Umkehrforderung etwa, liegt dem Lied – jedenfalls vordergründig – fern. Insofern kann man bei ihm nicht von *dtr* Theologie sprechen, obwohl eine sachliche Nähe gegeben ist. Allenfalls aus v.7b mag und soll der Leser schließen, daß durch Tun von Recht und Gerechtigkeit die Katastrophe hätte abgewendet werden können. Das sollen sich die gegenwärtigen und zukünftigen Generationen ins Stammbuch schreiben.

---

[44] Vgl. (auch zu Ps 89,41) Veijola, Verheißung 100-103 (bes. 103) und die sachlichen Parallelen in Klgl 2,2.5. Positiv etwa Jes 58,12; Am 9,11 (Wiederaufbau).

[45] Wildberger I, 170.

[46] Kaiser I, 98, vgl. auch 78 A.12.

[47] So (unter Voraussetzung literarischer Einheitlichkeit) nur Vermeylen, Prophète I, 161-168, und Kaiser I, 99f. Die sprachstatistischen Auflistungen, die Vermeylen für seine Zuweisung des Liedes an dtr Kreise beibringt, überzeugen freilich kaum (vgl. auch Deck, Gerichtsbotschaft 195-198). Wenn seine grundsätzliche Einordnung auch das Richtige trifft, kann man sie doch nicht auf eine isolierte Betrachtung des Wortschatzes gründen: Er ist viel zu unspezifisch (etwa שׁיר „singen“ oder נטע „pflanzen“), als daß er die Beweislast allein tragen könnte. Sinnvoller ist es hingegen, nach dem literarischen Horizont und dem theologischen Profil zu fragen. – Porath beurteilt in seiner Analyse von Jes 5,1-7 immerhin v.6 (sowie das „Haus Israel“ in v.7aα) als eine exilische Radikalisierung des sozialkritischen, von Jesaja selbst stammenden Weinbergliedes (vgl. Sozialkritik 183-185).

Mit Recht ist das Weinberglied gelegentlich mit dem prophetischen Berufungsauftrag in c.6 verbunden worden.[48] Die Verwandtschaft indes beruht nicht auf der Einheit der jesajanischen Verkündigung, sondern auf literarischer Fortschreibung: Die apodiktische, kein Wenn und Aber zulassende Verstockungsbotschaft wird zwar durch 5,1-7 nicht zurückgenommen, aber doch erklärt und so einsichtiger gemacht. V.7b begründet die Unausweichlichkeit des Gerichts mit dem Fehlen von Recht und Gerechtigkeit, und die Weherufe explizieren diesen Mangel mit wünschenswerter Eindringlichkeit. Auch die Strafe selbst kündigt das Lied im voraus an: Was Jahwe seinem Weinberg „antun“ will (5,5f.), zielt auf 6,11.

Bemerkenswerte Affinitäten bestehen nicht zuletzt zu Themen des Amos-Buches, wie das Wortpaar „Recht“ (משפט) / „Gerechtigkeit“ (צדקה) zeigt. Es handelt sich gerade um diejenigen Worte, die als Vorlage für die Weheruf-Reihe 5,8ff. in Betracht kommen (Am 5,7.24; 6,12). Es ist wohl kein Zufall, daß Am 5,16f. ein allgemeines Trauern und Wehklagen (מספד und נהי) ankündigt, das ausgerechnet in allen „Weinbergen“ (כרמים) erschallen wird und von „Weh-weh“-Rufen (הו־הו) begleitet ist. Eine ähnliche Abfolge bietet Jes 5: Das Liebeslied mutiert unversehens zu einem Trauerspiel, und die (ursprünglich in der Trauermetaphorik beheimateten) Weherufe setzen den Gedanken fort. Sollte das Amos-Buch den Dichter unseres Liedes inspiriert haben? Jedenfalls scheinen die Weherufe in Jes 5,8ff. doch enger mit dem Weinberglied zusammenzugehören, als man bislang zugestanden hat.

Gewiß ist das Lied ein dichterisches Meisterwerk, doch ein solches darf man getrost auch einem Schriftgelehrten zutrauen. Es ist in Wahrheit nie *gesungen* worden, ja es hat kaum je für sich bestanden. Vielmehr war es zur *Lektüre* bestimmt, als Prolog eines kleinen Jes-Buches. Die Reichweite dieser (neuen) Einleitung kann einstweilen nur vorläufig festgelegt werden. Sie hat auf jeden Fall 5,8ff. und c.6(+8) vor Augen.

4.3. Die Weherufe (5,8-24)

Die Weherufe haben im jetzigen Zusammenhang die Aufgabe, das im Weinberglied auf metaphorische Weise nur eben angedeutete Gerichtshandeln Jahwes (v.6) einerseits zu begründen, andererseits aber auch zu entfalten. Sie zeigen auf, wie der „Rechtsbruch“ (מִשְׂפָּח) zu verstehen ist und warum man ein „Wehgeschrei“ (צְעָקָה) erheben muß (v.7b).[49] So legt sich die bereits geäußerte Vermutung nahe, daß die vorliegende Fassung des Weinbergliedes

[48] Nach Kilian I, 41, wäre das als authentisch bewertete Lied „vielleicht als Reflexion von und zu 6,1-11 zu bestimmen.“

[49] Vgl. Fohrer, BZAW 99, 122. Siehe auch das Stichwort „Wein“, durch das beide Teile ebenso miteinander verbunden sind (5,10.11.22) wie durch die Wurzel עשׂה „tun“, die jeweils Jahwes (Gerichts-)Handeln beschreibt (עשׂה „tun“ 5,4.5 / מעשׂה „Werk“ 5,12.19); vgl. auch L'Heureux, FS Ahlström 117 A.24.

eigens als Einleitung der Weheruf-Reihe konzipiert worden ist.[50] Diese Reihe macht indes einen wenig geschlossenen Eindruck. Wir haben sechs (oder mit v.23 sieben) Weheworte vor uns, die im einzelnen sehr unterschiedlich gestaltet sind. In zwei Fällen sind Drohworte angehängt (v.9f. und 13, vgl. v.24a); zwei Worte sind ungewöhnlich kurz geraten (v.21.22; vgl. v.23). Darüber hinaus liegt in v.21 (Kritik an Trunksucht) eine gewisse Dublette zu v.11f. vor, und v.14-16(17) fallen formal wie inhaltlich aus dem Rahmen heraus. Nicht zuletzt ist unklar, ob 10,1-4* einmal zu der Reihe gehörte.

Man kann der Disparatheit des Materials auf verschiedene Weise begegnen. Vor allem in älterer Zeit griff man gern zu dem Mittel der Umstellung. Die Versuche, eine vermeintlich ursprüngliche und regelmäßigere Reihe von Weherufen herzustellen, sind Legion, und dabei sei von der beliebten Versetzung von v.23 hinter v.20 noch einmal abgesehen.[51] Das Ziel dieser Umgruppierungen besteht zumeist darin, „eine größere, zusammenhängende Rede des Propheten"[52] (wieder)herzustellen. Indes vermögen die verschiedenen Umstellungen nicht zu überzeugen, „so lange man nicht neben den inneren noch evidente äußere Gründe für die neue Anordnung beibringen kann."[53] So erklärt man die Unstimmigkeiten in der Reihe heute gewöhnlich mit ihrem kompositionellen Charakter und rechnet darüber hinaus mit redaktionellen Erweiterungen: „Die vorliegende Sammlung kann überhaupt *keine ursprüngliche Verkündigungseinheit* im Munde Jesajas gewesen sein. Jeder einzelne Weheruf ist vom Propheten zu seiner Stunde vor einem bestimmten Hörerkreis in die jeweilige Situation hinein gesprochen worden."[54] Das Ziel der Auslegung bestünde also darin, die alten, auf den Propheten selbst zurückgehenden Worte zu isolieren und ihnen jeweils einen Sitz im Leben zuzuweisen. Dabei rechnet man den redaktionellen Händen in der Regel nur einen geringen Anteil zu.

Inzwischen wird der Umfang des jüngeren Gutes als weit größer eingeschätzt. So rekonstruieren etwa *Kaiser* und *Kilian* eine ursprüngliche Kurzreihe von Weherufen, die aus v.8. 11.18.20.23.21.22 bestanden habe. Die Begründungen und Tatfolgen, die den einzelnen Weheworten beigegeben sind (v.9f.12.13.19.24, ferner v.14-17), setzen das Exil voraus und sind demzufolge (in mehreren Stufen) später hinzugesetzt worden.[55] Dabei wird der selbständige Charakter der Kurzreihe auch formgeschichtlich begründet, denn der Weheruf „bedarf als solcher weder einer gesonderten Anklage noch einer auf die Schuldfolge blickenden Begründung."[56] Ein wenig komplizierter, aber grundsätzlich in denselben Bahnen verlaufen die

[50] Anders etwa Studer, JPTh 1881, 165: Der Übergang von 5,1-7 zu 5,8ff. sei „gar zu schroff und unvermittelt" und bedürfe des Bindeglieds 3,13-15.

[51] So z.B. Wildberger I, 181; Kaiser I, 103. Eine Kostprobe weiterer Versuche: Giesebrecht, Jesaiakritik 13-23: 10,1; 5,23; 10,2-4; 5,8-10.22.11-13. 17-19.14-16.20.21.24; Budde, ZAW 1932, 57-72: 1,29-31; 5,8-10.17.11-13.22.14.18f.20.21; 10,1; 5,23; 10,2-4a.

[52] Budde, ZAW 1932, 58.

[53] Duhm 56.

[54] Wildberger I, 180; vgl. auch Marti 60; Gray 88; Krause, ZAW 1973, 39; Vermeylen, Prophète I, 169f.; Høgenhaven, Gott 169; ausführlich Porath, Sozialkritik 105-159.

[55] Vgl. Kaiser I, 100-102; Kilian I, 41f.; Werner, Studien 12f.

[56] Kaiser I, 102.

Analysen von *Porath*. Nach ihm habe der Grundbestand des Weinbergliedes (5,1-5.7a*b) mit 10,1-3 und 5,8 einen ersten schriftlichen Komplex gebildet, der von Jesaja selbst herrühre und sukzessive vor allem um die Strafansagen (5,9-10.13 und andere Stücke) erweitert worden sei.[57] Das leitende Interesse dieser literarkritischen Lösungen ist konventionell: Zweifelsfrei jüngeres Gut soll abgetragen werden, um die älteren, authentischen Sprüche freizulegen. Die folgende Analyse wird zu klären haben, ob sich dieses Verfahren bewährt.

Zweifel kommen allein schon deshalb auf, weil die sozialkritischen Weheworte des Jesaja keineswegs originell sind, sondern eine signifikante Verwandtschaft vor allem mit Amos-Worten aufweisen. Nun kann man die Ähnlichkeit zwar mit analogen Verkündigungssituationen erklären, doch sie geht so weit, daß etwa *Fey* die These wagen konnte, der Prophet Jesaja habe die Verkündigung des Amos gekannt und dessen Worte (vielleicht bereits in literarischer Form) benutzt.[58] Diese These ist nicht abwegig. Tatsächlich wirken die jesajanischen Weherufe im Vergleich mit den Worten eines Amos oder Micha, deren Authentizität ihrerseits keineswegs gesichert ist, wie eine Verkündigung aus zweiter Hand: Sie sind (jedenfalls in ihrer jetzigen Gestalt) so allgemein und unbestimmt formuliert, daß man sich nur schwer einen ursprünglichen, konkreten Sitz im Leben vorstellen kann. Die Frage nach dem „Sitz in der Literatur" ist hingegen noch kaum gestellt worden. Es bleibt doch keinem Leser verborgen, daß die Weheruf-Reihe mancherlei Bezüge und Querverbindungen zu anderen Kapiteln (bes. c.6) aufweist. Sollten diese Bezüge auf einem bewußten Kompositionswillen beruhen? Sind sie noch mit der Einheit der prophetischen Verkündigung erklärbar, oder sind sie das Ergebnis redaktioneller Fortschreibungstätigkeit? Jedenfalls ist die jesajanische Herkunft der Weherufe, die heute generell vorausgesetzt wird, nicht über jeden Zweifel erhaben. Es kommt hinzu, daß sozialgeschichtliche Lokalisierungen schwierig bleiben. Was Jes 5,8ff. aufgreift, ist beinahe zu allen Zeiten – in Israel und anderswo – vorstellbar.[59]

Der *erste Weheruf (v.8-10)* wirkt gegenüber seinen engsten Parallelen Am 5,11 und Mi 2,1f. auffällig blaß. Dieser Umstand schlägt sich in höchst unterschiedlichen sozialgeschichtlichen Verankerungen nieder. Auf der einen Seite meint man zu wissen, daß sich der Weheruf gegen eine Praxis wendet, den Haus- und Grundbesitz auf Kosten ärmerer Bevölkerungsschichten so zu vergrößern, daß deren Lebensraum grundlegend eingeschränkt wird. Man spricht gern von Großgrundbesitzern und ihrer Latifundienwirtschaft.[60] Auf der anderen Seite muß zugestanden werden: „Es steht nichts von Habsucht im Text"[61]. Gewiß ist es möglich, daß das Wort deshalb mehrdeutig er-

---

[57] Vgl. Porath, Sozialkritik 101-197 (zusammenfassend 189-192).

[58] Etwa Fey, Amos 17f. (zu Jes 5,11-13).

[59] Vgl. etwa van der Horst, der „A Classical Parallel to Isaiah 5.8" (nämlich Seneca, Epistula 90,38f.) zum Vergleich heranzieht.

[60] Vgl. etwa Premnath, JSOT 1988, und bes. Kessler, Staat 35-37, der zwar den Begriff „Latifundienwirtschaft" vermeidet, aber dennoch analoge Vorgänge aus Jes 5,8 entwickelt.

[61] Bardtke, FS Dupont-Sommer 236.

scheint, weil sein ursprünglicher „Sitz im Leben" nicht mehr erkennbar ist. Gesteht man aber den Beobachtungen am gegenwärtigen Text den Vorrang zu, ergibt sich ein erstaunlich eindeutiges Profil. Die Formulierung des Weherufs scheint in einer geradezu „sarkastischen Übertreibung"[62] auf eine gänzliche Verdrängung der Armen aus dem Lande hinzudeuten. Dabei stellt der überladen wirkende v.8b vor besondere Schwierigkeiten, die sich in recht bemühten Übersetzungen widerspiegeln. Klarer wird das Gemeinte, wenn man aus diesem Vers die auch aus metrischen Gründen auffällige Wendung וְהוּשַׁבְתֶּם לְבַדְּכֶם („und ihr allein siedelt") herausnimmt.[63] Nicht nur fällt die Anrede in der 2. Person aus der Weheruf-Reihe heraus, vielmehr ergibt der verbleibende Bestand von v.8b einen so vorzüglichen Sinn, daß man mit dessen Ursprünglichkeit rechnen darf („bis kein Platz mehr da ist inmitten des Landes"). Die Anhäufung von Haus- und Grundbesitz kommt zu ihrem Ziel, wenn das Land gewissermaßen *verbraucht* ist und nichts mehr hergibt. In dichterischer Übertreibung malt der Weheruf die letzte Konsequenz der inkriminierten Praxis vor Augen. Entsprechend kündigt das Drohwort v.9f. an, Jahwe werde die prächtigen *Häuser* (vgl. v.8aα) zerstören und ihre Bewohner wegführen sowie die *Felder* (vgl. v.8aβ) unfruchtbar lassen. Die kleine Glosse in v.8b[64] versucht nun, der mit Bedacht allgemein gehaltenen Anklage einen konkreteren Zug zu verleihen, nicht ohne den ursprünglichen Sinn merkwürdig zu entstellen: Das Treiben der raffgierigen Grundbesitzer geht so weit, daß sie am Ende allein sind im Lande.[65]

Die Einleitung des Drohwortes in v.9a ist ungewöhnlich und in der Weheruf-Reihe singulär: „In meinen Ohren [ist] Jahwe Zebaot" (ähnlich 22,14). Mit dem prophetischen „Ich" ist kein anderer als „Jesaja" selbst gemeint: Was den Übeltätern widerfährt, wird vorläufig nur dem Propheten kundgetan. Die 1. Person des Propheten begegnet dann erst wieder in c.6.[66] Ist in 5,9a ein verhaltener Vorblick auf die „eigentliche" Berufung des Propheten angedeutet?[67] Immerhin ähnelt die Gerichtsbotschaft von 5,9b auffällig der von 6,11 (vgl. בתים „Häuser", מאין יושב „ohne Bewohner", שׁמה „Wüste"), so daß ein *literarischer* Bezug nicht unwahrscheinlich ist. Vielleicht ist der großen *Vision* von c.6 mit Bedacht eine kleine vorbereitende *Audition* zugesellt worden, damit der kausale Zusammenhang zwischen den Weherufen und

[62] Bardtke, FS Dupont-Sommer 236.

[63] Vgl. (ohne klare Entscheidung) Marti 55; zum Problem zuletzt Williamson, Book 247f.

[64] Sie ist am ehesten mit Jes 44,26 zu vergleichen: „Du (= Jerusalem) wirst wieder bewohnt sein (תושׁב)." Es gibt nur diese beiden Belege der Wurzel im hof.

[65] Die Glosse verleitet Krause, ZAW 1973, 39, gar zu dem merkwürdigen Schluß, die Haus- und Grunderwerber führten ihre Mitmenschen in die „totale Einsamkeit und das Aufhören aller zwischenmenschlichen Beziehungen".

[66] Vgl. aber „mein Volk" in 5,13. Hier ist unklar, ob der Prophet spricht oder Jahwe.

[67] Procksch 92: „Jahve Zebaot hat sich im Ohr des Propheten vernehmen lassen; diese Audition kann mit der Berufungsvision (6; 11ff.) identisch sein". Vgl. auch Clements 63, der an die himmlische Ratsversammlung denkt.

der Verstockungsbotschaft von c.6 deutlicher zutage tritt:[68] Was dem Propheten dort in einer analogielosen Radikalität zugemutet wird, versuchen die Wehe-Worte am Verhalten des Volkes im einzelnen aufzuweisen und zu begründen: Die Verstockungsbotschaft wirkt so *einsichtiger*. Man darf also vermuten, daß 5,9 die Berufungsszene *literarisch* vorbereitet.

Auf literarischer Abhängigkeit beruhen offenbar auch mancherlei Bezüge zur Amos-Überlieferung. So könnte das Drohwort 5,9b-10 – wie schon der Weheruf 5,8! – aus Am 5,11 entwickelt sein. Dort wird der Führungsschicht ihre anspruchsvolle und auf Genußstreben ausgerichtete Lebensweise vorgeworfen, die sich u.a. im Errichten prächtiger Häuser und im Anlegen üppiger Weinberge (vgl. Jes 5,1f.!) manifestiert. Aber diese Clique wird ihre Güter nicht genießen können. Jes 5,9b-10 verschärft: Die Häuser werden zerstört, ihre Bewohner weggeschafft (vgl. מאין יוֹשֵׁב „ohne Bewohner")[69], die Weinberge bringen keinen Ertrag mehr.[70] Dabei könnte v.10 auch von Am 5,3 angeregt sein (vgl. Mi 2,4); als Vorbild mag nicht zuletzt das Wehewort Mi 2,1f. gedient haben.

Jes 5,8-10 greift also vorgegebene (vorexilische?) Anklagen auf und benutzt sie zur Begründung der radikalen Verstockungsbotschaft von Jes 6. Insofern hat die These, in v.9f liege eine spätere, aus der Perspektive des Exils formulierte Erweiterung des reinen, auf Jesaja selbst zurückgehenden Weherufes von v.8 vor,[71] nicht viel für sich. Eine solche Trennung wäre nur dann einsichtig, wenn man v.8 für den Propheten retten könnte; in diesem Fall müßten v.9f. später sein. Nun läßt sich v.8 aber nicht nur gut als Anleihe aus Am 5,11 (und Mi 2,1f.) verstehen, was jesajanische Herkunft unwahrscheinlich macht, sondern bildet mit v.9f. ein sinnvolles Ganzes: Die Raffgierigen nehmen, so bringt v.8 in hyperbolischer Redeweise zum Ausdruck, das Gericht, nämlich die Deportation, durch ihr Verhalten selbst vorweg.

Der *zweite Weheruf (v.11-13)* richtet sich gegen Zecherei und ausgelassenes Feiern. Da derlei Praktiken zeitlos sind, überraschen die zahlreichen Parallelen niemanden.[72] Es kommt auf die Nuancen an. In v.11 verdeutlicht schon der synthetische Parallelismus membrorum mit seinen inklusiv zu verstehenden Gliedern „Morgen" und „Abendwind", daß es in Wahrheit um die *Zeit* und die *Aufmerksamkeit* geht, mit der man sich dem Laster hingibt. Wer sich „in aller Frühe aufmacht" (שׁכם hif.) und dem Trunk „nachjagt" (רדף) und

---

[68] Vgl. auch Ez 10,13, wo der Prophet innerhalb einer Vision etwas mit seinen Ohren „vernimmt" (auch hier באזני „in meinen Ohren").

[69] Hier ist wohl an eine Deportation gedacht, vgl. Jes 6,9; Jer 4,7; 26,9; 33,10; 34,22; 44,22; 46,19; 51,29.37; Zef 2,5; 3,6; vgl. מִבְּלִי יוֹשֵׁב „ohne Bewohner" Jer 2,15; 9,10.

[70] Vom Ende der „vielen Häuser" spricht auch das Drohwort Am 3,15; nur an diesen beiden Stellen ist die Verbindung belegt!

[71] Kaiser I, 100; Kilian I, 42; und auch Krause, ZAW 1973, 40: „Gerade die Verheißung des Landes, das hier verödet, wird sonst in deuteronomistischer Sprache in die Form eines Jahwäschwurs gekleidet".

[72] Etwa 22,13; 28,1.7f.; 56,12; Joel 1,5; Am 4,1; 6,6; Mi 2,11.

sich solcherart mit sich selbst beschäftigt, kann für Jahwe und sein Tun keinen „Blick" mehr haben (v.12b). Der Weheruf v.11 zielt also auf das fundamental gestörte Gottesverhältnis; v.11 (und 12a)[73] bildet insoweit mit v.12b einen geschlossenen Gedanken. Wir müssen deshalb wie schon bei v.8-10 dem neuerlichen Vorschlag, v.12 (und 13) als spätere Erweiterung von v.11 abzutrennen,[74] mit einiger Skepsis begegnen: Der Vorwurf v.11 ist von vornherein auf v.12b angelegt.

Die Beurteilung des Drohwortes v.13 bereitet Schwierigkeiten. Auch wenn man in Rechnung stellt, daß der Vers ursprünglich wohl als Gerichts*ansage* zu verstehen war,[75] könnte man hier einen *nachträglichen* Hinweis auf das Exilsgeschick sehen. Diese Einschätzung indes setzt voraus, daß der Weheruf älter, womöglich jesajanisch ist. Schon die Beobachtung freilich, daß die aus dem Hos-Buch bekannte Wendung מבלי־דעת „ohne Erkenntnis"[76] treffend die in 12b angeprangerte Mißachtung Jahwes auf den Punkt bringt, zeigt, daß v.12b und 13a eng zusammengehören. Ein Blick auf eine Amos-Parallele führt noch weiter: In der Rede gegen falsche Sicherheit Am 6,5-7 nämlich finden sich Entsprechungen zu Jes 5,11 (Am 6,6); 5,12a (Am 6,5) und auch zu dem Drohwort 5,13a (Am 6,7a). Wenn man nun eine Abhängigkeit der Weherufe von Amos annimmt[77] und zugleich sieht, daß wir Parallelen in dem *ganzen* Stück Jes 5,11-13 besitzen, ist es wahrscheinlicher, eine einzige Hand anzunehmen.[78]

Wie schon bei dem ersten Weheruf stoßen wir auch hier auf Verbindungen zum Berufungsbericht in c.6. Zum einen wirft 5,12b den Angeredeten vor, sie „sähen" (ראה) Jahwes Werk nicht, und 6,9f. erklärt, daß sie es auch gar nicht sehen *können*. Zum andern wird dem Volk sowohl in 5,13a als auch in 6,9 das Erkenntnisvermögen prinzipiell abgesprochen (דעת „Erkenntnis" bzw. ידע „erkennen"). Damit wirken auch v.11-13 wie eine literarische Vorbereitung auf die harte Gerichtsbotschaft in c.6.

In *v.14-17* liegen späte Nachträge zur Weheruf-Reihe vor. Mit einem nochmaligen לכן „daher" wird mit v.14 ein zweites Drohwort angefügt, das sich durch seinen apokalyptischen

---

73 V.12a wird gelegentlich als sekundäre Erweiterung betrachtet, vgl. Hardmeier, Texttheorie 237f. A.163. Dies ist möglich, aber keineswegs sicher.

74 So Kaiser I, 100-107; Kilian I, 42; Werner, Studien 21-29.

75 Offenbar ist ein ursprüngliches יִגְלֶה „er wird in die Verbannung gehen" durch Hinzutreten von v.14ff. zu einer perfektischen Aussage umgeformt worden (גָּלָה), vgl. Kaiser I, 113; s. auch 5,25. Möglich wäre auch eine Deutung als Perfectum propheticum (vgl. G-K § 106n; so auch Procksch 94).

76 Hos 4,1.6; ferner Hi 35,16; 36,12; 38,2; 42,3.

77 Vgl. Fey, Amos 10-23, und schon Lowth II, 103: „Es findet sich Aehnlichkeit zwischen dieser und der folgenden Stelle des Propheten Amos [6,3.6], der wahrscheinlich vor Jesajas schrieb. Hat ihn der letzte copirt, so scheint er kaum die Schoenheit des Originals erreicht zu haben."

78 V.13b dürfte ursprünglich sein (vgl. Am 8,11), denn auch hier steht „die Art des Gerichts in Beziehung zum frevelhaften Tun: Die sich bei den Gelagen nicht die Zügel halten können..., werden an Hunger und Durst zugrunde gehen" (Wildberger I, 187).

Akzent von v.13 unterscheidet: „Den Ungläubigen des nachexilischen Jerusalem wird die Höllenfahrt angedroht."[79] Hier spricht offenbar ein sich seines Heils gewisser frommer Kreis. Daß v.14 tatsächlich als Fortführung und Auslegung von v.13 gedacht ist,[80] zeigt sich an der Wiederaufnahme der Unterscheidung von „oben" und „unten": Der mehrdeutige Begriff כבוד „Herrlichkeit", der in v.13b die Führungsschicht meint, wird dabei zu dem geläufigeren הדר „Pracht" umgewandelt; das Wort für die Masse des Volkes (המון) ist hingegen beiden Versen gemeinsam. V.15-16 wirken wie ein wiederum nachträglicher Kommentar zu v.14, der des Menschen Niedrigkeit die Erhabenheit des heiligen Gottes gegenüberstellt.[81] Möglicherweise hat 2,9.11 Pate gestanden. In v.17 schließlich liegt die ursprüngliche Fortsetzung von v.14 vor.[82]

Das *dritte Wehewort in v.18f.* unterscheidet sich in mehrfacher Hinsicht von seinen beiden Vorgängern: (1) Wegen seiner ausgeprägten theologischen Begrifflichkeit (עון „Schuld" und חטאה „Sünde") wirkt es noch abstrakter; konkrete Anschuldigungen nach der Art von v.8 und 11 fehlen. (2) Der Leser vermißt ein explizites Drohwort.[83] Allenfalls v.19b läßt erahnen, daß der Plan des Heiligen Israels, den die Angeredeten so sehnlichst erwarten, nur Gericht bringen kann. (3) V.19 ist in Trikola statt in Bikola gehalten.

Diesen Unterschieden stehen indes wichtige Gemeinsamkeiten gegenüber. Zum einen im Blick auf die Amos-Überlieferung: Zwar stoßen wir nicht auf direkte Parallelen, aber doch auf ein inhaltlich verwandtes Wort in Am 5,18ff.: Auch hier in die Form eines Weherufs gekleidet, wendet es sich gegen Leute, die den Tag Jahwes herbeisehnen, ohne zu erkennen, daß sie nur ihr eigenes Gericht heraufbeschwören. Es ist dieselbe Hybris, die auch Jes 5,19 im Visier hat. Zum andern kann man wiederum signifikante Berührungen mit c.6 beobachten: (1) Auf das Wortpaar עון „Schuld" und חטאת/ה „Sünde" treffen wir auch in 6,7 (vgl. 1,4a); es bringt die totale Schuldverfallenheit des Volkes zum Ausdruck. – (2) Entsprechend beziehen sich die beiden Verben ראה „sehen" und ידע „erkennen" in 5,19 wie in 6,9 auf die rechte Erkenntnis Gottes, die dem Volk prinzipiell versagt bleibt. Auch hier darf vermutet werden, daß 5,18f. nicht ohne Kenntnis von c.6 verfaßt worden ist. Kaum auf Zufall beruht schließlich eine auffällige Beziehung zu c.8: Die beiden Verben מהר pi. und חוש „eilen" (5,19) kehren in dem Namen des Jesaja-Sohnes „Maher-Schalal-Hasch-Bas" (8,1.3) wieder und unterstreichen hier wie dort das nahende Unheil. Ja, 5,18f. wirken wie eine verhaltene Vorankündigung der in c.6+8 überlieferten radikalen Gerichtsbotschaft. Näher liegt vielleicht noch die Verbindung mit 5,26-29. Liest man v.19 auf v.26-29 hin, so ergibt sich ein trefflicher Sinn: Was die Menschen „eilends" (מהר) herbeisehnen, ist ihr eigenes Gericht, das ebenso „schnell" (מְהֵרָה) heran-

[79] Werner, Studien 26.

[80] Anders Kaiser I, 103: v.13 sei erst *nach* v.14 ergänzt worden!

[81] Marti 57; Werner, Studien 27: „Einschaltung eines schriftgelehrten Glossators", der das Öffnen der Unterwelt (v.14) als alleinige „Folge von Jahwes Gerichtshandeln" versteht.

[82] Marti 57 u.a.

[83] Duhm 60: V.18f. „sind die letzten Stichen mit dem ‚Drum!' abhanden gekommen, wenn man annimmt, daß die Weherufe ursprünglich gleiche Form hatten."

stürmt. So könnte in v.18f. in der Tat ein Nachtrag zum Grundbestand der Reihe vorliegen, der im Blick auf 5,26-29 eingeschoben wurde. Dabei könnte das Partizip האמרים „die da sagen“ (v.19) aus v.20 genommen sein.

Neuerdings wird gelegentlich die Meinung vertreten, in v.19 liege ein jüngerer Nachtrag vor, der „eine theologisch reflektierende Interpretation des soziale Mißstände geißelnden Weherufs“ v.18 vornehme.[84] Die Abtrennung indes ist unnötig. Denn daß sich das Wortpaar עון „Schuld“ und חטאה „Sünde“ in erster Linie auf ganz konkrete soziale Verfehlungen beziehe, kann man ja nur aus dem Kontext der übrigen Weherufe schließen.[85] Für sich genommen ist der – wenn man so will – abstrakt-theologische Charakter der beiden Termini jedoch nicht zu übersehen. Man vergleiche etwa den auch sonst verwandten weisheitlichen Vers Spr 5,22: „Seine eigene Schuld (עוונות) nimmt ihn, den Frevler, gefangen, und von den Stricken seiner Sünde (בחבלי חטאתו) wird er festgehalten.“ Eine solche „Verstrickung“ ist nicht anders als grundsätzlich zu verstehen. Sie drückt sich gemäß v.19 darin aus, Einblick in den Geschichtsplan Jahwes gewinnen zu wollen – ein an sich schon hybrides Unterfangen.[86] Die vorausliegenden und folgenden Weherufe dienen nur in zweiter Linie als Explikation.[87] Es darf schließlich nicht vergessen werden, daß *beide* Verse auf c.6 vorausblicken, so daß mit ihrer ursprünglichen Zusammengehörigkeit zu rechnen ist.

Direkte Anschuldigungen sucht der Leser auch im *vierten Wehewort* (v.20) vergebens. „Es ist so allgemein gehalten, daß man es dem Jes. kaum zutraut, indessen ist ja möglich, daß es ursprünglich einem Zusammenhang angehört haben kann, der den Ausdrücken gut, böse, Finsternis, Licht usw. einen konkreten Sinn gab.“[88] Nun läßt schon die Gestaltung des Weherufs – er besteht aus drei gleichförmig gebauten Gliedern, die jeweils ein Gegensatzpaar enthalten – daran zweifeln, ob er *in dieser Form* jemals einen anderen, konkreteren Sitz im Leben einnahm. Denn es ist wiederum erstaunlich, daß wir zu allen drei Gliedern eine Parallele in Am 5 besitzen, einem Kapitel, das ebenfalls von der Verkehrung der Maßstäbe handelt (vgl. הפך „wenden, verkehren“ Am 5,7f.; 6,12), dabei aber handfeste Vorwürfe formuliert: Das Paar רע „böse“ / טוב „gut“ ist uns von Am 5,14f. her geläufig (auch Mi 3,2a), die Verwechslung von Licht und Finsternis ist eng mit dem – ebenfalls in einen Weheruf gekleideten! – Wort vom Tag Jahwes in Am 5,18b.20 verwandt, und die Begriffe מָתוֹק „süß“ und מַר „bitter“ begegnen zwar nicht wörtlich, aber der Sache nach in Am 5,7a und 6,12b (לַעֲנָה „Wermut“ bzw. רֹאשׁ „Gift“).[89] Sollte auch hier das Amos-Buch als Quelle gedient haben? Die Berührungen aller drei Glieder des jesajanischen Weherufes mit Am 5 und dessen rhetorische Zuspitzung legen diesen Schluß nahe.[90]

---

84 Werner, Studien 20; ähnlich Kaiser I, 104.107; Kilian I, 43.

85 So verfährt etwa Kaiser I, 107.

86 Den Nachweis, daß die Vorstellung vom göttlichen Plan nicht in der Zeit des Propheten denkbar ist, hat Werner, Studien geführt. Man braucht für v.19 freilich nicht in das 4. Jh. heraufzugehen (ebd. 31).

87 Vgl. (gegen Werner) Deck, Gerichtsbotschaft 246f.

88 Duhm 60.

89 Das Gegensatzpaar מתוק „süß“ / מר „bitter“ ist überhaupt nur noch in Spr 27,7 belegt!

90 So auch Fey, Amos 58. – Zur literarhistorischen Einordnung von Am 5 vgl. die eingehende Analyse von Jeremias, FS Deissler (= FAT 13, 214-230); ders., ATD 24/2, 59-82.

Die beiden folgenden Weherufe *v.21-22* fallen aus der Reihe heraus. Sie enthalten kein Drohwort und fügen sich auch inhaltlich nicht glatt in die Umgebung ein: In v.21 überrascht die weisheitliche Sprache, und v.22 greift überraschenderweise das Thema Trunkenheit aus v.11 wieder auf. Schließlich scheint die ursprüngliche Fortsetzung von v.20 in v.23 zu liegen, womit zugleich das Fehlen des הוי „wehe" in v.23 erklärt wäre. Begnügt man sich indes mit einer Umstellung von v.21f. vor oder hinter v.23,[91] bleiben die notierten Auffälligkeiten bestehen. Sie lassen sich nur ausräumen, wenn man v.21-22 als Einschub betrachtet, der den vorgegebenen Zusammenhang von v.20.23 unterbricht: V.21 setzt offenbar die Gegensatzpaare aus v.20 voraus und erweitert sie nachträglich um die weisheitliche Opposition von Klugheit und Torheit (vgl. Spr 3,7; 26,12; Jes 29,14). Auch v.22 läßt sich dem Thema „Verkehrung der rechten Maßstäbe" von v.20 zuordnen. Daß zu beiden Versen keine Parallelen aus dem Am-Buch vorliegen, war beinahe zu erwarten. Bei der Hinzufügung mag nicht zuletzt das Bedürfnis eine Rolle gepielt haben, die Weherufe auf eine 7-Zahl zu bringen, die mit v.21.22 (und v.23 als eigenem Weheruf) erreicht wäre.

V.23 ist also mit v.20 zusammenzusehen. Obwohl der Vorwurf der Rechtsbeugung auf ein konkretes Vergehen hinzudeuten scheint, ist auch hier Vorsicht geboten. Denn wiederum überliefert das Amos-Buch ein vergleichbares Wort, das kaum aus einer analogen Verkündigungssituation heraus erklärbar ist. Die in der Komposition Am 5 vereinigten Anklagen richten sich gegen solche, die die Gerechtigkeit zu Boden treten (v.7), das Recht im Tor mißachten (v.10.12.15) und den Gerechten bedrücken (v.12). Man gewinnt den Eindruck, als bringe der jesajanische Weheruf die in Am 5 zusammengetragenen Worte in verallgemeinernder Absicht auf den Begriff: Der Schuldige wird gerecht gesprochen (v.23a) und der Gerechte um seine Gerechtigkeit gebracht (v.23b).[92] Jedenfalls darf man bei v.23, zumal nach dem bisherigen Befund, eine literarische Abhängigkeit von Am 5 annehmen.[93] Es ist im übrigen kein Zufall, daß ausgerechnet der letzte Weheruf die Wurzel צדק „gerecht (sein)" gleich dreifach variiert: Er lenkt – eine klassische *inclusio* – wieder zu 5,7 zurück.

„In 24 schließt sich, mit לכן eingeleitet, das zum Weheruf gehörende Drohwort an, das an Schärfe nichts zu wünschen übrig läßt."[94] Anders als sonst steht die Strafe hier freilich in keinem erkennbaren Zusammenhang mit der Schuld. Läßt sich aber daraus der Schluß ziehen, es liege überhaupt ein Nachtrag vor?[95] So müßte man in der Tat urteilen, wenn uns in 5,8ff. eine Sammlung ursprünglich selbständiger Weherufe vorläge. Nun verdankt sich aber bereits der Grundbestand dieser Reihe einer redaktionellen Hand, die ihr Material hauptsächlich aus dem Am-Buch bezog. Mit v.24 verhält es sich kaum anders. Denn entgegen dem üblichen Urteil, in v.24b liege eine redak-

[91] Für die erste Möglichkeit votiert Wildberger I, 195, für die zweite Kaiser I, 103.

[92] An Ez 45,9, der einzigen Parallele für die Verbindung סור hif. „entfernen" + צדקה „Gerechtigkeit", sieht man, was gemeint ist: Oberste „staatspolitische" Aufgabe der Fürsten Israels ist es, Gewalt und Unterdrückung zu beseitigen (סור hif.) und für Recht und Gerechtigkeit zu sorgen.

[93] Vgl. Fey, Amos 57f.

[94] Wildberger I, 181.

[95] So etwa Marti 59.

tionelle Erweiterung vor,[96] scheinen doch *beide* Versteile auf die Juda-Strophe in den Völkersprüchen zurückzugehen: V.24b hat wörtliche Parallelen in Am 2,4 (מאס „verwerfen", תּוֹרַת־יהוה „Tora Jahwes"),[97] und das Bild vom alles verzehrenden Feuer in v.24a entspricht zumindest sachlich Am 2,4a.[98]

Wir fassen zusammen. Die auf den ersten Blick disparat erscheinende Weheruf-Reihe verdanken wir *nicht* der Tätigkeit eines Sammlers, der zu verschiedenen Anlässen gesprochene jesajanische Worte zu einer neuen Einheit zusammengefügt hätte. Vielmehr geht bereits ihr Grundbestand – er konnte auf die drei Worte v.8-10 / 11-13 / 20.23.24a begrenzt werden – auf die Eigenformulierung eines Redaktors zurück. Als Quelle benutzte er das (bis dahin vorliegende) Amos-Buch, vor allem c.5-6. Insofern ist die gelegentlich beobachtete Abhängigkeit Jesajas von der Verkündigung des Amos auf die *literarische* Ebene zu heben. Dieser Vorgang vollzog sich in einer doppelten Weise: Zum einen ist eine Generalisierung ursprünglich sozialgeschichtlich fest verankerter Sprüche zu beobachten. Selbst dort, wo dem ersten Eindruck nach greifbare Mißstände angeprangert werden (Jes 5,8.11.23), fällt eine Präzisierung schwer. Es ist darüber hinaus bezeichnend, daß man zur Auslegung der *jesajanischen* Weherufe stets auf die des Amos zurückgreifen muß. Sie sprechen offenbar nicht für sich selbst. Konturen gewinnen die Weherufe tatsächlich erst, wenn man sich von der Vorstellung löst, der sozialgeschichtliche Hintergrund des 8. Jh.s erschließe ihren Sinn. Sie sind vielmehr allgemein-theologisch als Aufweis eines korrupten Gottesverhältnisses zu lesen. Zum andern sind die Worte mit der erkennbaren Absicht ausgewählt und angepaßt worden, die Verstockungsbotschaft *literarisch* vorzubereiten. Sie mildern deren Anstößigkeit ab, indem sie gleichsam um Einsicht werben: Was Jahwe seinem Volk antun wird (bzw. angetan hat), geschieht nicht grundlos. So spiegelt sich in der Vorschaltung der Weheruf-Reihe eine aus der Textgeschichte geläufige Tendenz wider, die *lectio difficilior* durch eine weniger anstößige, eingängigere „Lesart" zu erleichtern.

Mit dem theologischen Resumee, das Volk habe die Tora Jahwe Zebaots verworfen und das Wort des Heiligen Israels verschmäht (v.24b), schließt der Kompositeur seine Reihe ab und leitet über zu dem Berufungsbericht in c.6.[99] Der Übergang wirkt dadurch geschmeidiger, daß 5,24b dieselben Jahweprädikationen wie 6,3 benutzt: קָדוֹשׁ „heilig" und צְבָאוֹת „Zebaot".

---

[96] Marti 59f.; Wildberger I, 181.197; Barth, Jesaja-Worte 115f.; Vermeylen, Prophète I, 174f.

[97] Die Strophe wird gewöhnlich der dtr Redaktion des Am-Buches zugerechnet (vgl. Wolff, BK XIV/2, 198f.); vgl. auch Jer 6,19 (nach Thiel, Redaktion I, 100f., Jer-D).

[98] Vgl. auch Jes 40,24; 41,2; 47,14; Joel 2,3-5.

[99] Auch Barth, Jesaja-Worte 116f., sieht in 5,24b eine – freilich redaktionelle – Klammer zwischen den Weherufen und dem Komplex c.6-8*: „es muß ein redaktionelles Stadium gegeben haben, in dem Wehe-Sammlung und ‚Denkschrift' einen redaktionellen Zusammenhang bildeten, 5,25ff aber noch nicht seinen jetzigen Platz einnahm."

Die zahlreichen terminologischen Berührungen zwischen den Weherufen und der Berufungsvision[100] werden in aller Regel mit der Einheit der jesajanischen Verkündigung begründet. Etwas genauer kann dann vermutet werden, daß die in c.2-5 enthaltene Frühzeitverkündigung c.6 wohl voraussetze.[101] Diese Beobachtung behält indes auch dann ihre Gültigkeit, wenn man sie, wie es hier geschieht, auf einer *literarischen* Ebene auswertet. Tatsächlich ist c.6 ohne die Weherufe 5,8ff. durchaus verständlich, diese hingegen sind gewiß nicht ohne Kenntnis von c.6 verfaßt worden. Es fällt überhaupt auf, daß uns im Jes-Buch eigentümlicherweise sonst keine Sozialkritik überliefert ist.[102] Das braucht nicht zu überraschen: Wenn Jesaja, wie wir vor allem aufgrund der Analyse von c.6-8 wahrscheinlich machen konnten, ein *judäischer Heilsprophet* war, bleibt kein Platz mehr für Worte nach der Art von 5,1-24. Sozialkritik wäre für den „echten" Kern untypisch; sie ist erst im Gefolge einer unheilstheologischen *relecture* der Jesaja-Worte (vgl. 6,9+11; 8,6-8a*; 8,17) aus dem Am-Buch „importiert" worden, um auch dem großen Propheten ein sozialkritisches Anliegen zu unterstellen und seine Gerichtsansage mit der Mißachtung des Rechts zu untermauern. Hierin spiegelt sich ein allgemeines Phänomen in der Redaktionsgeschichte der Prophetenbücher wider: eine gegenseitige thematische Beeinflussung. Prophetenbücher bewegen sich im Verlaufe ihrer Tradierung aufeinander zu, indem sie Themen, manchmal auch einzelne Worte anderer Bücher aufnehmen und eigenständig umprägen (so z.B. bei den Büchern Am und Hos).[103] Es ist kein Wunder, daß von einem solchen Vorgang auch das Jes-Buch erfaßt wurde, dessen thematisches „Epizentrum" – bei aller Komplexität – der *Zion* geworden ist: Als das Buch von der *Gefährdung und Bewahrung des Zion*, zu dem es sich im Verlaufe seiner Entstehungsgeschichte mit immer deutlicheren Konturen entwickelt hat, zog es wie ein Magnet fremden Stoff an. Am Ende steht eine

---

[100] Sie seien hier um der Übersicht willen noch einmal zusammengestellt:

5,8	בְּקֶרֶב הָאָרֶץ	6,12
5,9a	„Jahwe Zebaot"	6,3 (auch 5,24b)
	בְּאָזְנָי	vgl. die Ich-Rede in c.6 (auch 5,1-6.13); „Ohr" 6,10.
5,9b	בָּתִּים	6,11
	מֵאֵין יוֹשֵׁב	6,11
	שַׁמָּה	6,11 (שְׁמָמָה)
5,12b	ראה	6,9
5,13a	Deportation (גלה)	vgl. 6,11b
	keine דַּעַת	6,9b (ידע)
5,18	חַטָּאָה/עָוֹן	6,7b (vgl. 1,4a)
5,19	ידע/ראה	6,9bβ
	קָדוֹשׁ	6,3 (vgl. 1,4b; 5,24b u.a.).

[101] Vgl. W.H.Schmidt, FS Herrmann 357 A.12. Anders etwa Koch, Profeten I, 221: Die Vision c.6 hat vermutlich „die sozialkritische Periode Jesajas abgeschlossen"; denn: „Der Gott Jesajas verstockt nicht grundlos und aus bloßer Willkür."

[102] Porath behandelt in seiner Monographie über „Die Sozialkritik im Jesajabuch" neben 5,1-24 nur noch 10,1-4 und 3,1-4,1. Nach unserer Auffassung sind aber auch die beiden zuletzt genannten Stücke keinesfalls auf Jesaja selbst zurückführbar (s.u.).

[103] Vgl. Jeremias, VT.S 61 (= FAT 13, 34-54).

Gestalt, die nicht mit dem „authentischen“ Jesaja zu verwechseln ist, wohl aber das verkörpert, was man von ihm erwartet hat und ihm zutrauen konnte.

Die Weheruf-Reihe ist also in ihrem Grundbestand als neue Einleitung für ein bereits bestehendes und durch c.6 eröffnetes Jes-Buch konzipiert worden: Die radikale Gerichtsbotschaft der Berufungsvision erfährt (nachträglich) mittels der prophetischen Sozialkritik eine nachvollziehbare Vorbereitung und Begründung. Als Prolog dieser neuen Buchedition dürfte das Weinberglied 5,1-7 gedient haben. Es hat also einmal ein Jes-Buch gegeben, das mit 5,1ff. einsetzte. Diese Vermutung ist nicht grundlos, denn es gibt eine Analogie in der Redaktionsgeschichte des Jer-Buches. Jer 2,2ff. gibt in einer Jes 5,1-7 vergleichbaren Weise dem Erstaunen Gottes über den Abfall seines Volkes Ausdruck: Das Volk seiner Jugendtreue, um das er sich doch so sehr gemüht hatte (2,3), ist plötzlich und unvermittelt von ihm abgefallen (vgl. auch Jer 2,21!). Auch bei Jer 2,2ff. handelt es sich um eine nachträglich vor die Worte vom Feind aus dem Norden (c.4-6*) geschaltete Rede, die zwar einen Grundbestand des Berufungsberichtes c.1* voraussetzt, aber doch als Einleitung, ja eine Art Lesehilfe für das Folgende gedacht ist.[104]

4.4. Das Gerichtsvolk aus der Ferne (5,25-30)

Richtet man sich nach der traditionellen Anschauung, hätte die Ankündigung eines Gerichtsvolkes aus der Ferne einmal als Abschluß, ja Klimax des Kehrversgedichtes von der ausgestreckten Hand in 9,7ff. gedient. Dabei wird 5,25 wegen des in ihm enthaltenen Kehrverses gern als Rest einer ansonsten verlorengegangenen Strophe betrachtet. Diese Beurteilung hält einer näheren Nachprüfung nicht stand. Tatsächlich ist das Stück 5,25-29.30 erst später zwischen die Weherufe und die Berufungsvision gelangt. Es hat indes nie einen anderen Ort als den jetzigen gehabt.

V.25 ist Bindeglied. V.25a blickt auf die Weheworte zurück und betont, daß sich das in v.24 angekündigte Gericht bereits vollzogen habe. V.25b hat zukünftiges Geschehen vor Augen und führt damit v.26ff. sachgemäß ein: Jahwes Zorn ist nicht verzogen; sein Gerichtshandeln setzt sich fort und erreicht seinen Höhepunkt im „Herbeipfeifen“ des *Volkes* (so ursprünglich) aus der Ferne. Der redaktionell-überleitende Charakter von v.25 macht die Annahme überflüssig, hier liege der Rest einer weiteren Strophe des Kehrversgedichtes vor.[105] Wohl aber hat das Gedicht als Quelle gedient: V.25a zitiert den Kehrvers aus 9,11.16.20 wörtlich, und v.25aα setzt ihn gleichsam in Handlung um. Dabei dürfte auch das Verbum נכה „schlagen“ aus 9,12 ge-

[104] Vgl. Levin, Verheißung 153f.158.

[105] Vgl. etwa auch Giesebrecht, Jesaiakritik 8; Cheyne, Einleitung 25f. (für v.25a); Marti 60 (für v.25a); Dietrich, Jesaja 187 A.290; Kaiser I, 115 (v.25 vom Redaktor, der 5,26-29 an seinen jetzigen Platz umstellte). Anders jüngst wieder Blum, DBAT 1992/93, 78 (v.25 als „Schlußabschnitt der *ersten* Strophe“).

nommen sein. Der Rest von v.25a besteht aus bekannten Topoi: Jahwes Eingreifen ist von kosmischen Erschütterungen begleitet (Ps 18,8; vgl. auch Mi 1,3f.; Hab 3,6f.; Zef 1,15), und die Leichen liegen wie Unrat auf den Straßen (vgl. 1Kön 13,22-28; Jer 16,4; 34,20; 36,30; Zef 1,17; Ps 18,43; Klgl 2,21). Dieses drastische Bild mag durch v.24a angeregt sein.

Auch die eindrückliche Schilderung des noch ausstehenden Gerichts in v.26-29[106] bedient sich eines verbreiteten Schemas:[107] Jahwe selbst richtet ein „Panier" (נֵס) auf, um dem feindlichen Volk den Weg zu weisen (v.26a; vgl. Jer 4,6). Das (namenlose!) Volk kommt „aus der Ferne" bzw. „vom Ende der Erde" (v.26a; vgl. Dtn 28,49; Jer 5,15; 6,22; Hab 1,8); es zeichnet sich aus durch außergewöhnliche Schnelligkeit (v.26b.28b; vgl. Dtn 28,49; Jer 4,13; Hab 1,8); es schreitet unaufhaltsam voran (v.27-28); es ist vorzüglich ausgerüstet und bewaffnet (v.28; vgl. Jer 6,23); es ist auf nichts anderes als Zerstörung aus (v.29; vgl. Dtn 28,50f.; Jer 5,16f.); dem Gericht, das es vollzieht, vermag keiner zu entrinnen (v.29; vgl. Dtn 28,51). Die verzeichneten Parallelen gehen nicht selten bis ins Wörtliche hinein. Literarische Abhängigkeit ist im Einzelfall möglich, läßt sich aber kaum zwingend beweisen. Eher kann man von einer festen Struktur sprechen, die hier aufgegriffen ist.[108] Trotz dieser offenbar vorgegebenen Form enthält die Feindbeschreibung einige Elemente, die auf eine Verwurzelung mit dem näheren literarischen Kontext hinweisen:[109] Vom „Herbeipfeifen" (שׁרק) eines Gerichtsvolkes ist nur noch in Jes 7,18 die Rede, und das Stichwort „eilends" (מהרה) könnte auf 5,19 zurückgreifen.[110] Schon aufgrund dieser beiden Bezüge ist damit zu rechnen, daß 5,26ff. für keinen anderen als den *jetzigen* Ort geplant war. Es stellt sich sogar die Frage, ob der Weheruf in 5,18f., der dem Grundbestand der Weheworte offenbar später zugewachsen ist (s.o.), nicht eigens der Vorbereitung von 5,26ff. dienen soll. Liest man 5,19 im Blick auf 5,26-29, so gewinnt der Vers erst eigentlich Profil: „Eilends" soll sich Jahwes Werk zeigen, „nahen" (קרב) und „kommen" (בוא, vgl. 5,26b) – so, als werde hier nicht abstrakt vom Plan Jahwes, sondern schon von einem feindlichen Heer geredet (vgl. מהר und חושׁ in 8,1.3). Das Gottesvolk, das in seiner Hybris nicht davor zurückschreckt, Jahwe in die Karten schauen zu wollen, sehnt sich – unwissend – den eigenen Untergang in Gestalt des Volkes aus der Ferne herbei!

Welches Volk aber ist gemeint? Es ist erstaunlich, daß in der Forschung (fast) durchweg an die Assyrer gedacht wird, obwohl der Name des Volkes

---

106 Sekundär ist nur v.27aβ (Glosse aus Ps 121,4).

107 Vgl. Dtn 28,49; Jes 13,17f.; Jer 4,5-7.13-18; 5,15-17; 6,22-24; Nah 2,2-11; Hab 1,6-11. Seitz, Studien 295-297, spricht von einer „Gattung der Fremdvolk-Beschreibung".

108 Seitz, Studien 297, nimmt eine gemeinsame Tradition an, die wohl „in dem königlichen Selbstpreis der Herrscher des Zweistromlandes" ihren Ursprung hat.

109 Vgl. auch Brown, CBQ 1990, 441f.; Kruger, JNSL 1989, 131f.

110 Bezüge zum weiteren Kontext: Zu v.27aα (kein Müder und Strauchelnder) vgl. 40,28-30; zum Bild von Jahwe als Löwen vgl. (freilich wohl in heilvollem Sinne) 31,4 (s. auch Hos 5,14; Mi 5,7). Ob literarische Abhängigkeit besteht, ist unsicher.

nicht fällt. Diese Sicht hängt natürlich mit der ebenso ungefragt vorgenommenen Umstellung von 5,26ff. hinter das Kehrversgedicht zusammen. Denn wenn sich 9,7-20 auf Ereignisse im Nordreich bezieht, wie meist angenommen wird, kann mit dem Volk aus der Ferne nur Assur gemeint sein. Gern weist man auch darauf hin, daß die Feindbeschreibung in verblüffender Weise auf die Assyrer zutreffe, etwa was die Schnelligkeit des Heeres und seine Ausrüstung angeht oder sein Kommen „aus der Ferne“.[111] Dabei wird freilich übersehen, daß die Beschreibung des Heeres einer festen Topik folgt und in ihren entscheidenden Aussagen nicht im eigentlichen Sinne *historisch* verstanden sein will. Im Lichte der oben notierten Parallelen jedenfalls wird dem Leser ein ganz anderes Ereignis suggeriert, nämlich der Untergang Judas und Jerusalems durch die *Babylonier*.[112] Der in Jer 4,5-8.13-18; 5,1-6 angekündigte Feind „aus dem Norden“ ist eine Chiffre für die Chaldäer.[113] Auch Dtn 28,49 läßt keinen Zweifel an dieser Identifizierung aufkommen; bei Nah 2,2ff. und Hab 1,6ff. gibt es ohnehin keine Alternative. Natürlich können in Jes 5,26-29 die Babylonier nicht *namentlich* genannt werden: Zum einen hätte sich der Ergänzer des Stückes eines platten Anachronismus schuldig gemacht. In der Logik des Jes-Buches steht das angekündigte endgültige Gericht ja noch aus, so sehr der Ergänzer – und mit ihm der Leser – in erster Linie den Verlust der staatlichen Selbständigkeit als *das* Gericht par excellence vor Augen hat. Nicht anders verhält es sich mit Dtn 28,49.[114] Zum andern aber darf der *eschatologische* Charakter von 5,26-29 nicht übersehen werden: Was dem Volk einst widerfuhr, bleibt zukünftige Möglichkeit.

Vollends durch die Umwandlung der Feindbeschreibung in einen umfassenden Völkersturm (durch den Plural גּוֹיִם „Völker“ v.26) und die Erweiterung um v.30 ist „die Möglichkeit gewonnen, die prophetischen Worte v.26-29 auf den Ansturm der Heiden in der Endzeit zu deuten“[115]. V.30 „scheint hinzugesetzt zu sein, um doch einen tröstlichen Abschluß zu haben“[116]: Der Angreifer wird am Ende selbst vom Gericht erfaßt.

---

[111] Vgl. Wildberger I, 223-225.

[112] So nur Kaiser I, 116, der freilich an der Umstellung festhält, und Kilian I, 45f. Kilian versteht v.25+30 als redaktionelle Rahmung des Gerichtswortes v.26-29; es sei eigens als Erweiterung des „allgemein gehaltenen Drohwortes von 24“ (45) eingefügt worden. Fraglich ist indes, ob v.30 überhaupt auf einer Ebene mit v.25.26-29 liegen kann (s.u.) und ob mit v.26-29 tatsächlich ein *vorgegebenes* Wort aufgenommen ist. Angesichts der engen Kontextbezüge wird man eher annehmen dürfen, daß v.26-29 eigens für den *jetzigen* Ort formuliert wurde, und zwar von derselben Hand, die auch v.25 als redaktionelle Brücke schuf.

[113] Vgl. Levin, Verheißung 154f.; Liwak, Prophet 229-238. Die Babylonier „erscheinen zum ersten Mal 604 bei der Eroberung Aschkelons im palästinischen Raum, also westlich des judäischen Kernlandes.“ (237). Bei Jer 5,15-19 denkt er an die Skythen.

[114] Dtn 28,47-68 „aktualisieren die Flüche von [15-44] für die Zeit nach 586 v.Chr.“ (Braulik, NEB.AT 28, 208).

[115] Marti 63. Vgl. Joel 4,1-3; Sach 14,2f.

[116] Duhm 63; ausführlich Barth, Jesaja-Worte 192-194; Williamson, Book 135f. (v.30 von „Deutero-Isaiah“, der zugleich das Stück 5,25-29 an seinen jetzigen Platz umgestellt habe).

Somit dürfen wir v.25 + 26-29 als späte, in jedem Fall nachexilische Erweiterung der Weheruf-Reihe ansehen. Diese zeitliche Ansetzung ergibt sich auch aus dem Vergleich mit entsprechenden Schilderungen in Jer 4-6. In dem dortigen Grundbestand „sind die Babylonier als ‚Feind aus dem Norden' Subjekt, niemals Jahwe. Die Erfahrung, daß Jahwe selbst sich gegen sein Volk gekehrt hat, haben erst die Späteren eingetragen."[117] In Jes 5,25ff. ist Jahwe von vornherein der Urheber; hier spiegelt sich also ein traditionsgeschichtlich fortgeschrittenes Stadium wider. Der für dieses Stück verantwortliche Redaktor „wollte mehr über das Gericht aussagen"[118] als v.24 und die vorangehenden Drohworte. Der Ton liegt auf der Unausweichlichkeit des Unheils, dem niemand zu entrinnen vermag (v.29 וְאֵין מַצִּיל „da gibt es keinen Retter").[119] Damit ist kein schlechter Übergang zur Berufungsvision des Propheten gegeben, der freilich nun durch den heilvollen v.30 nicht mehr klar erkennbar ist.

4.5. Das Kehrversgedicht (9,7-20)

In seiner jetzigen Fassung will das Kehrversgedicht, das wir auf die 3 Strophen v.7-11, 12-16, 17-20 beschränken können, als ein unheilsgeschichtlicher Rückblick verstanden werden. Dabei ist nicht von vornherein deutlich, auf welche Ereignisse die einzelnen Strophen anspielen. Der Grund für diesen mißlichen Umstand liegt zum einen darin, daß wir mit mehreren Bearbeiterzusätzen zu rechnen haben, die jeweils eigene Vorstellungen in den Text eintragen. Zum andern bleibt selbst der hypothetisch zu erschließende Grundbestand mehrdeutig und erstaunlich wenig aussagekräftig. Dies gilt freilich vor allem für die historischen Abläufe. Es gilt nicht für den Skopos des Gedichtes insgesamt, denn dieser ist trotz aller Detailprobleme überraschend eindeutig: Durchgehendes Thema ist der Ungehorsam und die bleibende Unbußfertigkeit des Gottesvolkes *als Ganzes* sowie Jahwes ebenso entschlossener Gerichtswille. Insoweit handelt es sich bei diesem Gedicht um eine Art Theodizee. Bevor indes auf diesen Skopos näher eingegangen werden kann, müssen kurz die literarischen Verhältnisse geklärt werden.

Entgegen dem ersten Eindruck scheint das Gedicht erst *sekundär* auf Verhältnisse im ehemaligen Nordreich bezogen worden zu sein.[120] An mehreren Stellen stoßen wir auf die Spuren eines historisierenden Bearbeiters: Mit dem Zusatz „Efraim und die Bewohner Samarias" (v.8aβ) und der Einfügung „Rezins" in v.10 bringt er das Geschehen unmittelbar mit dem Zusammenbruch des Nordreiches in Verbindung. Dabei dürfte auch an den sog. syrisch-

[117] Levin, Verheißung 154.
[118] Kilian I, 45.
[119] Vgl. Hos 5,14 und Mi 5,7 (auch hier jeweils mit dem Bild vom reißenden Löwen verbunden); ferner Dtn 32,39; Jes 42,22; 43,13; Ps 7,3; 50,22; Ijob 10,7; Dan 8,4.
[120] Vgl. Vermeylen, Prophète I, 178; vorsichtiger Deck, Gerichtsbotschaft 71-73.

efraimitischen Krieg (vgl. c.7-8) gedacht sein. Derselben Hand mag man auch den schon aus metrischen Gründen auffallenden Ausdruck „von Israel" in v.13 zurechnen,[121] vielleicht auch die etwas nachhinkende Angabe „zusammen waren sie gegen Juda" (v.20aβ), die an 7,5f. erinnert. Es ist durchaus möglich, daß die historisierenden Glossen in c.7 und 8 mit denen in 9,7ff. auf einer Linie liegen.[122]

Weitere Ergänzungen lassen sich leicht herauslösen: V.14 bezieht das Abschneiden von Kopf und Schwanz von v.13 – ursprünglich als umfassendes Gerichtshandeln „an Haupt und Gliedern" gemeint – auf die politischen und geistlichen Führungsgestalten. Möglicherweise hat 3,2f. Pate gestanden. Auch v.15 greift nur die „Führer dieses Volkes" an und liegt insoweit auf einer Ebene mit v.14, den er wiederum erläutert.[123] Dabei hat 3,12 ausweislich der engen sprachlichen Berührungen offenbar als unmittelbare literarische Vorlage gedient (vgl. מאשרים „Führer", תעה hif. „verführen", בלע pi. bzw. pu. „verwirren / verwirrt werden"). Ob auch die nachgeholt wirkende Gerichtsansage in v.16aα zu dem Einschub gehört, ist nicht sicher, aber doch wahrscheinlich.[124] – Auf eine nicht näher einzuordnende Hand wird man schließlich die beiden kommentierenden Bemerkungen „keiner verschonte den andern" (v.18) und „jeder fraß das Fleisch seines ‚Nächsten'" (v.19) zurückführen dürfen. Möglicherweise verdankt sich auch die Erwähnung der beiden Bruderstämme Efraim und Manasse in v.20 (vgl. z.B. Num 26,28ff.; Jos 14,4) späterer Ausgestaltung, die den Zustand des Landes (v.18f.) als Folge eines Bruderkrieges deutet.[125]

Überblickt man den verbleibenden Bestand, fällt zunächst die ungleiche Strophenlänge auf: So besteht die erste Strophe aus 7, die zweite aus 4 und die dritte aus 5 Zeilen. Gewiß ist es möglich, daß bei der Bearbeitung des Gedichtes einzelne Zeilen entfallen sind oder umgestellt wurden, indes sollte man nicht von vornherein von einem hypothetischen Idealfall ausgehen. Auch sonst macht das Gedicht einen eher *zusammengesetzten* Eindruck, der sich durch weitere literarkritische Eingriffe kaum korrigieren läßt. Nicht einmal der Kehrvers (v.11.16.20) scheint besonders fest verankert zu sein: Löste man v.11b und 16b heraus, ergäbe sich ein durchaus glatter Übergang. V.12 setzt 11a sinnvoll fort, und v.17 wäre gut als Explikation von 16aβ denkbar. Den Kehrvers insgesamt einer späteren Hand zuzuweisen, dürfte indes kaum gelingen.

Obwohl das Gedicht offenbar aus ganz verschiedenen Elementen und Traditionen zusammengesetzt ist, vermittelt es dennoch in seinem vermuteten

---

121 Duhm 93f. extrahiert „Jahwe von Israel".

122 Vgl. Kaiser I, 212, und Vermeylen, Prophète I, 178f. (jeweils für v.8* und 10*).

123 So auch Cheyne, Einleitung 46 A.2; Duhm 94; Marti 98.

124 Vgl. Fey, Amos 84f. A.1. Gelegentlich wird v.15 (mit v.16aα) hinter v.12 gestellt und dem ursprünglichen Text belassen: „13 spricht bereits vom Gericht, da kann nicht wohl in 15 von der Verschuldung, und zwar im impf.cons. gesprochen werden." (Wildberger I, 210). Aber da das Gedicht sonst durchgehend von der Schuld des *gesamten* Volkes spricht, ist die Verengung des Blickwinkels auf das Versagen der *Anführer* wohl sekundär.

125 In diesem Sinne könnte man auch die Wendung „zusammen waren sie wider Juda" verstehen. Sie bezöge sich dann nicht auf den syrisch-efraimitischen Krieg. Freilich überrascht dann das Wörtchen יחדו „zusammen", das an eine gemeinsame Aktion des durch „Efraim und Manasse" repräsentierten Nordreiches gegen den Südreichsstaat denken läßt.

Grundbestand ein *thematisch* geschlossenes Bild. Schon die beiden Bezeichnungen „Jakob“ und „Israel“ in v.7 deuten darauf hin, daß es um das Schicksal des Gottesvolkes *als Ganzes* – und nicht nur um das Nordreich – geht.[126] Die umfassende Perspektive betont auch das zweimalige כֻּלּוֹ „(als) sein Ganzes“ (v.8 und 16). Mehrfach und mit aus verschiedenen Traditionen entnommenen Begriffen stellt der Dichter den Ungehorsam und die Sündhaftigkeit des Volkes heraus: Es ist übermütig und hybride (v.8b-9)[127]; unbußfertig (v.12a)[128]; sucht Jahwe nicht (v.12b)[129]; handelt gottlos (חנף) und verderbt (מרע)[130]; jeder redet „Schändliches“ (נבלה, v.16)[131]; es herrscht „Bosheit“ (רשׁעה), die sich unaufhaltsam wie Feuer ausbreitet (v.17). Gemeinsam ist diesen Begriffen das Fehlen jeglicher Konkretion; alles ist auf das fundamental gestörte Gottesverhältnis zugespitzt.

Nicht anders sieht es aus, wenn man die Seite Gottes in diesem Gedicht betrachtet. Sein grundlegendes Heilshandeln besteht darin, zu Jakob/Israel seinen דָּבָר „Wort“ gesandt (שׁלח) zu haben, damit das Volk „zur Einsicht komme“ (וְיָדְעוּ). „Hier wird vom דבר in einer merkwürdig objektivierten Weise geredet ... Es wird gesandt und wirkt – das ist alles.“[132] Der Dichter legt die prophetische Verkündigung selbst nicht dar; er setzt sie voraus und faßt ihr Wesen und Ziel in größtmöglicher Abstraktion zusammen: Das durch den Propheten ergangene Gotteswort soll Erkenntnis wirken.[133] Wenn der דבר auch gewiß (noch) nicht im Sinne einer Hypostase zu deuten ist,[134] so wird doch in rückschauender Perspektive über die jesajanische Prophetie *reflektiert*. Eine vergleichbare Worttheologie finden wir innerhalb des Jes-Buches in 55,11 wieder, auch hier mit der Verbindung דבר und שׁלח:[135] Das aus dem Mund Jahwes hervorgehende *Wort* läßt gelingen, wozu es *gesandt* ist (vgl. auch Dtn 32,47; Jer 23,29). Nicht unerwähnt bleiben darf schließlich, daß der Zusammenhang von דבר „Wort“ und נפל „fallen“ (9,7b) seine nächsten Parallelen in dtr Texten hat und dort das göttliche Verheißungswort meint, das nicht „hinfällt“ (Jos 21,45; 23,14; 1Kön 8,56; 2Kön 10,10).

---

[126] Die engsten Parallelen finden sich bei Dtjes (40,27; 41,8.14; 42,24; 43,1.22.28; 44,1.21.23; 45,4; 48,12; 49,5; vgl. auch 10,20; 14,1; 29,23). „Der Name Jakob bei den at.lichen Propheten meint also eindeutig Israel als Gottesvolk, als Gemeinde JHWHs.“ (Zobel, ThWAT III, 772). Wer die Erläuterung v.8aβ für ursprünglich hält (wie etwa Duhm 92; Marti 96; Fey, Amos 88f.), kann in Jakob/Israel nur das Nordreich angesprochen finden.

[127] Weisheitlich, vgl. Jes 2,11.17; s. Kellermann, ThWAT I, 883f.

[128] Hauptparallelen in (spät-)dtr Umkehrtheologie; vgl. Graupner, ThWAT VII, 1156f.

[129] Vgl. 31,1; Jer 10,21; Am 5,4.6.

[130] Vgl. 10,6; 32,6.

[131] Vgl. 32,6.

[132] Rendtorff, TB 57, 81.

[133] Man vgl. als Parallele die sog. „Erkenntnisformel“ im Buch Ezechiel und bei P (dazu grundlegend Zimmerli, Erkenntnis).

[134] Vgl. zur Diskussion W.H. Schmidt, ThWAT II, 129f.

[135] So auch in Ps 107,20; 147,(15.)18.(19). Ps 147,19 identifiziert den דבר „Wort“ sogar mit den חקים „Satzungen“ und משׁפטים „Rechtsbestimmungen“.

Das auf Einsicht bzw. Erkenntnis zielende Gotteswort ist nun im Laufe der Geschichte nicht nur hin und wieder, sondern immer wieder auf Unverständnis und Ablehnung gestoßen. Insofern kann der Dichter die Geschichte Israels, die er mit nur wenigen Strichen und auf das Wesentliche beschränkt skizziert, als eine Geschichte des gerechten göttlichen Gerichts deuten.[136] Dabei mag v.10f. auf die Philister- und Aramäerkriege des 9. Jh.s. anspielen,[137] möglicherweise aber steht die vorstaatliche Richterzeit im Blick, wie es die Erwähnung der Aramäer und Philister (vgl. Ri 3,7-12; 13-16) und vor allem die Verwandtschaft des Kehrverses mit dem dtr Richterschema (Ri 2,11-19) nahelegen. Im Grundbestand der 2. Strophe sucht man Hinweise auf konkrete Ereignisse vergebens. Daß Jahwe „Kopf und Schwanz" ausrottet bzw. vernichtet (כרת hif.), kann nur ein totales Gericht an allen Bevölkerungsschichten, an groß und klein meinen (vgl. Dtn 28,13.44): Jahwe „vernichtet" fremde Völker, um Israel im Lande Platz zu schaffen[138] oder um sein Gericht an ihnen zu vollstrecken.[139] Er wendet sich aber auch gegen sein eigenes Volk und rottet es aus dem Land (wieder) aus, um es zu strafen.[140] Es handelt sich hier durchweg um Belege, die auf den Untergang des Staates 586 bereits zurückblicken. So wird man auch für Jes 9,13 annehmen dürfen, daß der Untergang von Nord- und Südreich vorausgesetzt ist. Dabei gilt es zu beachten, daß der Gedanke einer *totalen* Deportation bzw. Ausrottung der israelitisch-judäischen Bevölkerung kaum die Historie, dafür umso mehr spätere theologische Konzepte widerspiegelt: Nach ihnen ist neues Heil nur denkbar, wenn das Gericht zuvor ein totales war, wenn also die *gesamte* Bevölkerung deportiert worden ist.[141] Daß derartige Konzepte nicht am Anfang der theologischen Vergangenheitsbewältigung zu stehen pflegen, belegen nicht nur die Parallelen im dtjes und chr Literaturbereich, sondern legt sich auch aus allgemeinen Erwägungen nahe: Der frische Eindruck des Desasters ist bereits verblaßt; die Geschichte wird typisiert.

Betrachtet man die dritte Strophe, liegt eine ähnliche Deutung nahe, denn die einzige konkrete Angabe findet sich, wenn man v.20 als spätere Zutat ausklammert, in v.18: „Durch den Grimm Jahwe Zebaots ist das Land ‚versengt'."[142] Da die entscheidende Verbform freilich (kaum zufällig!) unverständlich bleibt und konjiziert werden muß, stößt eine überzeugende Interpretation an eine natürliche Grenze. Von der Begrifflichkeit des Kontextes her,

---

136 Zu den Versuchen, das Gedicht als Ankündigung *kommenden* Gerichts zu verstehen (so seit Gesenius), vgl. die Diskussion bei Vollmer, Rückblicke 137-140.

137 So z.B. Wildberger I, 212; Kaiser I, 214.

138 Dtn 12,29; 19,1; Jos 23,4; 2Sam 7,9.

139 Vgl. Ez 25,7.13.16; 29,8; 30,15; 35,7; Am 1,5.8; Zef 3,6.

140 1Kön 9,7 (spät-dtr, vgl. Würthwein, ATD 11/1, 104); Ez 14,13.17; 21,8.9.

141 Vgl. die Gola-Orientierung in Teilen des Jer- und Ez-Buches, in Dtjes und im chr Werk (vgl. Pohlmann, Jeremiabuch; ders., Ezechielstudien 43-45; Levin, Verheißung 166f.).

142 Konjekturen für das schwierige נֶעְתַּם bleiben unsicher (vgl. die Übersicht in HAL III 856). Vom Kontext her bietet sich an: נִצְּתָה „(das Land) ist versengt" (vgl. LXX), womit sich auch die Inkongruenz im Genus zwischen Subjekt („Land") und Verb auflöst.

der die Wirkung des göttlichen „Grimms" (עברה) mit einem „Feuerfraß" (auch 9,4) vergleicht, wird man aber doch an ein totales Gericht zu denken haben, das der Aussage von v.13 in der Sache entspricht: Das Exilsgeschick ist Gegenwart; es wird als Auswirkung des göttlichen Zornes begriffen.

Diese literarhistorische Einordnung findet ihre grundsätzliche Bestätigung, wenn man eine Abhängigkeit von dem Kehrversgedicht Am 4,6-12 annimmt und zugleich berücksichtigt, daß dieses Gedicht kein authentischer Amos-Text aus dem 8. Jh. sein kann.[143] Eine direkte literarische Abhängigkeit[144] wird sich angesichts der ganz verschiedenen inhaltlichen Füllung beider Gedichte kaum beweisen lassen, aber wegen der strophischen Strukturierung und zumal wegen des Kehrverses darf man doch von einer *Anregung* sprechen. Zwar sind die Kehrverse bei Jes und Am unterschiedlich ausgerichtet (Verhalten Israels / Gottes), doch sie enthalten dieselbe Wurzel שׁוב, und 9,12a scheint direkt Am aufzugreifen (שׁוּב + עַד).[145]

Auch für sich genommen läßt der Kehrvers kaum eine vorexilische Datierung zu.[146] Schon die Wortstatistik erlaubt keinen anderen Schluß: Von der יד נטויה „ausgestreckten Hand" wird nur noch in 5,25; 14,26.27; Jer 21,5 gesprochen,[147] und für die „Wendung" (שׁוּב) des „Zornes" (אף) Jahwes gibt es keine alten Belege.[148] Hinzuweisen ist auch auf die im dtr Richterschema verankerte Formel vom immer wiederkehrenden Zorn Jahwes (Ri 2,14; 3,8; 10,7). Es ist überhaupt auffällig, daß der Untergang von Staat und Tempel nicht selten mit Jahwes (gerechtem) Zorn oder Grimm (אף, עברה, חמה) gedeutet wird, so daß man mit einigem Recht behaupten kann: „Ein wichtiges Interpretament bei der theologischen Bewältigung der Katastrophe von 587 stellt das Motiv des *göttlichen Zornes* dar"[149]. Gern greift man dabei auch (wie in Jes 9,17f.) auf die Feuermetaphorik zurück.[150]

So sind diese Überlegungen einer vorexilischen oder gar jesajanischen Herkunft des Gedichtes, wie sie fast durchweg vertreten wird,[151] nicht gerade

---

143 Wolff, BK XIV/2, 265, datiert es in die Zeit Joschijas. Eine (frühestens) exilische Datierung vertritt Jeremias, ATD 24/2, 50-52, der eindrucksvoll die Parallelen Lev 26; Dtn 28 und bes. 1Kön 8,33ff. auswertet. Ganz andere Wege geht Blum, DBAT 1992/93, 84-88, der das Gedicht in die Jahre zwischen 732 und 722 einordnet. Das muß er auch tun, weil er Jes 9,7-20 auf Jesaja selbst zurückführt und *zugleich* eine literarische Abhängigkeit annimmt.

144 So Fey, Amos 83-104; Blum, DBAT 1992/93; vgl. schon Gray 179f. Kritisch Vollmer, Rückblicke 144, und Høgenhaven, Gott 49.

145 Vgl. schon Giesebrecht, Jesaiakritik 16.

146 Preuß, Deuteronomium 175, entdeckt in ihm immerhin „sog. ‚frühdtn' Sprache".

147 Üblicherweise ist נטויה „ausgestreckt" mit זרוע „Arm" verbunden, und zwar ausschließlich in dtr und späteren Texten (Ex 6,6; Dtn 4,34; 5,15; 11,2; 26,8; 1Kön 8,42; 2Kön 17,36; Jer 27,5; 32,17; Ez 20,33.34; 2Chr 6,32; Ps 136,12).

148 Jes 12,1; Jer 2,35; 4,8; 23,20; Hos 14,5; Ijob 14,13; Dan 9,16; 2Chr 12,12.

149 Veijola, Verheißung 98; vgl. bes. die Studie von Latvus, Jumalan Viha. Eine gute Materialübersicht bietet Westermann, FS Wolff (= TB 73, 96-106).

150 Markant Klgl 2,2-4; 3,42f.; 4,11. Vgl. Schunck, ThWAT V, 1038.

151 Anders nur Kaiser I, 210-218 (vgl. Gott I, 258). Immerhin skeptisch Deck, Gerichtsbotschaft 78, die allenfalls 9,7-11* im 8. Jh. ansiedeln mag.

günstig. Vielmehr scheint es als Ganzes auf den Untergang der beiden Staaten Israel und Juda bereits zurückzublicken und ihn geschichtstheologisch zu deuten: Der Radikalität der Sünde (vgl. das כֻּלּוֹ „[als] sein Ganzes" v.8.16) entspricht die Totalität des Gerichts. Insoweit hat das Fehlen konkreter Angaben einen guten Sinn: Nicht einzelne und historisch datierbare Bestrafungsaktionen malt der Dichter aus – er denkt allenfalls eher allgemein in Epochen –, sondern Jahwes *umfassenden* Schlag gegen das ganze Volk. Blickt man sich nach theologiegeschichtlichen Analogien um, wird man schnell fündig. Eine mit 9,7ff. vergleichbare Intention steht bekanntlich hinter der Konzeption der Deuteronomisten. Deren „geschichtstheologische Theodizee"[152] dient keinem anderen Zweck, als Jahwes glühenden Zorn als vollauf berechtigt, ja sogar notwendig zu erweisen. Das Kehrversgedicht kann geradezu als Antwort auf die – den Völkern in den Mund gelegten – Frage von Dtn 29,23 gelesen werden: „Warum hat Jahwe diesem Land das alles angetan? Woher dieser große, glühende Zorn?"[153]

9,7-20 ist demnach kein unmittelbarer Niederschlag prophetischer Verkündigung. Einen Sitz im Leben (gar noch im Leben des Propheten Jesaja) zu bestimmen, fällt außerordentlich schwer. Als weit fruchtbarer hingegen erweist sich die bisher zu stark vernachlässigte Frage nach dem *Sitz im Buch*. Tatsächlich ist das Kehrversgedicht im näheren Kontext des Jes-Buches fester verwurzelt, als man bislang anzunehmen geneigt war. Es drängt sich sogar die nun näher zu begründende These auf, daß es eigens für diesen Kontext als Fortschreibungstext geschaffen wurde.

Das entscheidende Argument ergibt sich aus der Verwandtschaft mit dem Verstockungsauftrag in c.6.[154] Jahwe beauftragt den Propheten in 6,9f., nichts als Verstockung zu bewirken, doch über den Inhalt des Auftrags wird nichts mitgeteilt. 9,7f. nun scheint diesem Mangel insofern abhelfen zu wollen, als dort – unter Verwendung desselben absolut gebrauchten Verbums ידע „erkennen" – dem göttlichen Wort zunächst eine positive Zweckbestimmung unterstellt wird: Eigentlich war es doch dazu da, Erkenntnis zu wirken. Daß es faktisch wirkungslos geblieben ist, liegt (und hierin besteht wieder völlige Übereinstimmung mit c.6) allein an der radikalen Verderbtheit des Volkes.[155] 9,7ff. bemüht sich also um eine dem Leser *einsichtige Begrün-*

---

[152] Perlitt, ZThK 1972, 298 (= FAT 8, 27). Vgl. Kaiser, Gott I, 128f.; W.H. Schmidt, Einführung[5] 145: „erst recht wirken die kritischen Geschichtsrückblicke (wie Hos 11f; Jes 9,7ff; 43,27f) wie eine Vorwegnahme des dtr. Werkes *in nuce*." Auf den nachexilischen Ps 78 sei besonders hingewiesen, denn er weist mancherlei Berührungen zum Gedicht auf (78,17.32: vgl. Kehrvers; 78,21: Zorn Gottes in Form von Feuer, hier auch Jakob / Israel). Vgl. die Analyse bei Spieckermann, Heilsgegenwart 133-150.

[153] Dazu Perlitt, ZThK 1972, 298f. (= FAT 8, 27f.); vgl. auch Lev 26,21.23-25.27f.

[154] Vgl. den Hinweis bei Kaiser I, 214.

[155] Möglicherweise ist es kein Zufall, daß 9,7 dasselbe Verbum שׁלח „senden" auf das „Wort" bezieht, das in 6,8 als terminus technicus die Tätigkeit des Propheten charakterisiert. Vgl. Wildberger I, 214: „Es ändert nicht viel, wenn Jesaja an dieser Stelle [in 9,7 gegenüber 6,8] von der *Sendung des Wortes* spricht."

dung des Gerichts und erreicht dies mit dem refrainartigen Hinweis auf den berechtigten göttlichen Zorn. Insoweit füllt das Kehrversgedicht die Leerstellen von c.6* aus und entschärft damit zugleich die anstößige Härte des Verstockungsauftrags. So ist es wohl auch nicht abwegig, eine Verbindung zwischen 6,11 und den Gerichtsaussagen in 9,(10.)13.18 zu sehen: Was 6,11 noch im Modus der Ankündigung formuliert („bis daß verwüstet sind die Städte...“), stellt 9,13.18 als bereits erfüllt fest. C.6 und 9,7ff. verhalten sich also nun zueinander wie Ankündigung und Erfüllung.

Fragt man weiter, woran 9,7 einmal direkt angeschlossen hat, ist eine Antwort möglich: Wenn man davon ausgeht, daß sich die Verheißung 9,1-6 einer sehr späten Hand verdankt und am Ende von c.8 (v.18.19-23) mit mehreren Fortschreibungen zu rechnen ist, die z.T. mit der Verheißung zusammenhängen, ergäbe sich die Möglichkeit, 9,7-20 direkt an 8,17 anzuschließen. Tatsächlich ist das Kehrversgedicht am besten als Fortsetzung von 8,17 denkbar, insofern 9,7-20 die Zeit der Verborgenheit Gottes (vgl. הַמַּסְתִּיר פָּנָיו 8,17) als eine Zeit seines gerechten Gerichts deutet. Daß 9,7 für das Gottesvolk dieselbe und in Jes 1-39 nicht eben häufige Bezeichnung „Jakob“ verwendet wie 8,17, sei nur am Rande vermerkt. Bezieht man die eben notierten Verbindungen zwischen 9,7ff. und c.6* in die Überlegungen ein, darf die Vermutung gewagt werden, daß wir in 9,7-20* eine am ehesten frühnachexilische Fortschreibung der „unheilstheologischen“ Edition der Denkschrift (6,1-11* + 8,1-8a*.16*-17) vor uns haben. Jes 7 hat offenbar noch nicht in diesem Komplex gestanden, so daß sich zwar keine absolute, wohl aber eine relative Einordnung und damit ein ungefährer zeitlicher Rahmen ergibt.

Einen solchen Zusammenhang von c.6*+8* setzen nun offenbar auch einige Stücke aus Jes 40-55 voraus, die dort zu den Erweiterungen zu rechnen sind. In der an die Tauben und Blinden gerichteten Rede 42,18-25 blickt der Dichter auf den Untergang und seine Gründe zurück, um die Zeit des Heils (43,1-7) in umso leuchtenderen Farben erscheinen zu lassen.[156] Es ist dabei auffällig, daß 42,18.19a.20 offenbar den Verstockungsauftrag von 6,9f. aufnehmen.[157] Eine nicht minder frappante Ähnlichkeit besteht auch zwischen 42,24-25 und 9,7-20. 42,25 wirkt mit seiner Feuermetaphorik geradezu wie eine Rekapitulation von 9,17f. (בער „brennen“; חמה bzw. עברה „Grimm“), und der Vorwurf לא ידע „(das Volk) erkennt nicht“ in 42,25 findet in 9,8 sein Gegenstück. Es ist also möglich, daß sich 42,18ff. sachlich und terminologisch bewußt an c.6 und 9,7ff. anlehnt, wobei zu ergänzen ist, daß 8,16 und 42,21.24 auch in dem Stichwort „Tora“ eine Gemeinsamkeit haben.[158] Für die These, daß das Gedicht 9,7ff. einmal ursprünglich hinter 8,17 seinen Platz bekommen hat, könnte schließlich eine weitere interessante Parallele ins Spiel gebracht werden, nämlich 54,8:

Im Aufwallen des Zorns habe ich verborgen
mein Angesicht einen Augenblick vor dir,
doch mit ewiger Gnade habe ich mich deiner erbarmt,
spricht dein Erlöser Jahwe.

---

[156] Zum Nachtragscharakter von 42,18-25 s.o. Kap. 3.2.4.

[157] Vgl. Clements, Interp. 1982, 125; JSOT 1985; Hardmeier, WuD 1989, 165 A.35.

[158] Die betreffenden „Tora“-Stücke (42,21.24b$\beta\gamma$) sind freilich später eingesetzt (vgl. Kratz, Kyros 144f.; v. Oorschot, Babel 207-213.299; H.-C. Schmitt, FS Preuß 124f.).

Hier blickt Jahwe auf die Zeit seines Zorns (שֶׁצֶף) zurück, erklärt seine Verborgenheit (vgl. הִסְתַּרְתִּי פָנַי) für beendet und kündigt neues Heil an. Beinahe demselben Gedanken und denselben Worten begegnen wir auch in 8,17 und 9,7ff. Es drängt sich die Vermutung auf, daß der Ergänzer von 54,8 möglicherweise 8,17 + 9,7ff. *in dieser Abfolge* (d.h. noch ohne die Nachträge 8,18-23 und die Verheißung 9,1-6) vor sich hatte und sich von beiden Texten anregen ließ. Das setzt freilich voraus, daß 8,17 *älter* ist als 54,8 und keine *umgekehrte* Abhängigkeit vorliegt. Danach wäre, wie bei unserer Analyse von 8,17 erwogen,[159] 8,17 auf 54,8 hin formuliert worden. Eine endgültige Entscheidung ist einstweilen nicht möglich, doch sollen beide Optionen und der Grad ihrer Wahrscheinlichkeit wenigstens genannt werden.

Es ist ferner möglich, daß dem Ergänzer von 9,7-20* an einer Rückbindung an das Weinberglied gelegen war. Die Ankündigung Jahwes, er werde seinen Weinberg zu „Ödland“ (?) machen (5,6), korrespondiert mit 9,18, und auch die Verbindung „Dornen und Disteln“ ist beiden Texten gemeinsam (5,6 und 9,17); man vgl. auch das Bild vom strafenden Feuer in 5,24a und 9,18. So liegt jedenfalls auf der jetzigen Textebene eine Inklusion vor, die der Dichter von 9,7ff. bewußt hergestellt haben könnte. Was Jahwe in seinem Lied angekündigt hat, die Verwüstung seines „Weinberges“, ist tatsächlich eingetreten. Auch in diesem Fall ist eine umgekehrte Abhängigkeit nicht ausgeschlossen.

Wir haben in 9,7-20* also nicht eine ehedem selbständige kerygmatische Einheit, sondern einen eigens für den literarischen Kontext verfaßten Fortschreibungstext vor uns, der aufgrund seines anthologischen Charakters zwar einen zusammengesetzten Eindruck macht, aber doch ein theologisch konsistentes Bild zeichnet. Er wurde als Fortsetzung von 8,17 verfaßt und hatte die Funktion, die Zeit des Gerichts auszumalen und in Form eines Rückblicks als bereits abgeschlossen vorzustellen.

4.6. Ein isolierter Weheruf (10,1-4)

Für die ursprüngliche Zugehörigkeit des in seinem jetzigen Kontext etwas isoliert wirkenden Weherufs 10,1-4 werden in der Forschung üblicherweise zwei Varianten angeboten: (1) Nach wie vor beliebt ist die Anschauung, das Stück sei einmal Bestandteil der Weheruf-Reihe 5,8-24* gewesen und im Austausch mit 5,25-29 umgestellt worden.[160] Bei dieser Gelegenheit wäre auch der Kehrvers v.4b hinzugekommen, um den Weheruf nun als letzte Strophe des Gedichtes 9,7ff. auszuweisen. – (2) Seltener trifft man auf die an sich naheliegende Vermutung, 10,1-4 bildeten einfach die Fortsetzung des Kehrversgedichtes, das mit 5,26-29 zu seinem Ziel kommt.[161] Den nicht leicht zu übersehenden Wechsel im Stil und in der Anrede erklärt man dann gern damit, daß der Prophet hier – je nach Interpretation des Gedichtes – aus der Geschichtsbetrachtung oder aus der Zukunftsschau wieder auf den

---

[159] S.o. Kap. 3.4.4.

[160] So zuerst Studer, JPTh 1881, 172-174; ferner Giesebrecht, Jesaiakritik 10-15; Wildberger I, 180f.; Barth, Jesaja-Worte 110-112; Vermeylen, Prophète I 169f.176f.; Kaiser I, 115; Deck, Gerichtsbotschaft 209; Porath, Sozialkritik 162-174. In der Regel versetzt man 10,1-4* an das *Ende* der Weheruf-Reihe; anders etwa Barth, der das Stück an den Anfang der Sammlung rückt (ähnlich schon Giesebrecht mit Umstellung: 10,1; 5,23; 10,2-4; 5,8ff.).

[161] Z.B. Duhm 96f.; Fey, Amos 83-104; Donner, Israel 66-75; Irvine, Isaiah 244-250.

Boden der Tatsachen, also in die Gegenwart zurückgekehrt sei.[162] Die Schwierigkeit der zweiten Variante liegt in der Aufeinanderfolge von 10,1-4 und 5,26-29. Denn es ist offenkundig, daß die massive Ankündigung des „Tages der Heimsuchung“ und der „Verheerung“ (10,3) die letzte Strophe 5,26ff. unpassend „vorwegnimmt, jedenfalls den Eindruck derselben beeinträchtigt“.[163] Beides kann nicht nebeneinander gestanden haben. Aber auch die erste Lösung wirkt bei näherer Betrachtung nicht überzeugender: Im Blick auf den vermuteten ursprünglichen Ort von 10,1ff. innerhalb der Weheruf-Reihe läßt sich keine Eindeutigkeit gewinnen, und insbesondere v.3 will sich nicht recht zu den Drohworten in 5,9.13.24 fügen, wie allein schon die Anrede in der 2. Person zeigt.

Nun haben wir bereits bei 5,25-29 gesehen, daß der komplexen Lage in den Kapiteln 5-10 nicht durch eine *Umstellung* beizukommen ist, wir vielmehr mit redaktionellen Fortschreibungen größeren Ausmaßes zu rechnen haben. Insofern darf auch bei dem Weheruf 10,1-4* bezweifelt werden, daß er überhaupt je in einem der beiden Komplexe fest verwurzelt war. Ihn *insgesamt* als sekundär und damit als rein redaktionelle Bildung einzustufen, hat man bislang nur ganz selten gewagt.[164] Dieser Befund braucht nicht zu überraschen, denn nach wie vor ist es die Zeitgeschichte des Propheten, die als hermeneutisches Passepartout den Zugang zum Jesaja-Buch regelt – nicht selten zum Schaden der Texte.

Gegenüber dem Kehrversgedicht, das sich ohne Differenzierung auf das sündige Volk in seiner Gesamtheit bezieht, spricht der Weheruf nur eine bestimmte Personengruppe an. Dabei zielt die Kritik in v.1-2 offenbar auf Leute, die mächtig genug sind, die „Armen“ (דַּלִּים) und die „Elenden meines Volkes“ (עֲנִיֵּי עַמִּי) um ihr Recht zu bringen. Wer ist hier angesprochen? Trotz einer bemerkenswerten Häufung rechtlicher Termini erweist sich der Text als mehrdeutig und spröde. Versuche, die Anklage von den sozialen Gegebenheiten des 8. Jh.s her zu verstehen und aus ihr eine harsche Kritik an der judäischen Oberschicht herzuleiten, bleiben auf Spekulation und Phantasie angewiesen, und die Resultate gehen oft weit über das Erhebbare hinaus.[165] Wenn eine „sozialkritische“ Dimension auch kaum zu bestreiten ist,

---

[162] Vgl. etwa Duhm 96; Fey, Amos 98.

[163] Marti 101.

[164] Kilian I, 15-17.79f., führt 10,1-4 auf den Redaktor zurück, der die Weheruf-Reihe mit dem Kehrversgedicht verband, *bevor* die Denkschrift 6,1-8,18 eingeschoben wurde. Ähnlich Werner, Plan 13f.; L'Heureux, Isaiah 5.1-10.4, 110-112. – Schon Marti bemerkte, 10,1-3 böten innerhalb von 9,7ff. keinen wirklichen Fortschritt; „darum bleibt die Empfindung, dass diese drei Verse, die an sich durchaus jesajanischen Gepräges sind, ebenso viele Zeilen, die hier ursprünglich standen..., zu ersetzen bestimmt sind“ (101). Guthe votiert aufgrund der Jahwerede (vgl. „mein Volk“ v.2) „für den nachexilischen Ursprung des Stücks“ (606).

[165] Einige Beispiele: Nach Niehr, Rechtsprechung 82-84, handelt sich um königliche Beamte, die die Gerichtsbarkeit für eigene Zwecke ausnutzen. Crüsemann, Tora 30-34.196f., weiß, daß Jesaja eine Gruppe der judäischen Oberschicht angreift, die „offenbar selbständig rechtssetzend auftritt“ (32). Dabei ziele der Prophet vermutlich auf die Mischpatim von Ex 21f.* (!) ab, die nichts anderes seien als ein von der Oberschicht kodifiziertes und dem

so darf sie doch nicht den Blick auf die spezifisch *weisheitliche* Thematik des Wortes verstellen.

Die Leidtragenden sind gemäß v.2 die „Geringen“ (דַּלִּים) und die „Elenden meines Volkes“ (עֲנִיֵּי עַמִּי). Natürlich sind beide Begriffe auch im konkret-sozialen Sinne belegt.[166] Sie sind freilich nicht selten – und dies gilt vor allem für die עֲנִיִּים / עֲנָוִים „Elenden“ – mit einer *religiösen* Konnotation verbunden, die man mit dem Stichwort „Armenfrömmigkeit“ umschreiben kann. In 10,1-3 ginge es dann nicht primär um das Gegeneinander zweier Gesellschaftsschichten (arm und reich), sondern um die weisheitliche Opposition von gottlos (רָשָׁע) und gerecht (צַדִּיק), wobei anzumerken ist, daß beide Aspekte natürlich nicht zu trennen sind. Vor diesem Hintergrund lassen sich etwa die „Elenden meines Volkes“ als Gruppe innerhalb Israels auffassen, die sich von den Gottlosen, den רְשָׁעִים, bedrängt und bedrückt sieht. Die einzigen weiteren Belege der Verbindung עֲנִיֵּי עָם in Jes 14,32 und Ps 72,4 lassen gar keine andere Deutung zu.[167] Auch in dem (späten) eschatologischen Ausblick Jes 29,19-21 stehen die עֲנָוִים „Elenden“ und אֶבְיוֹנִים „Armen“ als Gruppe innerhalb Israels den Frevlern gegenüber: Den Armen wird verheißen, daß es mit dem Tyrannen und dem Spötter sowie mit „allen, die auf Unheil lauern“ (כָּל־שֹׁקְדֵי אָוֶן), ein Ende haben wird. Es ist aufschlußreich, daß die Frevler hier als solche bezeichnet werden, die andere zur Sünde verführen und das Recht beugen (29,21). Daß auch das Ijob-Buch und das weisheitlich geprägte Büchlein Habakuk mancherlei Parallelen bereithalten, darf nach alldem nicht mehr verwundern.[168]

Liest man den Vorwurf in 10,1-2 vor diesem weisheitlichen Hintergrund, kann man in den „Unheilssatzungen“ (חִקְקֵי־אָוֶן) geradezu einen Gegenbegriff

---

Machterhalt dienendes „Klassenrecht“ (197). Kessler, Staat 39-42, erblickt in den Verordnungen von 10,1 ungerechte Wirtschaftsverträge.

[166] Fabry, ThWAT II, 231-243, und Gerstenberger, ThWAT VI, 256-269. Es ist freilich nicht ausgemacht, ob die Amos-Belege 2,7a und 8,4.6a wirklich alt sind; die Thematik ist an *beiden* Stellen offenkundig nachgetragen (zu Am 8,6 vgl. Gese, FS Kaiser 62f.; Fleischer, Menschenverkäufer 174-200; Jeremias, FS Richter [= FAT 13, 231-243]).

[167] Als Parallele kommen insbesondere die im Geiste der „Armenfrömmigkeit“ abgefaßten Psalmen und eine entsprechende Psalmen-Redaktion in Frage (dazu Michel, TRE 4, 73-76; Hossfeld/Zenger, NEB.AT 29, 14f.; Levin, ZThK 1993, 371-381). So findet man, um nur die markantesten Beispiele zu nennen, etwa in Ps 9/10 und 72 dasselbe Ensemble an Rechtstermini wieder wie in Jes 10,1-2: עניים bzw. עני „elend“ (Ps 9,13.19; 10,2.9.12.17; 72,2.4), דין „Rechtssache, -anspruch“ (Ps 9,5, als Verbum 9,9; 72,2); משפט „Recht“ (Ps 9,5.8.17; 10,5; 72,1.2); יָתוֹם „Waise“ (Ps 10,14.18).

[168] Vgl. etwa das Wortpaar און „Unrecht“ und עמל „Mühsal“ zur Charakterisierung der Frevler in Ijob 15,35 und Hab 1,3 (auch Jes 59,4; Ps 7,15; 10,7; 55,11), oder die Zusammenstellung von חקק „eingraben“ und כתב „schreiben“ in Ijob 19,23 (die Worte des *Gerechten* sollen „aufgeschrieben“ und „eingegraben“ werden, vgl. Jes 30,8, während dasselbe in Jes 10,1 mit den Anordnungen der *Frevler* geschehen soll). Im Grundbestand des Buches Habakuk scheint es entgegen verbreiteter Ansicht um die weisheitliche Frage zu gehen, „wie lange“ (vgl. 1,2) der רָשָׁע „Frevler“ den צַדִּיק „Gerechten“ noch zu bedrücken vermag, bis Gott endlich eingreift (zu dieser Deutung vgl. Gunneweg, ZAW 1986; zur Diskussion Koenen, Heil 124-164).

zu den göttlichen חֻקִּים „Satzungen“ der dtr Schule erblicken:[169] Statt das Recht der *personae miserae* auf der Grundlage der *göttlichen* Gebote zu schützen (Dtn 24,17; 27,19), werden diese Gebote kurzerhand „umgeschrieben“. Hierin steckt natürlich zu einem guten Teil Polemik und nicht zuletzt „die Projektion der Frommen..., die sich ihr Gegenbild gleichsam selbst geschaffen haben als das die eigene Identität spiegelnde negative Pendant.“[170]

V.3 fügt sich in diese Konstellation gut ein: Das angekündigte Gericht ist ein *Reinigungsgericht*, das dem Frevler *Unheil* und dem Frommen *Heil* zukommen läßt. Angesprochen sind – in direkter Rede! – die Frevler, und nur sie haben den „Tag der Heimsuchung“ (יוֹם פְּקֻדָּה) zu fürchten. An diesem Tag wird es – außer für die Jahwetreuen – keine Hilfe (עֶזְרָה) geben (vgl. 20,6 und 31,1), und der auf Kosten der „Geringen“ erworbene Reichtum, so wird man v.3bβ paraphrasieren dürfen, ist schnell dahin.[171]

Auf eine aufschlußreiche Parallele stoßen wir in Jer 5. Innerhalb einer Rede gegen das sündhafte Volk *in toto* findet sich in 5,26-31* eine Einlage, die sich speziell gegen das Unheil wendet, das von den *Frevlern* (רְשָׁעִים) im Volk ausgeht. Es besteht unter anderem (wie in Jes 10,2) in der Mißachtung des Rechts von Waise und Witwe (v.28) und soll entsprechend „geahndet“ werden (פקד wie in Jes 10,3). Mit ähnlichen Worten wie Jes 10,3 fragt Jer 5,31 schließlich warnend: „Was wollt ihr tun (מַה־תַּעֲשֶׂה), wenn es damit aus ist (לְאַחֲרִיתָהּ)?“ Man sieht: Das theologische Milieu ist dasselbe, und auch zeitlich liegen beide Texte nicht weit auseinander.[172]

Der schwierige v.4a mag eine sekundäre Ausdeutung von v.3 sein.[173] Wir verzichten auf eine Konjektur und betrachten v.4aα (etwa: „ohne daß man sich unter die Gefangenen beugt“) als einen Versuch, das in v.3 angekündigte Gericht konkret auf eine Gefangenschaft (das babylonische Exil?) zu beziehen. V.4aβ (etwa: „und [ohne daß] sie unter die Erschlagenen fallen [= sterben]“) scheint wiederum 4aα (sekundär) fortzuführen.[174]

Der Kehrvers in v.4b hingegen dürfte mit v.1-3 auf einer Stufe stehen. Er hat formal die Funktion einer Wiederaufnahme: Als 10,1-3 zwischen das Kehrversgedicht und das Wehewort gegen Assur 10,5ff. geschaltet wurde,

[169] Die ungewöhnliche Form חִקְקֵי־ statt חֻקֵּי־ (so nur noch Ri 5,15) scheint ein Aramaismus zu sein (Bauer/Leander 570t); auch dies ein Indiz für späte Herkunft.

[170] Levin, ZThK 1993, 372.

[171] Vgl. der Sache nach Ijob 20,19f.: Der רָשָׁע „Frevler“ verliert am Ende seine Schätze.

[172] Duhm denkt bei dem ganzen Stück Jer 5,18-31 an einen Ergänzer, der „mindestens jünger als Tritojesaia“, eher aber noch später anzusetzen ist (KHC XI, 64). Selbst wenn man bei Jer 5,31 literarische Abhängigkeit von Jes 10,3 annehmen wollte (so Duhm), bliebe noch genügend Spielraum für eine relativ späte Ansetzung von Jes 10,1-4*.

[173] Vgl. Wildberger I, 200; Deck, Gerichtsbotschaft 209 A.88; Porath, Sozialkritik 173f.

[174] Es fällt auf, daß beinahe jedes Wort in v.4a auch in dem Spottlied auf den König von Babel in 14,4ff. begegnet: בלתי „ohne“ (14,6), אסיר „Gefangener“ (14,17), הרוגים „Erschlagene“ (14,19; vgl. 14,20.30), תחת „unter“ (14,9.11), נפל „fallen“ (14,12). Dies kann natürlich Zufall sein, bleibt jedoch gerade angesichts der *seltenen* Worte auffällig. Sollte der Ergänzer von v.4a aus dem Spottlied sein Material bezogen haben?

war es das Einfachste, mittels dieses Verses zum alten Zusammenhang zurückzulenken. Aber das war nicht alles. Denn der Kehrvers macht aus dem Einschub 10,1-3 zugleich eine weitere Strophe des Gedichtes, das nun einen neuen Skopos erhält: Das *totale* Gericht über das *gesamte* Volk bleibt nicht das letzte Wort Gottes, denn so wie die Sünde nach der Überzeugung des Ergänzers nur Einzelnen im Volk anhaftet, so kann sich das letzte Gericht nur als Trennung zwischen den Gottlosen und den „Elenden meines Volkes" vollziehen. Im Lichte dieser Korrektur gerät schließlich auch die Zuchtrute Assur (10,5ff.) zu einem Instrument, das allein die Gottlosen zu bestrafen hat (ähnlich Hab 2,6ff.). Schließlich spannt sich ein Bogen zu Jes 1,17 und 3,12-14; es spricht manches dafür, daß der Verfasser von 10,1-4* hier eine wichtige Quelle hatte.[175]

Mit einem versprengten jesajanischen Weheruf, der unmittelbare Rückschlüsse auf die sozialen Verhältnisse im 8. Jh. erlaubte, haben wir es bei 10,1-3.4b also mitnichten zu tun. Vielmehr liegt ein eigens für den gegebenen Kontext verfaßter[176] Fortschreibungstext vor, der mit einem genuin weisheitlichen Thema ringt, mit dem Konflikt zwischen dem Gerechten und dem Frevler. Dieser Einschub, der kaum vor dem 4. Jh. entstanden ist, dient der Vergewisserung einer mit „armentheologischer" Begrifflichkeit gezeichneten Gruppe in Israel, die sich zwar elementar bedrängt sieht, aber doch von der Hoffnung eines gerechten Gerichtes Jahwes durchdrungen ist.

4.7. Ertrag

Die „Denkschrift" wird von mehreren Texteinheiten gerahmt, die man bislang (fast) einhellig auf den Propheten Jesaja zurückgeführt hat. Darüber hinaus rechnete man ebenso selbstverständlich damit, daß die ursprüngliche Ordnung dieser Einheiten durch Umstellungen gestört worden sei. Beide Annahmen fanden keine Bestätigung. Vielmehr handelt es sich sowohl bei der Weheruf-Reihe 5,8-24* als auch bei dem Kehrversgedicht 9,7-20* um reine *Fortschreibungstexte*, die in ähnlicher Weise auf die „Denkschrift" in ihrer frühnachexilischen Gestalt (6,1-9.11 + 8,1-8a.16-17) Bezug nehmen und folglich noch später anzusetzen sind. Jes 7 wird offenbar noch nicht vorausgesetzt. So ist das Weinberglied in 5,1-7 (unter Aufnahme des Stücks 5,1b-2.7a) eigens als Einleitung der Weheruf-Reihe 5,8-13.20.23-24 verfaßt worden, die ihrerseits die alleinige Funktion hat, die harte Verstockungsbotschaft

---

[175] Stade, ZAW 1906, 139: 10,2 ist „Lesefrucht aus 1,17; 3,14f."; zur Einordnung von 3,12-14 s.u. Kap. 5.2.

[176] Vgl. שׁלל „plündern" und בזז „rauben" in 10,2b (evtl. aus 10,6 bzw. 8,1.3) oder die Verbindung בוא „kommen" + ממרחק „von Ferne" (10,3a), die vielleicht auf 5,26 zurückgreift und das dort angekündigte *totale* Gericht auf die *Frevler* beschränkt. Das Paar Witwe / Waise schließlich begegnet auch in 9,16 (in einem Nachtrag). Nicht zuletzt könnte die Gestaltung als *Weheruf* in 10,5 (und in der Reihe 5,8ff.) ihr unmittelbares Vorbild haben.

in c.6 vorzubereiten und auf diese Weise einsichtiger und nachvollziehbarer zu machen. Dieser Zusammenhang legt sich vor allem durch eine Fülle literarischer Querbezüge nahe. Die Weherufe selbst sind kaum originell; sie stammen überwiegend aus dem Amos-Buch, wo sie sachlich und theologisch ihren ursprünglichen Ort haben. Jesaja selbst ist also erst durch die späten Tradenten seiner Wortüberlieferung zu einem „Sozialkritiker" gemacht worden. Durch die Vorschaltung des Weinbergliedes und der Weheruf-Reihe ergab sich zugleich eine neue Gestalt des – in seinem Umfang freilich noch recht bescheidenen – Jes-Büchleins: Die Inauguralvision wurde von ihrer Anfangsstellung abgerückt und bekam nun eine ausführliche Einleitung, die zugleich der Beginn des „neuen" Jes-Buches geworden ist. Es ist jedenfalls gut vorstellbar, daß mit dem rhetorisch brillanten Weinberglied einmal ein Jes-Buch begonnen hat.

Auch das Kehrversgedicht von der ausgestreckten Hand Jahwes in 9,7-20* hat nie für sich bestanden; es wurde eigens für seinen bestehenden Kontext – genauer: als Fortsetzung von 8,17 – verfaßt. Das Gedicht zeigt auf, daß sich das in c.6* + 8* angekündigte Gericht (vgl. 6,11; 8,17) bereits vollzogen habe. Es scheint deshalb wohl auch etwas später entstanden zu sein als das Weinberglied und die Weheruf-Reihe (9,17f. könnten 5,6 aufgreifen); mit letzter Sicherheit ist das freilich nicht zu sagen. Die Ankündigung eines Gerichtsvolkes aus der Ferne (5,25-29) hat nie zu dem Kehrversgedicht gehört. Es handelt sich hier um eine spätere Erweiterung der Weheruf-Reihe, die die Unausweichlichkeit des Gerichts herausstreichen wollte. Bei dem Volk selbst ist am ehesten an die Babylonier gedacht.

Nicht anders ist der isolierte Weheruf in 10,1-3.4b zu beurteilen. Er ist formal als Erweiterung des Kehrversgedichtes konzipiert worden und bezieht das in 9,7-20 ausgemalte Gerichtshandeln Jahwes auf die endzeitliche Scheidung zwischen Gerechten und Frommen. Zeitlich kann dieses Wort kaum vor dem 4. Jh. in den Text gelangt sein. Es setzt im übrigen auch das Assur-Wort in 10,5ff. voraus, das seinerseits einmal als direkte Fortführung von 9,20 entstanden ist. Der Versuch einer *absoluten* chronologischen Einordnung der verschiedenen Texte bereitet naturgemäß Schwierigkeiten; über relative Angaben wird man nicht hinauskommen. Da die frühnachexilische Edition der „Denkschrift" (6,1-11* + 8,1-17*) vorausgesetzt wird, ergibt sich für 5,1-24* und 9,7-20* ein Datum wohl nicht weit danach. Das bereits in die protochronistische Zeit gehörende Kapitel Jes 7 jedenfalls scheint noch nicht an seinem Ort gestanden zu haben.

5. Jes 1,1-4,6: Drei neue Bucheditionen

5.1. Das bisherige Bild vom Werden des Jes-Buches

Die bisherigen Analysen lassen ein zwar ungewohntes, aber dennoch relativ einfaches Bild von den Anfängen und dem Werden des Jes-Buches erkennen. Auf den *ältesten Kern* des Buches sind wir in der sog. Denkschrift des Propheten gestoßen. Zu ihm gehört der Grundbestand der Berufungsvision (6,1-8*) sowie ein durch eine Symbolhandlung vermitteltes Unheilswort gegen Damaskus und Samaria (8,1-4*.16*), und es spricht manches dafür, daß weitere Worte ähnlichen Inhalts und Charakters einmal zu dieser (heilsprophetischen) Reihe gehört haben.[1] Daraus ergibt sich zugleich, daß die erste Sammlung jesajanischer Prophetien tatsächlich einmal „formgemäß" mit einer Berufungserzählung begonnen hat. Auch die unheilstheologische *Neuedition* dieser Prophetien, die sich in der Verstockungsbotschaft (6,9+11), in dem Gerichtswort gegen Juda (8,5-8a*) sowie in 8,17 niedergeschlagen hat, änderte an dieser Anfangsstellung nichts; die Inauguralvision war zugleich Buchbeginn. So hat das Jes-Buch noch in frühnachexilischer Zeit eine Gestalt bewahrt, wie man sie aus anderen Prophetenbüchern (Jer und Ez) kennt.

Erst sukzessive ist c.6* von seiner Anfangsstellung abgerückt worden. Das geschah durch eine umfangreiche redaktionelle Fortschreibungstätigkeit, in deren Verlauf das Jes-Buch auch mit *neuen Einleitungen* versehen wurde. So konnten wir nachweisen, daß sich hinter dem Weinberglied (5,1-7) und den Weherufen (5,8-24*) mitnichten jesajanische Worte verbergen. Beide Einheiten sind vielmehr eigens zur Vorschaltung vor die „Denkschrift" konzipiert und formuliert worden: Das umfassende, radikale Gericht (6,9-11) wird *nachträglich* mit tiefgreifenden sozialen Mißständen begründet und auf diese Weise einsichtiger gemacht. Es hat also offenbar einmal ein Jes-Buch gegeben, das mit c.5* eingesetzt hat, und das Weinberglied dürfte sich in besonderer Weise als Prolog dieser Buchedition angeboten haben.

Nach unserer Auffassung läßt sich dieses Modell von der sukzessiven Vorschaltung von Texteinheiten auch auf die noch verbleibenden c.1-4 anwenden. Es wird sich zeigen, daß hinter diesen Kapiteln insgesamt *drei* Neueditionen stehen, die jeweils mit einem spezifischen Interesse auf eine Neuakzentuierung, eine *relecture* des jeweils vorliegenden Jes-Buches gerichtet sind. Dabei können wir zumindest im Blick auf das jetzige Anfangskapitel des Buches an ältere Beobachtungen anknüpfen. Denn man hat immer wieder darauf hingewiesen, daß Jes 1 mehrere Themen aus dem Jes-Buch präludiert

---

[1] S.u. Kap. 7.2. und Kap. 8.

und vorbereitet. Viel zitiert wurde etwa die Sicht G. Fohrers, der das Kapitel mit einigem Recht „als Zusammenfassung der Verkündigung Jesajas“ bezeichnen konnte. In der Tat zeigt sich am deutlichsten an Jes 1,2-20, daß hier eine redaktionell geformte Einheit vorliegt, die nicht in sich selbst steht, sondern auf eine literarische Fortsetzung angelegt ist. Dieser *bucheinleitende Charakter* des Kapitels wird – vor allem in Arbeiten, die von einer synchronen Lektüre des gesamten Jes-Buches ausgehen – zwar immer wieder wahrgenommen,[2] doch nach wie vor bestimmt der *zeitgeschichtliche* Zugang die Auslegung von Jes 1: Anstatt die in das gesamte Jes-Buch ausgreifenden literarischen Bezüge textgenetisch zu erklären, bemüht man sich immer noch um eine Verortung kleinster Einheiten in der Verkündigung Jesajas – nicht ohne dabei ein gehöriges Maß an Kombinationsgabe und Phantasie aufzuwenden, die weit über das Erhebbare hinausgehen. Was nach unserer Sicht der Dinge für Jes 1* gilt, trifft aber *mutatis mutandis* auch für die beiden Stücke 3,1-15* und 2,6-19* zu: Auch sie sind offenkundig in der Absicht konzipiert worden, dem bis dahin vorliegenden Jes-Buch eine neue Einleitung, sozusagen eine neue Lesehilfe, voranzustellen. Unsere Analyse folgt den mutmaßlichen Wachstumsstadien.

5.2. Jes 3,1-15: Die Schuld der führenden Kreise*

In 3,1-4,6 tritt uns ein kompliziertes literarisches Gebilde entgegen, das sich bei genauerer Analyse als eine Fortschreibungskette erweist, an deren Anfang die Einheit 3,1-15* stand. Auf die Ankündigung des Gerichtes über die „Stützen“ Jerusalems und Judas (3,1-7) folgt ein knapper Erfüllungsvermerk, der auf das Gericht bereits zurückblickt (3,8-9). Eine weisheitliche Sentenz, die nach einhelliger Auffassung spät eingesetzt ist, stellt das Geschick des Gerechten dem des Frevlers gegenüber (3,10-11).[3] Sie greift sachlich und terminologisch auf v.8f. zurück (אוֹי „wehe“, גמל „antun“, מַעֲלָל „Tat“) und

[2] Neben der Studie von Ackroyd, der Jes 1-12 als „Presentation of a Prophet“ versteht und damit streng als Bucheinleitung interpretiert, sind im Blick auf Jes 1-4 folgende neuere Arbeiten zu nennen, die sich zwar in ihrer Methodik unterscheiden, aber doch in erstaunlicher Konvergenz aufzeigen, wie stark diese Kapitel auf eine Fortsetzung zielen: Wiklander, Prophecy; Sweeney, Isaiah 1-4; Gitay, Isaiah; E.W. Conrad, Isaiah 122-130; Seitz 22-24. – Immer wieder hingewiesen wurde auf die mannigfachen inklusionsartigen Bezüge zwischen c.1 und c.65f. (vgl. Liebreich, JQR 1955/56, 276f.; JQR 1956/57, 126f.; Lack, Symbolique 139-141; Sweeney, Isaiah 1-4, 21-24; Beuken, VT.S 43; Gosse, ZAW 1992; Tomasino, JSOT 1993; Carr, JSOT 1993, 71-75; JSOT.S 214, 188-218; Melugin, JSOT.S 214, 295-305), die man indes am ehesten als literarische Abhängigkeit deuten muß: C.65f. beruht auf c.1, so z.B. Steck, BEThL 81, 394-404 (= BZAW 203, 34-44). Anders etwa Jacob 18f., der in Jes 1 sogar die Einleitung von c.1-66 insgesamt sieht, damit aber (wie Gosse, ZAW 1992) die literarischen Abhängigkeiten vernachlässigt. In ähnlicher Weise sind auch die Bezüge zwischen c.1 und c.56-59* zu deuten (vgl. Vermeylen, Prophète II, 509, und Steck, FS Metzger 223-229). Einen instruktiven Bericht bietet Williamson, OTS 34.

[3] Vgl. z.B. Duhm 47; Marti 39; Procksch 75; Vermeylen, Prophète I, 146.

führt insbesondere v.9b weiter.[4] Das im Ton der Klage über die Beherrscher des Volkes gehaltene Stück 3,12-15 lenkt zu 3,1 zurück (vgl. 3,15b) und läßt 3,1-15* dadurch als eine relativ geschlossene Einheit für sich erscheinen.[5]

In 3,16-4,6 liegen nun mehrere Nachträge vor, die das Ergehen *Zions* und seiner Bewohner zum Inhalt haben; von Juda (vgl. 3,1) ist nicht mehr die Rede. Der lockere Anschluß „und Jahwe sprach" in 3,16 leitet ein Gerichtswort gegen den Hochmut der Jerusalemerinnen ein (3,16-17), das relativ unverbunden an seinem Ort steht und offenbar aufgrund der Thematik von 2,10-19* hier eingesetzt wurde. In 3,18-23 „folgt ein langer, sehr unpoetischer, aber kulturhistorisch nicht unwichtiger Katalog von Gegenständen der Frauentoilette. Schon die Prosa beweist, dass wir es mit einem Einschub zu thun haben."[6] Die Verse unterbrechen jedenfalls den Zusammenhang von 3,16-17 und 24; mit וְהָיָה am Beginn von v.24 wird redaktionell wieder zu v.17 zurückgelenkt.[7] V.25-26 beschreiben das Elend Jerusalems in einer Weise, die an die Klagelieder erinnert (vgl. Klgl 1,1.4.15; 2,8.10): Die Männer kommen um, die Stadt wird verheert. Möglicherweise sind die beiden Verse nachträglich zwischen 3,24 und 4,1 geschoben worden,[8] sie könnten aber auch mit 4,1 zusammengehören. 3,25-4,1 wäre dann insgesamt als ein Nachtrag zu beurteilen, der dem Geschick der „Töchter Zions" (3,16) das Geschick der Männer an die Seite stellt. In jedem Fall liegen keine ursprünglich selbständigen Worte vor, die gar noch auf Jesaja selbst zurückgeführt werden könnten, vielmehr beziehen sich die Verse auf Vorgegebenes zurück (vgl. 3,25 mit 3,8 und 4,1 mit 3,1.6.7).[9] Den Unheilsworten wurden in 4,2 und 4,3-6 schließlich zwei heilvolle Ausblicke beigegeben, die sich schon aufgrund ihrer Tendenz als späte (und wiederum mehrfach geschichtete) Erweiterungen zu erkennen geben.[10] Sie sind eigens für den gegebenen literarischen Kontext verfaßt worden, wie sich aus verschiedenen Rück- und Vorverweisen ergibt (vgl. 3,16.18; 4,1 einerseits und 5,1-7 andererseits).[11]

Als geeigneter Ausgangspunkt für unsere Analyse kommt also nur die Einheit 3,1-15 in Betracht, wobei wir die nachgetragenen weisheitlichen v.10f. unberücksichtigt lassen können. Doch auch der verbleibende Bestand ist nicht aus einem Guß. Das ist schon daran zu erkennen, daß der *Sprecher* der Einheit nicht klar auszumachen ist: Sie beginnt als Rede des *Propheten* über das künftige Handeln Jahwes, doch in v.4 tritt unvermittelt Jahwe selbst als Sprecher auf. Bevor man das Problem auf wenig elegante Weise durch eine Textänderung aus der Welt schafft,[12] ist zu erwägen, ob der Vers nicht nachträg-

---

4 V.11 benutzt zwar dieselben Worte wie 9b, ist aber inhaltlich anders akzentuiert und gehört deshalb kaum derselben Schicht an, wie etwa Barth, Jesaja-Worte 292f., vermutet.

5 Die ausführlichste neuere Analyse zu 3,1-15 stammt von Porath, Sozialkritik 17-100; vgl. auch Weil, RB 1940, und Deck, Gerichtsbotschaft 148-151.

6 Marti 44.

7 Vgl. Duhm 49f.

8 Marti 46.

9 Vgl. im einzelnen Vermeylen, Prophète I, 150-152, der mit seiner Datierung in die *exilische* Zeit indes noch nicht weit genug geht. An Jesaja als Verfasser von 3,16.17.24 und 3,25-4,1 denkt noch Wildberger I, 136f.147.

10 Vgl. zu ihnen Lipiński, Bib. 1970; Vermeylen, Prophète I, 153-155; Cazelles, ErIs 1982; Werner, Texte 91-100; Steck, Heimkehr 73; Hausmann, Rest 141-144; Gosse, RHPhR 1993, 131-135. Zeitlich kommt man bestenfalls in das fortgeschrittene 4. Jh. (vgl. Steck: um 301), wenn nicht schon in das 3. Jh. (Werner, Texte 100).

11 Dazu Werner, Texte 98-100.

12 So Duhm 45.

lich eingesetzt wurde. So fällt immerhin auf, daß die Vorstellung eines Willkürregiments der „Jungen“ (נְעָרִים) im Fortgang des Textes keine Rolle mehr spielt; dort ist nur von einem schändlichen Verhalten der Jungen gegenüber den Alten die Rede (v.5). V.6-7 setzen sogar voraus, daß nach der Entfernung der alten Führungsschicht gerade noch *keine* neuen Leitungsgestalten (also auch keine schlechten) an deren Stelle getreten sind. V.4 läßt sich daher am besten als Einschub interpretieren, der die chaotischen Verhältnisse um einen weiteren Aspekt „bereichern“ wollte (vgl. Klgl 5,8 und Koh 10,16).[13]

Einige kleinere Glossen in v.1-9 lassen sich leicht herauslösen: V.1b „ist ein Interpretament auf Grund von Gen 18_5 Hes 4_{16} Lev 26_{26}, aber ein falsches“.[14] Die am jetzigen Ort überraschende Erwähnung von Prophet und Wahrsager in v.2 (וְנָבִיא וְקֹסֵם) verdankt sich ebenso einer späteren Hand wie der „kluge Beschwörer“ (נְבוֹן לָחַשׁ) in v.3 und die Erläuterung des „Weisen“ durch das Attribut „an Zauberkunst“ (חֲרָשִׁים) am selben Ort.[15] Die Zusätze stören nicht nur die paarweise Anordnung der politischen, militärischen und geistigen Führungsgestalten, sondern sie geben sich auch aufgrund ihrer Kritik an mantischen Praktiken als spätere Auslegung und Zuspitzung zu erkennen (vgl. 2,6b; Dtn 18,14; Hos 3,4). Später eingesetzt ist auch אֵין לֶחֶם „es gibt kein Brot“ (v.7):[16] Die Glosse deutet das Fehlen eines Mantels, hier als „Mittel zum Repräsentieren“[17] verstanden, fälschlich auf einen allgemeinen Mangelzustand und eine Hungersnot. Schließlich liegt in dem Vergleich „wie Sodom“ (v.9) eine Ergänzung vor, die sich offenbar auf 1,10 zurückbezieht.[18]

Auf die anschauliche Beschreibung der chaotischen Verhältnisse, die durch die Beseitigung von „Stütze und Stab“ hervorgerufen werden, folgt nun in v.8-9 eine nur relativ locker angefügte Reflexion, die auf das Unheil bereits *zurückblickt* und es theologisch mit der *Schuld des Volkes* begründet. Beides spricht dafür, daß wir es hier mit einem Nachtrag zu tun haben.[19] Er setzt im Unterschied zu v.1-7 die Schuld des *gesamten* Volkes voraus und betont, daß sich das angekündigte Gericht auch tatsächlich vollzogen habe, und dabei dürfte an den Untergang Jerusalems und Judas gedacht sein. Der Nachtragscharakter von v.8-9 ergibt sich aber auch daraus, daß die *Schuld* der Führungsgestalten (v.1-3) erst in v.14-15 zur Sprache kommt. V.8-9 greifen also vor. Ein letztes, formales Argument liegt in dem losen Anschluß des Stükkes: Das deiktische כִּי „ja“ impliziert kein Kausalitätsverhältnis; es leitet eher eine kommentierende Zwischenbemerkung von späterer Hand ein.

Unsere literarkritische Beurteilung der v.8-9 findet ihre Bestätigung, wenn wir einen wichtigen Paralleltext einbeziehen: Jes 1,16-20. Daß zwi-

---

13 Vermeylen, Prophète I, 145f., und Deck, Gerichtsbotschaft 149, nehmen v.4-7 *insgesamt* heraus. Nach Weil, RB 1940, der v.4-7 (kaum überzeugend) vor dem Hintergrund der Schuldknechtschaft interpretiert (נְעָרִים v.4 als ehemalige Knechte), ist *v.5* sekundär.

14 Duhm 44 (vgl. schon Hitzig z.St.).

15 Vgl. Kaiser I, 76.

16 Kaiser I, 76. Umgekehrt Wildberger I, 117: וְאֵין שִׂמְלָה sei „törichter Zusatz“.

17 Duhm 45.

18 Vgl. Duhm 46; Vermeylen, Prophète I, 146.

19 Darauf wird indes nur selten hingewiesen: so Kaiser I, 76f.81f.; Kilian I, 35; Deck, Gerichtsbotschaft 150; Porath, Sozialkritik 43-47.

schen beiden Stücken zahlreiche signifikante Berührungen bestehen, ist immer wieder notiert worden: מעללים „Taten“ (3,8 und 1,16), מרה „widerspenstig sein“ (3,8 und 1,20), עין „Auge“ (3,8 und 1,16; vgl. 1,15), Ansehen der Person / Parteilichkeit (3,9 und 1,17), חטא/חטאת „Sünde“ (3,9 und 1,18), רע/רעה „Bosheit, Unheil“ (3,9 und 1,16). Diese ungehorsamstheologische Phraseologie, die übrigens zu einem guten Teil in spät-dtr Abschnitten ihre Parallelen hat,[20] bindet also 1,16-20 und 3,8-9 eng zusammen, und es ist kein Wunder, daß man gelegentlich mit einer literarischen Abhängigkeit rechnet.[21] Unsere Analyse von Jes 1 wird indes ergeben, daß wir es mit ein und derselben Hand zu tun haben. 3,8-9 stammt also von dem Redaktor, der 1,2-20* konzipierte und dem bis dahin vorliegenden (und d.h. bereits um 2,6ff. und 3,1ff. erweiterten) Jes-Buch als neue Einleitung voranstellte. So ist es leicht zu erklären, warum es zu der Einschaltung von 3,8-9 kam: Jes 3* sollte von Jes 1* her in einem gehorsamstheologischen Sinne (neu) gelesen und verstanden werden. Daß diese „Lesart“ nicht der ursprünglichen Intention von 3,1-15* entspricht, wird vollends deutlich, wenn man den Blick auf v.14-15 richtet. Denn diese Verse standen einmal direkt hinter v.1-7*.

Die beiden Verse *12 und 13* erweisen sich hingegen als Nachträge.[22] Daß v.12 mit seinem zweifachen und betont vorangestellten עַמִּי „mein Volk“ relativ beziehungslos an seinem jetzigen Ort steht, ist kaum zu bestreiten; wiederum fragt man sich, wer hier eigentlich als Sprecher gedacht ist, Jahwe oder der Prophet. Die angebotenen Lösungen, den Vers entweder als ein „selbständiges Fragment“[23] zu betrachten oder ihn gar hinter v.13.14a umzustellen,[24] erweisen sich einmal mehr als Ausdruck der Verlegenheit. Hinzu kommen in v.12a einige philologische Unsicherheiten, so die Inkongruenz von נֹגְשָׂיו und מְעוֹלֵל sowie die überraschende Erwähnung der „Frauen“ (נָשִׁים), aus denen man nach dem Vorbild der LXX gern „Wucherer“ (נֹשִׁים) macht.[25] Man kommt indes ohne Textänderung oder Umstellung aus, wenn man sich den durch und durch redaktionellen Charakter des Verses vor Augen führt (vgl. משל aus v.4 und die „Frauen“ aus v.16ff.) und ihn mit v.13 zusammensieht. Dabei können wir v.12b unberücksichtigt lassen; er gibt sich aufgrund seiner gegenüber v.12a veränderten Perspektive (vgl. die Anrede in der 2. Pers. Sg.) und seiner weisheitlichen Thematik als Zusatz zu erkennen.[26] Er könnte als verdeutlichende *relecture* von v.12a entstanden sein; ein Zusammenhang mit v.10f. ist möglich (vgl. auch den späten Einschub 9,15). – V.12a wäre dann als eine Klage aus dem Mund des Propheten zu interpretieren, die sich – anders als in 3,1-7! – auf eine Bedrückung durch ein *fremdes* Volk bezieht. Darauf weist jedenfalls der Begriff נֹגֵשׂ „Unterdrücker, Gewalthaber“ hin (vgl. Ex 3,7; 5,6; Jes 9,3; 14,2.4), und es liegt nahe, hier an die babylonische Gefangenschaft Israels zu denken.[27] Entsprechend läßt sich v.13 dann als *Antwort* auf diese Klage verstehen. Sie besteht in der Zusage, daß Jahwe gegen die Völker – und damit natürlich auch gegen die Babylonier – ein-

---

[20] Das gilt besonders für מעללים „Taten“ (vgl. etwa Dtn 28,20; Ri 2,19; Jer 4,4.18; 7,3.5; 11,18; 18,11; 21,12; 23,2; Hos 9,5), aber auch für מרה „widerspenstig sein“ (vgl. Dtn 1,26.43; 9,7.23.24; 31,27; Jos 1,18; 1Sam 12,15; Jer 4,17; Hos 14,1).

[21] Etwa Kaiser I, 78: V.8 sei von 1,16.20 literarisch abhängig.

[22] Vgl. auch Porath, Sozialkritik 49-58; für v.13 auch Vermeylen, Prophète I, 148f.

[23] Wildberger I, 119.

[24] Procksch 75.

[25] Zu diesen Problemen vgl. Porath, Sozialkritik 24-26.

[26] Vgl. Vermeylen, Prophète I, 147f.

[27] So auch Porath, Sozialkritik 50, mit Bezug auf Jes 51,17-23; 52,4-5.

schreiten werde.[28] Diese Deutung ist freilich nur möglich, wenn man in v.13 beim gegenwärtigen Text bleibt und *nicht*, wie es üblicherweise geschieht, die „Völker“ in „sein Volk“ (עַמּוֹ) ändert.[29] Tatsächlich ist die „Korrektur עַמּוֹ (LXX) ... eine Verschlechterung“[30]; man müßte nämlich die beiden Verben רִיב „einen Rechtsstreit führen“ und דִּין „richten“ in einem uneigentlichen, heilvollen Sinne verstehen: Jahwe schafft Israel Recht (so etwa Dtn 32,36). Dagegen ist die Vorstellung von einem Völkergericht weit häufiger belegt (vgl. Ps 7,9; 9,9; 96,10; 110,6), und sie dürfte auch in v.13 im Hintergrund stehen, zumal dann, wenn man die Korrespondenz mit v.12a beachtet. V.13 paßt im übrigen auch von der vorgestellten Rechtssituation her nicht zu v.14: v.13 zeichnet Jahwe als Richter, v.14 eher als Ankläger.[31] Man gewinnt den Eindruck, daß v.13 nach dem Vorbild von v.14 konzipiert wurde. Dadurch wird das Gericht an den Führungspersonen mit einem umfassenden Gericht an allen, die Israel bedrücken, verknüpft.

Die ursprüngliche Fortsetzung von v.1-7* dürfen wir daher in *v.14-15* vermuten. Das Ganze ist als Rede des Propheten gehalten, die deutlich zweigeteilt ist. V.1-7* kündigen ein umfassendes Gericht an den Säulen der Gesellschaft an, und v.14-15 formulieren – in ein Zitat Jahwes gekleidet und daher mit besonderer Autorität versehen – den Schuldvorwurf. Warum v.14a aus dem Ensemble der Führungsgestalten (v.1-3) ausgerechnet die Ältesten und Vorsteher herausgreift, ist leicht zu erklären: „In den זְקֵנִים und שָׂרִים werden gerade diejenigen von der Anklage Jahwes betroffen, die in Israel für die Wahrung des Rechtes verantwortlich sind.“[32] Darum also geht es: Die Führer, die Stütze und Stab sein sollten (vgl. 2Sam 22,19 // Ps 18,19; Ps 23,4), haben ihre Pflicht sträflich verletzt und das Gottesvolk (vgl. „mein Volk“ in v.15) mit in den Abgrund gerissen. Die Jahwespruch-Formel (v.15b) schließt die Einheit (vielleicht sekundär) ab.

Zu fragen ist nun nach der zeitlichen Einordnung und dem redaktionellen Horizont des herausgearbeiteten Grundbestandes (v.1-3*.5-6.7*.14f.). Es ist, wenn man die Forschungslage betrachtet, zunächst auffällig, daß man in 3,1-9* und 3,12-15* (wenigstens im Kern) fast durchweg die Stimme des Propheten Jesaja aus seiner sozialkritischen Frühzeit zu vernehmen meint. Zweifel an der Authentizität des gesamten Stückes werden nur selten angemeldet,[33] obwohl man inzwischen erkannt hat, daß nicht nur v.8-9 (s.o.), sondern auch v.4-7 auf die Ereignisse von 597/586 bereits zurückblicken;[34] man denke nur an die „Trümmer“ in v.6. Überhaupt erinnert die Schilderung der chaotischen Zustände in der führungslosen Zeit an den verzweifelten Ton der Klagelieder (z.B. Klgl. 1,10-20; 2,5-17). Bei einer skeptischeren Beurteilung

---

[28] Vgl. Porath, Sozialkritik 55-58.

[29] So auch Porath, Sozialkritik 26f.

[30] Duhm 48.

[31] Dazu Boecker, Redeformen 84-87.89-91.

[32] Boecker, Redeformen 89.

[33] Anders nur Kaiser I, 78, der 3,1-9a als „von 2,12ff. abhängige nachexilische redaktionelle Arbeit“ bewertet.

[34] So Vermeylen, Prophète I, 145f.; Deck, Gerichtsbotschaft 149f. Anders, freilich ohne spezifische Begründung, Porath, Sozialkritik 94: Nicht v.4-7, sondern v.1b-3 seien nachträgliche Präzisierung.

von 3,1-15* blieben also für den Propheten allein die v.1-3* übrig, und das ist nicht viel. Die bloße Ankündigung, daß Jahwe die Führungsschicht aus Jerusalem/Juda entfernen werde, paßt in verschiedene Zeiten. Und doch sprechen drei kleine Indizien für die späte Herkunft auch dieses Stückes: (1) Die Zusammenstellung „Jerusalem und Juda“ ist *in dieser Reihenfolge* nicht in vorexilischen Texten belegt;[35] sie scheint (wie in 5,3) den Vorrang Jerusalems in der nachexilischen Zeit widerzuspiegeln. – (2) In der Aufzählung fehlt eigentümlicherweise der *König*. Mit der Ehrfurcht vor diesem Amt dürfte das kaum zu tun haben.[36] Eher ist damit zu rechnen, daß nur solche Ämter genannt wurden, die noch in der nachexilischen Zeit, wenn auch nicht mit derselben Machtfülle, bestanden haben. Oder anders gewendet: Stammte das Wort 3,1-3* von Jesaja, hätte er den König unter keinen Umständen aussparen können. – (3) Die Ankündigung enthält keinen Schuldaufweis. Sie ist auf einen entsprechenden Kontext angewiesen, und der ist nach unserer Auffassung in 3,14-15 zu suchen.

Mit v.14-15 haben wir denn auch den Schlüssel für die redaktionsgeschichtliche Einordnung der Einheit 3,1-15* vor uns. Beide Verse nämlich weisen unübersehbare Bezüge zum Weinberglied in 5,1-7 und zum Beginn der Weheruf-Reihe (5,8) auf, die in der Annahme literarischer Abhängigkeit ihre einfachste Erklärung finden.

Dieser enge Zusammenhang ist längst beobachtet worden. So beurteilt *Studer* (JPTh 1881) den Übergang von 5,1-7 zu 5,8ff. als „gar zu schroff und unvermittelt“; „als Bindeglied“ würden „besonders die Verse [3,]13-15 sich eignen, in welchem die Worte v.14: וְאַתֶּם בִּעַרְתֶּם הַכֶּרֶם wie eine Rückverweisung auf die im 5. Kap. vorgetragene Parabel lauten“ (165). Auch gut 100 Jahre später greift man noch gern auf eine solche Lösung zurück, so *Sheppard*, der 3,13-15 hinter 5,2 umstellt (JBL 1985, 204-210). Diese Versuche bleiben unbefriedigend, solange nicht erklärt werden kann, wie es zu der *jetzigen* Textanordnung gekommen ist.

Eine andere Lösung bietet sich an: Die gesamte Einheit 3,1-7*.14-15 ist dem Weinberglied als neue Einleitung vorangestellt worden, und dabei kommt den beiden v.14-15 eine *redaktionelle Brückenfunktion* zu. Sie sollen einen reibungslosen Übergang zu dem (älteren) Lied gewährleisten und es sachlich vorbereiten: V.14f. entnehmen dem Lied nicht nur die Metapher vom heruntergewirtschafteten Weinberg (vgl. כֶּרֶם „Weinberg“ sowie בער „verwüsten“ 5,5), sondern auch die Vorstellung eines Gerichtsverfahrens (5,3-7). Nicht zuletzt mag die fassungslose Frage „wie kommt ihr dazu...?“[37] (3,15) durch 5,4 angeregt sein. Nimmt man 3,1-7* hinzu, läßt sich auch die Adressierung „Jerusalem und Juda“ in 3,1 als Anleihe aus 5,3 deuten; das einleitende הִנֵּה „siehe“ (3,1) könnte aus 6,7 oder 8,7 gezogen sein. Diese Kontextbezüge unterstreichen noch einmal den redaktionellen Charakter der *gesamten* Ein-

---

[35] Vgl. Kaiser I, 78 A.12.

[36] So etwa Procksch 72; Wildberger I, 121.

[37] Zur Form מַלְּכֶם (3,15) vgl. Joüon/Muraoka, Grammar § 37c.

heit 3,1-7*.14-15*. Sie hat nie ein Eigenleben geführt, schon gar nicht im Leben Jesajas. Aus der Rekonstruktion der jesajanischen Gerichtsbotschaft muß sie also ausscheiden. Vielmehr ist sie als neue Bucheinleitung konzipiert worden, die nun die Schuld nicht mehr beim ganzen Volk sieht (so 5,1-7), sondern speziell die Führungsclique in die Verantwortung nimmt. Insoweit knüpft diese redaktionelle Hand an die Weheruf-Reihe 5,8-24 an, die in ihrem Grundbestand aus einer eigenartigen Mischung aus konkret wirkenden Vorwürfen gegen bestimmte Schichten (5,8.11) und pauschaler Schuldzuweisung an das gesamte Volk (5,13) besteht, und hebt den einen Aspekt heraus: Schuldig geworden sind in erster Linie „Stütze und Stab"; *sie* haben das Volk in den Abgrund geführt. Dieser Maßstab erinnert kaum zufällig an die dtr Geschichtstheologie der Kön-Bücher, nach der „durchweg ein Zusammenhang besteht zwischen guter oder schlechter Beurteilung eines Königs und günstiger oder ungünstiger politischer Lage Judas zu seiner Zeit."[38]

Die Voranstellung von 3,1-7*.14-15 vor 5,1ff. verfolgte also einen doppelten Zweck; sie war zugleich Präzisierung wie Korrektur. Sie präzisierte die durch 5,1-7 aufgeworfene Frage nach den Ursachen und den Verantwortlichen des Untergangs, und sie korrigierte die Einseitigkeit, mit der das *gesamte* Volk der fehlenden Gotteserkenntnis (5,13) bezichtigt wurde. Aufschlußreich sind dabei die neuen Begriffe, die 3,14-15 einführt: Das leidtragende Volk sind die „Armen" (עָנִי v.14b) und die „Elenden" (עֲנִיִּים v.15a). Beide Bezeichnungen beschreiben natürlich *auch* eine soziale Größe, doch die Konnotation ist – wie in 10,1-4 – eher eine *religiöse*: Die „Elenden" des Gottesvolkes (עַמִּי „mein Volk" in v.15a) sind die Jahwetreuen, die Frommen (s.o. Kap. 4.6). Hier bahnt sich die weisheitliche Unterscheidung zwischen den Gottlosen, den רְשָׁעִים, und den Gerechten, den צַדִּקִים, an, wenngleich sie noch nicht begrifflich durchgeführt ist.[39] Man kann darüber spekulieren, ob sich hinter 3,14-15 bestimmte theologische Auseinandersetzungen in der nachexilischen Gemeinde verbergen; der Gegensatz von gottloser Oberschicht und frommer Volksmasse, der hier konstruiert wird, spricht jedenfalls dafür.[40] Man wird in der Datierung von 3,14-15 – und damit des gesamten Vorbaus 3,1-15* – freilich noch nicht so weit gehen dürfen wie für die Interpolation 10,1-4*, die wir in das 4. Jh. eingeordnet haben: Die Vorstellung eines die Trennung von Gerechten und Frevlern besiegelnden Endgerichts (10,3) ist 3,14f. noch fremd.[41] Zeitlich kommen wir etwa an den Beginn des 5. Jh.s, und das fügt sich zu unserer Ansetzung des Weinbergliedes und der Weheruf-Reihe, die der „Denkschrift" (Jes 6*+8*) am ehesten in den ersten Jahrzehnten der Perserherrschaft vorgeschaltet wurden.

---

[38] Würthwein, ATD 11/2, 495.

[39] Es handelt sich bei 3,14-15 also nicht um vordergründige Sozialkritik (so etwa Kessler, Staat 29-34). Hier wird die religiöse Dimension der verwendeten Begriffe übersehen.

[40] Vgl. zur Sache Albertz, Religionsgeschichte II, 549-555 und 569-576.

[41] 10,1-4* ist wohl von 3,14f. abhängig (s.o. Kap. 4.6.; ferner Stade, ZAW 1906, 139).

Es ist erstaunlich, daß man kurz darauf wieder zu einer anderen, undifferenzierteren Sichtweise zurückkehrte und abermals dem *Volksganzen* die Schuld am Untergang des Staates zuschrieb, nämlich durch die Einschaltung von 3,8-9. Diese beiden Verse, die wir bereits mit Jes 1,2-20* in Verbindung gebracht haben, betonen nun unmißverständlich, daß sich das Volk *in toto* gegen Jahwe versündigt und sich damit „selbst" (לָהֶם v.9b) das Unheil zugezogen habe. Dieses Urteil entspricht nicht nur der Auffassung von 1,2-20, sondern ist auch für eine Reihe von Texten im sog. assyrischen Zyklus c.28-31 kennzeichnend, die wir redaktionsgeschichtlich auf dieselbe Stufe stellen können (z.B. 28,12; 29,13-16; 30,1-5.8-13).

Richten wir zum Schluß unseren Blick auf den *Beginn* der mit 3,1 einsetzenden neuen Buchedition. Kann mit diesem Vers ein früheres Jes-Buch eingesetzt haben? Sicherlich nicht unmittelbar; man wird jedenfalls damit zu rechnen haben, daß dem Ganzen eine Überschrift voranstand, die möglicherweise später in 1,1 Eingang gefunden hat. Sodann darf etwa auf das Zef-Buch verwiesen werden, das in 1,2 – Jes 3,1 nicht ganz unähnlich – mit dem starken Gotteswort „wegraffen (אסף) will ich alles vom Erdboden" einsetzt, bevor dann in 1,8ff. die führenden Leute angegriffen werden.[42] Jes 3,1 knüpft zudem kaum glatt an das vorausgehende Gedicht vom Tag Jahwes über alles Hohe und Erhabene an. Zwar läßt sich 3,1 durchaus als Fortsetzung, ja Explikation von 2,6-17(19) lesen, doch die ganz unterschiedliche Ausrichtung beider Stücke zeigt, daß dieser Zusammenhang nicht ursprünglich ist: Zum einen richtet sich die Rede 2,6ff. an das „Haus Jakobs" und meint damit das Gottesvolk insgesamt, während 3,1ff. nur Jerusalem/Juda im Blick haben, und zum andern ist das in 2,6ff. beschriebene Gericht ein umfassendes und, wenn man den Kern des Gedichtes zugrunde legt, sogar allgemein-menschliches. So sind prinzipiell zwei Optionen möglich: 3,1ff. ist als sekundäre Fortschreibung von 2,6-19* entstanden,[43] oder 2,6ff. ist sekundär vor 3,1ff. gestellt worden. Nach unserer Auffassung hat die zweite Möglichkeit die besten Argumente auf ihrer Seite. So dürfte das verbindende כִּי „denn" in 3,1 von der Hand dessen stammen, der 2,6-19* vorschaltete und damit dem Jes-Buch wiederum eine neue Einleitung gab.

5.3. Jes 2,6-19: Der Tag Jahwes über alles Hohe*

Der literarische Kernbestand der mit 2,6 wieder recht unvermittelt einsetzenden Einheit kann relativ leicht bestimmt werden; er besteht, und darin herrscht in der Forschung eine erstaunliche Einmütigkeit, in dem Gedicht über den künftigen Tag Jahwes in 2,(10.)12-17.[44] Ebenso einmütig trennt

[42] Vgl. auch Zef 3,11: סור hif. „entfernen" wie Jes 3,1.

[43] So Kaiser I, 77f.

[44] Vgl. etwa (mit kleinen Variationen im einzelnen) Duhm 39; Procksch 67-70; Fey, Amos 77f. A.3; Hoffmann, Intention 109-118; Barth, Jesaja-Worte 222f.; Seybold, ZThK 1977;

man die v.20-21, zu denen auch v.8 und v.18 zu stellen sind, als götzenpolemische Nachinterpretation ab.[45] Daß sich hinter v.22 eine späte weisheitliche Sentenz verbirgt, die das Gedicht mit einem nachdenklichen Ton beschließt, darf ohnehin als erwiesen gelten (ähnlich 1,31). Alles andere freilich ist umstritten, und entsprechend vielfältig sind die angebotenen Lösungen:[46] Wo ist der ursprüngliche Beginn des Gedichtes zu suchen? In der Regel sieht man ihn in v.10, aber auch v.6 und v.7 werden angeboten.[47] Gern weist man auch auf den fragmentarischen Charakter von v.6-9 hin und vermutet hier den Rest eines eigenständigen jesajanischen Wortes, das erst nachträglich mit dem Gedicht verknüpft worden sei.[48] Darüber hinaus ist zu erwägen, ob der Grundbestand in v.6-11* nicht überhaupt redaktionell formuliert wurde, und zwar eigens zu dem Zweck, das weisheitliche Gedicht mit einer (neuen) Einleitung zu versehen.[49] In diesem Fall wäre die Suche nach Resten jesajanischer Verkündigung von vornherein aussichtslos. Die kontroversen Auffassungen spiegeln indes nur die Schwierigkeiten wider, die der Text selbst aufwirft; denn die v.6-11* machen einen derart zusammengesetzten und uneinheitlichen Eindruck, daß man kaum zu einer allseits anerkannten Lösung wird gelangen können. Gleichwohl kann man sich von der redaktionsgeschichtlichen Einordnung gerade dieser Verse einigen Aufschluß über den literarhistorischen Ort des *gesamten* Komplexes 2,6-19* erhoffen.

Als sicherer Ausgangspunkt der Analyse bieten sich die v.12-17 an. Sie bilden ein in sich abgerundetes und rhetorisch ausgefeiltes Gedicht, in dem der Anfangsvers 12a mit dem Schlußvers 17b korrespondiert: Der Tag Jahwes wird ein Gerichtstag sein „über alles Erhabene und Stolze und Hohe" (12a), so daß „Jahwe allein erhaben ist an jenem Tage" (17b).[50] Was dem Gedicht indes fehlt, ist eine Veranlassung, genauer: eine Einleitung (vgl. schon das כִּי „denn" am Beginn von v.12). Mit welcher Absicht wird es gesprochen oder aufgeschrieben? Eine Antwort könnte in v.10 liegen, so daß man hier die ursprüngliche Einleitung vermuten darf.[51] Der Vers fordert eine nicht näher bezeichnete Menschengruppe auf, sich vor dem kommenden Tag Jahwes, der nichts anderes ist als die endgültige Durchsetzung seiner Majestät, in Sicherheit zu bringen („geh hinein in den Felsen und versteck dich im

Blenkinsopp, ZAW 1981; Kaiser I, 73-75; Vermeylen, Prophète I, 135-141; Kilian I, 30f.; Deck, Gerichtsbotschaft 114-116. Undifferenzierter Roberts, JQR 1984/85, der in 2,6-22 insgesamt eine gegen das Nordreich gerichtete Prophetie Jesajas erkennt.

[45] Vgl. 10,11 und 31,7. Die Parallelen mit der dtjes. Götzenbilder-Schicht (z.B. 44,9ff.) sind signifikant; zu den Bezügen vgl. Kratz, Kyros 201f. A.652.653.

[46] Vgl. die Übersicht bei Kaiser I, 74 A.33.

[47] Vgl. etwa Fohrer I, 52 (v.6); Hoffmann, Intention 109 (v.7). Mit einem einzigen Strophengedicht ab v.6 rechnen Marti 34; Fullerton, JBL 1919.

[48] Vgl. z.B. Procksch 64-67 (für v.6-9); Barth, Jesaja-Worte 222f. (für v.7-9).

[49] Vgl. Kaiser I, 75; Kilian I, 30f.

[50] Nur an zwei Stellen liegen kleine Erweiterungen vor, die sich schon aus metrischen Gründen als solche ausweisen: וְשָׁפֵל in v.12b und הָרָמִים וְהַנִּשָּׂאִים in v.13aβ.

[51] Vgl. Barth, Jesaja-Worte 222f.; Kaiser I, 75.

Staub"). Das ist offenbar nicht allein in dem vordergründigen Sinne zu verstehen, daß man vor dem drohenden Unheil – wie vor einem Unwetter – Schutz suchen soll (vgl. Jer 4,29). Vielmehr ist mit der Ausrufung dieses Gerichtstages zugleich die letzte Chance zur Umkehr gegeben: Wer sich in den Staub (עָפָר) erniedrigt, tut Buße (vgl. Jes 29,4a) und kann dem Gericht entgehen.[52] Es ist auffällig, daß die *Schuldfrage* mit keinem Wort thematisiert wird: Nicht die Ahndung bestimmter Vergehen in der Geschichte Israels ist das Ziel des göttlichen Handelns, sondern die endgültige Aufrichtung der Gottesherrschaft. Ebenso fehlt eine konkrete Adressierung: Nicht Israel als Ganzes oder Einzelne in Israel sind angesprochen, sondern der Mensch an sich (v.17: אָדָם und אֲנָשִׁים). Natürlich ist hier an den Menschen im Gottesvolk *Israel* gedacht, doch die weisheitliche Individualisierung springt ins Auge, und sie unterscheidet das Gedicht ganz wesentlich von seiner jetzigen Einleitung in v.6ff. Diese theologischen Akzentuierungen sprechen jedenfalls entschieden gegen die beinahe selbstverständliche Voraussetzung, dem Gedicht 2,10.12-17 liege ein genuin jesajanisches Wort zugrunde. In dem „enthusiastischen Flug der Rede", der das Gedicht in der Tat durchzieht, wird man wohl weniger „das Aufwallen der Jugend"[53] des Propheten erblicken können als vielmehr die lebendige Zukunftserwartung eschatologisch gesinnter Kreise, die mit einem baldigen Weltgericht rechnen (vgl. Ps 10,12-18; Jes 13,6.9.11).[54]

Ein ganz anderes theologisches und literarisches Terrain betreten wir mit v.6-7.9. Diese Verse lenken den Blick zurück in die *Vergangenheit* und nehmen – als Einleitung zu dem Gedicht gelesen – die Funktion eines Schuldaufweises ein, der, wie v.7 andeutet, „wahrscheinlich bis auf die Zeit Salomos zurückgreift".[55] Zugleich wird der angekündigte Tag Jahwes als ein bereits *geschehener* Gerichtstag verstanden, der sich freilich immer dann wiederholen kann, wenn Israels Verhalten der göttlichen Forderung nicht entspricht. V.6-9* stellen also das weisheitliche Gedicht, das den Menschen allgemein – wenn auch den *israelitischen* Menschen – ansprach, in ein neues, geschichtliches Licht und beziehen es nun auf das Gottesvolk Israel.

So stellt gleich der erste Stichos der Einheit (v.6aα) in direkter Anrede an Jahwe rückblickend fest: „Ja, du hast dein Volk verstoßen, das Haus Jakob!" Dieser Satz darf nicht als *Klage* des Propheten darüber verstanden werden, daß Jahwe sein Volk verlassen habe und sich vor ihm zeitweise verborgen halte.[56] Auf diese Weise wird die Aussage nur verharmlost. Vielmehr „wird die Verwerfung des Hauses Jakob ... als durchaus berechtigt angesehen, weil sie in Israels Verhalten begründet ist."[57] Mit dieser Verwerfung aber ist

---

[52] Näheres bei Wächter, ThWAT VI, 280-282.

[53] Marti 28; ähnlich Duhm 39.

[54] Vgl. Kaiser I, 71f.75.

[55] Kilian I, 31.

[56] So etwa Wildberger I, 97, der (mit Verweis auf Ps 27,9 u.a.) v.6 als „Bruchstück eines Gebetes" betrachtet und von der Fortsetzung abkoppelt.

[57] Wildberger I, 97.

nichts anderes als der Untergang des Staates gemeint – hier als Aufkündigung des Bundesverhältnisses gedeutet. Auf diesen Zusammenhang weist nicht nur das Verbum נטשׁ „verstoßen, verwerfen", das überwiegend in spätdtr Abschnitten begegnet und dort auf das Exilsgeschick Bezug nimmt oder wenigstens daraufhin transparent ist,[58] sondern vor allem die Titulierungen „*dein* Volk" und „Haus Jakob" (בֵּית יַעֲקֹב), die Israel primär als Gottesvolk und Gemeinde Jahwes ansprechen.[59] Das Ende von Königtum und Kult wird als göttlicher Strafakt und damit im Horizont von 2,10.12ff. als Auswirkung des „Tages Jahwes" begriffen, und es spricht nichts dafür, daß v.6aα einmal eine andere Funktion hatte, als diese Verbindung herzustellen.

Auf die einleitende Feststellung v.6aα folgt, mit כִּי „denn" eingeführt, eine im einzelnen nicht ganz durchsichtige Begründung (v.6aβγb). Sie scheint sich aber auf mantische Techniken und ausländische Kulte zu beziehen, die den Jahweglauben in der Geschichte Israels bedroht haben (vgl. Dtn 18,9-14).[60] Dieser Vorwurf indes dürfte nachgetragen sein; er steht mit den ebenfalls sekundären Versen 8 und 18 in Zusammenhang. Daß er sich in der Form an v.7 angelehnt hat (vgl. das Verbum מלא „voll sein"), liegt auf der Hand.[61] Als direkte Fortsetzung von v.6aα kommen denn auch nur die beiden gleichmäßig gebauten Bikola in v.7 in Betracht. Die hier formulierte Kritik bezieht sich auf *vergangene* Schuld, wie sich nicht nur aus den beiden Narrativen (וַתִּמָּלֵא), sondern auch aus der Konkordanz ergibt: Zum einen spielt sie auf den unermeßlichen Reichtum Salomos an (vgl. 1Kön 10,14-29: Silber, Gold, Pferde, Wagen), und zum andern scheint sie das rechte Verhalten des israelitischen Königs ganz allgemein am dt Königsgesetz zu messen (Dtn 17,16f.: כֶּסֶף וְזָהָב „Silber und Gold"; סוּסִים „Pferde"; vgl. auch 1Sam 8,11).[62] Dieser Beurteilungsmaßstab aber ist im 8. Jh. ganz undenkbar; er setzt den Untergang des Staates bereits voraus und reflektiert über die Gründe, die zu dieser Katastrophe führen konnten. Man kann fragen, warum v.7 ausgerechnet *diese* Beispiele aus der Geschichte Israels herausgreift, um die Schuld des Gottesvolkes zu veranschaulichen. Die Antwort ist einfach, wenn man auf das Gedicht schaut: Der Verfasser von v.7 war aufgrund der Reihe in v.12-17 an das thematische Feld „Hochmut" / „Reichtum" gebunden und suchte in der Geschichte Israels – oder genauer: in den Schriften, die ihm bekannt waren (z.B. im DtrG) – nach passenden Beispielen und fand sie in der Gestalt des Königs, des Exponenten für Erhabenheit, Stolz und Reichtum

[58] Belege bei Dietrich, Prophetie 74; zu Ri 6,13 vgl. Veijola, VT.S 36, 292-298.

[59] Vgl. Zobel, ThWAT III, 772f.

[60] Zu den textkritischen Problemen in diesem Versteil vgl. Wildberger I, 93; Vermeylen, Prophète I, 136-138.

[61] Vgl. Hoffmann, Intention 114; Kaiser I, 67. – Rogers, CBQ 1989, bringt v.6b aufgrund des Verbs שׂפק mit einem Krönungsritus in Verbindung und bezieht den Vers auf die Einsetzung Pekachs als König in Samaria. Das ist ganz unwahrscheinlich.

[62] Zur kaum vor-dtr Herkunft des Königsgesetzes vgl. zuletzt Bultmann, Fremder 150-152; Perlitt, FS Barr 187-191 (= Allein mit dem Wort 240-243).

par excellence. Auch v.7 dürfte daher von vornherein mit Blick auf das Gedicht vom Tag Jahwes verfaßt worden sein; ein ursprünglich selbständiges Wort liegt hier also ebensowenig vor wie in v.6aα. Daß v.8 das Thema Götzendienst sekundär einträgt (möglicherweise in zwei Etappen: 8a und 8b), wurde schon bemerkt (vgl. v.18.20f.); der Vers ist v.7 nachgebildet.[63]

Obwohl der folgende v.9 – oder auch nur die Aufforderung „verzeih ihnen nicht!" (9b) – gern von v.6*.7 abgetrennt und als spätere Überarbeitung des Komplexes 2,6-22* angesehen wird,[64] läßt er sich doch gut als ursprüngliche Fortführung von v.7 lesen. Das gilt besonders dann, wenn man den redaktionell-vorbereitenden Charakter der v.6-9* beachtet. So trägt zunächst v.9a die Züge eines klassischen Brückenverses an sich: Er bezieht sein Material zwar aus dem Gedicht (vgl. v.17: שׁחח „sich beugen"; שׁפל „gedemütigt werden"; אָדָם „Mensch"),[65] schließt sich aber in seiner zeitlichen Perspektive glatt an v.7 an: Der Narrativ וַיִּשַּׁח „er wurde gebeugt" stellt in unausweichlicher Konsequenz der in v.7 aufgezählten Vergehen fest, daß sich der Tag Jahwes bereits ereignet habe, und zwar (entsprechend v.6aα) in der Katastrophe von 587. Die anschließende Bitte „verzeih ihnen nicht" (וְאַל־תִּשָּׂא לָהֶם v.9b), die wie v.6aα an Jahwe selbst gerichtet ist, leitet unmittelbar zu dem vorgegebenen Gedicht über und verzahnt auf diese Weise Vergangenheit und Zukunft miteinander: Was einst geschehen *ist*, kann sich wiederholen; der gekommene Tag Jahwes ist zugleich der kommende. Insofern ist es möglich, daß v.11 von derselben Hand stammt: V.11 nimmt einerseits das Ende des im Hochmut des *Menschen* gipfelnden Gedichtes vorweg (v.17), kann also nur ein Nachtrag sein, und betont andererseits in Fortführung von v.9, daß die *erlittene* Erniedrigung des Menschen *zukünftige* Möglichkeit bleibt. Sowohl v.9 als auch v.11 haben also die Funktion, zwischen Vergangenheit und Zukunft zu vermitteln und auf diese Weise das eschatologische Gedicht auf einen festen geschichtlichen Boden zu stellen.

Es ist nicht abwegig, in v.19, den wir bislang ausgespart haben, den direkten Übergang zu der (älteren) Bucheinleitung in 3,1ff. zu sehen und den Vers mit v.6aα.7.9.11 auf eine Stufe zu stellen. Daß v.19 dem Gedicht sekundär zugewachsen ist, steht außer Frage; er ist v.10 nachgebildet, formuliert aber konkreter und plastischer. So werden aus dem „Felsen", in den man sich flüchten soll (v.10), die „Felshöhlen" und aus dem „Staub" (v.10)

---

[63] Vermeylen, Prophète I, 136-138, sieht einen ursprünglichen literarischen Zusammenhang (!) von 2,6-8 mit der Gerichtsankündigung Mi 5,9-13 (Kritisches zu dieser These bei Deck, Gerichtsbotschaft 115f.). In der Tat weisen die Texte mancherlei signifikante Berührungen auf (Wahrsager Jes 2,6aγ / Mi 5,11; Pferde und Wagen 2,7b / 5,9b; Werk der Hände 2,8b / 5,12b), doch diese lassen sich am besten durch literarische Abhängigkeit erklären. Da sie sich zudem hauptsächlich auf die in Jes 2,6ff. *nachgetragenen* Verse bzw. Versteile (v.8) beziehen und Mi 5,9-13 selbst ein sehr später und mehrschichtiger Nachtrag darstellt (vgl. Otto, SJOT 1991, 144), wird man wohl Mi 5 als den abhängigen Text beurteilen müssen.

[64] Z.B. bei Kaiser I, 69f.; Kilian I, 31f.

[65] Daß v.9a das pluralische אֲנָשִׁים (v.17) durch אִישׁ ersetzt und damit ein singularisches Pendant zu אָדָם gewinnt, beweist noch einmal die Abhängigkeit von v.17.

die „Erdlöcher". In v.19 geht es denn auch weniger um die *Buße*, in die der kommende Tag Jahwes treibt, als vielmehr um eine sehr gegenständlich gedachte *Flucht* vor dem hereinbrechenden Schrecken Jahwes. Das aber paßt aufs beste zu der Ankündigung von 3,1-15*, Jahwe werde kommen und „Stütze und Stab" aus Jerusalem/Juda entfernen. Im Lichte von 2,6-19* gelesen, erscheint das Gericht an den Nobilitäten in 3,1ff. als ein Spezialfall des endzeitlichen Gerichtes über allen Hochmut und alles Stolze. V.19 ist also dazu geeignet, das Gedicht vom Tag Jahwes mit der jetzigen Fortsetzung 3,1ff. zu vermitteln. Vom Verfasser dieses Verses wird dann auch das begründende כִּי am Beginn von 3,1 stammen. Wir dürfen daher vermuten, daß die in 2,6aα.7.9.11.19 sichtbare redaktionelle Hand zugleich für die Vorschaltung von 2,6-19* vor 3,1ff. verantwortlich war. Und daß mit einem Stück wie 2,6ff., also der Ankündigung eines endzeitlichen „Tages Jahwes" ein Prophetenbuch begonnen haben kann, zeigt wiederum das Zefanja-Büchlein, das sich auch hier als wichtigste Analogie erweist (vgl. Zef 1,2-18, bes. 1,14). Vergleichbar ist auch Joel 1-2: Auf die Klage über *geschehenes* Unheil (1,2-12) folgt ein Aufruf zur Buße (1,13-20), bevor der „Tag Jahwes" erneut ausgerufen wird (2,1-11).

Wir fassen zusammen: In 2,10.12-17 liegt ein Gedicht über den kommenden Tag Jahwes vor, das mittels 2,6aα.7.9.11.19 redaktionell gerahmt und in den jetzigen Kontext – und das heißt vor 3,1-15* – gestellt wurde. Diese redaktionelle Hand bietet in knappster Form einen unheilsgeschichtlichen Rückblick, der betont, daß der Tag Jahwes bereits Wirklichkeit geworden ist, aber jederzeit wieder hereinbrechen kann. Dabei ist leicht erkennbar, daß das stark weisheitlich geprägte Gedicht kaum für seinen jetzigen Kontext geschrieben sein kann. Sein theologisches Milieu ist in eschatologisch orientierten, frommen Kreisen zu suchen, die sich von einer bußfertigen Haltung die Verschonung vom kommenden Tag Jahwes erhofften. Nun hat aber die neue Buchedition, die wir hinter 2,6-19* vermuten, gewiß nicht mit 2,6 eingesetzt. Als ursprüngliche Fortführung von 2,5 kommt der Vers indes nicht in Frage; auch ist 2,5 nicht „vorgesetzt, um zu verhüten, daß das כִּי von v.6 eine geradezu absurde Fortsetzung von 2,2-4 liefere".[66] Es verhält sich vielmehr umgekehrt: Derjenige, der das Wort von der Sammlung der Völker am Zion (2,2-4) aus dem Micha-Buch übernahm, bettete es mit Hilfe des Überleitungsverses 2,5 in den bestehenden Kontext – genauer: vor 2,6 – ein (vgl. das „Haus Jakob" in 2,5+6). Wie das im einzelnen vor sich ging, wird die Analyse von 1,1-2,5 ergeben. Sie wird auch zeigen, daß in 1,2-20* wiederum ein neuer Buchanfang vorliegt, der nachträglich vor 2,6ff. gestellt wurde. Mit diesen redaktionellen Vorgängen hängt es wohl zusammen, daß der frühere Beginn der mit 2,6 einsetzenden Buchedition nicht mehr erhalten ist. Er ist offenbar durch 1,1 verdrängt worden oder dort eingeflossen. Die kleine „Zwischenüberschrift" in 2,1 jedenfalls kommt als älterer Buchbe-

[66] Duhm 39.

ginn, wie man gern annimmt, wohl nicht in Frage; sie verdankt sich einem anderen Interesse.

5.4. *Jes 1,1-20*: Der Ungehorsam des Gottesvolkes*

Daß sich hinter der jetzigen Bucheinleitung 1,1-2,5 keine literarisch homogene Einheit verbirgt, bedarf keines ausführlichen Nachweises. Es spannt sich ein weiter Bogen vom Unheil (1,2-20) über die Läuterung (1,21-26) bis hin zum umfassenden Heil (2,2-5). Natürlich spiegelt diese Abfolge keinen ursprünglichen literarischen Zusammenhang wider; sie entspricht vielmehr bestimmten bucheditorischen Ordnungsprinzipien, nach denen eine Periode des Gerichts von neuem Heil abgelöst wird (vgl. etwa die Struktur von Jes 1-12 insgesamt, aber auch 3,1-4,6 oder 6,1-9,6).[67]

So überschaut schon die Überschrift in 1,1 das *gesamte* Wirken des Propheten Jesaja und führt deshalb alle Könige auf, die seiner Wirkungszeit zugeordnet werden: Usija, Jotam, Ahas und Hiskija (vgl. 6,1; 7,1; 14,28; 36,1). Von dieser Überschrift her wird die jesajanische Verkündigung also zugleich in Verkündigungsphasen eingeteilt und mit den jeweiligen Königen verbunden. Im Lichte von 1,1 fallen jedenfalls c.1-5 in die Zeit Usijas (vgl. 6,1), 6,1-14,28 in die Zeit des Ahas (14,28) und die folgenden Kapitel einschließlich der Jesaja-Legenden in die lange Regierungszeit Hiskijas. Jotam wird hingegen nur in der Genealogie 7,1 erwähnt. Diese Periodisierung darf indes nicht unkritisch mit der *wirklichen* Verkündigung des Propheten verwechselt werden; sie spiegelt einstweilen nur ein spätes Prophetenbild wider, und ob es mit den authentischen Worten in Einklang zu bringen ist, darf mit Fug und Recht bezweifelt werden. Sicher aber ist, daß 1,1 als Überschrift (mindestens) über Jes 1-39* insgesamt gelesen werden will.[68] Der in 1,2-20 folgende *Prolog*, der mit Zügen eines Gerichtsverfahrens gestaltet ist, besteht aus einer einzigen, in anklagendem Stil gehaltenen Jahwerede. Sie vereinigt ein ebenso umfangreiches wie vielfältiges Repertoire an sündentheologischer Begrifflichkeit zu einer komplexen Einheit, die mit 1,20b („denn der Mund Jahwes hat es geredet", vgl. 1,2a*β*) zu einem Abschluß kommt. Die theologische Quintessenz dieser Rede ist klar: Ganz Israel ist „von der Fußsohle bis zum Haupt" (v.6a) heillos verderbt und der Sünde verfallen.

Mit 1,21-26 wechselt die Perspektive unversehens, und zwar gleich in doppelter Hinsicht: Der Blick richtet sich nun nicht mehr auf Israel als Ganzes, sondern auf den erbärmlichen Zustand und das künftige Geschick *Jerusalems*. Darüber hinaus ist es nicht mehr (wie in 1,2-20) Jahwe selbst, der das Wort führt, sondern (zunächst) der *Prophet*. Aus der prophetischen Klage über die zur Dirne herabgesunkene Gottesstadt (1,21-23) erwächst die göttli-

[67] Vgl. die Übersicht bei Sweeney, Isaiah 1-4, 35-44.

[68] Die ältere Exegese beschränkte 1,1 indes gern auf c.1-12 (so etwa Duhm 23; Marti 1).

che Ankündigung eines radikalen Läuterungsgerichtes, durch das die Stadt ihren einstigen Zustand („treue Stadt“ und „Stadt der Gerechtigkeit“ 1,26) wieder erreicht. So sehr sich dieser hoffnungsvolle Ausblick an die große Jahwerede 1,2-20 anschließt, so wenig kann er doch als deren ursprüngliche Fortsetzung betrachtet werden. Die Zäsur zwischen 1,2-20 und 1,21-26 läßt sich nur literarkritisch erklären. Wiederum weiter führen die beiden Verse 1,27-28. Sie greifen das in 1,24f. angekündigte Gericht auf und betonen, daß es sich dabei um die eschatologische Trennung von Frommen und Sündern handelt. In 1,29-31 liegen, wie leicht zu erkennen ist, weitere Nachträge weisheitlichen Charakters vor, die durch 1,27-28 veranlaßt sind. Sie malen das Gericht an den Frevlern aus und versehen es mit weiteren Begründungen. Einen Neueinsatz signalisiert dann die Zwischenüberschrift in 2,1. Sie hat an ihrer jetzigen Position die alleinige Aufgabe, das (mit leichten Abweichungen auch in Mi 4,1-3 überlieferte) Wort von der Völkerwallfahrt zum Zion einzuleiten (2,2-4). Es wird durch 2,5 abgeschlossen und zugleich mit der Fortsetzung 2,6ff. verbunden (vgl. „Haus Jakob“ in 2,5 und 2,6).

Damit sind die entscheidenden Abschnitte markiert, wobei vor allem der Wechsel von der *Israel*-Perspektive (1,2-20) zur *Zion*-Perspektive (1,21ff.) ins Auge springt. Die folgende Analyse wird zu zeigen versuchen, daß 1,2-2,5 aus einer Fortschreibungskette besteht, die ihren Anfang bei 1,2-20* genommen hat. In diesem Stück wird denn auch der literarische Kern der jetzigen Bucheinleitung zu suchen sein, was freilich nicht bedeutet, daß wir hier auf jesajanisches Urgestein stoßen – im Gegenteil: Bereits diese „älteste“ Einheit 1,2-20* ist literarisch auf ein (in seinem Umfang näher zu bestimmendes) Jes-Buch ausgerichtet. Diese These soll nun durch eine Nachzeichnung der Redaktionsgeschichte von 1,1-2,5 näher begründet und entfaltet werden.

5.4.1. Die Bucheinleitung 1,(1)2-20

Über die literarische Beurteilung des 1. Kapitels und der in ihm enthaltenen Worte gehen die Auffassungen weit auseinander. Die traditionelle Auslegung sah und sieht in Jes 1 eine ehedem selbständige Sammlung authentischer Worte, die möglicherweise vom Propheten selbst oder doch einem unmittelbaren Schüler zusammengestellt und später dem Buch als Präludium vorgeschaltet worden ist.[69] Dabei spielt die zweite Überschrift in 2,1 eine wichtige Rolle, denn in ihr vermutet man gern den Beginn eines älteren Jes-Buches, das dann später durch den Vorbau von c.1 erweitert worden wäre. Die ursprüngliche Eigenständigkeit von Jes 1 schien damit erwiesen.[70] Zugleich hat

[69] Eine hilfreiche Übersicht über die einzelnen Positionen, die trotz unterschiedlicher Ansätze erstaunlich ähnlich ausfallen, bieten Barth, Jesaja-Worte 217-219; Deck, Gerichtsbotschaft 95-99; Williamson, OTS 34. Die eingehendsten neueren Analysen von Jes 1 stammen von Vermeylen, Prophète I, 37-111; Loretz, Prolog; Deck, Gerichtsbotschaft 87-148.

[70] Vgl. etwa Duhm 36; Wildberger I, 8.

man erkannt, daß sich Jes 1 gerade aufgrund seines anthologischen Charakters – die thematischen und terminologischen Bezüge zur übrigen Jesaja-Überlieferung sind signifikant – als eine passende Einleitung für Jes 2-39* insgesamt anbietet. So konnte man Jes 1 sogar als ein „Isaiasbuch in Miniatur“[71] bezeichnen und hat damit gewiß eine wichtige Intention des Kapitels getroffen. Mit dieser doppelten Funktionsbestimmung – Jes 1 als ehedem selbständige Sammlung jesajanischer Worte und *zugleich* als literarische Einleitung des Buches – ist denn auch der Interpretationsweg abgesteckt, auf dem sich der Mainstream der Forschung bewegt. Und doch offenbart diese Beurteilung des Kapitels eine Aporie, die in ihren Folgen nicht unterschätzt werden darf: Wie ist es zu erklären, daß ein als *eigenständige* Sammlung von Jesaja-Worten entstandener Komplex sich zugleich in so vorzüglicher Weise als *Bucheinleitung* eignet?[72] Man sollte sich jedenfalls hüten, allzu früh den Zufall ins Spiel zu bringen.

Ihren prägnantesten Ausdruck fand die eben skizzierte traditionelle Sicht bei *Fohrer* (1962), der „Jesaja 1 als Zusammenfassung der Verkündigung Jesajas“ interpretierte und in diesem Kapitel fünf ursprünglich selbständige jesajanische Worte wiederfand, die nun zu einer neuen, redaktionellen Einheit verbunden worden seien. Diese Worte – es handelt sich um v.2-3 / 4-9 / 10-17 / 18-20 / 21-26 – seien aufgrund der Technik des Stichwortanschlusses so geschickt aneinandergereiht worden, daß sie nun einen „gedanklich fortschreitenden Zusammenhang“ bilden, „der nacheinander die Themen der Sünde, des darum eingetretenen Gerichts, der möglichen Rettung vor dem Verderben und einer möglichen Verwirklichung solcher Rettung berührt“ (149). Im Blick auf die zeitliche Einordnung der einzelnen Stücke schließt sich Fohrer der *communis opinio* an, die sich bis heute durchgehalten hat (151-163): Während v.4-9 wohl in die Zeit des Einfalls Sanheribs im Jahre 701 fallen, läßt sich für v.2-3, v.10-17 und v.18-20 keine genauere Angabe machen; aufgrund mannigfacher Parallelen insbesondere mit Worten, die traditionell der Spätzeitverkündigung Jesajas zugerechnet werden (29,13-14; 30,1.9; 31,2 u.a.), legt sich eine entsprechende Einordnung in die Spätzeit des Propheten aber auch hier nahe. Als Sammler dieser jesajanischen Worte kommt der Prophet selbst kaum mehr in Frage (166).

Tatsächlich gelingt Fohrer der Nachweis, daß sich das Kapitel Jes 1* (zunächst auf v.2-20 beschränkt) keiner bloß assoziativ bedingten oder gar zufälligen Ordnung verdankt, sondern einen fortschreitenden Gedankengang bildet, in dem jedes Element seinen festen Platz hat.[73] Die selbstverständliche Voraussetzung dieses Modells liegt darin, daß alle in Jes 1* vereinigten Worte auf den Propheten selbst zurückzuführen seien. Der nachjesajanische Sammler hat dabei offenkundig weder in den Textbestand eingegriffen noch

---

[71] J. Becker, Isaias 45.

[72] Vgl. Barth, Jesaja-Worte 218f.

[73] Diese Beobachtung ist keineswegs neu. Schon nach Giesebrecht, Jesaiakritik 101, „bilden V.1-20 einen Zusammenhang von deutlich sich abhebenden einzelnen Theilen wie V.2-4, 5-9, 10-17, 18-20, aus welchen man gleichwohl keinen einzigen herausnehmen kann, ohne den Fortschritt der Rede inhaltlich oder formell zu schädigen“. Und auch Duhm (23f.) und Marti (2.23) können nicht umhin, wenigstens v.2-17 trotz einiger Bedenken als eine *zusammenhängende*, einheitliche Rede aus dem Jahre 701 zu bestimmen.

gar eigenes Gedankengut eingebracht. Jedenfalls wird diese Frage von Fohrer – der Zeit entsprechend – nicht gestellt. Die ehedem selbständigen jesajanischen Worte fügen sich also *ohne jede redaktionelle Überleitung* so glatt aneinander, daß der Eindruck eines geschlossenen literarischen Zusammenhangs entsteht. Das ist ein zumindest erstaunlicher Befund, und es ist kein Wunder, daß man in der Folge die These Fohrers zwar insgesamt wohlwollend aufnahm, aber doch in zwei Richtungen modifizieren mußte. Zum einen erhoben sich berechtigte Zweifel an der Authentizität *aller* in 1,2-20 vereinigten Worte. Und zum andern versuchte man die Anteile der redigierenden Hand, also des von Fohrer selbst vorausgesetzten Sammlers, deutlicher herauszuarbeiten. Der vorläufige Endpunkt dieser Entwicklung ist mit der vollständigen Athetierung von 1,2-20 und einem mehr oder weniger differenzierten redaktionsgeschichtlichen Wachstumsmodell erreicht.

So handelt es sich bei 1,1-20 auch nach *Vermeylen* (1977) um ein „résumé-programme de la doctrine du prophète" (Prophète I, 109), aber es war erst „l'école deutéronomiste qui a donné au chapitre ca forme générale, et c'est elle, qui l'a placé au début de l'ouvrage." (110). Neu ist die Einsicht, daß c.1* niemals eine selbständige Sammlung für sich gebildet hat, sondern von vornherein als literarischer Vorbau eines Jes-Buches konzipiert wurde. Der hierfür verantwortliche *dtr* Redaktor hat sich dabei der drei vorexilischen Worte v.2b-3, 4-7bα und 10-17 bedient und in der Überschrift 1,1 sowie in 1,2a und 1,18-20 seine eigene Handschrift hinterlassen (vgl. 65-71). Es ist bemerkenswert, daß Vermeylen auch die älteren, vorgegebenen Worte (außer v.10-17) keineswegs dem Propheten selbst zuschreibt. Denn sowohl v.2b-3 als auch v.4-7bα führen aufgrund signifikanter Parallelen mit der jeremianischen Spruchüberlieferung und dem Deuteronomium (vgl. z.B. 1,2 mit Dtn 32,1.5f.) literarhistorisch bereits in das ausgehende 7. Jh. (vgl. 50-64).[74] Diese zeitliche Einordnung setzt freilich voraus – und damit sind wir bei einer entscheidenden kritischen Anfrage angelangt –, daß die entsprechenden Bezugstexte aus dem Dtn als „alt", also vorexilisch einzustufen sind. Das ist indes eher unwahrscheinlich; so läßt sich etwa eine vorexilische Herkunft des Moseliedes Dtn 32 kaum erweisen. Insofern stellt sich die Frage, ob hinsichtlich der sachlichen Nähe zum dtn-dtr Schrifttum überhaupt ein Unterschied zwischen den beiden älteren, tendenziell *deuteronomischen* Worten 1,2b-3.4-7bα und der *dtr* Edition des Kapitels besteht, der eine literarkritische Differenzierung rechtfertigte.

Die Arbeit von *Barth* (1977) kommt zu einem grundsätzlich ähnlichen Ergebnis. Auch er beurteilt Jes 1 (genauer: 1,2-26) als das Werk eines *exilischen* – freilich betont *nicht dtr* – Redaktors, der das Kapitel zu keinem anderen Zweck komponiert hat, als es dem bis dahin bestehenden Jes-Buch voranzustellen (vgl. Jesaja-Worte 218-220). Dabei hat sich dieser Redaktor aber in weit größerem Umfang, als Vermeylen vermutet, authentischer jesajanischer Logien bedient. Barth führt auch insoweit über Vermeylen hinaus, als er diese vorgegebenen Worte nun genauer lokalisiert: Sie hätten ursprünglich an anderer Stelle im Jes-Buch gestanden, seien von dort extrahiert und dann zu einer „programmatischen Einleitung zusammengestellt" (219) worden. So mögen v.4-8 einmal auf c.31 gefolgt sein; v.10-20 paßten am besten hinter 3,9a (bzw. 3,12 oder 3,15); und v.21-26 fügten sich gut zu 3,24f. (vgl. 220 A.48). Als *redaktionelle Eigenformulierungen* beurteilt Barth den einleitenden Spruch v.2-3 sowie v.9.[75] Der Vorzug der Barthschen Relozierungshypothese liegt auf der Hand: Es gelingt ihr,

[74] Die dtr Edition von Jes 1* ist nach Vermeylen dann in drei weiteren Schritten gewachsen (vgl. Prophète I, 110f.): Zunächst traten kurz nach dem Exil v.21-26 hinzu; mit Gruppenbildungen in der nachexilischen Gemeinde rechnen v.7bβ-9.27; und v.28-31 gehören zur letzten Edition, in der sich bereits der Konflikt mit den Samaritanern widerspiegle.

[75] Vgl. auch schon Cheyne, Einleitung 8 (für v.2-4).

die Herkunft der in c.1* verarbeiteten älteren Worte (anders als Vermeylen) einleuchtend zu erklären. Die Schwäche dieser Hypothese freilich wiegt schwerer: Sie geht von der unbeweisbaren Vermutung aus, die betreffenden Worte seien gleichsam aus ihrem natürlichen, vermeintlich besseren Zusammenhang herausgelöst worden. Das aber bleibt reines Postulat: Weder erweist sich – was leicht überprüft werden kann – der vermutete alte Kontext als passender, noch ist ersichtlich, weshalb man die Worte von dort entfernt haben sollte. Daß gewisse *sachliche* Affinitäten etwa zwischen v.4-8 und c.30-31 bestehen, ist zwar nicht zu bestreiten, doch lassen sie sich ungezwungener im Rahmen eines redaktionellen Fortschreibungsmodells erklären: Der Verfasser bzw. Kompositeur von c.1* könnte wichtige Worte aus dem Korpus des Buches benutzt und (in generalisierender Absicht) neu formuliert haben.

Etwas weiter führt die redaktionsgeschichtliche Hypothese *Werners* (1982). Nach ihm habe ein jedenfalls nachexilischer Redaktor aus den beiden vorgegebenen Stücken 1,4-9 und 1,11-17 eine umfassende Gerichtsrede gestaltet:[76] Sie wurde mit der in die Geschichte zurückblickenden Anklage v.2f. eingeleitet und mit der Aufforderung an die gegenwärtige (nachexilische) Generation v.18-20 abgeschlossen, sich anders zu verhalten. Auf dieselbe redaktionelle Hand führt Werner auch v.10 zurück, der die beiden älteren Einheiten zusammenbindet (vgl. 131f.).[77] An dieser Analyse ist zweierlei bemerkenswert: (1) In c.1* ist nun kein einziges jesajanisches Wort mehr enthalten; sogar die beiden „älteren" Stücke v.4-9 und 11-17 sind am ehesten nachexilisch einzustufen (vgl. 119-126 und 131f.). Doch gelingt es nicht, die Herkunft dieser beiden vorgegebenen Einheiten zu ermitteln: Welchen „Sitz im Leben" oder „Sitz im Buch" hatten sie, *bevor* sie an ihren jetzigen Platz gelangten? – (2) Die Differenzierung zwischen Tradition und Redaktion wird mit zwei nur mäßig überzeugenden Hinweisen gestützt: Zum einen fänden sich Redeformen des Rechtslebens ausschließlich in den redaktionellen Anteilen 1,2-3.18-20,[78] und zum andern wiesen gerade diese Verse enge sprachliche und sachliche Bezüge zu 30,8-9 auf (vgl. 128). Diese Argumentation übersieht, daß sich auch v.4-9 und 11-17 gut in den (fiktiven) Rahmen eines Gerichtsverfahrens einfügen (vgl. die Fragen in v.5.11.12 und die Aufforderung, nach „Recht" zu trachten, in v.17).[79] Und daß nur die vermeintlich redaktionellen Stücke mit 30,8f. auf einer Linie liegen, könnte auch damit zusammenhängen, daß v.4-17 der *Explikation* des allgemeinen Schuldvorwurfes aus v.2f. dienen und zu diesem Zweck natürlich auch anderes sprachliches Material verwenden. In ihrem sachlich-theologischen Profil unterschieden sich Korpus und Rahmung jedenfalls nicht; beide sind vielmehr so stark miteinander verzahnt, daß sich die Frage aufdrängt, ob hier nicht (im wesentlichen) dieselbe Hand am Werk war.[80]

Schon dieser knappe forschungsgeschichtliche Überblick läßt die wesentlichen Einsichten und Aporien erkennen, die für eine Auslegung von Jes 1,2-

---

[76] Werner, Texte 126-133; ihm folgt Kilian I, 21-26.

[77] In weiteren Schritten seien 1,21-26 und evtl. 1,27f. (Läuterung) und v.29-31 (götzendienerische Baumkulte) hinzugetreten (Werner, Texte 133).

[78] Ähnlich argumentiert Niditch, Bib. 1980, 513-529, die zwischen dem exilisch-nachexilischen „lawsuit" in 1,2-3.21-31 und den älteren Redeeinheiten in 1,4-20 unterscheidet.

[79] Für einen engen Zusammenhang von 1,10-17 und 18-20 votiert – ebenfalls aus formgeschichtlichen Gründen – Daniels, ZAW 1987, 348-350; es handle sich freilich nicht um ein Gerichtsverfahren, sondern priesterliche Tora (vgl. 350). Vgl. auch Budde, ZAW 1931, 29.

[80] Auch Kaiser rechnet mit einer nachexilischen Herkunft von 1,2-20* insgesamt, beurteilt aber v.10-17 wohl als noch späteren Einsatz (vgl. I, 43). Loretz, Prolog, kommt ebenfalls zu einer Athetierung von Jes 1, ist aber in der kolometrischen Argumentation, die eine Fülle fragwürdiger literarkritischer Entscheidungen hervorbringt (z.B. die Ausscheidung von v.2aβ), wenig überzeugend. Sweeney, Isaiah 1-4, 102-133, führt v.2-9 und 10-18 (!) auf Jesaja zurück und schreibt v.19-20 einer nachexilischen, dtr orientierten Hand zu. Nach Deck, Gerichtsbotschaft 87-148, sind nur 1,2f. und 10-17* als authentisch zu bewerten; der Rest sei zumindest zweifelhaft (1,5-9.18-20) oder ganz sicher später (1,4).

20 zu berücksichtigen sind: (1) Als beinahe konsensfähig kann die Einsicht gelten, daß Jes 1* kaum eine ehedem selbständige Sammlung prophetischer Logien gewesen ist, sondern von vornherein als *Bucheinleitung* konzipiert wurde: Jes 1* präludiert Themen, die im Jes-Buch ausführlicher zur Sprache kommen. – (2) Sodann hat sich gezeigt, daß die Skepsis, in Jes 1* auf echtes jesajanisches Gut zu stoßen, schon aufgrund mannigfacher Bezüge zum Dtn und zur jeremianischen Spruchüberlieferung (Vermeylen) eher zugenommen hat. Die Spannweite reicht von der Athetierung einzelner Worte wie 1,2-3 (Barth) bis hin zur „Unechtheitserklärung" des gesamten Kapitels (Kaiser, Werner, Kilian). Entsprechend werden die redaktionellen Anteile an der Gestaltung von Jes 1,2-20 nun weit höher eingeschätzt. – (3) Es ist dabei erstaunlich, daß man auch dann grundsätzlich an einem redaktionsgeschichtlichen Erklärungsmodell festhält, wenn man kein einziges jesajanisches Wort mehr zu finden vermag (Werner). Die überkommene Vorstellung, ein Redaktor habe ältere Worte zu einer neuen, größeren Einheit zusammengefügt, wird also beibehalten, obwohl die entscheidende Frage unbeantwortet bleibt: Woher stammen die dem Kompositeur von Jes 1* vorgegebenen Worte, wenn sie nicht mehr auf Jesaja zurückgehen können, ja noch nicht einmal in die vorexilische Zeit gehören? Diese Frage erhebt sich selbst dann, wenn man mit authentischem Gut rechnet, verschärft sich aber bei einer Spätdatierung des Materials. Der Versuch, diese Aporie mit Hilfe von Relozierungshypothesen zu lösen (Barth), befriedigt nicht: Die in Jes 1* überlieferten Worte haben kaum je woanders gestanden; einen passenderen Ort als den jetzigen gibt es nicht. – (4) Es wird immer wieder und keineswegs nur von holistisch orientierten Ansätzen her[81] betont, daß jedenfalls 1,2-20* eine formal wie gedanklich wohlstrukturierte und theologisch geschlossene Einheit bildet, aus der man nicht einfach ein Element ohne Schaden für das Gesamtverständnis herausbrechen kann. Die naheliegende Konsequenz, die sich zumal dann aufdrängt, wenn man nicht mehr mit jesajanischem Gut in Jes 1* rechnet, wird indes nicht oder nur ganz selten gezogen: nämlich daß es sich bei 1,2-20 insgesamt um eine im wesentlichen literarisch einheitliche und späte Komposition handelt, die in bucheinleitender Absicht konzipiert wurde und gerade deshalb einen „zusammengesetzten", anthologischen Eindruck macht. Unsere eigene Hypothese zur Entstehung von 1,2-20 wird sich in diesen Bahnen bewegen. Sie tritt deutlicher hervor, wenn wir uns einige allgemeine Beobachtungen zum literarischen Charakter des gesamten Komplexes vor Augen führen.

(1) Die Einleitung 1,2-20 enthält kaum wirklich „originelle" Worte, die eine genauere zeitliche Lokalisierung ermöglichten oder Rückschlüsse auf konkrete Verkündigungssituationen zuließen. Die Argumentationsebene ist überwiegend abstrakt; die Anklagen bleiben grundsätzlich-theologisch: Israel hat keine Einsicht (v.3b), ist heillos verderbt (v.5f.), versagt im Kult auf

[81] Vgl. Roberts, PSB 1982; Gitay, VT 1983; Willis, VT 1984.

allen Ebenen (v.11-15), tut Böses (v.16) und handelt gegen Jahwes ureigenes Recht (v.17). Das sind Aussagen, die immer und überall „wahr“ sind und sich schon deshalb einer präzisen geschichtlichen Einordnung entziehen. Das scheint nur in v.7-8 anders zu sein: Das Land ist eine Öde, die Städte sind verbrannt, und die Tochter Zion allein ist übriggeblieben. Man bezieht dieses Wort gern auf die desolate Lage Palästinas kurz nach dem Einfall Sanheribs und kommt damit in das Jahr 701.[82] Die geschichtlichen Bezüge freilich sind alles andere als evident: Die Angaben in v.7f. bleiben blaß und sind nur wenig spezifisch; man könnte sie auch mit einem beliebigen anderen feindlichen Angriff in Verbindung bringen. An Belagerungssituationen, auf die die Beschreibung von v.7f. zuträfe, hat es in der Geschichte Israels nicht gefehlt.[83] Die entscheidenden „Informationen“, die zur Erhellung der Verse dienen, muß man denn auch von außen an den Text herantragen. Dabei liegt schon aufgrund des sprachlichen Befundes eine Deutung auf das mit 587 hereingebrochene Desaster viel näher:[84] Die Vorstellung von einer totalen Verwüstung des Landes ist weniger als historische denn als *theologische* Aussage zu lesen. Denn historisch gesehen ist das Land weder vollständig verwüstet worden, noch hat man die Städte unbewohnbar gemacht; nur eine zahlenmäßig kleine Elite wurde deportiert. Die Aussage besagt vielmehr, daß das über das Gottesvolk hereingebrochene Gericht ein umfassendes, nicht mehr überbietbares war. Die entsprechenden Parallelstellen (angefangen bei Lev 26,33 bis hin zu Jes 6,11) bewegen sich in diesem Schuld-Strafe-Schema und beziehen sich *durchweg* auf den Untergang 587.[85] Nimmt man die eigentümliche Bezeichnung „Tochter Zion“ (בַּת־צִיּוֹן) in 1,8 hinzu, bestätigt sich diese Einordnung: Der Titel hat in den Threni seinen festen Platz; er unterstreicht dort den Kontrast zwischen der einstigen Herrlichkeit und dem jetzigen, durch die babylonische Eroberung bewirkten Elend der Stadt Jerusalem (Klgl 1,6; 2,1-18; 4,22).[86] Von daher liegt eine Beziehung auf das Jahr 587 näher. Es handelt sich bei Jes 1,7f. also kaum um eine nachexilische Reflexion über die Ereignisse von 701,[87] sondern um ein vom Untergang Jerusalems her formuliertes theologisches Urteil: Das Land ist durch die alleinige Schuld Israels (gemäß Lev 26,33 u.a.) zu einer Wüstenei geworden. Es kommt (überspitzt

[82] Vgl. etwa aus neuerer Zeit: Donner, Israel 119-121; Claassen, JNSL 1974; Dietrich, Jesaja 191-193; Bjørndalen, NTT 1982; Willis, VT 1984, 74-77; ders., StTh 1985, 158-162; Gonçalves, L'expédition 245-254; Emerton, ErIs 1993. Eine Übersicht über alternative Deutungen von 1,7f. bieten die beiden Arbeiten von Willis.

[83] Man braucht also die Belagerung Jerusalems durch Sanherib im Jahre 701 gar nicht zu bestreiten, wie dies – ohne jedes Argument – Loretz, Prolog 23, tut (vgl. dazu auch Emerton, ErIs 1993, 39*f.).

[84] Vgl. Robertson, ZAW 1934 (für v.8f.); Vermeylen, Prophète I, 55-57; Kaiser I, 35-37; Ben Zvi, SJOT 1991; Loretz, Prolog 82-92.

[85] S.o. Kap. 3.2.6. (mit weiteren Belegen).

[86] Er ist vorexilisch nicht belegt. Vgl. Ben Zvi, SJOT 1991, 99; Kaiser, ATD 16/2, 138. Anders Otto, ThWAT VI, 1010, der Jes 1,8; 10,32; Jer 4,31; 6,2.23 für vorexilisch hält.

[87] So Werner, FS Neuhäusler 59-72; ders., Texte 118-126 (bes. 118).

gesagt) gar nicht so sehr auf die Leere des Landes als vielmehr auf die Schwere der Schuld an. Daß der für 1,7f. verantwortliche Verfasser damit einen Anachronismus produziert hat – die Aussage paßt ja nicht in das 8. Jh. des Propheten Jesaja –, hat ihn offenbar nicht gestört.

(2) Mit dieser „Geschichtsferne" hängt die Beobachtung zusammen, daß wenigstens die in v.2-6 und v.18-20 zusammengestellten „Anschuldigungen ohne sachliche Füllung bleiben, so daß der Leser zu ihrem Verständnis auf die Lektüre des Folgenden" angewiesen ist.[88] Tatsächlich sind die sprachlichen und sachlichen Bezüge zu anderen Teilen des Jes-Buches evident und offenbar bewußt hergestellt.[89] Auf die Verwandtschaft von 1,2f.18-20 mit 30,8ff. wurde schon hingewiesen; es kommen aber beinahe alle in c.28-31 enthaltenen unheilstheologischen Worte in Frage, die man in der Vergangenheit (zumeist aufgrund ihres fortgeschrittenen Reflexionsniveaus) gern der Spätzeit des Propheten zugerechnet hat (28,12; 29,13-16; 30,1-5.8-16; 31,2). Die Verbindungen zwischen Jes 1* und dieser Schicht innerhalb von c.28-31 sind so eng, daß man mit demselben geistig-theologischen Milieu rechnen muß. Unsere Analyse des sog. assyrischen Zyklus wird hier zu der nötigen redaktionsgeschichtlichen Klarheit führen (s.u. Kap. 7): Sowohl die Bucheinleitung 1,2-20* als auch die entsprechenden Stücke innerhalb von c.28-31 sind das Werk einer relativ späten (d.h. kaum vor dem Ende des 5. Jh.s anzusetzenden) Neuedition der Jesaja-Überlieferung unter ungehorsamstheologischem Vorzeichen.

Eine kaum zu übersehende Nähe besteht vor allem zu 6,9+11, und zwar gleich in mehrfacher Hinsicht. So nimmt (erstens) 1,3 mit seinen absolut gebrauchten Verben ידע und בין sachlich 6,9b vorweg: „Hört nur - doch versteht nicht (וְאַל־תָּבִינוּ), und seht nur - doch erkennt nicht (וְאַל־תֵּדָעוּ)!" Beide Aussagen drücken die prinzipielle Unfähigkeit Israels aus, auf seinen Gott zu hören, und die Besonderheit von 1,3 liegt darin, daß dies noch vor dem „Auftreten" Jesajas selbst – 1,2ff. ist ja nichts anderes als ein Prolog, der gewissermaßen in himmlischen Sphären lokalisiert ist – als feststehende und unumstößliche Tatsache bewertet wird. Sodann kann man (zweitens) eine gerade Linie von 1,7 zu 6,11 ziehen: Was 6,11 als Ziel des göttlichen Gerichtshandelns ankündigt, nämlich die völlige Verheerung und Entleerung des Landes, scheint nach 1,7 bereits eingetreten zu sein. Angesichts der frappierenden Übereinstimmungen in der Terminologie (vgl. שְׁמָמָה „Öde"; עָרִים „Städte"; אֲדָמָה „Acker") ist mit *literarischer* Abhängigkeit zu rechnen. 1,7 ist wohl (wie auch 1,3) als bewußte Vorbereitung von 6,9-11 konzipiert worden.[90] In diesem Falle wäre 1,7 schon von seiner literarischen Funktion her eindeutig auf den Untergang des Staates im Jahre 587 zu beziehen, wie es für

[88] Kaiser I, 30, im Blick auf v.2-3, aber gültig für den gesamten Prolog 1,2-20.

[89] Vgl. die Zusammenstellung von Gosse, ZAW 1992, der freilich die textgenetische Frage nach der *Herkunft* der Bezüge außer acht läßt.

[90] Vgl. auch die Restaussagen 6,12f. mit 1,8f.

6,9+11, einer am ehesten frühnachexilischen Aussage, wahrscheinlich gemacht werden konnte. Schließlich läßt sich (drittens) auch die Sündenterminologie in 1,4a mit c.6 in Verbindung bringen; es sind immerhin dieselben Begriffe, die hier wie dort auf die radikale Verderbtheit des Volkes hinweisen (vgl. 6,7 עון - חטאת „Schuld“ - „Sünde“ sowie 6,5aβ). Mit einigem Recht kann man den Prolog 1,2ff. deshalb als eine *theologische Summe* zwar nicht der authentischen jesajanischen Verkündigung, aber doch des bis dahin vorliegenden *Buches* verstehen.[91] Die Intention dieses Prologs liegt nicht darin, ein repräsentatives Ensemble „echter“ prophetischer Worte zu überliefern. Man hat vielmehr mit strikter schriftgelehrter Tätigkeit zu rechnen, die sich nicht auf mündliche Worte, sondern in erster Linie auf *Texte*, ja auf ganze Buchkorpora richtet und sie literarisch unter dem Namen des großen Propheten fortschreibt und (wie in diesem Fall) mit neuen Einleitungen („Lesehilfen“) versieht, die das Interesse des Lesers auf das Wesentliche richten sollen. Daß derartige Beobachtungen einer Frühdatierung von 1,2-20 nicht gerade günstig sind, liegt auf der Hand: Wenn der Kompositeur von 1,2-20 bereits auf nachexilisches Material (wie 6,9-11) zurückgegriffen hat, muß man mit der Datierung des Komplexes entsprechend heruntergehen.

(3) Eine Fülle sprachlicher und sachlicher Parallelen zu Jes 1,2-20 halten vor allem die Jeremia- und Amos-Überlieferung (mit Einschränkungen auch das Hos-Buch) bereit. Was zunächst das Am-Buch angeht, ist die Gemeinsamkeit zwischen der Kultkritik Jes 1,11-17 und Am 4,4f.; 5,4-7.21-24 am ausgeprägtesten.[92] Auch die strenge Entgegensetzung von „gut“ und „böse“ (Am 5,14f.) kehrt in Jes 1,16f. wieder – an beiden Stellen übrigens mit dem Stichwort מִשְׁפָּט „Recht“ verbunden. So ist es kein Wunder, daß man (zumal bei den kultkritischen Worten) sogar eine direkte Abhängigkeit vermuten konnte: Der *Prophet* Jesaja habe die Worte des *Propheten* Amos gekannt und verschärfend aufgegriffen.[93] „In der Tat kann man einige Abwandlungen als Verschärfung oder theologische Vertiefung des Amostextes verstehen, wie die Einbeziehung der im Amostext ursprünglich fehlenden ‚Brandopfer‘, die ausdrückliche Ausweitung auf die ‚Fülle eurer Schlachtopfer‘ (V 11) und besonders die Abweisung des Gebets (V 15).“[94] Jes 1,11-17 wirkt wie eine ausgebaute und generalisierende Neufassung von Am 5,21-24. Nun stammen die entsprechenden Am-Worte kaum alle von Amos selbst; z.T. wird man bereits

[91] Anders Kaiser I, 30f., nach dem 1,2f. zu einer Editionsschicht gehört habe, die die Denkschrift noch nicht enthielt.

[92] Die Bezüge sind gut zusammengestellt bei Ernst, Kultkritik 161-164; einige seien genannt: מְרִיא (Jes 1,11 / Am 5,22), עֲצָרָה (1,13b / 5,21), מִנְחָה (1,13a / 5,22), שׂנא (1,14a / 5,21), עֹלוֹת (1,11a / 5,22a), סור hif. (1,16a / 5,23a), שׁמע (1,15 / 5,23).

[93] Vgl. Fey, Amos 68-72. Pointiert Meyer, Geschichte ²III, 52: Jesaja „ragt an einen Amos und Hosea nicht heran; er übernimmt ihre Gedanken vielfach sogar wörtlich (so 1,10ff.), ohne sie eigentlich weiterzubilden.“ – Anders Ernst, Kultkritik 161-168, der statt von einer literarischen Abhängigkeit des Jes-Textes von Am 5,21ff. lieber von einem Jesaja und Amos gemeinsamen weisheitlichen Mutterboden sprechen möchte.

[94] Ernst, Kultkritik 164 – dann freilich mit einer anderen Erklärung!

mit exilischen Händen zu rechnen haben,[95] und so stellt sich die Frage, ob diese Verhältnisbestimmung auch auf einer „höheren", literarischen Ebene ihre Gültigkeit behält. Danach hätte sich der Kompositeur von Jes 1* des Am-*Buches* in seiner frühestens exilischen Gestalt bedient. Immerhin haben wir ein analoges Verfahren bereits für die Weheruf-Reihe in Jes 5,8-24 kennengelernt (s.o. Kap. 4.3): Auch sie ist *literarisch* vom Am-Buch abhängig.

Eine ähnlich enge Beziehung besteht zur jeremianischen Spruchüberlieferung; man vergleiche nur Jes 1,2f.16f. mit Jer 2,12f.; 4,22; 8,4-7; 13,23. Nicht nur der theologische Grundtenor stimmt überein, sondern auch in Details sind deutliche Bezüge erkennbar. So mündet auch in Jer 8,7 ein Tiervergleich in die resignierende Feststellung, Israel „kenne" (ידע) die Rechtsordnung Jahwes nicht. Dabei wirkt der Vergleich in Jes 1,3a prägnanter, geschliffener, und das objektlose ידע scheint zu generalisieren: Israel hat *überhaupt keine* (Gottes-)Erkenntnis. Jer 8,7 könnte also durchaus als Quelle für Jes 1,3 gedient haben. Es kommen weitere Parallelen hinzu: (a) Wie bei Amos finden sich auch im Jer-Buch kultkritische Worte, die denen in Jes 1,11ff. recht nahe kommen (Jer 6,20; 7,21-24). (b) Mit Jes 1,5-6 eng verwandt ist Jer 30,12f. (c) Auf den Titel „Tochter Zion", der sonst in den Threni seinen festen Platz hat, stößt man auch in Jer 4,31 und 6,2.23. (d) In ähnlicher Weise wie Jes 1,3 konstatiert Jer 4,22 die fehlende Gotteserkenntnis Israels; dabei trifft man nicht nur das Wortpaar ידע „erkennen" / בין „Einsicht haben" wieder, sondern auch „mein Volk" (עַמִּי) und die treulosen „Söhne" (Jes 1,2). (e) Schließlich liegen mit Jer 2,22 und 12,16f. zwei Parallelen zu Jes 1,18-20 vor. – Diese Übereinstimmungen sind, wenn man sie je für sich betrachtet, kaum signifikant. Ihre Häufung indes ist ebenso auffällig wie die Beobachtung, daß nahezu alle in Jes 1,2-20 vereinigten Stücke eine Parallele im Jer-Buch haben. Allein schon deshalb ist die geläufige Erklärung, nach der Jeremia hier Jesaja-Worte aufnehme und abwandle,[96] nicht ganz überzeugend. Es kommt hinzu, daß mitnichten alle Jer-Worte vom Propheten selbst stammen; man müßte schon von der unwahrscheinlichen Annahme ausgehen, daß die Jer-Überlieferung *auf verschiedenen Stufen* von Jes 1* abhängig ist. Wenn man aber die Möglichkeit einer literarischen Abhängigkeit zugesteht, darf man den umgekehrten Weg nicht *a limine* ausschließen: Der Verfasser von Jes 1,2-20* könnte sein Material auch aus dem Jer-Buch in einer bestimmten editorischen Gestalt bezogen haben.

Weniger prägnant sind die Verbindungen zum Hos-Buch. Sie bestehen im Theologumenon von der *fehlenden Gotteserkenntnis* (Hos 4,1.6; 5,4; 6,6), das in Jes 1,3 wiederkehrt. Man hat gelegentlich in Jes 1,2f. Reminiszenzen an Hoseas Verkündigung erblicken können.[97] Darin mag etwas Richtiges gesehen sein, freilich müßte man die Abhängigkeit wiederum von der Ebene

---

[95] Für Am 5,14f. vgl. Wolff, BK XIV/2, 295f.; Jeremias, FS Deissler 146 (= FAT 13, 225f.); für Am 5,4f.14f. Fleischer, Menschenverkäufer 94-130; Lust, OTS 21.

[96] Zuletzt Ernst, Kultkritik 160, und ausführlich Wendel, Jesaja 42-60.

[97] Etwa Zimmerli, Gesetz 114f.

der Verkündigung auf die Ebene der Bücher übertragen. Zudem ist die Echtheit der Hos-Belege nicht über alle Zweifel erhaben.[98] Wenn man Jes 1,2f. nicht – sozusagen am Hos-Buch vorbei – auf allgemein-weisheitliche Einflüsse zurückführt (s.u.), wäre zu erwägen, ob nicht auch das Hos-Buch (ähnlich wie Am und Jer) als Quelle für Jes 1* in Frage kommt, dann am ehesten im Sinne einer thematischen Anregung.

(4) Deutlich erkennbar ist der durchgehende „bundestheologische" Hintergrund von 1,2-20.[99] Namentlich die Bezüge zum Dtn (und zu Lev 26) sind evident:

Jes 1,2a:	Dtn 4,26; 30,19; 31,28; 32,1.
Jes 1,2b:	Dtn 21,18-21; 30,17; 31,29; 32,5f.20f.
Jes 1,5-6:	Dtn 28,58-61 (vgl. 21,18-21).
Jes 1,7:	Lev 26,33; Dtn 28,51.
Jes 1,10:	Dtn 29,22 (Sodom und Gomorra)
Jes 1,11-15:	vgl. die Opfer- und Kultgesetze (Dtn 16,1-17,1 u.a.)
Jes 1,17:	Dtn 10,18; 16,11 u.a.
Jes 1,18-20:	Lev 26,14-33 (bes. v.25.33); Dtn 1,26; 28,1f.15; 30,15-19 (vgl. auch 1Sam 12,14f.; Jer 12,16f.).

Es ist aufschlußreich, daß in dieser Aufstellung nahezu alle in Jes 1,2-20 verbundenen Stücke enthalten sind. Die Berührungen sind zwar nicht in allen Fällen gleich eng, doch die Streuung ist bemerkenswert. Sie spricht jedenfalls gegen eine literarkritische Lösung in 1,2-20, denn die Annahme, verschiedene redaktionelle Schichten im Dtn seien in gleicher Weise von Jes 1* beeinflußt, ist weit unwahrscheinlicher. Jes 1,2-20* wird also auch von daher (im wesentlichen) literarisch einheitlich sein.

Man wird die eben (in Auswahl) verzeichneten Parallelen aus Dtn und Lev nicht vorschnell mit dem Prädikat „dtr" versehen dürfen, doch daß sie (auch traditionsgeschichtlich) nicht in die Frühzeit Israels zurückreichen, dürfte heute als gesicherte Erkenntnis gelten.[100] Nun könnte man natürlich gerade Jes 1* als Beleg für den teilweise prophetischen Ursprung der Bundestheologie betrachten, um sich auf diese Weise die Option für eine „Frühdatierung" des Kapitels offenzuhalten. Oder man kann überhaupt einen bundestheologischen Hintergrund von Jes 1* bestreiten,[101] und daran ist gewiß richtig gesehen, daß die Unterschiede zwischen der dtn-dtr Theologie einerseits und Jes 1* andererseits offenkundig sind: hier einige eher sporadische An-

---

[98] Vgl. etwa Nissinen, Prophetie 337f.

[99] Vgl. etwa Wildberger I, 11: Es „ist festzuhalten, daß hinter der prophetischen Gerichtsrede die Formen- und Gedankenwelt des Jahwebundes steht und Israel also an der Bundessatzung gemessen wird." Scharf herausgearbeitet von Rignell, StTh 1957, der eine durchgehende Abhängigkeit des Kapitels vom Dtn feststellt und daraus schließt, daß das Gesetzbuch *älter* sein müsse als Jesaja. Die Datierung ist abwegig, doch der Zusammenhang ist richtig erkannt. – Den dtn-dtr Charakter von 1,2-20 meint v.a. Vermeylen, Prophète I, 45-71, nachweisen zu können. Zu 1,18-20 vgl. auch Kutsch, FS Schreiner 24-31.

[100] Klassisch Perlitt, Bundestheologie; pointiert Levin, Verheißung 83-114.

[101] So im Blick auf 1,2f. etwa Perlitt, Bundestheologie 138f.; Jeremias, Kultprophetie 153-156; Daniels, ZAW 1987, 354-360; ferner Høgenhaven, Gott 223-226.

klänge und Affinitäten, die je für sich genommen nur wenig signifikant sind, dort (vor allem in den späteren Schichten) eine ausgeprägte theologische Konzeption. Natürlich ist Jes 1* nicht „dtr" im klassischen Sinn;[102] weder enthält es typisch dtr Phraseologie, noch kann man in sachlicher Hinsicht von spezifisch *dtr* Gedankengut sprechen. Doch das ist gar nicht der springende Punkt: Maßgebend ist die einfache Beobachtung, daß Jes 1* eine Fülle an z.T. wörtlichen Parallelen zum Dtn – und zwar eher zu späteren Strata – aufweist, die einer Erklärung bedürfen. Die Annahme eines gemeinsamen traditionsgeschichtlichen Mutterbodens, der womöglich in das 9. oder 8. Jh. zurückreicht, hat nicht viel für sich, wohl aber die Möglichkeit einer einseitigen Abhängigkeit. Gewiß läßt sich für Jes 1* im strengen Sinne keine *literarische* Benutzung des Dtn nachweisen; doch um ein ähnliches geistiges Milieu handelt es sich allemal,[103] und im einen oder anderen Fall ist eine literarische Beziehung durchaus wahrscheinlich. Man müßte dann vorsichtiger urteilen und Jes 1* als *nach-dtr* einstufen, was nichts anderes bedeutet, als daß Motive und Vorstellungen, gelegentlich auch einzelne Worte aufgegriffen werden, die in der dtr Schule und im Dtn selbst beheimatet sind. Analog wäre etwa auch die *chr* Theologie als nach-dtr zu bewerten.

(5) Ein weiteres Kennzeichen, das 1,2-20 insgesamt betrifft, ist die *weisheitliche* Färbung des Textes. Auch hier sind wieder (fast) alle Abschnitte betroffen. Schon aus dem in 1,2b verwendeten Bild von den ungehorsamen Söhnen (vgl. auch 1,4) hat man immer wieder auf einen weisheitlichen Hintergrund Jesajas geschlossen.[104] Die Stichworte ידע „erkennen" und בין „Einsicht haben" (1,3) verweisen in denselben Bereich; sie sind zumal in ihrer theologischen Bedeutung („*Jahwe* erkennen") eher in späten Schichten der Weisheitsliteratur belegt.[105] Auch das Bild von dem ganz und gar kranken und siechen Menschen in 1,5f. ist von der Weisheit inspiriert. Dort gilt Krankheit als Folge der eigenen Sünde; vgl. (mit z.T. wörtlichen Übereinstimmungen) Spr 20,30; 23,29; 27,6; Ijob 2,7; 5,17f.; 9,17 und bes. Ps 38,4.8. In 1,5f. ist dieser Zusammenhang auf das Kollektivum Israel übertragen worden.[106] Einen fraglos weisheitlichen Hintergrund hat auch die Kultkritik in 1,11-17 (vgl. Spr 15,8.29; 16,6; 21,3.27; 28,9; Koh 4,17).[107] Nicht zuletzt lassen sich für die „Zwei-Wege-Lehre"[108] 1,18-20 – nicht nur wegen der verwendeten Bilder (vgl. Ijob 9,30) – entsprechende Bezüge aufspüren

[102] Das wird von Brekelmans, BEThL 81, 169-176, mit Recht betont. Zur Problematik insgesamt vgl. den Beitrag von Lohfink, BBB 98, 317-333 (= SBAB 20, 70-88).

[103] Vgl. Vermeylen, Prophète I, 65-71.

[104] Vgl. Wildberger I, 13f.; von Loewenclau, EvTh 1966, 297-308. Zu den weisheitlichen Texten vgl. Delkurt, Einsichten 23-54.

[105] Spr 1,7; 2,5f. (vgl. Botterweck, ThWAT III, 496-498).

[106] Vgl. Dtn 28,58-61; Jer 14,17; 30,12-14; Hos 5,13; Mi 1,9. Auffällig sind auch die Berührungen mit Jes 53,3ff. (vgl. חלי „Krankheit", חבורה „Wunde", מכה „Schlag").

[107] Dazu eingehend Ernst, Kultkritik 9-68.

[108] Kutsch, FS Scharbert 25.

(z.B. Spr 1,20-33; 19,16). Die durchgehend weisheitliche Prägung von 1,2-20 zeigt auch hier, daß der Text in seinem theologischen Profil wesentlich homogener ist, als es den Anschein hat.

(6) Die bisherigen Überlegungen lassen den begründeten Schluß zu, daß es sich bei 1,2-20 um eine *literarisch* einheitliche Komposition handelt. Die Argumente kamen bisher freilich eher von außen; sie betrafen die mutmaßliche Verwendung anderer Bücher (Dtn, Jer, Am), die Kontextbezüge in das Jes-Buch hinein oder den traditionsgeschichtlichen Hintergrund des Textes. Tatsächlich erweist er sich – auf einzelne Zusätze wird noch einzugehen sein – als eine formal wie inhaltlich geschlossene Größe. Ob die in ihr enthaltenen Sinnabschnitte einmal eine Eigenexistenz geführt haben oder an anderer Stelle plaziert waren, läßt sich naturgemäß nicht beweisen. Indes tragen diejenigen, die mit ursprünglich selbständigen (jesajanischen) Logien und / oder Relozierungen rechnen, die Beweislast. Denn die solcherart isolierten Worte sind nicht lebensfähig; sie bedürfen einer kontextuellen Einbettung, die nicht nur den Sprecher, sondern überhaupt die Situation angibt, aus der das Wort verständlich wird.

So ist es wohl prinzipiell denkbar, daß v.2a einem älteren Wort (also v.2b-3) sekundär vorangestellt wurde.[109] Das setzte freilich voraus, daß v.2b-3 einmal für sich existierte oder woanders plaziert war. Eine solche Hypothese zwingt aber zu der weiteren Annahme, daß die ursprüngliche Einleitung verlorengegangen sein müsse, und man fragt sich, warum die *jetzige* Einbettung nicht auch die *ursprüngliche* sein kann. Darüber hinaus weisen sowohl v.2a als auch 2b Berührungen mit Dtn 32 auf (v.1 und 5f.), so daß man doch besser von einem literarisch einheitlichen Stück ausgeht.[110] Entsprechend markiert auch das הוֹי „wehe" am Beginn von v.4 keinen literarischen, sondern einen rhetorischen Neueinsatz. Daß der Vers für keinen anderen als den gegebenen Kontext formuliert wurde und nie im eigentlichen Sinne gesprochenes Wort war, ergibt sich nicht nur aus der Aufnahme der „Söhne" aus v.2b, sondern aus einer einfachen Beobachtung: Der Weheruf richtet sich an das *ganze* Volk und ist so allgemein gehalten, daß er einer Auslegung bedarf. Eine solche hält aber der Kontext bereit. Zudem fügt sich v.4a glatt zu der Feststellung von v.3b.[111] Die Stilisierung als Weheruf könnte im übrigen mit der Reihe in 5,8ff. zusammenhängen: So wie die Verse 1,3.7 auf 6,9-11 vorausblicken, ist 1,4a möglicherweise auf 5,8ff. hin komponiert. 1,4a läßt sich durchaus als theologisches Resümee der Weheruf-Reihe lesen (vgl. auch כֶּרֶם „Weinberg" v.8a und 5,1-7). Ein letztes Beispiel: V.18-20 sind eindeutig als

[109] So Vermeylen, Prophète I, 64.

[110] Daß v.2b nicht älter als 2a sein muß, zeigt die Verbindung פשׁע בִּי „sich auflehnen gegen mich"; sie bürgt nicht gerade für hohes Alter (vgl. 1Kön 8,50; Jes 43,27; 59,19; 66,24; Jer 2,8.29; 3,13; 33,8; Ez 2,3; Hos 7,13).

[111] Das muß selbst Werner, Texte 130, zugeben, der doch 1,4-9 für *älter* als 1,2f. hält: 1,4-9 lassen sich „am besten als Entfaltung der in 1,2f. vorliegenden Geschichtsbetrachtung in nuce verstehen".

Abschluß der Einheit konzipiert; sie ziehen die theologische Summe aus dem Prolog und zeigen in Form einer Zwei-Wege-Lehre auf, woran Israel gescheitert ist und wie es künftig *coram Deo* leben kann.[112]

Der hier skizzierte „anthologische“ Charakter von 1,2-20 macht größere literarkritische Operationen überflüssig. Als Erweiterungen lassen sich eindeutig nur v.4b.7bβ.9 sowie einige kleinere Zusätze in dem kultkritischen Abschnitt v.11-17 erweisen.

Bei *v.4b* handelt es sich um eine Glosse, „durch welche ein Späterer die nach v.2 u. 3 doch wahrlich genug verständlichen Epitheta des Volkes in v.4ᵃ begründen wollte. Statt der 2. Person, die v.4ᵃ vorausgesetzt u. in v.5 wirklich angewandt ist, erscheint die 3. Person.“[113] Der Ergänzer von v.4b zählt sich offensichtlich nicht zu den Abgefallenen und Frevlern, an die v.2-4a adressiert sind. Er redet von diesen Leuten ebenso distanziert wie *v.9*, der sich schon aufgrund des Perspektivenwechsels (vgl. die plötzlich auftretende Wir-Gruppe) als Zusatz zu erkennen gibt.[114] Auch hier meldet sich eine Stimme zu Wort, die sich explizit von den „Fürsten von Sodom“ und dem „Volk von Gomorra“ (v.10) abhebt. Die Eigenbezeichnung der von diesem Ergänzer repräsentierten Gruppe ist der heilige „Rest“ (שָׂרִיד), der der Katastrophe entronnen ist. Von diesen Ergänzungen her gesehen erscheinen auch die v.5-8 in einem neuen, nämlich heilvollen Licht: Aus der anklagenden Schilderung des *wegen seiner Sünde* wundgeschlagenen Menschen (s.u.) wird nun eine Klage über das bedauernswerte Geschick des *schuldlos leidenden* jüdischen Frommen.[115] Der enge (auch sprachliche) Zusammenhang mit dem 4. Ebed-Lied (Jes 53,3ff.) ist kaum zufällig. In ähnlicher Weise wird die übriggebliebene „Tochter Zion“ (v.8) im Kontext von v.9 auf die wahre, dem Gericht entronnene Jahwegemeinde bezogen. Auf derselben Linie mag auch die Ergänzung von *v.7bβ* („und eine Öde wie eine Zerstörung durch Fremde“) liegen,[116] denn die hier erwähnten זָרִים „Fremden“ könnten die gegnerische Gruppe der Frevler meinen, die für den beklagenswerten Zustand in v.7abα verantwortlich gemacht werden.[117]

Einige Bearbeitungsspuren weisen v.11-17 auf. Ob, wie Marti meinte, im gegenwärtigen Text „die Schärfe des Urteils über den Kultus durch manche kleine Einfügungen gemildert“ worden ist,[118] läßt sich nur schwer beweisen. Seine (und auch Duhms) Einschätzung ist indes von der nicht unproblematischen Grundannahme geleitet, die „großen Propheten hätten die Jahwereligion von der Stufe der Kultreligion auf die der ethischen Religion“[119] erhoben. Insofern muß alles, was diesem Axiom widerspricht, „unecht“ sein. Hält man 1,11-17 aber für ein spätes, vielleicht von Am 5,21ff. abhängiges Konglomerat kultkritischer Aussagen, das eher auf Vollständigkeit bedacht ist als auf historische Plausibilität, kann man in der Literarkritik zurückhaltend verfahren.[120] Nachgetragen sind (schon metri causa) in v.11b die

---

[112] Vgl. auch Hoffmann, Intention 99-102; Willis, JSOT 1983; Haag, FS Knoch.

[113] Marti 4. Noch jünger ist das Ende von 4b: נזרו אחור (vgl. aber Holladay, VT 1983).

[114] Vgl. Crüsemann, Formgeschichte 163f.; Barth, Jesaja-Worte 190f.; Hausmann, Rest 140f.; Oesch, ZKTh 1994. Anders van Uchelen, OTS 21, der v.9 mit rhetorischen Gründen als ursprünglichen Abschluß der Einheit v.2-8 erweist.

[115] Vgl. auch Vermeylen, Prophète I, 52f. und II, 723f.

[116] Daß es sich um eine Glosse handelt, wird allgemein zugestanden (z.B. Duhm 27); Vermeylen, Prophète I, 50f., nimmt v.7bβ-9 insgesamt heraus. Die beliebte Änderung von זָרִים „Fremde“ in סְדֹם „Sodom“ hat keinen Anhalt am Text; sie ist unnötig, wenn man den sekundären Charakter von 7bβ erkannt hat. Vgl. auch Williamson, Book 245.

[117] Vgl. Vermeylen, Prophète II, 724.

[118] Marti 14. Nicht unähnlich Loretz, Prolog 37. Aufwendige Textrekonstruktionen (v.a. in v.12-14) bieten auch Begrich, TB 21, 163-167; Fullerton, JBL 1919.

[119] Duhm 29; vgl. Marti 14.

[120] Eingehende Diskussion der literarkritischen Fragen bei Ernst, Kultkritik 153-160.

„Lämmer“ (כְּבָשִׂים). V.12a könnte (wenn man nicht mit dem Ausfall einer Zeile rechnet) als nachträgliche Vorbereitung von v.12bβ eingefügt worden sein, um die Kritik stärker mit dem *Tempel* in Verbindung zu bringen. Die doppelte Erwähnung des „Neumonds“ in v.13b und 14a ist auffällig; wahrscheinlich liegt in v.13b eine Erweiterung vor, die den Sabbat in die Reihe der Festtage aufnehmen will. Überhaupt wirkt v.13b wie eine verschärfende Dublette von 14a.[121] V.16aβ wird wegen seines angeblich dtr Charakters gern als Zusatz betrachtet.[122] Das ist aber nur nötig, wenn man mit der jesajanischen Herkunft des Stückes rechnet.

Klammert man diese Erweiterungen aus, hat man ein formal wie inhaltlich einheitlich konzipiertes Ganzes vor sich. So entspricht dem einleitenden כִּי יהוה דִּבֵּר „denn Jahwe (hat ge)redet“ in v.2aβ die etwas erweiterte Formel כִּי פִּי יהוה דִּבֵּר „denn der Mund Jahwes (hat ge)redet“ am Ende der Einheit.[123] Unterstützt wird diese *inclusio* dann durch das zweifache יֹאמַר יהוה „Jahwe spricht“ in v.11 und v.18, also jeweils am Beginn der beiden Unterabschnitte. Sprecher der Einheit ist – nach der Einleitung in v.2aα – Jahwe selbst (v.4b und v.9 sind Zusätze). Die feierliche Anrufung von Himmel und Erde als Zeugen (vgl. Dtn 4,26; 30,19; 32,1) zeigt an, daß mit v.2a eine größere literarische Einheit beginnt. Dabei reicht der Horizont (ausweislich der Inklusion v.2aβ / 20bβ) zunächst bis v.20, doch wie in Mi 1,2 scheint der Vers weiter zu greifen und ein ganzes Buch einleiten zu wollen. Die Einheit 1,2-20 wird damit zu einer Art „Prolog im Himmel“, der natürlich nicht für sich stehen kann, sondern auf eine Fortsetzung angewiesen ist: Er soll den Leser auf das *Jes-Buch* einstimmen. Welchen *Umfang* dieses Buch gehabt hat, läßt sich noch nicht abschließend sagen; doch es wird bereits in einer Gestalt vorgelegen haben, die bis c.39 reichte (s.u. Kap. 7).

Die Rede Jahwes an das abtrünnig gewordene Gottesvolk in v.2b-20* ist von einem einheitlichen Gedanken durchzogen, der sich auch in der formalen Gestaltung niederschlägt. In einer Mischung aus Anklage, Entsetzen und Unverständnis verurteilt sie den Abfall Israels (v.2-6), wendet sich dann der desolaten gegenwärtigen Lage zu, die eine unmittelbare Folge dieses Ungehorsams ist (v.7-8), um dann in einem neu einsetzenden Redegang den Kult als Begegnungsraum zwischen Gott und Mensch für die Zukunft aufzuheben (v.10-17). V.18-20 ziehen daraus die Summe, die in ihrer didaktischen Abzweckung an den *Leser* des Prologs gerichtet ist, dem es nun frei steht, sich für das „Leben“ zu entscheiden oder für den „Tod“ (vgl. Dtn 30,15-20). Der

---

[121] Daß der Kampf gegen den Vollmondsabbat, wie er aus 1,13b zu erkennen sei, in der nachexilischen Zeit keine Aktualität mehr besessen habe (vgl. Veijola, FS Kaiser 251 A.35; ferner Levin, Atalja 39), mag religionsgeschichtlich zutreffen. Das spricht aber nicht gegen eine Spätdatierung von Jes 1,13b: Hier wird nicht eine *empirische* Kultpraxis kritisiert, sondern es wird – unter Aufbietung aller Begriffe, die zur Verfügung standen – überhaupt bestritten, daß es einen Zugang zu Gott mittels des Kultes geben kann. Eine solche Spitzenaussage aber hat (zumal in einer lebendigen Religion) einen denkbar geringen Realitätsgehalt. Ist die Religion mit dem Ende des Gebetes nicht selbst am Ende? Insofern darf man 1,11-17 nicht (vordergründig) historisch lesen, sondern muß die rhetorische Absicht des Stückes ernst nehmen und es im Kontext von 1,2-20 insgesamt interpretieren.

[122] Vgl. Dietrich, Jesaja 21f.; Ernst, Kultkritik 157f.

[123] Die Formel ist erst seit dem Exil belegt (Barth, Jesaja-Worte 219 A.44).

Gedankengang in v.2-20 schreitet also eine zeitliche Linie ab, die von der Vergangenheit (v.2-6) über die Gegenwart (v.7f.) bis in die Zukunft reicht (v.11-17 und 18-20).

Das Ganze erinnert an ein Gerichtsverfahren bzw. eine Gerichtsrede,[124] ohne daß diese Gattung streng durchgehalten wäre: Himmel und Erde werden als Zeugen angerufen (v.2a), und Jahwe tritt in der Funktion eines Anklägers auf, der auf der Grundlage – wenn man es einmal vereinfacht sagen darf – kodifizierter „bundestheologischer“ Maximen sein Volk einer peinlichen Befragung unterzieht: Israel, das mit einer exklusiven Gottesbeziehung beschenkt worden war, hat seinen Gott unwiderruflich verlassen (v.2b). Der Tiervergleich (v.3) streicht die Unbegreiflichkeit des Abfalls eindrucksvoll heraus, bevor v.4 das „Wehe“ über das angeklagte Volk ausspricht. V.5-6 bringen die fundamentale und heillose Verderbtheit des Volkes mit einem anschaulichen Bild zum Ausdruck: Israel wird mit einem *wegen seiner Sünde* und damit zu Recht wundgeschlagenen Menschen verglichen, dem nicht mehr zu helfen ist. Als *Folge* dieser Sünde ist auch das Land verwüstet, sind die Städte niedergebrannt und wird die Frucht des Ackers von Fremden verzehrt, wie v.7 in Aufnahme der Vorstellungen von Lev 26,33 und Dtn 28,51 hervorhebt. Auch die auf den ersten Blick mehrdeutige Aussage „übriggeblieben ist allein die Tochter Zion“ (v.8) ist wohl eher als Warnung denn als heilvolle Zusage gemeint: Die durch die Eroberung von 587 stark zerstörte und in ihrer territorialen Ausdehnung reduzierte Stadt Jerusalem wird zwar von Jahwe vorläufig noch „bewahrt“,[125] doch das ist keine Garantie für das Überleben der nachexilischen Gemeinde (vgl. v.19-20!).

Mit einer neuen Anrede an die „Fürsten von Sodom“ und das „Volk von Gomorra“ leitet v.10 nun einen längeren kultkritischen Abschnitt ein, der sich auf den ersten Blick konkreter gibt. Auch hier zeigt sich indes rasch, daß nicht einzelne kultische Vollzüge oder der Mißbrauch bestimmter Handlungen angeprangert werden, so daß man nach einem „Sitz im Leben“ fragen könnte. Vielmehr wird der Kult als solcher mit einer eher auf Vollständigkeit denn auf Wirklichkeitsnähe zielenden Begrifflichkeit abgewiesen: Es ist ganz und gar sinnlos, sich Gott im Kult nähern zu wollen, weil Gott nicht mehr „reagiert“ (bes. v.15). Der Raum, in dem allein Gott und Mensch einander begegnen können, besteht nicht mehr. Die radikale Kultkritik markiert also das *Ende der Gottesbeziehung*; sie liegt auf einer Linie mit den Anklagen in

[124] Vgl. indes die Einsprüche von de Roche, JBL 1983; Daniels, ZAW 1987; Bovati, BEThL 81, 180-190.

[125] Das umstrittene נְצוּרָה in v.8b wird zwar mit den Versionen gern in נְצוֹרָה (von צור „belagern“) geändert und damit der verbreiteten Deutung des Verses auf die Belagerung durch Sanherib 701 angepaßt; doch auch die masoretische Punktation, nach der von נצר „bewachen, bewahren“ abzuleiten wäre, ergibt einen guten Sinn: Mit עִיר נְצוּרָה wird dann lediglich zum Ausdruck gebracht, daß die Stadt Jerusalem nach ihrer Einnahme weiterbestand und sogar zum neuen, wenn auch bescheidenen Zentrum der nachexilischen Gemeinde geworden ist. Vgl. auch Wagner, ThWAT V, 585.

v.2-6. Vor diesem Hintergrund erscheint die Aufforderung, das Böse zu unterlassen und das Gute zu lernen (v.16f.), wie eine bereits verspielte Möglichkeit. Gleichwohl zeigt sie auf, wie man sich hätte verhalten *können*, und schärft der gegenwärtigen Generation, die unter der Schuld ihrer Väter leidet, ein, wie man zu einer neuen Gottesbeziehung zurückfinden kann. Daß dieser Neuanfang mit einer Individualisierung des Gottesverhältnisses einhergeht, zeigt die in v.19f. bündig formulierte Alternative: Sie läuft auf eine Ablösung der Kollektivhaftung durch das Prinzip der persönlichen Verantwortung hinaus. Insofern besteht die eigentliche Zielgruppe der Einheit 1,2-20* in den nachexilischen Lesern des Jes-Buches, denen die Worte „Jesajas" zur Mahnung und zum Heil gereichen sollen.

Die hier skizzierten Beobachtungen haben uns zu dem Schluß geführt, daß Jes 1,2-20 (a) im wesentlichen literarisch einheitlich ist, (b) zeitlich am ehesten in die nachexilische Epoche gehört und (c) als literarische Einleitung eines bereits bestehenden Jes-Buches konzipiert wurde. Daß 1,2-20 zunächst den Eindruck eines – wenn auch gut vernähten – Flickenteppichs erweckt, hat also mit dem besonderen literarischen Charakter des Kapitels zu tun: Sein Verfasser schöpft aus verschiedenen Quellen (genauer: Büchern), formuliert und arrangiert aber jeweils ganz neu. Die Flicken erweisen sich bei näherem Zusehen als bloßer Dekor. *Literarische* Nähte gibt es, abgesehen von kleineren redaktionellen Erweiterungen, nicht.

Eine abschließende Erwägung zu der Buchüberschrift in 1,1. Es fällt naturgemäß schwer, die Überschriften der Prophetenbücher genau zu datieren. Sie sind untereinander literarisch abhängig und enthalten keine eindeutigen Hinweise auf ihre Verfasser. Im Anschluß an unsere Analyse von 1,2-20 läßt sich aber doch eine begründete Vermutung aufstellen: Die Überschrift könnte von derselben Hand hinzugesetzt sein, die auch 1,2-20* schuf. Dafür spricht (erstens), daß wir für 1,2-20 ohnehin in eine recht späte Phase der Buchentstehung kommen. Aus allgemeinen theologiegeschichtlichen Erwägungen, aber auch aus Gründen der relativen Chronologie – 1,2-20 setzt Texte voraus, die bereits in die fortgeschrittene nachexilische Zeit weisen – wird man frühestens mit dem Ende des 5. Jh.s. zu rechnen haben; wir befinden uns auf dem besten Wege zur chronistischen Theologie.[126] Der Verfasser von 1,2-20* hat (zweitens) eine grundlegende Neuedition der Jesaja-Überlieferung vorgenommen, die sich vor allem auch in c.28-31 niedergeschlagen hat (s.u. Kap. 7). Nun sind aber auch die Hiskija-Jesaja-Legenden in c.36ff. bereits *vor* 1,2-20* in das Jes-Buch gelangt. Von daher ist es wahrscheinlich, daß das Jes-Buch spätestens mit 1,2-20* auch eine Überschrift bekam, die alle diese Kapitel umfassen konnte. Damit hängt (drittens) die Beobachtung zusammen, daß mittels der in 1,1b aufgeführten Königsnamen offenbar ein chronologisches System geschaffen wurde, das die „jesajanische" Verkündi-

[126] Dazu fügt sich z.B. die Beobachtung, daß die Namensform יְחִזְקִיָּהוּ in der Chronik vorherrscht (38 mal; sonst nur noch 2Kön 20,10 und Jer 15,4).

gung in *Phasen* einteilte: Danach werden c.1-5* der Zeit Usijas (6,1), c.6-14* der Zeit Ahas' (14,28) und c.28-31*.36ff. der Zeit Hiskijas zugeordnet. Es liegt nahe, an dieselbe Hand zu denken, die für die entscheidende redaktionelle Gestalt des Jes-Buches verantwortlich war, nämlich den Verfasser von 1,2-20*. Das schließt freilich nicht aus, daß *ein Teil* der Überschrift älter ist. So könnte man sich 1,1a durchaus als Einleitung von 6,1-11* + 8,1-17* vorstellen oder sogar in 1,1aα die Überschrift für das älteste, heilsprophetische Jes-Buch in 6,1-8* + 8,1-4* sehen: „Gesicht Jesajas, des Sohnes des Amoz".[127] Diese ältere Fassung wäre dann sukzessive im Zuge neuer Bucheditionen gleichsam nach vorne geschoben und erweitert worden.

5.4.2. Die Fortschreibungen in 1,21-2,5

Mit 1,21 wird gleich in mehrfacher Hinsicht ein Perspektivenwechsel eingeleitet: (1) Nicht mehr das Geschick des *Volkes* steht im Mittelpunkt, sondern das Ergehen der Stadt *Jerusalem*, die bisher (in 1,8) nur beiläufig erwähnt wurde. (2) 1,21-23 ist nicht mehr Jahwerede wie 1,2-20*, sondern Prophetenwort (vgl. 1,24). (3) In 1,21-26 werden die *Anführer* des Volkes angeklagt, in 1,2-20* steht das *ganze* Volk vor Gericht. Schon aus diesen allgemeinen Beobachtungen ergibt sich, daß 1,21-26 nicht die ursprüngliche Fortsetzung von 1,2-20 sein kann. Es spricht einiges dafür, daß es sich bei dem Gedicht 1,21-26 um einen Fortschreibungstext handelt, der den allgemeinen Schuldvorwurf in 1,2-20 konkret auf die Gottesstadt und ihre Leitungsgestalten beziehen wollte und zugleich um eine passende Vorbereitung von 3,1-7.14f. bemüht war.[128] Damit ist indes nur *eine* – und noch nicht einmal die wichtigste – Intention getroffen. Denn der eigentliche Zweck des Stückes liegt nach unserer Auffassung darin, die aus dem Micha-Buch importierte Prophetie von der Völkerwallfahrt zum Zion (Jes 2,2-4) literarisch einzuleiten und vorzubereiten. Es hat also einmal ein ursprünglicher Zusammenhang von 1,21-26 und 2,2-5 bestanden, der nachträglich durch die Verse 1,27-31 sowie die Überschrift in 2,1 durchtrennt worden ist. Die folgende Analyse wird sich auf den Nachweis dieser redaktionsgeschichtlichen Hypothese beschränken; auf eine detaillierte Auslegung kann verzichtet werden.[129]

Das in der Form eines Leichenliedes (Qina) gestaltete Gedicht über die zur Dirne herabgesunkene Stadt Jerusalem (1,21-23) mündet in die Ankündi-

---

[127] Vgl. schon Budde, ZAW 1931, 19; ders., Erleben 4. Nach ihm seien die Königsnamen in v.1b sekundär, und der Begriff חָזוֹן „Gesicht" passe nur auf die Vision in c.6.

[128] Vgl. die Titel שׁוֹפֵט „Richter", יוֹעֵץ „Ratgeber" und שַׂר „Anführer" in 3,2f., die in 1,23.26 (wenn auch mit anderer Konnotation) wiederkehren.

[129] Zu 1,21-26 vgl. aus neuerer Zeit bes. Vermeylen, Prophète I, 71-105; auch Willis, ZAW 1986. Zur Auslegung von 2,2-4(5) vgl. Vermeylen, Prophète I, 114-133; Cazelles, VT 1980; Werner, Texte 151-163; Kilian, Jesaja 1-39, 86-91; Wolff, EvTh 1984 (= TB 76, 93-108); Sweeney, Isaiah 1-4, 164-174; Høgenhaven, Gott 109-111; Gosse, ZAW 1993; Schwienhorst-Schönberger, BBB 90; Lohfink, SBS 154, 40-44; Williamson, Book 144-154; Fischer, Tora 24-36.

gung eines umfassenden Läuterungsgerichtes (1,24-25), durch das die Stadt ihre einstige Herrlichkeit (1,21) wieder erlangen soll (1,26). Es sind vor allem die korrupten Führungsgestalten, die שָׂרִים (v.23), die für den jämmerlichen Zustand der Gottesstadt verantwortlich sind. Deshalb sollen neue „Richter" (שֹׁפְטִים) und „Ratgeber" (יֹעֲצִים) eingesetzt werden, die den Zion wieder zu einer „Stadt der Gerechtigkeit" und einer „treuen Stadt" machen (v.26). Das Gedicht ist durchsichtig gegliedert; nur an drei Stellen sind Nachträge erkennbar: So handelt es sich bei dem Einwurf „jetzt aber Mörder" am Ende von v.21 um eine aktualisierende Glosse, die vielleicht auf 1,15f. Bezug nimmt.[130] Möglicherweise ist auch der Hinweis auf Waise und Witwe (v.23b) nachgetragen;[131] hier könnte eine Aufnahme von 1,17 vorliegen. Natürlich könnte der Bezug auf 1,17 auch vom Verfasser der v.21-26 bewußt hergestellt worden sein, zumal dann, wenn man sie als Fortschreibung von 1,2-20* beurteilt. Eindeutig sekundär ist wiederum v.25aα („ich will meine Hand gegen dich wenden"): Zum einen fällt die Wendung aus der Reihe der Parallelismen heraus; zum andern scheint die Verbform וְאָשִׁיבָה aus v.26 genommen zu sein, wobei schon die unterschiedliche Verwendung (v.26 modales Verb, v.25 Vollverb) für verschiedene Hände spricht.[132]

Nimmt man diese Ergänzungen heraus, tritt die Gliederung des Gedichtes noch klarer hervor. Man kann zwei Teile unterscheiden, die spiegelbildlich aufeinander bezogen sind und in der Jahwespruchformel v.24a ihren Angelpunkt haben. Dieser Zweiteilung in v.21-23 und 24b-26 entspricht die Unterscheidung von Scheltwort und Drohwort bzw. Prophetenwort und Jahwewort. Die terminologischen Bezüge können diesen Zusammenhang verdeutlichen:[133]

21a נאמנה
　　21b משפט, צדק
　　　　22 סיגים
　　　　　　23 Kritik an Führungsgestalten
　　　　　　　　24a Jahwespruchformel
　　　　　　24b Rache an Führungsgestalten
　　　　25 סיגים
　　26a שפטים
26b צדק, נאמנה

Die traditionelle Auslegung konnte in diesem Text einen der wichtigsten Belege für das Wesen der jesajanischen Zukunftserwartung sehen: Jesaja habe nicht nur Gericht verkündigt (vgl. Jes 6), sondern zugleich auf künftiges Heil

---

[130] Duhm 33.

[131] So Fohrer I, 41; Vermeylen, Prophète I, 73.

[132] Vgl. Fohrer I, 41; Wildberger I, 65.

[133] Vgl. Fey, Amos 64; Vermeylen, Prophète I, 71. Dieser planvolle Aufbau spricht gegen die These, 1,21-26 sei sukzessive gewachsen (so etwa Kaiser I, 53f., nach dem der Grundbestand in v.21-23a zunächst um v.24-25 und dann um v.26 und 23b erweitert worden sei; ähnlich Deck, Gerichtsbotschaft 146-148).

geblickt und einen positiven Restgedanken entfaltet.[134] Abgesehen von der Frage, ob ein solcher Gedanke in einem Prophetenbild, das Jesaja (ausgehend von Jes 6,9-11) als Unheilsprediger *par excellence* zeichnet, überhaupt einen Platz hat,[135] gibt es eine Reihe anderer Gründe, die eine jesajanische Herkunft von 1,21-26 geradezu ausschließen.

So hat vor allem J. Vermeylen mit einer Fülle an sprachlichen und tendenzkritischen Argumenten aufgewiesen, daß der Abschnitt eine besondere Nähe zu (frühestens) exilischen Texten aufweist: „le contexte, l'idée d'un jugement de purification, le vocabulaire, les attaches littéraires principales et l'analyse du genre littéraire montrent que l'auteur du poème doit être situé, selon la plus grande vraisemblance, à l'époque de l'exil, dans un milieu influencé par la théologie deutéronomienne."[136] Neben späteren prophetischen Texten wie Jer 2,20-22; 6,27-30; Ez 22,17-22 sowie Sach 13,9 und Mal 3,1-5 kommen vor allem Dtn 16,18-20; 21,18-21; 32,26-43; Ri 2,11-19 und 2Sam 7,10bβ-11a in Betracht.[137] Besonders auffällig ist natürlich die Nähe zu den Threni (vgl. Klgl 1,1; 2,1; 4,1.2).[138] Die Argumente sind im Einzelfall und für sich genommen nicht immer überzeugend – z.B. weist eine gewisse Affinität zu Texten aus dem Dtn oder zu dtr Stücken in den Geschichtsbüchern noch nicht auf eine speziell *dtr* Prägung des Gedichtes hin[139] –, doch daß die Vorstellung von einem Läuterungsgericht (Jer 6,27-30; Ez 22,17-22; Sach 13,9; Mal 3,1-5) theologiegeschichtlich am ehesten in die nachexilische Zeit gehört,[140] ist angesichts der Parallelen kaum zu bestreiten. Es sei denn, man wollte den Propheten auch hier zu einem Genius machen, der seiner Zeit weit – und d.h. um mehrere Jahrhunderte – voraus war.

Interessanter als die hier verzeichneten Parallelen, die an sich schon eine deutliche literarhistorische Sprache sprechen, ist ein Text, der mit 1,21-26 zwar nah verwandt ist, aber bislang zu wenig beachtet wurde, nämlich Mi 3,(1-8.)9-12. Auch dieses Wort wendet sich gegen die Führer des Volkes, die das Recht verkehren (3,1.9), die den Zion zu einer Stadt der Blutschuld (דָּמִים) und des Unrechts (עַוְלָה) gemacht haben (3,10), die Bestechungsgeschenke nehmen (3,11) und sich bei alldem auf die heilvolle Präsenz Jahwes verlassen (3,11). Und auch hier steht dem Zion ein umfassendes Gericht bevor, das freilich nicht als Läuterungsgericht, sondern als Verheerung Jerusalems vorgestellt ist (Mi 3,12). Die Berührungen zwischen Jes 1,21-26 und Mi 3,9-12 sind also terminologisch wie inhaltlich signifikant, und es liegt

---

[134] Vgl. etwa Hermisson, EvTh 1973, 67-69; Barth, Jesaja-Worte 52-54 („konstitutiv ist das Beieinander von Heilserwartung und Gegenwartskritik", 53); W.H. Schmidt, EvTh 1977, 270-272 (= Vielfalt I, 152-153): „Heil als Tat Gottes *nach* dem Gericht" (271 = 152); Høgenhaven, Gott 57.

[135] Vgl. bereits Duhm 32f.; dann v.a. Kilian, Jesaja 1-39, 35-39.

[136] Vermeylen, Prophète I, 71-105 (Zitat 104). Zu einer ähnlichen zeitlichen Einordnung kommen auch Kaiser I, 54f.; Werner, Texte 133; Kilian, Jesaja 1-39, 35-39; Loretz, Prolog 42f.58-61; lange vorher schon Robertson, ZAW 1934, 234f.

[137] Vgl. Vermeylen, Prophète I, 93-102.

[138] Daraus hat schon Robertson, ZAW 1934, 234f., abgeleitet, 1,21ff. könne nicht von Jesaja sein; darüber hinaus werde der *König* mit keinem Wort erwähnt.

[139] Vgl. die Kritik von Willis, ZAW 1986, 243-245, und Høgenhaven, Gott 56f.; ferner Gertz, Gerichtsorganisation 89f.

[140] Zum nachjeremianischen Charakter von Jer 6,22ff. vgl. Pohlmann, Ferne 119f. A.26; Wanke, ZBK.AT 20/1, 86.

nahe, hier eine Abhängigkeit zu vermuten. Dieser Verdacht bestätigt sich, wenn man die (ursprüngliche) Fortsetzung beider Stücke ins Auge faßt: Sowohl Mi 3,9-12 als auch Jes 1,21-26 gehen der Prophetie von der Völkerwallfahrt zum Zion (Mi 4,1-4.5 und Jes 2,2-4.5) *unmittelbar* voraus.[141] Dieser direkte Zusammenhang wird im Jes-Buch durch die später eingeschobenen Verse 1,27-31 und 2,1 beinahe unkenntlich gemacht.

Daß es sich bei den beiden Versen 1,27-28 um einen Nachtrag handelt, ist seit langem erkannt.[142] Er bringt mit seiner Unterscheidung von Sündern und frommen Jahweverehrern eine Kategorie ein, die 1,21-26 noch fremd ist: Das umfassende Läuterungsgericht betrifft, so stellt der Nachtrag fest, nicht nur die Führungsgestalten, sondern alle Frevler in der Stadt. Hierin spiegelt sich gewiß die eschatologische Hoffnung frommer Kreise wider, wie sie sich etwa auch in dem sehr späten Stück 10,1-3 niedergeschlagen hat. Es ist denkbar, daß der Ergänzer von v.27-28 auch für die Zusätze in 1,4b.7bβ.9 verantwortlich war. Sachlich liegen diese Verse auf einer Linie.[143] – Im nächsten Stadium wurde das Läuterungsgericht mittels der v.29-30 nun speziell auf die *Götzendiener* bezogen.[144] Bei v.31 dürfte es sich um einen weiteren Nachtrag handeln; er ist als weisheitlicher Abschlußkommentar formuliert, der die Reihe der Fortschreibungen zu einem Ende bringt (vgl. die Sentenz וְאֵין מְכַבֶּה „und keiner ist da, der löscht" - ähnlich Jes 5,29; 43,13; 47,15) und noch einmal resümierend feststellt, daß der „Mächtige" (חָסֹן) umkommen werde (ähnlich 2,22).[145] – Die Überschrift in 2,1 ist wohl hinzugesetzt worden, als man den Übergang von einer der Fortschreibungen in 1,27-31 zu 2,2ff. als zu abrupt empfand und den ursprünglichen Zusammenhang von 1,21-26 und 2,2-5 nicht mehr wahrnahm. Sie ist offenkundig 1,1 nachgebildet[146] und soll die Vision 2,2-5 (vielleicht wegen der Konkurrenz mit Mi 4,1-3) als Schauung *Jesajas* erweisen.[147] Um die Einleitung einer älteren Spruchsammlung handelt es sich kaum.[148]

Es spricht also einiges dafür, daß 1,21-26 und 2,2-5 einmal ebenso nahe beieinander standen wie die entsprechenden Stücke aus dem Mi-Buch (3,9-12 und 4,1-5). In beiden Fällen sind es die Führungsgestalten, die sich in sträflicher Weise am Zion, der Stadt der Gerechtigkeit und des Rechts, vergangen haben. Und in beiden Fällen bildet die Zerstörung bzw. Läuterung Jerusa-

---

[141] Zur literarischen Beurteilung von Mi 3,1-12 vgl. Vermeylen, Prophète II, 583-592; Vincent, ZThK 1986, 169-181; Otto, SJOT 1991, 127f. Wenigstens bei 3,9-12 dürfte es sich um eine spätere Erweiterung handeln, die die in 3,1-8 vereinigten Worte in resümierender Absicht redaktionell zusammenfaßt: Die Anrede in 3,9 ist 3,1 nachgebildet; 3,9-12 sind als Überleitung zu dem (sicher späteren) Wort 4,1-5 konzipiert (vgl. Vincent, ZThK 1986, 180f.); 3,11 wirkt wie eine Zusammenfassung der bisherigen Anklagen gegen die Häupter, Priester und Propheten.

[142] Vgl. Duhm 35; ferner Vermeylen, Prophète I, 105-108; Barth, Jesaja-Worte 292-294; zuletzt Koenen, Heil 89-93.

[143] Vgl. Vermeylen, Prophète I, 111, im Blick auf 1,9 und 1,27.

[144] Vgl. die Argumente bei Barth, Jesaja-Worte 292 A.44. Steck, Abschluß 29, denkt bei 1,29-31 an seine „Fortschreibung III", also an die sog. Schlußredaktion des Großjesajabuches, die z.B. auch für 12,1-6 und c.65f. verantwortlich war. In der zeitlichen Einordnung dieser Schicht geht Steck sehr weit herunter: Sie sei *nach 301* anzusetzen.

[145] Zu dieser Wendung auch Loewenstamm, VT 1972.

[146] Vgl. Budde, ZAW 1931, 18f.

[147] In diesem Sinne Ackroyd, ZAW 1963; vgl. die Diskussion bei Barth, Jesaja-Worte 221 A.54; Fuhs, Sehen 223f.

[148] So etwa Barth, Jesaja-Worte 221 A.54.

lems die notwendige Voraussetzung für die Prophetie von der Völkerwallfahrt zum Zion.[149] Dort wird dann am „Ende der Tage“, wenn alle Völker zum Berg Jahwes hinaufziehen, Jahwes „Tora“ (2,3) die alleinige Richtschnur des Lebens sein, und Gott selbst wird zu einer Quelle des Rechts werden (vgl. שׁפט und יכח hif. 2,4). Jes 1,21-26 und 2,2-5 sind also in thematisch ähnlicher Weise aufeinander bezogen wie Mi 3,9-12 und 4,1-5, und es wäre merkwürdig, wenn diese Übereinstimmungen auf bloßem Zufall beruhten. Man wird also mit literarischer Abhängigkeit zu rechnen haben, wobei über die *Richtung* kaum Zweifel möglich sind: Die Jes-Version ist von der Mi-Version abhängig.

Zu diesem Schluß kann schon ein Vergleich der bis auf die beiden Schlußsentenzen fast wortgleichen Stücke Mi 4,1-5 und Jes 2,2-5 führen.[150] Nur die wichtigsten Argumente seien genannt: (1) „Es ist wahrscheinlicher, daß der Text aus einem weniger bedeutenden und kleineren Prophetenbuch in ein angeseheneres und umfangreicheres Buch gewandert ist als umgekehrt.“[151] (2) Der Abschlußvers Jes 2,5 läßt sich leicht als Nachahmung von Mi 4,5 verstehen, die der Einpassung in den (neuen) jesajanischen Kontext dient. Denn einerseits greift Jes 2,5 deutlich auf Mi 4,5b zurück (vgl. das Verbum הלך „gehen, wandeln“ und die 1. Person Plural), und andererseits leitet der Vers durch den Ausdruck בֵּית יַעֲקֹב „Haus Jakobs“ zum älteren Kontext in 2,6 über. Darüber hinaus wirkt die paränetische Sentenz in 2,5, die in beinahe zeitloser Weise zu einem Jahwe gemäßen Verhalten aufruft, pointierter und scheint stärker auf den Kontext – und zwar sowohl auf 1,21-26 als auch auf 2,6ff. – bezogen zu sein.

Vergleicht man nun die unmittelbar vorausgehenden Stücke Mi 3,9-12 und Jes 1,21-26 miteinander, kommt man zu einem ähnlichen Ergebnis. Natürlich wird hier wie dort – den jeweiligen Kontexten entsprechend – ganz anders formuliert, doch die oben notierten sachlichen und sprachlichen Berührungen legen eine literarische Abhängigkeit nahe. Dabei erweist sich die Jes-Version als stilistisch ausgefeilter und rhetorisch wirkungsvoller. Vor allem scheint der abschließende Vers Jes 1,26 die Vision von der Völkerwallfahrt unmittelbar vorzubereiten, denn die beiden Prädikate „Stadt der Gerechtigkeit“ und „treue Stadt“ passen durchaus auf das neue Jerusalem, wie es in dem Orakel 2,2-4 erhofft wird. Dagegen ist der Übergang von Mi 3,12 zu 4,1ff. nicht ganz so glatt, so daß sich auch von daher die Jes-Version als die *lectio facilior* und damit als die abhängige „Lesart“ erweist. Somit scheint uns die These hinreichend begründet zu sein, daß das Gedicht Jes 1,21-26 in Mi 3,9-12 seine direkte Vorlage gehabt hat. Es ist offenbar eigens konzipiert worden, um das aus dem Mi-Buch übernommene Orakel angemes-

---

[149] Den engen (wenn auch redaktionellen) Zusammenhang von Mi 3,9-12 und 4,1-5 hat Vincent, ZThK 1986, 179-181, herausgearbeitet.

[150] Vgl. schon ausführlich Cheyne, Einleitung 9-16; ferner Kaiser I, 61-64; Schwienhorst-Schönberger, BBB 90, 110-114.

[151] Schwienhorst-Schönberger, BBB 90, 113.

sen vorzubereiten und ihm im Jes-Buch einen neuen theologischen Platz zuzuweisen: Im Anschluß an die unheilstheologische Rede 1,2-20 lenkt 2,2-5 den Blick in tröstlich-mahnender Absicht (vgl. 2,5) auf eine neue, heilvolle Zukunft, und das Gedicht 1,21-26 hat dabei die gleichermaßen redaktionelle wie theologische Aufgabe, zwischen dem einstigen und (noch) gegenwärtigen Unheil und dem künftigen Heil zu vermitteln.

5.4.3. Resümee: Das redaktionelle Wachstum von 1,1-2,5

Der jetzige Eingang des Jes-Buches hat sich als eine Fortschreibungskette erwiesen, die ihren Ausgang bei der Jahwe-Rede 1,2-20 genommen hat. In ihr sind nur v.4b.7bβ.9 sowie einige kleinere Erweiterungen in v.11-17 („Lämmer" v.11b; v.12a.13b) als Zusätze erkannt worden. Darüber hinaus ist diese Rede *literarisch* aus einem Guß und gehört zeitlich in die fortgeschrittene nachexilische Epoche: Sie ist neue Einleitung eines Jes-Buches konzipiert worden, das seinerseits schon nachexilisch anzusetzen ist (vgl. z.B. die Aufnahme von Jes 6,9-11 in 1,7). Sie ist in ihrem theologischen Profil von eher späteren Texten aus dem Dtn (man könnte auch vereinfachend sagen: bundestheologisch) beeinflußt, und sie ist literarisch von der jeremianischen Spruchüberlieferung und vom Am-Buch abhängig.

An diese Rede ist das Gedicht 1,21-26* sekundär angefügt worden.[152] Seine Intention besteht darin, die aus dem Mi-Buch importierte Prophetie von der Völkerwallfahrt zum Zion (Mi 4,1-5) thematisch einzuführen und in den neuen jesajanischen Kontext zu integrieren; es ist literarisch von Mi 3,9-12 abhängig. Dabei führt das Gedicht nicht nur die Jahwe-Rede 1,2-20 fort, indem es den Blick von der Sünde des *Volkes* auf das Schicksal des *Zion* lenkt, sondern bereitet auch die Kritik an den Führungsgestalten in 3,1ff. vor. Der ursprüngliche Zusammenhang von 1,21-26 und 2,2-5 ist dann durch mehrere Fortschreibungen, die sich an 1,26 anschlossen (v.27f. / v.29f. / v.31) durchtrennt und unkenntlich gemacht worden. Die Überschrift in 2,1 ist wohl hinzugetreten, als man diese Verbindung nicht mehr wahrnahm und eine neue Einleitung des Orakels 2,2-5 für notwendig hielt.

5.5. Ertrag

Unsere Analyse der c.1-4 hat insgesamt *drei neue Bucheinleitungen* sichtbar gemacht, die dem werdenden Jes-Buch nach der Art von 5,1-24* sukzessive vorgeschaltet wurden. Es handelt sich um 3,1-7*.14-15; 2,6-19* und 1,1-20*. Einzelne (z.T. heilseschatologische) Fortschreibungen, die sich wiederum an diese Stücke angelagert haben, bleiben hier unberücksichtigt.

---

[152] Erweiterungen sind „jetzt aber Mörder" (v.21); v.23b und 25aα.

(1) Zunächst erhielt das bereits um 5,1-7.8-24* erweiterte „Kern-Jesajabuch“ mit 3,1-7*.14-15 eine neue Einleitung, die auf die Schuld der *führenden* Kreise in Jerusalem und Juda hinwies und ihnen die Hauptverantwortung für den Untergang des Staatswesens (vgl. 3,1-3) und das anschließende Chaos (3,5-7) zuschrieb. Dabei lesen sich die beiden Verse 3,14f., die offenkundig zum älteren Zusammenhang (5,1ff.) überleiten sollen, wie eine Korrektur des Weinbergliedes: Nicht das *gesamte* Volk von Jerusalem und Juda (5,3 wie 3,1) ist an Gott schuldig geworden, sondern die „Ältesten“ und die „Vorsteher“ haben den Weinberg – wie 3,14 in leichter Abwandlung des Bildes aus 5,1-7 anklagend feststellt – „abgeweidet“. Gegenüber der anstößigen Einseitigkeit, mit der c.5* ebenso wie c.6* das Gottesvolk *als Ganzes* für schuldig erklären, bemüht sich die neue Bucheinleitung somit um eine differenziertere Sichtweise. Dies geschieht freilich kaum allein aus einem späteren Gerechtigkeitsempfinden heraus, das die wahren Schuldigen des Untergangs von 587 benennen möchte, sondern ist wohl von dem Interesse geleitet, eine schärfere Trennung zwischen den gottlosen Führern und den frommen Jahweverehrern zu vollziehen (vgl. die Bezeichnungen עני „Armer“ / עניים „Elende“ in 3,14f., die einen primär *religiösen* Nebenton haben).

(2) Eine weitere Neuedition erfuhr das Jes-Buch durch die Vorschaltung von 2,6-19*. Der Kern dieser neuen Einleitung besteht in einem vorgegebenen – freilich aufgrund seiner weisheitlich-eschatologischen Ausrichtung kaum vorexilischen – Gedicht vom kommenden Tag Jahwes in 2,10.12-17. Es wurde durch die redaktionellen Rahmenverse 2,6aα.7.9.11.19 an seinen jetzigen Platz vor Jes 3,1ff. gestellt und hat die Aufgabe, die nachfolgenden Kapitel in ein eschatologisches Licht zu rücken. Durch die Vorschaltung des Gedichtes erscheint das Gericht über die Nobilitäten in Jerusalem und Juda (3,1ff.) nun als ein Spezialfall des stets über alles Stolze und allen Hochmut hereinbrechenden Gerichtes Jahwes. Die Pointe ist also eine paränetische: Was in der Geschichte Israels mehrfach geschehen ist (vgl. den unheilsgeschichtlichen Rückblick 2,6-9*), kann jederzeit wieder eintreten; eine fromme Selbstsicherheit kann es vor Gott nicht geben.

(3) Eine ebenso umfängliche wie folgenreiche Neuausgabe des Jes-Buches steht hinter der Vorschaltung von 1,(1)2-20*. Denn anders als bei den vorausgehenden Editionsstufen scheint der für 1,1ff. verantwortliche Autor auch in anderen Teilen des Buches redigierend und formulierend eingegriffen zu haben. So hat er z.B. durch die Einfügung von 3,8-9 deutlich gemacht, daß der Untergang des Staates keineswegs allein den unfähigen Führungspersonen (vgl. 3,1-7) zugeschrieben werden könne, sondern – entsprechend der anklagenden Rede 1,2-20* – in der Schuld des *ganzen* Volkes seine Ursache habe. Der Redaktor ist insoweit wieder zu der Radikalität der Verstockungsbotschaft (6,9-11) zurückgekehrt. Vor allem aber hat er einen entscheidenden Anteil an der Gestaltung der c.28-31: Die hier enthaltenen „ungehorsamstheologischen“ Texte (28,12; 29,13-16; 30,1-5.8-16; 31,2), traditionell gern der Spätzeit des Propheten Jesaja zugerechnet, gehen auf das Konto dieses

Autors. Er hat damit das jetzige Protojesaja-Buch in redaktioneller wie theologischer Hinsicht entscheidend geprägt. Seine Intention ist dabei eine doppelte: Er zeigt (rückblickend) auf, daß Israel an seinem Ungehorsam, seiner Sünde, seinem Nicht-Hören-Wollen und seinem Unglauben gescheitert ist, und dabei hat er stets auch das Schicksal des Staates, des Tempels und nicht zuletzt des Landes im Blick (vgl. 1,7f.). Diese Bilanzierung aber erfüllt eine didaktisch-paränetische Funktion. Sie schärft der *gegenwärtigen* Generation, der nachexilischen Tempel-Gemeinde ein, wie es sich nun der Tora Jahwes entsprechend zu verhalten hat. Die Alternative, um die es geht, wird kurz und bündig in 1,19f. beschrieben: Wer „hört" (שמע), wird das Gute des Landes essen, wer „sich weigert" (מאן) und „widerspenstig" ist (מרה), wird – man darf ergänzen: *wieder* – vom Schwert (des Feindes) gefressen.

Die in 1,1-20* (sowie in c.28-31*) greifbare Neuedition der Jesaja-Überlieferung weist nun – und das könnte auch von redaktionsgeschichtlichem Belang sein – eine enge Verwandtschaft mit *dtjes.* Stücken auf, die man inzwischen als Erweiterungen der Grundschrift erkannt hat. Es handelt sich vor allem um 42,24f.; 43,22-24 (vgl. 1,11-17!) und 48,1-11*.17-19.[153] In beiden Buchcorpora – im Ersten wie im Zweiten Jesaja – gehören also die Texte, die den Ungehorsam des Gottesvolkes thematisieren, einer relativ späten Überarbeitungsstufe an, wobei die Frage, ob möglicherweise dieselben Hände am Werk waren und schon eine Verbindung beider Buchteile vorausgesetzt ist, einstweilen nicht beantwortet werden kann. Ein enger sachlicher wie zeitlicher Zusammenhang aber ist gegeben, und er ist geeignet, unsere These von einer späten „ungehorsamstheologischen" Neuedition der Jes-Überlieferung zu stützen.

---

[153] Vgl. van Oorschot, Babel 295-311; Kratz, Kyros 117-121.139f. („Ebed-Israel-Schicht", freilich ohne 43,22-24, die zur Grundschicht gerechnet werden). Zu 48,1ff. in seinem Verhältnis zu 1,10ff. vgl. bes. Kratz, Kyros 116 A.440.

6. Jes 10,5-15 + 14,24-27: Das Gericht über Assur

6.1. Das Wehewort über Assur (Jes 10,5-15)

In dem Kehrversgedicht von der ausgestreckten Hand Jahwes 9,7-20 war von mehreren Schlägen gegen das gottlose und verderbte Volk die Rede. Die an sich naheliegende Frage, an welches Gerichtsvolk der Verfasser jeweils denkt, hat die Ausleger zwar über die Maßen beschäftigt, mußte aber unbeantwortet bleiben: Der Text selbst mißt ihr kein besonderes Gewicht bei. Nur 9,10f. erwähnen eher beiläufig, *daß* Jahwe fremde Völker „anstachelt", um Israel durch sie zu bestrafen, doch in 9,13.18 ist dieser Gedanke schon wieder aufgegeben: Hier ist es Jahwe selbst, der das Volk zur Rechenschaft zieht und das Land mit seiner Zornesglut versengt. Das Interesse am *Werkzeug*, dessen sich Jahwe bedient, steht nun aber im Mittelpunkt des Weherufs gegen die Großmacht Assur in 10,5-15. Es spricht vieles dafür, daß dieses Wort – über die sehr späte Interpolation 10,1-4 hinweg – einmal direkt auf das Kehrversgedicht gefolgt ist. Immerhin läßt sich in 10,5 der „Stock meines Zorns (אַף)" mühelos auf den Kehrvers beziehen (לֹא־שָׁב אַפּוֹ „sein Zorn wandte sich nicht"), und in 10,6 treffen wir gleich auf mehrere Verbindungen mit dem Gedicht: Die Qualifizierung des Volkes als „gottlos" (חנף) findet sich in 9,16 wieder, und der „Grimm" (עברה) Jahwes greift auf 9,18 zurück. Vielleicht soll auch das Verbum שׁלח „senden" eine Brücke zu 9,7 schlagen: Wie Jahwe sein *Wort* (erfolglos) zu Jakob/Israel *gesandt* hat (9,7), so *sendet* er nun den *Stock seines Zorns*.

Man gewinnt aufgrund dieser terminologischen Berührungen, die im Falle des nur selten belegten Adjektivs חָנֵף „gottlos" signifikant sind,[1] den Eindruck, als knüpfe das Assur-Wort bewußt an das Gedicht an und führe es gedanklich und literarisch weiter. Dabei kommt v.6 die Aufgabe zu, die Grundgedanken des Gedichts in Erinnerung zu rufen, um daran eine Reflexion über das *Werkzeug Assur* anzuschließen. Denn 10,5ff. thematisiert ja genau das nicht, was 9,7-20 in aller Breite ausführt: die tiefe Schuld des Volkes, um derentwillen die Zuchtrute Assur auf den Plan getreten ist. Es ist deshalb zu erwägen, ob das Wehe gegen Assur nicht von vornherein als *literarische Fortsetzung* des Kehrversgedichtes entstanden ist. Das Gedicht seinerseits ist bereits als Erweiterung von c.6* + 8* erkannt worden, und so ist es wohl kein Zufall, daß in 10,6b (שׁלל, בזז „plündern, rauben") der Name des Jesaja-Sohnes „Maher-Schalal Hasch-Bas" aus 8,1.3 nachklingt, der in 8,4 sogar explizit auf das Gerichtsvolk Assur bezogen ist.

---

[1] Nur an diesen beiden Stellen ist es kollektiv auf das Volk bezogen!

Diese zunächst ganz vorläufige und grobe Einschätzung muß sich in der Analyse bewähren. Ihr steht in jedem Fall die Mehrheitsmeinung gegenüber, die nach wie vor mit der jesajanischen Herkunft des Assur-Wortes (in seinem Grundbestand) rechnet.[2] Sogar H. Barth, der die meisten antiassyrischen Worte dem Propheten abspricht, hält diesen Weheruf für authentisch und sieht in ihm geradezu den Anknüpfungspunkt seiner „Assur-Redaktion" aus der Joschija-Zeit.[3] Diese Forschungslage ist deshalb erstaunlich, weil es in der Vergangenheit nicht an Stimmen gefehlt hat, die aus ganz anderen als redaktions- oder kompositionskritischen Gründen für eine spätere Entstehung eingetreten sind. So meldet G. Beer schon 1914 in der Wellhausen-Festschrift einige eher allgemeine Bedenken an, die nicht überhört werden sollten. Denn 10,5ff. spiegele, so Beer, ein Assur-Bild wider, wie es im 8. Jh. des Propheten Jesaja (noch) nicht denkbar sei. Es wirke eher wie ein Rückblick aus späterer Zeit, in der das mesopotamische Großreich den Zenit seiner Macht schon überschritten hatte:

„Im Hintergrund von 10_{8-12} steht bereits die tatsächliche wunderbare Verschonung Jerusalems im Jahre 701, aus welcher der Volksglaube folgerte, daß der Gott Jerusalems nicht mit den Göttern der unterlegenen Hafenstädte verglichen werden dürfe!" – „Daß Assur כל־הארץ ... erobert zu haben, sich 10_{14} rühmt, war erst möglich, als auch das Großreich am Nil ihm unterlegen war (vgl. 37_{25}), was bekanntlich erst 670 geschah." – „Jes 10_{5-19} ist gewiß eine Weissagung auf den Fall des historischen Assur, aber nicht des Assur in den Tagen Jesajas, sondern um 100 Jahre später! Der Text ist ein Seitengänger zu der Prophetie Nahums und Zephanjas $2_{13ff.}$ auf den Untergang Ninives."[4]

Tatsächlich macht 10,5ff. nicht den Eindruck, angesichts einer akuten assyrischen Bedrohung sozusagen aus dem Stand heraus formuliert zu sein. Assur muß bereits eine beträchtliche weltgeschichtliche Bedeutung erlangt haben und darüber vielleicht schon zur Chiffre für *die* Großmacht schlechthin geworden sein. Das war zur Zeit Jesajas schwerlich der Fall, auch wenn man den Untergang des Nordreiches und mancherlei existentielle Bedrohung auch des Südreiches eben dieser Macht zuzuschreiben hatte. Hinzu kommt das spezifische inhaltliche Gefälle des Wehewortes. Wenn es auch gewiß auf den Untergang Assurs abzielt, so liegt darin doch nicht sein eigentliches Thema. Trotz aller notwendigen literarkritischen Differenzierung bleibt keinem Leser die durchgehend *weisheitliche Prägung* verborgen. Was etwa v.13-15 über die Hybris des Assyrer-Königs ausführen, läßt sich mühelos auf den Menschen überhaupt beziehen. Und was v.5-11 als (einmalige) Spannung zwischen den Absichten Jahwes und dem Selbstverständnis des menschlichen Werkzeugs stilisiert, liest sich wie eine (allgemeingültige) „metahistorische" Reflexion über das Grundproblem göttlicher *Geschichtslenkung*. Assur fun-

---

[2] So jüngst wieder Mittmann, FS Kaiser, und Haag, TThZ 1994.

[3] Barth, Jesaja-Worte 21-26 und 268f. Zum Problem der Assur-Redaktion s.u.

[4] Beer, FS Wellhausen 26; vgl. auch Hölscher, Profeten 364 A.1 (möglicherweise „ein nachjesajanisches Stück des 7. Jahrhunderts"). Während beide in vorexilischer Zeit verbleiben, gehen nur Kaiser und Kilian (Komm. z.St.) in die exilisch-nachexilische Epoche hinauf.

giert bei alldem nur als Beispiel; es könnte, sieht man einmal von den in v.8f. genannten Städten ab, im Prinzip durch eine andere Großmacht in der Geschichte Israels ersetzt werden. Es ist an der Zeit, die Frage nach der literarischen Integrität des Textes zu beantworten. Leicht lassen sich v.10 und 12 sowie einige Erweiterungen in v.5 und 11 herauslösen.

In v.5b ist „הוא בידם ... eine Glosse, die sonderbar genug von manchen noch für echt gehalten wird, ihr Verfasser nahm Anstoß an dem Bilde, das Assur selbst zum Stock macht“.[5] Ebenso einmütig betrachtet man v.10 wegen der Götzenbilder-Thematik als spätere Zutat, die ausweislich der Wendung מצא „finden“ + יָדִי „meine Hand“ von v.14 abhängig ist. Mit v.10 eng verwandt ist v.11; auch dort ist von „Götzen“ (אֱלִילִים) und „Gebilden“ (עֲצַבִּים) die Rede, so daß man v.10 und 11 auf eine Stufe stellen möchte.[6] Indes sind die Differenzen zwischen beiden Versen nicht zu übersehen: V.11 setzt die Reihe der Fragen aus v.8f. sinnvoll fort, und während v.10 die beiden Hauptstädte Jerusalem und Samaria (in dieser Reihenfolge!) parallel setzt, stellt sie v.11 einander gegenüber. Es genügt also, lediglich die beiden Götzenbezeichnungen aus v.11 zu extrahieren.[7] Freilich ist auch v.10 nicht einheitlich, denn 10b wirkt wie eine erklärende Randbemerkung zu 10a. Entweder besagt sie im Sinne des Kontextes „und deren Bilder (פְּסִילִים) [waren zahlreicher] als die Jerusalems und Samarias“, so daß eine Einnahme dieser Städte (vgl. v.11) umso leichter fällt. Oder sie ist eine fromme Korrektur, die hervorhebt, daß die Götzen der umliegenden Völker zu allen Zeiten zahlreicher als die Samarias und Jerusalems gewesen sind. Die Sache kann unentschieden bleiben.

Auch v.12 wird überwiegend als Nachtrag beurteilt. Daß auch er nicht von einer Hand sein kann, zeigt der Wechsel von der 3. Person (12a) in die 1. Person (12b); die beliebte Änderung der Verbform אֶפְקֹד „ich suche heim“ in die 3. Person יִפְקֹד hat am Text keinen Anhalt. Dabei muß v.12b älter sein als 12a:[8] Das grammatische „Ungetüm“ (Duhm) v.12b – offenbar seinerseits sekundär vor v.13 gestellt – kündigt in stilistisch schwerfälliger Weise an, daß der Hochmut des assyrischen Königs bald vergehen werde. V.12a nun bezieht diese Ankündigung auf das Endgericht auf dem Berg Zion.

Nach der Ausscheidung der Verse 10, 11* und 12 sind wir freilich noch nicht beim Grundbestand des Wehewortes angelangt. Der Erklärung bedürftig bleiben vor allem die beiden Redeeinführungen כִּי יֹאמַר/אָמַר „so spricht/sprach“ (v.8 und 13), die zumindest im jetzigen Text den Eindruck erwekken, als werde der Assyrerkönig gleich *zweimal* zitiert. Es bietet sich deshalb an, die Zitateinführung in v.13a als redaktionelle Wiederaufnahme anzusehen, die durch den Einschub von v.12b verursacht wurde.[9] Auf diese Weise erhielte man in der Tat eine zusammenhängende Rede des Assyrerkönigs in v.8-15*. Diese Rede indes kann v.11* nicht enthalten haben, denn der Übergang von v.11* zu v.13 wäre allzu hart. Wer also v.11* als ursprüngliche Fortsetzung von v.8f. betrachtet, ist gezwungen, das gesamte Mittelstück

---

[5] Duhm 98. Für „echt gehalten“ neuerdings wieder von Mittmann, FS Kaiser 114.

[6] Vgl. etwa Duhm 99; Wildberger I, 392; Kaiser I, 218.226.

[7] Childs, Isaiah 40f.; Barth Jesaja-Worte 23; Vermeylen, Prophète I, 255. – Die Bezeichnung אֱלִיל „Götze“ begegnet sonst in späten Nachträgen (Jes 2,8.18.20; 19,1.3; 31,7).

[8] Vgl. Barth, Jesaja-Worte 23f. (v.12b zum Grundbestand); Haag, TThZ 1994, 21.

[9] Nun kann man natürlich auch *beide* Zitateinführungen als „redaktionelle Zuthat“ bewerten, „dazu bestimmt, eine Lücke im jesajanischen Text zu verdecken“ (Cheyne, Einleitung 89, vgl. Marti 104; Duhm 98.100; Donner, Israel 142f.), doch begibt man sich damit der ungezwungeneren Erklärung, nach der die eine Einführung der anderen nachgeahmt ist.

v.8f.11* herauszunehmen und es einer Ergänzungsschicht zuzuweisen. Kurzum: Die Ausleger bieten im Blick auf den *Grundbestand* des Assur-Wortes grundsätzlich zwei Varianten an: (1) Die einen sehen ihn in der „Langfassung" 10,5-7*.8f.13-15* und bewerten v.11 (gewöhnlich mit v.10) als spätere, Jerusalem einbeziehende Neuakzentuierung.[10] – (2) Die anderen treten für die Ursprünglichkeit der „Kurzfassung" 10,5-7*.13-15* ein und beurteilen das gesamte erste Zitat des Assyrerkönigs in v.8-9.11* als Nachtrag.[11] Beide Auffassungen stimmen in dem wesentlichen Punkt überein, daß sie *v.13-15** zum Kern des Wehewortes gegen Assur rechnen.[12] Obwohl bisher nie in Frage gestellt, ist eben dieser Konsens aber durchaus frag-würdig.

Schreiten wir den Gedankengang in 10,5ff. noch einmal ab, ist ein erster Einschnitt mit v.7a gegeben. V.7a stellt kurz und bündig fest, daß Assur es „nicht so" (לֹא־כֵן) im Sinn habe, wie es dem göttlichen Auftrag entspreche. Was *Jahwe* im Sinn hatte, skizziert v.6: Jahwe hat die Großmacht als Werkzeug gegen eine „gottlose Nation" eingesetzt. Nicht ganz deutlich ist dabei, wie man sich das im einzelnen vorzustellen hat: Ist an eine begrenzte Bestrafungsaktion gedacht („um Beute zu rauben"), oder strebt Jahwe gar den vollständigen Untergang seines Volkes an? Besieht man sich v.6b, besonders das Wort מִרְמָס „Zertretenes" und seine Parallelen (5,5; 7,25; 28,18), „möchte [man] meinen, daß angesichts dieser Terminologie doch nur an ein Vernichtungsgericht, das über die Völker ergehen soll, zu denken sei." Und man fügt ebenso geschwind wie sicher hinzu: „Aber das ist durch V.7 ausdrücklich ausgeschlossen."[13] Genauer müßte man sagen: es ist durch *v.7b* ausgeschlossen. Man muß dem Verfasser schon einige Ungenauigkeit in seiner Wortwahl unterstellen, um zwischen v.6b und 7b einen klaren Gegensatz zu erblicken. Das ist aber ganz unnötig. Bei v.7b handelt es sich einfach um eine *nachgeschobene*, also sekundäre Begründung,[14] die unter Aufnahme des Stichworts לֵבָב „Herz" an v.7a angefügt wurde. Daß dem so ist, ergibt sich auch aus einem Vergleich von v.7b mit den weiteren Begründungen, die in v.8ff. und 13ff. – ebenfalls mit כִּי „denn" eingeleitet – folgen. Denn es ist unverkennbar, „dass die drei Darlegungen [v.7b.8ff.13ff.] einander parallel stehen und nicht eine zusammenhängende Erklärung des לֹא־כֵן ausmachen."[15]

---

[10] So Wildberger I, 392; Donner, Israel 142f.; Kaiser I, 220; Kilian I, 80; Mittmann, FS Kaiser 112f. Ausnahmen: Fohrer I, 153; Vermeylen, Prophète I, 252, und Barth, Jesaja-Worte 23f., belassen v.11* dem Grundtext (Barth unter Einschluß von v.12b), äußern sich aber nicht zu dem abrupten Übergang zu v.13.

[11] So Marti 104; Fullerton, AJSL 1917/18; Huber, Jahwe 41-47; Haag, TThZ 1994, 20.

[12] Die Beurteilung von v.15 differiert: Für manche ist er sekundär (Marti 104; Duhm 100f.); gelegentlich wird nur der abschließende Vergleich v.15b$\beta\gamma$ herausgenommen (Wildberger I, 391; Barth, Jesaja-Worte 23). Auf beides kann jedoch verzichtet werden.

[13] Wildberger I, 396. Um dieser Konsequenz zu entgehen, scheidet etwa Löhr, ZAW 1916, 213, v.6b kurzerhand aus (gebildet aus 8,1.3).

[14] So schon Fullerton, AJSL 1917/18, 178-183; ferner Huber, Jahwe 45-47, der freilich ohne erkennbaren Grund auch v.6b herausnimmt.

[15] Marti 102.

Nach *v.7b* liegt die „Grenzüberschreitung" Assurs in zweierlei: Statt dem gottlosen Volk nur eine Lektion zu erteilen, hat es „Vernichtung" und „Ausrottung" (השמיד und הכרית) im Sinn gehabt. Und statt sich mit dem *einen* Volk zu bescheiden, hat es in seiner Gier die Hand nach *vielen* Völkern ausgestreckt. Der Vorwurf zielt also insgesamt auf eine *quantitative Ausweitung* des von Jahwe Gebotenen, wobei der erste Aspekt, wie schon bemerkt, nicht unbedingt im Gegensatz zu v.6b stehen muß.

Fahren wir mit *v.13-15* fort, so stoßen wir auf eine ganz anders akzentuierte Argumentation, die mit v.7b nicht ohne weiteres in Einklang zu bringen ist: Assur wird *Selbstruhm* und *Hybris* vorgeworfen, die des fundamentalen Unterschieds zwischen Gott und Mensch nicht mehr ansichtig wird (v.13a): Die Betonung liegt auf dem Suffix der 1. Person: „Mit der Kraft *meiner* Hand habe *ich* es getan und durch *meine* Weisheit, denn *ich* bin klug."

Weisheit (חָכְמָה) und Klugheit (בִּינָה) gelten als *Gottesgabe* oder doch als Frucht eines gottgefälligen, d.h. toragemäßen Lebens (vgl. Gen 41,33.39; 1Kön 3,12; Jes 11,2; sowie Prv 4,4f.; 10,13; 14,8.33 u.a.). Wer sich hingegen „weise in seinen eigenen Augen" und „vor sich selbst klug" dünkt, wie es der Weheruf in 5,21 geradezu als Kommentar auf die Rede des Assyrers formuliert, hat mitnichten nur ein Bagatelldelikt begangen. So kann 29,14 dem Volk, dessen Jahwefurcht nur „angelernte Menschensatzung" ist, die nicht aus dem Herzen kommt (29,13), androhen, daß „vergehen wird die Weisheit seiner Weisen und sich verbergen wird die Klugheit seiner Klugen". Es ist auffällig, daß auch die rhetorische Frage in 10,15a, die noch einmal die Verwechslung von Schöpfer und Geschöpf auf den Punkt bringt, ihr Pendant in 29,16 hat: An den Ausruf „eure Verkehrtheit!" schließt sich auch hier ein Vergleich aus dem Handwerk an: „Gilt denn der Töpfer soviel wie der Ton, daß ein Werk zu dem, der es gemacht, spräche: ‚Er hat mich nicht gemacht!' ?" (vgl. 45,9).[16]

Die durchgehend weisheitlich-grundsätzliche Thematik in v.13-15 markiert auch den entscheidenden Unterschied zu v.7b: Aus der eher unbewußten, graduellen Überschreitung der von Gott gesetzten Grenze wird eine bewußte und prinzipielle Opposition. Gewiß schließen sich beide Aspekte nicht aus; sie sind im gegebenen Text die beiden Seiten ein und derselben Medaille. Auch klingt bereits in v.5-7a die Vermischung von „Beweger" und „Bewegtem" (v.15b) an. Die Frage aber ist, ob dieser Zusammenhang immer schon bestand oder ob in v.13-15 nicht eine *nachträgliche* theologische Vertiefung vorliegt. Für diese Sicht könnte man v.14 anführen. Wenn der Vers nicht überhaupt auf eine spätere Hand zurückgeht – er bringt gegenüber v.13a.15 einen weiteren Gedanken ein – oder mit v.13b zusammenzusehen ist,[17] so liegt in ihm offenbar eine Ausweitung von v.7b vor: Assurs Hegemonie richtet sich nicht nur auf „nicht wenige Völker" (v.7b), sondern greift nach der

[16] 29,13-16 gehört zu einer späten Schicht, die die Assur-Texte in c.28-31 bereits voraussetzt (dazu s.u. Kap. 7). Zeitlich kommt man etwa in dieselbe Zeit wie für 10,13-15*!

[17] V.13b wird gern als ergänzungsbedürftiges *Fragment* angesehen (jüngst wieder von Mittmann, FS Kaiser 119-129, der eine ikonographisch gestützte Rekonstruktion von v.13b-14 versucht). Zu diesem Zweck muß man freilich die PK-Formen in perfektische Aussagen umwandeln, wozu kein Grund besteht. Eher waren hier Ergänzer am Werk, die in dem gottfeindlichen Wirken „Assurs" eine *weiterhin bestehende* Bedrohung sahen.

„ganzen Erde" und deren Schätzen aus (v.14). Dieser Vorwurf ist nicht mehr steigerungsfähig. Wir dürfen also vermuten, daß v.7b schon im Text stand, als v.13a.14-15 hinzugesetzt wurden.

Ob sich dieser Vorschlag, *sowohl* v.7b *als auch* v.13-15* als Nachinterpretationen zu beurteilen, bewährt, muß die dritte Begründung in v.8f.11* erweisen. Stellt man die Verse einmal probeweise direkt hinter v.7a, äußert sich das לֹא־כֵן „nicht so" darin, daß sich Assur nicht auf die in v.9 genannten Städte beschränkt hat, sondern nun auch *gegen Jerusalem* (v.11*) vorzugehen gedenkt. Die Formulierung setzt zweierlei voraus: 1. Die Städte aus v.9, zu denen auch die Nordreichs-Kapitale Samaria gehört, sind bereits erobert. 2. Jerusalem ist *noch nicht* erobert, aber doch existentiell bedroht. Sollte die Grenzüberschreitung Assurs gerade darin liegen, daß es sich an den *Zion* heranwagt? Und welche Ereignisse stehen im Hintergrund? Man ist bei der Datierung des Wortes – unter Voraussetzung jesajanischer Urheberschaft – gern von den Städtenamen ausgegangen und kam so in der Regel zu einer Einordnung nach 722 (Eroberung Samarias) und 717 (Eroberung von Karkemisch), aber noch vor 711 (Belagerung Asdods). „Doch ist diese Annahme sehr problematisch und man denkt besser an die Zeit Sanheribs, wo im Jahre 701 die Assyrer wirklich vor Jerusalem standen."[18] Damit ist der entscheidende Zusammenhang bezeichnet. Ihn als *zeitliche* Nähe zu den Ereignissen zu fassen, geht freilich nicht an. Denn das Wort setzt nicht bloß die Gefährdung Jerusalems durch die Assyrer im Jahr 701 voraus, sondern blickt schon auf die Tradition von der wunderbaren Errettung der Gottesstadt zurück, wie sie sich in den Jesaja-Legenden niedergeschlagen hat. Die Verwandtschaft zwischen dem Weheruf und den Legenden beschränkt sich denn auch nicht auf den gemeinsamen zionstheologischen Hintergrund. Sie ist enger. Vergleicht man etwa die blasphemischen Reden des Assyrerkönigs in c.36f. mit dem Wehewort, stößt man gleich auf mehrere, z.T. sogar terminologische Berührungen (z.B. 36,18-20 / 37,12f.). Bevor wir eine Erklärung für diese Bezüge versuchen, wenden wir uns noch einmal dem Kern des Wehewortes zu. Wenn sein ursprünglicher Umfang in 10,5*.6-7a.8-9.11* zu suchen ist, muß nach seiner Fortsetzung gefragt werden. Denn mit der provozierenden Frage des Assyrers „Kann ich nicht, wie ich tat an Samaria, so auch an Jerusalem tun?" kann die Einheit schwerlich abgeschlossen haben, im Gegenteil: Die Spannung hat ihren Höhepunkt erreicht, und wir machen einen Sprung zu 14,24-27.

---

[18] Marti 105.

6.2. *Jahwes Plan gegen Assur (Jes 14,24-27)*

Auf den Zusammenhang zwischen dem Wehewort und dem Assyrerspruch in 14,24-27 ist immer wieder hingewiesen worden.[19] Dabei ist die alte Frage „Warum ist das Stück 14,24-27 überhaupt an diese Stelle gesetzt, da es doch durchaus zu 10,5ff. gehört?“[20] nicht unlösbar. Denn es läßt sich ohne größere Mühe zeigen, daß in 10,16-34; 11; 12; 13,1-14,21 Nachträge unterschiedlichen Charakters vorliegen, die im einzelnen eine verwickelte Entstehungsgeschichte verraten. Für unsere Zwecke genügt die Beobachtung, daß mit den beiden Versen 14,22-23 offenbar ein redaktioneller Übergang gegeben ist, der die Babel-Prophetie in c.13-14* abschließt und zugleich zum älteren Kontext, nämlich 14,24ff., zurücklenkt.

Es ist seit langem erkannt, daß 14,1-4a.22f. redaktionelle Verbindungsstücke sind, mit deren Hilfe 13,1(2)-22; 14,4b-21 und 14,24-27 zusammengefügt werden.[21] – Einige Bemerkungen zu den Nachträgen in 10,16-34 seien angeschlossen. Das Drohwort gegen Assur in 10,16-19 ist hinzugetreten, nachdem 14,24f. von seinem ursprünglichen Platz hinter dem Wehewort verdrängt wurde.[22] Die literarische Abhängigkeit von 9,12.13.17 sowie 17,4-6 ist mit Händen zu greifen. Die schriftgelehrte Notiz v.20 – sie setzt den Restgedanken in v.21-23 voraus – betont, daß sich „an jenem Tage“ Jahwe als wahre Stütze seiner Gemeinde erweisen werde. V.21-23 greifen den Namen des Jesaja-Sohnes Schear-Jaschub auf (7,3) und deuten ihn auf den Rest Jakobs, der zu Gott umkehrt. Das Stück, selbst ein Konglomerat aus späten Stücken, mag einmal auf v.19 gefolgt sein (vgl. das Stichwort „Rest“ שְׁאָר). Auch in 10,24-26 (+27a) haben wir einen Fortschreibungstext vor uns, der wohl auf 10,5-15* bezogen war (bes. v.5).[23] Er setzt voraus, daß die Wende zum Heil – und das heißt der endgültige Untergang „Assurs“ – noch nicht erfolgt ist, aber nahe bevorsteht (vgl. v.25). Damit liegt der Text auf einer Linie mit 30,18-26 und 29,17-24 (vgl. etwa 10,24 mit 30,19), so daß man an denselben Verfasserkreis denken mag. In dem rätselhaften Anmarsch eines Feindes gegen Jerusalem (v.27b.28-32) und in der Rettung der Stadt durch Jahwe (v.33f.) verbirgt sich ebensowenig ein alter Text.[24] Vielmehr hat er die Aufgabe, im Anschluß an v.24-26 das bevorstehende Heil zu explizieren: Der Feind kommt zwar nahe an Zion/Jerusalem heran, wird aber nicht obsiegen.[25] Wir sehen also, daß die Nachträge in v.16-34 das Thema *Gefährdung und Bewahrung des Zion* in verschiedenen Facetten variieren.

Wir dürfen somit vermuten, daß 10,5ff. und 14,24f. einmal eng beieinander standen. Auch inhaltlich geht 14,24f. mit dem Wehewort eine glückliche

---

[19] Vgl. Cheyne, Einleitung 79f.; Procksch 163.179-182; Huber, Jahwe 49f.; Vermeylen, Prophète I, 296f.; Kaiser I, 222.

[20] Cornill, ZAW 1884, 84.

[21] Vgl. Marti 127f.; Barth, Jesaja-Worte 126f.; ausführlich Zapff, Prophetie 270-275. Zu c.13f. insgesamt vgl. die beiden neueren Monographien von Gosse, Isaïe 13,1-14,23, und Zapff, Prophetie; ferner Williamson, Book 157-175.

[22] Vgl. Barth, Jesaja-Worte 28-34, der hier freilich die Hand der Assur-Redaktion vermutet, die den jesajanischen Text 10,5-15* fortgeschrieben habe; und Kaiser I, 227f.

[23] Vgl. Barth, Jesaja-Worte 19f.

[24] Vgl. Kaiser I, 234; Kilian, Jesaja 1-39, 91-95. Anders aber Barth, Jesaja-Worte 54-76, der an Jesaja oder einen ihm nahestehenden Verfasser denkt (76), und Sweeney, Bib. 1994.

[25] Gerade die in v.28-32 aufgeführten und nördlich von Jerusalem gelegenen Städte gehörten zum Kernbereich der nachexilischen Gemeinde seit Esra und Nehemia (vgl. die Karte bei H. Weippert, Palästina 691).

Synthese ein: In die Form eines Schwursatzes gekleidet, liefert 14,24-25a das erwartete Drohwort nach.[26] Es kündigt in direkter Aufnahme von 10,7a an, daß es nicht „so“ (כֵּן) geschehen werde, wie es Assur im Sinn habe (auch hier das Verbum דמה pi „erwägen“), sondern allein nach Jahwes Plan. Und dieser Plan besteht in dem wahrhaft vernichtenden Urteil: „Zerschmettern will ich Assur in meinem Lande und auf meinen Bergen es zertreten“ (14,25a). Jahwe selbst wird Assur kurz vor Jerusalem (vgl. 10,11*), gewissermaßen in allerletzter Minute, aufhalten. Die blasphemische Frage in 10,11* erfährt in 14,24-25a also ihre göttliche Antwort; das „Wehe“ ist an sein Ziel gekommen. Hielte man die weisheitliche Reflexion in 10,13-15 hingegen für ursprünglich, wäre diese Korrespondenz empfindlich gestört – auch dies ein Indiz für den sekundären Charakter des Stückes.

Die Beschränkung des Assur-Wortes auf 14,24-25a bedarf der Erläuterung. Bekanntlich bewegt sich die literarische Beurteilung von 14,24-27 zwischen zwei Extremen. Während in dem Abschnitt für *Duhm* „kein Wort [ist], das nicht von Jes. sein könnte“, wird es nach Marti „am besten in das zweite Jahrh. v.Chr., in die Nähe des Danielbuches und der makkabäischen Erhebung, gesetzt“[27]. So ist es nur allzu verständlich, daß *Marti* – und mit ihm viele andere – einen ursprünglichen Zusammenhang mit dem als jesajanisch beurteilten Weheruf 10,5ff. bestreiten mußten. Der Grund ist klar: Das in 14,26f. angekündigte Gericht über die „ganze Erde“ und „alle Völker“ ist selbst bei einer traditionellen Einschätzung des jesajanischen Bestandes im 8. Jh. nur schwer vorstellbar.[28] Nicht zuletzt weckt die Rede vom geschichtsmächtigen „Plan“ Jahwes Zweifel an einer allzu frühen Herkunft.[29] Doch wie so oft führt auch hier die Literarkritik zu einem differenzierteren Bild.

Sicher sekundär ist v.25b; er wird allgemein als „Randcitat aus 10_{27}“ eingestuft.[30] Der entscheidende Fortschritt im Verständnis des Textes liegt aber in der Einsicht, daß es sich bei v.26-27 um eine *jüngere Neuinterpretation* von v.24-25a handelt. Dieser Vorschlag ist ausführlich von *Clements* – in Korrektur früherer Studien – begründet worden.[31] Danach hätten wir zu unterscheiden zwischen einem reinen Assur-Wort in v.24-25a, von Clements (unter Einschluß von v.25b) bereits der Exilszeit zugeordnet, und einer Ausweitung der Perspektive auf *alle* Völker. Der Gedanke eines allgemeinen Völkergerichts (vgl. 8,9f.; 17,12-14; 29,7) wäre folglich erst *sekundär* mit Assur verbunden worden. Diese Unterscheidung hat weitreichende Folgen nicht nur für den hier untersuchten Abschnitt. Denn es sind nicht zuletzt die eben genannten *Völkertexte* unter Einschluß von 14,24-27, die der von H. Barth gekürten Assur-Redaktion aus der Joschija-Zeit ihr charakteristisches Gepräge verleihen. Stehen diese Völkerworte aber, wie an 14,24-27 erkennbar, mit den „eigentlichen“ Assur-Texten in keinem *ursprünglichen* Zusammenhang, steht die These von der Assur-Redaktion selbst zur Disposition (s.u.).

---

[26] Auch in 5,8-9 sind Wehewort und Schwursatz miteinander verbunden.

[27] Duhm 123; Marti 130. Zur neueren Forschung vgl. Kilian, Jesaja 1-39, 52-57.

[28] Vgl. aber Wildberger II, 567f.

[29] Vgl. Barth, Jesaja-Worte 117-119 (Assur-Redaktion der Joschija-Zeit), und Werner, Studien 33-36 (nachexilische Zeit).

[30] Marti 129.

[31] Clements, BEThL 81, 255-262; vgl. auch Hamborg, VT 1981, 154f.

6.3. Das Assur-Wort und die Jesaja-Legenden c.36f.

Wir haben gesehen, daß sich der Grundbestand des Wehe-Wortes in 10,5-11* mit 14,24-25a zu einer literarischen Einheit fügt, die auf die Vernichtung Assurs vor den Toren der Stadt Jerusalem abzielt. Im Hintergrund steht dabei die Vorstellung, daß Jahwe seine Stadt, den Zion, unter keinen Umständen preisgeben werde. Diese exklusive zionstheologische Ausrichtung hat in unserem Text freilich eine Kehrseite, die nur selten wahrgenommen wird. Sie betrifft die entscheidenden Verse 10,9 und 11*: „Die Paradoxie liegt darin, daß Jahve in seiner Stadt Samaria Israel zerstören läßt (v.5), während er in seiner Stadt Jerusalem Israel retten will."[32] Samaria wird mit den außerisraelitischen Städten also in einem Atemzug genannt und ihnen gleichgestellt. Die Grenze verläuft nicht zwischen dem Gottesvolk „in beiderlei Gestalt" auf der einen und den fremden Völkerschaften auf der anderen Seite; sie trennt vielmehr Samaria und Jerusalem, wie die Gegenüberstellung v.11* hervorhebt: Samaria zu vernichten, entsprach dem Auftrag, doch Jerusalem darf kein Haar gekrümmt werden!

Wenn der Assyrerkönig im Blick auf Samaria „auftragskonform" gehandelt hat, wird mit der „gottlosen Nation" (גוֹי !) in v.6 speziell an das *Nordreich* gedacht sein.[33] Diese Deutung entspricht übrigens unserer eingangs geäußerten Vermutung, daß der Weheruf 10,5ff. als *literarische Fortsetzung* des Kehrversgedichts 9,7-20 konzipiert worden ist. Auf die Berührungen zwischen 10,6 und 9,16.18 wurde ja schon hingewiesen. Zwar hatte das Gedicht in seiner ursprünglichen Fassung keineswegs nur das Nordreich im Auge, sondern war auf das *ganze* Gottesvolk gerichtet. Aber daß man es auch anders verstehen konnte, zeigen mancherlei „Lesespuren", die als Glossen in den Text gelangt sind (z.B. in 9,8 „Efraim und die Bewohner Samarias"). Ein entsprechendes Verständnis wird man auch dem Verfasser des Wehewortes unterstellen dürfen: Er fand in dem Gedicht die unheilvolle Geschichte des von Jahwe abgefallenen Staates von Samaria wieder und konnte dessen Bestrafung durch Assur nur als gottgewollt beurteilen (10,6). So ist es kein Zufall, daß derselbe Vers 10,6 auf den Namen des Jesaja-Sohnes Maher-Schalal Hasch-Bas aus 8,1.3 zurückgreift; denn bei 8,1-4 handelt es sich um nichts anderes als eine Untergangsdrohung gegen *Damaskus* und *Samaria* (8,4), gegen die beiden Städte also, die nach der Ansicht von 10,9b offenbar berechtigterweise durch die Hand Assurs ihre Selbständigkeit verloren haben.

Das klare zionstheologische Profil des Grundbestandes läßt die Verwandtschaft mit den Jesaja-Legenden in c.36-37 nun noch deutlicher hervortreten. Schon die ganz formale Beobachtung, daß sowohl in 10,8-11* als auch in c.36f. der assyrische König (bzw. der Rabschake) *wörtlich zitiert* wird, ist auffällig. Inhaltliche und terminologische Bezüge kommen hinzu:

---

[32] Procksch 166.

[33] Vgl. Procksch 164; Barth, Jesaja-Worte 25; Deck, Gerichtsbotschaft 39; Haag, TThZ 1994, 27. Anders etwa Marti 105 (Juda) oder Duhm 98; Kaiser I, 223 (das Gottesvolk).

(1) So findet sich der Gedanke, daß Assur im Auftrag Jahwes handle, in 36,10 wieder („bin ich etwa ohne Jahwe gegen dieses Land heraufgezogen?").
(2) 36,9a spricht von den „Statthaltern" bzw. „Knechten", 37,11 gar von den „Königen Assurs", die als Vertreter des assyrischen Großkönigs über eroberte Gebiete eingesetzt sind; auch 10,8 nennt diese Leute „Könige".
(3) Die engste Parallele besteht zwischen 10,9.11* und 36,18-20 (bzw. 37,10-13): Hier treffen wir nicht nur auf die beiden Namen „Hamat" und „Arpad", sondern auch auf „Samaria", das – so stellt es der Verfasser dar – nicht ohne Jahwes Zustimmung untergegangen ist (36,19).
(4) Nicht zuletzt setzen beide Texte dieselbe, scheinbar ausweglose Situation voraus: Der Assyrer steht kurz vor Jerusalem, und genau dort entscheidet sich die zionstheologische Gretchenfrage.

Nun ist es nicht zu bestreiten, daß c.36f. ihre jetzige Gestalt einem komplizierten Entstehungsprozeß verdanken, der nicht mit wenigen Worten skizziert werden kann (s.u. Kap. 6.6). Für unsere Fragestellung ist nun die Einsicht von Bedeutung, daß die eben genannten Bezugstexte, also 36,10.18-20 und 37,12f., in ihrem Kontext offensichtlich sekundär sind. Und so konnte man mit gutem Grund behaupten: „Der Interpolator [von 36,18-20] hatte 10_{5-11} vor Augen"[34]. Dieser beinahe selbstverständlich wirkende Schluß, von Duhm immerhin mit einem Fragezeichen versehen,[35] ist aber nicht über alle Zweifel erhaben. Schon aus redaktionsgeschichtlichen Gründen haben wir eine Frühdatierung des Wehewortes ausschließen können. Wenn es bereits sekundär an das nachexilische Kehrversgedicht angeschlossen wurde, kommen wir frühestens in die beginnende Perserzeit. Somit ist die stillschweigende Voraussetzung, das Wehewort müsse älter sein als die Jesaja-Legenden, nicht mehr gültig. Es gibt demgegenüber mancherlei Indizien, die eine *umgekehrte* Abhängigkeit nahelegen, daß nämlich *10,5-11* literarisch auf c.36f. beruht.*

Ein eher allgemeines Argument sei zuerst genannt: *Beide* Texte stilisieren den Vorwurf gegen das Verhalten Assurs als *wörtliche Rede* des Königs, doch ist sie in c.36f. schon aus dramaturgischen Gründen sehr viel fester verankert als in 10,8-11*. So dürfte von der Szene c.36f. eine anregende Wirkung ausgegangen sein, die zu der Nachahmung 10,8-11* geführt hat. Daß diese Nachahmung gegenüber dem Original rhetorisch zuspitzt, zeigt die Liste der Städtenamen in 10,9. Genannt werden 6 Städte, die, sogar im Deutschen spürbar, rhythmisch alliterierend in 3 Paaren angeordnet sind: Karkemisch–Kalno / Arpad–Hamat / Damaskus–Samaria. Drei dieser Namen treffen wir in 36,19 wieder (Arpad, Hamat und Samaria); Karkemisch und Kalno sind vielleicht hinzugefügt worden, weil hier die Alliteration besonders markant ist.[36] Sie war offenbar das Auswahlprinzip. Daß sich in der Reihenfolge der Städte keine historische, sondern allenfalls eine geographische Ordnung widerspiegele, ist ohnehin allgemein anerkannt. Der Verfasser hat ein-

[34] Marti 251; ähnlich Duhm 98; Cheyne, Einleitung 51; Kaiser, ZAW 1969, 311; Hardmeier, Prophetie 403 (für 10,9).
[35] Duhm 99.
[36] Vgl. Jer 46,2 (Karkemisch) und Am 6,2 (Kalno und Hamat!).

fach einige Städte zusammengestellt, von deren assyrischer Eroberung er wußte. Mehr war nicht notwendig, denn rhetorische Geschliffenheit rangierte bei ihm weit vor historischer Richtigkeit.[37]

Ein weiteres Argument für die hier vorgeschlagene Abhängigkeit ist bereits angeklungen. Die Parallelen zwischen den Assur-Texten und den Legenden betreffen nämlich *verschiedene Wachstumsstufen* innerhalb von c.36f.: So greift 31,1 auf 36,9b zurück, einen Vers, der wohl zur ersten Erzählversion B^1 gerechnet werden kann.[38] Und 10,9.11* bezieht sich auf 36,18-20 (Nachtrag innerhalb von B^1) und 37,10-13 (zur zweiten Erzählversion B^2). Dieser Befund erklärt sich am ungezwungensten, wenn die Assur-Texte als der *nehmende* Teil betrachtet werden.[39]

Eine gewisse Bestätigung erfährt unser Vorschlag auch durch 14,24-25a. Denn hier ist noch deutlicher erkennbar, daß der Verfasser des Wehewortes offenbar auf c.36f. geblickt hat und von dort sein Material bezog. Dies ergibt sich aus dem Wortlaut von v.25a: „Zerschmettern will ich Assur in meinem Lande (בְּאַרְצִי) und auf meinen Bergen (עַל־הָרַי) es zertreten.“ Man hat diesen Vers gern von seiner Fortsetzung in v.26-27 her gedeutet und ihn im Sinne eines Welt- und Völkergerichts vor den Toren Jerusalems verstanden: „Die Vernichtung Assurs erfolgt auf den palästinensichen [sic!] Bergen im Lande Jahwes, wie die Eschatologie das Weltgericht in der Nähe Jerusalems erwartet“[40]. Dieses Verständnis trifft gewiß die Intention des *gegenwärtigen* Textes, doch v.24-25a trugen ursprünglich einen durchaus anderen Akzent. Tatsächlich wäre die Bezeichnung „meine Berge“ für den Gottesberg Zion ungewöhnlich (vgl. Jes 65,9), und die Parallelität mit „mein Land“ weist offenbar schlicht darauf hin, daß Assurs Untergang sich eben in der Nähe Jerusalems, vor den Toren der Stadt, ereignen werde.[41] Von einem göttlichen Überraschungsangriff auf das assyrische Heerlager bei Nacht und *vor den Toren der Stadt* berichtet aber auch 37,36 (vgl. 37,33-35). 14,25a kündigt an, was 37,33-36 in erzählender Form ausführt. Die Richtung der Abhängigkeit ist dabei nicht beliebig. Die Jesaja-Legenden bedürfen der Ankündigung in

[37] Eine literarische Abhängigkeit der Verse 10,8.11 von c.36f. hat man auch sonst gelegentlich vermutet – freilich stets unter der Voraussetzung, daß sie *nicht* zum Grundbestand von 10,5-15 gehören. Duhm etwa erwägt, ob v.8 nicht aufgrund von 36,9 in das Wehewort geraten sei (99); andere führen 10,10-11 auf 36,19 / 37,12f. zurück (etwa Kaiser I, 226; Hardmeier, Prophetie 403 A.160).

[38] 36,9b klappt freilich nach und könnte sekundär sein.

[39] Kaiser, NZSTh 1973, 283 (= Gegenwartsbedeutung 178), stellt die Frage, „ob das Wachstum der Prophetenerzählung nicht parallel zu der eschatologischen Bearbeitung und Erweiterung der prophetischen Überlieferung verlaufen ist.“ Diese Möglichkeit ist freilich die kompliziertere und findet durch unsere Analyse der Assur-Texte keine Bestätigung.

[40] Marti 129; vgl. auch Kaiser II, 41, und die Parallelen in Ez 38f.; Joel 4; Zef 3,8; Sach 9,14-16; 12,1-9; 14; Dan 11,45; Ps 46,7f.; 48,5-9; 76,3f.; 87.

[41] Daß „14,24-27 im ganzen nichts mit der Völkerkampf-Vorstellung der Jerusalemer Kulttradition zu tun“ habe, wie H. Barth (Jesaja-Worte 113 A.55) behauptet, ist deshalb für v.24-25a sicher zutreffend, nicht aber für v.26f.

14,25a nicht, doch umgekehrt verhält es sich anders: Das Assur-Wort 10,5-11* / 14,24-25a findet in c.36f. seinen eigentlichen Zielpunkt; es ist ohne dieses Ziel nur schwer verständlich.

Man darf darüber hinaus nicht vergessen, daß weder 37,36 noch 14,25a historische Tatbestände widerspiegeln. Die Assyrer sind gerade *nicht* auf dem Boden Palästinas geschlagen worden, wenn sie auch im Jahre 701 die Belagerung Jerusalems unter nicht ganz geklärten Umständen abgebrochen haben. Von einer *Niederlage* kann mitnichten die Rede sein.[42] Es ist natürlich prinzipiell möglich, die Ankündigung in 14,25a als Ausdruck der Heilsgewißheit des Propheten und damit als *echte* Weissagung zu betrachten, die sich gerade dadurch, daß es eben anders gekommen ist, als authentisch erweise.[43] Ein solcher Ausweg ist uns aber versperrt. Den Text als *vaticinium ex eventu* zu fassen, wäre eine andere Möglichkeit. Man könnte ihn dann freilich nur auf den Niedergang des Assyrerreiches in den Jahren 614/612 (Eroberung Assurs und Ninives) beziehen. Doch auch dann gerät man mit Formulierungen wie „in meinem Lande" und „auf meinen Bergen" in Konflikt.[44] So gewiß 14,25a den Untergang des historischen Assur zur Voraussetzung hat, so wenig liegt darin der Schlüssel zum Text. Denn Farbe gewinnt 14,25a erst, wenn man den Vers *theologisch* und *literarisch* mit 37,33-36 zusammensieht.

Das „prophetische" Wort in 10,5-11* + 14,24-25a ist nach alldem nicht älter, sondern jünger als die Jesaja-Erzählungen c.36f. Es ist auf sie hin gestaltet worden. Noch einmal ganz abgesehen von bucheditorischen Gesichtspunkten – das Wehewort könnte (zusammen mit anderen Assur-Texten) eigens zur literarischen Einfügung der Legenden in das Jes-Buch konzipiert worden sein – ist die prophetentheologische Absicht dieser Korrespondenz mit Händen zu greifen: Was die Erzählung von Gottes wunderbarem Eingreifen zu erzählen weiß, *ist im voraus angekündigt worden.*[45]

6.4. Ertrag

Wir gelangten bei der Untersuchung des Wehewortes gegen Assur zu folgendem Ergebnis: Der Grundbestand des Wortes setzt sich zusammen aus den beiden Teilen 10,5*.6.7a.8.9.11* + 14,24-25a. Zunächst wird Assur vorgeworfen, daß es sich im Zuge seiner Eroberungen, die im Auftrag Jahwes erfolgt sind (10,5f.), nun *auch gegen Jerusalem*, also den Zion selbst richten will (10,11*). Assur vor Jerusalem – das ist der (zions)theologische Anlaß

[42] Vgl. Donner, Geschichte II, 356-359.

[43] Wildberger II, 568.

[44] Vgl. Barth, Jesaja-Worte 249, der seine Assur-Redaktion (also auch 14,24-27) vor allem deshalb *vor* 614-609 ansetzt, weil „der völlige Untergang der Assyrer für die AR noch kein Faktum ist, wie sich ja auch eine Kenntnis jener Vorgänge, die die Liquidierung des Assyrerreiches bedeuten ..., nirgends abzeichnet".

[45] Vgl. als Analogie die „Geschichtstheologie von DtrP" (Dietrich, Prophetie 107-109).

für den Weheruf. Die Grenzüberschreitung liegt also nicht darin, daß sich Assur zum Weltherrscher aufspiele (10,7b) oder sich in besonders blasphemischer Weise seiner eigenen Leistung rühme (10,13-15). Beides sind später eingetragene Gedanken; sie verdecken nur den ursprünglichen Skopos, der sich in 10,11*, einem oftmals für sekundär gehaltenen Vers, verbirgt. Als Fortsetzung des Weherufs kommt das Wort 14,24-25a in Betracht: Hier wird der Großmacht in direktem Anschluß an 10,11* angekündigt, daß sie vor den Toren der Stadt Jerusalem untergehen werde. Es ist nun erstaunlich, daß gerade dieser Grundbestand die markantesten Berührungen mit den Jesaja-Erzählungen c.36f. aufweist (am besten erkennbar in 10,8-11* / 36,18-20, aber auch in 14,25a / 37,36). Die Bezüge legen eine literarische Abhängigkeit nahe, die freilich im Gegensatz zur communis opinio auf seiten des Wehewortes liegen dürfte: Das Wehewort ist auf c.36f. hin gestaltet worden.

Es versteht sich von selbst, daß eine jesajanische Urheberschaft unter keinen Umständen in Frage kommt. Dies ergibt sich zum einen daraus, daß das Wehewort offensichtlich als *literarische Fortsetzung* des Kehrversgedichtes 9,7-20 konzipiert wurde (vgl. 10,6 mit 9,16). Zum andern ist auch aus „internen" Gründen eine Frühdatierung ausgeschlossen. Denn der Gedanke, daß Jahwe sich eines fremden Herrschers als Werkzeug bedient, der sich seinem Auftrag entzieht und so zu einem Widersacher Jahwes wird, ist kein Produkt der Frühzeit.[46] Zeitlich kommen wir also bestenfalls in die beginnende Perserzeit. Berücksichtigt man, daß 10,5ff. als Fortschreibung von 9,7-20* entstanden ist, 9,7ff. wiederum als Fortschreibung von 6,1-11* + 8,1-17*, so kommt die frühnachexilische Zeit, in die wir c.6* + 8* einordnen konnten, schon nicht mehr in Betracht. Eine genauere Datierung ist über diese relativen Angaben hinaus kaum möglich.

6.5. *Anhang 1: Die sog. Assur-Redaktion im Jesaja-Buch*

Mit der Analyse des gegen Assur gerichteten Wortes Jes 10,5-15 + 14,24f. sind wir zu literarhistorischen Erkenntnissen gelangt, die nun an den übrigen Assur-Texten im Jes-Buch erprobt werden sollen. Die entscheidende Frage dabei lautet, ob wir im Jes-Buch tatsächlich eine durchgehende Assur-Redaktion herausheben können, die ein einheitliches sachliches Profil erkennen läßt. Gegebenenfalls ist dann nach der zeitlichen Ansetzung, der „geistigen Heimat" und der Absicht dieser Schicht zu fragen.

Die Jesaja-Überlieferung spiegelt bekanntlich sehr differente Einstellungen zur Weltmacht Assur wider. Auf der einen Seite wird Assur als das

[46] Anders freilich Haag, Jesaja 28-32, der die Tradition eines „Anti-Jahwe" im vorisraelitischen Jerusalem verwurzelt und durch Jesaja ausgearbeitet sieht. Die traditionsgeschichtlichen Parallelen, die Haag für seine Sicht herbeizieht (Jes 14,12-15; Ez 28,11-19; 31,1-18; Dan 8,9-11.23-25), sprechen freilich eine andere literarhistorische Sprache. Man vgl. bes. auch Jes 47,6 und Jer 25,9.

von Jahwe selbst herbeigerufene Gerichtsvolk hochgeschätzt (so die traditionelle Beurteilung von 5,26-29; 8,5-8), auf der anderen Seite wird demselben Volk mit schroffen Worten der Untergang angekündigt (10,5-15; 14,24-27; 29,1-8; 31,4-9). Man versuchte lange Zeit, die Ungereimtheiten im Assur-Bild mit einem Umschwung in Jesajas Haltung zu erklären.[47] So mußte sich der Prophet, so die beliebteste Auskunft, durch schmerzliche Erfahrungen mit Assur im Laufe der Zeit eines Besseren belehren lassen, und so habe sich auch sein Bild von dieser Großmacht zum Negativen gewandelt.[48] Oder man kehrte das Verhältnis um: Jesaja „stellte seinen Landsleuten zuerst das Eingreifen Jahwes gegen das hybride Assur in Aussicht und kündete dann, als die Judäer darauf nicht vertrauten, ... in Jahwes Namen vom Sieg der Assyrer über Juda und seine Alliierten."[49] Derartige biographische Erklärungsmodelle sind indes mit einer hohen Hypothek belastet. Sie gehen von einem kaum haltbaren Maximalbestand an jesajanischen Worten aus und verlegen die Komplexität der Überlieferung in die *Person* des Propheten. Das ist ein methodisch nicht ganz ungefährliches Verfahren, weil es nicht nur zur Einebnung von Differenzen zwischen den Texten führt, sondern biographische Kenntnisse über den Propheten voraussetzt, die wir nicht haben. Dabei werden sprachliche und sachliche, nicht zuletzt redaktionsgeschichtliche Indizien, die für eine spätere Einordnung sprechen, geflissentlich übersehen.

Es ist daher das Verdienst der gründlichen redaktionsgeschichtlichen Studie von H. Barth (1977), einen Ausweg aus der die Assur-Texte betreffenden Schwierigkeit gewiesen zu haben. Nach ihm ist der Umschwung in der Beurteilung des Assyrers nicht in der Person des Propheten, sondern in der Redaktionsgeschichte des Jes-Buches zu suchen. So spricht er alle diejenigen Texte dem Propheten ab, die von der Rettung des Zion und der Vernichtung Assurs handeln, und beurteilt sie als das Ergebnis einer „produktiven Neuinterpretation prophetischer Überlieferung".[50] Als geschichtlicher Hintergrund dieser *Assur-Redaktion* kommt für ihn nur die Joschija-Zeit in Frage.

Folgende Texte ordnet er dieser Schicht zu: 5,30; 7,20 „im Gebiet jenseits des Stromes"; 8,9f.; 8,23b-9,6; 10,16-19; 14,5.6*.20b.21 als Bearbeitungsschicht in 14,4b-21; 14,24-27 (mitsamt dem neu gebildeten Kehrvers in 10,4b); 17,12-14; 28,23-29; 29,8; 30,27-33; 31,5+8b-9; 32,1-5; 32,15-20.

Diese Übersicht zeigt, daß nicht alle Worte, die von einer Vernichtung Assurs künden, zur Assur-Redaktion (AR) gerechnet werden. Denn zu ihr haben nach Barth nur solche Worte gehört, die ausschließlich Heil ansagen. So wird etwa die antiassyrische Prophetie 10,5-15, in der Assur richtet und

---

[47] Vgl. Wilke, Jesaja; Staerk, Weltreich; Dietrich, Jesaja 101-114; Kilian, Jesaja 1-39, 98-106. Zur Thematik vgl. schon 1874 Hildebrandt, Verhältniss.

[48] Klassisch Fohrer, BZAW 155, 19-21,

[49] Dietrich, Jesaja 114.

[50] Barth, Jesaja-Worte 301. Zur Sache ausführlich Kilian, Jesaja 1-39, 40-106; ferner Kaiser, TRE 16, 644f.; ders., Grundriß II, 36f.

zugleich gerichtet wird, nicht athetiert, und in ihr sieht H. Barth denn auch den sachlichen Anknüpfungspunkt seiner Redaktion:

Denn „wo immer die Jesajaüberlieferung – explizit oder implizit – von Assur in seiner Funktion als Gerichtswerkzeug redet, setzt darum die AR unbeschadet dessen, daß sie jene erste Aussage sachlich akzeptiert und mitvollzieht, in geradezu penetranter Regelmäßigkeit ein von ihrer Warte her erforderliches zweites, eigenes Wort zu: Es stellt klar, daß im Gesamtzusammenhang des Planes Jahwes das von den Assyrern vollzogene Gericht eine – notwendige – Zwischenstation war, Jahwes Handeln aber unter Aufhebung aller dem entgegenstehenden Gegebenheiten, nicht zuletzt der frevlerischen assyrischen Bedrückung, darüber hinauszielt: auf die Realisierung umfassenden Heils für sein Volk." (269).

Es ist nun erstaunlich, daß die hier beschriebene Tendenz in geradezu paradigmatischer Weise in dem Wehewort gegen Assur 10,5-15 wiederzufinden ist, dessen jesajanische Herkunft Barth indes vehement verteidigt. Immerhin zitiert er ausgerechnet 10,5, um das Profil seiner Assur-Redaktion hervorzuheben.[51] Interessant ist eine weitere Beobachtung: Besieht man sich nämlich die Bausteine dieser Redaktion genauer, fällt auf, daß ihr vor allem die *Völkertexte* angehören (8,9f.; 14,24-27; 17,12-14), so daß Barth die „geistige Heimat" der AR in der Jerusalemer Kulttradition erblicken kann. Zu dieser Tradition gehöre nicht nur die „ungebrochene Aufnahme der Völkerkampfvorstellung",[52] sondern auch die Jerusalemer Königsideologie und die Vorstellung vom Einschreiten Jahwes mittels einer Gerichtstheophanie.[53]

Die „Entdeckung" einer besonderen Assur-Schicht durch H. Barth fand in der Forschung eine im ganzen positive Aufnahme. *Clements* etwa übernimmt sie grundsätzlich, auch hinsichtlich der zeitlichen Situierung in der Joschija-Zeit, möchte aber statt von „Assur-Redaktion" lieber von „Josianic Redaction" sprechen.[54] Gegenüber Barth ergeben sich nur zwei größere Differenzen: (1) 8,23b-9,6 ist nicht auf die AR zurückzuführen, sondern echtes Jesaja-Wort. – (2) Das Jes-Buch der josianischen Redaktion begann nicht schon, wie Barth vermutete, mit 2,1ff., sondern erst mit dem Weinberglied 5,1ff., denn der gesamte Komplex 2,6-4,1 sei erst später (d.h. für Clements: exilisch) hinzugetreten.

Der Umfang der Redaktion deckt sich weitgehend mit den Analysen Barths (von Barth abweichende Texte sind kursiv gedruckt):[55] *7,20-25*; 8,9f.; 10,16-19.*20-23.24-27.33-34*; 14,24-27; 17,12-14; 28,23-29; *29,5-8* (Barth: nur 29,8); 30,27-33; 31,5.8-9 (Barth: ohne 31,8a); 32,1-5.15-20. Im Blick auf den traditionsgeschichtlichen Hintergrund stellt Clements die Vermutung auf, „that the original formation of the narrative of Jerusalem's deliverance from Sennacherib in 701 (chs. 36-37) emanated from the same basic circle to which we must ascribe this Josianic Redaction." – „The two basic 'sources' of this imagery are to be found in the prophecies of exaltation of Israel under a Davidic ruler (9:2-7) [MT: 9,1-6] and the overthrow of Assyria (10:5-15*)."[56]

Die Barthsche AR hatte – über die plausible Erklärung differenter Assur-Beurteilungen hinaus – einen weiteren Vorzug, der das theologische Profil der

[51] Barth, Jesaja-Worte 268.

[52] Barth, Jesaja-Worte 227.

[53] Barth, Jesaja-Worte 227-230.

[54] Clements 5f.

[55] Vgl. Clements 7.

[56] Clements 6.

Jesaja-Überlieferung insgesamt betrifft. Denn mit einer im 7. Jh. angesetzten Assur-Schicht hatte man zugleich die Quelle des heilsprophetischen Jesaja-Bildes, wie es sich in den Legenden c.36-39 niedergeschlagen hat, gefunden: Dieses „positive“ Jesaja-Bild braucht dann nicht mehr mühsam mit dem Verstockungs- und Gerichtsprediger (c.6) in Einklang gebracht zu werden, sondern es entspricht gar nicht der authentischen jesajanischen Verkündigung; es „wurzelt in der von H. Barth herausgearbeiteten Assur-Redaktion in frühjoschijanischer Zeit.“[57] Durch die Ausklammerung der reinen Heilstexte aus dem Korpus der jesajanischen Worte konnte die Gerichtsbotschaft Jesajas umso klarer hervortreten.[58]

Die Profilierung der Assur-Redaktion durch Barth und Clements wirft nun aber einige gewichtige Fragen auf, die durch unsere Analyse von 10,5-15 + 14,24-27 zum Teil schon beantwortet sind, hier aber noch einmal generalisierend aufgegriffen werden sollen. Es ist interessant, daß Clements selbst inzwischen – ausgehend von 14,24-27 – einige wichtige Modifikationen vorgenommen hat, die sowohl die literarische Einheitlichkeit als auch die Datierung der Schicht betreffen. Die kritischen Anfragen lassen sich in vier Punkten zusammenfassen:

(1) Ist die Völkerkampfvorstellung überhaupt in einer so frühen Phase wie der Joschija-Zeit denkbar? Nach der monographischen Untersuchung des Völkerkampfmotivs durch G. Wanke haben sich die Stimmen, die für seine späte, nachexilische Ansetzung sprechen, eher vermehrt.[59] Es kommt hinzu, daß als Beleg für eine frühe Ansetzung dieser Vorstellung (einmal abgesehen von den ohnehin nur schwer zu datierenden Psalmen 46; 48; 76) in der Regel die beiden Stücke Jes 8,9f. und 17,12-14 herhalten müssen,[60] und diese erweisen sich bereits aus redaktionsgeschichtlichen Gründen als ganz späte Fortschreibungen. Ein weiteres, wenn auch eher allgemeines Argument ergibt sich aus der Vorstellung von einem Weltgericht über alle Völker, die im Jes-Buch in vielfältiger Weise begegnet und nahezu einhellig in der nachexilischen Spätzeit angesetzt wird.[61] Ist ein Text wie Jes 34,2-4, nach Steck zur großjesajanischen Redaktion (nach 323!) gehörend, tatsächlich um *Jahrhunderte* von Jes 8,9f. und 17,12-14 entfernt? Die Texte unterscheiden sich

---

[57] Hardmeier, VT.S 43, 188; ausführlicher ders., Prophetie 437-449.

[58] Vgl. etwa Kilian. Barth selbst will freilich dem Propheten gewisse heilsprophetische Züge belassen und spricht von einer „differenzierte[n] Sicht des Heilshandelns Jahwes“ (Jesaja-Worte 86).

[59] Vgl. Wanke, Zionstheologie, und den Widerspruch von Lutz, Jahwe 213-216. Die Diskussion zeichnen nach Huber, Jahwe 69-82; Werner, Texte 176-178; Werlitz, Studien 304-306.

[60] Vgl. etwa Lutz, Jahwe 40-51.215.

[61] Steck geht sogar so weit, daß er die Weltgerichtsaussagen in die Zeit *nach* Alexander d.Gr. einordnet und sie literarhistorisch seiner großjesajanischen Redaktion („Heimkehrredaktion“ auf der Ebene von Jes 35) zuordnet (vgl. Steck, Abschluß 23.27-30; ders., BZAW 203, 161-166). Eine Spätansetzung der Weltgerichtsvorstellung inzwischen auch bei Kaiser, Gott I, 131-133; vgl. ferner die Überblicke bei G.I. Davies, BEThL 81; Gross, QD 146.

kaum grundsätzlich, sondern allenfalls graduell voneinander, so daß man mit einer sehr viel größeren zeitlichen Nähe rechnen muß.[62]

(2) Inwieweit stehen die reinen „Völkertexte" überhaupt mit Assur (und d.h. mit einer „Assur-Schicht") in Verbindung? Jedenfalls liegt, wie oben im Anschluß an Clements dargelegt wurde,[63] in 14,26f. eine Nachinterpretation zu 14,24-25a vor, die das Gericht an Assur *nachträglich* zu einem Völkergericht ausweitet. Und auch 8,9f. hat sich als ein später, kaum vor dem 5. Jh. entstandener Nachtrag erwiesen, der im gegebenen Kontext ohnehin eher *Babel* – wenn auch stellvertretend für alle Völker – im Blick zu haben scheint. Das Gerichtswort in 8,6-8a nämlich zielt, wie wir nachzuweisen versuchten, auf den Untergang Judas im Jahre 587. Man wird also die reinen Assur-Texte von den reinen Völkertexten literarhistorisch trennen müssen: Die Unheilsankündigungen gegen Assur werden später mit Völkerkampfmotiven erweitert und auf diese Weise generalisiert.[64] Damit aber gerät das traditionsgeschichtliche Gebäude der Assur-Redaktion – Barth denkt ja an eine „uralte" Jerusalemer Kulttradition – so sehr ins Wanken, daß die These selbst fragwürdig wird.

(3) Ist die zeitliche Situierung der übrigen, „reinen" Assur-Texte in der Joschija-Zeit überhaupt möglich und denkbar? Auch diese Frage hat eine erste, vorläufige Antwort durch die Analyse von 10,5-15 + 14,24-27 erfahren, denn bereits diese beiden Stücke, die nach unserer Analyse im Grundbestand eng zusammengehören, erweisen sich als nachexilische Fortschreibungen. Ein wichtiges Indiz für die zeitliche Ansetzung der AR in die Joschija-Zeit ergibt sich für Barth, und das ist erstaunlich genug, aus der Auslegung von 9,1-6. Diese Verheißung, als Eigenformulierung der AR beurteilt, wird konkret auf König *Joschija* gedeutet (vgl. bes. 9,5-6).[65] Diese Einordnung ist aber aus verschiedenen Gründen nicht nachvollziehbar:[66] Zum einen lassen sich die sprachlichen Berührungen mit dem Textbestand der Barthschen AR (vgl. bes. 9,3) weit ungezwungener im Sinne kontextueller Fortschreibung erklären – 9,1-6 erweist sich insgesamt als ein spätes schriftgelehrtes Pro-

---

[62] Anders freilich Steck, BZAW 203, 163f. A.107, der die Unterschiede zwischen beiden Vorstellungen überaus stark hervorkehrt. Beide Theologumena seien erst in Sach 12 und 14 sowie auf der Ebene der Heimkehrredaktion miteinander verschmolzen. Eher ist daran zu denken, daß die eine Vorstellung (vom Weltgericht über alle Völker) aus der anderen (vom Ansturm der Völker und deren Niederschlagung durch Jahwe) herausgewachsen ist. Daß eine zeitliche Differenz besteht, läßt sich kaum bestreiten; doch daß diese, wenn man die Völkerkampfvorstellung in der kanaanäisch-jebusitischen Vorzeit Jerusalems lokalisieren will (vgl. Steck, Friedensvorstellungen 16-20), ganze 900 Jahre betragen soll, leuchtet nicht ein.

[63] Vgl. Clements, BEThL 81; s.o. Kap. 6.2.

[64] So auch Otto, ThWAT VI, 1013, der freilich im Blick auf die Datierung der „echten" Assur-Texte, zu denen er 10,5-8.[13-15]; 29,5-7; 30,27-33 zählt, im 7. Jh. verbleibt. – Auch bei 17,12-14 handelt es sich um ein sehr spätes Stück; es ist nicht an ein Assur-Wort angeschlossen, sondern offenbar als redaktioneller Auftakt zu einer Reihe von Fremdvölkerworten verfaßt worden (c.18f.).

[65] Vgl. Barth, Jesaja-Worte 141-177.250-260.

[66] Die wichtigsten Argumente verzeichnet Werner, Texte 77f.

dukt, das sein sprachliches Material aus der näheren und weiteren Umgebung schöpft[67] –, und zum andern ist die Identifizierung des in 9,5f. geborenen Herrschers eher im Sinne einer Antizipation denn einer bereits erfolgten Geburt zu verstehen. Es ist nicht einsehbar, warum es sich ausgerechnet um *Joschija* handeln soll. Auch das allgemeine Argument, die Erwähnung Assurs habe nur dann Sinn, wenn sie sich auf eine noch bestehende Großmacht beziehe,[68] hält nicht Stich. Nicht nur ist der Name „Assur" vielfach als Chiffre für spätere Großreiche belegt, sondern er war schon deshalb nicht zu umgehen, weil die Assur-Worte zur Einführung der Jesaja-Legenden, in denen der Name nun einmal verwurzelt war, konzipiert worden sind.

(4) Schon die Beurteilung von 9,1-6 zeigt, daß Barth seiner AR sehr unterschiedliches und disparates Material zuordnet, das sich nur schwer zu einer programmatisch einheitlichen Redaktionsschicht fügt. So gehöre ihr das Bauerngleichnis in 28,23-29 ebenso an wie die Erwartung eines gerechten Herrschers in 32,1-5 oder der heilvoll-tröstende Ausblick in 32,15-20. Bereits bei 32,1-5 fragt man sich, ob dieses Stück mit 9,1-6 auf einer redaktionellen Linie liegen kann: 9,1-6 rechnet doch mit einem bereits geborenen Herrscher, während 32,1-5 einen solchen für die Zukunft erwartet. Es kommt hinzu, daß wenigstens an den hier genannten Stellen der Name „Assur" gar nicht begegnet, und nichts deutet darauf hin, daß wenigstens implizit diese Großmacht im Blick stünde. Bei einer Redaktionsschicht, die auf ein Gericht gegen Assur zielt, sollte man – wie etwa in 10,5ff. – die Nennung von Roß und Reiter erwarten.

Ergebnis: Die These von einer sog. Assur-Redaktion ist in doppelter Hinsicht zu modifizieren: (1) Sie ist literarisch *nicht einheitlich*; die Völkerworte haben ihr ursprünglich ebensowenig angehört wie etwa die Heilsworte in 32,1-5.15-20. (2) Die *zeitliche Ansetzung* auch der ältesten dieser Assur-Texte muß revidiert werden; die joschijanische Epoche kommt unter keinen Umständen in Frage.

Läßt sich angesichts dieses eher negativen Befundes wenigstens der Kern der Barthschen Assur-Redaktion aufrechterhalten? Ist sie in modifizierter und reduzierter Gestalt gültig, oder löst sich die postulierte Redaktion in einzelne Zusätze oder Fortschreibungen auf, die untereinander kaum oder gar nicht zusammenhängen? Auch diese Frage hat durch die Analyse von 10,5-15 + 14,24-27 eine (vorläufige) Antwort erfahren. Zwar wird der Textbestand der Barthschen Redaktionsschicht durch den Abzug der Völkertexte und weiterer vereinzelter Worte, die nach unserer Auffassung mit einem Gericht an Assur nichts zu tun haben, stark reduziert, und es ist sicherlich übertrieben, von einer maßgeblichen Neuedition der Jesaja-Überlieferung zu sprechen. Dennoch bleiben einige wenige markante Texte übrig, die sowohl in ihrer *literarischen Funktion* als auch in ihrer *theologischen Intention* übereinstimmen.

---

[67] Vgl. Werner, Texte 20-46.

[68] Vgl. Barth, Jesaja-Worte 242-250.

Man kann sie als Assur-Texte im engeren Sinne bezeichnen. Es handelt sich – und dabei müssen wir der Analyse der c.28-31 schon vorgreifen – um die beiden folgenden Worte:

(1) 10,5-7a.8f.11* + 14,24-25a
(2) 29,1-4a* + 31,1.3.8a

Beiden Worten ist zunächst vor allem die Form gemeinsam: Sie sind jeweils als Wehewort gestaltet, das mit einer Jahwerede verbunden ist. Des weiteren ist beiden Texten gemeinsam, daß sie sich literarisch an Vorgebenes anschließen, und zwar wiederum in ganz ähnlicher Weise: 10,5ff. ist als Fortschreibung des Kehrversgedichtes 9,7-20* konzipiert, das offenbar bereits auf das *Nordreich* (und nicht mehr wie in der ursprünglichen Fassung auf das Gottesvolk insgesamt) bezogen war. Das Gericht des Assyrers gegen Samaria wird durch diesen redaktionsgeschichtlichen Akt also legitimiert; unzulässig ist hingegen der Angriff auf Jerusalem: Diese Stadt darf unter keinen Umständen fallen, und nur *deshalb* muß Assur vernichtet werden (vgl. die Auslegung von 10,5-11*). In vergleichbarer Weise führt auch 29,1-4a* ein Wort gegen Samaria (28,1-3*) fort: Während das Nordreich (durch die Hand der Assyrer) vernichtet werden soll (28,3), wird das Südreich von diesem Schicksal einstweilen verschont. Zwar wird auch Jerusalem existenzgefährdend bedroht (29,2-4a*), doch 31,1.3 warnt davor, angesichts dieser Bedrohung nach der Hilfe Ägyptens zu schielen, denn – so die Pointe in 31,8a – Assur werde ohne menschliches Zutun fallen.

Schon an diesem zuletzt skizzierten Gedanken ist die eigentliche Intention, die hinter den beiden Assur-Texten steht, klar erkennbar: Sie besteht darin, die Hiskija-Jesaja-Legenden in c.36f. literarisch vorzubereiten und einzuführen. Das ist am deutlichsten daran abzulesen, daß sowohl 14,24-25a als auch 31,8a im Modus der *Ankündigung* von der Niederlage Assurs (vor den Toren der Stadt) sprechen, und diese Ankündigung findet ihre exakte Erfüllung in c.36f. Die Assur-Texte setzen die Legenden offenkundig voraus und sind auf sie hin gestaltet. Unsere Analyse von 10,5ff. + 14,24-25a hat die Argumente für diese These zusammenzustellen versucht (s.o. Kap. 6.4.) und damit die traditionelle Beurteilung, nach der (umgekehrt) die Legenden aus der Wortüberlieferung schöpfen, in Frage gestellt. Zu einem entsprechenden Ergebnis wird auch die Auswertung der Assur-Texte in c.29+31 kommen (s.u. Kap. 7.3. und 7.5.).

Geht man von *dieser* Richtung der Abhängigkeit aus, bleibt gleichwohl eine Auswahl zwischen zwei redaktionsgeschichtlichen Möglichkeiten: Entweder standen die im Kön-Buch ursprünglichen Legenden bereits im Jes-Buch, so daß die Assur-Texte als eine *nachträgliche* Vorbereitung zu verstehen wären,[69] oder aber die Assur-Texte dienen gerade der Übernahme dieser Legenden in das Jes-Buch. Diese zweite Option hat mehrere Vorzüge: Man

[69] Vgl. Kaiser, Grundriß II, 37.

hat (erstens) eine konkrete Veranlassung für die Assur-Texte im hier vorausgesetzten Sinn gefunden: Sie sind zu keinem anderen Zweck in das Jes-Buch eingeschrieben worden, als die Legenden literarisch in die „jesajanische" Wortüberlieferung zu integrieren. Es läßt sich (zweitens) nachvollziehen, warum die Assur-Texte eben von der Großmacht „Assur" sprechen, obwohl diese doch – und das legt der redaktionsgeschichtliche Befund in jedem Fall nahe – längst die Bühne der Geschichte verlassen hat: Die literarische Vorbereitung der Legenden erforderte eine Historisierung, also eine Anpassung an die Erzählumstände der c.36f., in denen nun einmal von der Bedrohung Jerusalems durch Sanherib im Jahre 701 die Rede war. Das schließt ein, daß der Name „Assur" eine Transparenz auf andere Großmächte hin gewinnen konnte und sollte, die Israels Schicksal im Laufe der Jahrhunderte in durchaus vergleichbarer Weise immer wieder bestimmt haben.[70]

Damit sind wir zugleich bei der entscheidenden *theologischen Intention* der Assur-Texte angelangt. Natürlich sollen sie verdeutlichen, daß das in den Legenden Erzählte vom Propheten „Jesaja" tatsächlich im voraus angekündigt worden ist. Die Erzählungen in c.36ff. bilden danach so etwas wie eine erzählerische Verifikation der Assur-Worte. Auf die Verwandtschaft mit der Geschichtstheologie eines DtrP haben wir bereits hingewiesen. Doch es kommt ein wichtiger Aspekt hinzu, der den paradigmatischen Charakter der Legenden betrifft. Denn für die Leser des Jes-Buches, wie es die Assur-Texte voraussetzen, waren die Ereignisse des Jahres 701 kaum von bloß historiographischem Interesse. Sie sollten vielmehr am Vorbild Hiskijas aufweisen, was Gottvertrauen vermag – und wohin es führen kann, wenn man sich statt auf Gott auf fremde Hilfe (heiße sie nun Ägypten oder anders) verläßt. In Wahrheit steht also das Desaster des Jahres 587 im Hintergrund, das mit Hilfe der Legenden und der sie vorbereitenden Assur-Worte theologisch „verarbeitet" und in das Korpus der Jesaja-Überlieferung integriert wird.[71]

Für eine genaue zeitliche Fixierung der Assur-Texte liegen keine Anhaltspunkte vor; auch hier muß man sich mit einer relativen Einordnung zufriedengeben. So ist jedenfalls aus der Beobachtung, daß sich 10,5ff. auf einen frühestens in die beginnende Perserzeit gehörenden Text wie 9,7-20 zurückbezieht, auf eine entsprechend späte Datierung zu schließen. Zu einem ähnlichen Ergebnis führt auch die Untersuchung der Jesaja-Legenden. Denn die Gestalt der Legenden, die von der Assur-Redaktion vorausgesetzt wird, ist selbst bestenfalls frühnachexilisch anzusetzen.

---

[70] Der Name „Assur" wird gerade auch in späten, nachexilischen Texten als Chiffre für die Israel zugleich bedrängende wie verführende Großmacht benutzt. Ein interessantes Beispiel bietet Klgl 5,6, wo die Assyrer gerade nicht, wie zu erwarten wäre, durch die Babylonier ersetzt werden (vgl. Kaiser, ATD 16/2, 194); vgl. auch Jer 2,18f. Zum Phänomen und zu weiteren Beispielen auch Jeremias, Kultprophetie 51 A.1.

[71] Zur Analogie der Situationen von 701 und 587 vgl. Kaiser, NZSTh 1973, 281-284 (= Gegenwartsbedeutung 176-179); Clements, FS Herrmann; Seitz, Destiny 123-135.

6.6. Anhang 2: Die Hiskija-Jesaja-Erzählungen c.36-39

Es kann an dieser Stelle nicht unsere Aufgabe sein, die Genese der Hiskija-Jesaja-Legenden in Jes 36-39 par. 2Kön 18-20 im Detail nachzuzeichnen.[72] Aus zwei Gründen ist es jedoch notwendig, unsere Sicht der Dinge wenigstens kurz darzulegen: Zum einen impliziert die These von der sog. „Assur-Redaktion", wie wir sie eben skizziert haben, ein bestimmtes Bild von der Entstehung und dem ursprünglichen Ort dieser Erzählungen, das der Konkretisierung bedarf. Zum andern hat sich – nicht nur an der „Assur-Redaktion", sondern auch an Jes 7* – gezeigt, daß die Legenden offenbar sehr viel intensiver und früher auf die Redaktionsgeschichte des Protojesaja-Buches eingewirkt haben, als man bisher annahm.

Nach der traditionellen, seit W. Gesenius (1821) vorherrschenden Sicht[73] sind Jes 36-39 *en bloc* und ohne wesentliche Änderungen aus dem Kön-Buch übernommen worden.[74] Man betrachtet sie gern als einen geschichtlichen Anhang, der (wie Jer 52 oder 33-51 LXX) zu einer Zeit an das Jes-Buch angefügt wurde, als es im wesentlichen „vollständig", also etwa in der Gestalt der c.1-35 vorlag.[75] Damit ist zugleich gesagt, daß es einen Einfluß der Legenden auf die Wortüberlieferung nicht gegeben haben kann. Ja, die mannigfachen Berührungen zwischen c.36-39 und dem Korpus des Jes-Buches (vor allem 10,5ff. und c.29-31) erklärt man sich in aller Regel in der Weise, daß die Erzählungen, deren legendenhafter und damit unhistorischer Charakter festzustehen scheint, sich einzelner „echter" jesajanischer Worte bedient hätten. Dieser Konsens, so einleuchtend er auf den ersten Blick erscheinen mag, ist aber durchaus fragwürdig, und dies nicht allein aufgrund einer veränderten Sicht von der Entstehung des Jes-Buches, wie sie hier vorgeschlagen wird. Die wesentlichen Argumente seien kurz zusammengestellt.

(1) Unsere Analyse der Assur-Worte im eigentlichen Sinn – zu ihnen rechnen wir (nur) 10,5-11* + 14,24-25a und 29,1-4a + 31,1.3.8a – hat zu dem gewiß nicht zwingenden, aber doch recht wahrscheinlichen Ergebnis geführt, daß sie nicht, wie man üblicherweise

---

[72] Vgl. die Kön-Kommentare (am differenziertesten Würthwein, ATD 11/2, 404-438) und die beiden rezenten Monographien von Gonçalves, L'expédition, und Camp, Hiskija; ferner Cheyne, Einleitung 215-240; Meinhold, Jesajaerzählungen; Childs, Isaiah; Kaiser, ZAW 1969; Deutsch, Hiskiaerzählungen; Clements, Isaiah; Hutter, Hiskija; Vogt, Aufstand; Laato, Immanuel 271-296; Catastini, Isaia; Hardmeier, Prophetie; Ruprecht, ZThK 1990; Seitz, Destiny; de Jong, Verhaal. Zu den historischen Fragen auch Liwak, ZThK 1986; v.d. Kooij, ZDPV 1986; Dion, EeT 1989; Seitz, JSOT 1993; Clements, FS Kaiser.

[73] Vgl. Gesenius I/2, 932-936.

[74] Eine hilfreiche synoptische Übersicht bietet Wildberger III, 1484-1495; eine Auflistung der Abweichungen findet sich bei Kaiser, ZAW 1969.

[75] Steck, der den Schluß der noch selbständigen protojes. Sammlung in c.33-34* vermutet und c.35 zu seiner großjes. Redaktion rechnet, erwägt sogar, ob „die Einfügung von Jes 36-39 erst nach der Jes 35-Schicht in eine bereits bestehende Verbindung von Erstem und Zweitem Jesaja erfolgt ist", entscheidet sich dann aber für die klassische Sicht: „Die Anfügung von Jes 36-39 nur an Protojesaja entspricht makrostrukturell dem Schlußabschnitt ... Jer 33-51 LXX" (BZAW 203, 23 A.53; vgl. ders., Heimkehr 55-59).

annimmt, als Quelle für die Legenden gedient haben, sondern (umgekehrt) mit Blick auf und unter Benutzung von c.36f. konzipiert worden sind.

(2) Diese Richtung der Abhängigkeit läßt sich auf *alle* Stücke innerhalb des sog. „Assur-Zyklus“ c.28-31 übertragen, die in einer besonderen Nähe zu den Legenden stehen (vgl. bes. 30,1-5.12-16). Auch hier scheint die Wortüberlieferung der nehmende, die Legenden in c.36f. hingegen der gebende Teil zu sein (s.u. Kap. 7).

(3) Zu einem ganz ähnlichen Resultat sind wir bei der Auslegung von Jes 7* gelangt (s.o. Kap. 2). Dieses Kapitel hat sich als eine antitypologische Prophetenerzählung aus protochronistischer Zeit erwiesen, die auf die Jesaja-Legenden c.36-38 hin gestaltet worden ist. Als c.7 zwischen c.6* und 8* geschoben wurde, müssen daher wenigstens die c.36-38 bereits im Jes-Buch gestanden haben.

(4) Aus diesem Befund ergibt sich eine wichtige Konsequenz im Blick auf das heilsprophetische Jesaja-Bild, das die Legenden zeichnen und das man in der Regel als eine fromme Entstellung der jesajanischen Gerichtsprophetie beurteilt. Die Legenden sind nämlich keineswegs als Weiterentwicklung „eines schon durch die Assur-Redaktion gewandelten heilsprophetischen Jesajabildes“[76] entstanden, sondern haben einen anderen Ursprung: Die heilsprophetische Linie, von der die Jesaja-Legenden geprägt sind, entspricht – wenigstens grundsätzlich – dem Bild, das wir (ausgehend von 6,1-8* und 8,1-4*) vom „historischen“ Jesaja gewonnen haben. Tatsächlich sind die Affinitäten zwischen der ältesten Jesaja-Tradition, die Jesaja als einen im Jerusalemer Kult beheimateten Heilspropheten vorstellt, und seinem „staatstragenden“ Amt, das er in c.36f. versieht, recht eng.

(5) Ein weiteres Argument ergibt sich aus der Analyse der Legenden selbst. Denn die Erzählungen 2Kön 18,13-20,19 par Jes 36-39 sind, wie sich immer deutlicher abzeichnet, das Ergebnis eines komplizierten redaktionellen Wachstumsprozesses, dessen Anfänge vielleicht noch in der spätvorexilischen Zeit liegen, dessen Ausgestaltung aber doch weit in die nachexilische Zeit hineinreicht. Vor allem hat sich gezeigt, daß die Legenden – einmal abgesehen von der annalenartigen Notiz in 18,13b-16* – kein ursprünglicher Bestandteil des dtr Geschichtswerkes DtrH waren, sondern ihm erst sukzessive zugewachsen sind.[77] Bereits die in der Hauptsache aus zwei aufeinander aufbauenden Versionen (B^1 und B^2) bestehende Erzählung von den Assyrern vor Jerusalem (2Kön 18,17-19,37 par. Jes 36-37) gehört nicht mehr in die exilische Zeit; allenfalls die ältere Grundlage der ersten Version (B^1) wäre noch spätvorexilisch denkbar. Für die Anfügung der Geschichte von der Genesung Hiskijas (2Kön 20,1-11) ergibt sich aber schon aus sprachlichen Gründen ein sehr viel späteres Datum, das schon an die chr. Bewegung heranreicht.[78] Und da die Episode über die Gesandtschaft des Merodach-Baladan bei Hiskija (2Kön 20,12-19) offensichtlich nachträglich an 20,1-11 angehängt wurde (vgl. 20,12 par Jes 39,1), dürfte die jetzige Gestalt der Jesaja-Legenden erst in protochr. Zeit vorgele-

[76] So Hardmeier, VF 1986, 21, unter Voraussetzung der traditionellen Datierung der Assur-Schicht in die Joschija-Zeit; ausführlich ders., Prophetie 437-449.

[77] Vgl. die Übersicht bei Kaiser, Grundriß II, 18f., dessen Beurteilung wir uns im wesentlichen anschließen können, und vor allem die Analysen von Würthwein, ATD 11/2, 404-438, und Camp, Hiskija. Beide rechnen damit, daß ein Grundstock der Erzählungen von DtrP in das Kön-Buch eingestellt und dieser dann mehrfach durch (mehrere) DtrN sowie nach-dtr Autoren bearbeitet worden sei. Ob man sich freilich auf DtrP und DtrN festlegen sollte, ist fraglich; es könnte sich ebensogut um andere Hände handeln.

[78] Einige Indizien: Die Wendung בְּלֵב שָׁלֵם „mit ganzem Herzen“ (Jes 38,3) ist nur in späten Schichten innerhalb des dtr Werkes sowie in der Chronik belegt (1Kön 8,61; 11,4; 15,3; 2Kön 20,3; 1Chr 12,38; 28,9; 29,9.19; 2Chr 19,9; 25,2). Das gilt auch für „der Gott Davids, meines Vaters“ in 38,5 (so nur noch 2Chr 21,12; 34,3): „Von der Theologie der Chronik her gesehen ist also das Epitheton אלהי דוד durchaus folgerichtig. Doch ist die vorliegende Stelle zweifellos älter als die Chronik“ (Wildberger III, 1451). Und doch sind Zweifel angebracht, denn die Beispiele ließen sich vermehren.

gen haben.[79] Diese Einsicht hat Folgen für Jes 36-39: Wenn sich die Geschichten von der Krankheit Hiskijas und der babylonischen Gesandtschaft (2Kön 20 par. Jes 38-39) nun als späte, protochr. Nachträge erweisen, zugleich aber feststeht, daß wenigstens Jes 36-37 schon vergleichsweise früh in das Jes-Buch integriert wurden, stellt sich die Frage, ob das pauschale Erklärungsmodell, nach dem die Legenden *en bloc* in das Jes-Buch übernommen wurden, noch tragfähig ist.

(6) Es wäre immerhin denkbar, daß c.38 und 39 (anders als c.36f.) gar nicht im Kön-Buch ihren ursprünglichen Ort haben, sondern primär für das Jes-Buch konzipiert worden sind. Dieser Gedanke ist für c.38 bereits von A. Jepsen durchgespielt worden,[80] und er gewinnt durch rezente Untersuchungen, die vornehmlich an der Komposition des (gesamten) Jes-Buches interessiert sind und im besonderen nach der *jetzigen Stellung* von Jes 36-39 fragen, eine neue Aktualität.[81] In der Tat war man bislang fast ausschließlich am Quellenwert von 2Kön 18-20 par. Jes 36-39 interessiert, ohne der *literarischen* Verwurzelung dieser Kapitel im Jes-Buch stärkere Beachtung zu schenken. Und so ist es kein Wunder, daß man die traditionelle Sichtweise umkehrte und den ursprünglichen Ort der Legenden nun im Jes-Buch sah und die Verbindungen vor allem mit dtjes. Texten hervorhob (vgl. etwa 37,23-29).[82] Dabei kehrt *ein* Argument immer wieder: Jes 39 ist ein so vorzügliches Verbindungsstück zwischen Proto- und Dtjes., daß man mit seiner Ursprünglichkeit an dieser Stelle rechnen muß.[83] In seinem Kön-Kontext wirkt es hingegen eher wie ein störender Appendix. Wenn diese *pauschale* Umkehrung der bisherigen literargeschichtlichen Sicht dem komplexen Charakter der Erzählungen auch nicht gerecht wird,[84] so hat sie im Blick auf c.39 (und c.38) vielleicht etwas Richtiges gesehen.

Es ergäbe sich damit ein differenzierteres Bild, das hier freilich nur angedeutet werden kann: Danach hätten nur die Erzählungen über die Assyrer vor Jerusalem in 2Kön 18,17-19,37 (par Jes 36-37) ihren ursprünglichen Ort im Kön-Buch gehabt. Sie wären dann durch die Assur-Redaktion in das Jes-Buch übernommen und direkt an 31,8a angeschlossen worden. Dort wären sie zunächst um c.38 und dann um c.39 erweitert worden. Wenigstens c.39 scheint als Überleitung zur dtjes. Sammlung konzipiert worden zu sein, die wohl schon mit dem Kern des Protojesaja-Buches zusammengeschlossen war (s.o. Kap. 3.4.4). Erst später sind c.38 (unter mancherlei Veränderungen) und c.39 in das Kön-Buch gelangt.

---

[79] Würthwein, ATD 11/2, 437, hingegen rechnet bescheiden mit „exilischer oder noch späterer Zeit“; Camp, Hiskija 241-257, beläßt es bei den Siglen DtrP (20,12-17) und DtrN (20,18f.); ähnlich zurückhaltend auch Ackroyd, Studies 152-171; Clements, FS Seeligmann; Seitz, Destiny 182-191 (die Erzählung sei zwar ein Nachtrag, aber – da 2Kön 18,17-20,11 als vorexilisch beurteilt wird – ursprünglicher Bestandteil des DtrH).

[80] Vgl. Jepsen, Nabi 85-88 A.1, und auch Ruprecht, ZThK 1990, 40: Jes 38 habe gegenüber seinem Paralleltext „ein überlieferungsgeschichtlich älteres Stadium bewahrt“.

[81] Vgl. etwa Melugin, Formation 177f.; Ackroyd, FS v.d. Ploog (= Studies 105-120); Rendtorff, VT 1984, 295-298 (= Kanon 141-144).

[82] Vgl. bes. Smelik, OTS 24; ders., OTS 28; Groves, Actualization 191-201; Seitz, Destiny (ohne c.39, vgl. 187f.); auch Auld, Kings 98-103; in diesem Sinne aber auch schon Delitzsch, Jesaja[2] 373f.

[83] Selbst Steck muß im Blick auf Jes 36-39 konzedieren: „Diese angefügten Jesaja-Erzählungen forderten mit ihrem Schluß gewiß eine sachliche Fortführung, die sogar in der ursprünglich separaten Rolle Jes *40-55 + *60-62 bestanden haben kann, nicht aber eo ipso eine literarische“ (BZAW 203, 23).

[84] Vgl. die Kritik von Konkel, VT 1993; Carr, SBL.SP 1992; Williamson, Book 189-211.

7. Jes 28-31: Von der Gefährdung und Bewahrung des Zion

7.1. Der Assur-Zyklus - eine Sammlung aus der Spätzeit Jesajas?

Gewöhnlich betrachtet man die Kapitel 28-31(32), den sogenannten „Assur-Zyklus“, als eine Sammlung für sich, die formal durch mehrere Weherufe gegliedert ist (28,1; 29,1.15; 30,1; 31,1) und vor allem Worte aus der Spätzeitverkündigung Jesajas enthalten soll.[1] Diese Einordnung legt sich schon deshalb nahe, weil c.28-31 einen ebenso eindeutigen wie einheitlichen geschichtlichen Hintergrund zu haben scheinen: die Belagerung Jerusalems durch das assyrische Heer im Jahre 701 und die Warnung des Propheten vor der Hilfe Ägyptens (vgl. 29,1-7; 30,1-5; 31,1-8). Die Kapitel stehen damit in einem engen sachlichen und zeitlichen Zusammenhang mit den Ereignissen, von denen die Jesaja-Hiskija-Legenden (c.36-38) berichten. Ja, man könnte noch weiter gehen und die Frage aufwerfen, ob die c.28-31 in ihrem Kern nicht überhaupt auf die Legenden *angewiesen* sind, sie also sachlich und literarisch voraussetzen. Dieser Verdacht ist schon deshalb nicht ganz abwegig, weil der sog. „Assur-Zyklus“, liest man ihn einmal für sich, tatsächlich nur wenig oder gar keine Anhaltspunkte für eine Datierung in das Jahr 701 bietet.[2] Oder anders gewendet: Erst von c.36-38 her wird deutlich, aus welcher geschichtlichen Lage heraus und gegen welche Haltung sich die in c.28-31 zusammengestellten Worte wenden. Immerhin beschränken sich die Verbindungen zwischen c.28-31 und 36-38 keineswegs auf einige Details wie etwa die Warnung, sich der trügerischen Hilfe Ägyptens anzuvertrauen (30,1-5; 31,1-3 und 36,6); sie betreffen vielmehr die theologische Grundaussage selbst: Sowohl c.29-31 als auch c.36f. zeigen auf, wie tief erniedrigt und gefährdet der Zion war (29,1-4a) und wie wundersam er ohne fremde Hilfe, durch Jahwe allein, bewahrt werden konnte (vgl. bes. 31,8a und 37,35.36). Angesichts dieser Übereinstimmungen stellt sich natürlich die Frage, ob zwischen beiden Komplexen eine (literarische) Beziehung besteht und in welcher Richtung sie verläuft. Die gern vertretene Auffassung, nach der die Jesaja-Legenden ihr Material u.a. aus der jesajanischen Wortüberlieferung (c.28-31) bezogen hätten, ist jedenfalls nicht über alle Zweifel erha-

---

[1] Z.B. Fohrer, BZAW 99, 129-131; Wildberger III, 1046; Schmidt, Einführung[5] 219. Zur literarischen Struktur von c.28-31(32) vgl. die Analyse von W.H. Irwin, Isaiah 28-33; ferner Exum, SBL.SP 1979; dies., JSOT.S 19; Laberge, EeT 1982; Gosse, SJOT 1995.

[2] Insofern muß man Koch, Profeten I, 232, recht geben: „Assyrien wird in dem ... vermuteten Grundbestand überhaupt nicht ausdrücklich genannt, sondern höchstens unter dem Bild einer unwiderstehlichen Flut angedeutet (28,18). Von einem im Gang befindlichen Anmarsch der feindlichen Armee verlautet nichts.“ Indes hat die vorgeschlagene alternative Datierung in die Aufstandsjahre 713-711 (vgl. ebd.) ebensowenig Anhalt am Text.

ben. Denn auf der einen Seite erklären sich die Gemeinsamkeiten ja nicht aus demselben geschichtlichen Hintergrund; sie setzen vielmehr das Theologumenon von der wunderbaren Errettung der Gottesstadt voraus, das zur Zeit Jesajas schwerlich im Umlauf war. Wir haben also von vornherein damit zu rechnen, daß ein beträchtlicher Teil der in c.28-31 vereinigten Worte – jedenfalls sofern sie sich auf das Themenpaar „Gefährdung und Bewahrung des Zion" beziehen – gar nicht auf Jesaja zurückgeht. Und auf der anderen Seite lassen sich auf der streng literarischen Ebene genügend Indizien zusammentragen, die eine *Abhängigkeit der Wortüberlieferung von den Legenden* nahelegen. Ein Beispiel: In 31,8a wird angekündigt, daß Assur durch das Schwert Gottes selbst fallen werde. Diese Ankündigung aber steht nicht für sich; sie findet vielmehr ihre exakte Entsprechung einige Kapitel später in 37,36, und es spricht nichts gegen die Annahme, daß diese Beziehung so gewollt ist. Da jedoch die Erfüllungsaussage in den Jesaja-Legenden durchaus ohne die Ankündigung in 31,8a auskommt, wird man vermuten dürfen, daß dieser Vers die Legenden voraussetzt, vorbereitet und auf sie hin gestaltet ist. Bereits bei der Analyse des Assur-Wortes 10,5-11* + 14,24-25a sind wir zu dem Ergebnis gelangt, daß die Abhängigkeit in dieser Richtung verlaufen sein muß: Nicht die Legenden haben aus der Wortüberlieferung geschöpft, sondern die Wortüberlieferung ist im Blick auf die Legenden – und möglicherweise zu deren literarischer Einbettung – erweitert und fortgeschrieben worden. Was hier für 31,8a angedeutet wurde, könnte auch für andere Worte des „Assur-Zyklus" c.28-31 gelten,[3] und so stellt sich bei nicht wenigen Sprüchen (etwa 30,1-5 und 31,1-3) erneut die Frage nach der jesajanischen Herkunft, wenn man die Jesaja-Legenden stärker, als es bisher geschehen ist, in die redaktionsgeschichtlichen Überlegungen einbezieht.

Schon diese engen Beziehungen zeigen, daß der sogenannte „Assur-Zyklus" keine eigenständige Sammlung für sich bildet, sondern mehr oder weniger intensiv mit seinem Kontext verwoben ist. Die literarischen Bezüge greifen indes nicht nur auf die folgenden Kapitel aus, sondern betreffen auch andere Buchteile. Man hat immer wieder – wenn auch eher nebenbei – darauf hingewiesen, daß ein nicht unbedeutender Teil der in c.28-31 zusammengestellten Worte aufgrund eines hohen theologischen „Reflexionsniveaus" am ehesten der Spätzeit Jesajas zuzuweisen ist. Man denkt dabei besonders an Sprüche, die in dichter theologischer Begrifflichkeit die Sünde und den Ungehorsam Israels anklagen und auf die vertane Umkehrmöglichkeit hinweisen, vgl. 28,12.16; 29,13f.15f.; 30,1f.8-17; 31,2. Natürlich ergibt sich eine solche Einordnung *auch* aus dem zeitgeschichtlichen Hintergrund der Kapitel, die ja – legt man etwa die Überschrift in 1,1 zugrunde – in die Endphase der jesajanischen Verkündigung fallen. Sie legt sich aber vor allem deshalb nahe, weil diese Worte eine, wenn man so will, theologische Reife erkennen lassen, die man sich am besten am Ende der langjährigen Wirksamkeit des

---

[3] Siehe schon oben Kap. 6.5.

Propheten vorstellen kann. Sie scheinen sich darüber hinaus auf „ältere" prophetische Worte zurückzubeziehen und diese neu zu deuten; hier ist besonders der Verstockungsauftrag in 6,9-11 zu nennen (vgl. 29,9f.). Aber schon die Beobachtung, daß das geistig-theologische Milieu dieser „ungehorsamstheologischen" Sprüche in erstaunlicher Weise mit dem der jetzigen – und nach unserer Analyse gewiß späten – Bucheinleitung 1,2-20 konvergiert (vgl. nur 30,8-11 mit 1,2f.19f.), läßt Zweifel an der üblichen Datierung in die Spätzeit *Jesajas* aufkommen. Gewiß hat die traditionelle Auslegung mit ihrem Urteil, die betreffenden Sprüche in c.28-31 gehörten in die letzte Phase der jesajanischen Verkündigung, eine entscheidende Einsicht gewonnen. Diese Einsicht aber muß von ihrem prophetenbiographischen Hintergrund gelöst und im Blick auf die Redaktionsgeschichte des *Buches* neu bedacht werden: Was sich früher als Spätzeit *Jesajas* darstellte, könnte sich nun – 1,1-20 entsprechend – als eine relativ späte Phase in der Editionsgeschichte des Jes-Buches erweisen. Und es ist kein Wunder, daß sich ausgerechnet die oben genannten Ungehorsams-Worte in c.28-31 ohne Mühe als spätere Interpretamente einer älteren Grundlage herauslösen lassen.[4]

Eine ebenso einfache wie grundlegende Beobachtung, die freilich bisher kaum ausgewertet wurde, mag andeuten, was hier gemeint ist: nämlich die ins Auge springende Parallelität von 30,1-5 und 31,1-3. Warum, so muß sich der Leser fragen, wird gleich zweimal das Wehe über diejenigen ausgerufen, die nach Ägypten hinabziehen, um fremde Hilfe gegen die Assyrer herbeizuholen? Auf der zeitgeschichtlichen Ebene wird man diese Dublette nicht erklären können; denn nichts deutet darauf hin, daß unterschiedliche Situationen im Blick stünden. Ertragreicher hingegen ist die Frage nach einer *literarischen* Abhängigkeit, die sich schon deshalb nahelegt, weil die Übereinstimmungen zwischen beiden Weherufen frappant sind. Dabei wirkt das zweite Wehe 31,1-3 konkreter und stärker auf die Situation der akuten Bedrohung bezogen (vgl. die Bezüge zu c.36f., bes. das Verbum בטח „vertrauen"): Das Wehe gilt denen, die nach Ägypten hinabziehen und sich auf nichtige Hilfe verlassen. Der erste Weheruf in 30,1-5 hingegen hat, und das ist merkwürdig genug, das *gesamte* Volk vor Augen und betrachtet das Hilfeersuchen bei den Ägyptern nur als einen Spezialfall der allgemeinen Sündhaftigkeit (bes. 30,1f.). Hier legt sich der Verdacht nahe, als handle es sich bei 30,1-5 um eine generalisierende *relecture* von 31,1-3, die das Thema „Assur vor Jerusalem" mit einem betont sündentheologischen Akzent versehen möchte, der kaum zufällig mit der Bucheinleitung in 1,2-20 zusammenfällt.

Eine letzte, für die literarische Beurteilung von c.28-31 grundlegende Beobachtung betrifft einige signifikante Parallelen, die zwischen den eben besprochenen ungehorsamstheologischen Worten und der „Denkschrift" in c.6-8 bestehen. Einige markante Beispiele mögen an dieser Stelle genügen: Mit dem Verstockungsauftrag in 6,9f. hängt – darauf haben wir bereits hinge-

---

[4] In Ansätzen durchgeführt von Kaiser, BEThL 81.

wiesen – 29,9f. zusammen; eine ähnliche Korrespondenz besteht zwischen 30,9 und 8,12. Die Mahnung 30,15 wird stets und sicherlich mit Recht auf c.7 bezogen (vgl. bes. 7,3f.). Auch das Stichwort אמן hif. „glauben" begegnet kaum zufällig sowohl in 28,16 als auch in 7,9b. Vielleicht am deutlichsten erinnert der Befehl zum Aufschreiben der Unheilsbotschaft (30,8) an die Schlußnotiz der Denkschrift in 8,16. Diese Übereinstimmungen, die sich leicht vermehren ließen, bedürfen schon angesichts unserer Neubewertung der „Denkschrift" einer literargeschichtlich plausiblen Erklärung. Jedenfalls wird man sich mit der traditionellen Deutung, Jesaja habe hier neben c.6-8 eine *zweite* Sammlung von Sprüchen (aus seiner Spätzeit) herausgegeben,[5] nicht mehr zufriedengeben können.

Damit sind die Schwerpunkte der Analyse von c.28-31 festgelegt. Sie wird sich zum einen dem Zusammenhang mit den Hiskija-Jesaja-Legenden c.36ff. zuwenden und zum andern die eben besprochenen sündentheologischen Sprüche genauer einzuordnen versuchen. Eine ständige Begleitfrage besteht darin, ob wir in diesen Kapiteln auf mutmaßlich „echtes" jesajanisches Gut treffen. Immerhin liegt mit dem Weheruf über Efraim in 28,1-4 ein Wort vor, das sich in seiner Tendenz zu dem fügte, was wir (von 6,1-8* und 8,1-4* her) als das Spezifikum jesajanischer Predigt ausmachen konnten: die Unheilsprophetie gegenüber dem feindlichen „Bruderstaat" im Norden.

7.2. *Jes 28*

Nach der herkömmlichen Sichtweise enthält das Kapitel, sieht man zunächst von den Bildworten in v.23-29 ab, drei ursprünglich selbständige jesajanische Einheiten, die redaktionell miteinander verknüpft worden sind:[6] (1) ein Wort gegen Efraim (v.1-4*); (2) eine Rede gegen die trunkenen Priester und Propheten (v.7b-13*), die durch v.7a mit v.1-4* verkoppelt wurde;[7] und (3) ein Gerichtswort gegen die „Herrscher" bzw. „Sprüchemacher" (מֹשְׁלִים) in Jerusalem (v.14-22*), das – so die meisten Ausleger – mit לָכֵן „daher" (v.14a) redaktionell angefügt wurde.[8] Diese dritte Einheit freilich unterscheidet sich in charakteristischer Weise von ihren beiden Vorgängern: Sie ist (erstens) ein recht komplexes Gebilde, das gleich mehrere Themen in sich vereinigt, die nur mühsam zusammenzubringen sind (vgl. den „Pakt mit der Unterwelt"; das Ecksteinwort). Sie weist (zweitens) mehrere Bezüge zu ihrem literarischen Kontext auf, die jedenfalls daran zweifeln lassen, ob hier wirklich ein ehedem selbständiges Wort zugrundeliegt (vgl. v.15 mit v.2 und v.18 mit

[5] Vgl. z.B. Duhm 218f.

[6] Vgl. aber auch die neueren Versuche einer synchronen Betrachtung des Kapitels bei Exum, JSOT.S 19, und Beuken, OTS 34.

[7] Bei v.5f. handelt es sich um einen späten Nachtrag, der die Verbindung v.1-4* + 7ff. bereits voraussetzt (vgl. Duhm 196; ausführlich Werner, Texte 109-111).

[8] Etwa Wildberger III, 1068f.; vgl. die Übersicht bei Petersen, SBL.SP 1979, 102-104.

v.3). Und (drittens) führen allein v.14ff. Jahwe als Sprecher ein, während v.1-4* und 7-13* offenbar als Prophetenrede gedacht sind. Wir können daraus den vorläufigen Schluß ziehen, daß es sich bei v.14ff. von vornherein um eine (übrigens mehrschichtige) redaktionelle Arbeit handelt, die Vorgegebenes aufgreift und fortschreibt. Die Analyse wird diesen Verdacht ebenso bestätigen wie die Richtigkeit der traditionellen Beurteilung der beiden Stücke v.1-4 und 7-13: Hier dürften (wenigstens im Grundbestand) ältere Worte vorliegen, deren jesajanische Herkunft zwar nur schwer zu beweisen sein wird, aber durchaus möglich ist.

Das Wehewort gegen Efraim in *28,1-4* wird beinahe einhellig auf den Propheten Jesaja zurückgeführt und in die Jahre zwischen 732 und 722, also in die Zeit vor dem Untergang Samarias, datiert.[9] Es liegt freilich in einer stark überarbeiteten Gestalt vor, wie man aufgrund der Schwerfälligkeit des Satzbaus und des Wechsels der Bilder alsbald spürt.[10]

V.1aβ ist Zusatz: Die syntaktisch in der Luft hängende Wendung „und die welkende Blume seiner herrlichen Pracht“[11] nimmt nicht nur den Ausgang des Weherufs (v.3) sachlich vorweg, sondern trägt ein fremdes Bild ein, das wohl von Jes 40,7f. inspiriert ist (vgl. die nur in 28,1 und 40,7f. belegte Verbindung ציץ „Blume“ und נבל „welken“). Kaum ursprünglich ist auch die deutlich nachklappende Wendung הֲלוּמֵי יָיִן „vom Wein Überwältigte“ am Ende von v.1:[12] Durch die Ergänzung wird das „Haupt“ (ראשׁ) des Tales auf den „Kopf“ der Betrunkenen gedeutet. Möglicherweise hängt der Eindruck, es handle sich bei dem Weheruf speziell um eine Kritik an den *Trinkgelagen* der samarischen high society, mit eben diesem Zusatz zusammen (vgl. auch v.7-11!). Denn der ursprüngliche Weheruf dürfte sich weniger gegen das doch eher banale Laster der Trunkenheit als vielmehr gegen Hochmut und generelle Verblendung (etwa im Sinne von 29,9 und 51,21) gewendet haben.[13] – Aus dem Zusammenhang heraus fällt sodann die Gerichtsankündigung *v.2*.[14] Zum einen nimmt sie wiederum den (alten) Schluß des Wehewortes (v.3) vorweg: Nach der Schilderung eines kosmische Ausmaße annehmenden Gerichtes wirkt die Ankündigung, der Kranz der Trunkenen Efraims werde mit Füßen zertreten, allzu blaß und beinahe überflüssig. Zum andern – und das ist das wichtigere Argument – weist v.2 über den Horizont des Wehewortes literarisch hinaus, wie ein Blick auf 28,15.17b.18 zeigt. Offenbar hängt der Vers mit einer redaktionellen Bearbeitung innerhalb des Kapitels zusammen, die auch in 28,15-18 ihre Spuren hinter-

[9] Dieser Konsens wird nur selten in Frage gestellt. Eine milde Form der Spätdatierung etwa in das Jahr 702 (so Hitzig z.St., der das Wort als einen *Rückblick* auf den Fall Samarias liest, und Wellhausen, Abriss 62, der hier die *Judäer* angeredet sieht), haben schon Giesebrecht, Jesaiakritik 53-57, und Cheyne, Einleitung 185, zu widerlegen versucht. Gänzlich bestritten wird die Echtheit des Wortes nur von Kaiser II, 189f., und Kilian II, 158f.

[10] Vgl. die neueren literarkritischen Analysen: Vogt, FS Prado; Loretz, UF 1977; Vermeylen, Prophète I, 386-388; Deck, Gerichtsbotschaft 79-84.

[11] Anders etwa Vogt, FS Prado 112f., der v.1aβ mit „denn“ anschließt und als Nominalsatz übersetzt.

[12] Vgl. Vogt, FS Prado 113f.; Vermeylen, Prophète I, 386; anders Loretz, UF 1977, 362: die Wendung sei ursprüngliche Fortsetzung von v.1aα.

[13] Daß der „Kranz“ (עֲטָרָה) vor allem als ein Zeichen der Ehre und der Herrscherwürde zu verstehen ist (vgl. z.B. Klgl 5,16; Ijob 19,9) und auch zum Ornat des Hohenpriesters gehört (Sach 6,9-14), belegt Kellermann, ThWAT VI, 25-29.

[14] Vgl. vor allem Vermeylen, Prophète I, 386f. Vogt, FS Prado 114-116, scheidet nur das Mittelstück des Verses, also den doppelten Vergleich mit dem Sturmwetter, aus.

lassen hat (s.u.). Darüber hinaus sind die in v.2 versammelten Termini fast ausschließlich in späten, nachexilischen Texten belegt (vgl. z.B. 8,8; 17,12; 30,18). – Schließlich liegt in *v.4* eine (wohl mehrschichtige)[15] Fortschreibung vor, die das Wehewort in einer bereits erweiterten Gestalt voraussetzt und die Schnelligkeit des Gerichts unterstreicht. Der ursprüngliche Abschluß des Weheworts ist mit v.3 gegeben:

> [1]Wehe dem stolzen Kranz / der Trunkenen Efraims
> auf dem Haupt / des fetten Tales:
> [3]Mit Füßen ‚wird' zertreten werden / der stolze Kranz der Trunkenen Efraims!

Es bleibt also ein knappes, prägnantes und in sich abgerundetes Wort übrig, das sich gegen Efraim richtet und den baldigen Untergang des Nordreiches ankündigt. In welche Zeit und Situation dieses Wort gehört, bleibt im dunkeln, da der jetzige Kontext der c.28-31 als Interpretament ausscheidet. Es ist gut denkbar, wenn auch nicht streng zu beweisen, daß das Wort auf Jesaja selbst zurückgeht und kurz vor dem Untergang Samarias gesprochen wurde. Die Spätdatierungen des Wehewortes beziehen sich jedenfalls, und das ist bezeichnend genug, (fast) ausschließlich auf den sekundären v.2.[16] Für jesajanische Herkunft könnten schließlich noch zwei weitere Erwägungen sprechen: (1) Das Wehewort liegt auf einer Linie mit dem Orakel gegen Damaskus und Samaria in 8,1-4* und fügt sich glänzend in die bisher rekonstruierte Botschaft Jesajas ein: Der Prophet hat allein den fremden Völkern – und zwar vor allem dem Nordreich – das Gericht angesagt. Möglicherweise gehört 28,1*.3 sogar (wie 8,1-4*) in die Zeit des syrisch-efraimitischen Konfliktes. (2) Es fällt auf, daß in 28,1*.3 – und auch hier liegt wieder eine frappante Übereinstimmung mit 8,1-4* vor – jeglicher direkte Hinweis auf *Gott* als den Urheber des Gerichts fehlt. Das mag Zufall sein, könnte aber auch als Indiz für ein hohes Alter des Spruches gewertet werden. Offenbar stand die Kategorie „Assur als Gerichtswerkzeug Jahwes" (noch) nicht zur Verfügung; sie wird erst später durch v.2 in den Text eingetragen.

Über den ursprünglichen literarischen Ort dieses jesajanischen Wehewortes sind nur Spekulationen möglich. Es könnte einmal in der Reihe der Fremdvölkersprüche in c.13-23 gestanden haben.[17] Immerhin ist auch das Orakel gegen Kusch in 18,1ff. als *Wehewort* gestaltet, und sachlich paßte 28,1*.3 nicht schlecht zu dem Spruch in 17,1-3, der wohl ebenfalls auf einem älteren Kern beruht. In einem früheren Stadium, in dem die Fremdvölkerworte noch nicht in ihrer heutigen Gestalt gesammelt waren, könnte 28,1*.3 noch enger mit 17,1-3* und 8,1-4* verbunden gewesen sein. Hier dürfte denn auch – mit 6,1-8* als Beginn – der auf den Propheten selbst zurückgehende Grundstock des Protojesaja-Buches zu suchen sein. Es war jedenfalls ein Buch, das Gerichtsworte gegen den judäischen Staat oder auch nur einzelne Gruppen in Juda oder Jerusalem (noch) nicht enthielt.

---

[15] Vgl. Loretz, UF 1977, 362.
[16] Kaiser II, 189-191; Kilian II, 158f.
[17] Vgl. die Hinweise bei Vermeylen, Prophète I, 383f., und Williamson, Book 185-187.

Eine zweite ältere Spruchеinheit liegt in *28,7b-10* vor. Sie wird redaktionell mit v.7a an das Wehewort gegen Efraim (v.1*.3) angeschlossen.[18] Dabei scheint das einleitende וְגַם־אֵלֶּה „und auch diese" das Volk von Juda bzw. Jerusalem in das Wehe einzubeziehen: Das Südreich ist um keinen Deut besser als das Nordreich; auch dort herrschen – zumal beim Kultpersonal – Trunkenheit und Pflichtvergessenheit! Schon an dieser Parallelisierung erkennt man, daß der Redaktor beide älteren Worte offenbar wegen des Stichworts „Trunkenheit" zusammengefügt hat. Welche Bedeutung aber hatte das Wort v.7b-10, bevor es seinen jetzigen Platz gefunden hatte? Man geht ganz selbstverständlich davon aus, daß Jesaja hier die Priester und Propheten *in Jerusalem* getadelt habe. Ein solches Verständnis legt sich ja nicht nur durch den gegenwärtigen Kontext des Spruches nahe, sondern scheint sich aus dem Wortlaut selbst zu ergeben: In v.9f. nämlich kommen, so die gängige Auffassung, die eben kritisierten Gegner Jesajas zu Wort und verspotten den Propheten mit einer offenbar Betrunkene oder kleine Kinder nachahmenden Wortfolge.[19] Das kann sich natürlich nur in Jerusalem, vielleicht sogar im Tempel selbst (vgl. die „Tische" שֻׁלְחָנוֹת v.8) abgespielt haben. Diese Deutung ist aber nicht zwingend; sie bereitet sogar Schwierigkeiten, weil man zwischen v.8 und 9 einen Sprecherwechsel annehmen muß, der durch nichts angekündigt wird. So ist immerhin zu erwägen, ob nicht in v.7b-8 und v.9f. ein und dieselbe Person als Sprecher gedacht ist.[20] Denn es ist ja kein Zufall, daß v.9 mit den beiden Stichworten דֵּעָה „Wissen" und שְׁמוּעָה „Kunde" offenbar auf die in v.7b genannten Berufsgruppen zielt: Aufgabe des *Priesters* ist es, „Wissen" weiterzugeben, und der *Prophet* hat die „Kunde" zu deuten.[21] V.9 wäre dann etwa so zu paraphrasieren: Wen will und kann denn solch ein betrunkener Priester Wissen lehren, und wem will denn solch ein Prophet die Kunde deuten? Denn alles, was sie hervorbringen, ist nur Saw laSaw und Qaw laQaw! Dabei ahmt v.10 sicherlich das Gelalle Betrunkener nach, das dem Reden kleiner Kinder nahekommt. In den nur schwer deutbaren Worten mag zudem eine Anspielung auf v.8 vorliegen (vgl. קַו mit קִיא „Erbrochenes" und צַו mit צֹאָה „Kot").[22]

Sollte die hier vorgeschlagene Deutung das Richtige treffen, ergäbe sich die Möglichkeit, das Wort gegen Priester und Prophet auf das Kultpersonal des *Nordreiches* zu beziehen: Der Prophet hätte dann die geistlichen Führer des dortigen Kultes im Visier und nicht den Jerusalemer Tempel. Das bleibt natürlich sehr hypothetisch und ist im strengen Sinne nicht zu beweisen. Aber ein solcherart verstandenes Wort wäre nicht nur mit der Botschaft Jesajas, wie wir sie bisher rekonstruiert haben, gut vereinbar; es fügte sich in sei-

---

[18] Vgl. Vermeylen, Prophète I, 390; Wildberger III, 1055f.

[19] Vgl. auch van Selms, ZAW 1973; Wildberger III, 1053f.; Görg, BN 1985 (= ÄAT 11, 230-234); Halpern, HAR 1986; Tanghe, VT 1993, 246f.; Beuken, OTS 34, 34-36.

[20] So Tanghe, VT 1993, 246.

[21] Vgl. (freilich z.T. mit anderen Begriffen) Jer 18,18; Ez 7,26; Mi 3,11.

[22] Vgl. Tanghe, VT 1993, 247.

ner anti-efraimitischen Stoßrichtung auch nicht schlecht zu dem Weheruf in v.1*.3. Ob freilich überhaupt Jesaja als Sprecher des Wortes in Betracht kommt, kann man fragen. Die Zeitlosigkeit der Vorwürfe jedenfalls läßt auch andere Möglichkeiten und eine nachjesajanische Datierung zu.

Mit *28,11-13* wird dem Wort gegen Priester und Prophet nun eine Gerichtsankündigung beigesellt, die sich aus mehreren Gründen als sekundäre Nach- oder besser: Neuinterpretation erweist: (1) Sie ist nur lose mit einem bekräftigenden כִּי „ja“ angeschlossen, das wohl v.10 aufnimmt. – (2) Dieser Anschluß weist darauf hin, daß v.11 das rätselhafte Gestammel aus v.10 *interpretieren* will: nämlich als Worte einer *fremden Sprache* und damit als warnenden Vorboten eines fernen Volkes, das zum Gericht kommt.[23] Dieser Zusammenhang wird denn auch in v.13, der v.11 einmal unmittelbar folgte,[24] hergestellt. Ob mit dem Gerichtsvolk die Assyrer (so die geläufige Auslegung) oder die Babylonier gemeint sind, ist nicht eindeutig zu entscheiden. Da es sich ohnehin nicht um ein jesajanisches Wort, sondern eine am ehesten (früh-)nachexilische Aktualisierung handelt, sind beide Optionen möglich: Zum einen mag man (vom gegebenen literarischen Kontext her) an die Assyrer denken (vgl. c.30f. und 36f.), zum andern kann sich eine Gerichtsansage nach der Art von 28,11.13 eigentlich nur auf den Untergang des Staates durch die Babylonier beziehen. Beides schließt sich indes nicht aus, denn sowohl die Jesaja-Legenden als auch c.28-31 gehen von einer prinzipiellen Analogie beider Situationen aus: Was Hiskija einst durch sein Gottvertrauen (noch) abwenden konnte, nämlich die Einnahme des Zion, war später wegen der Gottlosigkeit des Volkes nicht mehr zu verhindern.[25] – (3) Mit v.11 wird, und auch das spricht für den sekundär-redaktionellen Charakter von v.11.13, ganz unvermittelt und eher indirekt *Jahwe* eingeführt (vgl. יְדַבֵּר „er wird sprechen“). Es ist gut möglich, daß dieser Vers mit dem ebenfalls redaktionellen v.2 zusammengehört: Hier wird nicht nur (wie in v.11ff.) ein umfassendes Gericht (nämlich an Efraim) angekündigt, sondern es fällt auch der Jahwename (אֲדֹנָי „Herr“), der für v.11 einen passenden Bezug böte. Beide Verse könnten also von derselben Hand stammen. – (4) Schließlich wird durch die Anfügung von v.11.13 die Zielgruppe ausgeweitet, denn das Gericht gilt nicht etwa nur den Priestern und Propheten, sondern dem gesamten Volk von Juda (הָעָם הַזֶּה „dieses Volk“, vgl. 6,9f.; 8,6.11f.). Damit aber liegen v.11.13 auf einer Linie mit dem ebenfalls redaktionellen v.7a, der das Südreich als Ganzes („auch diese“) mit dem Nordreich parallelisiert.

In diese Nachinterpretation ist mit *v.12* (wie bereits angedeutet) wiederum ein Stück eingesetzt worden, das die enge Verbindung von v.11 und 13 unterbricht und durch einen Nebengedanken erweitert.[26] Das ist schon formal an dem Einsatz mit אֲשֶׁר אָמַר אֲלֵיהֶם „der zu ihnen spricht“ erkennbar, legt

[23] Ähnlich Jes 33,19 (wohl von 28,11.13 abhängig).
[24] Anders z.B. Wildberger III, 1061: v.13 sei sekundär.
[25] Vgl. dazu Seitz, Destiny 123-135.
[26] Vgl. Kaiser, BEThL 81, 65f.; Tanghe, VT 1993, 250f. (der v.11b hinzunimmt).

sich aber auch aus inhaltlichen Gründen nahe:[27] Der unvermittelte Hinweis auf die „Ruhe“ (מְנוּחָה) kann sich nur auf den *Zion* als den Ort heilvoller Gottesgegenwart beziehen (vgl. 1Kön 8,56; Ps 132,8.14).[28] Schon dieser zionstheologische Bezug erweist v.12 als einen Exkurs, der die Gerichtsdrohung in v.11.13 *nachträglich* mit der Abweisung des Gottes begründet, der auf dem Zion wohnt und den „Müden“ (vgl. Jes 40,29-31) eine „Ruhe“ und „Erholung“ sein wollte („sie wollten nicht hören“). Der Einschub zitiert also das göttliche Heilsangebot, das (entsprechend Ps 132,8.14) mit der Inbesitznahme des Zion gegeben war, und stellt zugleich fest, daß Israel dieses Angebot in seiner Geschichte immer wieder verspielt hat. Allein die Tatsache, daß dieses Wort in eine umfassende Gerichtsdrohung eingebettet ist, zeigt, daß der Ergänzer auf den Untergang von Staat und Tempel *zurückblickt*. Er bedient sich dabei zionstheologischer Kategorien, die erst in der nachexilischen Zeit zur Verfügung standen. Es bleibt hinzuzufügen, daß v.12 eine enge Verwandtschaft sowohl mit 30,9 (vgl. לֹא־אָבוּ שְׁמוֹעַ „sie wollten nicht hören“) als auch mit 30,15 aufweist (vgl. לֹא אֲבִיתֶם „ihr wolltet nicht“ und נַחַת „Ruhe“).[29] Wir werden sehen, daß hier dieselbe Hand am Werk war.

Mit v.12 hängt wiederum das Ecksteinwort *v.16* zusammen. Denn erst durch v.16aβb „wird es zur Gewißheit, daß es sich bei der *menûḥâ* um den Zion als den Ort handelt, der den Müden Geborgenheit gibt. Das Ruhewort und das Ecksteinwort interpretieren sich wechselseitig.“[30] Und es ist kein Zufall, daß auch v.16aβb (mit v.17a) in seinem jetzigen Kontext ein Fremdkörper ist, der sich leicht herauslösen läßt.[31] Der Einschub durchtrennt das Gerichtswort v.14-16aα + 17b-18 und bringt durch den Hinweis auf Jahwes Heilssetzung auf dem Zion einen Nebengedanken ein, der mit v.12 zu verbinden ist: V.12 bezog sich auf die *erste* Heilssetzung, die Erwählung des Zion durch David zurück (vgl. Ps 132,8.14) und stellte rückblickend fest, daß Israel dieses Heilsangebot nicht wahrgenommen hat („aber sie wollten nicht hören“). V.16 hingegen blickt gewissermaßen nach vorn und weist auf eine *neue* Heilssetzung Jahwes hin, die, wenn nicht alles täuscht,[32] in der

---

[27] Der Beginn von v.13 „so wird ihnen das Wort Jahwes“ ist Wiederaufnahme.

[28] Der Gedanke der „Ruhe“ ist spät, vgl. Preuß, ThWAT V, 304-306. Zu Ps 132 vgl. Veijola, Verheißung 72-75.161f.; Spieckermann, Heilsgegenwart 94f.

[29] Zum engen Zusammenhang von 28,12 und 30,15 vgl. auch Roberts, HThR 1980.

[30] Kaiser, BEThL 81, 65.

[31] So Fullerton, AJSL 1920/21, 35-40; Procksch 356f.; Dietrich, Jesaja 165f.; Vermeylen, Prophète I, 392-395; Jeppesen, ST 1984, 95-97 (v.16 als jes. Logion, das von Dtjes. hierhin umgestellt wurde); Kaiser, BEThL 81, 65. Anders etwa Lindblom, FS Mowinckel; Barth, Jesaja-Worte 11f.; Wildberger III, 1069f.; Gonçalves, L'expédition 199, die in dem Nebeneinander von Gericht und Heil in 28,15-18 das Spezifikum der jesajanischen Zukunftserwartung sehen. Die Diskussion zeichnet Kilian, Jesaja 1-39, 58-63, nach.

[32] Das umstrittene יִסַּד „er hat gegründet“ ist wohl (mit 1QIs^{b}) als Partizip יֹסֵד zu punktieren und als Hinweis auf eine zwar *geschehene*, aber für die Gegenwart höchst aktuelle Heilssetzung zu verstehen. Vgl. hierzu Kilian, Jesaja 1-39, 59-61, und zu den philologischen Problemen in v.16 insgesamt Wildberger III, 1065-1068; Roberts, JBL 1987, 27-37.

Errichtung des *Zweiten* Tempels als des Ortes *neuer* Gottesgegenwart besteht. Angesprochen ist hier natürlich das Israel der nachexilischen Gemeinde, das seine Konsequenzen aus dem Scheitern der vorexilischen Geschichte ziehen soll.[33] Deshalb wird das neue Heil mit v.16bβ explizit an den Glauben gebunden: „Nur wer glaubt (הַמַּאֲמִין), weicht nicht (יָחִישׁ).“ Dabei dürfte das Verbum חוּשׁ hif. „eilen“ / „weichen“ von Jes 7,9b her zu verstehen sein:[34] Der Glaubende wird eine Zuflucht und einen Halt haben (vgl. 28,15) und darin „fest“ bleiben (vgl. 14,32). So läßt sich auch leicht erklären, warum v.16aβb ausgerechnet an dieser Stelle eingefügt wurde: Durch die Plazierung des Einschubs hinter dem Scheltwort, das nicht weniger als die Ablehnung Jahwes selbst als des wahren Schutzes anprangert,[35] wird das unmittelbar folgende *unbedingte* Drohwort (v.17b-18) zu einem *bedingten* abgeschwächt und damit neuen religiösen Bedürfnissen angepaßt: Das Gericht gilt nur denen, die nicht glauben! Auch diese inhaltliche Verschiebung spricht für den sekundären Charakter des Ecksteinwortes. Übrigens scheint es sich bei v.17a um eine wiederum spätere Nachinterpretation zu handeln, die die „Neugründung“ auf dem Zion mit der endgültigen Durchsetzung von „Recht“ und „Gerechtigkeit“ verbindet. Sie liegt auf einer Linie mit der späten Fortschreibung 1,21-26 (+ 2,2-5).

Zieht man v.16aβb-17a ab, bleibt in v.14-16aα + 17b-18 ein Gerichtswort übrig, das im Kern die „Herrscher dieses Volkes“ (v.14 im Grundbestand)[36] anklagt, sie hätten den allumfassenden göttlichen Schutz zugunsten zweifelhafter menschlicher Hilfe preisgegeben. Dabei dürfte sich der „Pakt mit der Scheol“ wohl einfach auf die Haltung der Gegner beziehen, sie seien unsterblich und göttlicher Hilfe nicht bedürftig.[37] Schon diese Frontstellung paßt nicht in das 8. Jh. des Propheten Jesaja. Es kommt hinzu, daß das Gerichtswort keine abgeschlossene Größe für sich bildet (wie etwa 28,1*.3 und 7b-10*), sondern offenbar für den gegebenen Kontext konzipiert worden ist. Man braucht nur v.2 mit v.15 zu vergleichen, um den redaktionell-übergreifenden Charakter des Wortes zu erkennen (vgl. שׁטף „fluten“). Die Hand, die v.14-18* (und wohl auch v.7a.11.13*) hinzusetzte, betrachtete das Geschick des Nordreiches (v.2) als Vorabschattung des Gerichtes am Südreich.

[33] Vgl. bes. den späten Vers 14,32 sowie 44,28; 54,11f.; ferner Sach 3,9; 4,7; 12,3. Zu den theologischen Zusammenhängen Vermeylen, Prophète I, 392-394.

[34] Hier liegt offenbar *literarische* Abhängigkeit vor (s.u.). Denkbar ist auch ein Zusammenhang mit dem „Eilebeute-Raubebald“ in 8,1.3 oder mit 5,19 (so Boehmer, ZAW 1923, 91). Zu den verschiedenen Deutungen des יָחִישׁ vgl. Wildberger III, 1067f.

[35] Die Begriffe מַחֲסֶה „Zuflucht“ und סתר nif. „sich verbergen“ sind in der Jerusalemer Tempeltheologie beheimatet (vgl. z.B. Ps 14,6; 46,2; 61,6 einerseits und Ps 17,8; 27,5; 31,21 – jeweils hif. – andererseits).

[36] Durch die Ergänzung von „Spötter“ (אנשׁי לצון) ist das Verbum משׁל wohl im Sinne von „Sprüchemacher“ mißverstanden worden (vgl. Vermeylen, Prophète I, 391). Entbehrlich ist auch die Näherbestimmung „das in Jerusalem ist“.

[37] Vgl. Kaiser II, 200f. Weniger wahrscheinlich ist eine Anspielung auf Osiris (Duhm 200). Neuere Deutungen etwa bei Gese, FS Galling (Hadadmythologumenon); van der Toorn, ZAW 1988 (Nekromantie); Day, Molech 58-64 (Molechkult).

Es ist daran zu erinnern, daß wir auf eine analoge Erscheinung bereits in 8,5-8a* gestoßen sind: Auch hier wird – in frühnachexilischer Zeit – einem Unheilswort gegen das Nordreich (8,4) ein solches gegen Juda angehängt, um das Geschick beider Staaten miteinander zu verbinden. Darüber hinaus wird das Gericht in 8,7* mit ganz ähnlichen Vorstellungen (vgl. die flutenden Wasser) beschrieben wie in 28,17b-18. Jedenfalls wird man 28,2 mit 28,14*.15-16aα.17b-18 auf eine redaktionelle Stufe stellen können und zeitlich ebenfalls am ehesten in die frühnachexilische Periode einordnen müssen. Der Untergang des Südreiches ist bereits Geschichte.

In v.19-22 liegen verschiedene Zusätze und Nachinterpretationen vor.[38] V.19 hebt in apokalyptischer Manier die Unausweichlichkeit des Gerichts hervor, und v.20 bringt denselben Gedanken mit einem wohl vorgegebenen Sprichwort zum Ausdruck. Es ist denkbar, daß v.21 einmal als (redaktioneller) Übergang zu 29,1ff. formuliert worden ist (vgl. auch 5,19),[39] wobei einstweilen nicht eindeutig zu entscheiden ist, auf welcher Ebene und zu welcher Zeit das geschah. Wenn diese Vermutung richtig ist, wären die (kaum für den jetzigen Zusammenhang konzipierten) Bildworte v.23-29 jedenfalls erst nachträglich zwischen 28,21 und 29,1ff. geschoben worden.[40]

Wir fassen die maßgeblichen redaktionellen Vorgänge in c.28 zusammen: (1) Als ältester Kern des Kapitels haben sich die beiden Worte v.1*.3 und v.7b-10 entpuppt. Sie sind gegen das Nordreich und den dortigen Kult gerichtet und könnten vom Propheten Jesaja stammen. – (2) Ein für die Zusammenstellung dieser Worte verantwortlicher Redaktor, der (wie 8,5-8a) am ehesten in der frühnachexilischen Zeit anzusetzen ist,[41] hat die auf das Nordreich bezogenen Sprüche auf das Südreich übertragen und damit beide Staaten parallelisiert. Auf seine Hand gehen v.2.7a.11.13*.14*.15-16aα.17b-18 zurück. Eine ähnliche Übertragung des Gerichts auf das Südreich haben wir bereits für die unheilstheologische Neuedition der „Denkschrift" (vgl. 6,9.11 und 8,5-8a.17) feststellen können. Zeitlich und sachlich dürften beide redaktionellen Vorgänge kaum weit auseinander liegen. – (3) Ein ungehorsamstheologischer Redaktor fügte schließlich mit v.12 (und dem Beginn von v.13 als Wiederaufnahme) und v.16aβb zwei Nebengedanken ein, die auf Jahwes Heilswillen und Israels Unglauben hinweisen sollen. Die Bemerkungen dienen zugleich der nachexilischen Gemeinde als Mahnung und Warnung, an dem geschenkten neuen Heil (v.16*) festzuhalten. Auf die enge Verwandtschaft mit 30,9.15 wird unten einzugehen sein. – (4) Verschiedene Nachträge, deren Reihenfolge nicht mehr im Detail aufzuhellen ist (v.17a / 19-20 / 23-29 / 22), geben dem Kapitel seine jetzige Gestalt; v.21 dient offenkundig als Übergang zu c.29.

[38] Vgl. Vermeylen, Prophète I, 396-399.

[39] Vgl. Vermeylen, Prophète I, 398.

[40] Zu ihnen vgl. Dietrich, Jesaja 126-128; Barth, Jesaja-Worte 211.228-230 (zur Assur-Redaktion); Vermeylen, Prophète I, 399-401; Werner, Studien 61-84 (spätes weisheitliches Lehrgedicht); Beuken, OTS 34, 23-26.

[41] Vgl. Vermeylen, Prophète I, 390, der an dtr. Redaktoren denkt.

7.3. Jes 29

Das Kapitel besteht aus drei Teilen, die schon aufgrund ihrer unterschiedlichen theologischen Zielrichtung auf verschiedene Verfasser- bzw. Redaktorenkreise schließen lassen: (1) Das Wehewort gegen Ariel = Jerusalem in v.1-8 berichtet von der tiefsten Gefährdung und Erniedrigung der Gottesstadt – zunächst wohl durch Jahwe selbst (v.2f.), dann durch einen Völkersturm (v.7f.) – und ihrer wunderbaren Errettung. In aller Regel führt man dieses Wehewort (im Kern) auf den Propheten Jesaja zurück. (2) In v.9-16 folgt eine zwar als Anrede formulierte, doch eher wie eine nachträgliche Reflexion wirkende Rede über den Ungehorsam und die gottgewirkte Verstockung des Volkes. Besonders v.9f. sind eng mit dem Auftrag von 6,9-11 verwandt; ins Auge springt auch die durchgehend weisheitliche Prägung des Stückes (etwa v.13-16). (3) Die v.17-24 schließlich bieten einen tröstlich-heilvollen Ausblick, der in seiner Sprache und Diktion an die dtjes. Verkündigung erinnert und schon deshalb im Verdacht steht, nachträglich angefügt zu sein. Er ist darüber hinaus von der späten Armenfrömmigkeit geprägt, wie an den „Elenden" (עֲנָוִים) und den „Armen" (אֶבְיוֹנִים) in v.19 abzulesen ist, und steht in einer engen Beziehung zu dem Nachtrag 30,18-26 (vgl. auch 10,24-27).

Am leichtesten läßt sich die dritte Einheit 29,17-24 als eine (mehrphasige) Fortschreibung erklären, die einerseits vorgegebene Texte aufgreift und andererseits auf die dtjes. Heilsprophetie vorausblickt und sie literarisch vorbereitet.[42] Diese Einheit ist sekundär an v.15-16 angehängt worden: V.17 greift mit dem Verbum חשב nif. „gelten" auf v.16 zurück, und das Stichwort „Dunkelheit" (חֹשֶׁךְ) in v.18 dürfte aus v.15 gezogen sein. Schließlich ist sowohl in v.16 als auch in v.17ff. von einer *Verwandlung* die Rede: in v.16 ist es die „Verkehrung" (הפך) von Schöpfer und Geschöpf, also die Grundsünde des Gottesvolkes, in v.17 eine wundersame „Verwandlung" (שׁוּב) zum Heil.[43] Bei den „Worten der Schrift", die gemäß v.18 nun wieder gelesen und verstanden werden können, stehen offenkundig v.9f. und vor allem v.11f. im Blick; zugleich sind die Anleihen bei 42,18ff. nicht zu übersehen.[44] Bei v.22-24 handelt es sich möglicherweise um einen Nachtrag, der sich – mit לָכֵן „darum" nur locker angeschlossen – nun *direkt* an das Gottesvolk, das „Haus Jakob", wendet und die Heilszeit vor allem darin sieht, daß der Name Jahwes (wieder) geheiligt wird.[45] In v.22 ist der Relativsatz „der Abraham erlöst hat" ein Zusatz, der die Grammatik des Verses empfindlich stört, und auch v.23 scheint – man achte nur auf die Schwerfälligkeit des Satzbaus – nicht aus einem Guß zu sein; in jedem Fall sind „seine Kinder" (v.23a) nachgetragen.

---

[42] Vgl. Barth, Jesaja-Worte 292-294; Vermeylen, Prophète I, 407f.; Koenen, Heil 18-22. Eine eingehende Analyse bietet Beuken, FS van der Woude, der v.15-24 (!) als eine (nachjesajanische) Einheit für sich interpretiert, die in 10,5-34 ihre strukturbildende Vorlage hat (vgl. bes. 29,17 mit 10,25).

[43] Diese thematische Klammer ist von Beuken, FS van der Woude, gut herausgearbeitet worden („perversion reverted"), doch spricht sie kaum für denselben Verfasser in v.15f. und 17ff. Aufgrund der unterschiedlichen Ausrichtung und des ganz anderen theologischen Milieus sind die *beiden* Verse 15-16 vielmehr zur vorangehenden Einheit v.9ff. zu ziehen. Anders etwa auch Duhm 212, und Marti 218, die v.16 mit v.17ff. verbinden.

[44] Weitere Parallelen verzeichnet Koenen, Heil 21f.

[45] Vgl. Wildberger III, 1136.

Während man sich bei der Einordnung des heilvollen Ausblicks 29,17-24 noch auf einen Konsens berufen kann, ist die Forschungslage bei dem Wehewort gegen Ariel in 29,1-8 unübersichtlich.[46] Das hängt zu einem guten Teil mit der Frage nach dem Charakter der Verkündigung Jesajas zusammen: Sieht man in Jesaja vor allem einen Gerichtspropheten, kann man die heilvolle Wendung des Geschicks der Stadt Jerusalem in v.5bβ-6(7) nur als eine Nachinterpretation bewerten, die dem Gerichtswort v.1-4a später beigegeben wurde.[47] Eine Variante dieser Auffassung besteht darin, das Stück v.5bβ-6 dem Grundbestand zu belassen und es in einem negativen Sinne, also als eine „Strafheimsuchung" zu verstehen.[48] Diese Interpretation wird vor allem durch das schillernde Verbum פקד „heimsuchen" ermöglicht, das sowohl einen negativ-strafenden wie auch einen positiv-heilvollen Ton tragen kann. Erst durch Hinzutreten des Völkersturmmotivs (v.7) wäre aus dem Gericht an der Gottesstadt (v.1-6*) ein Gericht Jahwes an den Völkern geworden. Wer hingegen gerade in dem spannungsvollen Ineinander von Gericht und Heil das Spezifikum der jesajanischen Botschaft erkennt, wird natürlich auf v.7 für seinen Grundbestand nicht verzichten wollen.[49]

Ein etwas anderes Bild ergibt sich, wenn man überhaupt bestreitet, daß 29,1-8 einen älteren, jesajanischen Kern enthält, und für eine Entstehung des Stückes in exilisch-nachexilischer Zeit plädiert. Bei dieser literarhistorischen Sicht der Dinge ist man nicht mehr gezwungen, auf ein bestimmtes Prophetenbild Rücksicht zu nehmen, und kann die gedankliche Komplexität in 29,1-8* – einige offensichtliche Zusätze natürlich ausgenommen – einem einzigen späteren Redaktor zuschreiben, der traditionsgeschichtliches Material unterschiedlicher Provenienz zu einer neuen, höheren Einheit zusammengefügt hat.[50] Gleichwohl ist nicht zu übersehen, daß die Einheit 29,1-8* eine Fülle an grammatischen, stilistischen und vor allem sachlichen Inkongruenzen in sich birgt, die einem einzigen Verfasser nicht zuzutrauen sind, sondern auf eine sukzessive Fortschreibungs- und Glossierungsarbeit zurückgehen. Auf diesen komplexen literarischen Befund deuten bereits – um nur ein formales Indiz zu nennen – die zahlreichen Anschlüsse mit וְהָיָה bzw. וְהָיְתָה „und es wird sein" hin (v.2bα, 2bβ, 4b, 5a, 5bβ, 7aα, 8a), die wenigstens zu einem Teil redaktionelle Nähte markieren. Nach wie vor spricht vieles dafür, daß

[46] Dargestellt bei Kilian, Jesaja 1-39, 63-73 und jetzt v.a. Werlitz, Studien 253-320.

[47] Vgl. z.B. Duhm 207f.; Lutz, Jahwe 102f.; Dietrich, Jesaja 189; Vermeylen, Prophète I, 401-403; Clements 234-237; Gonçalves, L'expédition 225-229.

[48] Marti 213; ferner Cheyne, Einleitung 212-214.

[49] Vgl. v.a. Barth, Jesaja-Worte 184-189; Wildberger III, 1102f.; Høgenhaven, Gott 73f.; weitere Vertreter bei Werlitz, Studien 167 A.37. Wenig überzeugend Wong, VT 1995, der auch v.7 als Drohung interpretiert. Nach Routledge, TynB 1992, ist der gesamte Text v.1-8 literarisch einheitlich und von Jesaja selbst herzuleiten – eine unnötige Nivellierung der stilistischen und sachlichen Spannungen.

[50] Vgl. Werlitz, Studien 307-320, und Kilian II, 165-167 (Kern jeweils in v.1-6*); Fohrer, Propheten V, 143f.; Werner, Texte 179-183; Kilian, Jesaja 1-39, 72f. (Kern jeweils in v.1-7*); Kaiser II, 211f. (Kern in v.1-8*; anders ders., Grundriß II, 41).

wir in dem Wehewort v.1-4* das älteste Stück der Einheit vor uns haben, das freilich weder in das 8. Jahrhundert des Propheten Jesaja noch überhaupt in die vorexilische Zeit gehört. Die literarkritische Analyse, die relativ kurz ausfallen kann, wird die notwendigen Entscheidungen erläutern.[51]

So handelt es sich, um mit dem Eindeutigsten zu beginnen, nach allgemeiner Ansicht bei v.8 und bei v.4b um Nachträge, die vorgegebene Aussagen neu akzentuieren oder vertiefen:[52] V.8 hebt die Sinnlosigkeit des Völkersturms (v.7) mit einem Bild hervor, und v.4b vergleicht die Stimme der in den Staub gesunkenen Stadt (v.4a) mit der eines Totengeistes (vgl. 8,19). Des weiteren dürfte auch in v.5abα eine Erweiterung des ursprünglichen Bestandes vorliegen.[53] Der Vers trägt, ob man nun der beliebten und immerhin durch 1QIs[a] gestützten Emendation von זָרַיִךְ „deine Fremden" in זֵדַיִךְ „deine Vermessenen" folgt oder nicht, eine neue Personengruppe in den Text ein, nämlich die *Feinde Jahwes im Innern*.[54] Dadurch wird das in v.4a beschriebene Gericht allein oder doch vor allem auf die Feinde des Gottesvolkes in Jerusalem bezogen; ihnen wird ein ähnliches Schicksal verheißen wie den Völkern, die die Gottesstadt bestürmen (vgl. v.7).[55] Dem Ergänzer von v.5abα wird also v.7 (vgl. das offenbar von dort entlehnte Stichwort הֲמוֹן „Schwarm") bereits vorgelegen haben.[56] Schließlich ist auch v.2b als sekundärer Einsatz zu beurteilen:[57] Der Versteil nimmt das Ergebnis der Belagerung (v.3-4a) vorweg, fällt durch Verwendung der 3. Person aus seiner Umgebung (2. Ps.) heraus und scheint an einer Deutung des Namens „Ariel" als „Opferherd" interessiert zu sein. Nicht zuletzt markiert das wohl aus Klgl 2,5 stammende Wortpaar תַּאֲנִיָּה וַאֲנִיָּה „Traurigkeit und Trauer" eine leichte Akzentverschiebung: Im ursprünglichen Bestand des Wortes ging es allein um die Erniedrigung des Zion als Gottesstadt; durch v.2b wird das Schicksal der Menschen *in* der Stadt einbezogen.

Vor größere Schwierigkeiten stellen v.5bβ-6(7): Liegt hier die ursprüngliche Fortsetzung des Weherufs v.1-4a* oder eine spätere Fortschreibung vor? Und in welchem Sinne ist die göttliche Theophanie zu verstehen: als Fortsetzung der Drohung gegen die Gottesstadt oder als Wende zum Heil? Trotz einer überaus strittigen Forschungslage[58] lassen sich doch einige Indizien zusammentragen, die eine schlüssige Entscheidung ermöglichen: (1) Schon eine einfache Beobachtung zeigt, daß v.5bβ-6(7) offensichtlich später zugewachsen sind: V.1-4* sind als direkte *Anrede* in der 2. Person stilisiert (v.2b ist sekundär), v.5bβ-6(7) hingegen sprechen in der 3. Person *über* das Geschick der Gottesstadt.[59] Hinzu kommt der lockere Anschluß mit וְהָיָה in v.5bβ.[60] – (2) Nach wie vor nur schwer zu widerlegen sind die Überlegungen, die Duhm gegen eine einheitliche Verfasserschaft von v.1-4* und 5bβ-6 ins Feld geführt hat: Daß Jahwe „nachträglich, wenn die Assyrer ihr Werk vollbracht haben, auch

[51] Vgl. zu allen literarkritischen Fragen ausführlich Werlitz, Studien 253-320.

[52] Vgl. Werlitz, Studien 259-264.

[53] Vgl. Marti 213; ferner Childs, Isaiah 54-57; zur Diskussion Werlitz, Studien 276-282.

[54] So kann der „Gewaltige" (עָרִיץ) den Widersacher in der eigenen Gesellschaft oder Gemeinde bezeichnen (vgl. Jes 29,20; Jer 15,21; Ijob 6,23; Ps 54,5); eine Gleichsetzung von עָרִיץ mit רָשָׁע „Frevler" in Ps 37,35; Ijob 15,20; 27,13. Der Zusatz liegt zudem auf einer Ebene mit ähnlichen Aussagen in 1,7bβ.9.

[55] So auch Steck, Friedensvorstellungen 54f. A.149, und Barth, Jesaja-Worte 187, die den Vers dennoch für literarisch ursprünglich (und jesajanisch) halten.

[56] Vielleicht hat er auch auf 17,13 zurückgegriffen (vgl. Lutz, Jahwe 107f.).

[57] Vgl. Procksch 372.

[58] Ausführlich dargestellt bei Werlitz, Studien 282-286.

[59] Die Verbform תִּפָּקֵד in v.6 ist als 3. Pers. fem. zu lesen („sie wird heimgesucht"); eine Änderung in die 2. Pers. fem. (תִּפָּקְדִי) oder ein Verständnis als 2. Pers. m. zeigt nur, daß der Bruch zwischen v.1-4 und 5bβ-7 nur literarkritisch erklärt werden kann.

[60] Das Verb fungiert hier offenbar als „Tempusmarker" (vgl. Bartelmus, Einführung 109f.) zum Hauptverb תִּפָּקֵד (v.6) und nicht als Prädikat (gegen Werlitz, Studien 262f.).

noch persönlich zur Hülfe Assurs erscheinen sollte, ist eine unmögliche Häufung von Drohungen und ein abenteuerlicher Gedanke, der einem Manne wie Jes. nicht zuzutrauen ist. Die Heimsuchung ist also im guten Sinne zu verstehen, als Jahwes Intervention im letzten Akt" (208). – (3) Wiederum Duhm hat darauf hingewiesen, daß sich die nächste Spruchenheit 29,9-10 „als Fortsetzung von v.1-4a, aber nicht von v.4b-8 verstehen" (209) lasse. Mit anderen Worten: V.9f. beziehen sich auf einen Text zurück, der noch *kein* eindeutiges Heil für Jerusalem ankündigte, also zumindest v.7, aber wohl auch v.5bβ-6 (in einem heilvollen Sinne) *noch nicht* enthielt. Diese Beobachtung gewinnt an Bedeutung, wenn man erkennt, daß der Spruch v.9f. keineswegs auf einem ursprünglich selbständigen jesajanischen Logion beruht, wie Duhm meinte und wie es noch heute zum Konsens der Forschung gehört, sondern eine auf den unmittelbaren Kontext bezogene *Fortschreibung* darstellt, die niemals für sich existiert hat. Schließt man nämlich v.9f. direkt an v.1-4a an, ergibt sich ein klarer Gedanke: Die Situation der äußersten Bedrohung und tiefsten Erniedrigung der Gottesstadt (v.1-4a) wird durch v.9f. aufgenommen – die Imperative in v.9 reden die in den Staub gesunkene Stadt bzw. ihre Bewohner direkt an! – und als Folge gottgewirkter Verstockung interpretiert. Hier hat das Zwischenstück v.5bβ-7 keinen Platz mehr; es muß später hinzugetreten sein. – (4) Die „Heimsuchung" in v.5bβ-6 bricht so plötzlich herein, daß sie kaum anders als *heilvoll* gemeint sein kann.[61] Sie setzt einen qualitativen Umschwung, eine *Wende* voraus, die gerade nicht gegeben wäre, wenn man v.5bβ-6 einfach als Fortsetzung der Drohung verstünde. Im übrigen läßt sich ja das Verbum פקד „heimsuchen" ebenso positiv auslegen wie man auch die Theophanieschilderung in v.6 als Eingreifen *zugunsten* Jerusalems interpretieren kann.[62] Noch deutlicher wird das heilvolle Verständnis, wenn man v.7a – v.7b ist erklärende Glosse – als ursprüngliche Fortsetzung von v.6 liest und Jahwes Erscheinen unmittelbar mit dem Völkersturm in Verbindung bringt.

Der *Grundbestand* des Ariel-Wortes ist also auf *v.1.2a.3.4a* zu beschränken, und es stellt sich nun die Frage, wie er literarhistorisch einzuordnen ist. Prinzipiell besteht natürlich die (der *communis opinio* entsprechende) Möglichkeit, daß wir hier ein jesajanisches Wort gegen den Zion vor uns haben, das in oder kurz vor der Belagerungssituation des Jahres 701 gesprochen wurde. Gern verweist man in diesem Zusammenhang auf den Bericht Sanheribs über seinen 3. Feldzug, in dem er die Einschließung Jerusalems *(Ur-sa-li-im-mu)* mit ähnlichen Worten wie 29,2f. beschreibt.[63] Gleichwohl lassen sich mehrere Argumente zusammentragen, die eine jesajanische Herkunft des Weheswortes unwahrscheinlich, wenn nicht ganz und gar unmöglich erscheinen lassen. So ist „zu beachten, daß im ganzen Abschnitt gerade nicht – wie man doch bei einem Gerichtswort gegen Jerusalem erwarten müßte, vgl. die entspre-

[61] Anders zuletzt Werlitz, Studien 282-286.

[62] Vgl. Jeremias, Theophanie 71, und Werner, Texte 182 (Belege!).

[63] Vgl. TUAT I/4 (R. Borger), 388-391 (Kol. III Z. 15-49). Die Parallelität zwischen dem Bericht Sanheribs und Jes 29,1ff. wird von Schreiner, Sion 257-259, dahingehend gedeutet, daß Jesaja in v.2f. ein (bearbeitetes) Originalzitat des assyrischen Königs, eine „Kampfansage" gegen Jerusalem wiedergebe. Das ist freilich sehr unwahrscheinlich (s. auch Werlitz, Studien 272f.): 1. wird die Belagerung mit recht unspezifischen Begriffen beschrieben. 2. sind die verwendeten Termini in Anbetracht wörtlicher Parallelen wohl eher mit der Belagerung Jerusalems in den Jahren 598/7 und 587/6 in Verbindung zu bringen (vgl. חנה „belagern" 2Kön 25,2; 2Chr 32,1; צור „einschließen" Jer 21,4.9; 32,2; 37,5; vgl. auch מָצוֹר „Bedrängnis" 2Kön 24,10; 25,2; Ez 4,3.7.8; 5,2 u.a.). Und 3. liegt die Pointe von 29,1-4* ja gerade darin, daß *Jahwe selbst* den Zion der größten Gefahr aussetzt.

chenden Drohungen gegen Samaria – die Eroberung und Vernichtung der Stadt angedroht wird"[64]. Es ist insoweit nur allzu verständlich, daß man die vermeintlich „fehlende" Untergangsdrohung in der Theophanie v.5bβ-6 sehen konnte, hier also die ursprüngliche Fortsetzung des Wehewortes vermutete. Doch kaum zu Recht! Denn bei dieser Sicht der Dinge wird der subtile Skopos des Ariel-Wortes nur verdunkelt. Denn ihm kommt es gerade auf die zionstheologische Spitzenaussage an: Jerusalem wird – von Jahwe selbst! – zwar existenzgefährdend bedroht und zutiefst erniedrigt,[65] aber gerade *nicht* preisgegeben. Sieht man sich nun nach Parallelen für diese Aussage um, wird man alsbald fündig. Sie liegt nämlich auf einer Ebene mit dem (ebenfalls als Weheruf gestalteten) Assur-Wort in 10,5-11* + 14,24-25a, und zwar gleich in mehrfacher Hinsicht: Wie in 10,5f. dient auch in 29,1-4a* *Assur* als Gerichtswerkzeug Jahwes. Damit aber ist, wie wir gesehen haben, eine wichtige Differenzierung verbunden: Obwohl die Strafe, die Assur im Auftrag Jahwes vollzieht, grundsätzlich (zumal im Blick auf das Nordreich) gerecht ist, darf der Zion selbst nicht beschädigt werden (vgl. 10,11*). Auf einen entsprechenden Gedanken stößt man auch in 29,1-4a*, wenn man das (ältere) Wort gegen Efraim in 28,1-3* einbezieht und die (redaktionelle) Abfolge von 28,1-3* und 29,1-4a* berücksichtigt. Denn sie bringt dasselbe wie 10,11* zum Ausdruck: Nur das Gericht an Samaria ist berechtigt, den Zion selbst darf Assur allenfalls bedrohen, aber nicht antasten oder gar einnehmen (vgl. 10,11* und 29,4a). Das führt schließlich zu der Konsequenz, daß derselbe Jahwe, der seine Stadt so tief gedemütigt hat, sie nun auf wunderbare Weise wieder retten wird: So kündigt es 14,24-25a an, und so liest man es (zwar noch nicht in 29,1-4a*, dafür aber wenig später) in 31,8a. Tatsächlich ist die ursprüngliche Fortsetzung des Ariel-Wortes nicht in 29,5bβ-6(7), sondern im Grundbestand des 31. Kapitels zu suchen.[66]

Die Hypothese, daß das Assur-Wort in 10,5-11* + 14,24-25a und der Ariel-Spruch in 29,1.2a.3.4a (inklusive 31,1.3.8a) auf ein und denselben Verfasser zurückgehen, ist also nicht ganz abwegig. Beide Textgruppen gehören, wie wir bereits in Kap. 6.5 angedeutet haben, der sog. „Assur-Redaktion" an, deren wichtigste Aufgabe darin bestand, die Hiskija-Jesaja-Legenden in das Jes-Buch aufzunehmen und sie *literarisch vorzubereiten*. So ist auch der Ariel-Spruch in 29,1-4a* zu keinem anderen Zweck konzipiert worden, als die Legenden c.36f. einzuleiten, zu kommentieren und in die jesajanische Wortüberlieferung zu integrieren. Für diesen Zusammenhang spricht vor allem die gemeinsame *Tendenz*: Sowohl 29,1-4a* als auch c.36f. gehen davon aus, daß Jerusalem zwar existentiell gefährdet ist, aber nicht einge-

---

[64] Wildberger III, 1107, der hier natürlich die *jesajanische* Verkündigung beschreibt.

[65] In v.4a wird das weisheitliche Motiv von der Erniedrigung des Hochmütigen aufgenommen und auf den Zion übertragen (vgl. שפל „sich senken" und שחח „sich ducken" und die Parallelen in Jes 2,9a.11a.17; 5,15; 25,11f.; 26,5).

[66] Auf den engen Zusammenhang von 29,1ff. und 31,1-4.8a weist (unter Voraussetzung jesajanischer Verfasserschaft) auch Barth, Jesaja-Worte 189, hin.

nommen wird (vgl. die Korrespondenz von 29,3 und 37,33).[67] Ferner darf nicht übersehen werden, daß 29,1-4a* im Modus der Ankündigung formuliert, also in gewisser Weise nach vorn hin offen ist: Die Bedrängnis des Zion wird für die nahe Zukunft angedroht und vorausgesagt, und was liegt näher, als die „Erfüllung“, die erzählerische Verifikation dieser Drohung in den *Legenden* zu sehen? Auch hier zeigt sich: *Ohne* die Legenden wirkt das Ariel-Wort rätselhaft und unklar; weder werden die Assyrer, an die doch gedacht ist, namentlich erwähnt, noch wird deutlich, warum Jerusalem „nur“ erniedrigt wird, nicht aber untergehen soll. Umgekehrt kommen die Legenden ganz ohne das Ariel-Wort aus. Es kommt hinzu, daß c.36f. einmal direkt an c.31 (genauer: an 31,8a) anschlossen, also auch räumlich eng mit c.28-31* verbunden waren.

Zeitlich befinden uns bei dem Ariel-Wort damit schon in der nachexilischen Zeit, und das ist von einigem Belang für die Einordnung der noch verbleibenden Stücke in c.29, die sich nach unserer Analyse als kontextgebundene Fortschreibung des Wehe-Wortes v.1-4a* zu erkennen geben, nämlich 29,9-10 und 13-16. Die v.11-12 hingegen erweisen sich, wie man längst erkannt hat, als sehr später, in die Vorstellungswelt der Apokalyptik ausgreifender Einschub.

Die beiden Verse *29,9-10* werden in der Literatur *durchweg* – sieht man von den „Propheten“ und „Sehern“ (v.10) ab, die man leicht als „unrichtige Glossen“[68] herauslösen kann – auf den Propheten Jesaja zurückgeführt und mit den Ereignissen der Jahre 703-701 in Verbindung gebracht. Nur gelegentlich vermutet man, das Stück habe ursprünglich einen anderen Platz gehabt;[69] Zweifel an der Authentizität sind damit aber nicht verbunden.[70] Diese (erstaunliche) Einmütigkeit hat einen einfachen Grund: 29,9f. gehört nämlich mit dem Verstockungsauftrag in 6,9f. aufs engste zusammen, und solange man 6,9f. für „echt“ hält, wird man 29,9f. nicht athetieren wollen. So dient die Nähe zwischen beiden Texten bisweilen als (einziger) Beweis der jesajanischen Herkunft.[71] Und in der Tat: Die Verbindung zwischen 6,10 und 29,9 ist zumal angesichts des Verbums שׁעע I „verklebt sein“ so offensichtlich,[72] daß man entweder denselben Verfasser oder aber eine (literarische) Abhängigkeit annehmen muß.

---

[67] Vgl. auch den Hinweis auf „David“ in 29,1 und 37,35.

[68] Duhm 210.

[69] So etwa Vermeylen, Prophète I, 405.

[70] Vgl. selbst Kaiser II, 216: Gegen eine Spätdatierung der Verse stimme „bedenklich, daß sie sich sowohl in der zwischen 9a und 10b wie innerhalb von 9b selbst bestehenden Antithese dem Stil von 30,1ff.6ff.; 31,1ff., und dann auch von 30,8-17 und 29,15f. als verwandt erweisen, zudem auch an 28,7ff. erinnern.“ Wir werden sehen, daß gerade der Zusammenhang mit diesen Texten eine *späte* Einordnung von 29,9f. nahelegt.

[71] Vgl. Wildberger III, 1113, der zwar zugibt, daß die „Verse keine Anhaltspunkte für eine zeitliche Einordnung abgeben“, aber dann doch ein schlagendes Argument aufbietet: Was selbst O. Kaiser für authentisch hält, muß es sein!

[72] Es ist nur in 6,10 (hif.); 29,9 und 32,3 (cj.) belegt; s.o. Kap. 3.2.4.

Schon die Argumentation mit dem Verstockungsauftrag 6,9f., der nach unserer Analyse nicht auf Jesaja, sondern auf redaktionelle Hände der frühnachexilischen Zeit zurückgeht, führt die Problematik der traditionellen Einordnung vor Augen. Natürlich besteht im Prinzip die Möglichkeit, daß derjenige, der die jesajanische Berufungsvision um den Verstockungsauftrag 6,9-10 erweiterte, gerade in 29,9f. seine Vorlage fand.[73] Auf diese Weise könnte man an der „Echtheit“ von 29,9f. festhalten. Diese Lösung ist freilich schon deshalb unwahrscheinlich, weil 29,9f. die *beiden* Verse 6,9+10, die wir auf verschiedene Redaktoren zurückgeführt haben, vorauszusetzen scheint. Darüber hinaus ist ein konzeptioneller Unterschied zwischen 6,9f. und 29,9f. kaum auszumachen: In beiden Fällen wird die Verstockung von Jahwe selbst bewirkt; eine leichte Differenz besteht allenfalls darin, daß 29,9f. eine durch den Kontext vorgegebene *konkrete* Situation vor Augen hat (vgl. 29,1-4 und 30,1ff.), während 6,9f. in die Inauguralvision integriert wurde und von daher grundsätzlicher gefaßt ist. Man könnte eher zu dem umgekehrten Schluß gelangen und behaupten, daß 29,9f. die Spitzenaussage der Inauguralvision aufnimmt und zugleich auslegt, indem das Wort die „göttliche Ursache der Verstockung ... mit einiger Einseitigkeit in den Vordergrund“[74] rückt und weitergehende Spekulationen über die *Art* dieser Verstockung anfügt: Sie wird nun als Wirkung eines von Gott selbst ausgegossenen „Geistes des Tiefschlafs“ (רוּחַ תַּרְדֵּמָה) gedeutet (v.10) – mit Vorstellungen und Begriffen übrigens, die nicht in das 8. Jh. passen.[75] Unsere Vermutung geht also dahin, daß es sich bei 29,9f. um eine von 6,9f. literarisch abhängige, ganz und gar redaktionelle Einheit handelt, die das in c.28-31* berichtete Geschehen ausdrücklich in die Fernwirkung des Verstockungsauftrags stellen will.

Und damit sind wir bei einem weiteren Aspekt angelangt, der zumeist nicht genügend beachtet wird: bei der Frage nach der kontextuellen Einbettung des Stücks. Gemeint ist *auch* der Kontext des gesamten Jes-Buches unter Einschluß der dtjes. Prophetien,[76] aber zunächst und vor allem die *nähere* Umgebung der c.28-31. So ist immer wieder notiert worden, daß 29,9 mit dem Stichwort „Trunkenheit“ auf 28,1-4.7ff. anspielt; die Betonung „aber nicht vom Wein“ (וְלֹא יַיִן) und „aber nicht vom Rauschtrank“ (וְלֹא שֵׁכָר) zeigt dabei, daß die entsprechenden Stücke in c.28 auch *literarisch* vorausgesetzt werden. In 29,9f. liegt also mitnichten ein ursprünglich selbständiges Logion vor, das für sich interpretierbar wäre; vielmehr ist es auf den gegebe-

[73] In diesem Sinne Kaiser II, 216, der in 6,9ff. die reflektiertere Fassung sieht.

[74] Duhm 210.

[75] Engste Parallele: Ijob 33,15f., wo der „Tiefschlaf“ als Zustand besonderer Gottes*nähe* verstanden wird, in dem Gott das menschliche Ohr *öffnet* und ihm Belehrung zukommen läßt. Anders in Jes 29,9f.! Daß auch die Vorstellung vom „Ausgießen“ (נסך) eines „Geistes“ (רוּחַ) späten Ursprungs ist, sei angemerkt (vgl., z.T. mit anderen Verben verbunden, Jes 19,14; 32,15; 44,3; Ez 39,29; Joel 3,1f.; Sach 12,10). Offenbar setzt auch hier der *negative* Gebrauch den *positiven* voraus.

[76] Vgl. das Motiv Taubheit/Blindheit (z.B. 42,18ff.); dazu etwa Clements, FS Childs 192-200; Evans, See 42-45; Aitken, JSOT.S 144. Ferner oben Kap. 3.2.4.

nen Kontext angewiesen und dürfte ausschließlich für diesen geschaffen sein. Aus demselben Grund „fehlt" dem Wort eine Einleitung: Die Imperative in v.9 beziehen sich – über die späteren Einschübe v.4b-8 hinweg – auf v.1-4a* zurück[77] und reden die Bevölkerung *Jerusalems* an, die sich in tiefer Not befindet (v.4a).[78] Dabei wandeln die v.9-10 den Skopos des Ariel-Wortes charakteristisch ab, indem sie eine ungehorsamstheologische Komponente ins Spiel bringen, die dem Wort ursprünglich nicht eigen war: Die Bedrängnis der Gottesstadt wird nun nicht mehr – in zionstheologischer Perspektive – als eine Art göttliche Prüfung betrachtet, der am Ende die wundersame Rettung folgt (31,8a). Vielmehr richtet 29,9f. den Blick auf die Bevölkerung *in* der Stadt: Der erbärmliche Zustand des Zion wird zum Spiegelbild der Sünde des Gottesvolkes, denn sie allein ist es, die Jahwe veranlaßt hat, das Volk mit einem „Geist des Tiefschlafs" zu betäuben. In 29,9f. *vollzieht* sich also die Verstockung, die 6,9f. ankündigt.

Bevor wir eine nähere literarhistorische Einordnung für 29,9f. versuchen, wenden wir uns dem nächsten Spruch in *29,13-14* zu, der in der Forschung ebenso einhellig dem Propheten Jesaja zugeschrieben wird.[79] Auch diese Beurteilung ist mehr als überraschend. So merkt bereits Duhm an, daß Jesaja hier „dem Anschein nach keine mündliche Rede wiedergibt", sondern „über seine eigenen Ideen reflektiert". Der Spruch lasse sich zudem „sehr gut als Fortsetzung des vorausgehenden [29,9f.] denken. Auch der Inhalt, der an 1,10ff. erinnert, spricht für seine Zuweisung zu derselben Abfassungszeit."[80] Mit dieser Beurteilung hat Duhm, der natürlich an der Echtheit des Spruches nicht die geringsten Zweifel hat, gleichwohl die beiden „klassischen" Beobachtungen genannt, die tatsächlich für eine späte, redaktionelle Herkunft sprechen: 1. der hohe Reflexionsgrad des Wortes, das weniger Anrede als vielmehr rückblickende Betrachtung ist; 2. die signifikanten Kontextbezüge. Beides zusammen ist einer jesajanischen Verfasserschaft nicht gerade günstig.

Trotz eines neuen Einsatzes („und der Herr sprach") und einer auch formgeschichtlich geschlossenen Sequenz von Droh- und Scheltwort ist 29,13-14 stärker mit seinem näheren Kontext verwoben, als man auf den ersten Blick zugeben mag. Schon der Beginn des Drohwortes „daher, siehe, will ich weiterhin (יסף) wunderlich handeln (הַפְלִיא) an diesem Volk..."

---

[77] So Duhm 209, der dennoch mit einem ehedem selbständigen Wort rechnet.

[78] Die Schwierigkeiten im MT von v.9 sind ein Indiz für diesen Zusammenhang: Der Imp. הִתְמַהְמְהוּ (hitpalp. von מהה „zaudern, zögern") kann sich *im jetzigen Kontext* nur auf die *Völker* (v.7f.) beziehen, die aufgerufen werden zurückzuweichen. Der ursprüngliche Imp. dürfte הִתַּמְּהוּ (hitp. von תמה „erstarren, sich entsetzen", vgl. Hab 1,5) gelautet und die *Jerusalemer* (v.4a) gemeint haben. Das ergibt sich nicht zuletzt aus dem Referenztext Jes 6,9f. Ähnliches gilt für die beiden Verbformen שָׁכְרוּ „sie waren betrunken" und נָעוּ „sie wankten" in v.9b: Ursprünglich in Fortführung von v.1-4a* als paradoxe Aufforderung an die *Jerusalemer* formuliert, beschreiben sie nun den Taumel der den Zion bestürmenden *Völker*.

[79] So selbst Kaiser II, 218. Vgl. aber die Andeutungen bei Kratz, Kyros 62 A.221: 29,13-16 basiere wohl insgesamt auf Dtjes. (44,25f.; 45,9ff.19).

[80] Duhm 212.

(v.14a) setzt etwas voraus. Auch hier wird man wiederum Duhm recht geben müssen: Das „weiterhin“ könne man wohl „einfach auf den vorhergehenden Spruch beziehen (v.10), aber weiter überhaupt auf alles was vorhergeht in c.28 und 29: auf die ‚andere Zunge‘ 28,11, das wildfremde Werk 28,21, das הפליא עצה 28,29, auf die Behandlung des Opferherdes 29,1-4a.“[81] Mit dem „weiterhin“ wird aber nicht nur zurück-, sondern auch vorausgeblickt. So verbindet man v.13f. gern mit den beiden Weheworten 30,1-5 und 31,1-3 und bezieht die in v.13 angeprangerte Haltung auf die antiassyrische und proägyptische Politik Hiskijas, die zum Scheitern verurteilt sei.[82] Zumal die Opposition Gott - Mensch (29,13 und 30,1f.; 31,1.3) und das Stichwort „Weisheit“ (29,14b und 31,2) stellen den Zusammenhang auch begrifflich her; schließlich liegt die Rüge, Jahwe nicht befragt zu haben (30,2), auf einer Linie mit der Anklage 29,13.[83] Die Bezüge zwischen den genannten Texten sind also offensichtlich; die Frage ist nur, wie diese Texte zeitlich anzusetzen sind. Folgt man der traditionellen Auslegung, erklären sich die Übereinstimmungen zwischen 29,13f. und 30,1-5; 31,1-3 einfach aus derselben zeitgeschichtlichen Situation, den Ereignissen des Jahres 701. Die jesajanische Herkunft der beiden Weheworte 30,1-5 und 31,1-3 ist aber nicht über alle Zweifel erhaben; unsere Analyse wird vielmehr zu dem Ergebnis gelangen, daß beide Worte die Jesaja-Legenden bereits voraussetzen, zeitlich also in der nachexilischen Epoche zu plazieren sind. Unter dieser Voraussetzung sind die Berührungen zwischen 29,13f. und 30,1ff.; 31,1ff. auf einer *literarischen* Ebene auszuwerten und zu interpretieren. 29,13f. setzt also nicht nur große Teile von c.28 und 29 voraus, die ihrerseits bereits in die nachexilische Zeit gehören (z.B. 29,1-4a und 9f.), sondern dürfte auch im Blick auf die beiden Weheworte und weitere Stücke, die den Ungehorsam Israels dokumentieren, konzipiert sein.[84] Die Analyse der c.30 und 31 wird den nötigen Beweis nachliefern.

Auch aus sprachlichen Gründen läßt sich 29,13f. kaum im 8. Jh. des Propheten Jesaja unterbringen. Ein deutliches Indiz liefert v.13b, den man freilich gern aus dem Grundbestand ausklammern möchte, um auf diese Weise die jesajanische Herkunft des Wortes zu sichern.[85] Sowohl bei der „Gottesfurcht“ (יִרְאָה) als auch bei der „Satzung“ (מִצְוָה) handelt es sich um theologische Fachbegriffe, deren Heimat in der dtn-dtr Literatur liegt; es gibt keine sicheren vorexilischen Belege.[86] Auch die Rede von „Weisheit“ (חָכְמָה) und „Klugheit“ (בִּינָה) in v.14b ist einer Frühdatierung des Wortes nicht gerade günstig; sämtliche Belege im Jes-Buch

---

[81] Duhm 211. Nach unserer Analyse kommt nur bei 28,29 eine *umgekehrte* Abhängigkeit in Frage. – Vermeylen, Prophète I, 405, vermutet immerhin, daß 29,13f. bereits mit 29,9f. verbunden war, *bevor* beide Worte in die „collection principale“ gelangten.

[82] Z.B. Kaiser II, 218; Dietrich, Jesaja 174.

[83] Vgl. auch פֶּה „Mund“ in 29,13 und 30,2.

[84] Vgl. z.B. das Gerichtswort 30,12f., das nicht nur formal, sondern auch inhaltlich mit 29,13f. eng verwandt ist.

[85] Vgl. Deck, Gerichtsbotschaft 117f.

[86] Zur יִרְאַת יהוה vgl. Fuhs, ThWAT III, 885-888; ferner Veijola, ZThK 1988, 151-155. Auch „מצוה ist vordeuteronomisch nicht belegt“ (Levin, Verheißung 108 A.137).

gehören späteren Schichten an.[87] Als sekundär wird man allenfalls das nachklappende הַפְלֵא וָפֶלֶא „wunderlich und wundersam" am Ende von v.14a beurteilen können. Die verbreitete Ausscheidung von אֶת־הָעָם־הַזֶּה („dieses Volk")[88] hingegen leuchtet nicht ein; die Rückbindung an den Sprachgebrauch der „Denkschrift" ist vielmehr redaktionell beabsichtigt.

Wie bei 29,9f. liegt auch bei 29,13f. eine direkte Beziehung zu c.6-8 vor. So ist das Gerichtswort gegen Juda in 8,5-8a ganz ähnlich gestaltet wie 29,13f.;[89] auffällig ist die Übereinstimmung der Adressaten („dieses Volk" הָעָם הַזֶּה; vgl. auch 6,9.10; 8,11f.; 28,11.14). Es ist also durchaus möglich, daß für 29,13f. die „Denkschrift" als *literarische Vorlage* gedient hat. Dieser Gedanke erscheint für sich genommen willkürlich, gewinnt aber angesichts der Beobachtung, daß 29,9f. auf den Verstockungsauftrag 6,9f. zurückgreift, eine gewisse Plausibilität – zumal dann, wenn man in v.13f. die unmittelbare und ursprüngliche literarische Fortsetzung von v.9f. sieht.

Zwei weitere Referenztexte, die für die literarhistorische Einordnung von 29,13f. von einigem Belang sind, kommen hinzu: Zum einen besteht, wie häufig bemerkt wird, ein enger sachlicher Zusammenhang zwischen 29,13 und der sog. Kultkritik in 1,10-17. *Beide* Texte zielen auf den *wahren* Gottesdienst, der in der „Furcht Jahwes" und im Halten der Gebote besteht, und stammen gewiß aus demselben geistigen Milieu.[90] Zum andern sind auch hier – wie wir bereits bei 1,2-20* beobachten konnten – signifikante Berührungen mit dtjes. Texten festzustellen, die dort zu den ungehorsamstheologischen Erweiterungen zu rechnen sind: Das gilt für v.13 (vgl. 48,1bβ) und v.14b (vgl. 44,25), aber auch für die unmittelbare Fortsetzung in 29,15-16 (vgl. 45,9-13.19).[91] Ob Dtjes. hier der gebende Teil war, läßt sich wohl nicht beweisen. Aufgrund derselben theologischen Tendenz und einer ähnlichen Begrifflichkeit muß man indes damit rechnen, daß es dieselben Kreise waren, die hier wie dort für eine Neuedition vorgegebener Überlieferung sorgten. Nach unserer Sicht waren zu dieser Zeit die protojes. und die dtjes. Überlieferung wohl schon literarisch miteinander verknüpft. In 29,13f. tritt uns also ein durch und durch redaktioneller, auf den näheren und weiteren Kontext bezogener Spruch entgegen, der nie ein Eigenleben – schon gar nicht im Leben des Propheten Jesaja – geführt hat. Er liegt offensichtlich auf einer literarischen Ebene mit 29,9f. und – nach unserer Analyse – auch mit der ungehorsamstheologischen Bucheinleitung 1,2-20*. Zu dieser Schicht dürften auch die beiden Einsätze 28,12.16aβb gehört haben.[92]

---

[87] Jes 5,21; 10,13; 11,2; 19,11f.; 31,2; 44,25; vgl. auch Jer 8,8f.

[88] So etwa schon Duhm 211, und Marti 216.

[89] Vgl. יַעַן כִּי „weil"; לָכֵן הִנֵּה (הִנְנִי) „daher, siehe (ich)".

[90] 29,13 bezieht sich vielleicht auch auf die „Feste" (חַגִּים) von 29,1b zurück, die damit unter das Verdikt der „Menschensatzung" fallen.

[91] Kratz, Kyros 62 A.221: „In 29,13-16 scheint ... 45,19 mit 45,9ff. (vgl. 64,6f.) und 44,25f. kombiniert zu sein." Die dtjes. Texte gehören nach ihm zur Ebed-Israel-Schicht.

[92] Vgl. auch das „siehe" in 29,14 und 28,16aβ.

Zu demselben Ergebnis führt die Analyse der nächsten Spruchеinheit *29,15-16*: Sie gehört mit 29,9f.13f. auf eine Stufe, ist also ebenfalls Bestandteil einer ungehorsamstheologischen Neuedition des sog. „Assur-Zyklus" c.28-31. Die Zusammengehörigkeit von 29,15f. mit 29,13f. legt sich nicht nur aufgrund der Ähnlichkeiten mit dtjes. Texten[93] und des gemeinsamen weisheitlichen Hintergrundes nahe, sondern ergibt sich auch aus analogen Kontextbezügen. Vor allem sind es wiederum die beiden Weheworte 30,1-5 und 31,1-3, die in einem unmittelbaren *literarischen* Zusammenhang mit 29,15f. stehen: So wird erst von 30,1 her deutlich, was es mit dem verborgenen „Plan" (עֵצָה) in 29,15a auf sich hat. Daß Israel sich verhält, als existiere Jahwe nicht (29,15b), ist ein Gedanke, der in 30,2 („meinen Mund befragten sie nicht") und 31,1 („Jahwe suchten sie nicht") wiederkehrt. Schließlich findet auch die Kritik an der mangelnden Unterscheidung von Schöpfer und Geschöpf (29,16) in 31,3 ihr Gegenstück. Es scheint so, als dienten die beiden Worte in 30,1-5 und 31,1-3 der erzählerischen *Konkretion* des eher allgemeinen Vorwurfes in 29,15-16.

Es ist in der Forschung freilich höchst umstritten, ob v.15 überhaupt mit v.16 zusammengehört. In der Regel erkennt man an, daß v.16 aus Begriffen und Vorstellungen besteht, die eher zu Dtjes. denn zu einem Propheten des 8. Jh.s passen: „Schwerlich hätte Jes. jenen Politikern ihre Verkehrtheit in solcher Beweisführung nachgewiesen ... Das Bild ist entlehnt aus 45,9".[94] So liegt es nahe, nur v.15 als jesajanisch zu beurteilen und v.16 mit der folgenden, späten Einheit v.17ff. auf eine Stufe zu stellen.[95] Diese Operation ist aufgrund des sprachlichen Befundes natürlich verständlich, doch sie ist von dem Vorurteil bestimmt, in v.15 müsse sich ein jesajanisches Logion verbergen. Stellt man die Frage nach der jesajanischen Herkunft einmal zurück, ist kein Grund erkennbar, der an der Zusammengehörigkeit von v.15 und 16 zweifeln ließe: (1) Beide Verse sind terminologisch (vgl. מַעֲשֶׂה „Tat" und die ähnlich eingeleiteten Zitate) und sachlich aufeinander bezogen[96] und sollten nicht auseinandergerissen werden. (2) V.15 bleibt, wenn man ihn isoliert, Fragment.[97] Was liegt näher, als seine Fortsetzung in v.16 zu suchen? (3) Die übliche zeitgeschichtliche Deutung von v.15, nach der Jesaja hier die geheimen Bündnisverhandlungen mit dem Pharao kritisiere,[98] bleibt reine Spekulation. In Wahrheit formuliert v.15 ebenso grundsätzlich-abstrakt wie v.16.[99] (4) Der Referenztext 30,1-5, auf den v.15 – übrigens ebenso wie v.16 – zweifellos zu beziehen ist, kann nicht von Jesaja herrühren. (5) Eine enge Parallele zu v.15 *und* 16 liegt darüber hinaus in 5,19-20 vor: 29,15 beruht nach unserer Auffassung literarisch auf 5,19 (vgl. עֵצָה „Plan"; מַעֲשֶׂה „Tat"; ראה „sehen"; ידע „erkennen"; das wörtliche Zitat der Frevler), und auch die jeweils folgenden Verse 29,16 und 5,20 hängen wenigstens thematisch zusammen, insofern es beiden um die Verkehrung der rechten Maßstäbe geht. (6) Schließlich erweist sich das einzige formale Indiz, das man für verschiedene Verfasser in Anschlag brin-

---

[93] Vgl. Kratz, Kyros 62 A.221.

[94] Duhm 212.

[95] Vgl. Duhm 212; Marti 216-218; Vermeylen, Prophète I, 406f.

[96] Das wird sowohl von Beuken, FS van der Woude 49, als auch von Williamson, Book 58-63, hervorgehoben, jedoch mit ganz unterschiedlichem Interesse: Während Beuken v.15f. der Fortsetzung v.17ff. zuschlägt und folglich spät ansetzt, hält Williamson an der Echtheit beider Verse fest und sieht in ihnen die Vorlage für 45,9.

[97] Das müssen denn auch Duhm 212, und Marti 216, zugeben.

[98] Vgl. z.B. Dietrich, Jesaja 170; Wildberger III, 1127.

[99] Das zeigen auch die (späten) Parallelen zu v.15: Jer 23,24; Am 9,3; Ps 64,6f.; 94,7-11.

gen könnte, nämlich die überraschende Anrede in der 2. Person Plural in v.16 (הַפְכְּכֶם „eure Verkehrtheit“), als nicht tragfähig: Bei dem Ausruf dürfte es sich (schon *metri causa*) um eine Randglosse handeln. Dasselbe mag auch für das מֵיהוָה „von Jahwe“ in v.15a gelten.

Wir fassen die Ergebnisse zu c.29 zusammen und lassen dabei kleinere Zusätze und Nachinterpretationen (v.2b.4b.5abα.7b.8.11f.) außer Betracht: (1) Den ältesten Bestand des Kapitels, das Ariel-Wort v.1.2a.3.4a, konnten wir der sog. *Assur-Redaktion* zuschreiben, wie wir sie oben (Kap. 6.5) abgegrenzt haben. Es stammt von derselben Hand wie das Wehewort 10,5-11* + 14,24-25a und dient (gemeinsam mit 31,1.3.8a) der literarischen Vorbereitung der Jesaja-Legenden c.36f. – (2) Einen entscheidenden Anteil an der jetzigen Gestalt von c.29 hat die *Ungehorsams-Redaktion*, die offenkundig als *Fortschreibung* des Ariel-Wortes entstanden und insoweit später anzusetzen ist (29,9f.13-16). Die Intention dieser Schicht ist schon an der redaktionellen Position abzulesen: Sie zeigt auf, daß die Bedrohung und schließlich der Untergang des Zion (v.1-4a*) seine Ursache allein im Ungehorsam des Volkes hat, das den rechten Maßstab, die Unterscheidung von Schöpfer und Geschöpf, verloren hat. Diese ungehorsamstheologische Zielrichtung aber stimmt mit den beiden Einsätzen in 28,12.16aβb so genau überein, daß man mit derselben Hand rechnen darf, die offenbar für eine grundlegende Neuedition des „Assur-Zyklus“ c.28-31 verantwortlich war. Als partielles *Vorbild* dieser Neuedition hat anscheinend die „Denkschrift“ in c.6-8 gedient: Nicht nur greift 29,9f. auf den Verstockungsauftrag 6,9f. zurück, sondern auch 28,16b dürfte von 7,9b inspiriert sein. Damit ist der *terminus a quo* gegeben: Da das spät eingeschobene c.7 schon Bestandteil der „Denkschrift“ gewesen sein muß, kommt nur die Zeit danach in Frage. Und weil wir bei dieser Art schriftgelehrter Fortschreibung über relative Angaben kaum hinauskommen, müssen wir uns mit der Auskunft bescheiden, daß diese Redaktion nicht mehr weit von den Verfassern des chr. Werkes entfernt sein kann. – (3) In 29,17-24 tritt uns sodann eine (mehrphasige) heilsprophetische *relecture* entgegen, die in einer besonderen Nähe zu dtjes. Vorstellungen steht. – (4) Auch der für die Einfügung von v.5bβ-7a verantwortliche Redaktor konnte sich nicht mit dem Unheilswort v.1-4a* abfinden und trägt den Gedanken eines Völkersturms ein, den Jahwe machtvoll abwehrt (vgl. 8,9f.; 14,26f. und 17,12-14).

7.4. Jes 30

Einen ähnlichen Aufbau wie c.29 läßt auch c.30 erkennen: Auch hier folgt auf ein Wehewort (30,1-5: gegen die „widerspenstigen Söhne“) eine reflexionsartige, offenbar zunächst an den Propheten gerichtete (v.8) Rede über den Ungehorsam des Gottesvolkes (30,8-17). Dabei springen einige signifikante Parallelen sowohl mit der „Denkschrift“ in c.6-8 als auch mit der Bucheinleitung 1,2-20 sofort ins Auge: Die Aufforderung zur Niederschrift (v.8f.) erinnert an 8,16; der Hinweis auf die vertane Umkehrmöglichkeit in v.15 steht offenkundig mit 7,4 in Zusammenhang; und auch die Verwandtschaft zwischen v.9 und 1,2ff. ist mit Händen zu greifen. Seinen Abschluß findet das Kapitel wiederum in einem umfänglichen heilvollen Ausblick, der (wie auch 29,17-24) sicher nachgetragen ist.

Er besteht aus zwei Teilen: In 30,18-26 wird dem Volk auf dem Zion angesichts gegenwärtigen Unheils die gnädige Zuwendung Jahwes in Aussicht gestellt; sie vollzieht sich als ein kosmische Ausmaße annehmender Gerichtstag (v.25f.). Die Theophanieschilderung in 30,27-33 schließlich beschreibt mit kräftigen Bildern den zum Gericht herannahenden Jahwe, der sich gegen die Völker (v.28) und speziell gegen Assur (v.31) wendet. Bei beiden heilseschatologischen Nachträgen handelt es sich um Fortschreibungstexte. Zuerst wurde die Theophanieschilderung *30,27-33* hinzugesetzt.[100] Sie schließt glatt an v.17 an und wurde offenkundig als Umkehrung vorgegebener Gerichtsaussagen konzipiert (vgl. die Bezüge zu 5,26b-29; 8,7-8a; 10,5; 14,5; 28,2.15.18; 29,1.6 u.a.).[101] Der zweite Nachtrag *30,18-26*, der ebenso wie 30,27ff. mehrfach bearbeitet wurde, steht in enger Beziehung zu 10,24-27; 29,17-24 und c.33. Ob diese Texte derselben Schicht zugehören, ist nicht zu entscheiden; gemeinsam ist ihnen jedenfalls, daß sie literarisch auf die dtjes. Heilsprophetie ausgerichtet sind.[102]

Das Wehewort gegen die „widerspenstigen Söhne“ (בָּנִים סוֹרְרִים) in *30,1-5* wirkt auf den ersten Blick wie eine in sich abgeschlossene Redeeinheit, die einen eindeutigen historischen Haftpunkt zu haben scheint: Sie wendet sich, so die meisten Ausleger, gegen die proägyptische Bündnispolitik Hiskijas in den Jahren 705-701 und fällt zeitlich etwa mit dem Spruch 31,1-3* zusammen. Auch wenn im Blick auf eine *exakte* Datierung eine gewisse Unsicherheit herrscht, „weil das Thema Bündnis mit Ägypten zu Jesajas Zeiten mehr als einmal aktuell war“[103], wird die jesajanische Herkunft von 30,1-5 nicht in Zweifel gezogen – von ganz wenigen Ausnahmen aus jüngster Zeit abgesehen.[104] Es besteht indes einiger Anlaß, an diesem Grundkonsens zu rütteln.

Zuvor sind einige literarkritische Klärungen notwendig. Über den sekundären Charakter von v.3 herrscht kein großer Dissens mehr:[105] Der Vers gibt sich schon durch die überraschende Anrede in der 2. Person als erklärender Zusatz zu erkennen. Umstrittener ist die Beurteilung

---

[100] Zu dieser Reihenfolge vgl. Barth, Jesaja-Worte 102f.176, und Vermeylen, Prophète I, 416-418, der freilich v.18 zu 27ff. zieht.

[101] So Barth, Jesaja-Worte 92-103, der hier freilich an die „Assur-Redaktion“ der Joschija-Zeit denkt (kritisch: Jeremias, Theophanie[2] 172). Vgl. auch Donner, Israel 164; Huber, Jahwe 50-54; Kaiser II, 242-247; Vermeylen, Prophète I, 417f.; Werner, Texte 183-190; Kilian, Jesaja 1-39, 83-86; Gonçalves, L'expédition 296-303.

[102] Vgl. Barth, Jesaja-Worte 46f.287f., der die Parallelen im einzelnen verzeichnet. Steck, Abschluß 27, ordnet 30,18-26 seiner großjesajanischen Redaktion („Fortschreibung I“ wie c.35) zu und sieht eine literarische Abhängigkeit von c.33f. Nach unserer Auffassung dürfte hingegen c.33 der *nehmende* Teil sein.

[103] Wildberger III, 1150.

[104] In diesem Fall gehört Kaiser *nicht* zu den Ausnahmen (vgl. II, 225); stattdessen Werner, Studien 85-94, und Kilian II, 172f.

[105] Vgl. Donner, Israel 132; Kaiser II, 224f.228; Vermeylen, Prophète I, 410; Werner, Studien 86. Anders etwa Wildberger III, 1154. Bereits Duhm scheidet „das aus v.2 wiederholte פרעה und צל־מצרים als ästhetisch und metrisch unangenehm“ aus (216).

des zweifellos überladenen v.5. Gewiß ist die Wendung וְלֹא לְהוֹעִיל „nicht zum Nutzen" in v.5b „eine leere Wiederholung"[106], die kaum ursprünglich ist. Es stellt sich indes die Frage, ob sich nicht v.5b insgesamt einer späteren Nachinterpretation verdankt. Darauf weist nicht nur der harte Anschluß mit לָמוֹ „für sie" hin, sondern auch die Tatsache, daß v.5b offenbar den textlich nicht ganz klaren v.5aα (כֹּל הִבְאִשׁ) verdeutlicht und interpretiert. – Der aufwendige literarkritische Versuch von *Loretz / Kottsieper*, die mit einem nur recht schmalen Grundbestand in v.1aα[ohne „Spruch Jahwes"].2aα.b.4 rechnen, der in einem götzenpolemischen Sinne überarbeitet worden sei,[107] überzeugt nicht: Die stellenweise willkürlich anmutenden Operationen haben das alleinige Ziel, einen von späteren Vorstellungen und Begriffen gereinigten, (kolo)metrisch störungsfreien Text herzustellen, der auf Jesaja zurückgeführt werden kann. Eine solche Intention steht hinter vielen literarkritischen Vorschlägen, von denen nur zwei weitere genannt seien: So handle es sich nach *Dietrich* bei *v.5a* um die „Randbemerkung eines Lesers, der, wohl lange nach Jesaja, wirklich aus der Geschichte gelernt hat, daß auf Ägypten kein Verlaß ist."[108] Bei *Deck* hingegen erregt *v.1* Anstoß: Der Vers stamme kaum von Jesaja; das הוֹי „wehe" lasse sich direkt auf das Partizip in v.2 beziehen.[109] Alle diese Versuche zeigen indes nur, wie problematisch die Suche nach einem jesajanischen Kern in dem Wehewort ist.

Ein ganzes Ensemble von Argumenten und Indizien spricht dafür, daß wir es bereits bei dem *Grundbestand* des Wehewortes (30,1-2.4-5a) mit einem späten redaktionellen Text zu tun haben, der (wider den ersten Anschein) nie einen (mündlichen) „Sitz im Leben" hatte, sondern von vornherein auf den näheren und weiteren Kontext im Jes-Buch bezogen war.

(1) Das *theologische Profil* des Textes ist bereits ein wichtiger Indikator für diese Einordnung. Obwohl 30,1-5 der Form nach als Wehewort gestaltet ist, das vorgibt, in eine aktuelle Situation hinein gesprochen zu sein, handelt es sich weder um eine direkte Anrede noch um eine konkrete Drohung, sondern um eine *rückblickende Reflexion über den Ungehorsam Israels*. Das Wort spricht zunächst ganz allgemein von den „widerspenstigen Söhnen", die eigenmächtig gegen Jahwes Willen handeln und so Sünde auf Sünde häufen (v.1). Mit diesen „Söhnen" können aber nur die Israeliten *insgesamt* (und nicht allein die Judäer) gemeint sein, die sich immer wieder – und offenbar nicht nur im Falle des Hilfeersuchens – an Jahwe schuldig gemacht haben (vgl. 1,2.4; 30,9). Erst v.2 scheint den allgemeinen Vorwurf zu konkretisieren und auf diejenigen zu beziehen, die nach Ägypten hinabziehen, um Hilfe herbeizuholen. Aber auch hier geht es weniger um den konkreten Anlaß als vielmehr um das theologische Gesamturteil: Israel hat mit seinem Tun die wahre „Zuflucht" verlassen;[110] es ist einem nichtsnutzigen Volk

---

106 Duhm 216; vgl. auch Wildberger III, 1149; Werner, Studien 86.

107 Vgl. Loretz/Kottsieper, Colometry 57-63. Ausgangspunkt dieser Analyse ist eine (von Dahood, Bib. 1969, vorgeschlagene) *kultische* Deutung der Verbindung עָשׂה עֵצָה, wobei עֵצָה nicht „Plan", sondern „Holz" (Akkusativ) meine.

108 Dietrich, Jesaja 139.

109 Vgl. Deck, Gerichtsbotschaft 121.

110 „Die Verben עוז und חסה sowie die Substantive מָעוֹז und צֵל ... gehören der Psalmensprache an und dienen in ihr zur Beschreibung des Schutzes, den man bei Jahwe auf dem Zion findet" (Wildberger III, 1153). Dieser zionstheologische Hintergrund spricht eher *gegen* als für die Authentizität des Wortes (vgl. Werner, Studien 90f.).

nachgelaufen und hat von ihm das erwartet, was nur der Zion und damit Jahwe selbst garantieren kann. Und dabei hätte, so hebt v.5a hervor, Israel doch durch seine geschichtlichen Erfahrungen wissen müssen, wohin es führt, wenn man Gott mit den Götzen verwechselt.

(2) Dieser *götzenpolemische Ton*, der das Wehewort bereits in seinem Grundbestand prägt, ist im 8. Jh. des Propheten Jesaja ganz undenkbar; er gehört in die Auseinandersetzungen der exilisch-nachexilischen Zeit. So hat das Verbum יעל hif. „helfen, nützen" (30,5a) seinen festen Platz in Texten, die gegen die Wirkungslosigkeit menschlicher Machwerke und Idole polemisieren.[111] Auffällig ist auch die Verbindung נסך + מַסֵּכָה „ein Gußbild/Trankopfer (aus)gießen" (30,1): Sie wird zwar üblicherweise (wohl mit Recht) auf das feierliche Schließen von Verträgen bezogen, doch die Ersetzung des geläufigeren נֶסֶךְ durch מַסֵּכָה könnte darauf hinweisen, daß der Verfasser „zusätzlich eine Assoziation zur Anfertigung eines Götterbildes"[112] herstellen will. Dafür spricht schließlich auch die an sich unverdächtige Wendung עשׂה עֵצָה „einen Plan machen" (30,1). Denn die Möglichkeit, daß man bei עֵצָה „Plan" zugleich an עֵץ „Holz" (im Sinne kultischer Holzpfähle oder Ascheren) denken soll,[113] ist nicht ganz abwegig. Das Wehewort 30,1-5* verfolgt also den Zweck, das Hilfeersuchen an Ägypten als frevlerischen Götzendienst und damit als Bruch des Ersten Gebots zu verurteilen.

(3) Auch der offensichtliche Rückbezug auf 28,15-18 läßt keinen Zweifel daran, daß 30,1-5* für den gegebenen literarischen Kontext geschrieben wurde und keinesfalls in die vorexilische Zeit gehört: Die „Lügenzuflucht" (מַחְסֵה כָזָב) in 28,(15.)17b wird durch 30,2 auf das Hilfeersuchen bei den Ägyptern bezogen (auch hier מַחֲסֶה), und es ist durchaus möglich, daß der Verfasser von 30,1ff. dabei auch an den in 28,15.18 erwähnten – dort freilich genereller gemeinten – „Vertrag" (בְּרִית bzw. חָזֶה) gedacht hat.[114]

(4) Ein Vergleich mit dem parallelen Wehewort *31,1-3* ist dazu geeignet, unsere literarhistorische Sicht zu präzisieren. Wir haben bereits darauf hingewiesen, daß der ins Auge springenden Parallelität von 30,1-5 und 31,1-3 bislang keine ausreichende Beachtung geschenkt wurde. In der Regel geht man davon aus, daß beide Worte in dieselbe geschichtliche Situation der Jahre 705-701 gehören und in keinem allzu großen zeitlichen Abstand zueinander gesprochen wurden. Auf diese Weise lassen sich Unterschiede wie Gemeinsamkeiten zwanglos erklären. Gleichwohl muß angesichts der frappanten Übereinstimmungen zwischen beiden Weherufen auch die Möglichkeit einer *literarischen Abhängigkeit* erwogen werden. Denn einerseits sind beide

---

[111] Vgl. Jes 44,9f. (in 44,9.11 auch בושׁ „zuschanden werden" wie in 30,5a); ferner 48,17; 57,12; Jer 2,8.11; 7,8; 16,19; Hab 2,18; 1Sam 12,21. Zur götzenpolemischen Bearbeitung im Dtjes-Buch vgl. Hermisson, BEThL 81, 292-294; Kratz, Kyros 192-206.

[112] Dohmen, ThWAT IV, 1014.

[113] Vgl. Dahood, Bib. 1969; Loretz/Kottsieper, Colometry 59-61.

[114] Vgl. auch Duhm 215, zu v.1b: „למען selten bei Jes (28_{13}), um so häufiger bei den Deuteronomisten".

Worte bis in Einzelheiten der Formulierung hinein ähnlich gestaltet, andererseits aber sind signifikante Unterschiede im theologischen Profil wahrnehmbar, die auf verschiedene Verfasser hinweisen.

Unübersehbar sind die Übereinstimmungen zwischen beiden Weherufen: Das Wehe gilt jeweils denen, die nach Ägypten „hinabsteigen" (ירד 30,1 und 31,1), die Jahwe nicht „befragen" bzw. „suchen" (שׁאל 30,2 und דרשׁ 31,1) und die Zuflucht und Schutz beim Pharao suchen (30,2 und 31,1). Darüber hinaus beziehen sich beide Worte (wenn auch in unterschiedlichem Kontext) auf den „Geist" (רוּחַ 30,1 und 31,3). Ein Vergleich läßt aber auch spezifische Unterschiede erkennen: Der erste Weheruf beginnt mit dem *allgemeinen* Ungehorsam (30,1) und wendet sich erst dann denen zu, die nach Ägypten hinabsteigen (30,2); das Hilfeersuchen ist gewissermaßen nur ein Unterfall, ein Beispiel für den Abfall von Jahwe. Anders 31,1-3: Hier steht der konkrete Vorwurf an erster Stelle. Dabei setzt das Stichwort עֶזְרָה „Hilfe" eine akute Bedrohungssituation voraus, die nach unserer Analyse in 29,1-4a zu suchen ist. Anders als 30,1-5 läßt 31,1-3 sodann deutliche terminologische Bezüge zu c.36f. erkennen: Vom „Vertrauen" (בטח), einem Leitwort der Jesaja-Legenden (36,4-9.15; 37,10), spricht nur 31,1-3, ebenso von „Rossen" und „Reitern" (vgl. 31,1.3 und 36,8.9). 31,1-3 steht also in einer besonderen, wohl literarischen Beziehung zu c.36f. Schließlich ist 30,1ff. als Jahwerede, 31,1ff. hingegen als Prophetenrede stilisiert ist.

Gemeinsamkeiten wie Unterschiede lassen sich am besten durch die Annahme literarischer Abhängigkeit erklären. Dabei erweist sich der erste Weheruf schon aufgrund seiner generalisierenden Ausrichtung als jünger: Er nimmt eine ungehorsamstheologische *relecture* der „konkreteren" Version 31,1-3 vor, die wiederum in einer besonderen Verbindung mit c.36f. steht (s.u. Kap. 7.5). Für diese Richtung der Abhängigkeit spricht nicht zuletzt die Beobachtung, daß uns in dem deutlich sekundären Vers 31,2 dieselbe ungehorsamstheologische Tendenz entgegentritt wie in 30,1-5 (vgl. בֵּית מְרֵעִים „Haus der Bösewichter" und פֹּעֲלֵי אָוֶן „Übeltäter"). Es liegt der Schluß nahe, daß der Verfasser von 30,1-5 in seine Vorlage 31,1.3 eingegriffen und sie entsprechend ergänzt hat.

(5) Diese Neufassung des Weherufs steht in einem größeren Zusammenhang mit einer ungehorsamstheologischen Neuedition des Jes-Buches, auf die wir bereits in 1,2-20* und in c.28-29* gestoßen sind. So sind die terminologischen und sachlichen Bezüge zu *29,13-16* evident. Der „Plan", der ohne Jahwes Willen zustandekommt (30,1), weist auf 29,15 zurück, und auch das לֹא מִנִּי „nicht von mir" (30,1) ähnelt dem מֵיהוָה „von Jahwe weg" in 29,15.[115] Darüber hinaus ist die theologische Grundrichtung in 29,13ff. und 30,1ff. dieselbe: Beide Texte wenden sich gegen die fatale Verwechslung von Schöpfer und Geschöpf und treffen sich insoweit mit dtjes. Gedanken.

Der zweite wichtige Referenztext *1,2-20* hält gleich mehrere Parallelen bereit. Auf die enge Verwandtschaft zwischen 1,2-4 und 30,1 ist stets hingewiesen worden:[116] Die Bezeichnung der Israeliten als „Söhne"[117] verbindet

---

115 Vgl. Wildberger III, 1150. מיהוה könnte freilich auch sekundär sein (s.o. z.St.).

116 Vgl. Werner, Texte 128f.

117 Die Vorstellung von Israel als Sohn Gottes ist nur in späteren Texten belegt (im Jes-Buch noch 30,9; 43,6; 45,11; 63,8); s. Veijola, Verheißung 141 A.32; Werner, Studien 87f.

beide Texte ebenso wie die sündentheologische Begrifflichkeit (vgl. auch סָרָה „Abfall“ in 1,5 mit בָּנִים סוֹרְרִים „widerspenstige Söhne“ in 30,1). Sodann: Vom „Mund (פֶּה) Jahwes“ spricht 1,20 und 30,2a; auf die „Sünde“ (חֲטָה bzw. חַטָּאת) Israels nehmen 1,18 und 30,1 Bezug. Und nicht zuletzt läßt sich das Wehewort auch als „Konkretion der Drohung mit dem fressenden Schwert“ in 1,18-20 lesen.[118] Die Konvergenz dieser Texte, die sich sowohl in der Begrifflichkeit als auch in der theologischen Konzeption widerspiegelt, legt nur einen Schluß nahe: 30,1-5* stammt ebenso wie 1,2-20 und 29,9-10.13-16 von der *Ungehorsams-Redaktion.*

(6) Diese Einordnung wird durch ein kleines Detail bestätigt, auf das wir bei der Analyse von 1,2-20* gestoßen sind: Die Ungehorsams-Redaktion weist nämlich, wie wir dort (Kap. 5.4.1) zu zeigen versuchten, einige signifikante Bezüge zur jeremianischen Spruchüberlieferung auf, die in den meisten Fällen am ehesten als literarische Abhängigkeit zu deuten sind; dabei scheint Jer durchweg der *gebende* Teil zu sein. In diesem Sinne ließen sich auch die Berührungen zwischen Jer 2,18.36-37 und Jes 30,1-5* verstehen (vgl. בּוֹשׁ „zuschanden werden“ Jer 2,36 und Jes 30,5a).

Bei 30,1-2.4-5a handelt es sich also mitnichten um ein *in actu* gesprochenes Wort aus der Zeit der akuten assyrischen Bedrohung, sondern um eine späte sündentheologische Reflexion, die nur aus literarisch-dramaturgischen Gründen (und natürlich aufgrund der Vorlage 31,1) in die Form eines Weherufes gegossen ist. Das Wort zeigt – ausgehend von der geschichtlichen Lage des Jahres 701 – auf, daß Israel letzten Endes an der Mißachtung des Ersten Gebots gescheitert ist.[119]

Die beiden rätselhaften Verse *30,6-7* sind als später Einschub zu beurteilen, der einen ursprünglichen Zusammenhang von 30,1-5* und 30,8ff. durchtrennt hat. Zwar wird der mit „Ausspruch“ (מַשָּׂא) überschriebene Abschnitt in der Regel (in literarkritisch bereinigter Gestalt) dem Propheten Jesaja belassen,[120] doch das Vokabular, das er verwendet, verweist den Text eindeutig in eine apokalyptische Spätzeit.[121] In einer fast visionär anmutenden Szene malt der Ergänzer den in v.1-5* beschriebenen Zug nach Ägypten ebenso phantasievoll wie verschlüsselt[122] als ein gefährliches und unheimliches Unternehmen aus, das nur ins Verderben führen konnte (v.7b).

Nach allgemeiner Auffassung besteht auch die aus mehreren Schelt- und Drohworten zusammengesetzte Rede *30,8-17* aus „echten“ jesajanischen

---

[118] Dietrich, Jesaja 138.

[119] Auf die Transparenz des Wehewortes für spätere Konstellationen in der Geschichte Israels weist Kaiser, FS Elliger (= Gegenwartsbedeutung 181-188), nachdrücklich hin.

[120] So sogar Kaiser II, 229; ders., BEThL 81, 64.

[121] Kilian II, 173f. Der Konkordanzbefund spricht eine deutliche Sprache: vgl. צָרָה / צוּקָה „Not / Bedrängnis“ (30,6 und 8,22); שָׂרָף מְעוֹפֵף „fliegende Schlange“ (30,6 und 14,29); ferner begegnen die Tiernamen fast durchgehend im Ijob-Buch (z.B. Ijob 4,11; 20,16; 38,39); vgl. auch בַּהֲמוֹת „Tiere“, das mit בְּהֵמוֹת „Nilpferd“ (Ijob 40,15) zusammenhängen könnte (dazu Marti 220; Schunck, ZAW 1966 [= BEAT 17, 69-75]). Schließlich ist die Bezeichnung נֶגֶב „Südland“ für Ägypten nur in der Spätzeit belegt (Dan 11,5).

[122] „Ägypten“ in v.7a ist „Glosse zu dem עם v.6“ (Duhm 217).

Sprüchen. Vor allem die Aufforderung zur Niederschrift in 30,8 wird gern als Beleg dafür gewertet, daß es der Prophet selbst war, der die in Jes 28-30* enthaltenen Worte aus seiner Spätzeit sammelte, redaktionell bearbeitete und als eine Art Testament – vergleichbar mit der „Denkschrift“ (vgl. 8,16) – der Nachwelt überlieferte.[123] Schon der ungehorsamstheologische Grundtenor dieser Rede freilich provoziert auch hier die Frage, ob es sich wirklich um *jesajanische* Stücke handeln kann.[124]

Klammert man den Nachtrag 30,6f. aus, kommt als direkte Fortsetzung des Weherufs 30,1-5* die Einheit *30,8-11* in Betracht. Und hier läßt sich wenigstens im Blick auf v.9 ein einigermaßen sicheres literarhistorisches Urteil fällen, das mit unserer bisherigen Analyse aufs beste harmoniert: „Es ist der Ton von Jes 1_{2ff}. Die *Weisung* Jahves (1_{10} 5_{24} 8_{16}) durch den Prof. wollen sie nicht hören (28_{12}).“[125] Besonders ausgeprägt ist dabei die Korrespondenz von 1,19f. und 30,9: „Was dort als Bedingung formuliert war (אִם תֹּאבוּ וּשְׁמַעְתֶּם), wird hier als nicht erfüllt vorgestellt (לֹא־אָבוּ שְׁמוֹעַ), und die Alternative, für die das Schwert angedroht worden war (אִם תְּמָאֲנוּ וּמְרִיתֶם), wird hier als vorliegend konstatiert (עַם מְרִי).“[126] Zwischen beiden Texten besteht also eine enge Wechselbeziehung, die nur auf planvoller redaktioneller Gestaltung beruhen kann: Was am *Beginn* des Jes-Buches noch als eine im Prinzip offene Möglichkeit beschrieben wird, die Entscheidung für oder gegen Jahwe (1,19f.), ist an seinem *Ende* in eine bedrückende Eindeutigkeit umgeschlagen: Israel hat sich *gegen* Jahwe und seine Tora gestellt und damit jede Umkehrmöglichkeit vertan. Von Jes 1* bis hin zu Jes 30* vollzieht sich also (literarisch gesprochen) ein Prozeß fortschreitender Entfremdung von Jahwe. Es kann kein Zweifel mehr bestehen: 30,9 stammt wie 1,19f. – und damit wie die Bucheinleitung 1,2-20* insgesamt – von der Hand der ungehorsamstheologischen Redaktion, die für eine tiefgreifende Neuedition der Jesaja-Überlieferung verantwortlich war.[127]

Wie aber ist 30,10-11 einzuordnen? Beide Verse dienen offenkundig der Konkretion und Auslegung dessen, was 30,9 mit der Ablehnung der Tora Jahwes andeutet: Sie manifestiert sich u.a. darin, daß das Volk die רֹאִים „Seher“ und die חֹזִים „Schauer“ zu falscher Prophetie verleitet (v.10) und sie von ihrer eigentlichen Aufgabe, Wegweiser der Tora Jahwes zu sein (v.11),

---

[123] Vgl. etwa Cheyne, Einleitung 199; Duhm 219; Marti 222; Barth, Jesaja-Worte 279f.

[124] Vgl. Kaiser II, 233f.; ders., BEThL 81, 64-70; Vermeylen, Prophète I, 412; Kilian II, 174-176. Kaiser und Vermeylen halten aber an der Authentizität von v.8 fest!

[125] Dillmann/Kittel 271.

[126] Deck, Gerichtsbotschaft 127.

[127] Siehe neben den oben zu 1,2-20* genannten Parallelen auch die Berührungen mit 3,8 (zu derselben Redaktion, vgl. מרה „widerspenstig sein“). Hinzuweisen ist auch auf die dtjes. Ungehorsamstexte (42,24f.; 48,8.17-19), die ihrerseits sekundär sind und mit der hier beschriebenen Redaktion in einer engen Verbindung stehen (s.o. Kap. 5.5). Anders etwa Williamson, Book 89-91, der in 30,9 gerade die literarische Vorlage für die als Fortschreibung des Protojesaja-Buches verstandene dtjes. Prophetie sieht.

abbringt. Dieses Prophetenbild aber gehört nicht in das 8. Jh. Es spiegelt ein Verständnis der Prophetie wider, wie es im dtr und dann vor allem im chr Geschichtswerk ausgearbeitet ist:[128] Die Propheten sind in erster Linie Umkehrprediger und haben die Aufgabe, Israel auf den rechten Weg (zurück)zubringen;[129] sie sind zu „Exegeten der Thora"[130] geworden. Und so ist es kein Zufall, daß auch die beiden Termini רֹאֶה „Seher" und חֹזֶה „Schauer" ganz überwiegend in späten (vorzugsweise chr) Texten belegt sind.[131] Für die literarhistorische Einordnung von 30,10-11 ergibt sich daraus ein einigermaßen klares Bild: Die Verse sind in jedem Fall als *nach*-dtr einzustufen. Wir können sie damit als ursprüngliche Fortsetzung von 30,9 lesen und das *ganze* Stück 30,9-11 der Ungehorsams-Redaktion zuweisen, für die sich bereits eine ähnliche Zeitstellung (zwischen dtr und chr Geschichtswerk) ergeben hat.[132]

Gegen eine Spätdatierung von 30,9 (sowie 1,19; 28,12 und 30,15), wie sie von *Kaiser*, aber auch *Vermeylen* vorgenommen wird, sind von *Perlitt* schwerwiegende Bedenken erhoben worden.[133] Sie richten sich gegen den Versuch Kaisers, die betreffenden Stellen in einen sachlichen und zeitlichen Zusammenhang mit der *dtr* Bewegung zu rücken, und nehmen ihren Ausgangspunkt bei einer einfachen Beobachtung: Der dtr Verfasser von Dtn 1,26 „aber ihr wolltet nicht (וְלֹא אֲבִיתֶם) hinaufziehen und wart widerspenstig (מרה) gegen den Mund Jahwes ..." greife offenkundig auf Worte des Propheten Jesaja zurück; dasselbe gelte auch für das Verhältnis von Dtn 1,32 und Jes 7,9b; 28,16. Es handelt sich dabei „um Herzstücke der jesajanischen Theologie, die hier dem dtr. Kerygma dienstbar gemacht werden."[134] Sieht man einmal von dem grundsätzlichen Problem ab, inwieweit die sog. „klassische" Prophetie überhaupt als Mutterboden der dtn-dtr Bewegung gelten kann, muß wenigstens im Blick auf die Jesaja-Überlieferung die traditionelle Sicht umgekehrt werden: (1) Zunächst ist Perlitt (gegen Kaiser) darin Recht zu geben, daß die „jesajanischen" Ungehorsamstexte kein spezifisch *dtr* Vokabular aufweisen.[135] Das bedeutet jedoch noch nicht, daß die betreffenden Texte alt und damit jesajanisch wären. So speist sich etwa ein Text wie Jes 30,9 aus Gedankengut, das in der *Ez-Überlieferung* fest verwurzelt ist: vgl. das „Volk Widerspenstigkeit" (עַם מְרִי) mit dem „Haus Widerspenstigkeit" (בֵּית מְרִי) in Ez 2,5-7; 3,9.26.27; 12,2.3. Und auch die „Tora Jahwes" läßt sich gewiß nicht auf ein ausschließlich (spät-)dtr Verständnis

---

[128] Vgl. Vermeylen, Prophète I, 411-424; Kaiser, BEThL 81, 67-69.

[129] Vgl. z.B. die Verbindung סור + דֶּרֶךְ „(vom) Wege abweichen" in 30,11; sie ist vornehmlich in spät- und nach-dtr Texten belegt und bedeutet in der Regel nichts anderes als „von der Tora Jahwes abweichen" (vgl. Ex 32,9; Dtn 5,32f.; 9,12.16; 11,28; 31,29; Jos 1,7; 23,6; Ri 2,17; Mal 2,8).

[130] Müller, ThWAT V, 161.

[131] Vgl. zu רֹאֶה 1Sam 9,9.11.18.19; 1Chr 9,22; 26,28; 29,29 (jeweils von Samuel); 2Chr 16,7.10 (von Hanani); zu חֹזֶה 2Sam 24,11 (par. 1Chr 21,9); 2Kön 17,13; Jes 29,10; Am 7,12; Mi 3,7; 1Chr 25,5; 29,29; 2Chr 9,29; 12,15; 19,2; 29,25.30; 33,18; 35,15.

[132] Diese Einordnung bestätigt unsere Beurteilung der Buchüberschrift 1,1, die wir bereits vermutungsweise auf die Ungehorsams-Redaktion zurückgeführt haben (s.o. am Ende von Kap. 5.4.1): In 1,1 nämlich treffen wir auf dasselbe Verbum חזה „schauen" wie in 30,10; es dient jeweils der umfassenden Beschreibung der prophetischen Aufgabe.

[133] Perlitt, FS Kaiser (= FAT 8, 157-171).

[134] Perlitt, FS Kaiser 134 (= FAT 8, 157); ders., BK V/1, 101.111.

[135] Das wird übrigens in dieser Strenge weniger von Kaiser selbst als vielmehr von Vermeylen behauptet (vgl. Prophète I, 412, zu 30,9: „La phraséologie du verset est tout entière deutéronomienne"). Vgl. auch Lohfink, BBB 98, 323-333 (= SBAB 20, 76-88), der Perlitt freilich etwas voreilig sekundiert (323 = 77 A. 39).

einengen; denn die „Verbindung תורת יהוה ist häufiger im chronistischen als im dtr. Werk und in diesem formelhaften Sinne schwerlich älter als letzteres“.[136] Sachgemäßer ist deshalb die zunächst rein zeitlich aufzufassende Bestimmung „nach-dtr“,[137] die nichts anderes meint, als daß *auch*, aber *nicht nur* die Kategorien und die Begriffe der dtr Geschichtstheologie zur Verfügung standen. – (2) Unsere späte Einordnung der Ungehorsamstexte im Jes-Buch ergab sich denn auch am wenigsten aus sprachlichen Argumenten. Entscheidend war vielmehr die Einsicht, daß diese Texte – und darin führt unsere Analyse über Kaiser (und Vermeylen) hinaus – einer konzeptionell einheitlichen Redaktionsschicht angehören, für die schon aus bucheditorischen Gründen (vgl. bes. 1,2-20*) keine andere als die nachexilische Zeit in Frage kommt. Sprachliche Indizien kamen unterstützend hinzu. – (3) Was speziell das Verhältnis der „jesajanischen“ Ungehorsamstexte zu Dtn 1 angeht, läßt sich immerhin vermuten, daß Jes 1,19 die dtr Landnahmetradition aufgreift und theologisch fruchtbar macht, wie die Formel „das Gute des Landes essen“ (אכל טוב הָאָרֶץ) beweist.[138] Wer 1,19f. liest, soll an die grundlegenden Entscheidungen zurückdenken, vor die (nach der Auffassung der dtr Historiker) bereits das Israel der Wüstenzeit gestellt war (vgl. Dtn 28). – (4) Dasselbe gilt für Ez 20,8a: Auch hier trifft man (wie in Jes 30,9) auf das Verbum מרה „widerspenstig sein“ und den Ausdruck וְלֹא אָבוּ לִשְׁמֹעַ אֵלַי „aber sie wollten nicht auf mich hören“, und zwar im Kontext der Landnahmetradition. Während Perlitt auch in Ez 20,8a Jesaja-Tradition sieht,[139] ist doch ein anderer Weg sehr viel plausibler: Ez 20, ohnehin ein „Produkt später nachexilischer Reflexionen“[140], bezieht sich direkt und ohne Umweg über das Jes-Buch auf die dtr Version der Landnahme. Der Topos vom Nicht-hören-Wollen dürfte daher in der dtr Landnahmedarstellung seinen ursprünglichen Platz haben. Er wird von den späten Redaktoren der Prophetenbücher gerade dort übernommen, wo der Ungehorsam der Wüstenzeit, wie ihn die Deuteronomisten beschreiben, als warnendes Beispiel in Erinnerung gerufen werden soll (vgl. Jes 1,19 und Ez 20,8).

Die Zuweisung von 30,9-11 an die Ungehorsams-Redaktion läßt zwei wichtige Fragen offen: Wohin gehört der bisher ausgesparte Vers 30,8? Und worauf ist die Aufforderung zur Niederschrift konkret zu beziehen? Der Vers wird, und das ist bemerkenswert genug, selbst von denen, die 30,9-11 in die exilisch-nachexilische Zeit rücken, dem Propheten Jesaja nicht abgesprochen.[141] Diese Entscheidung hängt wiederum damit zusammen, daß man, wie es neuerdings häufiger geschieht, v.8 mit v.6f. zu einer Einheit zusammenschließt:[142] Das Suffix in כָּתְבָהּ „schreib *es*“ bezöge sich dann auf v.7b („Rahab“), und man könnte v.7b-8 mit einigem Recht „als einen Bericht

[136] Perlitt, FS Kaiser 147 (= FAT 8, 169). Perlitt erwägt immerhin, „den Ausdruck in dem ohnehin unproportioniert aufgebauten V.9 als verdeutlichenden, in Wahrheit vergröbernden Nachtrag“ anzusehen (ebd.). Dadurch aber würde man das zweite Bikolon (v.9b) zerstören.

[137] In diesem Sinne nun – ältere Aussagen präzisierend – Kaiser, BEThL 81, 69.

[138] Vgl. bes. Esr 9,12 und Dtn 28,1-14; ferner (mit unterschiedlichen Formulierungen) Ex 3,8; Num 14,7; Dtn 1,25.35; 3,15; 4,21.22; 9,6; 8,7; Jos 23,13.15. Es besteht auch die Möglichkeit, die מְנוּחָה „Ruhe“ in Jes 28,12 nicht auf den *Zion* (wie wir es vorgeschlagen haben), sondern auf die *Landgabe* zu beziehen (vgl. Dtn 12,9).

[139] Perlitt, FS Kaiser 139 (= FAT 8, 162).

[140] Pohlmann, Ezechielstudien 67.

[141] Vgl. Vermeylen, Prophète I, 410f.; Kaiser, BEThL 81, 63f. Ausnahme: Kilian II, 174f.

[142] Vgl. Kaiser II, 234; ders., BEThL 81, 64; Dietrich, Jesaja 141-143; Vermeylen, Prophète I, 410f.; Gonçalves, L'expédition 145-150.

über die Beauftragung zu einer Zeichenhandlung"[143] lesen (vgl. 8,1.16). Diese auf den ersten Blick ansprechende Lösung ist freilich schon deshalb problematisch, weil die v.6f. erst sehr spät an ihren jetzigen Platz gelangt sind. Es kommt hinzu, daß man angesichts der Termini, die v.8 verwendet („Tafel", „Buch", „für den letzten Tag", „für immer"), an eine ungleich wichtigere und bedeutendere Aufzeichnung denken muß. Hier geht es um mehr als die Niederschrift eines rätselhaften Namens. Schließlich läßt sich das Suffix in כָּתְבָהּ „schreib *es*" ungezwungen auf v.9ff. beziehen, wenn man den כִּי-Satz v.9a als Subjektsatz interpretiert: „Jetzt komm, schreib es auf eine Tafel..., *daß* sie ein Volk Widerspenstigkeit sind."

Der Inhalt der Niederschrift ist also (kurz gesagt) der Ungehorsam des Gottesvolkes, wie er in v.9 prägnant auf den Begriff gebracht wird. Da aber 30,9 selbst nur bündig zusammenfaßt, was alle ungehorsamstheologischen Texte innerhalb von c.28-30 – wie im Jes-Buch überhaupt – ausführen (vgl. bes. 1,2-20*), läßt sich 30,8 auch auf diese Worte beziehen. Insofern hat die alte These, die in 30,8 den entscheidenden Beleg dafür sah, daß Jesaja selbst für die Aufzeichnung seiner späten, nun in c.28-30 enthaltenen Worte Sorge trug,[144] einen richtigen Kern – nur daß die sog. Spätzeitverkündigung des Propheten in Wahrheit eine späte Editionsphase in der Entstehung des Jes-*Buches* darstellt. Dann wird auch klar, was in 30,8 mit dem לוּחַ und dem סֵפֶר gemeint ist, auf den „es" geschrieben und eingezeichnet werden soll: Es ist das Prophetenbuch selbst, in dem der Ungehorsam Israels „bis in alle Ewigkeit" festgeschrieben und dokumentiert werden soll.[145] Bei 30,8 handelt es sich also um nicht weniger als die *Ätiologie des Jes-Buches auf der Ebene der Ungehorsams-Redaktion.*

Vor diesem Hintergrund ist auch das chronologische Gerüst zu sehen, das dem jetzigen Protojesaja-Buch seine Prägung gibt: Die Überschrift in 1,1 – sie geht wohl auf dieselbe Redaktion zurück – gliedert die vorliegende Überlieferung nach den Regierungszeiten der Könige und damit nach zeitlichen Segmenten; sie erstreckt sich von der Frühzeitverkündigung des Propheten in c.1-5* (Usija) bis zu seiner Spätzeit in c.28-39* (Hiskija). Diese Systematisierung, die natürlich nicht vorschnell (wie es meist geschieht) mit der wirklichen Biographie des Propheten und seinen angeblich vier oder fünf Verkündigungsperioden verwechselt werden darf, zeigt ebenso wie der programmatische Charakter der Einleitung 1,2-20*, daß die Ungehorsams-Redaktion in der Tat ein Jes-Buch größeren Umfangs schaffen wollte, über dessen Intention die kleine unscheinbare Notiz in 30,8 Auskunft gibt: Das Aufschreiben auf eine Tafel oder in ein Buch dient natürlich zunächst der Dokumentation für alle Zeiten (vgl. לְיוֹם אַחֲרוֹן und עַד־עוֹלָם, das schwierige לָעַד ist umstrit-

[143] Dietrich, Jesaja 143.

[144] Vgl. Duhm 17.

[145] Vgl. als nächste Parallele, die vielleicht als Anregung gedient hat, Jer 17,1: „Die Sünde Judas ist aufgeschrieben (כתב) mit eisernem Griffel, eingegraben mit diamantener Spitze auf die Tafel (לוּחַ) ihres Herzens..."

ten[146]), verfolgt dann aber auch einen *didaktisch-paränetischen* Zweck: Das, was in diesem Buch niedergelegt ist, soll der Gemeinde als Lehre, Weisung und Richtschnur dienen. Nicht zufällig wird hier mit לוּחַ „Tafel" dasselbe Wort benutzt, das vorzugsweise für die Gesetzestafeln des Mose verwendet wird.[147]

Als Vorbild für diese Aufforderung zur Niederschrift hat offenkundig die Notiz 8,16 gedient, und das bestätigt unser bisheriges Bild von der Arbeitsweise der Ungehorsams-Redaktion: Sie hat sich, wie wir bereits mehrfach feststellen konnten, an der „Denkschrift" orientiert (besonders markant 28,16 und 7,9b). Vielleicht bestand ihre Absicht gar darin, mit den c.28-31 eine Neuedition, sozusagen eine zweite Auflage der in c.6-8* niedergelegten Verkündigung zu schaffen.

Wie 30,8-11 dürfte auch die Fortsetzung in *30,12-17** auf das Konto der Ungehorsams-Redaktion gehen. Für diese (nun nicht mehr überraschende) Einordnung sprechen mehrere Gründe:

(1) Das Gerichtswort v.12-13, das mit v.14 wohl eine spätere Erweiterung erfahren hat,[148] schließt mit seinem לָכֵן „darum" glatt an v.11 an (vgl. auch קְדוֹשׁ יִשְׂרָאֵל „der Heilige Israels"; ferner in v.15). Dabei bezieht sich „dieses Wort" in v.12 offenbar auf die Tora Jahwes in v.9 zurück.[149]

(2) Nicht nur im Aufbau, sondern auch in sachlicher Hinsicht besteht eine enge Verbindung zwischen 30,12f. und 29,13f.; 29,13f. aber konnte bereits der Ungehorsams-Schicht zugewiesen werden.

(3) Für die Zusammengehörigkeit von 30,8-11 und 30,16-17 spricht eine gemeinsame Parallele im Amos-Buch, die der Ungehorsams-Redaktion möglicherweise als Vorbild gedient hat:[150] Die Abweisung der gesandten Propheten in Am 2,11f. könnte in Jes 30,10 aufgenommen sein, und die Unmöglichkeit der Flucht, die Am 2,13-16 beschreibt, hat in Jes 30,16f. ihre Entsprechung (vgl. קַל „schnell"; סוּס „Pferd"; נוּס „fliehen" bzw. מָנוֹס „Flucht"; רכב „reiten").

(4) Es bestehen vielfältige, vor allem sprachliche Wechselbeziehungen mit den übrigen ungehorsamstheologischen Texten, die man – unter der Voraussetzung jesajanischer Verfasserschaft – stets wahrgenommen hat und die nun – unter verändertem literarhistorischen Vorzeichen – natürlich ihre Gültigkeit behalten: 30,15 liegt mit seinem וְלֹא אֲבִיתֶם „aber ihr wolltet nicht" auf einer Ebene mit 30,9; 28,12 und 1,19.[151] Sodann besteht

---

[146] Es ist die Frage, ob man das לָעַד wirklich, wie es üblicherweise geschieht (vgl. zuletzt Williamson, Book 253), in לְעֵד „als Zeuge" ändern muß.

[147] Vgl. Ex 24,12; 31,18; 32,15f.; 34,1.4 u.v.a. – Insofern ist die Eliminierung des Ausdrucks עַל־לוּחַ „auf eine Tafel" (so gelegentlich seit Duhm 218f.) kaum gerechtfertigt. Allenfalls bei dem אִתָּם „mit/bei ihnen" könnte man an eine Glosse denken, die (ähnlich 8,16) eine Jüngerschar eintragen will.

[148] Vgl. das erste Wort וּשְׁבָרָהּ „und ihr Einsturz", das zwar gern als Dittographie beurteilt und ausgeschieden wird (so etwa Duhm 220; Marti 223), in Wahrheit aber den sekundären Einsatz markiert. Procksch 392, sieht immerhin v.14b als Erweiterung an.

[149] Vgl. auch 1,10, wo דָּבָר und תּוֹרָה in Parallele stehen. Möglich wäre aber auch ein Vorverweis auf v.15 (vgl. Kaiser, BEThL 81, 67).

[150] Vgl. Kaiser II, 235; Vermeylen, Prophète I, 412.

[151] Der absolute Gebrauch von לֹא אבה „nicht wollen" in 30,15 unterscheidet sich nicht grundsätzlich von der Kombination mit dem Verb שׁמע „hören" (so 28,12; 30,9): Das Fehlen des Infinitivs שְׁמוֹעַ in 30,15 ist kontextbedingt; die ablehnende Haltung der Israeliten bezieht sich konkret auf das in v.15a zitierte Gotteswort.

eine auch formale Kongruenz zwischen 30,15 und 28,12: „כה אמר אדני יהוה קדוש ישראל entspricht dem אשר אמר עליהם in 28,12, hier wie dort weist der Prophet auf ein Heilsangebot Jahwes zurück, das Israel abgelehnt hat."[152] Und schließlich hat die keineswegs heilvolle, sondern eher als Mahnung zu verstehende Restaussage in 30,17aβb[153] in 1,8 ihr Gegenstück (vgl. יתר nif. „übrig bleiben").

(5) 30,15 weist enge Berührungen mit Jes 7 auf, die nicht etwa mit derselben zeitgeschichtlichen Situation zusammenhängen, sondern nur im Rahmen eines literarischen, beinahe schriftgelehrten Beziehungsgefüges erklärt werden können: vgl. שׁוּבָה „Umkehr" mit שְׁאָר יָשׁוּב „Schear-Jaschub" („ein Rest kehrt um") in 7,3; הַשְׁקֵט „Stillesein" mit dem Imperativ הַשְׁקֵט „bleibe ruhig" in 7,4; תִּוָּשֵׁעוּן „euch wird Rettung zuteil" mit יְשַׁעְיָהוּ „Jesaja" in 7,3; ferner die Botenformel כֹּה אָמַר אֲדֹנָי יְהוִה „so spricht der Herr Jahwe" in 7,7. Der Ungehorsams-Redaktor schöpft offenkundig aus Jes 7 (vgl. auch 28,16 und 7,9b: אמן hif. „glauben"), wie er auch sonst die „Denkschrift" als strukturbildende Vorlage benutzt hat.

(6) Die beiden Verse 30,15-16 sind aber nicht nur von Jes 7 abhängig, sondern blicken auch auf das (ältere) Wehewort 31,1.3 voraus. Darauf weist zum einen das Substantiv בִּטְחָה „Vertrauen" hin, das in 31,1 als Verb wiederkehrt (vgl. auch schon 30,12), zum andern aber auch die סוּסִים „Rosse". Dabei ist eine bemerkenswerte Akzentverschiebung auszumachen: „V.16 erinnert mit seinem Stichwort ‚Rosse' ... an 31,1, läßt aber fragen, ob die Vorstellung beide Male die gleiche ist, da es sich 31,1 um ein ägyptisches Kontingent zu handeln scheint, vgl. 31,3, während es hier so aussieht, als hätten die Angeschuldigten selbst reiten wollen."[154] Die Israeliten hätten sich also nicht nur auf die nichtsnutzigen ägyptischen Reiterscharen verlassen, sondern selbst auf dem Sattel gesessen. Das aber ist eine Steigerung des Vorwurfs von 31,1.3, die in ihrer Tendenz aufs beste mit der Ungehorsams-Redaktion zusammenstimmt. 30,16 ist also nichts anderes als eine ungehorsamstheologische *Exegese* des Weherufs 31,1.3, die darauf abzielt, die Schuld des Gottesvolkes ins Zentrum zu rücken. Dasselbe war bereits für das Verhältnis von 30,1-5* zu 31,1.3 festgestellt worden. – Über diese Zuspitzung hinaus haben die Verse 30,15-17* aber noch eine andere, eher „technische" Funktion. Wir haben bereits die These aufgestellt, daß der Weheruf 31,1.3 (gemeinsam mit dem Ariel-Wort 29,1-4a*) auf das Konto der Assur-Redaktion geht, die u.a. für die Anfügung der Jesaja-Erzählungen c.36f. verantwortlich war (s.o. Kap. 6.5). Der ursprüngliche Zusammenhang von 29,1-4a* und 31,1-3* aber wurde zunächst und vor allem durch die Ungehorsams-Redaktion (29,9-16 und 30,1-17*) durchtrennt und beinahe unkenntlich gemacht, und so ist es nur natürlich, daß es einer redaktionellen Überleitung zum älteren Bestand bedurfte. Eine solche Funktion nimmt offenbar das abschließende Stück 30,15-17* wahr. Es vereint sozusagen die Assur-Thematik mit der Ungehorsams-Thematik und schafft auf diese Weise einen glatten Übergang zu dem Wehewort in 31,1-3*. Immerhin hat 30,17*, löst man die Nachträge 30,18-33 heraus, einmal direkt vor 31,1 gestanden!

Wir können die Ergebnisse zu c.30 knapp zusammenfassen: (1) Die Grundlage des Kapitels geht auf die Hand des Ungehorsams-Redaktors zurück. Ihm ist nicht nur der – nach der Vorlage 31,1-3* gestaltete – Weheruf 30,1-2.4-5a zuzuschreiben, sondern die gesamte Rede in 30,8-17*. Wiederum hat die „Denkschrift" als Vorbild gedient. Das gilt vor allem für die Aufforderung zur Niederschrift in 30,8, der offenkundig eine besondere bucheditorische Rolle zukommt: Die Notiz ist nicht etwa in einem biographischen Sinne zu

[152] Wildberger III, 1184.
[153] V.17aα ist nach allgemeiner Ansicht sekundär (vgl. Duhm 221; Marti 224).
[154] Kaiser II, 233.

verstehen und mit dem Propheten Jesaja in Verbindung zu bringen; sie gibt vielmehr die literarisch-fiktive Ätiologie des Jes-Buches in Gestalt der Ungehorsams-Redaktion wieder, zu der auch die jetzige Bucheinleitung 1,2-20* samt der Überschrift 1,1 zu rechnen ist. – (2) Wie in c.29 sind auch hier mehrere spätere Nachträge heilsprophetischen Charakters herauslösbar, die der pessimistischen Sicht der Ungehorsams-Redaktion die Aussicht auf baldige Erlösung entgegenstellen (vgl. 30,27-33; 30,18-26).

7.5. Jes 31

Man kann sich dem Eindruck B. Duhms kaum entziehen: „Eigentlich sieht das Kap. mehr wie ein Geröll von allerlei Brocken, denn wie ein einheitliches Stück aus, daneben wie ein Seitenstück zu c.30."[155] Damit sind die beiden Fragen umrissen, denen sich jede Analyse des Kapitels zu stellen hat: Wie ist der disparate, beinahe anthologische Charakter von c.31 zu erklären, und wie kommt es zu der auffälligen Parallelität der beiden Weheworte 31,1-3 und 30,1-5? Was zunächst die zweite Frage angeht, hat sich aus der Analyse von c.30 eine relativ einfache Erklärung ergeben: Das erste Wehewort (30,1-5*) wurde nach dem Vorbild des zweiten (31,1-3*) gestaltet und ist insofern das Produkt rein schriftgelehrter Tätigkeit. Aber verhält es sich mit dem zweiten Wehewort grundsätzlich anders? Wir haben bei der Diskussion der sog. Assur-Redaktion im Jes-Buch (s.o. Kap. 6.5) bereits die These geäußert, daß es sich auch bei 31,1-3 keineswegs, wie durchweg und ohne Ausnahme angenommen wird,[156] um ein authentisches jesajanisches Wort handelt, das in die Situation des Jahres 701 gehörte; es ist vielmehr (zusammen mit 29,1.2a.3.4a) eigens als Einleitung und zur Einführung der Jesaja-Legenden c.36f. konzipiert worden. Die Bezüge zwischen c.36f. und 31,1-3 sind denn auch nicht im Sinne einer Abhängigkeit der Legenden von der Wortüberlieferung zu erklären, sondern umgekehrt: 31,1-3* greift zentrale Stichworte aus c.36f. auf[157] und zieht gewissermaßen die theologische Quintessenz aus der Rede des assyrischen Rabschake: Wer sich auf Menschen statt auf Gott verläßt, wird am Ende selbst „fallen" (31,3). Tatsächlich erweist sich, wie die Analyse zeigen wird, *diese* Richtung der Abhängigkeit als die einzig mögliche; nur sie wird den literarischen Verhältnissen gerecht.

Damit ist auch schon eine Vorentscheidung im Blick auf die erste der oben gestellten Fragen gefallen, nämlich wie der disparate Charakter von c.31 zu erklären ist. Denn die früher gelegentlich geäußerte Vermutung, es handle sich bei dem „Geröll von allerlei Brocken" (Duhm) um eine Aufschichtung und Verknüpfung ursprünglich selbständiger jesajanischer Lo-

[155] Duhm 229.

[156] So selbst Kaiser II, 248; ders., BEThL 81, 59.

[157] Vgl. בטח „vertrauen" (31,1b und 36,4-7.9.15; 37,10); סוּסִים „Pferde" (31,1a und 36,8); רֶכֶב „Wagen" (31,1b und 36,9); פָּרָשִׁים „Reiter" (31,1b und 36,9).

gien,[158] scheidet aus. Stattdessen ist auch hier damit zu rechnen, daß die Vielfalt von Aussagen und Motiven auf eine (mehrphasige) Fortschreibungstätigkeit zurückgeht, die ihren Ausgang bei dem Wehewort 31,1-3* genommen hat. Von grundlegender Bedeutung ist dabei die Beobachtung, daß wir in c.31 ähnliche Verhältnisse vorfinden wie in 29,1-7. Denn wie bei der Theophanie in 29,5bβ.6 besteht auch in c.31 die entscheidende Frage darin, ob man das Bild vom Löwen, der über seiner Beute knurrt (31,4), als Unheils- oder als Heilsaussage verstehen soll: Im ersten Fall wäre es inhaltlich auf v.1-3 zu beziehen und als Drohung gegen Jerusalem aufzufassen,[159] im zweiten Fall wäre es mit v.5 zu verbinden und als Zusage göttlichen Schutzes für den Zion zu interpretieren.[160] Daneben gibt es eine dritte Möglichkeit, die sozusagen aus der Entscheidungsnot eine Tugend macht und gerade in der Mehrdeutigkeit von v.4 (wie auch von 29,5bβ.6) das Spezifikum jesajanischer Heilserwartung wiederfindet: Die „Mehraspektigkeit des Bildes ist Ausdruck einer auch in der Sache differenzierten Sicht: Jahwe ‚zieht' hier ‚*gegen* den Zion zu Felde' (לצבא על...), und solches Vorgehen beinhaltet auf jeden Fall ein Handeln zur Vernichtung...; aber neben diesem Unheilsaspekt steht ein Heilsaspekt: Wie der Löwe sich seine Beute nicht streitig machen läßt, so läßt auch Jahwe den Zion nicht in die Hände der Fremdvölker, hier der Assyrer, fallen".[161] Man kann fragen, ob hier der Verkündigung des Propheten – die Authentizität einmal unterstellt – nicht ein Maß an gedanklicher Komplexität zugemutet wird, das ihm kaum zuzutrauen ist. Das entscheidende Argument gegen eine solche Lösung ergibt sich indes abseits dieser Spekulation aus dem Text selbst. Denn er weist zahlreiche Brüche oder – vorsichtiger geurteilt – Unebenheiten auf, die sich nur durch Fortschreibungen verschiedener Hände und Zeiten hinreichend erklären lassen. Zu einem analogen Ergebnis sind wir ja bereits in unserer Analyse von c.29 gelangt; auch dort erwies sich die scheinbar ambivalente Theophanie in 29,5bβ.6 als ein literarischer Nachtrag, der das Ariel-Wort in 29,1-4* deutlich in ein heilseschatologisches Licht stellen wollte. So besteht unsere Aufgabe darin, den Grundbestand von seinen späteren Fortschreibungen abzuheben und seine literarische Reichweite zu bestimmen.[162]

Auf einige Nachträge braucht nicht ausführlich eingegangen zu werden: Die beiden in Prosa gehaltenen v.6-7 werden durchweg als späte Erweiterung beurteilt, die nicht nur den Zusammenhang von v.5 und v.8 durchtrennt, sondern mit der Götzenthematik einen dem übrigen

---

[158] Vgl. Duhm 229; Donner, Israel 135f.; Wildberger III, 1228f.1238-1240.

[159] Vgl. Cheyne, Einleitung 205; Marti 231f.; Dietrich, Jesaja 183-185; Vermeylen, Prophète I, 422.

[160] V.4(ff.) muß dann als Nachtrag zu dem Wehewort bewertet werden; vgl. etwa Duhm 231; Kaiser II, 253; Wildberger III, 1240f.; Kilian II, 183f.

[161] Barth, Jesaja-Worte 84; ähnlich Steck, Friedensvorstellungen 55 A.150.

[162] Auf eine ausführliche Darstellung der Positionen kann hier verzichtet werden; vgl. stattdessen die eingehende Analyse des Kapitels von Barth, Jesaja-Worte 77-92; ferner Vermeylen, Prophète I, 420-424; Kilian, Jesaja 1-39, 73-81; Werlitz, Studien 287-291.

Kapitel fremden Gedanken einbringt.[163] – Verdächtig sind auch v.8b-9: „Daß 8b 9 nichts mit dem Vorhergehenden zu tun hat, geht grade aus der scheinbaren Ähnlichkeit von v.8b mit v.8a hervor. Denn wie Assur, nachdem das Schwert es gefressen hat, vor dem Schwert davonlaufen kann, ist ein Rätsel.“[164]

Scheidet man die offensichtlichen Nachträge v.6f. und 8b-9 aus, bleibt gleichwohl ein brüchiger Text übrig, der nicht von einer Hand sein kann. Es empfiehlt sich, mit dem Wehewort v.1-3 einzusetzen, das man in aller Regel als ein selbständiges und in sich abgerundetes jesajanisches Logion ansieht. Und hier ist zunächst eine literarkritische Entscheidung zu begründen, über die unter den Auslegern kein großer Streit mehr herrscht; denn v.2 fällt aus mehreren Gründen aus dem Wehewort heraus.[165] Schon der Anschluß mit וְגַם־הוּא „und/aber auch er“ ist, um mit einer formalen Beobachtung einzusetzen, nicht sehr elegant; er führt einen Nebengedanken ein. Dieser Eindruck bestätigt sich, wenn man auf den Inhalt sieht. Denn v.2b nimmt die im Kern identische Drohung von v.3bα vorweg und gibt sich damit als überschüssig zu erkennen. Der Unterschied zwischen beiden Aussagen besteht nur darin, daß v.2b – anders als v.3bα – die Israeliten wie die Ägypter mit Begriffen qualifiziert, die den *Ungehorsam* herausstreichen (בֵּית מְרֵעִים „Haus der Bösewichter“ und פֹּעֲלֵי אָוֶן „Übeltäter“). Diese Begrifflichkeit aber haben wir bereits in der Ungehorsams-Redaktion kennengelernt (vgl. nur זֶרַע מְרֵעִים „Brut von Bösewichtern“ in 1,4), und auch das Stichwort חָכָם „weise“ (31,2a) findet sich – mit einer ähnlichen Ausrichtung – in dieser Schicht wieder: Der vergänglichen und trügerischen menschlichen Weisheit, die sich vor dem Gericht sicher wähnt (29,14b), wird hier die Weisheit Gottes gegenübergestellt, die sich gerade in der Realisierung des gerechten Gerichts äußert.[166] Der eingeschobene Vers 31,2 dürfte also vom Ungehorsams-Redaktor stammen. Denn er war es immerhin, der das Wehewort 31,1.3, wie an 30,1-5* zu erkennen ist, benutzt und nachgeahmt hat, und so ist es nicht verwunderlich, daß er auch in seiner Quelle 31,1.3 seine sündentheologische Handschrift hinterlassen hat.

Nun kann freilich auch der Grundbestand des Wehewortes in 31,1.3, wie wir bereits angedeutet haben, schwerlich auf den Propheten Jesaja zurückgehen. Schon die auch syntaktisch merkwürdige Aneinanderreihung von Vor-

[163] Vgl. Duhm 232; Barth, Jesaja-Worte 80f., der auf die Mehrschichtigkeit auch dieser Erweiterung hinweist. Nach ihm sei zunächst v.7 (ohne das כִּי „denn“) ergänzt worden, bevor v.6+7b hinzutraten.

[164] Duhm 232f.; vgl. auch Marti 233 (zunächst seien v.8a.9b, dann v.8b-9a ergänzt worden); Barth, Jesaja-Worte 81f. (bleibt im Blick auf v.9b unsicher); Vermeylen, Prophète I, 423f. (v.8-9 insgesamt eine nachexilische Erweiterung).

[165] Vgl. Donner, Israel 135f.; Childs, Isaiah 34; Vermeylen, Prophète I, 421; ausführlich Kaiser, BEThL 81, 59-62. Anders etwa Barth, Jesaja-Worte 79f.; Wong, VT 1996.

[166] Man kann auch einen Rückbezug auf 19,16f. (so Vermeylen, Prophète I, 421) oder auf 19,11bβ (so Kaiser, BEThL 81, 62) vermuten. Offensichtlich nimmt 31,2aβ „seine Worte nahm er nicht zurück“ auch Gedanken aus dem Kehrversgedicht 9,7ff. auf (9,7.11b); vgl. auch Jer 8,8f.

würfen in v.1 zeigt, daß hier keine aktuelle Verkündigungssituation vor Augen steht, sondern *rückblickende Reflexion* vorliegt. Vor allem der Narrativ וַיִּבְטְחוּ „und sie vertrauten“ in v.1bα sowie die beiden folgenden Perfekt-Formen וְלֹא שָׁעוּ „nicht blickten sie“ und לֹא דָרָשׁוּ „nicht suchten sie“ beweisen, daß der Sprecher bzw. Schreiber des Wortes eine offenbar längst vergangene Zeit überschaut und theologisch bewertet.[167] Wichtiger aber als diese eher allgemeinen Beobachtungen sind die Querbezüge zu den Jesaja-Legenden, die stets erkannt und gern im Sinne einer literarischen Abhängigkeit ausgewertet wurden. In Umkehrung der traditionellen Sicht dürften freilich die Legenden der *gebende* Teil gewesen sein, und das läßt sich an der Rede des Rabschake in 36,4ff. gut ablesen: Der „Prophet“ warnt nämlich in 31,1.3 mit ähnlichen Worten wie der assyrische Rabschake vor einem Bündnis mit Ägypten (vgl. neben den „Pferden“, „Reitern“ und „Wagen“ vor allem das Stichwort בטח „vertrauen“ 36,4-7.9).[168] Doch während die Rede des Rabschake zu ihrem Verständnis keineswegs auf das Wehewort angewiesen ist,[169] scheint es sich bei 31,1.3 anders zu verhalten. Das Wehewort nimmt den entscheidenden Gedanken der Rabschake-Rede zustimmend auf, nämlich daß Ägypten ein ganz und gar nutzloser Helfer ist, distanziert sich aber deutlich von der Schlußfolgerung, die der Assyrer zieht: Nicht *Assur* gebührt das uneingeschränkte Vertrauen der in Bedrängnis geratenen Judäer, sondern Jahwe allein. Wirkliche Hilfe (31,1.3) ist nur von ihm zu erwarten. Diese explizite Distanzierung war wohl deshalb notwendig, weil der Jesaja, der in c.36f. auftritt – ohnehin eine vergleichsweise blasse Gestalt –, sich mit der theologischen Bewertung der Rabschake-Rede auffallend zurückhält: Als man dem Propheten die Schmähungen des assyrischen Abgesandten übermittelt, antwortet dieser lediglich mit einem knappen Orakel, das den Abzug und den Tod Sanheribs ankündigt (37,6f.21.33-36). Kein Wort darüber, *warum* der Assyrer Unrecht hat! Diesen Mangel hat der Verfasser des Wehewortes auszugleichen versucht. Er trägt gewissermaßen die theologisch-prophetische Kritik nach und bringt sie prägnant auf den Punkt: Es geht bei der Frage nach der Wirkmächtigkeit Ägyptens wie Assurs um nicht weniger als die Opposition von „Mensch“ und „Gott“, von „Fleisch“ und „Geist“ (31,3a).[170] Und daß die Assyrer den Ägyptern in nichts überlegen sind, betont schließlich v.8a: Assur wird ganz ohne menschliches Zutun durch das

---

[167] Es ist kein Zufall, daß man den Narrativ וַיִּבְטְחוּ „und sie vertrauten“ gelegentlich streicht (so schon LXX; vgl. auch Duhm 230) oder v.1bα insgesamt aus dem Grundbestand entfernt (so Deck, Gerichtsbotschaft 215f.). Dazu besteht indes kein Anlaß, wenn man den späten Charakter des Wortes erkennt.

[168] Vgl. auch die Qualifizierung Ägyptens als geknickter Schilfrohr-„Stab“ (מִשְׁעֶנֶת), die im Verbum שען „sich stützen“ in 31,1 wiederkehrt.

[169] Umgekehrt Hentschel, NEB.AT 11, 87: „Die Worte Jesajas könnten dem Rabschake in den Mund gelegt worden sein, um den Propheten als Helfer der Assyrer hinzustellen.“

[170] Vgl. auch Ez 28,2.9; Hos 1,7 (Zusatz); 11,9 (nachexilisch, vgl. Nissinen, Prophetie 338); Sach 4,6; Ps 78,39.

Schwert Jahwes selbst „fallen“; die Judäer *brauchen* keine Hilfe zu holen, weil Jahwe es schon richten wird.

Damit ist zugleich gesagt, daß wir in v.8a die direkte Fortsetzung des Wehewortes v.1.3 vor uns haben.[171] Für diesen Zusammenhang spricht zum einen die Beobachtung, daß mit v.3bα noch kein vollauf befriedigender Abschluß erreicht ist.[172] Denn mit v.3bα ist ja die in v.1 angezeigte Not, um derentwillen die Judäer nach Ägypten um Hilfe eilen, noch nicht abgewendet; sie verliert erst mit v.8a, also mit der Besiegung der Assyrer durch Jahwe selbst, ihren Grund. Zum andern sind v.3 und v.8a inhaltlich wie begrifflich miteinander verklammert: V.8a nimmt mit seinem לֹא־אִישׁ „nicht eines Mannes“ und לֹא־אָדָם „nicht eines Menschen“ die Opposition von v.3a auf und wendet sie nun auf Assur an. Und gewiß beruht auch die Parallelität von וְנָפַל עָזֻר „es fällt der, dem er hilft“ (3bα) und וְנָפַל אַשּׁוּר „es fällt Assur“ (8a) kaum auf Zufall, wobei besonders auf den ähnlichen Klang von עָזֻר und אַשּׁוּר zu achten ist. Darüber hinaus zeigt gerade v.8a noch einmal deutlich, daß die Jesaja-Legenden als Quelle gedient haben, nimmt doch der Vers die Ankündigungen über das Schicksal Sanheribs wie der Assyrer überhaupt (37,7.36.38a) vorweg, wobei er sich sogar derselben Worte bedient (vgl. 37,7: „fällen werde ich ihn mit dem Schwert“). Auch hinter 31,8a steht also keine historische Konstellation, die im 8. Jh. des Propheten Jesaja denkbar wäre, sondern die theologische Tradition von der wundersamen Errettung der Gottesstadt: Sie liegt in narrativer Gestalt in den Jesaja-Legenden vor und ist über diesen „Umweg“ in die Spruchüberlieferung gelangt.

Damit sind wir bei der Frage nach dem redaktionellen Horizont von 31,1.3*.8a angelangt. Die These, daß es sich bei diesem Wort um einen Bestandteil der sog. Assur-Redaktion handelt, die der Einfügung der Jesaja-Legenden c.36f. in das bis dahin vorliegende Jes-Buch diente, ist bereits in Kap 6.5 beschrieben worden. Sie findet ihre Bestätigung, wenn man den ursprünglichen literarischen Kontext von 31,1.3*.8a in den Blick nimmt. Man braucht nämlich nur die Anteile der Ungehorsams-Redaktion und noch späterer Nachträge aus c.28-31 zu extrahieren, um zu erkennen, daß 31,1.3*.8a einmal die *direkte Fortsetzung des Ariel-Wortes 29,1.2a.3.4a* gewesen ist.[173] Immerhin: Das Wehe in 31,1 setzt voraus, daß eine akute Bedrohungssituation besteht, in der man gezwungen ist, nach „Hilfe“ (עֶזְרָה) Ausschau zu halten. Eine solche Notlage aber beschreibt in vorzüglicher Weise (und ebenfalls in einen Weheruf gekleidet) das Ariel-Wort 29,1-4a*: Jerusalem wird bedrängt, von Wällen eingeschlossen und zutiefst erniedrigt. Die zugehörige

---

[171] Zur ursprünglichen Zusammengehörigkeit von v.1-3* und v.8a vgl. auch Barth, Jesaja-Worte 83-88, der freilich aufgrund seiner Sicht von der Ambivalenz der jesajanischen Heilsverkündigung v.4 hinzunimmt.

[172] Bei v.3bβ „und sie alle gehen zugrunde“ handelt es sich offenkundig um einen resümierenden Nachtrag, der das Bikolon unnötig aufbläht (vgl. Duhm 230f.).

[173] Zum engen Zusammenhang von 29,1ff. und 31,1ff. vgl. – unter anderen literarhistorischen Voraussetzungen – auch Barth, Jesaja-Worte 189f.

– und nun durch die Ungehorsams-Redaktion und weitere Nachträge in weite Ferne gerückte – Antwort auf diese Bedrängnis liefert 31,1.3*.8a: Die Gottesstadt ist auf die Hilfe der fremden Völker (hier: Ägyptens) nicht nur nicht angewiesen, sie kann ihr sogar schaden. Denn Jahwe selbst sorgt dafür, daß der Bedränger abzieht und dem göttlichen Gericht anheimfällt (31,8a). 29,1ff. ist also auf die Fortsetzung in 31,1ff. angelegt und angewiesen, und beide Stücke dienen zugleich der Einführung und Einfügung der Jesaja-Legenden (s.o. Kap. 7.3). Eben dieser Zusammenhang wird auch literarisch evident, wenn man bedenkt, daß 31,8a einmal direkt vor c.36 gestanden haben muß; die c.32-35 sind hingegen erst später sukzessive hinzugetreten.

Die Analyse hat indirekt gezeigt, daß v.4-5 nicht zum Grundbestand des Wehewortes zu rechnen sind. Was zunächst v.4 und die umstrittene Frage angeht, ob man hier von einem heilvollen oder einem unheilvollen Verständnis auszugehen hat, ist gewiß keine allseits befriedigende Antwort mehr möglich.[174] Eine Schlüsselfunktion kommt jedenfalls dem Verbum צבא „kämpfen" + עַל „gegen/auf" und dem Bild mit dem Löwen zu, und beides ist in der Tat mehrdeutig. So kann etwa die Wendung צבא עַל „kämpfen gegen/auf", wie 29,7(.8) belegt, einerseits ein Jerusalem *feindlich* gesonnenes Verhalten der Völker bezeichnen, das von Jahwe sogleich geahndet wird. Andererseits aber ist es grammatisch durchaus denkbar, daß sich die Präposition עַל gar nicht auf צבא „kämpfen", sondern auf das vorhergehende Verb ירד „herabsteigen" bezieht:[175] „...so steigt Jahwe Zebaot herab *auf* den Berg Zion..." Auf diese Weise gewönne man eine heilvolle Aussage, die etwa mit Ex 19,11.20 zu vergleichen wäre; auch hier steigt Jahwe herab (ירד) auf (עַל) den Berg Sinai – natürlich in heilvoller Absicht. Auch das Bild vom Löwen und seiner Beute ließe sich in diesem Sinne interpretieren, zumal dann, wenn man in ihm einen literarischen Rückverweis auf 5,29 erblickt: 5,29 vergleicht das von Jahwe herbeigerufene Gerichtsvolk mit einem Löwen, der seine Beute (= das Gottesvolk) wegschleppt, so daß „kein Retter bleibt", der sie zurückholen könnte. In 31,4 hingegen ist *Jahwe* der Löwe, der seine „Beute", den Zion, nicht mehr herausgibt.[176] Daß dies durchaus positiv gemeint ist, zeigt auch die Erwähnung der רֹעִים „Hirten", die gegen den Löwen und seine Beute zusammengerufen werden. Denn mit ihnen sind offenbar die gegen den Zion anstürmenden *Völker* gemeint, die von Jahwe ebenso zurückgeschlagen werden wie in 29,5bβ-7.[177] Wir dürfen also davon ausgehen, daß v.4 in einem heilseschatologischen Sinne verstanden werden will. So hat es offenbar auch der Ergänzer des analog aufgebauten v.5 (vgl. כְּ - כֵּן „wie - so") verstanden. Denn bei ihm handelt es sich nun unzweifelhaft um eine heilvolle Aussage, die gleich mit mehreren Worten den Schutz Jahwes für seine Stadt unterstreicht und damit dem zweideutigen v.4 eine unmißverständliche Aussage an die Seite stellt.[178] Als Quelle hat offensichtlich 37,35f. gedient.

---

[174] S.o. und die Diskussion bei Kilian, Jesaja 1-39, 76-81, und Werlitz, Studien 287-291.

[175] Nach Duhm 231, ist der Infinitiv לִצְבֹּא „um zu kämpfen" (samt יְהוָה צְבָאוֹת „Jahwe Zebaot") gar erst nachträglich in den Text gelangt.

[176] Man beachte auch, daß die Präposition עַל „auf" sowohl bei der „Beute" als auch beim „Berg Zion" begegnet, also wohl (da es sich um einen Vergleich handelt) einen analogen Vorgang meint: den leidenschaftlichen und unnachgiebigen Schutz für die Stadt.

[177] Dieser Zusammenhang wird in der – möglicherweise sekundären – Parenthese v.4aβ auch begrifflich deutlich, denn bei קוֹל „Stimme / Getöse" und הָמוֹן „Menge" sieht sich der Leser sofort an den Völkersturm von 29,6 erinnert.

[178] Vgl. auch Barth, Jesaja-Worte 85. Die von Barré, JSOT.S 144, vorgeschlagene Deutung von v.4 *und* 5 als Unheilsansage ist abwegig; sie beruht vor allem auf einem negativen Verständnis des Verbums גנן (eigentlich: „umhegen, schützen"), das er mit „stoßen auf" (to light upon) übersetzt, freilich ohne überzeugende Parallelen nennen zu können.

Wir fassen zusammen: (1) Der älteste Bestand in c.31 – es handelt sich um v.1.3abα.8a – konnte der *Assur-Redaktion* zugewiesen werden, die für die Einfügung der Jesaja-Legenden (c.36f.) verantwortlich zeichnete. Das Wort nimmt die erzählerische Konstellation der c.36f. auf und warnt nun in der literarischen Gestalt eines prophetischen Wehewortes vor einem Bündnis mit Ägypten. So „aktuell" und zeitbezogen diese Warnung klingt, so sehr wird sie doch verallgemeinert und in eine beinahe zeitlose Form gebracht: In der Zeit der Not, wenn Hilfe am nötigsten ist, verdient allein Gott das uneingeschränkte Vertrauen der Menschen. Die entscheidenden Stichworte עֶזְרָה „Hilfe", עזר „helfen" und בטח „vertrauen" sind reichlich in den Vertrauensaussagen des Psalters belegt; sie dokumentieren auf ihre Weise, daß hinter 31,1ff. keine lebendige Verkündigung, sondern theologische Reflexion sehr viel späterer Generationen steht. Aus der Zeitgeschichte des Jahres 701, wie sie sich in den Legenden niedergeschlagen hat, wird hier also eine allgemeingültige Lehre gezogen (ähnlich z.B. Ps 20,8f.). Zu derselben Schicht gehört auch das Ariel-Wort 29,1.2a.3.4a, das dem Wehewort 31,1.3*.8a einmal unmittelbar vorausgegangen ist: Die Notsituation, die 31,1 voraussetzt, liegt in der äußersten Gefährdung Jerusalems, wie sie 29,1-4a* beschreibt. – (2) An der Einfügung von *v.2* ist erkennbar, daß der *Ungehorsams-Redaktor*, dem wir bereits einen beträchtlichen Anteil an c.29 und 30 zuschreiben konnten, auch in c.31 seine Spuren hinterlassen hat. – (3) Durch die Ergänzung von *v.4* wird nun die Zusage, daß Jahwe über Assur siegen werde, zionstheologisch (und offenbar mit Hilfe des Motivs vom Völkerkampf, vgl. 29,5bβ-7a) ausgebaut und begründet: Jerusalem wird deshalb gerettet, weil Jahwe nicht von seiner Stadt läßt. – (4) Der klärenden Nachinterpretation von v.4 ist wohl die Anfügung von *v.5* zu verdanken. – (5) Weitere, in ihrer Reihenfolge nicht sicher lokalisierbare Zusätze liegen schließlich in v.9b / 8b-9a / 6f. vor.

7.6. Ertrag

Die Analyse des sog. Assur-Zyklus c.28-31 hat einige für die Entstehung von Jes 1-39 insgesamt bedeutsame Ergebnisse zutage gefördert, die nun zu einem Gesamtbild zusammengefügt werden sollen. Die zu Beginn des Kapitels aufgeworfene Frage, ob es sich bei dem Assur-Zyklus im wesentlichen um eine Sammlung von Jesaja-Worten aus der Spätzeit seiner Verkündigung handle, muß nach unserer Analyse klar verneint werden. Zwar sind wir in *28,1*.3* und *28,7b-10* (und nur hier!) auf vermutlich jesajanisches Gut gestoßen, doch diese beiden Worte – eine Prophetie gegen Efraim und eine Kritik am (dortigen?) Kultbetrieb – sind kaum mit den politischen Konstellationen der Jahre 705-701 und mit der Belagerung Jerusalems durch Sanherib in Verbindung zu bringen. Alles, was c.28-31 an geschichtlich greifbaren Informationen zu enthalten scheint, etwa die eindringliche Schilderung der Bedrohung „Ariels" (29,1-4*) oder die Warnung vor der Hilfe Ägyptens (30,1ff.15f.; 31,1ff.), geht nicht auf den Propheten Jesaja zurück. Vielmehr erweisen sich diese Worte als Reflexionsprodukte aus sehr viel späterer (nachexilischer) Zeit, die im übrigen literarisch auf den Hiskija-Jesaja-Legenden (c.36f.) basieren. Sie stammen also gewissermaßen aus zweiter Hand. Die bereits eingangs (Kap. 7.1) angedeutete Frage nach dem Verhältnis der Legenden (c.36f.) zur Wortüberlieferung konnte damit eindeutig – und zwar in Umkehrung der traditionellen Sicht – geklärt werden: Die Legenden spiegeln ein literarisch *früheres* Stadium wider und haben den Redaktoren, die für die Gestaltung der c.28-31 verantwortlich waren, als Quelle gedient. Um diese Vorgänge etwas präziser beschreiben zu können, stellen wir nun die vier markantesten Phasen in der Redaktionsgeschichte des Assur-Zyklus im Überblick dar.[179]

(1) Der literarische Kern dieser vier Kapitel besteht aus zwei mutmaßlich „echten" *jesajanischen Worten* in c.28. Es handelt sich um den Weheruf gegen Efraim in 28,1*.3 und die etwas bizarre Kritik an kultischen Mißständen in 28,7b-10; letztere richtete sich ursprünglich wohl nicht, wie man in der Regel annimmt und wie es der jetzige Kontext nahelegt, gegen den Jerusalemer Kult, sondern gegen den des Nordreiches. Es ist nun höchst bemerkenswert, daß sich diese älteren Worte vorzüglich zu der bisher rekonstruierten Verkündigung Jesajas fügen. Denn diese bestand, wie an 8,1-4* abzulesen war und auch an 17,1-3* erkennbar sein wird (s.u. Kap. 8.3), ausschließlich aus Sprüchen, die den umliegenden Völkern (vor allem dem Nordreich) das Gericht ansagen. Im Blick auf den judäischen Staat bedeutet dies: Jesaja war ein *Heilsprophet*, und unsere Analyse des Assur-Zyklus kann diese These vollauf bestätigen.

Es ist nun kein Zufall, daß – ebenso wie in c.8 – auch in c.28 auf redaktionellem Wege die heilsprophetische Botschaft in eine *Gerichtsbotschaft* transformiert wurde: Was ursprünglich nur dem Nordreich galt, wird nun auch auf das Südreich ausgedehnt (vgl. 28,7aα.11-18*). Daß diese Übertragung den Untergang Judas bereits voraussetzt, also als *vaticinium ex eventu* zu beurteilen ist, hat sich uns aus verschiedenen Gründen nahegelegt. Zu verweisen ist vor allem auf den analogen Vorgang in c.8, denn auch hier ist eine Prophetie gegen Aram und Samaria in vermutlich frühnachexilischer Zeit um eine Prophetie gegen den Südreichsstaat erweitert worden (8,5ff.).

(2) Eine für das jetzige Profil der c.28-31 nicht unbedeutende Schicht konnte der *Assur-Redaktion* zugewiesen werden, wie wir sie oben (Kap. 6.5) skizziert haben. Deren redaktionelle Hauptaufgabe bestand darin, die Hiskija-Jesaja-Erzählungen c.36f. in das Jes-Buch zu integrieren und in angemessener Weise literarisch vorzubereiten. Es handelt sich um die beiden Weheworte gegen Ariel = Jerusalem (29,1.2a.3.4a) und gegen diejenigen, die

[179] Vgl. auch die Zusammenfassungen am Ende der jeweiligen Kapitel (7.2 bis 7.5).

nach Ägypten um Hilfe hinabziehen (31,1.3*.8a). Daß beide Worte ursprünglich eng zusammengehörten, ergibt sich nicht zuletzt aus der Beobachtung, daß sich alles, was zwischen ihnen steht, leicht als kontextgebundene Fortschreibung herauslösen läßt (s.u. die Punkte 3 und 4). Von den Jesaja-Legenden unterscheiden sich 29,1-4a* und 31,1.3.8a im Blick auf ihr *zionstheologisches Profil* kaum: Sie sind von der Vorstellung geprägt, daß der Zion trotz existentieller Gefährdung (29,1-3*; vgl. 10,11*) von Jahwe am Ende doch nicht preisgegeben wird (31,8a; vgl. 14,24-25a), und zwar ganz im Unterschied zu Samaria (vgl. das ältere Wort 28,1-3*, das von der Assur-Redaktion bewußt eingebunden wird; ähnlich 10,9).

(3) Den entscheidenden Anteil an der jetzigen Gestalt der c.28-31 aber hat die sog. *Ungehorsams-Redaktion*, der wir bereits die Bucheinleitung 1,1-20* zuweisen konnten. Ihr gehören vornehmlich solche Stücke an, die den beinahe habituellen Ungehorsam des Gottesvolkes zum Gegenstand haben und die man bisher – zum einen wegen ihres Platzes innerhalb der c.28-31 und zum andern aufgrund des hohen theologischen Reflexionsniveaus – gern der Spätzeit des Propheten zugeschrieben hat: Israel hat sich in seiner wechselvollen Geschichte trotz grundlegender Heilssetzungen (vgl. 28,12.16aβb und 30,15a) immer wieder an seinem Gott versündigt (29,9f.13-16; 30,1f.4-5a.8-17*; 31,2); es hat „nicht gewollt" (30,15).[180] In literarhistorischer Hinsicht bedeutsam ist nun die Einsicht, daß sich die hier genannten Texte durchweg als *späte Fortschreibungen* innerhalb eines bereits bestehenden und darüber hinaus eindeutig nachjesajanischen Zusammenhangs (nämlich der Assur-Redaktion) erwiesen haben: Die Worte sind *ausschließlich für den gegebenen Kontext konzipiert* worden; sie haben nie einen eigenständigen „Sitz im Leben" – und schon gar nicht im Leben des Propheten Jesaja – gehabt. Was man bisher gern in die „reife" Spätzeit des Propheten eingeordnet hat, spiegelt also in Wahrheit eine späte Phase in der Entstehungsgeschichte des *Buches* wider. Über die Absicht und die zeitliche Ansetzung dieser Ungehorsams-Schicht geben einige Charakteristika, auf die wir in der Analyse hier und da gestoßen sind, weitere Auskunft:[181]

a) Schon an der Beobachtung, daß auch die jetzige Bucheinleitung 1,1-20* von der Ungehorsams-Redaktion gestaltet wurde, zeigt sich die grundlegende bucheditorische Absicht dieser Hand: Sie hat eine *planvolle Neuedition* der bis dahin vorliegenden Jesaja-Überlieferung vorgenommen, deren wesentliche Aufgabe offenbar darin bestand, den Ungehorsam Israels für alle Zeiten zu dokumentieren (vgl. die Aufforderung zur Niederschrift in 30,8). Dies geschah freilich nicht aus antiquarischem Interesse, sondern mit der erkennbaren Absicht, der nachexilischen, um den Zion gescharten Tempel-Ge-

[180] Dieselben Texte zieht übrigens Wildberger III, 1659-1663, heran, um unter der Überschrift „Die Gottesbeziehung Israels. Der Glaube" einen Kernbereich der Theologie Jesajas zu beschreiben.

[181] Vgl. ergänzend auch die oben Kap. 5.4.1 zu Jes 1,1-20* zusammengetragenen Aspekte.

meinde einzuschärfen, wie man trotz der von Sünde und Unheil gesättigten Geschichte dennoch ein Gott wohlgefälliges Leben führen kann. Etwas vereinfacht gesagt hat die Ungehorsams-Redaktion aus der (bereits nachexilischen) Jesaja-Überlieferung ein katechetisches Lehrbuch gemacht. Daß dieses Lehrbuch durchaus an der Person des Propheten interessiert ist und sein Wirken in mehrere Verkündigungsphasen aufteilt (vgl. 1,1), darf nicht darüber hinwegtäuschen, daß es – von einem kleinen Kern abgesehen – nicht der historische Jesaja ist, der hier zu Wort kommt. Die Anordnung hat eine literarisch-theologische, ja sogar dramaturgische Funktion: Der Leser des Buches wird von der offenen Situation des 1. Kapitels, in der – wenigstens prinzipiell – die Chance zur Umkehr noch gegeben war (1,18-20), bis zu den vollendeten Tatsachen des „ihr habt nicht gewollt" (30,15) geführt. Mit seinem manchmal beeindruckend sicheren Gespür für das religionsgeschichtlich Denkbare hat B. Duhm den theologischen Standort dieser Ungehorsamstexte (v.a. 30,15f.) immerhin zutreffend beschrieben: „Der objektive Historiker wird sagen müssen, daß Jes. mit seiner Forderung des unbedingten Glaubens und der freudigen Unterwerfung unter Jahwes höhere Gedanken seiner Zeit um Jahrhunderte vorausgeeilt war; ihn verstanden Männer wie Jeremia und Deuterojesaja"[182]. Leider war, so müssen wir heute zugestehen, auch der große Jesaja keine Ausnahme!

b) Die besondere bucheditorische Absicht dieser Redaktion wird auch daran sichtbar, daß die „Denkschrift" in ihrer bereits um c.7 erweiterten Gestalt offenkundig als literarisches *Vorbild* gedient hat. So wird, um nur die markantesten Bezüge zu nennen, nicht nur die Aufforderung zur Niederschrift 8,16 in 30,8 „kopiert", sondern auch der Verstockungsauftrag 6,9f. wird in modifizierter Gestalt in 29,9 aufgenommen; und daß sich 28,16 auf den Glaubensaufruf 7,9b und 30,15 auf 7,4 zurückbeziehen, ist ja immer schon (wenn auch unter anderen Voraussetzungen) festgestellt worden.[183]

c) Eine signifikante Verwandtschaft besteht mit einer Gruppe von *dtjes. Ungehorsamstexten*, die man inzwischen als Fortschreibungen innerhalb des dortigen Textkorpus erkannt hat (vgl. 42,24f.; 43,22-24; 48,1-11*.17-19).[184] Ob man hier eine literarische Abhängigkeit annehmen soll oder gar mit denselben redaktionellen Vorgängen zu rechnen hat, ist nicht eindeutig zu entscheiden. Es besteht immerhin die Möglichkeit, daß der „Erste" und der „Zweite" Jesaja zur Zeit der Ungehorsams-Redaktion bereits literarisch zu einem Großjesaja-Buch zusammengeschlossen waren. Für die Frage nach der

---

[182] Duhm 221.

[183] Vgl. ferner 28,12 mit 6,9-11; 28,16 mit 8,14; 29,9 mit 7,2 (נוע „wanken"); 29,11f. mit 8,16-18; 29,13f. mit 6,9f.; 8,6.11f. („dieses Volk"); 30,9 mit 8,12.16; 30,12-14 mit 8,6-8; 30,15 mit 7,3 („Schear-Jaschub"). Betroffen ist auch die unmittelbare literarische Umgebund der Denkschrift: vgl. auch 28,16 mit 5,19 (חוּשׁ „eilen"); 29,14 mit 5,21 („weise"); 29,15 mit 5,19 („Werk" und „Plan").

[184] Vgl. van Oorschot, Babel 295-311; Kratz, Kyros 206-216 (ohne 43,22-24); s. auch oben Kap. 5.5.

zeitlichen Einordnung der Ungehorsams-Redaktion genügt aber die Beobachtung, daß auch im Dtjes-Buch eine vergleichsweise späte Schicht mit einem ähnlichen theologischen Profil herausgelöst werden kann. Auch sonst scheint der Ungehorsams-Redaktor auf dtjes. Texte zurückzugreifen, die ihrerseits nicht mehr zum Grundbestand gehören (vgl. etwa 29,13-16 mit 44,25; 45,9-13.19; 48,1).[185]

d) Die Ungehorsams-Redaktion weist, wie wir bereits in unserer Analyse von 1,2-20 feststellen konnten, eine besondere *Nähe zur jeremianischen Spruchüberlieferung* auf, die in vielen Fällen am ehesten als literarische Abhängigkeit zu deuten ist. Dabei ist schon die Fülle der Querbezüge signifikant:

Jes 1,2f. – Jer 2,12f.; 8,4-7
Jes 1,5 – Jer 8,18
Jes 1,6 – Jer 30,12f.
Jes 1,8 – Jer 4,31; 6,2.23 („Tochter Zion“)
Jes 1,11 – Jer 7,21f.
Jes 1,13 – Jer 17,19-27
Jes 1,15 – Jer 2,34
Jes 1,16.18 – Jer 2,22
Jes 1,18-20 – Jer 12,16f.
Jes 28,12 – Jer 6,16 (מַרְגֵּעָה / מַרְגּוֹעַ „Ruheplatz“)
Jes 29,9f. – Jer 5,21
Jes 30,1-5 – Jer 2,18.36f.
Jes 30,1 – Jer 5,23
Jes 30,8 – Jer 17,1 (vgl. 8,8)
Jes 30,9 – Jer 5,23
Jes 30,12 – Jer 7,8f.; 8,9 (vgl. 6,19)
Jes 30,14 – Jer 8,11 (שֶׁבֶר „Bruch“)
Jes 30,15f. – Jer 6,16
Jes 31,2 – Jer 6,19; 8,8f.

In Umkehrung der traditionellen Sicht, die von der Priorität der (natürlich als „echt“ beurteilten) jesajanischen Worte ausgeht,[186] scheint aber das Jer-Buch der *gebende* Teil zu sein. Das ergibt sich allein schon aus der Tatsache, daß die Jer-Belege aus verschiedenen Schichten stammen und nur zu einem Teil auf den Propheten selbst zurückgehen. So ist es sehr viel wahrscheinlicher, daß eine literarisch konsistente Schicht wie die Ungehorsams-Redaktion auf das Jer-Buch in einer bestimmten editorischen Gestalt zurückgegriffen hat.

e) Schließlich finden sich ausgerechnet in der Ungehorsams-Schicht solche Vorstellungen und Begriffe, die man traditionell als „weisheitlich“ einstuft und auf eine besondere weisheitliche Prägung Jesajas zurückführt.[187] In

---

[185] Vgl. Kratz, Kyros 62 A.221.

[186] So etwa die Monographie von Wendel, Jesaja, die noch einmal zu dem Ergebnis kommt: „Der Prophet Jeremia greift in seiner Verkündigung auf Einsichten der Botschaft Jesajas zurück.“ (217). Vgl. auch Kaiser II, 57 A.34, der erwägt, ob es sich bei den betreffenden Jer-Belegen nicht um Zusätze handelt, die sich am Jes-Buch orientieren.

[187] S. auch oben Kap. 5.4.1 (Abschnitt 5). Vgl. zur klassischen Sicht die Überblicke bei Vermeylen, BEThL 51, und Williamson, FS Emerton.

Wahrheit aber handelt es sich auch hier nicht um den geistesgeschichtlichen Mutterboden der Prophetie Jesajas, sondern später schriftgelehrter Kreise, denen der Umgang mit den weisheitlichen Traditionen der Proverbien und des Ijob-Buches geläufig war.

(4) Eine letzte wichtige Phase in der Redaktionsgeschichte des Assur-Zyklus wird von einer Gruppe heilseschatologischer Texte repräsentiert, die kaum von einer Hand stammen, sich aber durch eine gemeinsame Ausrichtung an dtjes. Themen auszeichnen (29,17-24; 30,18-26; 30,27-33). Sie kreisen um das Problem der Heilsverzögerung und sprechen der nachexilischen Gemeinde der späten Perserzeit Trost zu; eine literarische Abhängigkeit vom dtjes. Korpus ist evident.

7.7. Anhang: Die Nachträge in Jes 32-35

Bei den c.32-35 handelt es sich um Nachträge und Fortschreibungen, die nicht nur die Existenz der Jesaja-Legenden c.36ff., sondern auch die Verbindung mit der dtjes. Prophetie bereits voraussetzen. Warum sie ausgerechnet an *dieser* Stelle, also mitten in ein im Werden begriffenes Großjesajabuch eingefügt wurden, läßt sich relativ leicht erklären: Die in c.32-25 enthaltenen Worte handeln in verschiedenen Variationen von der *Erwartung* künftigen, neuen Heils; sie konnten ihren Platz deshalb nur hinter der – wenn man es einmal so sagen darf – unheilstheologischen Sektion des Großjesajabuches (also hinter c.31) finden, mußten aber noch *vor* der Heilsprophetie selbst eingeordnet werden. Immerhin war mit den c.36-39 bereits ein passender Übergang zur dtjes. Buchsektion gegeben; insofern drängte sich eine Plazierung hinter c.28-31 geradezu auf. Ein knapper Überblick über c.32-35 soll nun einen kleinen Eindruck von den redaktionellen Prozessen vermitteln, die zu ihrer Einfügung zwischen c.31 und 36 geführt haben.

Jes 32 ist (in mehreren Stufen) von vornherein für seinen gegebenen literarischen Kontext hinter c.31 geschaffen worden. So entwirft *32,1-5* „ein positives Gegenbild zu der Oberschicht Jerusalems, wie sie uns in den Jesajaworten innerhalb von c.28-31 entgegentritt.“[188] Man muß indes hinzufügen, daß es in c.28-31 nicht nur um die Oberschicht geht, sondern um das gesamte Volk, das gemäß 32,3f. unter der Herrschaft eines gerechten Königs wieder „sehend“ und „verständig“ sein wird (Rückgriff auf 6,9f.). Bei *32,6-8* dürfte es sich um eine erste Erweiterung handeln, die das Stichwort נָבָל „Tor“ aus v.5 aufgreift und exkursartig über dessen Verhältnis zum נָדִיב „Edlen“ reflektiert. Im Gegensatz zu 32,1-8 weist *32,9-14* keine signifikanten Kontextbezüge auf; es ist allenfalls an 3,16-24 (und Am 6,1) zu denken. Es besteht prinzipiell die Möglichkeit, daß wir hier ein älteres Stück vor uns haben, das nachträglich mittels 32,15-20 redaktionell eingeschaltet wurde.[189] Doch es läßt sich leichter als eine von 3,16ff. herkommende Erweiterung lesen, die 32,1-8 fortschreibt. *32,15-20* setzt

[188] Barth, Jesaja-Worte 214. Vgl. 32,2 mit 28,15b.17b und 30,2b; 32,3 mit 29,9f. und 30,9-11; 32,4a mit 28,9; 32,4b mit 28,7.11; vgl. ferner 32,1f. mit 31,9; 32,5 mit 5,20.23.

[189] So Barth, Jesaja-Worte 212f., der 32,1-8+15-20 auf die Assur-Redaktion zurückführt, die das jesajanische Wort 32,9-14 gerahmt habe.

jedenfalls *beide* vorangehenden Stücke voraus;[190] zugleich besteht eine enge Verwandtschaft mit den Trostworten 29,17ff. und 30,18ff.

Jes 33 ist ungleich schwerer einzuordnen. „Es fehlt dem Capitel an einer klaren Disposition; einzelne Verse stehen fast isoliert und ohne Zusammenhang. Da jedoch solche apokalyptischen Stücke vielfach gegebenes Material verwenden, ist es nicht gesagt, dass ursprünglich eine bessere Ordnung existierte, die durch nachherige Umstellungen zerstört wurde."[191] Tatsächlich ist „der künstliche, zerhackte Stil"[192] dieses Kapitels kaum zu übersehen. Es besteht gattungsgeschichtlich aus sehr verschiedenartigen Stücken, wobei Berührungen mit Sprache und Motivik der Psalmen am auffälligsten sind; Gunkel spricht deshalb von einer „prophetischen Liturgie".[193] Darüber hinaus läßt Jes 33 eine Fülle von Bezügen zum näheren und weiteren Kontext erkennen; diese sind so signifikant, daß nur eine *literarische* Beziehung in Frage kommt. So weist etwa W. Beuken in einer auch methodisch anregenden Studie dem Kapitel von vornherein einen „Sitz im Jesajabuch"[194] zu, weil es für keinen anderen als den gegebenen Kontext konzipiert worden ist. Beuken nennt Jes 33 eine „Spiegelerzählung" und will mit diesem aus der Literaturwissenschaft entlehnten Begriff deutlich machen, daß retrospektiv und prospektiv Themen und Texte aus dem (gesamten) Jes-Buch „zitiert" und „widergespiegelt" werden.[195] Über Beuken hinaus muß indes festgestellt werden, daß der anthologische Charakter des Kapitels keineswegs alle Unstimmigkeiten und Gedankensprünge erklärt. So ist vor allem – sieht man von kleineren Zusätzen ab, die in den Kommentaren verzeichnet sind – das Stück 33,14-16 als ein Einsatz zu bewerten, der wohl auf Ps 15 zurückgreift und, anders als der Kontext, eine Scheidung innerhalb des Gottesvolkes beschreibt.[196] Der Grundbestand von c.33 scheint insbesondere c.32 weiterzuführen (und zu korrigieren) und auf die Rückkehr Jahwes zum Zion in 52,7-10 vorauszublicken: Während c.32 das Hereinbrechen der Heilszeit mit einem *menschlichen* Herrscher verbindet (32,1), denkt c.33 betontermaßen an *Jahwe* selbst (vgl. 33,2.5), dessen Ankunft gemäß 52,7-10 bald erwartet wird (vgl. 33,17-19).

Bei Jes 33 handelt es sich mithin um eine sehr späte Fortschreibung *innerhalb eines bereits bestehenden Großjesaja-Buches*, die nicht nur die (protochronistische) Ungehorsams-Schicht, sondern auch c.32 und die dtjes. Sammlung schon voraussetzt. Insofern muß der These O.H. Stecks, die beiden eng zusammengehörenden c.33-34* bildeten den Abschluß einer noch selbständigen protojesajanischen Sammlung,[197] ebenso widersprochen werden wie der Vermutung, der Verfasser von c.33f.* sei auch für die Anfügung der Legenden c.36-39 verantwortlich, weil c.33 eine auffallende „Kenntnis der Jesaja-Erzählungen"[198] verrate. Die kritischen Bemerkungen müssen sich auf einige Stichworte beschränken:[199] (1) Die u.a. von Beuken (und Williamson) wieder so deutlich herausgearbeiteten Bezüge von c.33 zu Jes 40ff. werden textgenetisch nicht hinreichend gewürdigt. – (2) Demgegenüber beschränken sich die Bezüge zwischen c.33 und c.36ff. auf sehr allgemeine, kaum signifikante Anklänge, die

---

190 Vgl. Kaiser II, 260.

191 Marti 237.

192 Duhm 239.

193 Vgl. Gunkel, ZAW 1924.

194 Beuken, EThL 1991, 8. Abwegig ist die Verteidigung der jes. Verfasserschaft durch Roberts, FS Freedman, der c.33 obendrein für literarisch einheitlich hält.

195 Vgl. Beuken, EThL 1991, 10-26 (und die Übersicht ebd. 27). Ähnlich auch Williamson, Book 221-239, der aus der Fülle der Bezüge insbes. zu Jes 40-55 schließt, daß c.33 von Dtjes selbst stamme: Dieser habe nicht nur c.40ff. als Fortschreibung an das Protojes-Buch angefügt, sondern auch innerhalb von c.1-39 seine Spuren hinterlassen.

196 Vgl. Barth, Jesaja-Worte 292-294; Vermeylen, Prophète I, 432f.; Spieckermann, Heilsgegenwart 202f. A.13.

197 Vgl. Steck, Heimkehr 55-59.

198 Steck, Heimkehr 57 A.37.

199 Vgl. eingehender Williamson, Book 217-220.

sich ebenso gut erklären ließen, wenn c.36-39 bereits im Buch gestanden haben, als c.33 hinzutrat. – (3) Steck identifiziert das Feindvolk in c.33 mit den *Babyloniern*, so daß sich aus der Abfolge von c.33 und 34 die Konstellation Babel–Edom ergebe; da aber nur das noch bestehende neubabylonische Reich gemeint sein könne, komme eine Datierung *nach* 539 nicht mehr in Betracht.[200] Dieser Schluß aber ist alles andere als zwingend: Zum einen wird der Name Babels in c.33 gar nicht erwähnt; der שׁוֹדֵד „Verwüster" (33,1) ist vielmehr auf alle Völker zu beziehen, die Israel bedrücken. Auch das in c.34 genannte „Edom" ist mehr eine beispielhafte denn eine empirische Größe (vgl. nur Jes 63,1-6!). Und zum andern ist ein Text wie Klgl 4,21f., auf den der Verfasser von Jes 33f.* möglicherweise zurückgegriffen hat,[201] kaum mehr in die exilische Zeit zu datieren.[202]

Wir können die Frage, ob man tatsächlich, wie Steck es vorschlägt, c.33 mit 34 verbinden und c.35 als eigenständiges Stück betrachten soll, oder ob an der traditionellen Zusammenordnung von c.34 und 35 festzuhalten ist,[203] an dieser Stelle unbeantwortet lassen.[204] Entscheidend ist die Einsicht, daß es sich bei *Jes 35* um einen von c.34 abhängigen Fortschreibungstext handelt, der, wie Steck eindrucksvoll aufgewiesen hat, „als redaktionelle Brücke zwischen dem Ersten und dem Zweitem Jesaja"[205] konzipiert wurde. Strittig kann also nicht sein, *ob* c.35 die dtjes. Prophetie vorbereitet, sondern nur, ob der Verfasser dieses Kapitel eine solche Verbindung *erstmals* herstellt. Die Antwort Stecks ist eindeutig: „Jes 35 [ist] nicht nur die beste, sondern auch die erste Brücke zwischen Erstem und Zweitem Jesaja"[206]. Da indes schon c.33 und 34 die Verbindung mit Dtjes voraussetzen, muß das auch für das abhängige c.35 gelten. Bei Jes 35 handelt es sich also keineswegs um eine erstmalige Verbindung, sondern um den Versuch, die „Unheilssektion" des Jes-Buches (c.1-39*) noch stärker und intensiver auf die Heilsprophetie der c.40ff. zu beziehen.[207]

---

200 Vgl. Steck, Heimkehr 56; ders., Abschluß 26 A.33: „Das *Protojesajabuch* in der Perserzeit geht auf die Gestalt zurück, die dieses Buch an der Wende der spätbabylonischen Zeit noch vor 539 v.Chr. (wegen Jes 33) erhalten hat".

201 Vgl. Steck, Heimkehr 56.

202 Vgl. Kaiser, ATD 16/2, 177f.

203 Vgl. Caspari, ZAW 1931; Elliger, Deuterojesaja 276f.; Pope, JBL 1952; Gosse, ZAW 1990; Williamson, Book 211-221; Mathews, Zion; vgl. auch Donner, ZThK 1990 (= BZAW 224, 199-210).

204 Zu Jes 34 (und seinem Verhältnis zu c.13) vgl. Lust, BEThL 81; Beuken, OTEs 1992; Tanghe, EThL 1991; ders., EThL 1993; Zapff, Prophetie 240-257 (mit einem knappen forschungsgeschichtlichen Überblick).

205 Steck, Heimkehr.

206 Steck, Heimkehr 59; etwas vorsichtiger ders., Abschluß 27 (mit A.34).

207 Vgl. auch Williamson, Book 220f. (in Auseinandersetzung mit Steck). Zum Problem auch Vermeylen, BEThL 81, 35-49 (dazu Steck, BZAW 203, 161-163); ferner die Andeutungen bei Kratz, Kyros 119f. (bes. A.460) und 208f., der an genau solche Texte in Jes 29f. denkt, die wir der Ungehorsams-Redaktion zugewiesen haben.

8. Der Kern der Fremdvölkersprüche in Jes 13-23

8.1. Die Sammlung Jes 13-23

Die Sammlung der Fremdvölkersprüche in c.13-23 besteht aus unterschiedlichem Material, das im Zuge komplizierter redaktioneller Prozesse zu der vorliegenden Gestalt zusammengewachsen ist. Ein äußerer Indikator für die formale Geschlossenheit dieser Sammlung und zugleich ein wichtiges Gliederungsprinzip ist die Überschrift מַשָּׂא „Spruch", die jeweils ein Fremdvölkerwort einleitet: 13,1 (Babel); 15,1 (Moab); 17,1 (Damaskus); 19,1 (Ägypten); 21,1 (Wüste am Meer); 21,11 (Duma = Edom?); 21,13 (Arabien); 22,1 (Tal der Vision; wohl in oder bei Jerusalem); 23,1 (Tyrus); in etwas erweiterter Fassung 14,28 (Philistäa). Von diesem System *nicht* erfaßt sind die Worte gegen Kusch (c.18) und den Hofbeamten Schebna (22,15ff.). Weiterhin trifft man auf mehrere Stücke, die zweifellos erst *nach* der Sammlung der Orakel als punktuelle Fortschreibungen in den Text gelangt sind und hier außer Betracht bleiben können. Als Beispiel ist die heilsuniversalistische Um- und Fortschreibung des Ägypten-Orakels in 19,16-25 zu nennen.[1]

Nun kann es nicht unsere Aufgabe sein, die Prozesse, die zum Entstehen der Völkerspruchsammlung geführt haben, im einzelnen nachzuzeichnen und sie zu einem Gesamtbild der Redaktionsgeschichte zu vereinen.[2] Vielmehr soll lediglich die Möglichkeit überprüft werden, ob in dieser Sammlung ältere Sprüche oder Erzählüberlieferungen enthalten sind, die auf den Propheten Jesaja zurückgehen könnten und die sich mit seiner Heilsbotschaft, wie sie uns in 6,1-8* + 8,1.3f. überliefert ist, vereinbaren lassen. Immerhin entspricht es der nur selten in Frage gestellten *communis opinio*, daß wenigstens in 17,1-6*, in 18,1-6* sowie in c.20 und 22 mit jesajanischem Gut zu rechnen ist; das Philisterwort 14,28-32 hingegen wird (seit Duhm) häufiger athetiert. Bei diesen Worten hat die Suche nach einem älteren Kern einige Aussicht auf Erfolg. Ausgeklammert werden können das Ägypten-Orakel 19,1-15,[3] das rätselhafte c.21,[4] aber auch das Orakel gegen den Hofbeamten

[1] Vgl. Groß, QD 146.

[2] Es sei auf folgende neuere Versuche hingewiesen: Vermeylen, Prophète I, 346-348; Jenkins, BEThL 81; Williamson, Book 156-175; Zapff, Prophetie (bes. 276-320); ferner die verschiedenen Beiträge von Gosse, die freilich in redaktionsgeschichtlicher Hinsicht nicht weiterführen (RB 1985; Isaïe 13,1-14,23; BN 1990; BN 1991; BZ 1991).

[3] Es wird nahezu einhellig Jesaja abgesprochen, vgl. die Argumente bei Duhm 140f.; Marti 155; Cheyne, Einleitung 100-120; sowie jetzt Werner, Studien 37-53. Wildberger (II, 707) sieht die Sache freilich anders; er führt 19,1b-4.11-14 auf Jesaja zurück.

[4] C.21 wird nur selten für jesajanisch gehalten (etwa Macintosh, Isaiah XXI; vgl. dazu aber die Rezension von Kaiser).

Schebna 22,15-25, das zwar Reminiszenzen über den Propheten Jesaja bewahrt haben könnte,[5] aber im Ganzen eher an die Diktion der Jesaja-Legenden erinnert. Darüber hinaus trägt das Stück für die uns hier interessierende Fragestellung nichts aus.

Der redaktionsgeschichtliche Ausgangspunkt für die folgenden, knappen Analysen liegt in der Beobachtung, daß die in c.13-23 zusammengestellten Orakel wenigstens zu einem Teil ursprünglich an einer anderen Stelle im Jes-Buch lokalisiert waren. Am deutlichsten ist das an der Assur-Prophetie 10,5-11* + 14,24-25a abzulesen: Der zweite Teil dieses Wortes ist von seinem ursprünglichen Platz hinter 10,11 abgerückt und in die Sammlung der Fremdvölkersprüche übernommen worden. Mit ähnlichen Vorgängen ist prinzipiell auch bei anderen Worten zu rechnen, und so ist es denkbar, daß die Sammlung c.13-23 auch versprengte *jesajanische* Worte enthält.

8.2. Gegen die Philister (14,28-32)

Die Urteile über dieses Stück gehen weit auseinander. Für Duhm ist es am besten „aus der Lage Palästinas nach der Schlacht von Issos und vor der Einnahme von Tyros durch Alexander zu erklären"[6], für andere steht das Wort mit den philistäischen Aufstandsversuchen in der Regierungszeit Hiskijas in Zusammenhang.[7] Eine späte Datierung legt sich in der Tat nahe, wenn man auf v.30 und 32 blickt: Der spiritualisierte Armutsbegriff in v.30a (דַּלִּים „Geringe", אֶבְיוֹנִים „Arme") und 32b (עֲנִיֵּי עַמּוֹ „die Elenden seines Volkes") ist, wie stets vermerkt wird, im 8. Jh. ganz undenkbar. Und so ist es nur allzu verständlich, daß man durch eine Ausscheidung dieser beiden Verse (oder wenigstens der umstrittenen Versteile 30a und 32b) einen jesajanischen Grundbestand bewahren zu können glaubt.[8] Gewiß verdankt sich v.30 einer Nachinterpretation, die das Wort gegen die Philister *expressis verbis* zu einem Heilswort für die bedrängte nachexilische Gemeinde umformt: Der Untergang des Erzfeindes hat eine Zeit neuen Heils zur Folge, die der Ergänzer mit einem vielleicht von Jes 11,7(-9) inspirierten Bild (vgl. רבץ „sich lagern") ausmalt. Und auch hinter v.32 steht die Zuversicht der frommen

[5] Vgl. die neueren Analysen von Deck, Gerichtsbotschaft 237f., und Willis, Bib. 1993; ders., ZAW 1993. Gelegentlich sieht man in 22,15ff. die literarische Quelle für 2Kön 18,18ff. par Jes 36,3ff. (so zuletzt Hardmeier, Prophetie 440-448).

[6] Duhm 124; ähnlich Marti 132; für nachjesajanische Herkunft (ohne genauere zeitliche Festlegung) votieren Kaiser II, 46; Dietrich, Jesaja 208f.; Kilian, Jesaja 1-39, 82f.; ders., II, 107f.; skeptisch immerhin Deck, Gerichtsbotschaft 48-53.

[7] Vgl. neben den meisten Kommentaren Fullerton, AJSL 1925/26; W.A. Irwin, AJSL 1927/28; Begrich, TB 21; Donner, Israel 110-113; ders., Geschichte II, 349f.; Huber, Jahwe 102-106; Barth, Jesaja-Worte 14f.; Jenkins, FolOr 1980.

[8] Vgl. Vermeylen, Prophète I, 301f. (dort weitere Belege), sowie (unter Einschluß von v.32) Huber, Jahwe 102f.; Barth, Jesaja-Worte 14f.; Jenkins, FolOr 1980. Am ehesten gesteht man den sekundären Charakter von v.30a ein (etwa Wildberger II, 576).

Gemeinde auf Jahwe, der den Zion gegründet hat (יסד pi. wie 28,16) und den „Elenden seines Volkes" eine Zuflucht ist (חסה „sich bergen"). Das sind späte Vorstellungen, die mit dem – frühestens in das 4. Jh. gehörenden – Stück 10,1-3.4b auf einer Linie liegen. Es ist denkbar, daß die beiden Fragen in 10,3 als unmittelbare Vorlage für 14,32 („was wird man den Boten des Volkes antworten?") gedient haben. Den Grundbestand des Philisterorakels wird man also in den beiden analog aufgebauten Worten v.29.31 sehen dürfen (jeweils Imperativ und Begründung). Die Überschrift in v.28 sollte vorerst außer Betracht bleiben; sie könnte später hinzugesetzt sein.

Haben wir nun bei dem vermuteten Grundbestand ein Wort des Propheten Jesaja vor uns? Das ist, wenn man den literarischen Befund wahrnimmt, unwahrscheinlich. Denn das Stück v.29.31 scheint nie selbständig gewesen zu sein. Schon die Aufforderung, sich angesichts des „zerbrochenen Stockes" nicht zu früh zu freuen, setzt voraus, daß ein „Stock" zerbrochen wurde. Genau davon aber kündet das Wort gegen Assur in 10,5-11* + 14,24-25a (vgl. 10,5 שֵׁבֶט „Stock" wie 14,29). Und nichts liegt näher als die Vermutung, das Philisterorakel sei eigens als *literarische Ergänzung des Assur-Wortes* entstanden. Mit seinem Kontext ist 14,29.31 auch sonst fest verwoben: So trifft man auf das Bild von der „Wurzel" (שֹׁרֶשׁ), aus der etwas „hervorgeht" (יצא), auch in der Heilsweissagung 11,1. Und kaum zufällig begegnet man der „Natter" (צֶפַע) in 11,8 (צִפְעוֹנִי) wieder. Hinzuweisen ist auch auf den wichtigen Zusammenhang mit 9,2f.: Die „Freude" (שׂמח), die sich beim Zerbrechen des „Stockes" (שֵׁבֶט) einstellt, wird in 14,29 direkt aufgegriffen.[9] Es ist möglich, daß 14,29.31 in einem Zuge mit der Erweiterung in 14,25b angefügt wurde, die in ähnlicher Weise auf 9,3 zurückgreift. Jedenfalls setzt das Philisterorakel die Ausweitung des Assur-Wortes auf alle Völker (14,26f.) wohl noch nicht voraus.

Die Überschrift in 14,28 – gern einem älteren Datierungssystem zugerechnet[10] – verdankt sich einem rein schriftgelehrten Interesse: Sie ist 6,1 nachgebildet und will, möglicherweise ausgehend von 2Kön 18,8, König Hiskija den Sieg über die Philister zuschreiben. Es ist nicht ausgeschlossen, daß sie im Zusammenhang mit der Neuedition der Jesaja-Überlieferung, auf die wir in 1,1-20* gestoßen sind, steht. Denn dieser Hand lag offenkundig an einer Periodisierung der jesajanischen Verkündigung, zu der 14,28 nicht schlecht paßte (Beginn der Worte aus der Regierungszeit Hiskijas). Ob die Überschrift hinzutrat, als die Fremdvölkerworte bereits in einer eigenen Sammlung vorlagen, läßt sich nicht sicher entscheiden: Das für diese Sammlung typische Stichwort מַשָּׂא „Spruch" könnte der jetzigen Überschrift ebenso vorgelegen haben wie später implantiert worden sein.

Wir fassen zusammen: Der Grundbestand des Wortes gegen die Philister (14,29.31) läßt sich nicht auf den Propheten Jesaja zurückführen. Er gibt sich

[9] Vgl. auch 14,31 „heule" (הֵילִילִי) mit 13,6 (הֵילִילוּ).

[10] Vgl. zuletzt Zapff, Prophetie 286-289. Nach Williamson, Book 187, beziehe sich 14,28 als Überschrift – über c.24-27 hinweg – auch auf c.28-31.

aufgrund mannigfacher Kontextbezüge als ein Fortschreibungstext zu erkennen, der an das Assur-Wort 10,5-11* + 14,24-25a angeschlossen wurde. Der unmittelbare Anlaß dieser Fortschreibung, die Philistäa *als Ganzes* (vgl. das zweimalige כֻּלֵּךְ) den Untergang ankündigt, ist nicht mehr zu ermitteln.

8.3. Gegen Damaskus und Efraim (17,1-6)

Die Suche nach einem jesajanischen Kern hat in 17,1-6 größere Aussicht auf Erfolg. Denn c.17 erweist sich ingesamt als eine Fortschreibungskette, die ihren Anfang offenkundig bei den in v.1-3 überlieferten Worten gegen Damaskus und Efraim genommen hat. Es schließen sich an ein Gerichtswort gegen „Jakob“ (v.4-6), eine heilseschatologische Interpolation (v.7f.), weitere Nachträge in v.9 und v.10f. und schließlich ein Völkerwort (v.12-14), das sich schon aufgrund seiner Ähnlichkeit mit 8,9f. und 14,26f. als ein später Appendix zu erkennen gibt. Selbst bei einer eher konservativen Beurteilung der Jesaja-Überlieferung kommen als mögliche Quelle authentischer Worte nur noch die v.1-6 in Betracht.[11]

Blickt man zunächst auf v.1-3, so lassen sich auf literarkritischem Wege zwei ältere Worte herausschälen, die man auf den Propheten Jesaja zurückführen könnte: Auf die gewiß vom Kompositeur der Fremdvölkersprüche stammende Überschrift in v.1a folgt ein prägnanter, mit הִנֵּה „siehe“ eingeleiteter Spruch, der mit relativ unspezifischem Vokabular das Ende von Damaskus ankündigt (v.1b). Der Spruch ist in sich abgerundet und mag einmal für sich überliefert worden sein. An dieses Wort schließt sich eine im jetzigen Gefüge unpassende Bemerkung über die „Städte Aroers“ an (v.2), die man mit Recht als einen Einschub beurteilt hat,[12] der v.1b und 3 auseinanderreißt. Denn auch v.3* kündigt – freilich mit anderen Worten als v.1b – den Untergang von Damaskus an, schließt aber das Nordreich mit ein. Auch hier könnte es sich um einen ehedem selbständigen Spruch handeln, der aufgrund der ähnlichen Tendenz redaktionell mit v.1b verknüpft worden ist.[13] Für unsere Fragestellung ist nun der sachliche Zusammenhang mit dem jesajanischen Spruch 8,4 von einiger Bedeutung: Auch hier wird das Geschick Arams mit dem des Nordreiches parallelisiert, und es ist denkbar, daß sowohl 8,1-4* als auch 17,1b.3* in dieselbe geschichtliche Situation (nämlich des syrisch-efraimitischen Krieges) gehören.[14]

Größere Schwierigkeiten bereitet die Einordnung von 17,4-6. In der Regel wird auch dieser Spruch auf das Nordreich bezogen und in die Zeit des

---

[11] Vgl. bes. Wildberger II, 633-662.

[12] Vgl. etwa Wildberger II, 635.639f.

[13] Das gilt aber nur für den Grundbestand von v.3: Die Bemerkung über den „Rest Arams“ (ab ושאר) ist sekundär.

[14] Vgl. Deck, Gerichtsbotschaft 53-55. Athetiert wird das Wort von Kaiser II, 63-65.

syrisch-efraimitischen Krieges versetzt. Aus verschiedenen Gründen aber ist diese Beurteilung unhaltbar: (1) Der Einsatz mit וְהָיָה בַּיּוֹם הַהוּא „und es wird geschehen an jenem Tag" weist das Stück als eine redaktionelle Fortführung von v.1-3 aus. Sie dient offenkundig dazu, die Gerichtsdrohung gegen Damaskus und Efraim auf das gesamte Gottesvolk auszudehnen. (2) Der Name „Jakob" in v.4 nämlich ist als Bezeichnung für das Nordreich (so die übliche Deutung) zumindest sehr ungewöhnlich; in der Regel meint er – zumal in den Prophetenbüchern – „eindeutig Israel als Gottesvolk, als Gemeinde JHWHs."[15] Diese gesamtisraelitische, „geistliche" Perspektive aber ist einem Jesaja (noch) nicht zuzutrauen. Sie hat ihren Ort in einer Zeit, in der die beiden Staaten Israel und Juda nicht mehr existierten und man gezwungen war, das Verhältnis von Jahwe und Israel auf eine neue Grundlage zu stellen, die ohne die Kategorien der vorexilischen Nationalreligion auskam. (3) Schließlich ist der Restgedanke in v.6 kaum im 8. Jh. vorstellbar.[16]

Ergebnis: Als älterer, vielleicht jesajanischer Kern lassen sich die beiden Sprüche gegen Damaskus und Efraim in v.1b.3* herauslösen. Sie stehen in einem engen Zusammenhang mit 8,1-4* und spiegeln den heilsprophetischen Charakter der jesajanischen Botschaft wider: Sie richtete sich nur gegen die feindlichen Nachbarvölker, nicht aber gegen das eigene Volk und das eigene Königtum. Erst nachträglich – am ehesten bereits in der nachexilischen Zeit – werden diese Worte mit der Fortschreibung v.4-6 auf das *gesamte* Gottesvolk übertragen.

8.4. Gegen Kusch (18)

Auch das Wehewort gegen Kusch (das „Land des Flügelgeschwirrs") wird in seinem Grundbestand, zu dem v.7 nach einhelliger Meinung nicht gehören kann,[17] gewöhnlich auf Jesaja zurückgeführt.[18] Im Blick auf die genaue zeitliche Einordnung ist man zwar von einem Konsens weit entfernt, und das ist angesichts der stellenweise recht änigmatischen und daher mehrdeutigen Formulierungen nicht verwunderlich.[19] Dennoch ist man – und das ist erstaunlich genug – in der Lage, einen präzisen „Sitz im Leben" für das Wort anzugeben: „Das Orakel Jesajas wurde aller Wahrscheinlichkeit nach in der

---

[15] Zobel, ThWAT III, 772.

[16] Vgl. Hausmann, Rest 154f.

[17] Vgl. Duhm 139f.; Donner, Israel 123.

[18] Ausnahmen: Kaiser II, 79f., beurteilt v.1-6 als protoapokalyptisches Orakel, das erst nachträglich in die Sammlung der Fremdvölkersprüche gelangt sei (vgl. das Fehlen der Überschrift מַשָּׂא „Spruch"). Nach Kilian II, 118, könne das insgesamt nachexilische Wort von der Abordnung des Rabschake in Jes 36f. angeregt sein.

[19] Marti 151, denkt (mit E. Meyer) an die antiassyrische Erhebung Hoscheas von Israel (728), andere kommen in die Zeit des Aschdod-Aufstandes 713-711 (z.B. Procksch 237; Fohrer I, 221f.), die meisten sehen aber den Zeitraum von 705-701 als den wahrscheinlichsten an (z.B. Duhm 136f.; Donner, Israel 123).

Anwesenheit äthiopischer Gesandter ausgesprochen, die nach Jerusalem gekommen waren, um mit dem judäischen Hof über das anti-assyrische Bündnis zu verhandeln."[20] Und ebenso selbstverständlich geht man davon aus, daß sich der Weheruf – obwohl formal an Kusch adressiert – nur gegen die *Judäer* richten könne, die Jesaja vor einem solchen Bündnis warnen will.[21]

Gegen dieses Verständnis erheben sich nun allerdings einige Bedenken, die zugleich die Frage nach der literarischen Einheitlichkeit von v.1-6 aufwerfen. Ausklammern können wir zunächst die v.3-6: Sie sind (wie man für v.3 bereits mehrfach vermutete) ein Nachtrag, der den Gedanken des Völkersturms einbringt. Aber auch das verbleibende Wort v.1-2 ist nicht aus einem Guß; eine grundlegende Beobachtung betrifft dabei die Identität der „Boten" in v.2: „Die $V2a\alpha_2\beta b$ ausgesandten Boten können entgegen der in der Forschung verbreiteten Deutung nicht mit den äthiopisch-ägyptischen Abgesandten $V2a\alpha_1$ identisch sein, wie die Formulierung der Aufforderung an sie zeigt: Erstens wird ihnen gesagt ‚geht' (nicht aber: ‚kehrt zurück'), und zweitens ist der angegebene Bestimmungsort als ein ihnen fremdes Land bzw. Volk gezeichnet."[22] Weil also einerseits deutlich ist, daß die Boten zu Beginn von v.2 nicht mit denen in der Fortsetzung identisch sind, andererseits aber dieser Wechsel nicht eigens angezeigt wird, sondern recht abrupt erfolgt, legt sich eine literarkritische Erklärung nahe: Danach hätten wir es ab לְכוּ „geht" mit einer *Erweiterung* des ursprünglichen Weherufs zu tun, die sich nun in der Tat an die *Judäer* richtet. Bei dieser Gelegenheit wird auch das seltene צִירִים für „Boten" durch das geläufigere מַלְאָכִים ersetzt. Auf diese Weise gelingt es dem Ergänzer, ein Wehewort *gegen* Kusch umzuwandeln in eine Kritik an denen, die *nach* Kusch bzw. Ägypten hinabziehen und – so wird man ergänzen dürfen – dort nach antiassyrischen Bündnispartnern suchen. Diese Auslegung ist schon deshalb nicht ganz abwegig, weil sich in diesem Nachtrag ein deutlicher Hinweis darauf findet, daß dieses Volk, zu dem die Boten in der Hoffnung auf Hilfe gehen, sich in Wahrheit als ein berüchtigtes *Gerichts*volk erweist, das am Ende den Untergang Judas selbst vorbereitet.[23] Insoweit wäre die Aufforderung an die judäischen Boten ironisch zu verstehen: „Geht nur hin zu diesem Volk, von dem ihr euch Hilfe versprecht; es wird euch nichts nützen."

Der Weheruf wendet sich in seinem Grundbestand also in der Tat, wie es der Wortlaut nahelegt, *gegen Kusch*. Seine nachträgliche Beziehung auf antiassyrische Bündnisbestrebungen und damit gegen die Politik der *Judäer* ist

[20] Høgenhaven, Gott 132; in diesem Sinne beinahe alle Ausleger. In der Regel stellt man das Wort in eine Reihe mit 22,1-14; 28,11-16; 30,1-5; 31,1-3 (vgl. etwa Donner, Geschichte II, 353-359).

[21] Vgl. Wildberger II, 690; Deck, Gerichtsbotschaft 17.

[22] Barth, Jesaja-Worte 13, der die Aufforderung לְכוּ „geht hin" auf *Jahweboten* bezieht.

[23] Daß es sich bei v.2 ab לְכוּ „geht" (und nicht erst bei dem letzten Attributsatz, wie man sonst annimmt) um einen Nachtrag handelt, ergibt sich auch aus der literarischen Aufnahme von 28,10.13 (vgl. das seltene קַו־קָו).

hingegen rein literarischer Natur; sie kann erst in erheblich späterer Zeit erfolgt sein (vgl. die Bezüge zu Jes 28,11ff.). Die wichtige Frage, ob das Wehewort gegen Kusch vom Propheten Jesaja herrührt, kann naturgemäß weder bewiesen noch falsifiziert werden. Immerhin paßte es nicht schlecht zu dem heilsprophetischen Bild, das wir bisher von der Verkündigung Jesajas gewonnen haben, und es ließe sich sogar ein „Sitz im Leben" angeben: Die Expansion des Äthiopiers Schabaka nach Ägypten[24] konnte auch eine Gefährdung für das judäische Königreich bedeutet und einen Spruch wie 18,1-2* provoziert haben. Denn die Schlacht bei Altaqū / Elteke zwischen dem ägyptischen und dem assyrischen Heer zeigte in aller Deutlichkeit, daß die Ägypter auch Palästina als ihre Domäne betrachteten; sie werden jedenfalls kaum allein deshalb gekommen sein, um dem kleinen Juda gegen die Assyrer zu Hilfe zu eilen.

8.5. Eine Zeichenhandlung gegen Ägypten und Kusch (20)

Die kleine Zeichenhandlung verdankt ihren jetzigen Platz offensichtlich der Tatsache, daß sie – wie c.18 und 19,1-15 – im Kern gegen Kusch und Ägypten gerichtet war. Um diese Intention hervorzuheben, hat möglicherweise der für die Zusammenstellung der Fremdvölker-Orakel verantwortliche Redaktor die im Kontext nachklappende Wendung עַל־מִצְרַיִם וְעַל־כּוּשׁ „gegen/über Ägypten und Kusch" (v.3bβ) ergänzt.[25] Als sekundär wird man auch v.2 betrachten können:[26] Der Vers trägt die *Beauftragung* des Propheten nach und stellt so eine „formgemäße" Korrespondenz von Zeichenhandlung und Deutewort her. Daß auch v.1 nicht von einer Hand ist, offenbart schon die umständliche Syntax; wenigstens v.1b wird man herausnehmen müssen.[27] Deutlich nachgetragen ist dann vor allem v.6, der aus der Zeichenhandlung und unter Benutzung von v.5 eine allgemeine Lehre für „die Bewohner dieser Küste" zieht.[28] So bleiben als sicherer Kern der Zeichenhandlung nur die beiden v.3-4* übrig. Denn auch v.5 erweist sich schon aufgrund des schwierigen Anschlusses „und *sie* werden erschrecken..." als eine nachträgliche Applikation, die über die Aussage von v.3f. weit hinausgeht:[29] V.3-4 kündigen die Exilierung der Ägypter und der Kuschiten durch Assur an, und v.5 richtet seinen Blick offensichtlich auf Juda und Jerusalem: „Angesichts des Zusammenbruchs des so mächtig erscheinenden Kusch / Ägypten wird man

[24] Vgl. Donner, Geschichte II, 322.

[25] Nachgetragen sind auch die „Zeichen und Wahrzeichen" in v.3bα (vgl. 8,18) und die „Schande Ägyptens" am Ende von v.4.

[26] Vgl. Duhm 148; zuletzt Vermeylen, Prophète I, 325; Deck, Gerichtsbotschaft 17f.

[27] So Huber, Jahwe 107f.

[28] Als Analogie vgl. den späten Vers 10,3; ferner 31,3.

[29] Marti 160, sieht in v.5 „eine erklärende Glosse zu v.6". Das ergibt sich einfach daraus, daß sich das „sie" *grammatisch* nur auf die in v.4 genannten Ägypter und Kuschiten beziehen kann, aber das ist wegen v.5b *inhaltlich* ausgeschlossen.

in Jerusalem zutiefst erschrecken"[30]. Der Ergänzer hat offenbar dieselbe Konstellation im Blick, von der auch 18,2 (in der bereits erweiterten Fassung) ausgeht: Die Judäer werden davor gewarnt, sich auf Bündnisse mit Völkern einzulassen; diese bringen nicht nur keine Hilfe, sondern ziehen Juda am Ende mit in den Abgrund (vgl. 30,1-5; 31,1-3).

Auch hier wird also ein älteres Wort gegen *Ägypten und Kusch* unversehens in eine Warnung an die Adresse der *Judäer und Jerusalemer* umgemünzt, und zwar wiederum auf redaktionellem Wege durch die Hand eines späteren Überarbeiters. Ob das zugrundeliegende ältere Wort auf den Propheten Jesaja zurückgeht, bleibe einmal dahingestellt; man kann allenfalls von einer Möglichkeit sprechen.[31] Immerhin fügte sich das Orakel gegen die beiden oberägyptischen Staaten zu unserem bisherigen Bild von der Prophetie des „echten" Jesaja, der – blickt man auf Juda – ein reiner Heilsprophet gewesen zu sein scheint.

8.6. Die Schuld Jerusalems (22,1-14)

Das rätselhafte, an syntaktischen, philologischen und sachlichen Schwierigkeiten reiche Wort über das „Schau-Tal" (גֵּיא חִזָּיוֹן) ist ein höchst komplexes Gebilde, dessen Entstehungsgeschichte kaum mehr zu rekonstruieren ist.[32] Man deutet es gern auf die „entspannte" Situation in der Stadt Jerusalem kurz nach dem unverhofften Abzug Sanheribs und sieht Jesaja hier in der Rolle eines auch politisch hellsichtigen Mahners: Nicht Freude und Jubel (v.1b-3), sondern Trauer und Buße (v.12-14) wären am Platze gewesen![33] In Wahrheit aber sind die Hinweise, die man für eine derartige Deutung beizubringen pflegt, alles andere als evident.[34] Denn auch der literarische Kern des Wortes – er ist offensichtlich in v.1-4* und 12-14 zu suchen[35] – reicht kaum in die Zeit von 701 zurück. Es spricht vielmehr einiges für die Annahme, daß gar nicht die Bedrohung von 701, sondern der Untergang von 587 im Hintergrund steht. So weist schon die Klage, die der Prophet (oder eher: Jahwe selbst) in v.1b-4 über die Stadt anstimmt, auf eine besondere Nähe zu den Threni hin (v.4).[36] Das gilt freilich streng genommen nur für v.4, und so

---

[30] Wildberger II, 759, der freilich v.2-5 als literarische Einheit beurteilt.

[31] Nicht sehr zuversichtlich stimmt die Bezeichnung עֶבֶד „Knecht" in v.3, die freilich auch später hinzugesetzt sein könnte.

[32] Vgl. neben den Kommentaren die neueren Analysen von Brunet, Essai 160-171; Vermeylen, Prophète I, 332-339; Emerton, VT 1980; Gonçalves, L'expédition 178-185.235-245; Deck, Gerichtsbotschaft 220-230.

[33] Vgl. etwa Donner, Israel 128f.; Wildberger II, 813.

[34] Vgl. z.B. Childs, Isaiah 26.

[35] Vgl. etwa Vermeylen, Prophète I, 335-338; Kaiser II, 114; Vogt, Aufstand 87f.; Deck, Gerichtsbotschaft 227f.

[36] Vgl. Klgl 1,16 und Jer 9,17f.; 13,17; v.a. den Ausdruck בַּת־עַמִּי „Tochter meines Volkes" (Klgl 2,11; 3,48; 4,6.10). Auch das Stichwort נחם pi. „trösten" ist (neben Dtjes) in den Threni reichlich belegt (1,2.9.16.17.21; 2,13).

ist es kein Wunder, daß man neuerdings zur Sicherung der Authentizität des Wortes diesen Vers aus dem Grundbestand herausnimmt.[37] Damit ist freilich noch nicht viel gewonnen, denn auch die v.1b-3 gehören kaum in das 8. Jh. des Propheten: (1) Die Anrede Jerusalems als Person ist in Dtjes und in den Threni geläufig, aber in älteren Texten nicht belegt. (2) Die verbreitete Interpretation, nach der hier die ausgelassene Freude der Jerusalemer über den Abzug der feindlichen Truppen beschrieben wird, ist durch den Wortlaut nicht gedeckt; sie wird offenbar von v.12-14 her eingetragen: Sowohl v.2b als auch v.3 sind (wie v.4) vom Ton der *Klage* über das Desaster bestimmt. (3) Von Freude ist aber auch in v.1b.2a nichts zu spüren: Der Sprecher ist verwundert über den *Aufruhr* in der Stadt, und das ist inhaltlich noch nicht positiv oder negativ qualifiziert.[38] Von v.3-4 her ist eher an das Chaos in der Stadt nach einer (verlorengegangenen) Schlacht zu denken, und eine solche hat es im Jahre 701 gerade nicht gegeben.

Auch der Aufruf zur Buße in v.12-14 fügt sich nicht in die Situation des Jahres 701: Der Prophet verwendet hier „das Sprachfeld der Einberufung eines Bußtages, wie es uns vornehmlich bei Joel und Jeremia entgegentritt und das auch in den Moabstücken des Jesajabuches begegnet. Das könnte Bedenken gegen die Echtheit wachrufen."[39] Vor allem läßt sich das Stück nur schwer mit der geläufigen Deutung der v.1-4 vereinbaren, denn „vom Ende der Belagerung [ist] mit keinem Wort die Rede"[40]. Man müßte also annehmen, daß Sanherib noch vor den Toren der Stadt steht,[41] oder aber das Wort überhaupt auf die Lage nach der Eroberung der Stadt im Jahre 587 beziehen. Denn mit diesem Ereignis war ja keineswegs eine völlige Liquidierung der Stadtbevölkerung einhergegangen; deportiert wurde offenbar lediglich die Oberschicht. Darüber hinaus bezieht sich das Wort wohl bewußt auf voranstehende Stücke im Jes-Buch zurück (vgl. v.12 mit 3,24 und v.14 mit 5,9a und 6,7). Wir können also vermuten, daß in dem gesamten Stück 22,1-4 kein jesajanisches Wort zu finden ist. Der Schuldvorwurf gegen die Jerusalemer setzt den Untergang der Stadt im Jahre 587 voraus.

8.7. Ertrag

Das Ergebnis läßt sich knapp zusammenfassen. Gerade in dem „unauffälligen" Korpus der Fremdvölkersprüche haben sich einige wenige Worte Jesajas erhalten, die – und das ist bemerkenswert – einen durchweg *heilsprophetischen* Charakter tragen: Sie richten sich gegen Damaskus und Efraim

---

[37] Vgl. Vermeylen, Prophète I, 337.
[38] Vgl. etwa 1Kön 1,41 (המה „lärmen"); Ijob 39,7 (תְּשֻׁאוֹת „Lärm").
[39] Wildberger II, 826, der die Bedenken freilich zu zerstreuen versucht.
[40] Donner, Israel 131.
[41] So Donner, Israel 131.

(17,1b.3*), gegen Kusch (18,1-2*) und gegen Ägypten bzw. Kusch (20,3-4*). Gewiß läßt sich bei diesen Orakeln die jesajanische Herkunft nicht beweisen; sie könnten ebensogut später abgefaßt sein. Etwas zuversichtlicher kann man allein im Blick auf 17,1b.3* urteilen (vgl. die engste Parallele in 8,1-4*). Doch es ist immerhin bemerkenswert, daß hier jeweils ein älteres Wort gegen ein *fremdes* Volk literarisch sekundär auf das *eigene* Volk von Juda übertragen wurde (vgl. 17,4-6; 18,2 [ab לְכוּ]; 20,5). Das aber geschah erst – wie auch bei der Anfügung von 8,5ff. an 8,1-4* – in nachjesajanischer Zeit. So wird auch von Jes 13-23 her das Bild, das wir bisher von der Prophetie Jesajas gewonnen haben, voll bestätigt: Sein Amt war es, *fremden* (Nachbar-)Völkern ihr baldiges Ende anzukündigen, und das bedeutete für das Königtum und das Volk von Juda nichts anderes als *Heilsprophetie*.

9. Ergebnis

9.1. Die Entstehung des Jesajabuches

Die redaktionsgeschichtlichen Analysen dieser Untersuchung haben ein neues und ungewohntes Bild von der Entstehung des (Proto-)Jesajabuches zutage gefördert. So hat sich ergeben, daß dieses Prophetenbuch in der Hauptsache nicht durch Sammlung und redaktionelle Verknüpfung ursprünglich selbständiger prophetischer Logien und Worte entstanden ist, sondern durch einen mehrphasigen Fortschreibungsprozeß, der von einer relativ schmalen „prophetischen" Textbasis (vor allem Jes 6,1-8* + 8,1-4*) seinen Ausgang nahm und im Laufe der Zeit zu immer neuen Bucheditionen mit je eigenem Aussageprofil führte. Wie Jahresringe eines Baumes legten sich die Wachstumsschalen sukzessive um den literarischen Kern des Buches, bis es seine heutige verwachsene und unverwechselbare Gestalt gewann. Dabei erweist sich die vom Jesajabuch suggerierte Komplexität der prophetischen Überlieferung – als Beispiele seien nur die Ambivalenz von Heil und Unheil oder die unterschiedliche Beurteilung der assyrischen Großmacht genannt – bei genauerer Analyse als das Ergebnis der literarischen Wachstumsgeschichte des Buches. Besonders deutlich läßt sich dieser Befund an den verschiedenen Verkündigungsphasen studieren, in die man das Wirken des Propheten gern aufteilte: Der Weg „Jesajas" von der anfänglichen Verstockungsbotschaft über die sozialkritische Frühzeit (Jes 5) bis hin zur reiferen, theologisch reflektierten Phase gegen Ende seiner Wirksamkeit (vgl. c.1 oder die ungehorsamstheologischen Worte 28,12; 30,15) beschreibt in Wahrheit nicht den biographisch erhebbaren Erkenntnisweg, den der Prophet selbst durchlebt und durchlitten hätte, sondern markiert die entscheidenden (fast durchweg nachjesajanischen) Wachstumsstufen in der Entstehung des Propheten*buches*.

Das Hauptergebnis der Arbeit besteht zunächst in der Offenlegung und Beschreibung dieser verschiedenen Wachstumsstufen in ihrem *relativen* Verhältnis zueinander. Daß aus dieser relativen Chronologie auch der Versuch einer *absoluten* Datierung der Schichten und Editionssphasen erwachsen muß, ist selbstverständlich, aber mit erheblichen Schwierigkeiten verbunden, weil die Texte nur selten auswertungsfähige geschichtliche Anspielungen enthalten.[1] Mit dieser Einschränkung läßt sich nun eine kleine Entstehungsgeschichte des (Proto-)Jesajabuches skizzieren. Dabei können wir uns – entsprechend der Aufgabenstellung – auf die maßgeblichen Editionsphasen beschränken; auch die zahllosen Einzelzusätze und -fortschreibungen müssen

[1] Vgl. Steck, Prophetenbücher 118-120.

und können hier außer Betracht bleiben. Für die Details sei auf den „Ertrag“ am Ende eines jeden Kapitels verwiesen.

(1) *Die Anfänge.* Am Anfang standen einige wenige, aber markante Worte des Propheten Jesaja ben Amoz *gegen fremde Völker*, insbesondere gegen das Nordreich und gegen Aram. Ganz sicher gehörte die in 8,1.3f.+16 überlieferte Zeichenhandlung über die Namengebung des „Eilebeute-Raubebald“ zum ältesten Bestand. Das prophetische „Ich“, das zumal in 8,3f. spricht, ist insoweit authentisch, wenngleich man es nicht autobiographisch (miß)verstehen sollte: Die Zeichenhandlung hat den alleinigen Sinn, den baldigen Untergang Arams und Israels anzukündigen bzw. – von Juda her gesehen – ein baldiges Ende der Bedrohung durch diese beiden Staaten zu versprechen. Es ist möglich, aber nicht zwingend, daß diese Szene ihren ursprünglichen Ort im syrisch-efraimitischen Konflikt hatte.

Für die Rekonstruktion des ältesten Jesajabuches entscheidend ist nun die Einsicht, daß diese kleine Szene einmal die unmittelbare Fortsetzung der Berufungsvision bildete: Zum einen hat sich Jes 7 als ein Spätling innerhalb der „Denkschrift“ erwiesen, der ihr erst in protochronistischer Zeit eingepflanzt wurde; es handelt sich um eine fiktive, auf die Jesaja-Legenden in c.36-38 hin konzipierte Lehrerzählung in historischem Gewande, die im Kern auf der Antitypologie Ahas–Hiskija basiert. Und zum andern hat sich herausgestellt, daß der Verstockungsauftrag in 6,9-11 der Berufungsvision ebenso sekundär zugewachsen ist wie der Verweis auf die Unreinheit „dieses Volkes“ in 6,5aβ. Die Berufungsvision zielte in ihrem Grundbestand (6,1-4.5aαβ.6-8) also keineswegs auf eine Verstockung des judäischen Volkes, sondern schilderte die feierliche, mit kultischen und königlichen Vorstellungen durchsetzte Inauguration Jesajas als eines judäischen Propheten. Dessen Amt aber bestand, wenn man der ältesten Tradition folgt, darin, nicht Juda selbst, sondern gerade den Juda feindlich gesonnenen Völkern das Gericht anzusagen. So ist es kein Wunder, daß mittels des Überleitungsverses 8,1 die Berufungsvision direkt mit der kleinen Szene 8,3f. zusammengeschlossen wurde. *Der literarische Kern des Jesajabuches ist demnach in 6,1-8* und 8,1.3f.(16*) zu suchen.* Es gab also tatsächlich einmal eine kleine Sammlung von Jesajaworten, die formgemäß (vgl. Jer 1 und Ez 1-3) mit der Berufungsvision eingesetzt hat.

Wahrscheinlich haben weitere Sprüche zu dieser ersten Sammlung gehört; es handelt sich durchweg um Worte gegen fremde Völker: 17,1b.3* (gegen Damaskus und Efraim), 18,1-2* (gegen Kusch), 20,3-4* (gegen Ägypten bzw. Kusch), 28,1*.3 (gegen Efraim) und 28,7b-10 (gegen den Kult in Samaria). Die jesajanische Herkunft läßt sich bei diesen Orakeln gewiß nicht beweisen; auch eine spätere Abfassung kommt in Frage. Doch es ist immerhin bemerkenswert, daß hier jeweils ein älteres Wort gegen ein *fremdes* (Nachbar-)Volk nachträglich – und zwar bereits lange Zeit nach Jesaja – auf das *eigene* Volk von Juda bezogen wurde.

(2) *Unheilstheologische Neuedition des jesajanischen Kerns.* Nach unserer Sicht der Dinge erst in frühnachexilischer Zeit – also *post festum* – ist Jesaja zu einem Gerichtsprediger gegen Nord- *und* Südreich avanciert. Dies geschah durch eine folgenreiche Neuedition der (wenigen) jesajanischen Worte, die uns in der eben beschriebenen kleinen Sammlung überkommen sind: So wurde die Berufungsvision um den Verstockungsauftrag erweitert (6,5aβ.9. 11), und das Wort gegen Aram und Israel (8,1.3f.) fand in einer Gerichtsdrohung gegen das Südreich (8,5-8a*) eine neue Fortsetzung. Den Abschluß dieser Einheit bildete 8,17, so daß die „Denkschrift" auf der Stufe dieser Redaktion aus 6,1-9.11 und 8,1-8a*.16*-17 bestand.

In ähnlicher Weise verfuhr man mit dem älteren Bestand in c.28: Auch hier wurde *auf redaktionellem Wege* und wiederum kaum vor dem Beginn der persischen Zeit die heilsprophetische Botschaft, die in der Untergangsdrohung gegen feindlich gesonnene Staaten bestand (vgl. das Wort gegen Efraim 28,1*.3), in eine Gerichtsbotschaft gegen das eigene Volk von Juda umgewandelt (vgl. 28,7aα.11-18*).[2]

Erst durch diese frühnachexilische Neuedition der älteren heilsprophetischen Jesajaworte entstand ein literarisches Korpus, das man mit Fug und Recht ein (kleines) „Prophetenbuch" nennen kann und das zum Ausgangspunkt vielfältiger Fortschreibungstätigkeit geworden ist.[3] Denn es liegt nahe, daß der Editor dieses Büchleins nur solche Worte des Propheten Jesaja aufnahm und verarbeitete, die sich ohne Mühe auf das Südreich übertragen ließen. Er wählte offenbar – anders als die späteren Fortschreiber – aus seinem Material das aus, was er brauchte. Man hat also damit zu rechnen, daß Jesaja noch mehr und anderes gesprochen hat, als uns überliefert ist. Unheilsworte gegen Juda werden freilich nicht darunter gewesen sein, denn hätte es solche gegeben, wären sie uns gewiß als *literarische Kernbestände* erhalten. Stattdessen erweisen sich Worte, die sich gegen Juda, seinen Staat und seine Bewohner richten, *durchweg* als literarisch sekundär.

(3) *Fortschreibungen in 5,1-7.8ff. und 9,7-20.* Die „Denkschrift" wird von zwei Überlieferungsblöcken gerahmt, die sich als Fortschreibungstexte zu erkennen geben: Das Weinberglied 5,1-7 ist samt der Weheruf-Reihe 5,8-24* als neue Bucheinleitung konzipiert worden; die (ganz und gar aus dem Amos-Buch importierte) Sozialkritik soll die harte Verstockungsbotschaft von c.6* abmildern und einsichtiger machen. Mit der Vorschaltung des Weinbergliedes ist die Berufungsvision c.6* also erstmals von ihrer Anfangsstellung abgerückt worden, und spätere Editoren schlossen sich diesem Verfahren an. Als eine kontextgebundene Fortschreibung ist auch das Kehrversgedicht von der ausgestreckten Hand in 9,7-20* zu beurteilen: Es schloß ursprünglich an

[2] Ähnliche Übertragungen sind auch in anderen Prophetenbüchern vorgenommen worden; vgl. etwa die Juda-Strophe Am 2,4f. oder Hos 5,5bβ; 6,11.

[3] Zu der These, die Gattung „Prophetenbuch" sei erst in exilisch-nachexilischer Zeit denkbar und möglich, vgl. ausführlich Pohlmann, FS Kaiser (1994).

8,17 an und hatte die Aufgabe, in der Art eines Geschichtsrückblicks die Schuldverfallenheit des gesamten Gottesvolkes aufzuweisen.

(4) *Die Assur-Redaktion.* Eine weitere markante Redaktionsstufe ist mit dem Stichwort Assur-Redaktion benannt; sie umfaßt freilich nach der vorliegenden Analyse und im Unterschied etwa zu H. Barth lediglich die beiden Wortgruppen 10,5-11* + 14,24-25a und 29,1-4* + 31,1.3.8a. Diese Redaktion hat die Funktion, die Hiskija-Jesaja-Legenden (c.36-37) vorzubereiten und literarisch in die Wortüberlieferung zu integrieren. Dabei ist zu beachten, daß diese Hand das heilsprophetische Bild der Legenden nicht einfach übernimmt und fortschreibt, sondern durchaus von einer Schuld Israels ausgeht. Zwar wird der Zion von Jahwe gerettet und bewahrt (14,24-25a; 31,8a), doch er wird gerade nicht grundlos bedrängt: Das Volk hat sich schuldig gemacht, und insofern ist die tiefe Demütigung des Zion (anders als in c.36f.!) als göttliche Strafe zu beurteilen (vgl. 10,5; 29,2).

(5) *Zwei neue Bucheinleitungen in 3,1-7*.14f. und 2,6-19*.* Das bereits um das Weinberglied 5,1-7 und die Weheruf-Reihe 5,8-24* erweiterte Jesajabuch bekam durch 2,6-19* und 3,1-7.14f. wiederum zwei neue Einleitungen, durch die die Berufungsvision noch weiter von ihrer ursprünglichen Anfangsstellung entfernt wurde: Gegenüber der radikalen Kritik am Gottesvolk als Ganzes hebt 3,1-7*.14-15 die Schuld der *führenden* Kreise hervor, und der Einbau des Gedichts vom kommenden Tag Jahwes in 2,6-19*, das mittels der redaktionellen v.6-11*+19 an seinen jetzigen Platz vor 3,1ff. gestellt wurde, rückt die nachfolgenden Kapitel in ein eschatologisches Licht: Was Israel in der Vergangenheit erfahren mußte, das gerechte Gericht Gottes, kann zu jeder Zeit wieder über das Gottesvolk hereinbrechen.

(6) *Einschaltung von Jes 7*.* In (grob gesagt) protochronistischer Zeit wurde die antitypologische Glaubenserzählung in die Denkschrift eingesetzt. Sie ist literarisch von 2Sam 7; 2Kön 16 und den Jesaja-Legenden c.36-38 abhängig und erweist sich als eine durch und durch fiktive, für den gegebenen Kontext verfaßte Lehrerzählung in historischem Gewande, die für die Rekonstruktion des syrisch-efraimitischen Krieges praktisch bedeutungslos ist.

(7) *Die Ungehorsams-Redaktion.* Eine umfängliche, planvolle und für das jetzige Jesajabild kaum zu unterschätzende Neuedition erfolgte durch die Hand eines ungehorsamstheologischen Redaktors, dem wir nicht nur die Bucheinleitung 1,2-20* (mit der Überschrift 1,1), sondern einen beträchtlichen Teil der in c.28-31 enthaltenen Worte verdanken, die man bisher gern der Spätzeit des Propheten zugewiesen hat.[4] Es handelt sich um 28,12.16aβb; 29,9f.13-16; 30,1-2.4-5a.8-13.15f.17aβb; 31,2. Die theologische Kernaussage dieser Schicht ist einfach und fundamental zugleich: Das Gottesvolk ist von Grund auf ungehorsam; es hat, so die Lehre aus der Geschichte,

[4] Vgl. auch die zusammenfassende Charakterisierung dieser Schicht oben Kap. 7.6.

„nicht gewollt" (vgl. 1,19; 28,12; 30,15). Da sich die hier formulierte Botschaft aber nicht an die Zeitgenossen Jesajas, sondern an die nachexilische Tempel-Gemeinde richtet, die das Jesajabuch zum Zwecke der Erbauung liest und studiert, erklären sich auch die heilvollen Aussagen innerhalb dieser Schicht zwanglos: Wer will, kann „jetzt" ein frommes, dem Willen Jahwes gemäßes Leben führen (vgl. 1,16-18; 28,16; 30,15).

Das Jesajabuch hat – und das zeigt schon diese kleine Übersicht – in seiner Entstehungsgeschichte wie ein Magnet gewirkt, der Stoffe und Themen – z.T. aus anderen im Werden begriffenen alttestamentlichen Büchern (Amos, Micha, Jeremia) – anzog, spezifisch ausrichtete und umprägte. Auf diese Weise ist „Jesaja" zu einer Prophetengestalt von unvergleichlicher Komplexität geworden, die man freilich nicht biographisch mißverstehen sollte.[5] Jesaja war Unheilskünder und Gerichtsprophet, prangerte soziale Mißstände an und predigte Umkehr, sagte die Bedrohung *und* die Bewahrung des Zion an, war in den weisheitlichen und „altisraelitischen" Traditionen zuhause, predigte im Rahmen des Kultes und stand dem Kult fern, gehörte zum Kreis der Hofpropheten und setzte sich vom Königtum ab. Überblickt man diese Vielzahl von Ämtern und Aufgaben, fühlt man sich unwillkürlich an die überlieferungsgeschichtliche Karriere des Mose erinnert, der in der Wachstumsgeschichte des Pentateuch nicht nur Religionsstifter, Volksgründer, Gesetzgeber und anderes mehr, sondern am Ende auch Prophet geworden ist.[6]

Wenn hier von der Entstehungsgeschichte des Jesajabuches die Rede ist, stehen zunächst und vor allem die Kapitel 1-39 im Blick. Diese Beschränkung der Analyse hat freilich keine prinzipiellen, sondern ausschließlich pragmatische Gründe. Wie in der Einleitung dargelegt, soll durch die hier vorgelegte Entstehungsgeschichte auch ein Beitrag zur Genese des Großjesajabuches geleistet werden. Wir haben in unserer Analyse mehrfach, wenn auch eher am Rande, auf Berührungen mit den sog. deutero- und tritojesajanischen Komplexen des Buches hingewiesen.[7] So lassen sich, um nur ein Beispiel zu nennen, die Verbindungen zwischen der eben skizzierten Ungehorsamsschicht und verwandten deuterojesajanischen Texten (z.B. 42,24f.) nicht übersehen. Nach unserer Auffassung sind diese Bezüge kaum zufällig oder allein mit demselben geistigen Mutterboden erklärbar; vielmehr müßte ihnen auf großjesajanischer Ebene textgenetisch weiter nachgegangen werden. Wir können an dieser Stelle zusammenfassend auf die Arbeiten von *O.H. Steck* verweisen,[8] dessen Analysen zu Jes 40-66 und den späten protojesajanischen

[5] Vgl. das komplexe Bild, das Wildberger III, 1577-1667; Clements 11-19, und Vermeylen, Prophète II, 655-671, vom „historischen" Jesaja zeichnen.

[6] Vgl. die Übersicht bei Donner, Geschichte I, 126-128.

[7] S.o. Kap. 3.5.; 5.5.; 7.6. und 7.7.

[8] Vgl. neben den Monographien Heimkehr; Abschluß; Prophetenbücher die in BZAW 203 und FAT 4 zusammengestellten Beiträge; darüber hinaus vgl. ferner Kratz, Kyros, und Bosshard, Jesaja 1-39.

Texten sich in redaktionsgeschichtlicher Hinsicht beinahe nahtlos an das hier Erarbeitete anschließen.

9.2. Die Botschaft Jesajas

Was ergibt sich aus der Entstehungsgeschichte des Buches für den Inhalt und das Wesen der prophetischen Verkündigung? Auch hier hat die Untersuchung zu einem höchst ungewohnten Ergebnis geführt: Jesaja war ein Heilsprophet! Er hat zwar Unheil verkündigt, aber dieses Unheil galt nicht dem eigenen Volk, nicht Juda und Jerusalem selbst. Es richtete sich gegen die Nachbarn, die fremden und zu Feinden gewordenen Völker, mit denen der Südreichsstaat in Konflikt geriet. So dürfte Jesaja sehr viel stärker, als man bisher anzunehmen wagte, mit dem Kult, dem Staat und der Dynastie Judas und seiner Hauptstadt verbunden gewesen sein. Ein beredtes Zeugnis dieser nationalreligiösen Bindung stellt der Grundbestand der Berufungsvision in 6,1-4.5aαb.6-8 dar, in der sich priesterliche und königliche Motive in einer eigentümlichen Weise miteinander mischen: Diese Vision präsentiert einen Propheten, der fest in den Traditionen seines Kultes, aber auch seines Staates verwurzelt ist. Niemand, der 6,1-8* ohne seine jetzige Fortsetzung liest, würde auf den Gedanken kommen, hier werde dem eigenen Volk *in toto* der Untergang angekündigt. Eine solche Wendung – sie wird gern als Modifikation der klassischen Zionstheologie durch Jesaja selbst beurteilt – setzt offenkundig den Untergang des Staates bereits voraus. Sie setzt vor allem voraus, daß die Allianz von Staat und Kult zerbrochen ist. Jesaja selbst ist eine „Bestreitung dieser natürlichen Synthese von Religion und Patriotismus“[9] hingegen kaum zuzutrauen; die Zeit war noch nicht reif für eine derartige Einsicht.

Es ist insofern nicht ganz abwegig, Jesaja als einen „Kultpropheten“ zu bezeichnen: „Den Kultpropheten wie dem Kult im weitesten Sinne oblag es, das Heil Israels zu sichern, wo es bedroht war, oder wiederherzustellen, wo es durch schuldiges Vergehen von innen oder von außen eingeschränkt war oder gar zunichte wurde.“[10] Daß sich „Kultpropheten und kanonische Unheilspropheten vor dem Exil in unversöhnlichem Gegensatz“ gegenüberstanden,[11] ist jedenfalls im Blick auf die Jesajaüberlieferung nicht zu erweisen. Ja, es stellt sich die Frage, ob es diesen Gegensatz überhaupt je gegeben hat. Der Befund an anderen prophetischen Büchern, der hier nicht vorgeführt werden kann, läßt jedenfalls berechtigte Zweifel entstehen.[12] Sie mögen sogar zu der Frage führen, ob es die sogenannte klassische Unheilsprophetie

---

[9] Perlitt, Bundestheologie 114.

[10] Jeremias, Kultprophetie 178.

[11] Jeremias, Kultprophetie 180.

[12] Im Blick auf Amos vgl. immerhin Levin, VT 1995, der in Amos einen Südreichspropheten sieht, der – wie Jesaja! – gegen das Nordreich geweissagt hat.

überhaupt je als eigenes historisches Phänomen und unabhängig von ihrer literarischen Gestalt gegeben hat.

Es darf schließlich auch auf eine Reihe neuassyrischer Prophetentexte aus der Regierungszeit Asarhaddons (681-669) und Assurbanipals (669-629) hingewiesen werden,[13] die in frappierender Weise mit dem Bild übereinstimmen, das wir vom Amt des „historischen" Propheten Jesaja gezeichnet haben: Es handelt sich durchweg um Heilsprophetie zugunsten des Königs, die ganz ohne ethisch-theologische Unheilsverkündigung auskam. Im Lichte dieser Parallelen erweist sich die judäische Prophetie der vorexilischen Zeit als eine Spielart der altorientalischen Prophetie. So kommt auch das in den Jesajaerzählungen c.36ff. gezeichnete Bild vom Propheten, obwohl es legendenhaft ausgestaltet ist, dem „historischen" Jesaja weit näher als die Masse der Wortüberlieferung. Auf derselben Linie liegen dann auch die Assur-Texte, die man als Fortsetzung der Heilsverkündigung Jesajas mit ausgeprägt zionstheologischem Vorzeichen verstehen kann.

Bereits beim Propheten Jesaja ist somit eine zionstheologische Grundrichtung erkennbar, die nicht nur nicht in Frage gestellt wird, sondern die natürliche Basis seiner Verkündigung bildet. Seine Botschaft läßt – wenigstens im Prinzip – dieselben Vorstellungen von der religiösen Legitimation staatlich-religiöser Ordnung und der zugehörigen Gottesstadt erkennen, wie man sie sonst im Alten Orient vorfindet.[14] Neu freilich ist die Tatsache, daß sich dieser zionstheologische Grundzug über den staatlichen Untergang Judas hinaus erhalten hat und das vorliegende Buch (vom 1. bis zum 66. Kapitel) wie ein roter Faden durchzieht: Das Jesajabuch ist im Laufe seiner Geschichte zu einem Buch von der Gefährdung und Bewahrung des Zion geworden; so blieb die Gerichtsprophetie gegen Juda und Jerusalem, obwohl sie in einigen markanten Phasen der Buchwerdung hinzutrat (vgl. z.B. die Ungehorsams-Redaktion), aufs Ganze gesehen doch bloße Episode. Das, was man den „Deuteronomismus" zu nennen pflegt, ist – etwa im Unterschied zur Jer-Überlieferung – nie zu einem bestimmenden Faktor in der Entstehungsgeschichte des Jesajabuches geworden.

---

[13] Vgl. Nissinen, FS Bergerhof, bes. 248-253.

[14] Dazu vor allem Spieckermann, Bib. 1992.

Anhang:
Die Texte in literarkritischer Schichtung

Dieser Anhang enthält nur solche Texte, die ausführlicher behandelt wurden, und zwar Jes 1-10 (+14*) und Jes 28-31. Da es nicht möglich ist, die Schichtung des *gesamten* Protojesaja-Buches durchgehend mit einheitlichen Schrifttypen darzustellen, wird es in literarhistorisch sinnvolle Texteinheiten zerlegt. Jeder dieser Einheiten ist eine Legende vorangestellt, aus der die Schichtung für das betreffende Stück hervorgeht. Was z.B. in Jes 7 zum **Grundbestand** gehört, liegt nicht auf einer Ebene mit dem **Grundbestand** von Jes 6. Umgekehrt kann die *Bearbeitungsschicht* der einen Einheit (etwa Jes 3,8-9) literarhistorisch dem **Grundbestand** der anderen (etwa Jes 1,1-2,5) entsprechen. Die Schichten werden in folgender Weise differenziert:

- **In den nachstehenden Übersetzungen wird der Grundtext jeweils durch eine fette Schrifttype wiedergegeben.**
- Gelegentlich wird für den Sammler der älteren Worte die normale Schrift gewählt (z.B. c.28).
- *Maßgebliche editorische Bearbeitungen oder Neuakzentuierungen sind kursiv gesetzt (z.B. die Ungehorsams-Schicht in c.28-31).*
- Geschweifte Klammern markieren {Glossen}, {kleinere Erläuterungen} oder {einzelne Zusätze}.
- Weitere redaktionelle Fortschreibungen sind mit normaler, jedoch kleinerer Schrifttype gekennzeichnet. Die zeitliche Abfolge der einzelnen Schichten wird durch stufenweise Einrückung sichtbar gemacht.
- **Auf einzelne quellenhafte Stücke (insbesondere innerhalb späterer Fortschreibungen) weist eine kleine fette Schrifttype hin (z.B. 2,2-4).**

Es ist zu beachten, daß die Verwendung einer einzigen Schrifttype noch keine sicheren Hinweise auf die literarische Einheitlichkeit eines Stückes zuläßt. Vor allem im Bereich der mit kleiner Type wiedergegebenen späten redaktionellen Fortschreibungen ist mit Nacharbeiten zu rechnen, die nicht immer mit der nötigen Differenziertheit wiedergegeben sind.

- **1,(1)2-20*: Ungehorsamstheologische Neuedition des Jes-Buches (vgl. c.28-31); als neuer Buchanfang vor 2,6ff. gestellt.**
- 1,21-26: Red. Einleitung des aus Mi 4,1-5 übernommenen **Orakels 2,2-5**.
- Weitere Fortschreibungen in 1,27f. / 2,1 / 1,29f. / 1,31.

1,1Gesicht Jesajas, des Sohnes des Amoz, das er über Juda und Jerusalem geschaut hat in den Tagen des Usija, des Jotam, des Ahas, des Hiskija, der Könige Judas.

2Hört, Himmel! Und horche auf, Erde!
Denn Jahwe redet:
Söhne habe ich großgezogen und emporgebracht,
doch sie haben sich gegen mich aufgelehnt.
3Das Rind kennt seinen Besitzer
und der Esel die Krippe seines Herrn.
Israel [aber] erkennt nicht,
mein Volk hat keine Einsicht.
4Wehe, sündige Nation,
schuldbeladenes Volk,
Brut von Bösewichtern,
verdorbene Söhne!

Sie haben Jahwe verlassen,
verworfen den Heiligen Israels,
{sie haben den Rücken gekehrt.}

5Worauf wollt ihr noch geschlagen werden?
Ihr verbleibt [doch] im Abfall!
Der ganze Kopf ist krank,
und das ganze Herz ist siech.
6Von der Fußsohle bis zum Haupt
keine heile Stelle:
Beule und Strieme
und frische Wunde,
nicht ausgedrückt und nicht verbunden
und nicht mit Öl erweicht.
7Euer Land ist eine Öde,
eure Städte sind mit Feuer verbrannt.
Euer Acker vor euren Augen:
Fremde verzehren ihn,
und eine Öde wie eine Zerstörung von Fremden.
8Und übriggeblieben ist [allein] die Tochter Zion
wie eine Hütte im Weinberg,
wie eine Nachthütte im Gurkenfeld,
wie eine bewahrte Stadt.

9Hätte nicht Jahwe Zebaot
uns Entronnene übriggelassen, ein wenig,

wie Sodom wären wir geworden,
Gomorra wären wir ähnlich geworden.

10 Hört das Wort Jahwes,
Fürsten von Sodom!
Horcht auf die Weisung unseres Gottes,
Volk von Gomorra!
11 Was soll mir die Menge eurer Schlachtopfer?,
spricht Jahwe.
Satt habe ich die Brandopfer von Widdern
und das Fett von Mastkälbern,
und das Blut von Stieren {und Lämmern} **und Böcken**
mag ich nicht.
12 {Wenn ihr kommt, mein Angesicht zu ‚schauen'[a] -}
Wer hat solches von euch verlangt:
meine Vorhöfe zertreten?
13 Bringt mir nicht länger sinnlose Gabe;
Rauchopfer, das mir ein Greuel ist.

Neumond und Sabbat und Festversammlung -
nicht mag ich Frevel und Feiertag.

14 Eure Neumonde und eure Feste
haßt meine Seele.
Sie sind mir zur Last geworden;
ich bin müde, sie zu ertragen
15 Und wenn ihr eure Hände ausbreitet,
verhülle ich meine Augen vor euch.
Auch wenn ihr noch so viel betet,
ich höre es nicht.
Eure Hände sind voll Blut.
16 Wascht, reinigt euch!
Tut hinweg eure bösen Taten,
mir aus den Augen!
Unterlaßt das Böse!
17 Lernt das Gute!
Trachtet nach Recht!
Weist den Gewalttätigen zurecht!
Verschafft der Waise Recht!
Führt die Sache der Witwe!
18 Kommt doch und laßt uns miteinander rechten,
spricht Jahwe.
Wenn eure Sünden sind wie das Rote,
können sie weiß werden wie Schnee?
Wenn sie rot sind wie Purpur,
können sie dann sein wie Wolle?
19 Wenn ihr willig seid und hört,

---

[a] L. לִרְאוֹת (qal) statt לֵרָאוֹת (nif.); dogmatische Änderung.

so sollt ihr das Gute des Landes essen.
20Doch wenn ihr euch weigert und widerspenstig seid,
werdet ihr vom Schwert gefressen,
denn der Mund Jahwes hat es geredet.

21Wie ist zur Dirne geworden
die treue Stadt,
die angefüllt war mir Recht!
Gerechtigkeit wohnte in ihr, {jetzt aber Mörder}.
22Dein Silber ist zur Schlacke geworden.
Dein Weizenbier ist gepanscht mit Wasser.
23Deine Fürsten sind Aufrührer
und Diebesgesellen.
Sie alle lieben Bestechung
und jagen Geschenken nach.
{Der Waise helfen sie nicht zum Recht,
und die Rechtssache der Witwe kommt nicht vor sie.}
24Darum – Spruch des Herrn Jahwe Zebaot,
des Starken Israels:
Wehe, ich will Rache nehmen an meinen Gegnern,
und ich will mich rächen an meinen Feinden.
25{Und ich will meine Hand gegen dich wenden},
und ich will ausschmelzen deine Schlacken mit Lauge
und wegschaffen all dein Blei.
26Und ich will dir wieder Richter geben wie am Anfang
und Ratgeber wie vor alters.
Dann wird man dich nennen „Stadt der Gerechtigkeit",
„treue Stadt".

27Zion wird durch Recht erlöst
und seine Bekehrten durch Gerechtigkeit.
28Und Verderben [kommt über] die Frevler und Sünder allesamt.
Und die Jahwe verlassen, kommen um.

29Ja, sie werden zuschanden wegen der Eichen,
die euch gefallen.
Und ihr werdet beschämt sein wegen der Gärten,
die ihr euch erwählt habt.
30Denn ihr werdet sein sie eine Eiche, deren Laub welkt,
und wie ein Garten, in dem kein Wasser ist.

31Und der Mächtige wird zu Werg
und sein Werk zum Funken,
und brennen werden sie beide zusammen,
und keiner ist da, der löscht.

2,1Das Wort, das Jesaja, Sohn des Amoz,
schaute über Juda und Jerusalem:

2Und es wird geschehen am Ende der Tage,
da wird der Berg des Hauses des Herrn festgegründet stehen
an der Spitze der Berge
und wird die Hügel überragen.
Und es werden alle Völker zu ihm strömen.
3Und viele Nationen werden gehen und sagen:
Kommt, laßt uns hinaufziehen zum Berg Jahwes,

zum Haus des Gottes Jakobs,
damit er uns von seinen Wegen lehre
und wir auf seinen Pfaden wandeln.
Denn von Zion kommt die Tora
und das Wort Jahwes von Jerusalem.
4Und er wird richten zwischen den Völkern
und wird zurechtweisen viele Nationen.
Und sie werden schmieden ihre Schwerter zu Pflugscharen
Und ihre Speere zu Winzermessern.
Kein Volk wird gegen das andere das Schwert erheben,
und sie werden den Krieg nicht mehr lernen.

5Haus Jakob, auf, laßt uns wandeln im Licht Jahwes!

▸ **2,10.12-17: Weisheitliches Gedicht vom kommenden Tag Jahwes über alles Hohe; dem *Redaktor* vorgegeben.**

▸ *2,6-9*.11.19: Redaktor, der dieses Gedicht aufnahm und vor 3,1-15* plazierte; zugleich neue Buchedition.*

▸ 2,6aβb.8a.b.18.20-21: einzelne Erweiterungen götzenpolemischer Art.
2,22: weisheitliche Schlußsentenz.

2,6*Ja, du hast dein Volk verstoßen,*
das Haus Jakob.

Denn sie waren voll aus dem Osten (?)
und von Wahrsagern wie die Philister,
und mit Kindern von Fremden tauschen sie Handschlag.

7*Und voll war sein Land von Silber und Gold,*
und seiner Schätze war kein Ende.
Und voll war sein Land von Pferden,
und seiner Wagen war kein Ende.

8Und voll war sein Land von Götzen.
Vor dem Werk ihrer Hände fallen sie nieder,
vor dem, was ihre Finger gemacht haben.

9*Der Mensch wurde gebeugt, und der Mann wurde gedemütigt.*
Verzeih ihnen nicht!

10Geh hinein in den Felsen,
und versteck dich im Staub
vor dem Schrecken Jahwes
und vor der Pracht seiner Hoheit.

11*Die Hochmutsaugen des Menschen ‚senken sich'*[b]*,*
und gebeugt wird der Stolz der Männer.
Und erhaben ist Jahwe allein
an jenem Tage.

---

[b] Die „Augen" (עֵינֵי) sind offenbar später hinzugesetzt worden (vgl. 10,12b); ursprünglich: „Der Hochmut der Menschen wird gedemütigt."

12Denn es ist ein Tag für Jahwe Zebaot
über alles Erhabene und Stolze und über alles Hohe
{und es wird gedemütigt}
13und über alle Zedern des Libanon {,die hoch aufragenden,}
und über alle Eichen des Baschan
14und über alle hohen Berge
und über alle erhöhten Hügel
15und über jeden hohen Turm
und über jede feste Mauer
16und über alle Tarschisch-Schiffe
und über alle kostbaren Segler.
17gebeugt wird der Hochmut des Menschen
und gedemütigt der Stolz der Männer.
Und erhaben ist Jahwe allein
an jenem Tage.

18Und die Götzen schwinden allesamt dahin!

19*'Geht hinein'*[c] *in Felshöhlen*
und in Erdlöcher
vor dem Schrecken Jahwes
und vor der Pracht seiner Hoheit,
wenn er sich erhebt, um die Erde zu erschrecken.

20An jenem Tag wirft jeder seine silbernen Götzen und seine goldenen Götzen weg, die er sich gemacht hat um niederzufallen, vor die Ratten und Fledermäuse. 21Um hineinzugehen in Felsspalten und in Steinklüfte vor dem Schrecken Jahwes und vor der Pracht seiner Hoheit, wenn er sich erhebt, um die Erde zu erschrecken.

22Laßt doch ab vom Menschen,
in dessen Nase nur ein Hauch ist,
denn für was ist er zu achten?

- **3,1-7*.14-15: Das Gericht über die Nobilitäten Jerusalems und Judas; als neue Bucheinleitung vor 5,1-7.8-24* gestellt.**
- *3,8-9: Unheilstheologische Neuedition; auf einer Stufe mit 1,2-20*.*
- Einzelne Ergänzungen in 3,4 / 3,12a.13 / 3,10-11 / 3,12b. – Weitere Fortschreibungen in 3,16-17.24* / 3,25-4,1 / 3,18-23. Ein heilvoller Ausblick in 4,2 / 4,3-5 / 4,6.

3,1{Denn} **siehe, der Herr Jahwe Zebaot**
entfernt aus Jerusalem und Juda
Stütze und Stab, {jede Stütze an Brot und jede Stütze an Wasser,}
2den Helden und Kriegsmann,
Richter {und Propheten und Wahrsager} **und Ältesten,**
3Hauptmann und Würdenträger
und Ratgeber und Weisen {an Zauberkunst und klugen Beschwörer}.

[c] L. statt וּבָאוּ „und sie (= die Götzen) gingen hinein“ בֹּאוּ „geht hinein“.

4 Und ich will ihnen Jünglinge zu Fürsten geben,
und Willkür soll über sie herrschen.

5 Und das Volk wird bedrängt, einer gegen den andern,
ein jeder gegen seinen Nächsten.
Der Jüngling setzt dem Alten zu
und der Verachtete dem Geachteten.
6 Wenn [dann] einer seinen Bruder packt
[im] Haus seines Vaters:
„Du hast einen Mantel! Du sollst Führer sein,
und diese Trümmer seien dir untertan!“
7 [So] wird der an jenem Tage anheben und sagen:
„Ich will doch kein Arzt sein,
und in meinem Haus gibt es {kein Brot und} **keinen Mantel.**
Macht mich nicht zum Führer des Volkes!“

8 Ja, Jerusalem strauchelte
und Juda fiel,
denn ihre Zunge und ihre Taten waren gegen Jahwe,
seiner Herrlichkeit ins Auge zu trotzen.
9 Ihr Ansehen der Person zeugte wider sie,
und ihre Sünde erzählten sie {wie Sodom}, hielten sie nicht verborgen.
Wehe ihnen, denn sie zogen sich selbst das Unheil zu.

10 Sagt [zum] Gerechten, daß es [ihm] gut [ergeht],
denn die Frucht seiner Taten wird er genießen.
11 Wehe dem Frevler, [ihm ergeht es] schlecht,
denn was seine Hände getan haben, wird ihm widerfahren.

12 Mein Volk - seine Gewalthaber tun ihm [etwas] an,
und Frauen herrschen über es.

Mein Volk - deine Führer führen dich in die Irre,
den Weg deiner Pfade verwirren sie.

13 Es steht da, um einen Rechtsstreit zu führen, Jahwe;
er steht da, um Völker zu richten.

14 Jahwe geht ins Gericht
mit den Ältesten seines Volkes und seinen Vorstehern:
„Und ihr, abgeweidet habt ihr den Weinberg,
der Raub des Armen ist in euren Häusern.
15 Wie kommt ihr dazu, mein Volk zu zerschlagen
und das Gesicht der Elenden zu zermalmen?“
{Spruch des Herrn Jahwe Zebaot.}

16 {Und Jahwe sprach:}
Weil die Töchter Zions hochmütig sind
und mit gerecktem Hals dahergehen
und mit ihren Augen verführerisch blicken,
[und weil sie] immerfort trippelnd dahergehen
und mit ihren Fußspangen klirren,
17 grindig machen wird der Herr den Scheitel der Töchter Zions,
und Jahwe wird ihre Schläfe entblößen.

[18]An jenem Tag wird der Herr den Schmuck entfernen: Die Fußspangen
und die Stirnreife und die Möndchen, [19]die Ohrgehänge und die Armketten
und die Schleier, [20]die Turbane und die Fußkettchen und die Gürtel und
die Riechfläschchen und die Amulette, [21]die Fingerringe und die Nasenrin-
ge, [22]die Festkleider und die Umhänge und die Umschlagtücher und die
Täschchen [23]und die Spiegel und die feinen Schleier und die Schals und die
Kopftücher.
[24]Und es wird geschehen:

Statt Balsam wird Moder sein
und statt Gürtel Strick,
und statt eines (Kunst-)Werks von Haargekräusel eine Glatze
und statt eines Prunkgewandes ein umgürteter Sack.
Ja, statt Schönheit!

[25]Deine Männer fallen durch das Schwert
und deine Krieger im Kampf.
[26]Und es werden klagen und trauern ihre Tore,
und verheert sitzt sie auf der Erde.
[4,1]Es werden ergreifen sieben Frauen
einen Mann an jenem Tage
und sagen: „Unser Brot wollen wir essen
und unseren Mantel tragen.
Nur sei dein Name über uns genannt!
Nimm hinweg unsere Schmach!“

[4,2]

[4,3-5.6]

- **5,1-7.8-24*: Weinberglied und Weherufreihe; als neue Bucheinleitung vor c.6* gestellt; literarisch vom Am-Buch abhängig.**
  Darin: älteres Traditionsstück in 5,1b-2.7a.
- *5,25-29: Erweiterung der Weherufreihe: Unausweichlichkeit des Gerichts; redaktionell vorbereitet durch 5,18-19; literarisch von 9,7-20 abhängig.*
- Einzelne Ergänzungen in 5,14.17 / 5,21f. / 5,15f. / 5,30.

[5,1]Ich will singen von meinem Freund,
ein Lied meines Lieben von seinem Weinberg:

Einen Weinberg hatte mein Freund
auf einem fetten Horn.
[2]Er grub ihn um und entsteinte ihn,
und er bepflanzte ihn mit edlen Reben.
Er baute einen Turm in seiner Mitte,
und auch eine Kelter hieb er darin aus.
Dann hoffte er, daß er Trauben brächte,
doch er brachte saure Beeren.

[3]Und nun, Bewohner Jerusalems
und Männer Judas,
richtet doch zwischen mir

und meinem Weinberg.
4Was blieb noch für meinen Weinberg zu tun,
das ich ihm nicht getan hätte?
Warum habe ich gehofft, daß er Trauben brächte,
und er brachte saure Beeren?
5Doch nun will ich euch wissen lassen,
was ich meinem Weinberg tun werde:
Entfernen seine Hecke, daß er verwüstet wird!
Einreißen seine Mauer, daß er zertreten wird!
6{Und ich werde ihn zu Ödland (?) machen;}
er wird nicht beschnitten und nicht behackt,
daß Dornen und Disteln aufsteigen.
Und über den Wolken befehle ich,
es nicht auf ihn regnen zu lassen.

7Ja, der Weinberg Jahwe Zebaots
ist das Haus Israel,
und die Männer Judas
sind seine Lieblingspflanzung.

Er hoffte auf Recht, aber siehe: Rechtsbruch,
auf Gerechtigkeit, aber siehe: Wehgeschrei.

8Wehe denen, die Haus an Haus reihen,
die Feld an Feld fügen,
bis kein Platz mehr da ist
{und ihr allein siedelt} **inmitten des Landes.**
9In meinen Ohren ist Jahwe Zebaot:
Wahrlich: die vielen Häuser sollen zur Wüste werden,
die großen und schönen ohne Bewohner.
10Denn zehn Joch Weinberg bringt [nur] ein Bat [Wein],
und ein Homer Saat bringt [nur] ein Efa [Korn].
11Wehe denen, die schon früh am Morgen
dem Trunk nachjagen,
die sich lang beim Abendwind aufhalten,
wenn sie der Wein erhitzt.
12Da gibt es Zither und Harfe, Pauke und Flöte,
und Wein bei ihren Gelagen.
Aber das Tun Jahwes beachten sie nicht,
und das Werk seiner Hände sehen sie nicht.
13Daher ging [*wird gehen] mein Volk in die Verbannung,
denn es hat keine Erkenntnis.
Seine Herrschaft stirbt vor Hunger,
und seine Menge ist ausgedorrt vor Durst.

14Daher macht die Unterwelt ihren Schlund weit
und sperrt ihr Maul maßlos auf,
so daß ihre Pracht und ihre Menge hinabfährt,
und ihr Getöse und was in ihr frohlockt.

15 Da duckte sich der Mensch, und es beugte sich der Mann,
und die Augen der Hochmütigen senkten sich.
16 Aber erhaben ist Jahwe Zebaot im Gericht,
und der heilige Gott erweist sich als heilig in Gerechtigkeit.
17 Dann werden Lämmer weiden wie auf ihrer Trift,
und fette ‚Schafe' werden Trümmer abfressen.

18 *Wehe denen, die die Schuld mit ‚Rinder'stricken*[d] *herbeiziehen*
und die Sünde wie mit Wagenseilen.
19 *Die da sagen: „Es komme*
eilend sein Werk,
damit wir es sehen.
Es nahe und treffe ein
der Plan des Heiligen Israels,
damit wir es erfahren."

20 **Wehe denen, die das Böse gut nennen**
und das Gute böse;
die aus Dunkel Licht machen
und aus Licht Dunkel;
die aus Bitterem Süßes machen
und aus Süßem Bitteres.

21 Wehe denen, die in ihren eigenen Augen weise sind
und vor sich selbst verständig.
22 Wehe den Helden im Weintrinken
und den starken Männern im Mischen von Getränken.

23 **Die den Schuldigen für ein Bestechungsgeschenk gerecht sprechen**
und den Gerechten die Gerechtigkeit vorenthalten.
24 **Daher: Wie eine Feuerzunge Stroh verzehrt**
und das Heu in der Flamme zusammensinkt,
so soll ihre Wurzel wie Moder sein
und ihre Blüte wie Staub aufgewirbelt werden.
Denn sie haben die Tora Jahwe Zebaots verworfen
und das Wort des Heiligen Israels verschmäht.

25 *Daher entbrannte der Zorn Jahwes gegen sein Volk,*
so daß er seine Hand gegen es streckte und es schlug.
Da erbebten die Berge, und es erging ihren Leichen
wie dem Unrat mitten auf den Straßen.
Bei all dem wandte sich sein Zorn nicht,
und seine Hand blieb weiter ausgestreckt.
26 *Und er erhebt ein Signal für die Völker [*das Volk] aus der Ferne*
und pfeift es herbei vom Ende der Erde.
Und siehe, eilend, schnell kommt es herbei.
27 *Es ist kein Müder und kein Strauchelnder darunter;*
{er wird nicht müde und schläft nicht ein.}

---

[d] Ursprünglich הַשּׁוֹר; הַשָּׁוְא ist tendenziöse Änderung.

Und keinem löst sich der Gürtel seiner Hüften,
und keinem reißt der Riemen seiner Schuhe.
28*Seine Pfeile sind geschärft,*
und all seine Bögen sind gespannt.
Die Hufe seiner Pferde sind wie ‚Kiesel' geachtet,
und seine Räder sind wie der Sturmwind.
29*Sein Brüllen ist dem Löwen gleich,*
der wie die Junglöwen ‚brüllt'
und grollt und die Beute packt
und in Sicherheit bringt - da gibt es keinen Retter!

30Und es grollt über ihm (= dem Volk aus der Ferne) an jenem Tag
wie das Grollen des Meeres.
Und blickt man zur Erde, siehe: drangvolles Dunkel,
denn das Licht verdunkelte sich in seinem (des Grollens) Gewölk.

- **6,1-4.5aα.6-8: Berufungsvision Jesajas; ursprünglich mit dem Orakel gegen Samaria und Damaskus (8,1.3-4) verbunden.**
- 6,5b: Nachträgliche Begründung für v.5aα.
- *6,5aβ.9.11: Unheilstheologische Erweiterung der Vision; Jesaja wird zu einem Gerichtsprediger gegen das Südreich (auf derselben Ebene: 8,5-8a.17); frühnachexilisch.*
- 6,10: Verstockungsgedanke (als Interpretation und Verstärkung von v.9).
- 6,12-13: Ausmalung von v.11 und heilvolle Nachinterpretation(en).

6,1Im Todesjahr des Königs Usija sah ich den Herrn auf einem hohen und erhabenen Thron sitzen, und seine Gewandsäume füllten den Tempel. 2Serafim standen über ihm; ein jeder hatte sechs Flügel. Mit zweien bedeckte er sein Antlitz, mit zweien bedeckte er seine Beine, und mit zweien flog er.
3Und es rief einer dem andern zu und sprach:
„Heilig, heilig, heilig ist Jahwe Zebaot,
die Fülle der ganzen Erde ist seine Herrlichkeit!"
4Da erbebten die Zapfen in den Schwellen von der Stimme des Rufenden, und das Haus füllte sich mit Rauch.
5Da sprach ich:
„Wehe mir, denn ich bin verloren;
denn ein Mensch unreiner Lippen bin ich,
und inmitten eines Volkes unreiner Lippen wohne ich;
{denn den König Jahwe Zebaot haben meine Augen gesehen!}"

6Da flog einer von den Serafim zu mir, mit einer Glühkohle in seiner Hand, die er mit einer Zange vom Altar genommen hatte, 7und berührte meinen Mund und sprach:
„Siehe, dies hat deine Lippen berührt,
gewichen ist deine Schuld, und deine Sünde ist bedeckt!"

8Da hörte ich die Stimme des Herrn, der sprach:
„Wen soll ich senden,
und wer wird für uns gehen?"
Da sprach ich:
„Hier bin ich! Sende mich!"

9Da sprach er:
„Geh und sprich zu diesem Volk da:
Hört nur - doch versteht nicht!
Und seht nur - doch erkennt nicht! -

10Verfette das Herz dieses Volkes da,
seine Ohren mache schwer
und seine Augen verklebe,
damit es nicht mit seinen Augen sieht
noch mit seinen Ohren hört
noch sein Herz zur Einsicht komme,
{aber es wird ihm wieder heil werden}."

11Da sprach ich:
„Bis wann, Herr?"
Und er sprach:
„Bis daß verwüstet sind
die Städte, ohne Bewohner,
und die Häuser ohne Menschen
und das Land verwüstet ist zu einer Öde!"

12Dann wird Jahwe die Menschen entfernen,
und groß wird sein die Verlassenheit mitten im Lande.
13Und ist noch ein Zehntel in ihm,
wird es wiederum weggeschafft werden,
wie eine Eiche und wie eine Terebinthe,
an denen es ‚nach' dem Fällen Triebe (?) gibt.

Heiliger Same sind die Triebe daran.

- **7,1-7.9b.10-17a: Prophetenlegende aus protochronistischer Zeit; Antitypologie Ahas–Hiskija (c.36-38); sekundär zwischen c.6*+8* geschoben.**
- Historisierende Glossen in v.4b.5b*.17b.
- 7,8a.9a: Erweiterung des Drohwortes (v.7b); historische Glosse v.8b.
- 7,18-25: Fortschreibungskette; 7,15: heilseschatologisches Verständnis des Immanuel.

7,1Es begab sich in den Tagen des Ahas, des Sohnes Jotams, des Sohnes
Usijas, des Königs von Juda, da zog Rezin, der König von Aram, und
Pekach, der Sohn Remaljas, der König von Israel, nach Jerusalem zum
Kampf gegen es; aber er vermochte nicht, gegen es zu kämpfen. 2Als
man nun dem Haus Davids meldete: „Aram hat sich auf Efraim nieder-

**gelassen", da bebte sein Herz und das Herz seines Volkes, wie die Wald-
bäume vor dem Wind beben.**

**3Da sprach Jahwe zu Jesaja: „Nun geh hinaus Ahas entgegen, du und
Schear-Jaschub, dein Sohn, an das Ende der Wasserleitung des oberen
Teiches zum Weg am Walkerfeld, 4und sage zu ihm: Hüte dich und blei-
be ruhig! Fürchte dich nicht, und dein Herz verzage nicht vor diesen bei-
den rauchenden Brandscheitstummeln** {vor der Glut des Zornes Rezins
und Arams und des Sohnes Remaljas}. **5Weil Aram Böses gegen dich be-
schlossen hat** {Efraim und der Sohn Remaljas} **und sagt: 6 ‚Wir wollen
gegen Juda hinaufziehen und es erschrecken und es für uns erobern, und
wir wollen in ihrer Mitte den Sohn Tabeals zum König machen.' - 7So
spricht der Herr Jahwe:
Es soll nicht zustande kommen und nicht geschehen!**

8Daß das Haupt von Aram Damaskus
und das Haupt von Damaskus Rezin ist.
Und noch 65 Jahre, [dann] wird Efraim als Volk zerschlagen sein.
9Und [daß] das Haupt von Efraim Samaria
und das Haupt von Samaria der Sohn Remaljas ist.

Glaubt ihr nicht, so bleibt ihr nicht!"

**10Dann sprach Jahwe noch einmal zu Ahas: 11„Erbitte dir ein Zeichen
von Jahwe, deinem Gott, sei es von unten aus der Unterwelt oder von
oben aus der Höhe!" 12Da sprach Ahas: „Ich bitte nicht und versuche
Jahwe nicht." 13Da sprach er: „Hört doch, Haus David! Ist es euch zu
wenig, Menschen zu ermüden, daß ihr auch meinen Gott ermüdet?
14Daher wird euch der Herr selbst ein Zeichen geben: Siehe, die junge
Frau wird schwanger und einen Sohn gebären und ihm den Namen
‚Immanuel' geben!**

15Rahm und Honig wird er essen, wenn er es versteht, das Böse zu verwerfen und das Gute zu wählen.

**16Denn noch bevor der Knabe das Böse zu verwerfen und das Gute zu
wählen versteht, wird das Land verlassen sein, vor dessen beiden Köni-
gen dir graut. 17Jahwe wird über dich und über dein Volk und über das
Haus deines Vaters Tage bringen, die nicht gekommen sind seit dem
Tage, da Efraim von Juda abfiel** {den König von Assur}.**"**

18Und es wird geschehen an jenem Tag: Pfeifen wird Jahwe der Fliege, die
es an den Mündungen der Nile Ägyptens gibt, und der Biene, die es im
Lande Assur gibt. 19Die werden kommen und sich alle niederlassen in den
Schluchten der Hänge und in den Felsspalten und in allen Dornbüschen und
an allen Wasserstellen.

20An jenem Tag wird der Herr scheren mit einem Messer, dem jenseits des Stromes gedungenen, mit dem König von Assur, das Haupt und das Schamhaar, und auch den Bart wird es wegnehmen.

[7,21-22]

[7,23-25]

- **8,1.3-4+16*: Orakel gegen Damaskus und Samaria (v.1 als redaktionelle Einleitung des vorgegebenen Wortes v.3f.); ursprüngliche Fortsetzung von 6,1-8*; wohl auf Jesaja selbst zurückgehend.**
- *8,5-8a.17: Unheilstheologische Erweiterung des Orakels; auf einer Ebene mit 6,9+11; frühnachexilisch.*
- 8,11-14*: Jüngerlehre, die den Einbau von c.7* bereits voraussetzt.
- 8,18: Jesaja als Person gewordenes prophetisches Hoffnungszeichen.
- 8,19-9,6: mehrstufige Fortschreibungen.
- 8,8b-10: Völkerwort nach der Art von 14,26-27 und 17,12-14.

8,1Und Jahwe sprach zu mir:
„Nimm dir eine große Schreibtafel und schreibe darauf mit einem gewöhnlichen Griffel: für Eilebeute-Raubebald.“

2Und ich nahm mir zuverlässige Zeugen, den Priester Urija
und Secharja, den Sohn Jeberechjas.

3 Und ich trat zu der Prophetin, und sie wurde schwanger und gebar einen Sohn. Und Jahwe sprach zu mir: „Gib ihm den Namen Eilebeute-Raubebald! 4 Denn noch bevor der Knabe rufen lernt ‚mein Vater‘ und ‚meine Mutter‘, trägt man den Reichtum von Damaskus und die Beute von Samaria vor den König von Assur.“

5Und Jahwe sprach noch weiter zu mir und sagte:
6„Weil dieses Volk verachtet hat die sanft fließenden Wasser des Schiloach
{und Freude [ist] mit Rezin und dem Sohn Remaljas,} 7{und} darum, siehe,
läßt der Herr wider sie aufsteigen die mächtigen und gewaltigen Wasser des Stromes, {den König von Assur und seine ganze Macht}. Und er wird steigen
über alle seine Betten und über alle seine Ufer treten. 8Und er wird dahinzie-
hen über Juda, {überfluten und überschwemmen,} so daß er bis zum Hals reicht.“

Und es wird sein:
Die Spannweiten seiner Flügel füllen
die Weite deines Landes, Immanuel!
9‚Merkt auf‘, ihr Völker, und erschreckt!
Horcht auf, alle Fernen der Erde!
Gürtet euch und erschreckt!
Gürtet euch und erschreckt!
10Faßt einen Plan - er wird zunichte!
Sagt etwas - es kommt nicht zustande!
Denn: Immanuel!

11Denn so sprach Jahwe zu mir, als die Hand [mich] packte und er mich warnte, auf dem Weg dieses Volkes zu gehen: 12„Ihr sollt nicht alles Verschwörung nennen, was dieses Volk Verschwörung nennt; und was es fürchtet, sollt ihr nicht fürchten noch davor erschrecken.
13Jahwe Zebaot, ihn sollt ihr heilig halten; er soll eure Furcht sein, und er soll euer Schrecken sein.
14Und er wird {zum Heiligtum und} zum Stein des Anstoßes und zum Fels des Strauchelns für die beiden Häuser Israels;

zur Schlinge und zur Falle für die Bewohner Jerusalems.
15Und unter ihnen werden viele straucheln, und sie werden fallen und zerbrechen, {und sie werden sich verstricken und verfangen}.“

16 **Verschnüre das Zeugnis, versiegle die Tora!** {in meinen Jüngern}.

17 *Ich will warten auf Jahwe, der sein Angesicht vor dem Haus Jakob verbirgt, und auf ihn hoffe ich.*

18 Siehe, ich und die Kinder, die Jahwe mir gab, sind zu Zeichen und Wahrzeichen in Israel geworden von Jahwe Zebaot her, der auf dem Berg Zion wohnt.

19 Und wenn man zu euch sagt: „Befragt die Totengeister und die Wahrsagegeister, die flüstern und murmeln! Befragt nicht jedes Volk seine Götter,
um der Lebenden willen die Toten?“ 20 Zur Tora und zum Zeugnis! Fürwahr, diesem Wort gemäß soll man sprechen zu dem, der keinen Zauber (?) hat.

21 Man wird sie durchziehen, bedrückt und hungrig. Und wenn man hungert, wird man in Zorn geraten und seinem König und seinem Gott fluchen
und sich nach oben wenden 22 und zur Erde blicken. Doch siehe: Not und Finsternis und beängstigende Nacht. Aber das Dunkel wird verscheucht!

23 Denn nicht ist Nacht für den, der von ihr (?) bedrängt wurde.

Wie er in der vergangenen Zeit verachtet hat das Land Sebulon und das Land Naftali, hat er danach zu Ehren gebracht die Straße am Meer, das Jenseits des Jordans, den Kreis der Heiden.

[9,1-6]

- **9,7-20*: Kehrversgedicht; als Fortschreibung von 6,1-11* + 8,1-17* verfaßt; direkt an 8,17 angefügt.**
- 9,8aβ.10a*.20aβ: historisierende Glossen, die das Gedicht auf das Nordreich und den syrisch-efraimitischen Krieg beziehen (vgl. c.7f.).
- 9,14.16 und 9,15: Ergänzungen, die die Schuld bei den Notablen suchen (vgl. 3,1-15*).
- 10,1-3.4b: Fortschreibung des Kehrversgedichtes im Geiste der Armenfrömmigkeit; sekundär zwischen 9,20 und 10,5 geschoben; ca. Ende 4.Jh.
  10,4a: spätere Erläuterungen unbestimmter Herkunft.

9,7 **Ein Wort sandte der Herr auf Jakob,**
und es fiel nieder auf Israel,
8 **damit das Volk als Ganzes zur Einsicht komme,**
{Efraim und die Bewohner Samarias,}
das in Übermut und in Hochmut des Herzens spricht:
9 **„Die Ziegel sind gefallen,**
nun laßt uns mit Quadern bauen!
Die Sykomoren sind umgehauen,
nun laßt uns Zedern an ihre Stelle setzen!“
10 **Und Jahwe machte groß ‚seine Bedränger‘**[e] {Rezin} **wider es**
und stachelte seine Feinde auf.
11 **Aram vom Osten und die Philister vom Westen,**
und sie fraßen Israel mit vollem Maul.
Bei all dem wandte sich sein Zorn nicht,
und seine Hand blieb weiter ausgestreckt.

---

[e] Die jetzige Cstr.-Form צָרֵי ist durch die Glosse „Rezin“ verursacht; ursprünglich צָרָיו.

12**Aber das Volk wandte sich nicht zu dem, der es schlug,**
und Jahwe Zebaot suchten sie nicht.
13**Da schnitt [er] ab** {Jahwe von Israel} **Kopf und Schwanz,**
Palmzweig und Binse an einem Tag.

14Älteste und Angesehene - das war der Kopf,
und der Prophet, der Lüge lehrt - das war der Schwanz.
15Und die Führer dieses Volkes waren Irreführer
und seine Geführten Verwirrte.
16Darum ‚schonte'[f] der Herr seine Jünglinge nicht,
und seiner Waisen und Witwen erbarmte er sich nicht.

Denn es war als Ganzes gottlos und verderbt,
und jeder Mund redete Schändliches.
Bei all dem wandte sich sein Zorn nicht,
und seine Hand blieb weiter ausgestreckt.

17**Ja, Bosheit loderte auf wie Feuer,**
das Dornen und Disteln frißt.
Es zündete an das Dickicht des Waldes,
so daß es in Rauchsäulen aufwirbelte.
18**Durch den Grimm Jahwe Zebaots ist das Land ‚versengt',**
und es erging dem Volk wie Feuerfraß.
{Keiner verschonte den andern.}
19**Man verschlang rechts und blieb hungrig,**
man fraß links und wurde nicht satt.
{Jeder fraß das Fleisch seines Armes[g].}
20{Manasse Efraim und Efraim Manasse,}
{zusammen waren sie wider Juda.}
Bei all dem wandte sich sein Zorn nicht,
und seine Hand blieb weiter ausgestreckt.

10,1Wehe denen, die Unheilssatzungen festsetzen,
und den Schreibern, die immerfort Mühsal aufschreiben,
2um abzudrängen vom Rechtsanspruch die Geringen
und des Rechts zu berauben die Elenden meines Volkes,
so daß Witwen ihre Beute werden
und sie Waisen ausplündern.
3Und was wollt ihr tun am Tag der Heimsuchung
und bei der Verheerung, die von ferne kommt?
Zu wem wollt ihr um Hilfe fliehen
und wo euren Reichtum lassen?
4Ohne daß man sich unter die Gefangenen beugt
und [ohne daß] sie unter die Erschlagenen fallen.
Bei all dem wandte sich sein Zorn nicht,
und seine Hand blieb weiter ausgestreckt.

---

[f] L. mit 1QIs[a] יחמול.
[g] Ursprünglich wohl רֵעוֹ „sein Nächster“.

- **10,5-7a.8-9.11* + 14,24-25a: Wehewort gegen Assur; als Fortschreibung von 9,7-20* und zur Vorbereitung von c.36ff. verfaßt.**
- 10,7b / 10,13-15: Neue Begründungen für Assurs Grenzüberschreitung; weitere Nachträge in 10,10.11* / 10,12b / 10,12a.
- 14,26-27: Völkerwort nach der Art von 8,8b-10 und 17,12-14.
- 14,29.31: Fortschreibung von 14,25-26a; Nachträge in 14,30.32 und 14,31.

10,5**Wehe Assur, Stock meines Zorns**
und Stab {in ihrer Hand ist er} **meiner Verwünschung.**
6**Gegen eine gottlose Nation sende ich ihn,**
und wider das Volk meines Grimms entbiete ich ihn,
um Beute zu erbeuten und Raub zu rauben
und es zu zertreten wie Straßenstaub.
7**Aber er selbst hat es so nicht im Sinn,**
und sein Herz denkt so nicht:

Denn zu vernichten hat er im Herzen
und auszurotten nicht wenige Völker.

8**Denn er sagt:**
„Sind nicht meine Fürsten allzumal Könige?
9**Erging es nicht Kalno wie Karkemisch,**
nicht Hamat wie Arpad,
nicht Samaria wie Damaskus?

10Wie meine Hand griff nach den Götzenreichen,
und deren Bilder [waren zahlreicher]
als die Jerusalems und Samarias,

11**Kann ich nicht, wie ich tat**
an Samaria {und seinen Götzen}, **so auch an Jerusalem tun**
{und seinen Gebilden} **?“**

12Und es wird geschehen: Wenn der Herr sein ganzes Werk
auf dem Berg Zion und in Jerusalem vollendet:
Heimsuchen werde ich die Frucht des Hochmuts des Herzens des Königs von Assur und den prahlenden Stolz seiner Augen.

13Denn er sprach:
„Mit der Kraft meiner Hand habe ich es getan
und durch meine Weisheit, denn ich bin klug.
Ich hebe auf die Grenzen von Völkern und plündere ihre Schätze,
und wie ein Held stoße ich Thronende hinab (?).
14Wie nach einem Nest griff meine Hand
nach dem Reichtum der Völker.
Und wie man verlassene Eier einsammelt,
so habe ich die ganze Erde gesammelt.
Da war keiner, der mit dem Flügel schlug,
der den Schnabel aufsperrte und piepste.“
15Rühmt sich denn die Axt gegen den, der mit ihr schlägt?
Oder brüstet sich die Säge gegen den, der sie bewegt?
Als ob ein Stab den, der ihn erhebt, bewegte,

als ob ein Stock erhöbe, was nicht Holz ist.

[...]

14,24 Es hat geschworen Jahwe Zebaot: Fürwahr,
wie ich es im Sinn hatte, so wird es geschehen,
und wie ich es plante, so kommt es zustande.
25 Zerschmettern will ich Assur in meinem Lande
und auf meinen Bergen es zertreten,

damit weiche von ihnen sein Joch
und seine Last von seiner Schulter weiche.

26 Dies ist der Plan, der über die ganze Erde beschlossen ist,
und dies ist die Hand, die ausgestreckt ist über alle Völker.
27 Denn Jahwe Zebaot hat es beschlossen - wer kann es vereiteln?
Und seine Hand ist ausgestreckt - wer kann sie zurückbiegen?

28 Im Todesjahr des Königs Ahas erging dieser Ausspruch:

29 Freue dich nicht, ganz Philisterland,
daß zerbrochen ist der Stock, der dich schlug.
Denn aus der Wurzel der Schlange geht hervor eine Natter,
und ihre Frucht ist ein fliegender Drache.

30 Und es werden weiden ‚auf meinen Auen‘ die Geringen,
und die Armen werden sicher lagern.
Ich töte deine Wurzel durch Hunger,
und deinen Rest wird er morden.

31 Heule, Tor! Schreie, Stadt!
Verzage, ganz Philisterland!
Denn vom Norden her kommt Rauch,
und keiner sondert sich ab unter seinen Scharen.
32 Was wird man den Boten des Volkes antworten?
„Fürwahr, Jahwe hat Zion gegründet,
und dort finden Zuflucht die Elenden seines Volkes.“

- **28,1*.3 + 7b-10: Zwei wohl jesajanische Traditionsstücke, die gegen das Nordreich gerichtet sind.**
- 28,2.7aα.11.13a*b.14-16aα.17b-18: Übertragung des Gerichts auf das Südreich.
- *28,12.13(init.).16aβb: Ungehorsams-Redaktion.*
- Verschiedene Zusätze in v.17a / 19-20 / 23-29 / 22.
- 28,21: Redaktionelle Überleitung zu 29,1ff.

[1]**Wehe dem stolzen Kranz**
der Trunkenen Efraims
{und der welkenden Blume
seiner herrlichen Pracht}
auf dem Haupt
des fetten Tales
{der vom Wein Überwältigten.}
[2]Sieh da, ein Starker und Gewaltiger des Herrn,
wie Hagelwetter, ein verheerender Sturm,
wie ein Wolkenbruch gewaltiger, flutender Wasser
wirft er zu Boden mit Macht.
[3]**Mit Füßen ‚wird'[h] zertreten werden**
der stolze Kranz der Trunkenen Efraims.

[4]Dann ergeht es der welkenden Blume seiner herrlichen Pracht, die auf dem Haupt des fetten Tales [liegt], wie einer Frühfeige vor der Lese, die, wer sie erblickt, kaum ist sie in seiner Hand, verschlingt.

[5]An jenem Tag wird Jahwe Zebaot zur herrlichen Krone und zum prächtigen Kranz für den Rest seines Volkes; [6]und zum Geist des Rechts für den, der zu Gericht sitzt, und zur Kraft für die, die den Kampf zum Tor hinausdrängen.

[7]Und auch diese: vom Wein taumeln sie
und vom Rauschtrank schwanken sie.
Priester und Prophet taumeln vom Rauschtrank,
benommen sind sie vom Wein.
Sie schwanken vom Rauschtrank,
sie taumeln beim Gesicht,
sie wanken beim Urteilsspruch.
[8]**Ja, alle Tische sind voll von Erbrochenem**
und von Kot bis auf den letzten Fleck.
[9]**Wen will ein solcher denn Wissen lehren**
und wem die Kunde deuten?
Solchen, die von der Milch entwöhnt
und von der Brust genommen sind?
[10]**Ja: Saw zu Saw, Saw zu Saw,**
Qaw zu Qaw, Qaw zu Qaw.
Da ein wenig, dort ein wenig.

[h] L. Energicus.

11 Ja, durch Lippenstammler
und mit fremder Zunge
wird er zu diesem Volk da reden,
12 *er, der zu ihnen gesagt hat:*
„Dies ist die Ruhe,
laßt ruhen die Müden!
Und dies ist die Erholung!“ -
Aber sie ‚wollten‘[i] nicht hören.
13 *So wird ihnen das Wort Jahwes*
Saw zu Saw, Saw zu Saw,
Qaw zu Qaw, Qaw zu Qaw,
da ein wenig,
dort ein wenig,
damit sie gehen und rückwärts straucheln,
zerbrechen, sich verstricken und gefangen werden.
14 Daher hört das Wort Jahwes {,ihr Spötter},
ihr Herrscher dieses Volkes {,das in Jerusalem ist}!
15 Denn ihr sagt: Wir schlossen
einen Vertrag mit dem Tode,
und mit der Unterwelt
machten wir einen ‚Pakt‘.
Die brausende Flut, wenn sie vorüberkommt,
wird sie uns nicht erreichen.
Denn wir haben Lüge zu unserer Zuflucht gemacht
und in Trug uns verborgen.
16 Daher spricht so
der Herr Jahwe:
Siehe, ‚ich lege‘[j] in Zion einen Stein,
einen Bochanstein,
einen kostbaren Eckstein als Fundament:
„Wer glaubt, weicht nicht!“

> 17 Und ich mache das Recht zur Richtschnur (Qaw)
> und die Gerechtigkeit zur Setzwaage.

Es wird Hagel die Lügenzuflucht wegfegen
und Wasser das Versteck fortspülen.
18 Und es wird euer Vertrag mit dem Tod aufgehoben,
und euer ‚Pakt‘ mit der Unterwelt hat keinen Bestand.
Die brausende Flut, wenn sie vorüberkommt,
ihr werdet von ihr niedergewalzt sein.

> 19 Sooft sie kommt, wird sie euch packen,
> wenn sie Morgen für Morgen kommt, am Tag und in der Nacht.
> Und es wird nur ein Schrecken sein, die Kunde zu verstehen.
> 20 Denn: Zu kurz ist das Bett, um sich auszustrecken,
> und die Decke zu schmal, sich einzuhüllen.

---

[i] L. mit 1QIs[a] אָבוּ.
[j] L. יֹסֵד.

21 Denn wie ‚am‘ Berg Perazim wird Jahwe sich erheben,
und wie im Tal bei Gibeon wird er toben,
zu tun seine Tat – fremd seine Tat,
und zu verrichten sein Werk – fremdartig sein Werk.

22 Aber nun, spottet nicht,
damit eure Bande nicht fester werden.
Denn Vernichtung und Entscheidung habe ich gehört
vom Herrn Jahwe Zebaot über die ganze Erde.

[28,23-29]

- **29,1-4a: Assur-Redaktion (auf einer Linie mit 31,1.3.8a).**
- *29,9-10.13-16: Ungehorsamsredaktor.*
- 29,17-24: Heilsverzögerung und Trost (vgl. 30,18-26); Verwandtschaft mit Dtjes.
- 29,5bβ-7: Völkergericht. Weitere Fortschreibungen in v.4b.8 / 11f. / 5abα.

---

1 Wehe, Ariel, Ariel,
Stadt, da David lagerte.
Fügt nur Jahr an Jahr,
die Feste sollen kreisen.
2 Ich werde Ariel bedrängen,

dann wird Traurigkeit und Trauer sein,
und sie wird mir wie Ariel sein,

3 und ich werde dich ringsum belagern,
ich werde dich mit Wällen einschließen
und Schanzen gegen dich errichten.
4 Und du wirst tief am Boden kauernd reden,
und aus dem Staub erniedrigt kommt deine Rede.

Und es wird sein deine Stimme wie von einem Totengeist aus der Erde,
und aus dem Staub wird deine Rede zwitschern.

5 Und es wird sein wie feiner Staub der Schwarm deiner Fremden und
wie fliegende Spreu der Schwarm der Gewaltigen.

Und es geschieht augenblicklich, im Nu:
6 Von Jahwe Zebaot wird sie aufgesucht
mit Donnern und Beben und lautem Gebrüll,
mit Sausen und Brausen und fressender Feuerzunge.
7 Und es wird sein wie ein Traum, ein Nachtgesicht
der Schwarm aller Völker, die Ariel bekriegen,
{und [zwar] aller, die es bekriegen und ‚es umschanzen‘ und es bedrängen.}

8 Und es wird sein, wie wenn ein Hungriger träumt, er esse, und dann erwacht er mit leerer Kehle; oder wie wenn ein Durstiger träumt, er trinke, und dann erwacht er matt und mit ausgedörrter Kehle. So wird es dem Schwarm aller Völker ergehen, die den Berg Zion bekriegen.

9 *,Entsetzt euch'*[k] *und erstarrt!*
Erweist euch als verklebt und seid verklebt!
,Seid betrunken', doch nicht vom Wein!
,Schwankt', doch nicht vom Rauschtrank!
10 *Denn Jahwe hat über euch ausgegossen*
einen Geist des Tiefschlafs
und eure Augen {die Propheten} verschlossen
und eure Häupter {die Seher} verhüllt.

> 11 So wurde für euch die Vision von alldem wie die Worte einer versiegelten Schrift. Wenn man sie einem gibt, der lesen kann, und zu ihm sagt: „Lies das doch!", so antwortet er: „Ich kann nicht, denn es ist versiegelt!" 12 Und übergibt man sie einem, der nicht lesen kann, und sagt zu ihm: „Lies das doch!", so antwortet er: „Ich kann nicht lesen!"

13 *Und der Herr sprach:*
Weil sich [mir] naht
dieses Volk [nur] mit seinem Munde
und sie mich [nur] mit ihren Lippen ehren,
während sein Herz aber fern von mir ist
und ihre Furcht vor mir
[nur] angelernte Menschensatzung ist,
14 *daher, siehe, will ich weiterhin*
wunderlich handeln an diesem Volk,
{wunderlich und wundersam.}
Dann wird vergehen die Weisheit seiner Weisen
und die Klugheit seiner Klugen sich verbergen.
15 *Wehe denen, die tief vor Jahwe*
ihren Plan verbergen,
so daß im Dunkeln geschähe ihr Werk,
die dachten: Wer sieht uns und wer kennt uns?
16 *{Eure Verkehrtheit!}*
Oder gilt etwa der Töpfer
soviel wie der Ton,
daß ein Werk zu dem, der es gemacht, spräche:
Er hat mich nicht gemacht!
Oder ein Gebilde zu dem, der es geformt:
Er versteht nichts! ?

[29,17-21]

[29,22-24]

---

[k] MT liest הִתְמַהְמְהוּ (hitpalpel von מהה „zaudern, zögern"), was sich nun auf die Völker (v.7f.) bezieht; ursprünglich wohl – in direkter Fortführung von v. 1-4a* – הִתַּמְּהוּ (hitp. von תמה „sich entsetzen"). Ähnliches gilt für die beiden Verbformen שָׁכְרוּ und נָעוּ in v.9b.

- *30,1-2.4-5a.8-13.15-16.17aβb: Ungehorsams-Redaktion.*
- 30,27-33 (nicht einheitlich): Wort gegen Assur; führt v.15-17 sekundär fort.
- 30,18-26: Heilsverzögerung und Trost (vgl. 29,17-24).

---

1 *Wehe den widerspenstigen Söhnen*
- Spruch Jahwes -,
daß sie einen Plan ausführen,
doch nicht von mir,
und eine Spende gießen,
doch nicht in meinem Geist.
Um zu ‚häufen'
Sünde auf Sünde.
2 *Die gehen, um nach Ägypten hinabzuziehen,*
aber meinen Mund befragten sie nicht,
um sich in Pharaos Zuflucht zu flüchten
und sich im Schatten Ägyptens zu bergen.

3 Doch es wird euch die Zuflucht Pharaos zur Schande
und die Bergung im Schatten Ägyptens zur Schmach.

4 *Wenn seine Fürsten auch in Zoan sind*
und seine Boten Hanes erreichen,
5 *ein jeder ist zuschanden geworden*
an dem Volk, das nichts nützt.

Für sie gibt es keine Hilfe und keinen Nutzen,
sondern Schande und dazu Schmach.

6 Ausspruch: Tiere des Südlandes.
Durch ein Land der Not und Bedrängnis,
der Löwin und des ‚knurrenden' Löwen,
der Otter und der fliegenden Schlange
bringen sie auf dem Rücken von Eseln ihr Vermögen
und auf dem Höcker der Kamele ihre Schätze
zu einem Volk, das nichts nützt,
7 {und Ägypten,} dessen Hilfe eitel und nichtig ist.
Daher habe ich es genannt:
Rahab sind sie, Untätigkeit.

8 *Jetzt komm, schreib es auf eine Tafel bei ihnen*
und zeichne es ein in ein Buch,
damit es für den letzten Tag,
für immer[1]*, bis in Ewigkeit [festgehalten] bleibe,*
9 *daß sie ein Volk Widerspenstigkeit sind,*
verlogene Söhne,
Söhne, die nicht hören wollten
auf die Tora Jahwes.
10 *Die zu den Sehern sagten: Sehet nicht!*
Und zu den Schauern: Schaut uns nicht das Rechte!

---

[1] Oder: לְעֵד „als Zeuge".

Sagt zu uns Glattes,
schaut Täuschung!
11*Weicht ab vom Weg,*
biegt ab vom Pfad!
Hört vor uns auf
mit dem Heiligen Israels!
12*Darum: So spricht der Heilige Israels:*
Weil ihr dieses Wort
verworfen habt
und vertrautet auf Bedrückung und Verkehrtes
und euch auf sie stütztet,
13*darum wird für euch*
dieser Frevel
wie ein Riß, der sich ausbreitet und vergrößert
an einer hochragenden Mauer,
bei der plötzlich, im Nu
ihr Einsturz kommt.

14Ihr Einsturz wie wenn Töpfergeschirr zerschlagen wird,
zerschmettert, schonungslos,
so daß sich nicht finden läßt
in ihrem Schutt eine Scherbe,
um Feuer aus dem Herd zu holen
oder um Wasser vom Tümpel abzuschöpfen.

15*Denn so spricht der Herr Jahwe, der Heilige Israels:*
In Umkehr und Ruhe wird euch Rettung zuteil,
im Stillesein und im Vertrauen liegt eure Stärke.
Aber ihr wolltet nicht,
16*sondern spracht: „Nein, vielmehr:*
Auf Rossen werden wir dahinfliegen!“
Darum sollt ihr davonrasen.
„Auf Rennern werden wir reiten!“
Darum rennen die Verfolger euch nach.

17Tausend ‚werden erbeben‘
vor dem Drohen eines einzigen.

Vor dem Drohen von Fünfen ergreift ihr die Flucht,
bis daß ihr ein Rest seid,
wie ein Mast auf dem Gipfel des Berges
und wie eine Signalstange auf dem Hügel.

[30,18-26*]

[30,27-33]

- **31,1.3.8a: Assur-Redaktion; Vorbereitung von c.36f.**
- *31,2: Ungehorsams-Redaktor.*
- 31,4: Zionstheol. Ausbau des Assur-Wortes; Völkerkampfmotiv wie in 29,5bβ-7a.
- Verschiedene Erweiterungen in v.5-7.8b.9 (Reihenfolge z.T. unsicher).

---

1 Wehe denen, die hinabziehen nach Ägypten um Hilfe!
Auf Rosse stützen sie sich.
Sie vertrauten auf Wagen, weil ihrer viel,
und auf Reiter, weil sie sehr zahlreich sind.
Aber sie schauten nicht auf den Heiligen Israels,
und Jahwe suchten sie nicht.
2 Aber auch er war weise und führte Unheil herauf,
und seine Worte nahm er nicht zurück.
Und er wird sich erheben über das Haus der Bösewichter
und über die Hilfe der Übeltäter.
3 Die Ägypter sind Menschen und nicht Gott,
und ihre Rosse sind Fleisch und nicht Geist.
Wenn Jahwe seine Hand ausstreckt,
strauchelt der Helfer und fällt der, dem er hilft,
{und sie alle zusammen gehen zugrunde}.

4 Denn so hat Jahwe zu mir gesprochen:
Gleich wie der Löwe knurrt
und der Junglöwe über seinen Raub,
gegen den man zusammenruft
eine Menge an Hirten,
- erschrickt er doch nicht vor ihrem Geschrei
und duckt sich nicht vor ihrem Lärmen -,
so steigt herab Jahwe Zebaot,
zu kämpfen auf dem Berg Zion {und auf seinem Hügel}.

5 Wie flatternde Vögel,
so wird Jahwe Zebaot Jerusalem beschützen,
beschützen und befreien, verschonen und erretten.

6 Kehrt um zu dem, von dem die Israeliten so tief abgefallen sind. 7 Denn
an jenem Tage wird jeder seine silbernen Götzen und seine goldenen Götzen verwerfen,
die euch eure Hände zur Sünde gemacht haben.

8 Und fallen wird Assur durch das Schwert, doch nicht eines Mannes,
und das Schwert, nicht eines Menschen, wird es fressen.

Und flüchten wird er sich vor dem Schwert,
und seine jungen Männer werden fronpflichtig.
9 Und sein Fels wird vor Grauen vergehen,
und seine Fürsten werden sich erschrocken vom Banner zurückziehen.

Ausspruch Jahwes, der ein Feuer auf dem Zion
und einen Ofen in Jerusalem hat.

Literaturverzeichnis

Die Abkürzungen richten sich nach Siegfried Schwertner, Internationales Abkürzungsverzeichnis für Theologie und Grenzgebiete, Berlin / New York [2]1992 (IATG[2]). Darüber hinaus werden verwendet:

AncBD The Anchor Bible Dictionary, hg.v. D.N. Freedman, 6 vols., New York 1992
CR.BS Currents in Research: Biblical Studies, Sheffield 1993ff.
NSK.AT Neuer Stuttgarter Kommentar. Altes Testament, Stuttgart 1992ff.
WBC Word Biblical Commentary, Waco TX

Kommentare zum Jesaja-Buch werden nur mit dem Verfassernamen (gegebenenfalls zusätzlich mit Band-Angabe) aufgeführt.

Ackroyd, Peter R.: A Note on Isaiah 2,1, ZAW 75 (1963) 320f.
– An Interpretation of the Babylonian Exile. A Study of II Kings 20, Isaiah 38-39 [1974], in: ders., Studies in the Religious Tradition of the Old Testament, London 1987, 152-171
– Isaiah I-XII: Presentation of a Prophet, in: Congress Volume Göttingen 1977, VT.S 29, Leiden 1978, 16-48 = ders., Studies in the Religious Tradition of the Old Testament, London 1987, 79-104
– Isaiah 36-39: Structure and Function, in: Von Kanaan bis Kerala. FS J.P.M. van der Ploeg, hg.v. W.C. Delsman u.a., AOAT 211, Kevelaer - Neukirchen-Vluyn 1982, 3-21 = ders., Studies in the Religious Tradition of the Old Testament, London 1987, 105-120 = „The Place Is Too Small for Us". The Israelite Prophets in Recent Scholarship, hg.v. R.P. Gordon, Sources for Biblical and Theological Study 5, Winona Lake IN 1995, 478-494
– The Biblical Interpretation of the Reigns of Ahaz and Hezekiah, in: In the Shelter of Elyon. FS G.W. Ahlström, hg.v. W.B. Barrick u. J.R. Spencer, JSOT.S 31, Sheffield 1984, 247-259
Ahlström, Gösta W.: Isaiah VI.13, JSSt 19 (1974) 169-172
Ahuis, Ferdinand: Der klagende Gerichtsprophet. Studien zur Klage in der Überlieferung von den alttestamentlichen Gerichtspropheten, CThM.A 12, Stuttgart 1982
Aitken, Kenneth T.: Hearing and Seeing: Metamorphoses of a Motif in Isaiah 1-39, in: Among the Prophets. Language, Image and Structure in the Prophetic Writings, hg. v. P.R. Davies und D.J.A. Clines, JSOT.S 144, Sheffield 1993, 12-41
Albertz, Rainer: Das Deuterojesaja-Buch als Fortschreibung der Jesaja-Prophetie, in: Die Hebräische Bibel und ihre zweifache Nachgeschichte. FS R. Rendtorff, hg.v. E. Blum u.a., Neukirchen-Vluyn 1990, 241-256
– Religionsgeschichte Israels in alttestamentlicher Zeit. Teil 1: Von den Anfängen bis zum Ende der Königszeit, ATD.E 8/1; Teil 2: Vom Exil bis zu den Makkabäern, ATD.E 8/2, Göttingen 1992
Alt, Albrecht: Hosea 5,8-6,6. Ein Krieg und seine Folgen in prophetischer Beleuchtung [1919], in: ders., Kleine Schriften zur Geschichte des Volkes Israel II, München [4]1978, 163-187

– Gedanken über das Königtum Jahwes [1945], in: ders., Kleine Schriften zur Geschichte des Volkes Israel I, München [4]1968, 345-357

Anderson, Bernhard W.: „God with Us" - in Judgment and in Mercy: The Editorial Structure of Isaiah 5-10(11), in: Canon, Theology, and Old Testament Interpretation. FS B.S. Childs, hg.v. G.M. Tucker, D.L. Petersen und R.R. Wilson, Philadelphia 1988, 230-245

Asurmendi, Jésus Maria: La Guerra Siro-Efraimita: Historia y Profetas, Valencia - Jerusalem 1982

Auld, A. Graeme: Kings without Privilege. David and Moses in the Story of the Bible's Kings, Edinburgh 1994

Bailey, Lloyd R.: Isaiah 14:24-27, Interp. 36 (1982) 171-176

Bardtke, Hans: Die Latifundien in Juda während der zweiten Hälfte des achten Jahrhunderts v.Chr. (Zum Verständnis von Jes 5,8-10), in: Hommages à André Dupont-Sommer, Paris 1971, 235-254

Barré, Michael L.: Of Lords and Birds: A Note on Isaiah 31.4-5, in: Among the Prophets. Language, Image and Structure in the Prophetic Writings, hg.v. P.R. Davies und D.J.A. Clines, JSOT.S 144, Sheffield 1993, 55-59

Bartelmus, Rüdiger: Jes 7,1-17 und das Stilprinzip des Kontrastes. Syntaktisch-stilistische und traditionsgeschichtliche Anmerkungen zur „Immanuel-Perikope", ZAW 96 (1984) 50-66

– Einführung in das Biblische Hebräisch. Mit einem Anhang: Biblisches Aramäisch für Kenner und Könner des biblischen Hebräisch, Zürich 1994

Barth, Christoph: Art. חָכָה, ThWAT II, 1977, 915-920

Barth, Hermann: Die Jesaja-Worte in der Josiazeit. Israel und Assur als Thema einer produktiven Neuinterpretation der Jesajaüberlieferung, WMANT 48, Neukirchen-Vluyn 1977

Barton, John: Isaiah 1-39, OTGu, Sheffield 1995

Bauer, Hans / Leander, Pontus: Historische Grammatik der hebräischen Sprache des Alten Testaments. Erster Band: Einleitung, Schriftlehre, Lautlehre und Formenlehre, Halle 1922 (ND Hildesheim 1962)

Baumann, Arnulf: Art. דָּמָה II / דמה / דום, ThWAT II, 1977, 277-283

Beale, G.K.: Isaiah VI 9-13: a retributive taunt against idolatry, VT 41 (1991) 257-278

Becker, Joachim: Isaias - der Prophet und sein Buch, SBS 30, Stuttgart 1968

Becker, Uwe: Richterzeit und Königtum. Redaktionsgeschichtliche Studien zum Richterbuch, BZAW 192, Berlin / New York 1990

Beer, Georg: Die Zukunftserwartung Jesajas, in: Studien zur semitischen Philologie und Religionsgeschichte. FS J. Wellhausen, hg.v. K. Marti, BZAW 27, Gießen 1914, 13-35

Begrich, Joachim: Der syrisch-ephraimitische Krieg und seine weltpolitischen Zusammenhänge [1929], in: ders., Gesammelte Studien zum Alten Testament, hg.v. W. Zimmerli, TB 21, München 1964, 99-120

– Jesaja 14,28-32. Ein Beitrag zur Chronologie der israelitisch-judäischen Königszeit [1933], in: ebd., 121-131

– Der Satzstil im Fünfer [1934], in: ebd., 132-167

Ben Zvi, Ehud: Isaiah 1,4-9, Isaiah, and the Events of 701 BCE in Judah. A Question of Premise and Evidence, SJOT 5/1 (1991) 95-111

Bentzen, Aage: Zur Erläuterung von Jes 5,1-7, AfO 4 (1927) 209f.

Berger, P.-R.: Ein unerklärtes Wort in dem Weinberglied Jesajas (Jes 5,6), ZAW 82 (1970) 116f.

Beuken, Willem A.M.: Isaiah chapters lxv-lxvi: Trito-Isaiah and the closure of the Book of Isaiah, in: Congress Volume Leuven 1989, hg.v. J.A. Emerton, VT.S 43, Leiden 1991, 204-221

– Jesaja 33 als Spiegeltext im Jesajabuch, EThL 67 (1991) 5-35

– Isaiah 34: Lament in Isaianic context, OTEs 5/1 (1992) 78-102

– Isa 29,15-24: Perversion Reverted, in: The Scriptures and the Scrolls. FS A.S. van der Woude, hg.v. F. García Martínez, A. Hilhorst und C.J. Labuschagne, VT.S 49, Leiden 1992, 43-64
– Isaiah 28: Is It Only Schismatics That Drink Heavily? Beyond the Synchronic Versus Diachronic Controversy, in: Synchronic or Diachronic? A Debate on Method in Old Testament Exegesis, hg.v. J.C. de Moor, OTS 34, Leiden 1995, 15-38
Beyer, Klaus: Althebräische Syntax und Poesie, in: Tradition und Glaube. FS K.G. Kuhn, hg.v. G. Jeremias, H.-W. Kuhn und H. Stegemann, Göttingen 1971, 76-96
Beyse, Karl-Martin: Art. שָׁחַר, ThWAT VII, 1993, 1208-1210
Biblia Hebraica Stuttgartensia, hg.v. K. Elliger und W. Rudolph, Stuttgart 1977
Bickert, Rainer: König Ahas und der Prophet Jesaja. Ein Beitrag zum Problem des syrisch-ephraimitischen Krieges, ZAW 99 (1987) 361-384
Birkeland, Harris: Zum hebräischen Traditionswesen. Die Komposition der prophetischen Bücher des Alten Testaments, SNVAO.HF 1938/1, Oslo 1938
Bjørndalen, Anders Jørgen: Zur Frage der Echtheit von Jesaja 1,2-3; 1,4-7 und 5,1-7, NTT 83 (1982) 89-100
– Zur Einordnung und Funktion von Jes 7,5f., ZAW 95 (1983) 260-263
– Untersuchungen zur allegorischen Rede der Propheten Amos und Jesaja, BZAW 165, Berlin / New York 1986
Blenkinsopp, Joseph: Fragments of Ancient Exegesis in an Isaian Poem (Jes 2,6-22), ZAW 93 (1981) 51-62
Blum, Erhard: Jesaja und der דבר des Amos. Unzeitgemäße Überlegungen zu Jes 5,25; 9,7-20; 10,1-4, DBAT 28 (1992/93 [1994]) 75-95
– Jesajas prophetisches Testament. Beobachtungen zu Jes 1-11 (Teil I), ZAW 108 (1996) 547-568
Boecker, Hans Jochen: Redeformen des Rechtslebens im Alten Testament, WMANT 14, Neukirchen-Vluyn ^{2}1970
Boehmer, Julius: Der Glaube und Jesaja. Zu Jes 7,9 und 28,16, ZAW 41 (1923) 84-93
– „Dieses Volk“ (Isa 6,9f.), JBL 45 (1926) 134-148
Bosshard, Erich: Jesaja 1-39 und das „Zwölfprophetenbuch“ in exilischer und frühnachexilischer Zeit. Redaktionsgeschichtliche Untersuchungen zur literarischen Vernetzung der Prophetenbücher, Diss. theol. Zürich 1995 [erscheint 1997 in OBO]
Botterweck, G. Johannes: Art. יָדַע, ThWAT III, 1982, 479-512
Bovati, Pietro: Le langage juridique du prophète Isaïe, in: J. Vermeylen (Hg.), The Book of Isaiah, BEThL 81, 1989, 177-196
Brandscheidt, Renate: „Bestellt über Völker und Königreiche“ (Jer 1,10). Form und Tradition in Jeremia 1, TThZ 104 (1995) 12-37
Braulik, Georg: Deuteronomium 1-16,17, NEB.AT 15, Würzburg 1986
– Deuteronomium II. 16,18-34,12, NEB.AT 28, Würzburg 1992
Brekelmans, Christiaan H.W.: Deuteronomistic Influence in Isaiah 1-12, in: J. Vermeylen (Hg.), The Book of Isaiah, BEThL 81, 1989, 167-176
Brown, William P.: The So-Called Refrain in Isaiah 5:25-30 and 9:7-10:4, CBQ 52 (1990) 432-443
Brueggemann, Walter: Unity and Dynamic in the Isaiah Tradition, JSOT 29 (1984) 89-107
Brunet, Gilbert: Essai sur l'Isaïe de l'histoire. Étude de quelques textes notamment dans Isa VII, VIII & XXII, Paris 1975
Budde, Karl: Ueber das siebente Capitel des Buches Jesaja, in: Études archéologiques dédiées à Mr. le Dr. [Conrad] Lemans, Leiden 1885, 121-126
– Isaiah vii.1 and 2 Kings xvi.5, ET 11 (1899/1900) 327-330
– Zwei Beobachtungen zum alten Eingang des Buches Jesaja, ZAW 38 (1919/20) 58
– Über die Schranken, die Jesajas Botschaft zu setzen sind, ZAW 41 (1923) 154-203
– Jes 8,6b, ZAW 44 (1926) 65-67

– Jesaja's Erleben. Eine gemeinverständliche Auslegung der Denkschrift des Propheten (Kap. 6,1-9,6), Bücherei der christlichen Welt 23, Gotha 1928
– Jesaja und Aḥaz, ZDMG 84 (1930) 125-138
– Zu Jesaja 8, Vers 9 und 10, JBL 49 (1930) 423-428
– Zu Jesaja 1-5, ZAW 49 (1931) 16-40.182-211; ZAW 50 (1932) 38-72
– Das Immanuelzeichen und die Ahaz-Begegnung Jesaja 7, JBL 52 (1933) 22-54
Bulmerincq, Alexander von: Die Immanuelweissagung (Jes. 7) im Lichte der neueren Forschung, Acta et Commentationes Universitatis Tartuensis 37, Dorpat 1936, 5-17
Bultmann, Christoph: Der Fremde im antiken Juda. Eine Untersuchung zum sozialen Typenbegriff „ger" und seinem Bedeutungswandel in der alttestamentlichen Gesetzgebung, FRLANT 153, Göttingen 1992
Camp, Ludger: Hiskija und Hiskijabild. Analyse und Interpretation von 2Kön 18-20, MThA 9, Altenberge 1990
Carr, David M.: What Can We Say about the Tradition History of Isaiah? A Response to Christopher Seitz's *Zion's Final Destiny*, SBL.SP 31 (1992) 583-597
– Reaching for Unity in Isaiah, JSOT 57 (1993) 61-80 = P.R. Davies (Hg.), The Prophets. A Sheffield Reader, BiSe 42, Sheffield 1996, 164-183
– Reading Isaiah from Beginning (Isaiah 1) to End (Isaiah 65-66): Multiple Modern Possibilities, in: R.F. Melugin / M.A. Sweeney (Hgg.), New Visions of Isaiah, JSOT.S 214, Sheffield 1996, 188-218
Caspari, Wilhelm: Jesaja 34 und 35, ZAW 49 (1931) 67-86
Catastini, Alessandro: Isaia ed Ezechia. Studio di storia della tradizione di II Re 18-20 / Is 36-39, Studi Semitici 6, Rom 1989
Cazelles, Henri: La vocation d'Isaïe (ch. 6) et les rites royaux, in: Homenaje a Juan Prado. Miscelánea de estudios bíblicos y hebraicos, hg.v. L. Alvarez Verdes und E.J. Alonso Hernández, Madrid 1975, 89-108
– Qui aurait visé, à l'origine, Isaïe ii 2-5?, VT 30 (1980) 409-420
– Quelques Questions de Critiques Textuelle, Historique et Littéraire en Is. 4,2-6, ErIs 16 (1982) 17*-25*
– La guerre syro-ephraïmite dans le contexte de la politique internationale, in: Storia e Tradizioni di Israele. FS J.A. Soggin, hg.v. D. Garrone und F. Israel, Brescia 1991, 31-48
Cersoy, P.: L'apologue de la vigne au chapitre V^e d'Isaïe (versets 1-7), RB 8 (1899) 40-49
Cheyne, Thomas K.: The Prophecies of Isaiah. A New Translation with Commentary and Appendices, Vol. I, London ³1884
– Einleitung in das Buch Jesaja. Deutsche Übersetzung unter durchgängiger Mitwirkung des Verfassers hg.v. J. Böhmer, Gießen 1897 (engl. 1895)
Childs, Brevard S.: Isaiah and the Assyrian Crisis, SBT II/1, London 1967
Chilton, Bruce D.: The Isaiah Targum. Introduction, Translation, Apparatus and Notes, The Aramaic Bible 11, Edinburgh 1987
Chisholm, Robert B.: Structure, Style, and the Prophetic Message: An Analysis of Isaiah 5:8-30, BS 143 (1986) 46-60
Christensen, Duane L.: The March of Conquest in Isaiah X 27c-34, VT 26 (1976) 385-399
Claassen, W.T.: Linguistic Arguments and the Dating of Isaiah 1:4-9, JNSL 3 (1974) 1-18
Clements, Ronald E.: Isaiah 1-39, NCB, Grand Rapids - London 1980
– Isaiah and the Deliverance of Jerusalem. A Study of the Interpretation of Prophecy in the Old Testament, JSOT.S 13, Sheffield 1980
– The Prophecies of Isaiah and the Fall of Jerusalem in 587 B.C., VT 30 (1980) 421-436 = ders., Old Testament Prophecy, 1996, 35-48.239f.
– The Unity of the Book of Isaiah, Interp. 36 (1982) 117-129 = ders., Old Testament Prophecy, 1996, 93-104.247f.

– The Isaiah Narrative of 2Kings 20.12-19 and the Date of the Deuteronomic History, in: Isac Leo Seeligmann Volume. Vol. III, hg.v. A. Rofé und Y. Zakovitch, Jerusalem 1983, 209-220
– Beyond Tradition-History: Deutero-Isaianic Development of First Isaiah's Themes, JSOT 31 (1985) 95-113 = P.R. Davies (Hg.), The Prophets. A Sheffield Reader, BiSe 42, Sheffield 1996, 128-146 = ders., Old Testament Prophecy, 1996, 78-92.244-247
– Isaiah 14,22-27: A Central Passage Reconsidered, in: J. Vermeylen (Hg.), The Book of Isaiah, BEThL 81, 1989, 253-262
– Patterns in the Prophetic Canon: Healing the Blind and the Lame, in: Canon, Theology, and Old Testament Interpretation. FS. B.S. Childs, hg.v. G.M. Tucker, D.L. Petersen und R.R. Wilson, Philadelphia 1989, 189-200
– The Immanuel Prophecy of Isa. 7:10-17 and Its Messianic Interpretation, in: Die hebräische Bibel und ihre zweifache Nachgeschichte. FS R. Rendtorff, hg.v. E. Blum u.a., Neukirchen-Vluyn 1990, 225-240 = ders., Old Testament Prophecy, 1996, 65-77.242-244
– The Prophecies of Isaiah to Hezekiah concerning Sennacherib 2 Kings 19.21-34 // Isa. 37.22-35, in: Prophetie und geschichtliche Wirklichkeit. FS S. Herrmann, hg.v. R. Liwak und S. Wagner, Stuttgart 1991, 65-78
– The Politics of Blasphemy. Zion's God and the Threat of Imperialism, in: „Wer ist wie du, HERR, unter den Göttern?“ Studien zur Theologie und Religionsgeschichte Israels. FS O. Kaiser, hg.v. I. Kottsieper u.a., Göttingen 1994, 231-246
– Old Testament Prophecy. From Oracles to Canon, Louisville KY 1996
Clifford, Richard J.: The Unity of the Book of Isaiah and Its Cosmogonic Language, CBQ 55 (1993) 1-17
Conrad, Edgar W.: The Royal Narratives and the Structure of the Book of Isaiah, JSOT 41 (1988) 67-81 (überarb. in: ders., Reading Isaiah, 1991, 34-51)
– Reading Isaiah, Ouvertures in Biblical Theology, Minneapolis 1991
Conrad, Joachim: Art. קָשַׁר, ThWAT VII, 1993, 211-217
Cornill, Carl Heinrich: Die Composition des Buches Jesaja, ZAW 4 (1884) 83-107
Crüsemann, Frank: Studien zur Formgeschichte von Hymnus und Danklied in Israel, WMANT 32, Neukirchen-Vluyn 1969
– Die Tora. Theologie und Sozialgeschichte des alttestamentlichen Gesetzes, München 1992
Dahood, Mitchell: Accusative ʿêṣâh, „Wood“, in Isaiah 30,1b, Bib. 50 (1969) 57f.
Daniels, Dwight R.: Is There a „Prophetic Lawsuit“ Genre?, ZAW 99 (1987) 339-360
Davies, Graham I.: The Destiny of the Nations in the Book of Isaiah, in: J. Vermeylen (Hg.), The Book of Isaiah, BEThL 81, 1989, 93-120
Davies, Philip R. (Hg.): The Prophets. A Sheffield Reader, BiSe 42, Sheffield 1996
Day, John: Molech. A God of Human Sacrifice in the Old Testament, UCOP 41, Cambridge 1989
Debus, Jörg: Die Sünde Jerobeams. Studien zur Darstellung Jerobeams und der Geschichte des Nordreichs in der deuteronomistischen Geschichtsschreibung, FRLANT 93, Göttingen 1967
Deck, Scholastika: Die Gerichtsbotschaft Jesajas: Charakter und Begründung, FzB 67, Würzburg 1991
Delitzsch, Franz: Commentar über den Propheten Jesaja, BC III/1, Leipzig ^{2}1869; ^{4}1889
Delkurt, Holger: Ethische Einsichten in der alttestamentlichen Spruchweisheit, BThSt 21, Neukirchen-Vluyn 1993
Deutsch, Richard: Die Hiskiaerzählungen. Eine formgeschichtliche Untersuchung der Texte Js 36-39 und 2R 18-20, Diss. Basel 1969
Dietrich, Walter: Prophetie und Geschichte. Eine redaktionsgeschichtliche Untersuchung zum deuteronomistischen Geschichtswerk, FRLANT 108, Göttingen 1972
– Jesaja und die Politik, BEvTh 74, München 1976

– / Naumann, Thomas: Die Samuelbücher, EdF 287, Darmstadt 1995
Dillmann, August: Der Prophet Jesaja, KeH 5, Leipzig [5]1890; [6]1898 bearb. von R. Kittel
Dion, Paul E.: Sennacherib's Expedition to Palestine, EeT 20 (1989) 5-26
Dohmen, Christoph: Art. מַסֵּכָה, ThWAT IV, 1984, 1009-1015
– Verstockungsvollzug und prophetische Legitimation. Literarkritische Beobachtungen zu Jes 7,1-17, BN 31 (1986) 37-56
– Das Immanuelzeichen. Ein jesajanisches Drohwort und seine inneralttestamentliche Rezeption, Bib. 68 (1987) 305-329
– Art. עַלְמָה, ThWAT VI, 1989, 167-177
Donner, Herbert: Israel unter den Völkern. Die Stellung der klassischen Propheten des 8. Jahrhunderts v.Chr. zur Außenpolitik der Könige von Israel und Juda, VT.S 11, Leiden 1964
– Die Verwerfung des Königs Saul, SbWGF XIX/5, Stuttgart 1983, 229-260 = ders., Aufsätze zum Alten Testament aus vier Jahrzehnten, BZAW 224, Berlin / New York 1994, 133-164
– Geschichte des Volkes Israel und seiner Nachbarn in Grundzügen. Teil 2: Von der Königszeit bis zu Alexander dem Großen. Mit einem Ausblick auf die Geschichte des Judentums bis Bar Kochba, ATD.E 4/2, Göttingen [2]1995
– „Forscht in der Schrift Jahwes und lest!" Ein Beitrag zum Verständnis der israelitischen Prophetie, ZThK 87 (1990) 285-298 = ders., Aufsätze zum Alten Testament aus vier Jahrzehnten, BZAW 224, Berlin / New York 1994, 199-212
Driver, Godfrey Rolles: „Another Little Drink" - Isaiah 28:1-22, in: Words and Meanings. FS D.W. Thomas, hg.v. P.R. Ackroyd und B. Lindars, Cambridge 1968, 47-67
Duhm, Bernhard: Das Buch Jesaja, Göttingen [5]1968
– Das Buch Jeremia, KHC XI, Tübingen / Leipzig 1901
Eareckson, Vincent O.: The Originality of Isaiah XIV 27, VT 20 (1970) 490f.
Eichhorn, Johann Gottfried: Rez. zu E.F.C. Rosenmüller, Scholia in Vetus Testamentum, in: ders., Allgemeine Bibliothek der biblischen Litteratur Bd. 4, 3. Stück, Leipzig 1792, 447-473
Eichrodt, Walther: Der Heilige in Israel. Jesaja 1-12, BAT 17/1, Stuttgart 1960
Eißfeldt, Otto: Einleitung in das Alte Testament, Neue theologische Grundrisse, Tübingen [4]1976
Elliger, Karl: Deuterojesaja in seinem Verhältnis zu Tritojesaja, BWANT 63, Stuttgart 1933
– Deuterojesaja. 1.Teilband: Jesaja 40,1-45,7, BK XI/1, Neukirchen-Vluyn 1978
Emerton, John A.: A Note on Isaiah XXXV 9-10, VT 27 (1977) 488f.
– Notes on the Text and Translation of Isaiah xxii 8-11 and lxv 5, VT 30 (1980) 437-451
– The Translation and Interpretation of Isaiah vi.13, in: Interpreting the Hebrew Bible. Essays in Honour of E.I.J. Rosenthal, hg.v. J.A. Emerton und S.C. Reif, Cambridge 1982, 85-118
– The Translation of Isaiah 5,1, in: The Scriptures and the Scrolls. FS A.S. van der Woude, hg.v. F. García Martínez, A. Hilhorst und C.J. Labuschagne, VT.S 49, Leiden 1992, 18-30
– The Historical Background of Isaiah 1:4-9, in: Archaeological, Historical, and Geographical Studies. Avraham Malamat Volume, ErIs 24 (1993) 34*-40*
Ernst, Alexander B.: Weisheitliche Kultkritik. Zu Theologie und Ethik des Sprüchebuchs und der Prophetie des 8. Jahrhunderts, BThSt 23, Neukirchen-Vluyn 1994
Eslinger, Lyle: The infinite in a finite organical perception (Isaiah vi 1-5), VT 45 (1995) 145-173
Evans, Craig A.: The Text of Isaiah 6,9-10, ZAW 94 (1982) 415-418
– On the Vineyard Parables of Isaiah 5 and Mark 12, BZ 28 (1984) 82-86
– An Interpretation of Isa 8,11-15 Unemended, ZAW 97 (1985) 112f.
– On the Unity and Parallel Structure of Isaiah, VT 38 (1988) 129-147

– To See and not Perceive. Isaiah 6.9-10 in Early Jewish and Christian Interpretation, JSOT.S 64, Sheffield 1989
Even-Shoshan, Abraham: A New Concordance of the Bible, Jerusalem ²1990
Ewald, Heinrich: Rez. zu E.F.C. Rosenmüller, Jeremiae vaticinia et threni..., 1826-27, in: ThStKr 1 (1828) 575-585
– Weitere erforschung der schriften Jesaja's, JBW 7 (1855) 28-53
– Jesaja mit den übrigen älteren Propheten, Die Propheten des Alten Bundes, 2.Ausgabe, Bd. 1, Göttingen 1867
Exum, Jo Cheryl: Isaiah 28-32: A Literary Approach, SBL.SP 17 (Vol. II), Missoula MT 1979, 123-151
– „Whom will he teach knowledge?“ A Literary Approach to Isaiah 28, in: Art and Meaning: Rhetoric in Biblical Literature, hg.v. D.J.A. Clines u.a., JSOT.S 19, Sheffield 1982, 108-139
Fabry, Heinz-Josef: Art. דַּל, ThWAT II, 1977, 221-244
– Art. צוּר, ThWAT VI, 1989, 973-983
– Art. צַר I, ThWAT VI, 1989, 1113-1122
Fey, Reinhard: Amos und Jesaja. Abhängigkeit und Eigenständigkeit des Jesaja, WMANT 12, Neukirchen-Vluyn 1963
Fischer, Irmtraud: Tora für Israel - Tora für die Völker. Das Konzept des Jesajabuches, SBS 164, Stuttgart 1995
Fleischer, Gunther: Von Menschenverkäufern, Baschankühen und Rechtsverkehrern. Die Sozialkritik des Amosbuches in historisch-kritischer, sozialgeschichtlicher und archäologischer Perspektive, BBB 74, Frankfurt/M. 1989
Fohrer, Georg: Jesaja 1-23, ZBK.AT 19/1, Zürich ³1991
– Jesaja 24-39, ZBK.AT 19/2, Zürich ³1991
– Entstehung, Komposition und Überlieferung von Jes 1-39 [1962], in: ders., Studien zur alttestamentlichen Prophetie (1949-1965), BZAW 99, Berlin 1967, 113-147
– Jesaja 1 als Zusammenfassung der Verkündigung Jesajas [1962], in: ders., Studien zur alttestamentlichen Prophetie (1949-1965), BZAW 99, Berlin 1967, 148-166
– Wandlungen Jesajas [1967], in: ders., Studien zu alttestamentlichen Texten und Themen (1966-1972), BZAW 155, Berlin / New York 1981, 11-23
– Die Propheten des Alten Testaments V. Die Propheten des ausgehenden 6. und des 5. Jahrhunderts, Gütersloh 1976
Fritz, Volkmar: Amosbuch, Amosschule und historischer Amos, in: Prophet und Prophetenbuch. FS O. Kaiser, hg.v. V. Fritz, K.-F. Pohlmann und H.-C. Schmitt, BZAW 185, Berlin / New York 1989, 29-43
Fuhs, Hans Ferdinand: Sehen und Schauen. Die Wurzel ḥzh im Alten Orient und im Alten Testament. Ein Beitrag zum prophetischen Offenbarungsempfang, FzB 32, Würzburg 1978
– Art. יָרֵא, ThWAT III, 1982, 869-893
Fullerton, Kemper: The Invasion of Sennacherib, BS 63 (1906) 577-634
– The Problem of Isaiah, Chapter 10, AJSL 34 (1917/18) 170-184
– The Rhythmical Analysis of Is. 1:10-20, JBL 38 (1919) 53-63
– The Original Form of the Refrains in Is. 2:6-21, JBL 38 (1919) 64-76
– The Stone of the Foundation, AJSL 37 (1920/21) 1-50
– Viewpoints in the Discussion of Isaiah's Hopes for the Future, JBL 41 (1922) 1-101
– The Interpretation of Isaiah 8.5-10, JBL 43 (1924) 253-289
– The Original Text of 2K 20.7-11 = Is 38.7,8,21f., JBL 44 (1925) 44-62
– Isaiah's Attitude in the Sennacherib Campaign, AJSL 42 (1925) 1-25
– Isaiah 14:28-32, AJSL 42 (1925/26) 86-109
Gerstenberger, Erhard S.: Art. עָנָה II, ThWAT VI, 1989, 247-270
Gertz, Jan Christian: Die Gerichtsorganisation Israels im deuteronomischen Gesetz, FRLANT 165, Göttingen 1994

Gese, Hartmut: Die strömende Geißel des Hadad und Jesaja 28,15 und 18, in: Archäologie und Altes Testament. FS K. Galling, hg.v. A. Kuschke und E. Kutsch, Tübingen 1970, 127-134
– Komposition bei Amos, in: Congress Volume Vienna 1980, hg.v. J.A. Emerton, VT.S 32, Leiden 1981, 74-95 = ders., Alttestamentliche Studien, Tübingen 1991, 94-115
– Amos 8,4-8: Der kosmische Frevel händlerischer Habgier, in: Prophet und Prophetenbuch. FS O. Kaiser, hg.v. V. Fritz, K.-F. Pohlmann und H.-C. Schmitt, BZAW 185, Berlin / New York 1989, 59-72
Gesenius, Wilhelm: Philologisch-kritischer und historischer Commentar über den Jesaia, Teil I/1: Einleitung und Commentar über Kapitel 1-12, Leipzig 1821; Teil I/2: Commentar über Kapitel 13-33, Leipzig 1821
– / Kautzsch, Emil: Hebräische Grammatik, Leipzig [28]1909 (ND Hildesheim 1962)
Giesebrecht, Friedrich: Die Immanuel-Weissagung, ThStKr 67 (1888) 217-264
– Beiträge zur Jesaiakritik. Nebst einer Studie über Prophetische Schriftstellerei, Göttingen 1890
Gitay, Yehoshua: Reflections on the Study of the Prophetic Discourse: The Question of Isaiah 1:2-20, VT 33 (1983) 207-221
– Isaiah and the Syro-Ephraimite War, in: J. Vermeylen (Hg.), The Book of Isaiah, BEThL 81, 1989, 217-230
– Isaiah and his Audience. The Structure and Meaning of Isaiah 1-12, SSN 30, Assen / Maastricht 1991
Görg, Manfred: Die Bildersprache in Jes 28,1, BN 3 (1977) 17-23 = ders., Ägyptiaca - Biblica, ÄAT 11, Wiesbaden 1991, 223-229
– Hiskija als Immanuel. Plädoyer für eine typologische Identifikation, BN 22 (1983) 107-125
– Jesaja als „Kinderlehrer"? Beobachtungen zur Sprache und Semantik in Jes 28,10(13), BN 29 (1985) 12-16 = ders., Ägyptiaca - Biblica, ÄAT 11, Wiesbaden 1991, 230-234
– Art. שָׁכַן, ThWAT VII, 1993, 1337-1348
Gonçalves, Francolino J.: L'expédition de Sennachérib en Palestine dans la littérature hébraïque ancienne, ÉtB N.S. 7, Paris 1986 (= PIOL 34, Louvain-la-Neuve 1986)
Gosse, Bernard: Un texte pré-apocalyptique du règne de Darius: Isaïe XIII,1 - XIV,23, RB 92 (1985) 200-222
– Le „moi" prophétique de l'oracle contre Babylone d'Isaïe XXI, 1-10, RB 93 (1986) 70-84
– Isaïe 13,1-14,23. Dans la tradition littéraire du livre d'Isaïe et dans la tradition des oracles contre les nations, OBO 78, Fribourg - Göttingen 1988
– Oracles contre les nations et structures comparées des livres d'Isaïe et d'Ezéchiel, BN 54 (1990) 19-21
– Isaïe 34-35. Le chatiment d'Edom et des nations, salut pour Sion, ZAW 102 (1990) 396-404
– Isaïe 14,24-27 et les oracles contre les nations du livre d'Isaïe, BN 56 (1991), 17-21
– Isaïe 14,28-32 et les traditions sur Isaïe d'Isaïe 36-39 et Isaïe 20,1-6, BZ 35 (1991) 97f.
– Isaïe 52,13-53,12 et Isaïe 6, RB 98 (1991) 537-543
– Isaïe vi et la tradition isaïenne, VT 42 (1992) 340-349
– Isaïe 1 dans la rédaction du livre d'Isaïe, ZAW 104 (1992) 52-66
– Michée 4,1-5, Isaïe 2,1-5 et les rédacteurs finaux du livre d'Isaïe, ZAW 105 (1993) 98-102
– Isaïe 4,2-6 dans la rédaction du livre d'Isaïe, RHPhR 73 (1993) 131-135
– Isaïe 28-32 et la redaction d'ensemble du livre d'Isaïe, SJOT 9 (1995) 75-82
Graffy, Adrian: The Literary Genre of Isaiah 5.1-7, Bib. 60 (1979) 400-409
Graupner, Axel / Fabry, Heinz-Josef: Art. שׁוּב, ThWAT VII, 1993, 1118-1176
Gray, George B.: A Critical and Exegetical Commentary on the Book of Isaiah, I-XXXIX, 2 Vols., ICC, Edinburgh 1912

Gressmann, Hugo: Der Messias, FRLANT 43, Göttingen 1929
Gross, Walter: Israel und die Völker: Die Krise des YHWH-Volk-Konzepts im Jesajabuch, in: Der Neue Bund im Alten. Studien zur Bundestheologie der beiden Testamente, hg.v. E. Zenger, QD 146, Freiburg 1993, 149-167
Groves, Joseph W.: Actualization and Interpretation in the Old Testament, SBL.DS 86, Atlanta GA 1987
Gryson, Roger: Barachie et la Prophétesse. Excercice de critique textuelle sur Isaïe 8,2.3, RB 96 (1989) 321-337
Gunkel, Hermann: Jesaja 33, eine prophetische Liturgie, ZAW 42 (1924) 177-208
Gunneweg, Antonius H.J.: Habakuk und das Problem des leidenden צדיק, ZAW 98 (1986) 400-415
Guthe, Hermann: Das Buch Jesaja 1-35, in: E. Kautzsch (-A. Bertholet) (Hg.), HSAT (K) I, Tübingen [4]1922, 586-653
Ha, John: Genesis 15. A Theological Compendium of Pentateuchal History, BZAW 181, Berlin / New York 1989
Haag, Ernst: Sündenvergebung und neuer Anfang. Zur Übersetzung und Auslegung von Jes 1,18, in: Die Freude an Gott - unsere Kraft. FS O.B. Knoch, hg.v. J.J. Degenhardt, Stuttgart 1991, 68-80
– Das Immanuelzeichen in Jesaja 7, TThZ 100 (1991) 3-22
– Jesaja, Assur und der Antijahwe. Literar- und traditionsgeschichtliche Beobachtungen zu Jes 10,5-15, TThZ 103 (1994) 18-37
Hackmann, H.: Die Zukunftserwartung des Jesaja, Göttingen 1893
Halpern, Baruch: „The Excremental Vision“: The Doomed Priests of Doom in Isaiah 28, HAR 10 (1986) 109-121
Hamborg, G.R.: Reasons for Judgement in the Oracles against the Nations of the Prophet Isaiah, VT 31 (1981) 145-159
Hardmeier, Christof: Texttheorie und biblische Exegese. Zur rhetorischen Funktion der Trauermetaphorik in der Prophetie, BEvTh 79, München 1978
– Gesichtspunkte pragmatischer Erzähltextanalyse. „Glaubt ihr nicht, so bleibt ihr nicht“ - ein Glaubensappell an schwankende Anhänger Jesajas, WuD 15 (1979) 33-54
– Jesajas Verkündigungsabsicht und Jahwes Verstockungsauftrag in Jes 6, in: Die Botschaft und die Boten. FS H.W. Wolff, hg.v. J. Jeremias und L. Perlitt, Neukirchen-Vluyn 1981, 235-251
– Verkündigung und Schrift bei Jesaja. Zur Entstehung der Schriftprophetie als Oppositionsliteratur im alten Israel, ThGl 73 (1983) 119-134
– Jesajaforschung im Umbruch, VF 31 (1986) 3-31
– „Geschwiegen habe ich seit langem ... wie die Gebärende schreie ich jetzt“. Zur Komposition und Geschichtstheologie von Jes 42,14-44,23, WuD 20 (1989) 155-179
– Prophetie im Streit vor dem Untergang Judas. Erzählkommunikative Studien zur Entstehungssituation der Jesaja- und Jeremiaerzählungen in II Reg 18-20 und Jer 37-40, BZAW 187, Berlin / New York 1990
– Die Propheten Micha und Jesaja im Spiegel von Jeremia xxvi und 2 Regum xviii-xx, in: Congress Volume Leuven 1989, hg.v. J.A. Emerton, VT.S 43, Leiden 1991, 172-189
Hausmann, Jutta: Israels Rest. Studien zum Selbstverständnis der nachexilischen Gemeinde, BWANT 124, Stuttgart 1987
Hayes, John H. / Irvine, Stuart A.: Isaiah, the Eighth-century Prophet. His Times and his Preaching, Nashville 1987
Hentschel, Georg: 2 Könige, NEB.AT 11, Würzburg 1985
– Gott, König und Tempel. Beobachtungen zu 2 Sam 7,1-17, EThS 22, Leipzig 1992
Hermisson, Hans-Jürgen: Zukunftserwartung und Gegenwartskritik in der Verkündigung Jesajas, EvTh 33 (1973) 54-77
– / Lohse, Eduard: Glauben, Biblische Konfrontationen, Stuttgart 1978
– Deuterojesaja-Probleme. Ein kritischer Literaturbericht, VF 31 (1986) 53-84

– Deuterojesaja. 2.Teilband, BK XI/2, Neukirchen-Vluyn 1987ff.
– Einheit und Komplexität Deuterojesajas. Probleme der Redaktionsgeschichte von Jes 40-55, in: J. Vermeylen (Hg.), The Book of Isaiah, BEThL 81, 1989, 287-312
Herrmann, Siegfried: Jeremia, BK XII/1 Lfg. 1-2, Neukirchen-Vluyn 1986/90
Hesse, Franz: Das Verstockungsproblem im Alten Testament. Eine frömmigkeitsgeschichtliche Untersuchung, BZAW 74, Berlin 1955
Hildebrandt, A.: Juda's Verhältniss zu Assyrien in Jesaja's Zeit nach Keilinschriften und Jesajanischen Prophetien. Ein Beitrag zur historischen Exegese des Jesaja, Marburg 1874
Hitzig, Ferdinand: Der Prophet Jesaja, Heidelberg 1833
Höffken, Peter: Notizen zum Textcharakter von Jesaja 7,1-17, ThZ 36 (1980) 321-337
– Probleme in Jesaja 5,1-7, ZThK 79 (1982) 392-410
– Grundfragen von Jesaja 7,1-17 im Spiegel neuerer Literatur, BZ 33 (1989) 25-42
– Das Buch Jesaja Kapitel 1-39, NSK.AT 18/1, Stuttgart 1993
Hölscher, Gustav: Die Profeten. Untersuchungen zur Religionsgeschichte Israels, Leipzig 1914
– Hesekiel. Der Dichter und das Buch, BZAW 39, Gießen 1924
Hoffmann, Hans Werner: Die Intention der Verkündigung Jesajas, BZAW 136, Berlin / New York 1974
Høgenhaven, Jesper: On the Structure and Meaning of Isaiah viii 23b, VT 37 (1987) 219-220
– Gott und Volk bei Jesaja. Eine Untersuchung zur biblischen Theologie, AThD 24, Leiden 1988
– Die symbolischen Namen in Jesaja 7 und 8 im Rahmen der sogenannten „Denkschrift" des Propheten, in: J. Vermeylen (Hg.), The Book of Isaiah, BEThL 81, 1989, 231-235
Holladay, William L.: A new suggestion for the crux in Isaiah i 4b, VT 33 (1983) 235-237
Horst, Pieter Willem van der: A Classical Parallel to Isaiah 5.8, ET 89 (1977/78) 119f.
Hossfeld, Frank-Lothar / Meyer, Ivo: Prophet gegen Prophet. Eine Analyse der alttestamentlichen Texte zum Thema: Wahre und falsche Prophetie, BiBe 9, Fribourg 1973
Hossfeld, Frank-Lothar / Zenger, Erich: Die Psalmen I. Psalm 1-50, NEB.AT 29, Würzburg 1993
Huber, Friedrich: Jahwe, Juda und die anderen Völker beim Propheten Jesaja, BZAW 137, Berlin / New York 1976
Hubmann, Franz D.: Randbemerkungen zu Jes 7,1-17, BN 26 (1985) 27-46
– Der Bote des Heiligen Gottes - Jesaja 6,1-13 im Kontext von Berufung, ThPQ 135 (1987) 328-339
Humbert, Paul: Mahēr Šalāl Ḥāš Baz, ZAW 50 (1932) 90-92
Hurowitz, Victor: Isaiah's Impure Lips and Their Purification in Light of Accadien Sources, HUCA 60 (1989[1990]) 39-89
Hutter, Manfred: Hiskija, König von Juda. Ein Beitrag zur judäischen Geschichte in assyrischer Zeit, GrTS 6, Graz 1982
Irsigler, Hubert: Zeichen und Bezeichnetes in Jes 7,1-17. Notizen zum Immanueltext, BN 29 (1985) 75-114 = U. Struppe (Hg.), Studien zum Messiasbild im Alten Testament, SBAB 6, Stuttgart 1989, 155-197
– Gott als König in Berufung und Verkündigung Jesajas, in: Ein Gott - eine Offenbarung. Beiträge zur biblischen Exegese, Theologie und Spiritualität. FS N. Füglister, hg.v. F.V. Reiterer, Würzburg 1991, 127-154
Irvine, Stuart A.: Isaiah, Ahaz, and the Syro-Ephraimitic Crisis, SBL.DS 123, Atlanta GA 1990
– The Isaianic *Denkschrift:* Reconsidering an Old Hypothesis, ZAW 104 (1992) 216-231
– Isaiah's *She'ar-Yashub* and the Davidic House, BZ 37 (1993) 78-88
Irwin, William Andrew: The Exposition of Isaiah 14:28-32, AJSL 44 (1927/28) 73-87
Irwin, William Henry: Isaiah 28-33. Translation with Philological Notes, BibOr 30, Rom 1977

Jacob, Edmond: Esaïe 1-12, CAT VIIIa, Genf 1987

Janowski, Bernd: „Ich will in eurer Mitte wohnen". Struktur und Genese der exilischen *Schekina*-Theologie, in: Der eine Gott der beiden Testamente, JBTh 2, Neukirchen-Vluyn 1987, 165-193 = ders., Gottes Gegenwart in Israel. Beiträge zur Theologie des Alten Testaments, Neukirchen-Vluyn 1993, 119-147

– Das Königtum Gottes in den Psalmen. Bemerkungen zu einem neuen Gesamtentwurf, ZThK 86 (1989) 389-454 = ders., Gottes Gegenwart in Israel. Beiträge zur Theologie des Alten Testaments, Neukirchen-Vluyn 1993, 148-213

– Keruben und Zion. Thesen zur Entstehung der Zionstradition, in: Ernten, was man sät. FS K. Koch, hg.v. D.R. Daniels, U. Gleßmer und M. Rösel, Neukirchen-Vluyn 1991, 231-264 = ders., Gottes Gegenwart in Israel. Beiträge zur Theologie des Alten Testaments, Neukirchen-Vluyn 1993, 247-280

Jenkins, Allan K.: Isa. 14.28-32 - An Issue of Life and Death, FolOr 21 (1980) 47-63

– The Development of the Isaiah Tradition in Is 13-23, in: J. Vermeylen (Hg.), The Book of Isaiah, BEThL 81, 1989, 237-251

Jenni, Ernst: Jesajas Berufung in der neueren Forschung, ThZ 15 (1959) 321-339

Jensen, Joseph: The use of tôrâh by Isaiah. His Debate with the Wisdom Tradition, CBQ.MS 3, Washington 1973

Jeppesen, Knud: Call and Frustration. A New Understanding of Isaiah viii 21-22, VT 32 (1982) 145-157

– The Cornerstone (Isa 28:16) in Deutero-Isaianic Rereading of the Message of Isaiah, ST 38 (1984) 93-99

Jepsen, Alfred: Nabi. Soziologische Studien zur alttestamentlichen Literatur und Religionsgeschichte, München 1934

– Die Nebiah in Jes 8,3, ZAW 72 (1960) 267f.

– Art. אָמַן, ThWAT I, 1973, 313-348

Jeremias, Jörg: Kultprophetie und Gerichtsverkündigung in der späten Königszeit Israels, WMANT 35, Neukirchen-Vluyn 1970

– Theophanie. Die Geschichte einer alttestamentlichen Gattung, WMANT 10, Neukirchen-Vluyn ²1977

– Das Königtum Gottes in den Psalmen. Israels Begegnung mit dem kanaanäischen Mythos in den Jahwe-König-Psalmen, FRLANT 141, 1987

– Amos 3-6. Beobachtungen zur Entstehungsgeschichte eines Prophetenbuches, in: Lebendige Forschung im Alten Testament, ZAW 100 Suppl., 1988, 123-138 = ders., Hosea und Amos, FAT 13, 1996, 142-156

– Völkersprüche und Visionsberichte im Amosbuch, in: Prophet und Prophetenbuch. FS O. Kaiser, hg.v. V. Fritz, K.-F. Pohlmann und H.-C. Schmitt, BZAW 185, 1989, 82-97 = ders., Hosea und Amos, FAT 13, 1996, 157-171

– Tod und Leben in Am 5,1-17, in: Der Weg zum Menschen. Zur philosophischen und theologischen Anthropologie. FS A. Deissler, hg.v. R. Mosis und L. Ruppert, Freiburg 1989, 134-152 = ders., Hosea und Amos, FAT 13, 1996, 214-230

– Am 8,4-7 – ein Kommentar zu 2,6f., in: Text, Methode und Grammatik. FS W. Richter, hg.v. W. Groß, H. Irsigler und T. Seidl, St. Ottilien 1991, 205-220 = ders., Hosea und Amos, FAT 13, 1996, 231-243

– Das unzugängliche Heiligtum. Zur letzten Vision des Amos (Am 9,1-4), in: Konsequente Traditionsgeschichte. FS K. Baltzer, hg.v. R. Bartelmus, T. Krüger und H. Utzschneider, OBO 126, Fribourg - Göttingen 1993, 155-167 = ders., Hosea und Amos, FAT 13, 1996, 244-256

– Das Proprium der alttestamentlichen Prophetie, ThLZ 119 (1994) 483-494 = ders., Hosea und Amos, FAT 13, 1996, 20-33

– „Zwei Jahre vor dem Erdbeben" (Am 1,1), in: Altes Testament - Forschung und Wirkung. FS H. Graf Reventlow, hg.v. W. Thiel und P. Mommer, Frankfurt/M. u.a. 1994, 15-31 = ders., Hosea und Amos, FAT 13, 1996, 183-197

– Die Anfänge des Dodekapropheton: Hosea und Amos, in: Congress Volume Paris 1992, hg.v. J.A. Emerton, VT.S 61, Leiden 1995, 87-106 = ders., Hosea und Amos, FAT 13, 1996, 34-54
– Der Prophet Amos, ATD 24/2, Göttingen 1995
– Hosea und Amos. Studien zu den Anfängen des Dodekapropheton, FAT 13, Tübingen 1996

Jirku, Anton: Zu „Eilebeute“ in Jes. 8,1.3, ThLZ 75 (1950) 118

Jones, Brian C.: Isaiah 8.11 and Isaiah's Vision of Yahweh, in: History and Interpretation. FS J.H. Hayes, hg.v. M.P. Graham u.a., JSOT.S 173, Sheffield 1993, 145-159

Jong, St. de: Het verhaal van Hizkia en Sanherib. Een synchronische en diachronische analyse van II Kon. 18,13-19,37 (par. Jes. 36-37), Academisch proefschrift. Centrale Huisdrukkerij V.U., Amsterdam 1992

Joüon, Paul: A Grammar of Biblical Hebrew. Translated and Revised by T. Muraoka, 2 Bde., Subsidia biblica 14/I-II, Rom 1993

Junker, Hubert: Die literarische Art von Is 5,1-7, Bib. 40 (1959) 259-266

Kaiser, Otto: Die Verkündigung des Propheten Jesaja im Jahre 701. I. Von der Menschen Vertrauen und Gottes Hilfe. Eine Studie über II Reg 18,17ff. par Jes 36,1ff. 1. Das literar- und textkritische Problem, ZAW 81 (1969) 304-315
– Der geknickte Rohrstab. Zum geschichtlichen Hintergrund der Überlieferung und Weiterbildung der prophetischen Ägyptensprüche im 5. Jahrhundert, in: Wort und Geschichte. FS K. Elliger, AOAT 18, Neukirchen-Vluyn 1972, 99-106 = ders., Von der Gegenwartsbedeutung des Alten Testaments. Gesammelte Studien zur Hermeneutik und zur Redaktionsgeschichte, hg.v. V. Fritz, K.-F. Pohlmann und H.-C. Schmitt, Göttingen 1984, 181-188
– Geschichtliche Erfahrung und eschatologische Erwartung. Ein Beitrag zur Geschichte der alttestamentlichen Eschatologie im Jesajabuch, NZSTh 15 (1973) 272-285 = ders., Von der Gegenwartsbedeutung des Alten Testaments. Gesammelte Studien zur Hermeneutik und zur Redaktionsgeschichte, hg.v. V. Fritz, K.-F. Pohlmann und H.-C. Schmitt, Göttingen 1984, 167-180
– Das Buch des Propheten Jesaja. Kapitel 1-12, ATD 17, Göttingen ^{5}1981
– Rez. von A.A. Macintosh, Isaiah XXI. A palimpsest, Cambridge 1980, VT 32 (1982) 363-367
– Der Prophet Jesaja. Kapitel 13-39, ATD 18, Göttingen ^{3}1983
– Einleitung in das Alte Testament. Eine Einführung in ihre Ergebnisse und Probleme, Gütersloh ^{5}1984
– Art. Jesaja / Jesajabuch, TRE 16, 1987, 636-658
– Literarkritik und Tendenzkritik. Überlegungen zur Methode der Jesajaexegese, in: J. Vermeylen (Hg.), The Book of Isaiah, BEThL 81, 1989, 55-71 (= Literary Criticism and *Tendenz*-Criticism: Methodological Reflections on the Exegesis of Isaiah, in: „The Place Is Too Small for Us“. The Israelite Prophets in Recent Scholarship, hg.v. R.P. Gordon, Sources for Biblical and Theological Study 5, Winona Lake IN 1995, 495-512)
– Klagelieder, in: H.-P. Müller / O. Kaiser / J. Loader, Das Hohelied. Klagelieder. Das Buch Ester, ATD 16/2, Göttingen ^{4}1992, 91-198
– Grundriß der Einleitung in die kanonischen und deuterokanonischen Schriften des Alten Testaments. Band 1: Die erzählenden Werke, Gütersloh 1992; Band 2: Die prophetischen Werke. Mit einem Beitrag von K.-F. Pohlmann, Gütersloh 1994
– Der Gott des Alten Testaments. Theologie des Alten Testaments 1: Grundlegung, UTB 1747, Göttingen 1993

Kaplan, Mordecai M.: Isaiah 6.1-11, JBL 45 (1926) 251-259

Kathmann, Hilde: Berufung und Sendung nach dem Selbstverständnis der vorexilischen Prophetie, Diss. Göttingen 1969

Keel, Othmar: Jahwe-Visionen und Siegelkunst. Eine neue Deutung der Majestätsschilderungen in Jes 6, Ez 1 und 10 und Sach 4, SBS 84/85, Stuttgart 1977

Kellenberger, Edgar: Heil und Verstockung. Zu Jes 6,9f. bei Jesaja und im Neuen Testament, ThZ 47 (1992) 268-275

Kellermann, Diether: Art. גָּאָה, ThWAT I, 1973, 878-884

– Frevelstricke und Wagenseil: Bemerkungen zu Jesaja V 18, VT 37 (1987) 90-97

– Art. עָטַר, ThWAT VI, 1989, 21-31

Kessler, Rainer: Staat und Gesellschaft im vorexilischen Juda. Vom 8. Jahrhundert bis zum Exil, VT.S 47, Leiden 1992

Kiesow, Klaus: Exodustexte im Jesajabuch: Literarkritische und motivgeschichtliche Analysen, OBO 24, Fribourg - Göttingen 1979

Kilian, Rudolf: Der Verstockungsauftrag Jesajas, in: Bausteine biblischer Theologie. FS G.J. Botterweck, hg.v. H.-J. Fabry, BBB 50, Köln / Bonn 1977, 209-225

– „Baut eine Straße für unseren Gott!" Überlegungen zu Jes 40,3-5, in: Künder des Wortes. Beiträge zur Theologie der Propheten. FS J. Schreiner, hg.v. L. Ruppert, P. Weimar und E. Zenger, Würzburg 1982, 53-60

– Jesaja 1-39, EdF 200, Darmstadt 1983

– Jesaja 1-12, NEB.AT 17, Würzburg 1986

– Jesaja 13-39, NEB.AT 32, Würzburg 1994

Kissane, Edward J.: The Book of Isaiah, Vol. I, I-XXXIX, Dublin 1960

Kleer, Martin u.a.: Art. שִׁיר, ThWAT VII, 1993, 1259-1295

Klein, Hans: Freude an Rezin. Ein Versuch, mit dem Text Jes viii 6 ohne Konjektur auszukommen, VT 30 (1980) 229-234

Knierim, Rolf: The Vocation of Isaiah, VT 18 (1968) 47-68

Knobel, August Wilhelm: Der Prophet Jesaja, KEH 5, Leipzig 1843

Koch, Klaus: Die Profeten I: Assyrische Zeit, UB 280, Stuttgart ^{3}1995

Köckert, Matthias: Vätergott und Väterverheißungen. Eine Auseinandersetzung mit Albrecht Alt und seinen Erben, FRLANT 142, Göttingen 1988

Koehler, Ludwig / Baumgartner, Walter: Hebräisches und aramäisches Lexikon zum Alten Testament, 3. Aufl. neu bearbeitet von W. Baumgartner u.a., Leiden 1967ff.

Koenen, Klaus: Heil den Gerechten – Unheil den Sündern! Ein Beitrag zur Theologie der Prophetenbücher, BZAW 229, Berlin / New York 1994

Kohata, Fujiko: Jahwist und Priesterschrift in Exodus 3-14, BZAW 166, Berlin / New York 1986

– Die Endredaktion (R^P) der Meerwundererzählung, AJBI 14 (1988) 10-37

Konkel, August H.: The Sources of the Story of Hezekiah in the Book of Isaiah, VT 43 (1993) 462-482

Kooij, Arie van der: Die alten Textzeugen des Jesajabuches, OBO 35, Fribourg - Göttingen 1981

– Das assyrische Heer vor den Mauern Jerusalems im Jahr 701 v.Chr., ZDPV 102 (1986) 93-109

Korpel, Marjo C.A.: The Literary Genre of the Song of the Vineyard (Isa. 5:1-7), in: The Structural Analysis of Biblical and Canaanite Poetry, hg.v. W. van der Meer und J.C. de Moor, JSOT.S 74, Sheffield 1988, 119-151

Kraeling, Emil G.: The Immanuel Prophecy, JBL 50 (1931) 277-297

Kratz, Reinhard Gregor: Kyros im Deuterojesaja-Buch. Redaktionsgeschichtliche Untersuchungen zu Entstehung und Theologie von Jes 40-55, FAT 1, Tübingen 1991

– Der Anfang des Zweiten Jesaja in Jes 40f. und seine literarischen Horizonte, ZAW 105 (1993) 400-419

Krause, Hans-Joachim: *hôj* als profetische Leichenklage über das eigene Volk im 8. Jahrhundert, ZAW 85 (1973) 15-46

Kruger, Paul A.: Another Look at Isa 9:7-20, JNSL 15 (1989) 127-141

Kuenen, Abraham: Historisch-kritische Einleitung in die Bücher des Alten Testaments hinsichtlich ihrer Entstehung und Sammlung, autorisierte deutsche Ausgabe von C.Th. Müller, 2. Teil: Die prophetischen Bücher, Leipzig 1892

Kutsch, Ernst: „Wir wollen miteinander rechten". Zu Form und Aussage von Jes 1,18-20, in: Künder des Wortes. Beiträge zur Theologie der Propheten. FS J. Schreiner, hg.v. L. Ruppert, P. Weimar und E. Zenger, Würzburg 1982, 23-33
Laato, Antti: Hezekiah's Crisis in 701 BC, SJOT 1 (1987) 49-68
– Who is Immanuel? The Rise and the Foundering of Isaiah's Messianic Expectations, Åbo 1988
– Immanuel - Who is with us? - Hezekiah or Messiah?, in: „Wünschet Jerusalem Frieden", hg.v. M. Augustin und K.-D. Schunck, BEAT 13, Frankfurt/M. u.a. 1988, 313-322
Laberge, Léo: The Woe-Oracles of Isaiah 28-33, EeT 13 (1982) 157-190
Lack, Rémi: La Symbolique du Livre d'Isaïe. Essai sur l'image littéraire comme élément de structuration, AnBib 59, Rom 1973
Lagarde, Paul de: Kritische anmerkungen zum buche Isaias. Erstes stück, Semitica I, AGWG 23/3, Göttingen 1878, 1-32
Latvus, Kari: Jumalan Viha. Redaktiokriittinen Tutkimus Joosuan ja Tuomarien Kirjojen Jumalakuvasta [Gottes Zorn. Redaktionsgeschichtliche Untersuchung des Gottesbildes des Josua- und des Richterbuches], SESJ 58, Helsinki 1993 [engl. summ. 207-218]
Lemaire, André: Vom Ostrakon zur Schriftrolle. Überlegungen zur Entstehung der Bibel, in: XXII. Deutscher Orientalistentag 1983 Tübingen. Ausgewählte Vorträge, hg.v. W. Röllig, ZDMG Suppl. 6, Stuttgart 1985, 110-123
Lescow, Theodor: Jesajas Denkschrift aus der Zeit des syrisch-ephraimitischen Krieges, ZAW 85 (1973) 315-331
Levin, Christoph: Der Sturz der Königin Atalja. Ein Kapitel zur Geschichte Judas im 9. Jahrhundert v.Chr., SBS 105, Stuttgart 1981
– Die Verheißung des neuen Bundes in ihrem theologiegeschichtlichen Zusammenhang ausgelegt, FRLANT 137, Göttingen 1985
– Der Jahwist, FRLANT 157, Göttingen 1993
– Das Gebetbuch der Gerechten. Literargeschichtliche Beobachtungen am Psalter, ZThK 90 (1993) 355-381
– Amos und Jerobeam I., VT 45 (1995) 307-317
L'Heureux, Conrad E.: The Redactional History of Isaiah 5.1-10.4, in: In the Shelter of Elyon. FS G.W. Ahlström, hg.v. W.B. Barrick und J.R. Spencer, JSOT.S 31, Sheffield 1984, 99-119
Liebreich, Leon J.: The Position of Chapter Six in the Book of Isaiah, HUCA 25 (1954) 37-40
– The Compilation of the Book of Isaiah, JQR 46 (1955/56) 259-277; JQR 47 (1956/57) 114-138
Lindblom, Johannes: Der Eckstein in Jes. 28,16, in: Interpretationes ad Vetus Testamentum. FS S. Mowinckel, Oslo 1955, 123-132
– A Study on the Immanuel Section in Isaiah. Isa. vii,1-ix,6, SMHVL 1957-58, Lund 1958
Lipiński, Édouard: De la réforme d'Esdras au règne eschatologique de Dieu (Is 4,3-5a), Bib. 51 (1970) 533-537
Lisowski, Gerhard: Konkordanz zum Hebräischen Alten Testament, Stuttgart [2]1966
Liwak, Rüdiger: Die Rettung Jerusalems im Jahr 701 v.Chr. Zum Verhältnis und Verständnis historischer und theologischer Aussagen, ZThK 83 (1986) 137-166
– Der Prophet und die Geschichte. Eine literar-historische Untersuchung zum Jeremiabuch, BWANT 121, Stuttgart 1987
Löhr, Max: Jesaias-Studien II, ZAW 36 (1916) 201-217
Loewenclau, Ilse von: Zur Auslegung von Jesaja 1,2-3, EvTh 26 (1966) 294-308
Loewenstamm, Samuel E.: Isaiah I 31, VT 22 (1972) 246-248
Lohfink, Norbert: Isaias 8,12-14, BZ 7 (1963) 98-104

– Der Begriff des Gottesreichs vom Alten Testament her gesehen, in: Unterwegs zur Kirche. Alttestamentliche Konzeptionen, hg.v. J. Schreiner, QD 110, Freiburg 1987, 33-86
– Art. עַצַם, ThWAT VI, 1989, 310-326
– Bund und Tora bei der Völkerwallfahrt (Jesajabuch und Psalm 25), in: N. Lohfink / E. Zenger, Der Gott Israels und die Völker. Untersuchungen zum Jesajabuch und zu den Psalmen, SBS 154, Stuttgart 1994, 37-83
– Gab es eine deuteronomistische Bewegung?, in: Jeremia und die „deuteronomistische Bewegung", hg.v. W. Groß, BBB 98, Weinheim 1995, 313-382 = ders., Studien zum Deuteronomium und zur deuteronomistischen Literatur III, SBAB 20, Stuttgart 1995, 65-142
Loretz, Oswald: Weinberglied und prophetische Deutung im Protest-Song Jes 5,1-7, UF 7 (1975) 573-576
– Das Prophetenwort über das Ende der Königsstadt Samaria (Jes 28,1-4), UF 9 (1977) 361-363
– Der Prolog des Jesaja-Buches (1,1-2,5). Ugaritologische und kolometrische Studien zum Jesaja-Buch, UBL 1, Altenberge 1984
– Die Gattung des Prologs zum Buche Deuterojesaja (Jes 40,1-11), ZAW 96 (1984) 210-220
– / Kottsieper, Ingo: Colometry in Ugaritic and Biblical Poetry. Introduction, Illustrations and Topical Bibliography, UBL 5, Altenberge 1987
Lowth, Robert: Jesaias neu übersetzt nebst einer Einleitung und critischen philologischen erläuternden Anmerkungen. Aus dem Englischen. Mit Zusätzen und Anmerkungen von Johann Benjamin Koppe, 4 Bde., Leipzig I 1779; II 1780; III 1780; IV 1781
Luc, Alex: Isaiah 1 as Structural Introduction, ZAW 101 (1989) 115
Lust, Johan: Remarks on the Redaction of Amos V 4-6, 14-15*, in: Remembering all the way, OTS 21, Leiden 1981, 129-154
– Isaiah 34 and the ḥerem, in: J. Vermeylen (Hg.), The Book of Isaiah, BEThL 81, 1989, 275-286
Lutz, Hanns-Martin: Jahwe, Jerusalem und die Völker. Zur Vorgeschichte von Sach 12,1-8 und 14,1-5, WMANT 27, Neukirchen-Vluyn 1968
Lys, Daniel: La Vigne et le double Je. Exercice de style sur Esaʿïe V 1-7, in: Studies on Prophecy. A Collection of Twelve Papers, VT.S 26, Leiden 1974, 1-16
Macintosh, A.A.: Isaiah xxi. A palimpsest, Cambridge 1980
McLaughlin, John L.: Their Hearts *Were* Hardened: The Use of Isaiah 6,9-10 in the Book of Isaiah, Bib. 75 (1994) 1-25
Maier, Johann: Vom Kultus zur Gnosis. Studien zur Vor- und Frühgeschichte der „jüdischen Gnosis", Salzburg 1964
Marti, Karl: Das Buch Jesaja, KHC X, Tübingen 1900
– Der jesajanische Kern in Jes 6,1-9,6, in: Beiträge zur alttestamentlichen Wissenschaft. FS K. Budde, BZAW 34, Gießen 1920, 113-121
Matheus, Frank: Singt dem Herrn ein neues Lied. Die Hymnen Deuterojesajas, SBS 141, Stuttgart 1990
Mathews, Claire R.: Defending Zion. Edom's Desolation and Jacob's Restoration (Isaiah 34-35) in Context, BZAW 236, Berlin / New York 1995
Meinhold, Johannes: Die Jesajaerzählungen Jesaja 36-39. Eine historisch-kritische Untersuchung, Göttingen 1898
Melugin, Roy F.: The Formation of Isaiah 40-55, BZAW 141, Berlin / New York 1976
– Figurative Speech and the Reading of Isaiah as Scripture, in: ders. / Sweeney, M.A. (Hgg.), New Visions of Isaiah, JSOT.S 214, Sheffield 1996, 282-305
– / Sweeney, M.A. (Hgg.), New Visions of Isaiah, JSOT.S 214, Sheffield 1996
Metzger, Wolfgang: Der Horizont der Gnade in der Berufungsvision Jesajas. Kritische Bedenken zum masoretischen Text von Jes 6,13, ZAW 93 (1981) 281-284

Meyer, Eduard: Geschichte des Altertums. Bd. III: Der Ausgang der altorientalischen Geschichte und der Aufstieg des Abendlandes bis zu den Perserkriegen, hg.v. H.E. Stier, Stuttgart ^{2}1937

Michel, Diethelm: Art. Armut II., TRE 4, 1979, 72-76

Milgrom, Jacob: Did Isaiah Prophesy During the Reign of Uzziah?, VT 14 (1964) 164-182

Mittmann, Siegfried: „Wehe! Assur, Stab meines Zorns!“ (Jes 10,5-9.13aβ-15), in: Prophet und Prophetenbuch. FS O. Kaiser, hg.v. V. Fritz, K.-F. Pohlmann und H.-C. Schmitt, BZAW 185, Berlin / New York 1989, 111-132

Moor, Johannes C. de: The Integrity of Isaiah 40, in: Mesopotamica - Ugaritica - Biblica. FS K. Bergerhof, hg.v. M. Dietrich und O. Loretz, AOAT 232, Kevelaer - Neukirchen-Vluyn 1993, 181-216

Morenz, Siegfried: „Eilebeute“, ThLZ 74 (1949) 697-699

Mowinckel, Sigmund: Die Komposition des Jesajabuches Kap. 1-39, AcOr 11 (1933) 267-292

Müller, Hans-Peter: Formgeschichtliche Untersuchungen zu Apc 4f, Diss. theol. Heidelberg 1962

– Glauben und Bleiben. Zur Denkschrift Jesajas Kapitel vi 1 - viii 18, in: Studies on Prophecy. A Collection of Twelve Papers, VT.S 26, 1974, 25-54

– Das Wort von den Totengeistern Jes. 8,19f., WO 8/1 (1975) 65-76

– Art. כֶּרֶם, ThWAT IV, 1984, 334-340

– Art. נָבִיא, ThWAT V, 1986, 140-163

– Sprachliche und religionsgeschichtliche Beobachtungen zu Jesaja 6, ZAH 5 (1992), 163-185

– Theodizee? Anschlußerörterungen zum Buch Hiob, ZThK 89 (1992) 249-279

Niditch, Susan: The Composition of Isaiah 1, Bib. 61 (1980) 509-529

Niehr, Herbert: Zur Intention von Jes 6,1-9, BN 21 (1983) 59-65

– Zur Gattung von Jes 5,1-7, BZ 30 (1986) 99-104

– Rechtsprechung in Israel. Untersuchungen zur Geschichte der Gerichtsorganisation im Alten Testament, SBS 130, Stuttgart 1987

Nielsen, Kirsten: Is 6:1-8:18* as Dramatic Writing, StTh 40 (1986) 1-16

– There is Hope for a Tree. The Tree as Metaphor in Isaiah, JSOT.S 65, Sheffield 1989

Nissinen, Martti: Prophetie, Redaktion und Fortschreibung im Hoseabuch. Studien zum Werdegang eines Prophetenbuches im Lichte von Hos 4 und 11, AOAT 231, Kevelaer - Neukirchen-Vluyn 1991

– Die Relevanz der neuassyrischen Prophetie für die alttestamentliche Forschung, in: Mesopotamica - Ugaritica - Biblica. FS K. Bergerhof, hg.v. M. Dietrich und O. Loretz, AOAT 232, Kevelaer - Neukirchen-Vluyn 1993, 217-258

Nobile, Marco: Jes 6 und Ez 1,1-3,15: Vergleich und Funktion im jeweiligen Kontext, in: J. Vermeylen (Hg.), The Book of Isaiah, BEThL 81, 1989, 209-216

Noth, Martin: Geschichte Israels, Göttingen ^{9}1981

O'Connell, Robert H.: Concentricity and Continuity. The Literary Structure of Isaiah, JSOT.S 188, Sheffield 1994

Oded, B.: The Historical Background of the Syro-Ephraimite War Reconsidered, CBQ 34 (1972) 153-165

Oesch, Josef M.: Jes 1,8f. und das Problem der „Wir-Reden“ im Jesajabuch, ZKTh 116 (1994) 440-446

Oorschot, Jürgen van: Von Babel zum Zion. Eine literarkritische und redaktionsgeschichtliche Untersuchung, BZAW 206, Berlin / New York 1993

Oswalt, John N.: The Book of Isaiah, Chapters 1-39, NICOT, Grand Rapids/Mich. 1986

Otto, Eckart: Art. צִיּוֹן, ThWAT VI, 1989, 994-1028

– Techniken der Rechtssatzredaktion israelitischer Rechtsbücher in der Redaktion des Prophetenbuches Micha, SJOT 5/2 (1991) 119-150

– Theologische Ethik des Alten Testaments, ThW 3/2, Stuttgart 1994

Otzen, Benedikt: Art. חָתַם, ThWAT III, 1982, 282-288

Perlitt, Lothar: Bundestheologie im Alten Testament, WMANT 36, Neukirchen-Vluyn 1969

– Die Verborgenheit Gottes, in: Probleme biblischer Theologie. FS G.v. Rad, hg.v. H.W. Wolff, München 1971, 367-382 = ders., Allein mit dem Wort. Theologische Studien, hg.v. H. Spieckermann, Göttingen 1995, 11-25

– Anklage und Freispruch Gottes. Theologische Motive in der Zeit des Exils, ZThK 69 (1972) 290-303 = ders., Deuteronomium-Studien, FAT 8, Tübingen 1994, 20-31

– Jesaja und die Deuteronomisten, in: Prophet und Prophetenbuch. FS O. Kaiser, hg.v. V. Fritz, K.-F. Pohlmann und H.-C. Schmitt, BZAW 185, Berlin / New York 1989, 133-149 = ders., Deuteronomium-Studien, FAT 8, Tübingen 1994, 157-171

– Deuteronomium, BK V / Lfg. 1-3, Neukirchen-Vluyn 1990/91/94

– Der Staatsgedanke im Deuteronomium, in: Language, Theology, and the Bible. FS J. Barr, hg.v. S.E. Balentine und J. Barton, Oxford 1994, 182-198 = ders., Allein mit dem Wort. Theologische Studien, hg.v. H. Spieckermann, Göttingen 1995, 236-248

Petersen, David L.: Isaiah 28. A Redaction Critical Study, SBL.SP 17 (Vol. II), Missoula MT 1979, 101-122

Podella, Thomas: Das Lichtkleid JHWHs. Untersuchungen zur Gestalthaftigkeit Gottes im Alten Testament und seiner altorientalischen Umwelt, FAT 15, Tübingen 1996

Pohlmann, Karl-Friedrich: Studien zum Jeremiabuch. Ein Beitrag zur Frage nach der Entstehung des Jeremiabuches, FRLANT 118, Göttingen 1978

– Die Ferne Gottes - Studien zum Jeremiabuch. Beiträge zu den „Konfessionen“ im Jeremiabuch und ein Versuch zur Frage nach den Anfängen der Jeremiatradition, BZAW 179, Berlin / New York 1989

– Ezechielstudien. Zur Redaktionsgeschichte des Buches und zur Frage nach den ältesten Texten, BZAW 202, Berlin / New York 1992

– Ezechiel oder das Buch von der Zukunft der Gola und der Heimkehr der Diaspora, in: O. Kaiser, Grundriß der Einleitung in die kanonischen und deuterokanonischen Schriften des Alten Testaments. Band 2: Die prophetischen Werke, Gütersloh 1994, 82-102

– Erwägungen zu Problemen alttestamentlicher Prophetenexegese, in: „Wer ist wie du, HERR, unter den Göttern?“ Studien zur Theologie und Religionsgeschichte Israels. FS O. Kaiser, hg.v. I. Kottsieper u.a., Göttingen 1994, 325-341

– Der Prophet Hesekiel / Ezechiel Kapitel 1-19, ATD 22/1, Göttingen 1996

Pope, Marvin: Isaiah 34 in Relation to Isaiah 35, 40-66, JBL 71 (1952) 235-243

Porath, Renatus: Die Sozialkritik im Jesajabuch. Redaktionsgeschichtliche Analyse, EHS.T 503, Frankfurt/M. 1994

Premnath, D.N.: Latifundialization and Isaiah 5.8-10, JSOT 40 (1988) 49-60

Preuß, Horst Dietrich: Deuteronomium, EdF 164, Darmstadt 1982

– Art. נוּחַ, ThWAT V, 1986, 297-307

– Theologie des Alten Testaments. Band 1: JHWHs erwählendes und verpflichtendes Handeln, Stuttgart 1991; Band 2: Israels Weg mit JHWH, 1992

Procksch, Otto: Jesaja I, KAT IX, Leipzig 1930

Rad, Gerhard von: Theologie des Alten Testaments. Band 2: Die Theologie der prophetischen Überlieferungen Israels, München [7]1980

Rendtorff, Rolf: Geschichte und Wort im Alten Testament, EvTh 22 (1962) 621-649 = ders., Gesammelte Studien zum Alten Testament, TB 57, München 1975, 60-88

– Zur Komposition des Buches Jesaja, VT 34 (1984) 295-320 = ders., Kanon und Theologie. Vorarbeiten zu einer Theologie des Alten Testaments, Neukirchen-Vluyn 1991, 141-161

– Jesaja 6 im Rahmen der Komposition des Jesajabuches, in: J. Vermeylen (Hg.), The Book of Isaiah, BEThL 81, 1989, 73-82 = ders., Kanon und Theologie. Vorarbeiten zu einer Theologie des Alten Testaments, Neukirchen-Vluyn 1991, 162-171

– The Book of Isaiah: A Complex Unity. Synchronic and Diachronic Reading, SBL.SP 30, Atlanta GA 1991, 8-20 (überarb. in: R.F. Melugin / M.A. Sweeney [Hgg.], New Visions of Isaiah, JSOT.S 214, Sheffield 1996, 32-49)

Reventlow, Henning Graf: Das Ende der sog. „Denkschrift“ Jesajas, BN 38/39 (1987) 62-67

– Die Prophetie im Urteil Bernhard Duhms, ZThK 85 (1988) 259-274

– Zeitgeschichtliche Exegese prophetischer Texte? Über die Grenzen eines methodischen Zugangs zum Alten Testament (am Beispiel von Hos 5,8-14), in: Prophetie und geschichtliche Wirklichkeit im alten Israel. FS S. Herrmann, hg.v. R. Liwak und S. Wagner, Stuttgart 1991, 155-164

Rignell, Lars Gösta: Das Orakel „Maher-salal Has-bas.“ Jesaja 8, StTh 10 (1957) 40-52

– Isaiah Chapter 1: Some exegetical remarks with special reference to the relationship between the text and the Book of Deuteronomy, StTh 11 (1957) 140-158

Ringgren, Helmer: Art. מהר, ThWAT IV, 1984, 713-717

Roberts, J.J.M.: A Note on Isaiah 28,12, HThR 73 (1980) 49-51

– Form, Syntax, and Redaction in Isaiah 1:2-20, PSB 3 (1982) 293-306

– Isaiah 33: An Isaianic Elaboration of the Zion Tradition, in: The Word of the Lord Shall Go Forth. FS D.N. Freedman, hg.v. C.L. Myers und M. O'Connor, Winona Lake 1983, 15-25

– Isaiah 2 and the Prophet's Message to the North, JQR 75 (1984/85) 290-308

– Yahweh's Foundation in Zion (Isa 28:16), JBL 106 (1987) 27-45

Robertson, E.: Isaiah Chapter I, ZAW 52 (1934) 231-236

Roche, Michael de: Yahweh's Rîb against Israel. A Reassessment of the so-called „Prophetic Lawsuit“ in the Preexilic Prophets, JBL 102 (1983) 563-574

Röllig, Wolfgang: Assur - Geißel der Völker. Zur Typologie aggressiver Gesellschaften, in: Krieg und Kultur, hg.v. H. v. Stietenkron, Saeculum 37/2, München 1986, 116-128

Römer, Thomas: Genesis 15 und Genesis 17. Beobachtungen und Anfragen zu einem Dogma der „neueren“ und „neuesten“ Pentateuchkritik, DBAT 26 (1989/90 [1992]), 32-47

Rogers, Jeffrey S.: An Allusion to Coronation in Isaiah 2:6, CBQ 51 (1989) 232-236

Rogerson, John / Davies, Philip R.: Was the Siloam Tunnel Built by Hezekiah?, BA 59 (1996) 138-149

Routledge, R.L.: The Siege and Deliverance of the City of David in Isaiah 29:1-8, TynB 43 (1992) 181-190

Rüterswörden, Udo: Art. שָׁמַע, ThWAT VIII, 1995, 255-279

Ruprecht, Eberhard: Die ursprüngliche Komposition der Hiskia-Jesaja-Erzählungen und ihre Umstrukturierung durch den Verfasser des deuteronomistischen Geschichtswerkes, ZThK 87 (1990) 33-66

Sæbø, Magne: Zur Traditionsgeschichte von Jesaja 8,9-10, ZAW 76 (1964) 132-144

– Art. יסר, THAT I, ^{3}1978, 738-742

Sawyer, John F.A.: Daughter of Zion and Servant of the Lord in Isaiah: A Comparison, JSOT 44 (1989) 89-107

Scharbert, Josef: Die Propheten Israels bis 700 v.Chr., Köln 1965

Schenker, Adrian: Gerichtsverkündigung und Verblendung bei den vorexilischen Propheten, RB 93 (1986) 563-580

Schmid, Konrad: Buchgestalten des Jeremiabuches. Untersuchungen zur Redaktions- und Rezeptionsgeschichte von Jer 30-33 im Kontext des Buches, WMANT 72, Neukirchen-Vluyn 1996

– Klassische und nachklassische Deutungen der alttestamentlichen Prophetie, Zeitschrift für neuere Theologiegeschichte / Journal for the History of Modern Theology 3 (1996) 225-250

Schmidt, Johann Michael: Gedanken zum Verstockungsauftrag Jesajas (Is. vi), VT 21 (1971) 68-90

Schmidt, Ludwig: Die Berufung Jeremias (Jer 1,4-10), ThViat 13 (1977) 189-209

– Art. Literarkritik I., TRE 21, 1992, 211-222

– Beobachtungen zu der Plagenerzählung in Exodus VII 14 - IX 10, Studia Biblica 4, Leiden 1990
Schmidt, Werner H.: Zukunftsgewißheit und Gegenwartskritik. Grundzüge prophetischer Verkündigung, BSt 64, Neukirchen-Vluyn 1973
– Die Einheit der Verkündigung Jesajas. Versuch einer Zusammenschau, EvTh 37 (1977) 260-272 = ders., Vielfalt und Einheit alttestamentlichen Glaubens 1, hg.v. A. Graupner u.a., Neukirchen-Vluyn 1995, 141-153
– Art. דבר II.-V., ThWAT II, 1977, 101-133
– Einführung in das Alte Testament, de Gruyter Lehrbuch, Berlin / New York ^{5}1995
– Jes 6,1-13, GPM 41 (1986/87) 279-286
– Jes 5,1-7, GPM 42 (1987/88) 146-153
– „Prophetie und Wirklichkeit". Ein Gespräch mit S. Herrmann, in: Prophetie und geschichtliche Wirklichkeit im alten Israel. FS S. Herrmann, hg.v. R. Liwak und S. Wagner, Stuttgart 1991, 348-363
– Jeremias Berufung. Aspekte der Erzählung Jer 1,4-9 und offene Fragen der Auslegung, in: Biblische Welten. FS M. Metzger, hg.v. W. Zwickel, OBO 123, Fribourg - Göttingen 1993, 183-198 = ders., Vielfalt und Einheit alttestamentlichen Glaubens 2, hg.v. A. Graupner u.a., Neukirchen-Vluyn 1995, 112-127
– Gotteserfahrung und „Ich"-Bewußtsein im Alten Testament. Annäherung an ein komplexes Thema im Gespräch mit H. Graf Reventlow, in: Altes Testament – Forschung und Wirkung. FS H. Graf Reventlow, hg.v. P. Mommer und W. Thiel, Frankfurt/M. u.a. 1994, 199-218 = ders., Vielfalt und Einheit alttestamentlichen Glaubens 2, hg.v. A. Graupner u.a., Neukirchen-Vluyn 1995, 92-111
Schmitt, Hans-Christoph: Prophetie und Schultheologie im Deuterojesajabuch. Betrachtungen zur Redaktionsgeschichte von Jes 40-55, ZAW 91 (1979) 43-61
– „Priesterliches" und „prophetisches" Geschichtsverständnis in der Meerwundererzählung Ex 13,17-14,31, in: Textgemäß. Aufsätze und Beiträge zur Hermeneutik des Alten Testaments. FS E. Würthwein, hg.v. A.H.J. Gunneweg und O. Kaiser, Göttingen 1979, 139-155
– Redaktion des Pentateuch im Geiste der Prophetie. Beobachtungen zur Bedeutung der „Glaubens"-Thematik innerhalb der Theologie des Pentateuch, VT 32 (1982) 170-189
– Tradition der Prophetenbücher in den Schichten der Plagenerzählung Ex 7,1-11,10, in: Prophet und Prophetenbuch. FS O. Kaiser, hg.v. V. Fritz, K.-F. Pohlmann und H.-C. Schmitt, BZAW 185, Berlin / New York 1989, 196-216
– Erlösung und Gericht. Jes 43,1-7 und sein literarischer und theologischer Kontext, in: Alttestamentlicher Glaube und biblische Theologie. FS H.D. Preuß, hg.v. J. Hausmann und H.-J. Zobel, Stuttgart 1992, 120-131
Schoors, Antoon: The Immanuel of Isaiah 7,14, OLoP 18 (1987) 67-77
– Neuere Literatur über das Buch Jesaja (Veröffentlichungen der Jahre 1987-1991), ThRv 89 (1993) Sp. 441-454
Schottroff, Willy: Das Weinberglied Jesajas (Jes 5,1-7). Ein Beitrag zur Geschichte der Parabel, ZAW 82 (1970) 68-91
Schreiner, Josef: Sion - Jerusalem, Jahwes Königssitz. Theologie der Heiligen Stadt im Alten Testament, StANT 7, München 1963
– Zur Textgestalt von Jes 6 und 7,1-17, BZ 22 (1978) 92-97 = ders., Segen für die Völker. Gesammelte Schriften zur Entstehung und Theologie des Alten Testaments, hg.v. E. Zenger, Würzburg 1987, 65-71
Schroeder, O.: ומשׂושׂ eine Glosse zu רָצוֹן, ZAW 32 (1912) 301f.
Schunck, Klaus-Dietrich: Jes. 30,6-8 und die Deutung der Rahab im Alten Testament, ZAW 78 (1966) 48-56 = ders., Altes Testament und Heiliges Land. Gesammelte Studien zum Alten Testament und zur biblischen Landeskunde, BEAT 17, Frankfurt/M. 1989, 69-75
– Art. עֶבְרָה, ThWAT V, 1986, 1033-1039

Schwienhorst-Schönberger, Ludger: Zion - Ort der Tora. Überlegungen zu Mi 4,1-5, in: Zion - Ort der Begegnung. FS L. Klein, hg.v. F. Hahn u.a., BBB 90, Bodenheim 1993, 107-125

Seebass, Horst: Herrscherverheißungen im Alten Testament, BThSt 19, Neukirchen-Vluyn 1992

Seitz, Christopher R.: Isaiah 1-66: Making Sense of the Whole, in: ders. (Hg.), Reading and Preaching the Book of Isaiah, Philadelphia 1988, 105-126

– (Hg.), Reading and Preaching the Book of Isaiah, Philadelphia 1988

– The Divine Council: Temporal Tradition and New Prophecy in the Book of Isaiah, JBL 109 (1990) 229-247

– Zion's Final Destiny. The Development of the Book of Isaiah. A Reassessment of Isaiah 36-39, Minneapolis 1991

– Isaiah, Book of (First Isaiah), AncBD 3, 1992, 472-488

– Account A and the Annals of Sennacherib: A Reassessment, JSOT 58 (1993) 47-57

– On the Question of Divisions Internal to the Book of Isaiah, SBL.SP 32, Atlanta GA 1993, 260-266

– Isaiah 1-39, Interpretation, Louisville 1993

Seitz, Gottfried: Redaktionsgeschichtliche Studien zum Deuteronomium, BWANT 93, Stuttgart 1971

Selms, Adrianus van: Isaiah 28,9-13: An Attempt to give a New Interpretation, ZAW 85 (1973) 332-339

Septuaginta. Vetus Testamentum Graecum. Auctoritate Academiae Scientiarum Gottingensis editum. Bd. XIV: Isaias, hg.v. J. Ziegler, Göttingen ^{3}1983

Seybold, Klaus: Die anthropologischen Beiträge in Jesaja 2, ZThK 74 (1977) 401-415

Sheppard, Gerald T.: More on Isaiah 5:1-7 as a Juridical Parable, CBQ 44 (1982) 45-47

– The Anti-Assyrian Redaction and the Canonical Context of Isaiah 1-39, JBL 104 (1985) 193-216

– The Book of Isaiah: Competing Structures according to a Late Modern Description of Its Shape and Scope, SBL.SP 31, Atlanta GA 1992, 549-582

Simian-Yofre, Horacio: Art. עוד I-IV, ThWAT V, 1989, 1107-1128

Smelik, Klaas A.D.: Distortion of Old Testament Prophecy. The Purpose of Isaiah xxxvi and xxxvii, in: Crisis and Perspectives. Studies in Ancient Near Eastern Polytheism, Biblical Theology, Palestinian Archaeology and Intertestamental Literature, OTS 24, Leiden 1986, 70-93

– King Hezekiah advocates true prophecy. Remarks on Isaiah xxxvi and xxxvii // II Kings xviii and xix, in: ders., Converting the Past. Studies in Ancient Israelite and Moabite Historiography, OTS 28, Leiden 1992, 93-128

Smend, Rudolf: Zur Geschichte von האמין [1967], in: ders., Die Mitte des Alten Testaments. Gesammelte Studien 1, BEvTh 99, München 1986, 118-123

– Die Entstehung des Alten Testaments, ThW 1, Stuttgart ^{4}1989

– Der Ort des Staates im Alten Testament, ZThK 80 (1983) 245-261 = ders., Die Mitte des Alten Testaments. Gesammelte Studien 1, BEvTh 99, München 1986, 186-199

Soggin, J. Alberto: Einführung in die Geschichte Israels und Judas. Von den Ursprüngen bis zum Aufstand Bar Kochbas, Darmstadt 1991

Sonnet, Jean-Pierre: Le motif de l'endurcissement (Is 6,9-10) et la lecture d'„Isaïe", Bib. 73 (1992) 208-239

Spieckermann, Hermann: Juda unter Assur in der Sargonidenzeit, FRLANT 129, Göttingen 1982

– Heilsgegenwart. Eine Theologie der Psalmen, FRLANT 148, Göttingen 1989

– „Die ganze Erde ist seiner Herrlichkeit voll". Pantheismus im AT? ZThK 87 (1990) 415-436

– Stadtgott und Gottesstadt. Beobachtungen im Alten Orient und im Alten Testament, Bib. 73 (1992) 1-31

Stade, Bernhard: Weitere Bemerkungen zu Micha 4.5, ZAW 3 (1883) 1-16

– Anmerkungen zu 2 Kö. 15-21, ZAW 6 (1886) 156-189

– Geschichte des Volkes Israel. Bd. 1, Berlin 1887

– Zu Jes. 3,1.17.24. 5,1. 8,1f.12-14.16. 9,7-20. 10,26, ZAW 26 (1906) 129-141

Staerk, Willi: Das assyrische Weltreich im Urteil der Propheten, Göttingen 1908

Stahl, Rainer: „Immanuel" – Gott mit uns?, in: Mitteilungen und Beiträge 8, hg.v. der Forschungsstelle Judentum an der Theologischen Fakultät Leipzig, Leipzig 1994, 19-36

Stamm, Johann Jakob: Die Immanuel-Perikope im Lichte neuerer Veröffentlichungen, ZDMG Suppl. 1, Stuttgart 1969, 281-290

Stansell, Gary: Micah and Isaiah. A Form and Tradition Historical Comparison, SBL.DS 85, Atlanta GA 1988

Steck, Odil Hannes: Friedensvorstellungen im alten Jerusalem. Psalmen - Jesaja - Deuterojesaja, ThSt(B) 111, Zürich 1972

– Bemerkungen zu Jesaja 6, BZ 16 (1972) 188-206 = ders., Wahrnehmungen Gottes im Alten Testament. Gesammelte Studien, TB 70, München 1982, 149-170

– Rettung und Verstockung. Exegetische Bemerkungen zu Jesaja 7,3-9, EvTh 33 (1973) 77-90 = ders., Wahrnehmungen Gottes im Alten Testament. Gesammelte Studien, TB 70, München 1982, 171-186

– Beiträge zum Verständnis von Jesaja 7,10-17 und 8,1-4, ThZ 29 (1973) 161-178 = ders., Wahrnehmungen Gottes im Alten Testament. Gesammelte Studien, TB 70, München 1982, 187-203

– Bewahrheitungen eines Prophetenwortes. Überlieferungsgeschichtliche Skizze zu 1. Könige 22,1-38, in: „Wenn nicht jetzt, wann dann?" FS H.-J. Kraus, hg.v. H.-G. Geyer u.a., Neukirchen-Vluyn 1983, 87-96

– Bereitete Heimkehr. Jesaja 35 als redaktionelle Brücke zwischen dem Ersten und Zweiten Jesaja, SBS 121, Stuttgart 1985

– Zur literarischen Schichtung in Jesaja 51, BN 44 (1988) 74-86 = ders., Gottesknecht und Zion, FAT 4, 1992, 60-72

– Beobachtungen zu den Zion-Texten in Jesaja 51-54. Ein redaktionsgeschichtlicher Versuch, BN 46 (1989) 58-90 = ders., Gottesknecht und Zion, FAT 4, 1992, 96-125

– Tritojesaja im Jesajabuch, in: J. Vermeylen (Hg.), The Book of Isaiah, BEThL 81, 1989, 361-406 = ders., Studien zu Tritojesaja, BZAW 203, 1991, 3-45

– Beobachtungen zur Anlage von Jes 54,1-8, ZAW 101 (1989) 282-285 = ders., Gottesknecht und Zion, FAT 4, 1992, 92-95

– Jesaja 62,10-12 als Abschluß eines Großjesajabuches, in: ders., Studien zu Tritojesaja, BZAW 203, 1991, 143-166

– Studien zu Tritojesaja, BZAW 203, Berlin / New York 1991

– Der Abschluß der Prophetie im Alten Testament. Ein Versuch zur Frage der Vorgeschichte des Kanons, BThSt 17, Neukirchen-Vluyn 1991

– Gottesknecht und Zion. Gesammelte Aufsätze zu Deuterojesaja, FAT 4, Tübingen 1992

– Israel und Zion. Zum Problem konzeptioneller Einheit und literarischer Schichtung in Deuterojesaja, in: ders., Gottesknecht und Zion, FAT 4, 1992, 173-207

– Der sich selbst aktualisierende „Jesaja" in Jes 56,9-59,21, in: Biblische Welten. FS M. Metzger, hg.v. W. Zwickel, OBO 123, 1993, 215-230

– Prophetische Prophetenauslegung, in: Wahrheit der Schrift - Wahrheit der Auslegung. FS G. Ebeling, hg.v. H.F. Geißer u.a., Zürich 1993, 198-244 (überarb. in ders., Die Prophetenbücher und ihr theologisches Zeugnis, Tübingen 1996, 125-204)

– Die Prophetenbücher und ihr theologisches Zeugnis. Wege der Nachfrage und Fährten zur Antwort, Tübingen 1996

Stewart, Alistair C.: The Covenant with the Death in Isaiah 28, ET 100 (1988/89) 375-377

Studer, Gottlieb: Zur Textkritik des Jesaia. Zweiter Artikel: Das Wechselverhältnis zwischen Kap. 7 und 8, JPTh 5 (1879) 63-94

– Zur Textkritik des Jesaia. Dritter Artikel, JPTh 7 (1881) 160-186

Sweeney, Marvin A.: New Gleanings from an Old Vineyard: Isaiah 27 Reconsidered, in: C.A.Evans / W.F. Stinespring (Hgg.), Early Jewish and Christian Exegesis. Studies in Memory of William Hugh Brownlee, Atlanta GA 1987, 51-66
– Isaiah 1-4 and the Post-Exilic Understanding of the Isaianic Tradition, BZAW 171, Berlin / New York 1988
– On ûm[e]śôś in Isaiah 8.6, in: Among the Prophets. Language, Image and Structure in the Prophetic Writings, hg.v. P.R. Davies und D.J.A. Clines, JSOT.S 144, Sheffield 1993, 42-54
– The Book of Isaiah in Recent Research, CR.BS 1, 1993, 141-162
– On Multiple Settings in the Book of Isaiah, SBL.SP 32, Atlanta GA 1993, 267-273
– Sargon's Threat Against Jerusalem in Isaiah 10,27-32, Bib. 75 (1994) 457-470
– Isaiah 1-39, with an Introduction to Prophetic Literature, FOTL 16, Grand Rapids MI 1996
– Reevaluating Isaiah 1-39 in Recent Critical Research, CR.BS 4, 1996, 79-113
Tadmor, Hayim: The Inscriptions of Tiglath-Pileser III King of Assyria. Critical Edition, with Introductions, Translations and Commentary, Jerusalem 1994
– / Cogan, Mordechai: Ahaz and Tiglat-Pileser in the Book of Kings: Historiographic Considerations, Bib. 60 (1979) 491-508
Tångberg, K. Arvid: Die prophetische Mahnrede, FRLANT 143, Göttingen 1987
Tanghe, Vincent: Der Schriftgelehrte in Jes 34,16-17, EThL 67 (1991) 338-345
– Dichtung und Ekel in Jesaja XXVIII 7-13, VT 43 (1993) 235-260
– Lilit in Edom (Jes 34,5-15), EThL 69 (1993) 125-133
Tertel, Hans Jürgen: Text and Transmission. An Empirical Model for the Literary Development of Old Testament Narratives, BZAW 221, Berlin / New York 1994
Texte aus der Umwelt des Alten Testaments, hg.v. O. Kaiser, Bd. I/4: R. Borger u.a., Historisch-chronologische Texte I, Gütersloh 1984
Thiel, Winfried: Die deuteronomistische Redaktion von Jeremia 1-25, WMANT 41, Neukirchen-Vluyn 1973
Thompson, Michael E.W.: Situation and Theology. Old Testament Interpretations of the Syro-Ephraimite War, Prophets and Historians Series 1, Sheffield 1982
Tomasino, Anthony J.: Isaiah 1.1-2.4 and 63-66, and the Composition of the Isaianic Corpus, JSOT 57 (1993) 81-98 = P.R. Davies (Hg.), The Prophets. A Sheffield Reader, BiSe 42, Sheffield 1996, 147-163
Toorn, K. van der: Echoes of Judaean Necromancy in Isaiah 28,7-22, ZAW 100 (1988) 199-217
Tromp, Nic J.: Un démasquage graduel. Lecture immanente d'Is 5,1-7, in: J. Vermeylen (Hg.), The Book of Isaiah, BEThL 81, 1989, 197-202
Uchelen, N.A. van: Isaiah I 9 - Text and Context, in: Remembering all the way, OTS 21, Leiden 1981, 155-163
Van Seters, John: The Life of Moses. The Yahwist as Historian in Exodus–Numbers, Louisville KY 1994
Veijola, Timo: Die ewige Dynastie. David und die Entstehung seiner Dynastie nach der deuteronomistischen Darstellung, AASF.B 193, Helsinki 1975
– Das Königtum in der Beurteilung der deuteronomistischen Historiographie. Eine redaktionsgeschichtliche Untersuchung, AASF.B 198, Helsinki 1977
– Verheißung in der Krise. Studien zur Literatur und Theologie der Exilszeit anhand des 89. Psalms, AASF.B 220, Helsinki 1982
– Das Klagegebet in Literatur und Leben der Exilsgeneration am Beispiel einiger Prosatexte, in: Congress Volume Salamanca 1983, hg.v. J.A. Emerton, VT.S 36, Leiden 1985, 286-307
– Das Opfer des Abraham - Paradigma des Glaubens aus dem nachexilischen Zeitalter, ZThK 85 (1988) 129-164

– Die Propheten und das Alter des Sabbatgebots, in: Prophet und Prophetenbuch. FS O. Kaiser, hg.v. V. Fritz, K.-F. Pohlmann und H.-C. Schmitt, BZAW 185, Berlin / New York 1989, 246-264

Vermeylen, Jacques: Du prophète Isaïe à l'apocalyptique. Isaïe, I-XXXV, miroir d'un démi-millénaire d'expérience religieuse en Israël, ÉtB, Bd. 1, Paris 1977; Bd. 2 1978

– Le Proto-Isaïe et la sagesse d'Israël, in: Gilbert, M. (Hg.), La sagesse de l'Ancien Testament, BEThL 51, Leuven 1979, 39-58

– L'unité du livre d'Isaïe, in: ders. (Hg.), The Book of Isaiah, BEThL 81, 1989, 11-53

– (Hg.), The Book of Isaiah / Le livre d'Isaïe. Les oracles et leurs relectures, unité et complexité de l'ouvrage, BEThL 81, Leuven 1989

Vieweger, Dieter: „Das Volk, das durch das Dunkel zieht...". Neue Überlegungen zu Jes (8,23aβb) 9,1-6, BZ 36 (1992) 77-86

Vincent, Jean Marcel: Michas Gerichtswort gegen Zion (3,12) in seinem Kontext, ZThK 83 (1986) 167-187

Vogt, Ernst: „Eilig tun" als adverbielles Verb und der Name des Sohnes Isaias' in Is 8,1, Bib. 48 (1967) 63-69

– Das Prophetenwort Jes 28,1-4 und das Ende der Königsstadt Samaria, in: Homenaje a Juan Prado. Miscelánea de estudios bíblicos y hebraicos, hg.v. L. Alvarez Verdes und E.J. Alonso Hernández, Madrid 1975, 109-130

– Der Aufstand Hiskias und die Belagerung Jerusalems 701 v.Chr., AnBib 106, Rom 1986

Vollmer, Jochen: Geschichtliche Rückblicke und Motive in der Prophetie des Amos, Hosea und Jesaja, BZAW 119, Berlin / New York 1971

Wächter, Ludwig: Art. עָפָר, ThWAT VI, 1989, 275-284

Wagner, Renate: Textexegese als Strukturanalyse. Sprachwissenschaftliche Methode zur Erschließung althebräischer Texte am Beispiel des Visionsberichtes Jes 6,1-11, ATSAT 32, St. Ottilien 1989

Wagner, Siegfried: Art. מָאַס, ThWAT IV, 1984, 618-633

– Art. מוֹפֵת, ThWAT IV, 1984, 750-759

– Art. נָצַר, ThWAT V, 1986, 577-587

– Art. סָתַר, ThWAT V, 1986, 967-977

Wanke, Gunther: Die Zionstheologie der Korachiten in ihrem traditionsgeschichtlichen Zusammenhang, BZAW 97, Berlin 1966

– Jeremias Berufung (Jer 1,4-10). Exegetisch-theologische Überlegungen zum Verhältnis von individueller Äußerung und geprägtem Gut anhand eines Einzeltextes, in: Alttestamentlicher Glaube und Biblische Theologie. FS H.D. Preuß, hg.v. J. Hausmann und H.-J. Zobel, Stuttgart 1992, 132-144

– Jeremia. Teilband 1: Jeremia 1,1-25,14, ZBK.AT 20/1, Zürich 1995

Waschke, Ernst-Joachim: Das Verhältnis alttestamentlicher Überlieferungen im Schnittpunkt der Dynastiezusage und die Dynastiezusage im Spiegel alttestamentlicher Überlieferungen, ZAW 99 (1987) 157-179

– Art. קוה, ThWAT VI, 1989, 1225-1234

– Die fünfte Vision des Amosbuches (9,1-4) – eine Nachinterpretation, ZAW 106 (1994) 434-445

Watts, John D.W.: Isaiah 1-33, WBC 24, Waco TX 1985

Webb, Barry G.: Zion in Transformation: A Literary Approach to Isaiah, in: The Bible in Three Dimensions, hg.v. D.J. Clines, S.E. Fowl und S.E. Porter, JSOT.S 87, Sheffield 1990, 65-84

Wegner, Paul D.: A re-examination of Isaiah ix 1-6, VT 42 (1992) 103-112

Weil, Hermann-M.: Exégèse d'Isaïe III, 1-15, RB 49, 1940, 76-85

Weimar, Peter: Der Schluß des Amos-Buches. Ein Beitrag zur Redaktionsgeschichte des Amos-Buches, BN 16 (1981) 60-100

Weippert, Helga: Palästina in vorhellenistischer Zeit. Mit einem Beitrag von L. Mildenberg, Handbuch der Archäologie: Vorderasien II/1, München 1988

– Ahab el Campeador? Redaktionsgeschichtliche Untersuchungen zu 1 Kön 22, Bib. 69 (1988) 457-479

Weippert, Manfred: Menachem von Israel und seine Zeitgenossen in einer Steleninschrift des assyrischen Königs Tiglatpileser III. aus dem Iran, ZDPV 89 (1973) 26-53

– Zur Syrienpolitik Tiglatpilesers III., in: Mesopotamien und seine Nachbarn. XXV. Rencontre Assyriologique Internationale Berlin 3.-7. Juli 1978, hg.v. H.J. Nissen und J. Renger, Berliner Beiträge zum Vorderen Orient, Berlin ²1987, 395-408

Weiss, Meir: The Contribution of Literary Theory to Biblical Research. Illustrated by the Problem of She'ar-Yashub, in: Studies in Bible 1986, hg.v. S. Japhet, ScrHie 31, Jerusalem 1986, 373-386

Wellhausen, Julius: Abriss der Geschichte Israels und Juda's, in: ders., Skizzen und Vorarbeiten I, Berlin 1884, 3-102

Wendel, Ute: Jesaja und Jeremia. Worte, Motive und Einsichten Jesajas in der Verkündigung Jeremias, BThSt 25, Neukirchen-Vluyn 1995

Werlitz, Jürgen: Studien zur literarkritischen Methode. Gericht und Heil in Jesaja 7,1-17 und 29,1-8, BZAW 204, Berlin / New York 1992

Werner, Wolfgang: Israel in der Entscheidung. Überlegungen zur Datierung und zur theologischen Aussage von Jes 1,4-9, in: Eschatologie. FS E. Neuhäusler, hg.v. R. Kilian, K. Funk und P. Fassl, St. Ottilien 1981, 59-72

– Vom Prophetenwort zur Prophetentheologie. Ein redaktionsgeschichtlicher Versuch zu Jes 6,1-8,18, BZ 29 (1985) 1-30

– Eschatologische Texte in Jesaja 1-39. Messias, Heiliger Rest, Völker, FzB 46, Würzburg ²1986

– Studien zur alttestamentlichen Vorstellung vom Plan Jahwes, BZAW 173, Berlin / New York 1988

Westermann, Claus: Grundformen prophetischer Rede, BEvTh 31, München ⁵1978

– Boten des Zorns. Der Begriff des Zornes Gottes in der Prophetie, in: Die Botschaft und die Boten. FS H.W. Wolff, hg.v. J. Jeremias und L. Perlitt, Neukirchen-Vluyn 1981, 147-156 = ders., Erträge der Forschung am Alten Testament. Gesammelte Studien III, hg.v. R. Albertz, TB 73, München 1984, 96-106

Whitley, Charles F.: The Call and Mission of Isaiah, JNES 18 (1959) 38-48

– The Language and Exegesis of Isaiah 8.16-23, ZAW 90 (1978) 28-43

Wieringen, Archibald L.H.M. van: Jesaja 40,1-11: eine dramatisch-linguistische Lesung von Jesaja 6 her, BN 49 (1989) 82-93

Wiklander, Bertil: Prophecy as Literature. A Text-Linguistic and Rhetorical Approach to Isaiah 2-4, CB.OT 22, Uppsala 1984

Wildberger, Hans: Jesaja 1-12, BK X/1, Neukirchen-Vluyn 1972

– Jesaja 13-27, BK X/2, Neukirchen-Vluyn 1978

– Art. מאס, THAT I, ³1978, 879-892

– Die Rede des Rabsake vor Jerusalem, ThZ 35 (1979) 35-47

– Jesaja 28-39, BK X/3, Neukirchen-Vluyn 1982

– Königsherrschaft Gottes. Jesaja 1-39. Teil 1: Das Buch, der Prophet Jesaja und seine Botschaft; Teil 2: Die Nachfahren des Propheten und ihre Verkündigung, der Text, Kleine Biblische Bibliothek, Neukirchen-Vluyn 1984

Wilke, Fritz: Jesaja und Assur. Eine exegetisch-historische Untersuchung zur Politik des Propheten Jesaja, Leipzig 1905

Willi-Plein, Ina: Vorformen der Schriftexegese innerhalb des Alten Testaments. Untersuchungen zum literarischen Werden der auf Amos, Hosea und Micha zurückgehenden Bücher im hebräischen Zwölfprophetenbuch, BZAW 123, Berlin / New York 1971

Williams, Gary Roye: Frustrated Expectations in Isaiah V 1-7: A Literary Interpretation, VT 35 (1985) 459-465

Williamson, Hugh G.M.: First and Last in Isaiah, in: Of Prophet's Visions and the Wisdom of the Sages. FS R.N. Whybray, hg.v. H.A. McKay und D.J.A. Clines, JSOT.S 162, Sheffield 1993, 95-108
– The Book Called Isaiah. Deutero-Isaiah's Role in Composition and Redaction, Oxford 1994
– Isaiah and the Wise, in: Wisdom in Ancient Israel. FS J.A. Emerton, hg.v. J. Day, R.P. Gordon und H.G.M. Williamson, Cambridge 1995, 133-141
– Synchronic and Diachronic in Isaian Perspective, in: Synchronic or Diachronic? A Debate on Method in Old Testament Exegesis, hg.v. J.C. de Moor, OTS 34, Leiden 1995, 211-226
Willis, John T.: The Genre of Isaiah 5:1-7, JBL 96 (1977) 337-362
– On the Interpretation of Isaiah 1:18, JSOT 25 (1983) 35-54
– The first Pericope in the Book of Isaiah, VT 34 (1984) 63-77
– An Important Passage for Determining the Historical Setting of a Prophetic Oracle - Isaiah 1.7-8*, StTh 39 (1985) 151-169
– Lament Reversed - Isaiah 1,21ff., ZAW 98 (1986) 236-248
– Historical Issues in Isaiah 22,15-25, Bib. 74 (1993) 60-70
– Textual and Linguistic Issues in Isaiah 22,15-25, ZAW 105 (1993) 377-399
Wilson, R.R.: The Hardening of Pharaoh's Heart, CBQ 41 (1979) 18-36
Wolff, Hans Walter: Dodekapropheton 2: Joel und Amos, BK XIV/2, Neukirchen-Vluyn ^{3}1985
– Dodekapropheton 4: Micha, BK XIV/4, Neukirchen-Vluyn 1982
– Schwerter zu Pflugscharen - Mißbrauch eines Prophetenwortes? Praktische Fragen und exegetische Klärungen zu Joel 4,9-12, Jes 2,2-5 und Micha 4,1-5, EvTh 44, 1984, 280-292 = ders., Studien zur Prophetie, TB 76, München 1987, 93-108
Wong, G.C.I.: On „Visits" and „Visions" in Isaiah XXIX 6-7, VT 45 (1995) 370-376
– Isaiah's Opposition to Egypt in Isaiah xxxi 1-3, VT 46 (1996) 392-401
Würthwein, Ernst: Jesaja 7,1-7. Ein Beitrag zum Thema: Prophetie und Politik [1954], in: ders., Wort und Existenz. Studien zum Alten Testament, Göttingen 1970, 127-143
– Zur Komposition von I Reg 22,1-38, in: Das ferne und nahe Wort. FS L. Rost, hg.v. F. Maass, BZAW 105, 1967, 245-254 = ders., Studien zum deuteronomistischen Geschichtswerk, BZAW 227, Berlin / New York 1994, 178-187
– Die Bücher der Könige. 1 Kön. 17- 2. Kön. 25, ATD 11/2, Göttingen 1984
– Die Bücher der Könige. 1. Könige 1-16, ATD 11/1, Göttingen ^{2}1985
Yee, Gale A.: A Form-Critical Study of Isaiah 5:1-7 as a Song and Juridical Parable, CBQ 43 (1981) 30-48
– Composition and Tradition in the Book of Hosea. A Redaction Critical Investigation, SBL.DS 102, Atlanta GA 1987
Zapff, Burkard M.: Schriftgelehrte Prophetie - Jes 13 und die Komposition des Jesajabuches. Ein Beitrag zur Redaktionsgeschichte des Jesajabuches, FzB 74, Würzburg 1995
Zimmerli, Walther: Erkenntnis Gottes nach dem Buche Ezechiel. Eine theologische Studie, AThANT 27, Zürich 1954 = ders., Gottes Offenbarung. Gesammelte Aufsätze zum Alten Testament, TB 19, München 1969, 41-119
– Das Gesetz und die Propheten. Zum Verständnis des Alten Testaments, KVR 166-168, Göttingen 1963
– Ezechiel 1-24, BK XIII/1, Neukirchen-Vluyn 1969 ^{2}1979
– Ezechiel 25-48, BK XIII/2 Neukirchen-Vluyn 1969 ^{2}1979
– Vom Prophetenwort zum Prophetenbuch, ThLZ 104 (1979) 481-496 (= From Prophetic Word to Prophetic Book, in: „The Place Is Too Small for Us". The Israelite Prophets in Recent Scholarship, hg.v. R.P. Gordon, Sources for Biblical and Theological Study 5, Winona Lake IN 1995, 419-442)
Zobel, Hans-Jürgen: Art. יְהוּדָה, ThWAT III, 1982, 512-533
– Art. יַעֲק(וֹ)ב, ThWAT III, 1982, 752-777

Bibelstellenregister

Jeremia

Auslegung und Einzelstudien zu Jesaja

Otto Kaiser

Das Buch des Propheten Jesaja. Kap. 1-12

(Das Alte Testament Deutsch, Bd. 17)
5., völlig neubearbeitete Auflage 1981.
257 Seiten, kartoniert
ISBN 3-525-51233-3

Otto Kaiser

Der Prophet Jesaja. Kap. 13-39

(Das Alte Testament Deutsch, Bd. 18).
3., durchgesehene Auflage 1983.
XII,327 Seiten, kartoniert
ISBN 3-525-51189-2

„Otto Kaiser geht von der Tatsache aus, daß bis in das hellenistische Zeitalter hinein an der Jesajarolle gearbeitet wurde, und verändert damit das bisher bekannte Bild des Propheten erheblich. Mit dieser Arbeit wird ein neues Überdenken der Apokalyptik, der Eschatologie und des Messianismus unumgänglich sein."

Freiburger Rundbrief

Bernard Gosse

Isaie 13,1–14,23

Dans la tradition littéraire du livre d'Isaie et dans la tradition des oracles contre les nations. (Orbis Biblicus et Orientalis, Bd. 78). 1988. 300 Seiten, Leinen
ISBN 3-525-53707-7
(Koproduktion mit dem Universitätsverlag Fribourg)

Claus Westermann

Das Buch Jesaja. Kap. 40-66

(Das Alte Testament Deutsch, Bd. 19).
5. Auflage 1986. 344 Seiten, kartoniert
ISBN 3-525-51193-0

„Formgeschichtliche Überlegungen werden für die Exegese fruchtbar gemacht, so daß die Predigt der Propheten anschaulich und plastisch hervortritt und der theologische Gehalt ihres Wortes – gerade auch im Gegenüber zum Neuen Testament – sichtbar wird."

Das Neueste

Arie van der Kooij

Die alten Textzeugen des Jesajabuches

Ein Beitrag zur Textgeschichte des Alten Testaments. (Orbis Biblicus et Orientalis, Bd. 35). 1981. XI, 374 Seiten, Leinen
ISBN 3-525-53343-8
(Koproduktion mit dem Universitätsverlag Fribourg)

V&R
Vandenhoeck
& Ruprecht